뒤르켐을 위하여

For Durkheim
뒤르켐을 위하여

역사 · 문화사회학 시론

에드워드 티리아키언
손준모 옮김

KOREA
UNIVERSITY
PRESS
고려대학교
출판문화원

한국 독자를 위한 저자 서문

20세기의 위대한 사회학 사상가 가운데 한 사람에 대한 나의 논문들이 한국어로 번역된 것을 보게 된 것은 내게는 아주 큰 즐거움이다. 뒤르켐은 사회학을 근대 사회와 근대성의 주요 문제를 풀어 줄 중요한 학문으로 만드는 데 결정적인 역할을 한 것은 물론이고, 뛰어난 협력자와 더불어서 연대와 협력의 정신으로 과학적인 과업을 수행했기에 위대한 학자라고 할 수 있다. 비교적 짧은 기간(대체로 1890년대에서 1940년대까지)에 그들이 노력을 기울인 연구 협력의 결과는 오늘날에도 노동, 교육, 범죄, 종교, 도덕성, 문화, 이론 사회학과 같은 영역에서 지속적으로 상당한 자극을 주고 있다.

기본적인 뒤르켐주의적 질문은 다음과 같다. '근대 시기에 좋은 사회란 어떤 것인가?', '세속적, 다원주의적, 물질적인 산업 세계에서 종교의 역할은 무엇인가?', 그리고 '사회학자가 된다는 것에는 어떤 책임이 따르는가?' 내가 처음으로 한국을 방문해서 설악산 등지에서 한국 사회학자를 만났던 1980년대의 학회에서나, 근래 들어 경기도 수원에서 열렸던 세계생명문화포럼과 같은 회의에서도 이런 질문들이 그 형태를 달리해서 제기되는 것을 경험했다. 오랜 세월에 걸쳐서 나는 한국의 엄청난 경제적, 기술적 발달을 목도했을 뿐 아니라, 한국이 '고요한 아침의 나라'가 지니고 있는 풍부한 문화유산을 버리지 않고 오히려 혁신하려는 열망을 가지고 있음을 알게 되었다. 한국은 세계 곳곳에 뻗어나가 있는 삼성과 현대만이 아니라 노벨 평화상 수상자 김대중과 반기문 유엔 사무총장에 대해서도 자랑스럽게 여길 것이다. 한국어〔hangugeo〕를 모르는 것을 안타깝게 생각하는 미국인 사회학자인 나는, 여러 한국 사회학자를 알고 지내 온 것과 내가 재직하고 있는 대학에서 이 책의 번역자인 손준모 교수를 비롯한 뛰어난 한국 학생들을 가르쳐 온 것을 기쁨으로 여긴다. 이 책의 영문판은 내 오랜 친구에게 헌정된 바 있지만, 이 번역판은 아래의 대상에 바치고자 한다.

'군자의 나라〔Gunja-ji-guk〕, 한국을 위하여.'

옮긴이 서문

에드워드 티리아키언(Edward A. Tiryakian) 교수는 1929년, 오토만 제국 말기였던 1896년의 학살을 피해서 미국으로 이주한 아르메니아계 가정에서 태어났다. 외조부모가 살던 프랑스에서 제3공화정 말기에 유년기를 보내며 초등학교에 다녔고, 열 살 때인 1939년, 제2차 세계대전을 피해 다시 미국으로 건너갔다. 이런 연유로 그에게는 프랑스어가 모국어이다. 언어뿐만 아니라 프랑스에서 보낸 유소년기의 경험과 추억은 일평생 그에게 영향을 미쳤다.

뉴욕의 공립 고등학교를 졸업한 뒤에 프린스턴 대학에서 사회학을 전공하던 그에게 해럴드 가핑클(Harold Garfinkel)이 사회학을 계속 공부할 것을 권했고, 1952년 하버드 대학 사회관계학과(사회학과 전신) 대학원에 입학한다. 그는 여기에서 지도교수였던 탤컷 파슨스(Talcott Parsons)와 그에 못지않은 지적 영향력을 끼친 피티림 소로킨(Pitirim Sorokin)을 만난다. 파슨스는 티리아키언이 프랑스어에 능하다는 사실을 알고는 프랑스어 원서로 사회학 책을 읽으라고 권하였는데, 사회학을 창시한 세 명의 학자 가운데 프랑스인인 에밀 뒤르켐과의 깊이 있는 지적 교류는 이렇게 시작되었다.

그는 이 당시에 역사학을 전공하던 아내 호세피나(Josefina)와 결혼했으며, 풀브라이트 장학금으로 필리핀에서 현지조사를 진행한 것을 토대로 박사논문을 썼다. 비교사회학에 대한 시야가 트인 것이 이때였으며 이후로 기회가 있을 때마다 전 세계를 돌아다니며 발전과 저발전, 근대성, 세계화에 대한 거시적인 안목을 키우게 된다. 그는 프린스턴 대학과 하버드 대학 교수를 거쳐서 1965년에 듀크 대학에 자리를 잡은 이후 평생을 그곳에서 보내 오고 있다.

학자로서 그의 정체성을 간략히 줄이면 뒤르켐 전문가이다. 자신이 평생 동안 써낸 논문 가운데 대표작을 추려 만든 이 책의 제목만 봐도 그 사실을 알 수 있다. 그의 이메일 아이디(durkhm)조차 뒤르켐의 이름에서 따온 것이다. 그의 또 다른 뚜렷한 특징은 개방성이다. 항상 열려 있던 그의 연구실 문은 개방적인 소통의 상징이었고 국적을 불문하고 외국인 학생에게 가장 친절한 교수였다. 미국에서 헤어나지 못하는 상당수의 미국 사회학자와는 달리, 그는 전 세계를 폭넓게 다루고자 하는 열망을 품었고 그것을 실현해 왔다. 독자들은 이 책에서 뒤르켐의 시각으로 세계를 조망하는 사회학자 티리아키언을 만나게 될 것이다.

번역 작업의 한 가지 특성은 옮긴이가 낱말 하나 남김없이 책의 처음부터 끝까지 샅샅이 읽어 내는 것이 선행되어야 한다는 것이다. 따라서 이 쉽지 않은 책을 번역함으로써 최대의 수혜를 입은 것은 바로 다름 아닌 나라는 것을 실토해야겠다. 우선, 나는 티리아키언이 뒤르켐에 대해서 품고 있는 지독할 정도의 지적인 짝사랑을 훔쳐보는 특권을 넘치도록 누렸다. 이미 세상을 뜬 뒤르켐은 알 수도, 느낄 수도 없을 그 티리아키언의 흠모를 보면서, 어떤 이성애보다도 강렬하고 지속적인 학문적 사랑이 실제로 가능하다는 것을 배웠다. 둘째, 역사, 철학, 사학, 신학, 물리학, 생물학을 넘나드는 티리아키언의 광활한 지적 세계를 통해서 학자됨과 학문의 매력을 새삼 발견했다. 셋째, 동시대의 위대한 사회학자였던 뒤르켐과 베버의 통합과 상호 보완을 시도하는 이 책의 3부를 통해서 국적과 이해관계를 초월한 학문적인 소통이 얼마나 중요한 것인지를 깨달았다. 또한 뒤르켐에 대한 편애를 뛰어넘어, 서로 못 본 척하고 외면하는 뒤르켐과 베버가 악수하도록 만들려는 티리아키언의 화해주선자로서의 노력에 미소를 머금게 되었다. 넷째, 동아시아의 근대성을 다루는 마지막 장을 통해서 유럽과 미국 중심의 세계관에서 탈피해 근대성의 궤적을 객관적으로 추적해 온 티리아키언을 만날 수 있었다. 이 번역서를 위해 티리아키언 교수가 쓴 서문에서도 알 수 있듯이, 그는 한국에 대해서도 특별한 관심을 기울여 왔다. 내가 근무하는 NUS(싱가포르 국립대학) 사회학과 동료인 폴커 슈미트(Volker Schmidt) 교수는 티리아키언이 근대성의 중심축이 한국을 비롯한 동아시아로 옮겨가고 있음을 1980년대부터 최초로 공론화한 사회학자라고 평가한다.

번역 작업은 이 책 12장의 제목처럼 '웃을 일이 아닐' 만큼 어려웠다. 더구나 연구와 강의가 주업인지라, 번역에 짬짬이 시간을 할애할 수밖에 없다 보니 여러 해가 걸렸다. 오랜 시간을 들인 만큼 이 책을 접하는 독자들의 만족도가 높았으면 하는 바람이다. 뒤르켐과 사회학 이론에 관심을 가지고 있는 사회학이나 사회과학을 전공하는 대학생, 대학원생, 그리고 일반 독자들이 읽고서 이해할 수 있을 정도로 번역을 하고자 노력을 기울였지만, 판단은 독자의 몫이다. 다루는 영역이 방대한 책이라 설명이 곁들여져야 할 내용이 많아서, 적지 않은 옮긴이 주를 각 장의 말미에 달았다. 문장의 흐름에 방해되지 않을 것 같은 경우에는 본문에도 옮긴이 주를 남겼고, 저자가 달아 놓은 각주의 내용을 설명해야 할 경우에는 각주 속에 옮긴이 주를 병기했다. 인물과 역사적 사건 등에 대한 정보가 필요할 때, 주로 위키피디아, 구글, 네이버와 각종 백과사전의 도움을 받았다. 집필 시기가 각각 다른 17편의 논문을 묶어 만든 책임을 감안해서 이 번역서의 출간시점을 기준으로 잡고, 책에 나오는 다양한 시기와 관련된 표현을 알맞게 수정했음을 밝힌다.

순수 학술서적인 이 책의 번역본 출간을 수락하고 많은 관심을 기울여 주신 고려대학교출판문화원과 김철 편집장님께 감사드린다. 치밀하고 전문적인 안목으로 교정 작업에 최선의 노력을 기울여주신 편집실 여러분의 노고에 감사를 표한다.

저자는 이 번역서를 군자의 나라, 한국에 헌정했다. 옮긴이인 나는, 몸소 학자됨의 본을 보여 준 티리아키언 교수를 향한 존경의 마음을 담아(For Tiryakian) 이 책을 번역했음을 밝힌다.

감사의 말

'어느 누구도 그 자체로 완전한 외딴 섬과 같은 존재일 수는 없다'는 시인 존 던(John Donne)의 영향력 깊은 묵상은 수 세기에 걸쳐 다양하게 활용되어 왔다. 학계의 다양한 청중 앞에서 가졌던 여러 차례의 발표 기회를 통해서, 그리고 그 와중에 동료와 학생으로부터 받았던 격려를 통해서 혜택을 입은 여러 편의 논문을 실은 책을 세상에 내어놓으면서, 그 묵상을 떠올리는 것은 아주 적합한 일이다. 이 세상에 더 이상 같이 있지 않지만 지난날 뒤르켐에 대한 나의 관심에 격려를 보내 주고 자극을 주었던 이들 가운데에서, 나는 여전히 탤컷 파슨스(Talcott Parsons), 로버트 니스벳(Robert Nisbet), 로버트 머턴(Robert K. Merton), 조르주 귀르비치(Georges Gurvitch)와 페르낭 뒤몽(Fernand Dumont)에게 빚진 자이다. 나와 동시대인들로서 그들이 가지고 있는 뒤르켐에 대한 깊은 인식과 지식을 통해 내게 지속적으로 자극과 반응을 주어 온 이들 가운데, 특별한 감사의 말을 전할 이들은 로버트 벨라(Robert N. Bellah), 피커링(W. S. F. Pickering), 제프리 알렉산더(Jeffrey Alexander), 존 렉스(John Rex), 스티븐 루크스(Steven Lukes)와 한스 요아스(Hans Joas)이다. 문헌조사를 할 때 매우 귀중한 도움을 준 파리고등사범학교 도서관의 프랑수아 도프라뉴(François Dauphragne)에게도 감사의 뜻을 표한다. 뒤르켐주의적 탐색 작업을 포함한 내 모든 지적 여정에서 동반자(socius)가 되어 준 두 명의 매우 특별한 친구에게 이 책을 바친다.

이 책의 출간에는 많은 이들의 도움이 있었다. 애시게이트(Ashgate) 출판사의 메리 세비거(Mary Savigar)가 시초 단계에서 편집과 관련한 관심을 보여 주었고 뒤이어서 닐 조던(Neil Jordan)으로부터 지원과 세심한 도움을 받았다. 실릴 글을 준비하는 과정에서 듀크 대학의 여러 사람들 — 특히 셰릴 토머스(Cheryl Thomas), 롭 마크스(Rob Marks), 그리고 스티븐 포이(Steven Foy) — 로부터 다양하고 중요한 기술적 지원을 받았다. 에드먼드 티리아키언(Edmund Tiryakian)은 원래 프랑스어로 썼던 '근대 사회학 발현의 맥락'을 영어로 번역함으로써 자식으로서 연대(連帶)의 모범을 보여 주었다. 아내 호세피나 티리아키언(Josefina Tiryakian) 박사는 이 책은 물론이고 이제까지 출간된 다른 글을 위해서도 무급의 특별(extraordinaire) 편집자 역할을 해 왔다.

모범적인 학자들이자 오랜 친구들,
조르주 발랑디에(Georges Balandier)와
슈무엘 아이젠스타트(Shmuel Eisenstadt)를 위해

차례

제2부 뒤르켐과 문화 변동

제3부 뒤르켐과 베버

일러두기

1. 인명 및 지명의 표기는 외래어 표기법을 따랐다.
2. 원서에서 이탤릭체로 강조된 부분은 이 책에서는 고딕체로 표기하였다.
3. 본문의 각주는 저자의 것이다. 본문 중에 고딕체 숫자로 표시되어 있는 주는 각 장 말미의 미주로서 옮긴이의 것이다. 그 외 옮긴이의 설명이 부기되었을 때에는 모두 '옮긴이' 표기를 붙였다.
4. 책에서 이야기하는 현재 시점은 읽는 이의 편의를 위해 모두 오늘날로 통일하였다.

서론

왜 '뒤르켐을 위하여'인가?

사회학이 현재 처해 있는 상황을 간단히 요약하면, 사반세기 전까지만 해도 억압적인 정치 체제에 눌려 있었던 동유럽과 동아시아 대부분의 지역을 포함한 세계 각지에서 중심부에 예속되지 않은 학문으로서 번창하고 있다고 할 수 있다. 인터넷이 새로운 연구 영역들을 활짝 열어 놓았고, 미국 사회학회 내에서도 다양한 분과에 소속된 전문 영역이 눈에 띄게 늘어났으며, 새로이 도입된 정교한 통계기법의 힘을 빌려서 엄격성을 갖춘 새로운 개념이 소개되고 있다.

그럼에도 불구하고, 오늘날은 1960년대나 70년대와는 달리 새로운 이론화의 측면에서는 '냉각기'라고 할 수 있겠다. 지금 우리가 해결해야 할 주된 과제는 주류 대학원의 사회학 교육 과정에서 당연히 중요하게 여겨져야 할 사회학 이론 분야를 활성화시키는 것이다. 그렇게 함으로써, 모험심이 있는 젊은 대학원생으로 하여금 '후기 식민주의론', '성적 소수자론', '후기 근대주의', '탈구조주의' 등의 매혹을 넘어서 세계화와 반세계화의 발전 과정과 신국가 형성과 국가 해체에 대한, 그리고 동서남북을 가로지르는 신문명사적인 국가 간, 지역 간 이주와 더불어 '전통'으로부터 말미암은 새로운 다중적 정체성 등을 포괄하는 21세기의 근대성인 '세계화 시대'를 분석적으로 그리고 이론적으로 이해할 수 있도록 만들어 주게 될 것이다. 아직 21세기 초반이기는 하지만, 우리는 지난 시대의 주요 이론가인 파슨스(Parsons), 하버마스(Habermas), 월러스틴(Wallerstein), 카스텔스(Castells), 아이젠스타트(Eisenstadt), 그리고 앨브로(Albrow)가 20세기 후반에 보여 주었던 체계적인 이론을 갱신하고 뛰어넘어야 할 것이다. 우리가 당면한 세계화의 현실, 그리고 세계화가 경제, 정치, 문화, 기술 등의 다양한 영역과 맺고 있는 관계를 제대로 이해하기 위해서는, 사회학을 재창조하든지 또는 적어도 전 지구적 사회 체계의 역학을 축으로 그리고 세계 각 지역에 속한 국가들을 그 바퀴살로 삼는 이론화를 이뤄야 할 것이다. 하지만, 유전학과 인간 유전체 규명 계획의 사례에서 볼 수 있듯이, 우리도 과거로부터 물려받은 유산을 내버리기보다는 더욱 잘 파악해서 재조합시킬 수 있도록 해야 한다.

다중적인 정치, 경제, 사회적 반향을 지구의 한 모퉁이에서 다른 곳으로 전파시키는 수많은 '나비효과'를 양산해 내는 '전 지구적 복잡성'[1]으로 대변되는 '새로운' 세계에서, 사회학자는 사회적 유전체의 전반적인 지도를 그려 내기 위해서 협력하는 데 주안점을 둘 필요가 있다. 바로 이러한 묵시적 동의 아래 진행되는 프로젝트를 통해서 사회학자는 — 사회학적 상상력을 지속적으로 자극하는 근대성에 대한 근본적인 의제를 설정해 놓은 토크빌, 마르크스, 베버, 지멜, 뒤르켐 등과 같은 — 주요 고전 이론가가 가지는 변함없는 중요성을 새롭게 깨닫게 될 것이다. 근대화 이론의 일부분을 형성하는 데 기여한 비서구 지역의 사회학 이론가는 물론이고, 소수파이면서 주변적인 위치에 놓였던 이론가의 공헌에 대해서 사회학사가 계속 밝혀 내고 있는 것에서 볼 수 있는 바와 같이, 앞에 열거한 학자들만이 사회학의 '태초'

1) John Urry, *Global Complexity*, Cambridge and Malden, MA: Polity/Blackwell, 2003.

에 자리 잡고 있었던 것은 아니다. 그러나 이런 점을 감안한다 하더라도, 21세기 사회학의 '재창조'를 위해서는 앞서 언급된 학자들을 긴요한 주춧돌로 삼는 것뿐만 아니라, 이들을 사회학 사상이 어디에 닻을 내려야 할지를 알려 주는 안내표지로서, 그리고 새로운 세기의 주요한 사회적 형태와 경향을 찾아내도록 도와주는 활성제로서 활용해야 할 것이다.

이 책에 담긴 나의 논문들은 사회학의 한 주춧돌에 해당하는 학자에 대한 내 일생의 연구 관심을 집대성한 것이다. 이 책의 제목을 '뒤르켐을 위하여'라고 지은 것은, 또 다른 사회학의 거인 두 명에 대한 두 권의 주목할 만한 저서에 간접적인 반응을 보이기 위해서다. 루이 알튀세르의 《마르크스를 위하여》와 브라이언 터너의 《베버를 위하여》가 그것이다.[2] 알튀세르는 1960년대 마르크스주의에 여러 가지 경쟁적 관점이 범람하는 가운데 마르크스의 구조주의적 접근법의 핵심을 되찾으려고 시도했다. 그로부터 상당한 세월이 흐른 뒤 나온 터너의 저작은, 베버의 "방법론적 개인주의" 속에서 시도되었던 베버의 관념론과 주관주의에 대해서 마르크스주의자들이 쏟아낸 비판에 대한 대응이었던 셈이다.

적어도 상징적으로는, 사회학의 주요 이론가에 대한 '삼부작' — 혹은, 세 면을 이어붙여 완성시킨 그림이라고 볼 수도 있을 것이다 — 을 세 명의 이론가 가운데 한 사람과 평생에 걸쳐 학문적 교류를 맺어온 나의 책으로 마무리 짓는 것은 의미 있는 일이다. 나의 뒤르켐과의 교류는 하버드 대학에서 탤컷 파슨스 교수로부터 사회학 이론을 교육받던 대학원 시절로 거슬러 올라가는데, 당시 파슨스 교수는 나와 만난 지 얼마되지 않아서 내가 프랑스어에 능하다는 사실을 알게 되자 뒤르켐을 프랑스어 원전으로 읽으라고 권해 주었다. 내가 한참 뒤에 알게 된 바로는,[3] 비록 베버주의 학자로 알려

2) Louis Althusser, *For Marx*(1965), trans. Ben Brewser, New York: Pantheon Books, 1969; Bryan S. Turner, *For Weber. Essays on the Sociology of Fate*(1981), London & Thousand Oaks, CA:Sage, 1996.

지기는 했지만 파슨스 자신도 뒤르켐의 이론에 대해서 철저하게 정통했었다는 것이다(파슨스는 말년에 큰 관심을 가지고 뒤르켐의 저작을 다시 읽었다). 뒤르켐이 저술한 전집을 읽는 것은 내게 크나큰 즐거움을 선사해 왔으며, 위대한 이론가가 사회학적 진리를 이론화하는 과정과 흔해 빠진 실재의 겉모습 아래에 감춰진 규칙적인 양식을 발견해 가는 과정을 추론하는 것은 지적으로 그리고 심지어는 심미적으로도 흥분되는 일이었다.

내가 뒤르켐과의 지적인 교류에서 영향을 받은 다른 측면도 있다. 뒤르켐이 고립된 개인으로서가 아니라 연구팀의 리더로서 사회학을 했다는 사실이 나를 사로잡았는데, 그는 보르도 대학의 젊은 교수로 일하던 시절 만들기 시작했던 연구팀에서 그 스스로의 박사논문 주제였던 '사회분업론'을 실증적으로 정당화시키는 연구의 분업을 이뤄 냈던 것이다. 나는 연구자로서 중년기에 접어들었을 때에야, 로베르 에르츠(Robert Hertz)와 마르셀 그라네(Marcel Granet)와 같은 일급 연구자로 이뤄진 뒤르켐의 연구팀이 이뤄 낸 업적과 접촉해 봐야겠다는 생각을 하게 되었는데, 그 연구팀은 종교사회학 분야의 주요 연구로 학문적 명성을 드높이기도 했지만, 이상주의적이면서도 엄격성을 갖춘 열정을 품고서 사회민주주의의 원인에 대해서도 저술활동을 했다.[4)]

1971년 안식년을 맞았을 때, 나는 에피날(Épinal) — 뒤르켐의 출생지이며, 내가 출간되지 않았던 그의 초기 작품 가운데 한 편을 발견했던 곳 — 과 보르도(Bordeaux) — 뒤르켐이 그의 학문적 생애의 절반을 보냈던 곳 — 에서의 문서 발굴 작업과 함께, 파리를 돌아다니며 생존해 있는 뒤르켐주의자를 만나기 어렵다면 그들의 친척이라도 만나 보려고 시도했었다. 이미 90대

3) "Parsons's Emergent Durkheims", *Sociological Theory*, 18(March 2000): 60-83.

4) Robert Hertz, *Socialisme et Dépopulation*, Les Cahiers du Socialiste, no. 10. Paris, 1910 ; Marcel Granet, *Contre l'Alcoolisme. Un Programme Socialiste*, Les Cahiers du Socialiste, no. 11, Paris 1911 ; Maurice Halbwachs, *La Politique Fonciére des Municipalités*, Les Cahiers du Socialiste, no. 3, Paris 1908.

에 접어든 조르주 다비(Georges Davy)가 유일하게 남아 있는 생존자였으며, 조르주 뒤메질(Georges Dumézil)을 비롯한 마르셀 모스(Marcel Mauss)의 제자, 그리고 다른 몇몇 학자의 미망인과 자녀를 만날 수 있었다. 그렇게 해서 내 나름대로 조합해서 그려 본 그 연구팀에 대한 나의 그림은 뒤르켐과 그의 연구 협력자에 대한 이해와 경의를 더욱 깊게 만들어 주었다. 사회학을 학문으로 설립하는 일에 그들을 헌신하도록 만든 유기적 연대의 실체를 확인할 수 있었던 것이다. 그들이 기념 논문집을 뒤르켐에게 헌정한 바는 없지만, 불행히도 짧은 생을 마감한 뒤르켐의 생전과 사후에 있었던 그들의 작업에 '뒤르켐을 위하여'(Pour Durkheim)라는 제목을 달 수도 있을 법하다.[1]

내가 뒤르켐과 관련을 맺게 된 개인적인 이유도 있다. 나는 초등학교에 다녔던 유년기를 프랑스에서 보냈으며 전운이 드리우기 시작했던 1939년 여름에 갑작스레 미국으로 건너왔다(말 그대로 제2차 세계대전 발발 직전에 프랑스를 떠난 셈이다). 따라서 나는 제3공화정[2]의 마지막 10년 동안 프랑스에 머물렀던 셈이다. 프랑스가 70년 전의 역사를 재현하면서 독일군의 손에 또다시 놀아나며 몰락을 경험한 것은 단지 비교역사학적인 의문 이상의 그 무엇이었다. 그것은 유년기의 시간적 틀을 확장시키면서 나로 하여금 존재론적인 의문을 품게 만들었다.

이러한 경험은 성숙한 사회과학자가 된 나로 하여금 프랑스 제3공화정의 전 시기에 대해서 점진적으로 매혹되도록 만들었으며, 뒤르켐의 학문이 꽃을 피우도록 했던 전반적인 환경, 즉 30여 년에 걸쳐서 내적인 위기를 극복하는 것과 동시에 문화, 교육, 그리고 정치적인 번영을 구가했던 제3공화정을 이해하고자 노력하도록 만들었다. 왜 공화 민주주의는 새로운 세기에 접어들어서 이전 시기에 찾아볼 수 없었던 예술, 과학, 기술 분야의 창조성과 더불어 왕성하게 발전했으며, 반면 내게 유년기의 흐릿한 기억을 남긴 지독한 내적인 분열상과 더불어 왜 1930년대에 들어서 발전을 멈추었는지에 대한 의문은 내가 지속적으로 탐색해야 할 연구 영역을 제공해 주었다.

그리고 아마도 제3공화정의 경험은, 근래 들어서 내가 유년기에 겪었던 프랑스만큼이나 지독하게 분열되어 있는 것처럼 보이며 그렇기 때문에 뒤르켐주의자로 하여금 프랑스 사회에 그들의 교육과 연구를 통해 사회학적인 개입을 하도록 만들었던, 동일한 문제점을 노출시키고 있는 미국 공화정과 암묵적으로 연결되어 있는 것 같다. 그러므로 이 책《뒤르켐을 위하여》는 근대성 심화의 시기에 사회 통합과 연대라는 마치 쌍둥이와도 같은 과제에 새로이 접근하는 데 필요한 틀을 짜는 일에 사회학이 앞장서도록 만들려고 했던 뒤르켐의 소명을, 강의실에서 자라고 있거나 이미 학자로서의 경력을 쌓아 가는 새 세대의 사회학자가 가슴에 품도록 사회학적 일깨움을 주기 위한 것이다.

이 책에서 독자는 어떤 도움을 받을 수 있을까? 이 책은 뒤르켐의 지적인 일대기를 다루는 체계적인 연대기가 아님을 밝혀 둔다. 그런 목적이라면 오랫동안 읽혀 온 스티븐 루크스(Steven Lukes)의《에밀 뒤르켐》과 마르셀 푸르니에(Marcel Fournier)가 막대한 노력을 기울여 최근에 출간한《에밀 뒤르켐》이라는 두 권의 광범위한 책을 읽는 편이 나을 것이다.[5)]

《뒤르켐을 위하여》는 이 책에 싣기 위해서 최근에 쓴 두 편의 논문을 포함해서 30여 년에 걸쳐서 쓴 논문을 한데 묶은 것이다. 뒤르켐에 대해서 쓴 내 논문 가운데 17편을 뽑은 뒤에 세 가지 초점에 맞춰서 책의 전체적인 틀을 다시 짰다.

1부에서는 독자들이 뒤르켐, 그리고 그의 주요 연구와 주된 연구 관심을 발견(혹은 재발견)하도록 하는 것을 초점으로 삼았다. 대부분의 사회학자와 사회학도, 그리고 실천가는 주로 그때그때 산발적인 방식으로 접한 뒤르켐에 대한 일반적인 지식은 갖추고 있지만, 뒤르켐으로 향하거나 뒤르켐으로부터 뻗어 나온 잘 알려지지 않은 접근로들이 있다는 사실은 잘 모르고 있

---

5) Steven Lukes, *Émile Durkheim; his life and work, a critical study,* New York: Harper & Row, 1972; Marcel Fournier, *Émile Durkheim(1858-1917)*, Paris: Arthème Fayard, 2007.

다. 바꾸어 말하면, 이미 잘 알려진 뒤르켐에 대한 접근법이 그의 사후 한 세기가 지난 지금 우리가 가지고 있는 근대성을 반영하기 위해서 갱신되어야 하는지를 비롯한 현실성이 있는지 다시 한번 들여다봐야 할 필요가 있다.

뒤르켐과 같은 주요 학자의 저작물이 나온 복합적인 맥락과, 현재의 독자들이 살고 있는 시대 상황을 심층적으로 이해하는 데 그 저작물이 어떻게 적용될 수 있는지를 동시에 들여다봐야만 하나의 원문(말 그대로 하나의 원문이든 아니면 뒤르켐의 전체 저작물을 뭉뚱그려 말하는 것이든)이 내포하는 의미를 더욱 깊이 있게 **이해할 수 있게 된다**는 것이 나의 방법론적인 지론이다. 고전 이론 원문의 진가(즉, 생명력)를 확인하려면 그것을 먼지에 뒤덮힌 카타콤과 같은 책장에서 끄집어내어 그것이 현재의 시류는 물론이고, 이미 널리 알려져 있었던 혹은 새로운 역사적 자료나 해석에 의해서 발견되어지는 그것의 영향력과 어떤 폭넓은 연관을 맺고 있는지를 살펴봐야 한다. 또한 고전 원문이 현대의 실천가에게 적합한 이론이 되기 위해서는 현대의 인식론적, 존재론적 관심사들 그리고 현대 사회학이 품고 있는 의문에 연계성을 가질 수 있어야 한다. 그 첫 번째 차원이 역사사회학의 영역이며, 두 번째 차원이 동시대를 다루는 사회학의 영역인 것이다. 그 둘은 원문 이론 속에 '이중 나선'처럼 서로 얽혀 있다고 볼 수 있다.

따라서, 1부에서는 뒤르켐이 폭넓은 과학적 연구 프로그램으로서의 사회학을 위해서 추진했던 근본적인 프로젝트를 다루는 한 편의 긴 논문을 필두로 세 편의 논문을 통해서 독자들이 뒤르켐을 발견하거나 재발견하는 것을 돕고자 한다. 그와 그의 헌신적인 연구팀이 처해 있었던 역사적, 철학적 맥락을 이해하는 것이 뒤르켐 이론의 날줄과 씨줄을 파악하는 핵심이다. 다른 두 편의 간략한 논문 가운데 한 편은 뒤르켐의 저작과 그 주요 주제를 다루는 프랑스어로 쓰인 세 권으로 이뤄진 출판물에 대한 논평인데, 이 출판물 안에는 고립된 지식인으로서가 아닌 다른 사람을 보살필 줄 아는 뒤르켐의 인간적인 면모를 엿볼 수 있는 서신도 실려 있다. 세 번째 논문은 뒤르켐이 사회 구조와 사회 조직을 이론화하면서 사회 변동의 문제를 다루지 않았다는 초기의 (그리고 잘못된) 관점에 반박하기 위해서 쓰였다.

뒤르켐을 시대적인 맥락에 비추어 이해하는 데 밀접한 관련이 있는 두 명의 다른 인물을 이후의 논문에서 다룰 것이다. 첫 번째 인물은 뒤르켐보다 약간 늦게 출생했지만, 뒤르켐이 한때 몸담았던 세계적 명성을 갖춘, 라이프치히의 빌헬름 분트 연구소에 있었던 근대 현상학의 창시자 에드문트 후설(Edmund Husserl)이다. 뒤르켐의 철학적 훈련과 깊은 이해력을 감안했을 때, 뒤르켐과 대척점에 놓인 방법론을 가지고 있었던 후설과 비교해 보는 것이 적합한 일이라고 생각했다. 두 번째 인물은 세기의 전환기에 사회학과 역사학이 방법론적 대립을 겪던 소르본 대학 소속의 역사학자이다. 내가 두 사람 사이에 흥미로운 연관이 있다고 여긴 까닭은, 뒤르켐이 쓴 종교 관련 초기 저작이 프랑스 혁명을 연구하던 젊은 역사학자 알베르 마티에(Albert Mathiez)로 하여금 프랑스 혁명의 새로운 차원을 신흥 종교에서 찾아보도록 만들었고, 또한 마티에는 후세에 강한 영향력을 미친 뒤르켐의 종교 연구에 중요한 비교의 틀을 제공해 줬기 때문이다.

1부에 실린 마지막 두 편의 논문은 뒤르켐의 잘 알려진 연구 주제를 다룬 것이기는 하지만, 그것이 쓰였던 사회적, 지적 맥락을 다루는 것뿐만 아니라 한 세기가 지난 뒤에 그 저작들이 어떻게 현실에 적용될 수 있는지도 살피고자 했다.

2부에서는 문화적 변동의 문제를 주로 다루는 — 특히 문화적 변동에 대한 사회학적 분석에서 문화가 차지하는 위치, 그리고 종종 간과되는 문화적 맥락을 아우르는 — 다양한 논문을 실었다. 맨 처음에 등장하는 두 편의 글은 거의 30년 간격을 두고 쓰였음에도 불구하고 상호 보완적이다. 첫 편은, 후기 뒤르켐과 종교사회학 분야에서 그와 함께 일했던 주요 동료의 작품에서 상징주의가 차지하는 중요성에 관해 뒤르켐 학파가 써놓은 글과 논문에 대해서 내가 가졌던 오랜 관심을 보여 준다. 로버트 니스벳(Robert Nisbet)이 쓴《예술 형태로서의 사회학》(*Sociology as Art Form*)은 나로 하여금 뒤르켐 학파가 보르도 시절에 보인 전위 예술성이 어떤 맥락에서 나온 것인지 고찰하도록 만들었으며, 그 과정에서 예술 영역의 상징주의자들과 상징에 대한 사회학적 탐색을 시도했던 뒤르켐 학파가 무시할 수 없을 만큼 유사성을 지녔다는 사실을 깨닫게 되었다. 두 번째 글은 옥스퍼드 대학 부설 영국 뒤르켐연구소에서 내가 했던 초청 강연을 토대로 2000년대에 들어와서 쓴 것이다. 비록 전위 예술에 초점을 맞췄다는 점에서 중복되는 면이 있기는 하지만, 뒤르켐이 소르본 대학 교수로 임용되면서 보르도를 떠날 즈음, 보르도 시기의 전위 예술이 급속한 변화를 겪고 있었다는 것 등을 비롯한 이유로 문화적 맥락의 새로운 측면이 새롭게 제기되었다. 그가 소르본의 교수가 되었던 것과 거의 비슷한 시기에 피카소와 브라크(Braque)[3]는 야수파를 뛰어넘어 입체파를 창시하면서 문화 지형을 흔들고 있었다. 따라서 두 번째 논문에서 나는 표현주의 행동 예술에서의 급진적 혁신을 뒤르켐의 급진적 혁신에 연결 짓고 있으며, 또한 두 가지의 혁신 모두가 원시주의(Primitivism)라는 넓은 문화적 맥락의 일부라는 관점을 제시한다.

뒤르켐은 공리주의와 오늘날 공리주의를 이어받은 합리적 선택론에 그가 가했던 비판과, 스펜서(Spencer)[4]의 개인주의에 대한 비판 — 시장의 문화적 배태성(예를 들면 법, 규제, 관습 등등의)을 자세히 설명해 주는 — 으로 잘 알려져 있다. 문화사회학은 뒤르켐의《사회분업론》(*The Division of Labor in Society*)에서 다뤄진 스펜서 비판을 넘어서 후기작인《종교 생활의 기초 형태》(*The Elementary Forms of the Religious Life*)에서 파생되어 나온 이론화와 적용을 통해 새로운 활력소를 찾아냄으로써 학문 분야로서 거듭나게 되었다. 문화는 사회학에서 크게 조명받는 분야가 되었으며, [특히 푸코(Foucault)와 부르디외(Bourdieu)뿐만이 아니라 그람시(Gramsci)의 이론과 관련해서] 사회 질서에서 지배와 헤게모니의 (재)생산에서 차지하는 문화의 위치가 더욱더 관심을 끌게 되었다. 제프리 알렉산더(Jeffrey Alexander)가 문화사회학의 구조를 개괄하면서 날카롭게 파악했던 것처럼,[6] 문화를 바라보는 탁 트인 전경을 제공해 주는 뒤르켐의 독창적 저작《종교 생활의 기초 형태》는 마땅히 그의 가장 중요한 대표작으로, 또한 문화사회학의 바탕을 깔아 주는 저작으로 여겨졌다. 어찌 보면, 사회 질서 구조화의 주요 요소로서의 의식(rituals)과 상징에 대한 분석은 문화에 대한 이해가 열리는 것과 연결되어 있다.

하지만 아이젠스타트(Eisenstadt)[7]가 말했던 것처럼 '질서 유지'와 질서 변형'으로서의 보완적인 성격을 지닌 문화적 측면과 함께,《종교 생활의 기초 형태》에는 명시적으로 언급되지 않은 무언의 변증법이 내재해 있다. 즉, 사회의 생명선은 신성성(the sacred) 영역의 재탄생 — 비록 특별함(extraordinary)이 일상적인 것(ordinary)이나 평범한 것으로 받아들여지는 시기에 처해 있기는 하지만 — 과 맞물려 있으며, 사회 이동을 창출하고, 사회 재건과 재건을 이루기 위한 열정의 창조적인 시간 마디를 만들어 내는 내재적인 힘이다. 따라서 사회 운동과 집합적인 활기와 관련된 사회 질서의 탈구조화와 재구조화는 문화적인 장면을 바라보는 보완적인 관점으로 받아들여졌다. 비교사회학적으로는, 비슷한 시기에 여러 나라에서 일어났던 혁명적인 변동에 이런 관점이 어떻게 적용될 수 있는지를 살펴보면('뒤르켐으로부터 마나과까지'5), 현대에도 뒤르켐의 이론이 실질적으로 활용될 수 있음을 확인할 수 있다.

또한 정치 혁명만큼이나 사회 질서를 탈구조화시킬 수 있는 힘을 지닌 문화의 잠재력을 검증하는 논문인 〈성적 무규범〉(sexual anomie)도 이 책에 포함시켰다. 표면적으로 보면, 결혼과 일부일처제에 대한 뒤르켐의 관점은 빅

6) "Introduction: Durkheimian sociology and cultural studies today", pp. 7-21 in J. C. Alexander, ed., *Durkheimian Sociology: cultural studies*, Cambridge and New York: Cambridge University Press, 1988.

7) S. N. Eisenstadt, "The Order-maintaining and Order-Transforming Dimensions of Culture", pp. 64-87 in Richard Münch and Neil J. Smelser, eds., *Theory of Culture*, Berkeley: University of California Press, 1992.

토리아 시대[6]의 가부장적 편견을 그대로 답습한 듯하다. 이런 해석은 일견 일리가 있는 듯하지만, 성에 대한 그의 다양한 입장들을 통합적으로 바라보면 뒤르켐이 현대 사회 조직의 변화에 급속하면서도 지대한 영향을 미칠 성적 무규범의 잠재력을 직관적으로 감지했음을 알 수 있다.

문화적 영역에는 신성성이 살아서 작동하도록 만드는 다른 차원도 있다. 뒤르켐은 사회 조직의 가장 중요한 측면인, 신성성과 세속성(the profane)의 분리가 지켜지지 않거나 깨어졌을 경우 생길 수 있는 잠재적인 폭발력을 파악했다. 덴마크의 한 신문에 게재된 일련의 만화를 두고 이슬람교도들이 격분했던 것, 그리고 그러한 격분에 대한 서방 세계의 반응을 목도하면서, 나는 뒤르켐의 신성/세속의 이분법이 여전히 적실성이 있음을 알려 주는 소재라고 생각했다. 덴마크 신문만화 사건은 뒤르켐 시절 프랑스를 뒤흔들었던 드레퓌스 사건[7]만큼이나 복잡성을 띠고 있으며 새로운 정체성과 낡은 정체성, 새로운 가치와 낡은 가치가 혼재하면서 벌어지는 문화적 대혼란을 상징하는 대표적인 사례로서 현 시기를 특징짓는다.

3부에서는 제1차 세계대전이 발발하기 전, 프랑스와 독일 사회학의 중심축이었던 뒤르켐과, 그의 위대한 동시대 인물 막스 베버의 지적인 그리고 여타의 측면에서의 복합적인 관계에 관한 일련의 논문을 다룬다. 뒤르켐이 젊고 유망했던 학생 시절에 독일에 갔던 것은 그의 학자로서의 이력에 결정적인 영향을 미쳤으며, 베버 또한 스트라스부르(Strasbourg)와 파리를 몇 차례 방문함으로써 그들이 라인 강을 넘나들었다는 사실은 내게 또 다른 일단의 비교역사학적 고찰을 가능하게 하는 자료 역할을 한다. 첫 두 편의 논문에서, 나는 두 학자 사이의 차이를 부각시켰는데, 첫 편에서는 그들이 서로를 별 뜻 없이 무시한 것은 아니라 하더라도, 하여간에 서로 모르는 사이인 것처럼 보이는 것에 대하여 다뤘고, 두 번째 논문에서는 미국 사회를 이해하는 데 뒤르켐(그리고 마르크스)보다는 베버를 활용하는 것이 유리할 수 있다는 점에 대해서 다뤘다. 이런 맥락에 비추어 보면, 파스퇴르와 코흐[8]가 미생물학 분야에서 프랑스와 독일에 영광을 선사하기 위해 경쟁했던 것과 같이, 사회학 분야로 향하는 길을 내기 위해서 프랑스와 독일의 사회과학계가 경쟁했던 집합적인 표상으로서 뒤르켐과 베버를 그려 보는 것은 그리 무리한 비유는 아니다.

하지만 뒤따르는 세 편의 논문에서는 독자에게 뒤르켐과 베버를, 대척점에 서 있는 것이 아니라 상호 보완적인 이론가로 바라봐 줄 것을 암묵적으로 권하였는데, 왜냐하면 두 사람은 우리가 처해 있는 현대의 상황 — 특히 사회학이라는 모험적인 학문에 결정적인 도전이 되는 거시적 사회 변동의 방향 — 을 분석하고 이해하기 위한 탐색적인 대화 과정에 동참하고 있기 때문이다. 궁극적으로, 이것이 《뒤르켐을 위하여》를 쓴 이유이다.

옮긴이 주

1. 티리아키언 교수는 옮긴이에게 뒤르켐의 생존 시에 제자들이 그에게 헌정한 논문집은 없었으며, 다만 그의 조카인 마르셀 모스가 제1차 세계대전 종전 뒤 새로이 펴낸 《사회학 연보》(*L'Annee Sociologique*)의 1편에 뒤르켐과 전쟁에서 사망한 그의 제자를 기리는 가슴 저미는 애도문들을 실은 바 있다고 확인해 주었다. 더불어 티리아키언 교수는 저명한 학자의 예순 살, 일흔 살, 혹은 일흔다섯 살과 같은 특별한 생일을 기려 기념논문집(Festschrift)을 헌정하는 것은 프랑스보다는 독일 학계의 전통이라고 설명했다.
2. 1871년 프랑스-프로이센 전쟁 패전 뒤 1940년까지 이어진 프랑스 공화정.
3. 브라크(Georges Braque, 1882-1963). 피카소와 함께 입체파를 창설했던 화가.
4. 스펜서(Herbert Spencer, 1820-1903). 영국의 철학자, 사회학자이자 진보주의 정치 이론가로서 진화론적 사고방식을 사회학에 적용했다.
5. 본문 각주 6번 주에 나온 제프리 알렉산더의 편저작(edited volume)에 실린 티리아키언의 논문 제목이며 이 책의 10장에 실려 있다. 마나과는 니카라과의 수도이다. 1979년에 일어난 이란 혁명, 니카라과의 산디니스타 혁명, 1980년의 폴란드 혁명 등을 뒤르켐의 시각으로 해석하였다.
6. 19세기 중후반(1831-1901) 영국 빅토리아 여왕 시대의 보수적 사회풍조를 일컫는 말.
7. 1894년부터 1906년까지 유대계 프랑스 포병 대위 드레퓌스의 허위 간첩 혐의를 두고 벌어진 정치사회적 논란을 일컬음.
8. 현대 미생물학의 양대 창시자인 루이 파스퇴르(Louis Pasteur)와 로베르트 코흐(Robert Koch).

에밀 뒤르켐(맨뒷줄, 왼쪽에서 두 번째)과 파리고등사범학교 1학년 동급생들 파리, 1879-80년
파리고등사범 도서관 제공

제1부

뒤르켐의 (재)발견

1장

뒤르켐 이해의 날줄과 씨줄[1)]

에밀 뒤르켐은 학문 분야로서의 사회학을 발전시킨 주요 학자이다. 뒤르켐 등장 이전의 사회학은 도발적인 사상 정도에 그쳤지만, 그의 전문가적인 열정이 사회학에 쏟아진 이후로 체계적인 사회적 사실(social fact)로 태어나게 되었다. 뒤르켐은 19세기의 사회학적 전통, 구체적으로는 사회 실재론(social realism)과 사회 재건론이라는 프랑스 사회학의 독특한 취향을 유산으로 물려받았으며, 현대의 사회학적인 분석틀 상당 부분은 뒤르켐이 재창조한 체계적인 학문으로서의 사회학으로부터 나온 기본적인 특징을 반영하고 있다. 그 가운데 두 가지 특징, 즉 '실증주의'와 '구조기능주의적 분석'은 1960년대와 70년대에 (이념적으로나 개념 구성과 관련해서) 상당한 비판을 받았지만, 그럼에도 불구하고 프랑스어권과 영어권의 사회학계에서 뒤르켐의 존재감과 그에 대한 경의는 아마도 뒤르켐이 살아 있을 때를 포함한 이전 어

1) 이 논문은 '에밀 뒤르켐'(Emile Durkheim)이라는 제목으로 다음 책에 실렸다. Tom Bottomore and Robert Nisbet, eds., *A History of Sociological Analysis*. New York: Basic Books, 1978, pp. 187-236.

떤 시기보다도 현재 더 높은 수준에 올라 있는 것 같다. 대중문화에서도 그러한 경향이 있듯이, 아마도 사회학에서도 '정체성의 뿌리'를 찾으려는 움직임이 있는 것으로 보이며, 그런 면에서 보면 뒤르켐은 막스 베버, 카를 마르크스와 더불어 사회학적 상상력의 가장 깊은 뿌리 가운데 하나임이 분명하다. 그 이유야 무엇이든 간에, 사회학도로서 자존감이 있는 사람이라면 적어도《사회분업론》과《자살론》을 학부생이나 대학원생 시절에 읽었을 것이고, 대부분의 직업적 사회학자는《사회학적 방법론의 규칙》(*The Rules of the Sociological Method*)과《종교 생활의 기초 형태》를 읽게 되기 마련이다. 언급된 저서는 해당 분야에 — 즉, 첫 번째 책은 산업사회학에, 두 번째 책은 일탈 분야에, 세 번째 책은 방법론에, 그리고 네 번째 책은 종교사회학과 지식사회학에 — 지대한 영향을 미쳤다. 출판되고 10년 정도가 지나면 대부분의 책들이 독서 목록에서 사라지는 사회학 분야에서 이 저서들은 세월이 지나도 퇴색하지 않는 사회학적 분석의 모험적인 시도로 남아 있다. 세대가 바뀌어도 후속 사회학도가 직접 원전을 찾아서 읽는, 셋 혹은 네 개의 작품을 가지고 있는 사회학자가 몇이나 되겠는가? 게다가 뒤르켐의 경우 그의 작품이 널리 읽히는 데 그치는 것이 아니라 사회학도의 새로운 세대가 그의 작품에 더욱더 많은 논평을 남기고 숙고를 거듭하는 것은 물론이고, 심지어는 그의 논문들을 — 그 가운데 일부는 기존에 출판되지 않았던 것인데 — 새로 모아 출간하기도 한다. 실로, 지난 1970년대의 10여 년은 1917년 뒤르켐이 타계한 이래 어떤 시기와 비교해도 가장 폭넓고 차원 높은 뒤르켐의 마니아 층이 형성된 시기라고 평가할 수 있다.

뒤르켐과 같은 주요 인물에 대한 이해는, 역사적 분수령이나 사건에 대한 이해와 마찬가지로, 한꺼번에라기보다는 점진적인 절차에 따라 이뤄져야 할 것이다. 따라서, 나는 이 글에서 독자들을 위해 뒤르켐 사회학에 대한 일반적인 개괄을 보여 주는 시도를 하면서도 선택적인 강조점을 또한 부각시킬 것이다. 나는 뒤르켐의 사회학적 분석이 그 자체로서도 의미가 있기는 하지만, 세 겹으로 이뤄진 필생의 프로젝트 가운데 한 구성 요소라고 이해하는 것이 더 낫다는 주장을 펴고자 한다.

이 방대한 프로젝트를 추진하도록 만든 근원적인 추진력이 무엇이었는지에 대해서 뒤르켐이 쓴 편지나 논문의 형태를 빌려서 입증할 수는 없다 하더라도, 그의 전 생애에 걸쳐 진행된 프로젝트가 서로 관련되어 있는 세 개의 목표로 이뤄져 있다는 것을 주장할 만한 충분한 증거가 있다.

1. 엄격한 과학적인 학문으로서 사회학을 설립하는 것
2. 사회과학의 통일성과 통합을 위한 기초를 제공하는 것
3. 현대 사회의 시민 종교(civil religion)를 위한 경험적, 합리적, 체계적 기초를 제공하는 것

뒤르켐은 첫 번째 목표를 성공적으로 달성했다. 40세가 되었을 때 뒤르켐은 삼부작의 형태를 띤《사회분업론》,《사회학적 방법론의 규칙》, 그리고《자살론》이라는 사회학의 출범을 알리는 성명서와도 같은 저작을 출간했다. 이 삼부작에 버금가는 업적으로는, 뒤르켐의 지적인 카리스마가 없었더라면 만들어질 수 없었던 최초의 실질적인 사회학파에 의한 집합적 연구활동의 소산인《사회학 연보》(*Année Sociologique*)의 첫 권을 자신의 40세 생일을 맞아 출판한 것이다. 1880년대에 뒤르켐이 교수 활동을 시작했을 때, 19세기를 주름잡은 개인주의와 상충되는 사회학에 대해서 구세계였던 유럽과 신세계였던 미국의 학계에서는 의구심이 팽배해 있었다. 하지만 뒤르켐은 지적인 엘리트주의를 자랑하던 제1차 세계대전 전의 프랑스 대학 풍토에서, 명망 높은 소르본의 가장 존경받고 영향력 있는 교수 가운데 한 사람이었다. 그의 흔적을 상당 부분 지니고 있는 사회학을 대표해서 그가 학계를 평정했다는 것을 알리는 상징적인 사건은, 그가 1913년 프랑스에서 최초로 사회학과장으로 취임한 것이다.

그의 프로젝트의 두 번째 요소는 사회(혹은 문화)과학의 통일성을 실증

주의적인 바탕 위에 세우는 것이었다. 바로 이 점에서 뒤르켐은, 마지막으로 발현된 과학으로서의 사회학을 세계에 대한 인식적 파악의 정점에 자리매김함으로써 과학적 지식을 본질적으로 통일시키는 것을 꿈꿨던 콩트(Comte)의 비전을 물려받았다고 할 수 있다. 뒤르켐은 사회적 세계를, 그 구조와 조직을 합리적으로 이해할 수 있는 도덕적인 총체로서 파악했다. 뒤르켐은 과학은 노동 분업을 통해서만 진보한다고 생각했기에 이러한 파악이 가능하려면 필연적으로 공동의 작업이 필요하다고 봤다. 또한 뒤르켐에게 노동 분업이란 근대 세계를 위한 도덕적 원칙이며 본질적 중요성을 띤 과학적 원칙으로 받아들여지기도 했다. 《사회분업론》과 《사회학 연보》의 출간은 뒤르켐이 사회 조직의 근간을 이루는 원칙이라고 생각했던 것의 이론과 실천을 제공하는 데 도움을 주었다.

사회과학은 관습, 규범, 이상(ideals)을 다룬다. 간략히 말하면, 뒤르켐은 인간 사회 규범의 기반을 과학적으로 조사하는 것이 사회과학이라고 생각했다. 경제학, 역사학, 법학, 종교학이 인간 사회라는 저택 안에 있는 몇몇 익숙한 방과도 같다고 비유한다면, 사회학이란 그 모든 방을 한데 묶어 연결시켜 주는 바느질의 실과도 같다고 할 수 있다. 뒤르켐은 근대 생리학의 창시자인 클로드 베르나르(Claude Bernard)로부터 영향을 받아 과학의 대표적인 특징은 실험과 비교 분석이라는 사실을 잘 알고 있기는 했지만, 직접 실험(베르나르가 생체 해부를 위해서 했던 실험 의학과 같은)은 사회 세계에서는 불가능하다.

그럼에도 불구하고, 체계적이고 조직적인 방법을 활용한 사회 현상의 비교 분석은 《사회학 연보》를 통해서 뒤르켐이 부분적으로나마 실현해 볼 수 있었던 하나의 프로젝트였다. 테리 클라크가 적절히 평한 바와 같이,[2] 《사회학 연보》는 새로운 과학으로서의 기술을 그 구성원들에게 가르쳐 주는 견

2) Terry N. Clark, "The Structure and Functions of a Research Institute: The *Année Sociologique*", *Archives Européennes de Sociologie* IX(1968), pp. 72-91.

습 경험을 제공한 학술지였던 것만이 아니라 사회학적 실험실의 역할을 했으며, 또한 사회학의 형식과 내용을 규정하기 위해 최선의 노력을 기울인 학술지이기도 했다. 이 프로젝트를 위해 함께 일했던 뒤르켐의 협력자는 대부분 직업적인 사회학자는 아니었지만, 다양한 학문적, 사회적 유대관계를 맺어 가면서 하나의 고도로 통합된 학제적인 연구팀을 형성했으며, 그들 자신의 전문 영역에 뒤르켐으로부터 얻어 낸 핵심적인 사회학적 관점을 적용하기도 했다.[3] 뒤르켐이 가졌던 편집권의 영향력으로 인해서, (여전히 출판되고 있는) 《사회학 연보》에는 모든 사회 현상의 본질적 통일성에 대한 그의 수용적인 태도와, 사회 현상의 구조적 특징을 과학적이고 객관적으로 연구할 수 있다는 그의 신념이 반영되었다. 하지만 그 학술지는 제1차 세계대전이 그 학술지를 조직하게 했던 정신의 생명력을 끊어 버렸고, 그 프로젝트를 이어나갈 두 번째 세대를 멸절시켰기 때문에, 사회과학을 통합한다는 목적을 부분적으로만 달성할 수 있었다. 뒤르켐의 계승자이자 조카인 마르셀 모스(Marcel Mauss, 1872-1950)는 대단히 박식한 것으로 인정받았지만 — 모스는 '모르는 것이 없다'고 알려져 있었다 — 이 상냥한 성품을 지닌 천재가 가지지 못한 것이 있었는데 그것은 바로 규율과 조직적인 엄격함이었다. 모스는 박사논문을 마치지 못했으며, 연보의 편집을 성공적으로 해내지 못했고, 그 결과 두 권만 발간한 채 출판이 중지되었다.[4] 사회과학의 통일을 목표로 했던 뒤르켐의 프로젝트는 제1, 2차 세계대전 사이의 기간에 그 발전을 위한 장을 상실하고, 효과적이며 도구적인 역할을 수행할 지도자를 잃은 상황에서 교착 상태에 빠졌다.[5]

---

3) 다음 서적 참조. Philippe Besnard, ed.,*The Sociological Domain. The Durkheimians and the founding of French Sociology*, Cambridge: Cambridge University Press; Paris: Editions de la Maison des Sciences de l'Homme, 1983.

4) 1930년대 중반에 연보는 각각의 편집위원회를 가지고 있는 다섯 개의 서로 다른 시리즈로 분리되었지만, 총괄적으로는《사회학 연보》로 알려졌다.

5) 물론, 많은 뒤르켐주의자가 제1차 세계대전에서 살아남았으며 — 예를 들면, 연보의

뒤르켐의 일생에 걸친 프로젝트의 세 번째 요소는 우리에게 프랑스 제3공화정의 사회역사적인 상황에 대한 이해를 요구하며, 또한 우리를 이념과 당파성이라는 영역으로 끌어들인다. 1870년대에 시작되자마자 붕괴될 위기에 처했던 제3공화정은 이전의 두 공화정과 마찬가지로 정치적으로 불안정했다.[6)] 1789년 이래로 근대 프랑스는 비교적 짧지만 격렬한 내전 혹은 내전에 가까운 사태가 간간이 일어나는 가운데 공화제와 전제 군주제라는 두 극단 사이를 오가곤 했다. 생시몽으로부터 시작되어서 콩트, 르 플레(Le Play),[1] 뒤르켐으로 이어진 프랑스의 사회학적 전통은 정치적 격변이나 권력을 두고 벌어지는 집단 갈등, 정치적 모략과 사회적 갈등을 혐오한다는 공통분모를 가지고 있다. 마르크스주의와 상치되는 이러한 전통은, 사회학을 치유와 안정을 불러오며 또한 사회적 합의를 복구시키고 사회 전체적인 통합을 향상시키는 — 특히 노동 계급을 사회적으로 통합시키는 데 관심을 기울이는 — 과학으로 만들기 위한 것이었다.[7)] 궁극적으로 이러한 전통은 사회적인 평화와 정의의 기초로서 도덕성의 중요성을 강조하는 듯이 보인다. 따라서, 근대 사회를 기막히게 예견했던 생시몽은 빠르게 성공을 일구었던 그의 삶 막바지에, 산업 사회 구조는 규범적인 요소가 없이는 불완전하다는 사실을 깨달았으며, 따라서 그의 저작《새로운 기독교》(*The New Christianity*)

첫 번째 시리즈에 논문을 기고했던 사람 가운데 마지막 사람이었던 조르주 다비(Georges Davy)는 1976년까지 살았다 — 강력한 학자의 지도에 따랐던 다른 학파(예를 들자면, 생시몽주의자, 프로이트 학파, 마르크스주의자와 같은)와는 달리, 뒤르켐의 사망 이후에 그가 어떤 가르침을 남겼는가를 두고 분파 분열과 갈등이 생기지는 않았다. 그러나 이론가로서 그리고 지적 지도자로서 뒤르켐의 역할을 종합적으로 수행하려고 앞장선 사람 또한 없었다.

6) 제3공화국 내내 내각의 교체가 악명 높을 정도로 빈번하게 이뤄졌다. 정부의 수반인 수상(Président du Conseil)이 2년 이상 자리를 유지하는 것은 극히 드문 일이었다.

7) 르 플레(Le Play, 1806-1882)와 뒤르켐 사이의 공통분모에 대해서는 다음에 제시되는 미셸 디옹(Michel Dion)의 통찰력 넘치는 논문을 보기 바란다. "Sociologie et idéologie dominante dans l'œuvre de F. Le Play et Emile Durkheim", *Le Pensée*, 158(August 1971): 55-68.

를 통해서 새로운 사회 질서의 시작에 걸맞은 도덕성을 확립하고자 했다. 경제적인 삶을 보완하기 위해서 사회 질서에 통합적인 도덕성이 요구된다는 평가는 19세기 프랑스 사회 사상, 특히 진보 좌파의 사회 사상의 핵심적인 측면을 이룬다.[8)]

도덕성이 뒤르켐의 저작에서 중요하게 다뤄지기 때문에, 그의 사회학적 성향은 일정 부분 보수적인 특성을 띤 것으로 여겨져 왔다.[9)] 그러나, 뒤르켐은 신뢰받는 교직 공직자로서 공화정으로부터 1907년 레지옹 도뇌르 훈장을 받기도 했지만,[2] 보수적인 무리와 어울리지 않았으며 대신 (인권협회와 같은) 진보적인 결사체에 속했다. 게다가 그에게 가장 어려운 학문적 과업은 과학적 근거를 가진 도덕성의 개념을 개발하는 것이었다. 이러한 도덕성의 개념은 제3공화정의 정당성에 도전했던 모든 우파 정치 운동에 근본적인 구심점을 제공하는 전통적인 기독교적 도덕성과 가톨릭 교회의 권위를 종국적으로 대체하기 위한 것이었다. 결과적으로, 뒤르켐의 일생을 바친 프로젝트의 완성은 근대 사회의 전형으로 여겨지던 프랑스에, 루소(Rousseau)가 여망했던 그리고 시대의 순리에 따르는, 시민 종교를 제공하는 결과를 낳게 될 것이었다.

이런 면에서, 뒤르켐은 두 가지 전통의 계승자였다. 첫째, 이 프로젝트를 수행함으로써 그는 근대 진보 민주주의의 원칙이기도 한 1789년의 프랑스

---

8) 뒤르켐 시대의 진보 좌파사상의 세 가지 원천으로는 공화주의, 민주 사회주의〔예를 들면, 장 조레스(Jean Jaurés, 프랑스 초기 사회민주주의 대표 인물, 사회당 당수 역임-옮긴이), 알렉상드르 밀랑(A. Millerand, 프랑스 제3공화정 11대 대통령-옮긴이), 그리고 알베르 토마(Albert Thomas, 프랑스 사회주의자, 프랑스 제3공화정의 제1차 세계대전 당시 군수장관, 제1대 국제노동기구(ILO) 사무총장 역임-옮긴이)로 대표되는〕와 프리메이슨주의가 있다.

9) Lewis A. Coser, "Durkheim's Conservatism and its Implications for his Sociological Theory", in Kurt H. Wolff, ed., *Emile Durkheim 1858-1917*(Columbus: Ohio State University Press, 1960), pp. 211-232; Robert A. Nisbet, "Social Milieu and Sources", in Robert A. Nisbet, ed., *Emile Durkheim*(Englewood Cliffs, N. J.: Prentice-Hall, 1965).

혁명의 원칙을 완성 짓는 것에 힘을 보탤 것이었다. 뒤르켐은 프랑스 혁명을 (보수파처럼) 재앙으로 간주하지 않았으며 또한 (급진파처럼) 기만적인 환상이라고 여기지도 않았고, 오히려 완결되지 못한 위대한 약속이라고 생각했다. 프랑스 혁명은 신비주의로 가득 찬 세속화된 종교를 세웠지만,[10] 집합적인 종교적 필요에 대한 반응으로서의 사회가 아니라 위로부터 내려온 사회에 근간을 두었기 때문에 뿌리를 내릴 수 없었다. 뒤르켐은 학자 생활 초기에 쓴 광범위한 논평에서 1789년 프랑스 혁명 원칙에 사회학이 관심을 가지는 것이 중요하다는 견해를 밝혔다.

> 혁명적 종교의 운명은 무엇인가? 그것은 어떻게 될 것인가? 입법가와 정치인의 더 많은 관심을 끌어야 할 질문임이 분명하다. 현재 국가들이 겪고 있으며 한 세기 이상 여러 사회를 괴롭혀 온 모든 난제는 사회의 전통적 구조를 새로이 떠오르는 무의식적 열망에 맞추는 일이 어렵기 때문에 빚어진 것이 아닌가?[11]

둘째, 이런 점에서 보면 뒤르켐은 또한 콩트의 실증주의적 유산의 계승자이기도 하다. 콩트식의 실증주의는 '실증주의적' 과학을 통해서 세상을 인식적으로 파악하는 것 이상의 무엇이었다. 그의 실증주의는 바로 위대한 존재, 즉 인류 혹은 인간 사회를 대상으로 하는 신흥 종교와 그 종교적 역법을 완비한, 합리성과 과학에 근거를 둔 '인류적 종교'라는 새로운 세계질서의 형성을 목표로 하는 것이었다. 따라서 프랑스 혁명과 콩트는 사회학에 궁극

10) Albert Mathiez, *La Théophilanthropie et le culte décadaire*(Paris: Alcan, 1903); Albert Mathiez, *Contributions à l'histoire religieuse de la Révolution française*(Paris: Alcan, 1906). 또한 다음의 제목으로 내가 쓴 이 책 5장을 보라. 〈뒤르켐, 마티에(Mathiez), 그리고 프랑스 혁명: 한 사회학적 고전 작품의 정치적 맥락의 이해〉.

11) "The Principles of 1789 and Sociology", in Edward Tiryakian, ed., *The Phenomenon of Sociology*(New York: Appleton-Century-Crofts, 1971) p. 43. 뒤르켐의 이 글은 1890년《교육학 리뷰》(*Revue de l'Enseignement*)에 처음으로 실렸다.

적으로 실용적인 정당성을 부여하기 위한 — 다시 말하면, 세속화되었지만 도덕적인 사회 질서를 위한 적합한 통합력을 찾아낼 사회학을 위한 — 뒤르켐 프로젝트의 배경에 숨어 있는 영감의 원천이었다. 결과적으로, 뒤르켐과 그와 함께 일했던 걸출했던 신진 학자들이 왜 엄청난 시간과 노력을 종교적 현상에 대한 주의 깊은 연구에 쏟았는지를 이해하기 위해서는, 시민 종교에 대한 탐색이 그러한 노력을 기울이도록 만든 하나의 주요한 원인이었음을 인식해야 한다.[12)] 시민 종교에 대한 탐색을 염두에 두지 않는다면, 그러한 노력은 탈종교계급화, 진보적 공화주의, 조레스식의 사회주의(이 장의 각주 8 참조-옮긴이), 그리고 심지어는 교권 반대주의에 대해서 뒤르켐이 공감했다는 사실과 모순을 이루는 것으로 보일 것이다.[13)]

뒤르켐의 마지막 저서《종교 생활의 기초 형태》는 뒤르켐 사회학의 성공적인 완결편으로 여겨지기는 하지만, 근대 세속사회를 규범적으로 결속시킬 수 있는 무엇인가를 제공한다는 그의 필생의 프로젝트를 완성시켰다고 볼 수는 없다. 프랑스는 제1차 세계대전의 상처를 딛고 일어섰고, 1914년 '신성 연합'(union sacré)[3]이라는 보기 드문 도덕적 통합을 이뤄 내기도 했지만, 경제적으로는 튼실했지만 도덕적 깊이가 얕았던 제3공화정은 전후의

---

12) 뒤르켐의 편집권 아래에서 출판되었던《사회학 연보》에 대한 자세한 조사를 통해서 난단(Nandan)은 12권에 실린 총 2,073건의 논평 가운데 '종교사회학'이 단일 항목으로는 가장 많은 581건으로 28%를 차지한다는 사실을 확인했다. Yash Nandan, *L'Ecole Durkheimienne et son opus*(Paris: Microéditions du Centre National de la Recherche Scientifique, 1975), p. 121.

13) 1905년 논란을 빚었던 '콩브 법'(loi Combes, 교회와 국가를 분리시키고 또한 가톨릭 교회로부터 학교를 분리시켰던 법)에 대한 공적 토론 와중에, 뒤르켐은 진보 색채를 띤 '도덕적 행동을 위한 연합'(l'Union pour l'Action Morale)의 한 회의에서 다음과 같이 언급했다. '사회학적인 관점에서 보면 교회는 하나의 괴물이다.' 이 말이 무슨 뜻인지에 대해서, 그는 가톨릭 교회가 광범위한 영역과 여러 차원의 사회적 구성 요소를 차지하고 있는 것을 감안하면 그 지적, 도덕적 균일성을 이미 오래전에 잃어버렸기 때문에, 제안된 법안이 그가 보기에는 교회의 분화를 촉진하는 유익한 효과를 발휘할 것이라고 설명했다. 이와 관련해서는 다음의 출처를 보라. *Libres Entretiens*, 13: 7(May 1905), pp. 368-370.

평화로운 시기를 버텨 내기가 힘겨웠다. 이전에 뒤르켐을 널리 알리는 데 힘썼고 (뒤르켐 학파를 키워 낸 양성소였던) 파리고등사범학교장이 되었던 셀레스탱 부글레(Célestin Bouglé)[4]가 1940년 파리에 독일군이 진주했을 때 사망했다는 것은 상징적인 일이다. 제3공화정은 전쟁에서 패하기 이전부터 생명력을 상실했는데, 그 이유는 무엇보다도 뒤르켐이 추측했던 것처럼 도덕적 진공 상태를 채울 수 없었던 사회가 내부로부터 폭발했기 때문이다.

앞의 내용은 에밀 뒤르켐의 특징에 대한 요약 진술로는 충분했다고 본다. 이제 그의 역작 혹은 그의 사회학이 어떤 발전을 거쳤는가에 대한 연대기적이고 서술적인 요약을 제시하기보다, 이 장을 세 가지의 접근법에 따라서 구성하려고 한다. 첫 번째 도입부에서는 그의 보르도 시절 초창기와 그 당시 프랑스 사회의 전반적인 맥락에 대해서 살펴볼 것이다. 두 번째 접근을 통해서는, 그의 작품에 반영되어 있으며 그의 분석적 작업에 틀을 제공했던 주요한 지적 영향력 가운데 일부를 다룰 것이다. 마무리하는 세 번째 부분에서는 뒤르켐 사회학의 방법론적 측면에 대해서 고찰할 것이다. 뒤르켐이 사회학을 근대화시킨 기념비적인 학자라고 할 수 있다면, 그 가장 중요한 이유는 그가 사회학에 최초로 — 몇몇의 기술적 요령만이 아니라 사회 현상에 접근하는 총체적인 방법론을 수반하는 — 종합적인 과학적 패러다임을 제공했기 때문이다.

I

1887년 보르도 대학 문학부에서 일어났던 일상적인 일 가운데 하나는 교수 가운데 새로운 학장을 선출하는 것이었다. 동료의 지지와 존경을 받았던 알프레드 에스피나(Alfred Espinas)[5]가 어렵지 않게 학장직을 차지했다. 10년 전에 그는 자신의 사회생물학에 콩트식의 실증주의 접근방식이 자극이 되었음을 대담하게 밝힌 박사논문 〈동물의 사회〉(Les Sociétés Animales)를 준비하면서 상당한 논란을 불러일으켰는데, 그 결과 출판본에서 콩트에 대한 주석을 삭제한 뒤에야 논문이 통과되었다. 1870년대에는 전통주의자가 여전히 학계와 정계에서 상당한 영향력을 행사하고 있었기 때문에 대학에서 실증주의와 같은 세속적인 노선은 문제시되었다. 하지만 1880년대에 들어서 프랑스의 정치 분위기는 급진 공화주의자가 확고하게 자리를 잡으면서 좌경화하였다. 급진 좌파는 혁명적 자코뱅주의(Jacobinism)[6]의 영향을 받아, 반교권주의, 이성주의, 그리고 정치 권위의 집중과 국가 개입〔혹은 국가주의(statism)〕을 선호하는 입장이었다. 제3공화정의 급진 좌파 주류를 미국의 뉴딜 정책을 이끌었던 민주당에 비유하는 것은 크게 무리한 일은 아니며, 제1차 세계대전 이전 프랑스에서 극좌파로 분류되는 사람들은 상이한 정치적 신념을 가졌던 급진 공화주의자나 사회주의자로 — 예를 들면, 좌파 공화주의자였던 강베타(Gambetta)와 클레망소(Clémenceau) 혹은 사회주의자였던 게드(Guesde)와 조레스(Jaurès) — 이들은 여러 시기에 걸쳐서 나타났다.[14)]19세기 프랑스 좌파에 영감을 제공한 원천이자 주요 이론가는 마르크스가 아니라〔공산당이 설립된 뒤 노동운동을 주도하고 당 기관지 《인류》(*L'Humanité*)를 발간하기 이전의 프랑스 사회주의 계열에서는 마르크스는 그다지 의미 있는 인물로 받아들여지지 않았다〕 피에르-조제프 프루동(Pierre-Joseph Proudhon)이었다.[7] 공화제 정부에 반대하는 우파 쪽에는 구질서의 복원을 주장하는 두 가지 주요 정파인 왕당파와 나폴레옹을 중심으로 하는 보나파르트주의자가 있었지만, 시간이 흐를수록 그 세력은 줄어들었다. 우파와 극좌파는 대규모 자본주의 그리고 급진주의자에 의해서 채택되었던 제국주의 팽창 외교정책

14) 미국과의 비교를 확장하면, 조레스식 사회주의는 민주당의 ADA〔민주적 행동에 찬성하는 미국인(Americans for Democratic Action)〕파 노선과 구조적인 유사성이 있다. 마르크스주의와 직접적인 연관이 있는 게드식 사회주의는 정당 정치의 의회 공간에서 찾아볼 수가 없다.

을 반대한다는 공통점이 있었으며, 다양한 국가적 사안에 대해 경우에 따라서 협력했지만, 그런 제휴가 오래 지속되지는 않았다. 프랑스 의회는 '기회주의자' 때문에 권모술수에 찌든 채 미궁에 빠져들었다. 정부는 여러 차례 전복되었지만, 중간 관료층은 무너지지 않았으며, 급진적인 지역 봉기, 보나파르트주의자의 쿠데타 혹은 농촌 중심의 구질서 복원 운동의 위협이 반복되는 와중에도 1876년 이후로 공화주의의 대의명분은 지속되었다.

하지만 역사를 뒤돌아보고 지혜를 얻은 뒤에야 이런 진술을 할 수 있는 것이다. 공화정은 심각한 두 가지 위기를 겪었는데, 그중 하나는 뒤르켐에게 눈에 띄는 영향을 미치지는 않았지만, 다른 하나는 뒤르켐과 그의 학파에 기대하지 않았던 호재가 되었다. 첫 번째는 뒤르켐의 보르도 시절 초기에 일어났던 불랑제(Boulanger) 장군[8]의 실패한 쿠데타였는데, 이 쿠데타는 나라를 내전의 늪으로부터 구출해 내는 전형적인 — 잔 다르크로부터 나폴레옹을 거쳐 1940년의 페탱과 1958년의 드골에 이르는 — 프랑스 스타일의 군사 영웅을 중심으로 권력을 잡는 데 거의 성공할 뻔했었다. 두 번째 위기는 불랑제의 쿠데타 이후 10년 뒤에 발생한, 20세기 직전 프랑스 사회의 온갖 균열과 갈등을 노출시켰던 드레퓌스 사건이었다. 드레퓌스를 옹호하던 측이 승리를 거두지 못했더라면 프랑스 고등교육계의 권력 구조는 급격한 변화를 겪었을 것이며, 뒤르켐은 센 강변의 파리에서 성공을 거두기보다는 가론(Garonne) 강변의 보르도에 머물며 쇠퇴했을 것이다.

에스피나에 대한 얘기로 돌아가면, 보르도 대학은 자격증을 얻기 위해서 학점을 이수할 필요가 있는 교사에게 문호를 개방했는데, 바로 에스피나가 교육학에 대한 집약적인 과목을 개설할 책임을 지고 있었다. 이런 교육 과정 혁신은 아주 성공적이었지만 이 때문에 1887-1888학년도에 에스피나가 행정 업무에 전적으로 매달려야 했으며, 따라서 그를 대체할 수 있는 사람을 뽑아야 했다. 당시 교육부에서 고등교육 업무에 대한 책임을 맡은 지 얼마 되지 않았던 전 보르도 대학 교수 루이 리아르(Louis Liard)가 그 자리에 알맞은 사람을 알고 있었기에 채용에는 긴 시간이 걸리지 않았다. 당시 그 사람은 트루아(Troyes)[9]에 있는 국립 고등학교에서 교편을 잡고 있으면서 독일 사회과학의 새로운 경향에 대한 몇 편의 뛰어난 논문을 발표했었다.[15)]

리아르는 진보주의자이자 근대화론자였으며 다른 진보적 지식인과 함께, 1870년 독일이 프랑스에 참패를 안긴 것[10]은 독일이 프랑스보다 훨씬 앞서서 제도적인 근대화를 이뤄 냈기 때문이라는 결론에 이르렀다. 특히, 독일의 고등교육은 프랑스와 영국을 추월한 '독일의 기적'을 이뤄 내는 데 일정한 역할을 감당했다. 두 세대 전만 해도 나폴레옹에 의해 무력하게 장악되었던 독일은 1870년대와 80년대에 들어서 가장 진취적이고 활기찬 근대국가로 탈바꿈했다. 독일의 기술력, 산업 성장, 조직적인 규율의 배후에는 새로운 과학적, 실증주의적 접근 방식을 역사학을 비롯한 거의 모든 학문 분야에 적용시켰던 대학 제도의 힘이 있었다.

독일에게 알자스와 로렌 일부를 병합당한 경험이 있는 동부 지역 출신으로 이뤄진 한 부류의 프랑스인들은 '잃어버린 영토'를 수복하는 것 그리고 독일의 통치로 훼손된 국토의 한 부분이 겪은 곤경을 국가적 비전에 확고히 반영하는 것에 헌신적이었다. 이 부류의 사람들이 제3공화정 기간 프랑스 민족주의의 한 중요한 원천이 되었다. 같은 지역 출신이지만 또 다른 부류의 사람들은 프랑스가 독일의 발자취를 따라서 근대화를 이뤄 내야만 한다는 상이한 교훈을 얻었다. 근대화를 이루기 위해서는 교육을 비롯한 공

15) 뒤르켐은 시간이 흐른 뒤 보르도에 자리를 얻었던 것이 리아르 덕분이었다고 인정했다(이와 관련해서는 다음 출처를 보라). "L'Etat actuel des études sociologiques en France"(1895) in Emile Durkheim, *Textes*(Paris: Les Editions de Minuit, 1975), comp. Victor Karady, vol. 1, p. 53(이후로는 '*Textes*'라고만 쓰고 해당 권 번호를 부기한다). 중요한 부처인 교육부에 있었던 리아르는 뒤르켐이 교직에 있는 동안 그의 확고한 지지자였다. 그는 뒤르켐보다 나이가 많았지만 그보다 더 오래 살았다. 리아르의 관심을 끌었던 뒤르켐의 논문 두 편은 다음과 같다. "La science positive de la morale en Allemagne"(1887) in *Textes* I, pp. 267-343 ; "La Philosophie dans les universités allemandes"(1887) in *Textes* III, pp. 437-486.

공 영역에서 〔비스마르크가 문화투쟁(Kulturkampf)을 통해서 시도했던 것처럼〕 가톨릭 교회의 권위를 세속화시킨 뒤 몰아내야 했다. 프랑스의 내부 근대화를 이뤄 낸 위대한 인물은 두 차례 수상직을 역임했던 동부 지역 출신의 쥘 페리(Jules Ferry)로, 그는 특히 무상 의무 공교육의 제공을 내용으로 하는 교육법 제정과 교사들에 대한 적절한 봉급 지급 등의 내정 개혁을 통해서 명성을 얻었다. 하지만 거의 한 세기 뒤의 미국 대통령 린든 존슨과 마찬가지로, 그의 주요한 사회 개혁은 인도차이나 분쟁에 대한 공공의 부정적인 반응 탓에 퇴색되었다.[11]

1880년대의 프랑스 교육부는 1960년대나 70년대의 미국 교육보건복지부에 비견될 만큼 역동적이고 개혁적인 부처였다. 매년 엄선된 유망한 젊은 학자에게 독일에서 한 학기 동안 연구할 수 있도록 방문 여비를 지급함으로써 그들이 프랑스의 교육 과정과 또한 특별히 연구 방식을 개혁할 수 있는 새로운 아이디어를 배워 올 수 있도록 했다. 리아르가 보르도 대학의 빈 자리를 채우기에 적합하다고 여겼던, 국립 고등학교에서 교편을 잡고 있던 교사도 바로 그 장학 혜택을 받아서 마르부르크, 베를린, 라이프치히에서 유익한 시간을 보냈으며 마지막에는 빌헬름 분트(Wilhelm Wundt)[12]가 열었던 유명한 세미나에 참석하기도 했다. 독일에 병합되는 것을 모면했던, 로렌의 한 지역에서 1858년에 태어난 이 대학강사가 바로 다비드 에밀 뒤르켐(David Emile Durkheim)이었다.

학술지에 실린 논문 말고도 뒤르켐에게는 다른 확실한 학문적인 자격이 있었다. 프랑스의 여느 공립학교 교사와 마찬가지로 교육부에 보관된 그에 대한 서류철에는 그의 상급자들이 내린 평가가 포함되어 있다.[16)] 어디를 가든 뒤르켐은 호의적인 추천을 받는 학자였다. 그를 가르쳤던 사람들은

16) 교육 공무원으로서의 뒤르켐의 삶을 정리한 서류철은 파리의 국립 문서보관소에 있다. 나는 이 서류철과 함께 보르도의 지롱드 주 문서보관소(Archives Départmentales de la Gironde at Bordeaux)에 있는 그의 서류철을 참고했다.

그의 장래가 촉망된다고 생각했던 것 같다. 그리고 뒤르켐은 제3공화정의 혁신적인 교육자를 비롯한 가장 중요한 인재 가운데 일부를 배출했던 엘리트 양성소인 파리고등사범학교의 졸업생이었다. 제3공화정은 파리고등사범이 전략적으로 중요하다고 여겼는데, 그 이유는 일선 교실이 학생에게 공화주의적 대의명분을 교육시키고 그들로부터 전통적 사고방식을 없애기에 이상적인 장소라고 생각했기 때문이다.[17] 제3공화정이 '교수 공화국'이라는 별칭을 얻을 정도로 파리고등사범이라는 교육기관의 도움을 받았다는 것도 과언이 아닌데, 왜냐하면 공화정의 주요 정치 지도자 가운데 많은 사람이 학문적인 훈련을 받은 지식인이었기 때문이다.[18]

지원서를 검토하면서 리아르는 뒤르켐의 졸업 직후 저명한 역사학자인 퓌스텔 드 쿨랑주(Fustel de Coulanges)[13]가 평가서에 썼던 것처럼 뒤르켐이 파리고등사범에서 우수한 학생이었음을 쉽사리 알 수 있었다.

> 탁월한 학생임; 놀랄 만한 성숙함, 그리고 타당성과 창조성을 겸비한 강한 지성을 갖췄다. 그는 철학적 연구, 특히 심리학에 뛰어난 적성이 있다. 그를 가르친 선생들이 그를 높이 평가한다. 고등사범은 가장 열심히 학업에 임하는, 한 학년에서 가장 뛰어난 학생에게 주는 아돌프 가미에(Adolphe Gamier) 상을 그에게 수여했다.[19]

---

17) 공화정은 이런 교육 목표를 국내와 식민지 모두에서 주요 정책으로 삼았다. 식민 정책과 관련해서는, 식민화 이데올로기의 상당 부분이 세속적인 교육을 통한 페리(Ferry)식 근대화 정책이라는 연장선에 놓여 있었다. 이와 같은 정책을 상징적으로 나타내는 것이 당시 프랑스령 서아프리카 교육 감독관이었던 조르주 아르디(George Hardy)가 저술한 다음 책이다. *Une Conquête Morale: L'Enseignement en A. O. F.*(Paris: Armand Colin, 1917). 게다가 프랑스령 아프리카에 우수한 관료와 함께 완성도 높은 '식민지 동화' 정책을 제공했던 세네갈의 윌리엄 폰티 고등사범학교(École William Ponty)는 파리고등사범학교를 본떠 만들어진 것이었다.

18) 다음 출처 참조: Albert Thibaudet, *La République des Professeurs*(1927; Paris: Editions André Sauret, 1973).

19) 1882년 10월 14일자의 편지로 국립 문서보관소의 뒤르켐 관련 서류철에 보관되어 있다. 이 서류철을 보면 뒤르켐에 대한 이러한 평가는 세월을 따라 일관되게 축적되어 갔

여기에서 주의해야 할 것은 프랑스 교육 과정에서 '철학'이란 논리학과 형이상학만이 아니라 인간의 본성과 사회를 포함해서 인간이 처한 제 조건을 반영하는 것으로 여겨지는 모든 것을 아우른다는 점이다. 제3공화정에서는 철학이 이전에 신학이 차지했던 위세를 가지고 있었기 때문에 철학을 강조하는 풍조는 공화정의 이념과도 무관하지 않다. 뒤르켐은 철학자로서 훈련을 받았고, 〔《철학 리뷰》(*Revue Philosophique*), 《형이상학과 도덕 리뷰》(*Revue de Métaphysique et de Morale*)와 같은〕 주요 철학 학술지에 논문을 게재했으며, (1901년에 출범했던) 명성이 높은 프랑스 철학원(Société Française de Philosophie)에 참여했고, 또한 그의 일생을 통해서 도덕 철학에 관련된 질문에 관심을 가졌다.[20)]

도덕 철학은 뒤르켐이 살던 당시에 아주 대중적인 주제였다. 학문적인 주제로서만이 아니라 이념적인 중요성을 가지기도 했었다. 제3공화정에게 중요한 문제는 정당성을 확보하는 것이었다. 공화정과 그 정부 형태 배후의 사회 질서가 프랑스인에게 진정으로 받아들여지려면 국가가 시민을 위해서만이 아니라 또한 시민을 지배하기 위한 도덕적 권위를 가질 필요가 있었다. 가톨릭 교회가 군주제의 배후에서 도덕적 권위를 제공했었다는 사실을 누구나 알고 있었던 탓에, 교회(특히 교회 지도층)는 공화정의 1870년대 이후의 국가 확립을 위한 노력에 동참시킬 수가 없었다. 따라서 공화정은 교권 개입에 반대하는 가톨릭 자유주의자, 개신교도, 유대교도, 그리고 프리메이슨주의자를 주요 지지자로 삼았다.

다. 따라서, 1899-1900년 뒤르켐에 대한 보고서에서 보르도 대학의 처장(행정 총책임자)은 다양한 평가 항목에 다음과 같이 기록했다. '인성, 행동, 사회적 습성 — 우등한 자질, 주도적이며 권위 있음 ; 현명함과 판단력 — 놀라울 만큼 왕성한 지성 ; 교육 — 강력하고 체계적인 창조성을 지녔음 ; 행정 능력 — 학교장에 어울리며 실질적인 세부 사항을 챙기는 것보다는 이론가에 가까움.'

20) 이와 관련해서는 다음 책들을 참조: Ernest Wallwork, *Durkheim, Morality, and Milieu*(Cambridge: Harvard University Press, 1972); Robert N. Bellah, ed., *Emile Durkheim on Morality and Society*(Chicago: University of Chicago Press, 1973).

그 결과 공화정이 들어선 프랑스에서는 철학, 도덕, 도덕 교육에 많은 관심을 기울였다 — 이렇게 한 것은 지식 분야에 관심이 덜해서라기보다는 전통적인 교회의 가르침을 대체할 무엇인가를 찾으려는 실용적인 고려에서 비롯된 현상이었으며, 공화정을 정당화하고 취학 연령대의 새로운 세대를 가톨릭 교회의 도덕적 권위로부터 떼어 냄으로써 폭넓은 지지를 얻어 내기 위한 것이었다. 이와 관련해서, 사회를 한데 묶어 줄 새로운 도덕적 결속력을 찾는 것과는 판이하게 다른 두 가지의 삭막한 방법이 있었다. 한편으로는, 제1·2공화정에 실제로 닥쳐 왔던 것처럼, 1인 지배라는 권위 없는 권력이 현실화될 수도 있었다. 다른 하나는, 〔혁명 기간에는 에베르(Hébert)가 그리고 1870년에는 파리코뮌주의자들 대신 발레스(Vallès)가 이끌었던 상퀼로트(Sans-Culottes)[14] 운동을 대체하기 위해서 발전된〕 급진적인 대중적 이데올로기가 무산계급 봉기, 난동, 그리고 폭력적인 갈등이라는 공포를 불러올 수도 있었다. 따라서, 제3공화정은 무법 상태나 전통적인 독단주의에 맞설 대안으로, 우주와 사회 질서가 어떻게 이루어지는지 합리적으로 탐색하는 철학을 선택했던 것이다. 그러므로, 뒤르켐이 고등사범에서 철학 교육을 받았으며 졸업 후 철학을 가르쳤다는 사실은[21)] 교육학을 가르치던 에스피나를 대체할 수 있는 추가적인 자격이 있음을 뜻하는 것이었는데, 왜냐하면 1887년 당시의 철학은 오늘날 철학보다 '실제 세상'을 더 많이 다루었고 현안을 논하는 데 더욱 유의미한 것으로 여겨졌기 때문이다.

따라서 교사들에게 교육의 원칙을 가르치는 교육학 교습이 뒤르켐이 보르도 대학에서 수행했던 기본적인 업무였다. 그 과목을 물려준 단과대 학장

---

21) 뒤르켐은 교사 임용고시를 통과한 뒤 퓌(Puy) 고등학교에서 철학 교사로 첫 교편을 잡았다. 그는 1882년 10월 1일에 그 학교에서 일하기 시작했지만 한 달이 채 못 되어서 상스(Sens)에 있는 더 중요하게 여겨지는 고등학교로 옮겼다. 1884년 1월, 생캉탱(St. Quentin)으로 전출되었고, 1885-1886학년도에 1년 휴가를 보낸 뒤, 보르도 대학에서 보수 4천 프랑을 받는 강사로 임용되었다는 소식을 전해 들었던 1886-1887학년도에는 트루아(Troyes)에서 가르치고 있었다.

에스피나는 그에게 무슨 과목을 더 가르치고 싶은가를 물었다. 젊은 학자 뒤르켐은 망설임 없이 답장에 다음과 같이 썼다: "저는 **사회과학**에 대해서 누구나 수강할 수 있는 강의를 개설하고 싶습니다. 〔…〕 강의 주제는 **사회적 연대**로 잡으려고 합니다"22)

에밀 뒤르켐은 1887년 가을 보르도 대학 교수로 임용되었고, '사회과학'에 대한 특별강의를 개설하기 시작했다. 7년 뒤, 에스피나가 소르본으로 자리를 옮기면서 교수직 하나가 비게 되었다. 뒤르켐이라는 별은 계속 떠올랐으며 보르도 대학에 들어간 지 10년이 못 되어서 부유하지 못한 형편에서 살고 있던23) 정통 랍비의 아들인 그는 사회과학부의 첫 번째 학과장의 자리에 오를 정도로 학문적인 성장을 이뤄 냈다. 그의 아버지는 에밀의 학문적인 성공을 지켜보지 못하고 세상을 떴지만, 어머니 멜라니 이지도르 뒤르켐(Mélanie Isidor Durkheim)은 파리고등사범 1882년 졸업생 가운데 유일한 유대인이었던 그녀의 아들이 대학교수가 된 것에 대해서 큰 만족을 얻었을 것이다. 그녀는 뒤르켐이 소르본으로 옮기기 한 해 전인 1901년 사망했다. 1902년 뒤르켐에게는 다시 한 번 비슷한 일이 생겼다. 1887년에 그랬던 것과 꼭 마찬가지로, 뒤르켐은 교육학을 가르칠 사람이 필요했던 소르본으로 옮기게 되었는데, 도덕 교육 학과장을 맡고 있던 페르디낭 뷔송(Ferdinand Buisson)이 당시 새로 들어선 콩브(Combes) 정부에서 장관직을 맡게 되면서 뒤르켐이 그의 자리를 차지하게 된 것이다. 그가 학계의 최상의 위치에 오르게 된 것은 그가 거뒀던 압도적인 성취 때문만이 아니라 유대인 지식인에게 제3공화정이 재능을 통해서 성공하기에 유리한 여건을 제공한 때문이기도 했다. 이런 면에서 뒤르켐과 비슷한 처지에 있던 인사 가운데 일부를 꼽

22) 지롱드(Gironde) 주 문서보관소에 있는 뒤르켐 서류철에 포함된 날짜 미상의 편지에서 인용.

23) 파리에 있는 뒤르켐의 서류철에 포함된 1880년 1월 7일자로 기록된 한 편지에서 유대교 프랑스 중앙회의 랍비장이 뒤르켐의 부친이 부담하기 어려운 파리고등사범 1학년생 뒤르켐의 의복비와 세탁비 400프랑을 면제해 줄 것을 교육부 장관에게 요청했다.

아 보면 대체로 알자스 아니면 로렌 출신으로 앙리 베르그송(Henri Bergson), 뤼시앵 레비브륄(Lucien Lévy-Bruhl), 에밀 메이에르송(Emile Meyerson), 레옹 블룸(Léon Blum), 앙리 베르(Henri Berr), 레옹 브룅슈비크(Léon Brunschvicg), 그리고 자비에 레옹(Xavier Léon) 등을 들 수 있다.[24)]

초기에 그가 대학 강의를 어떻게 했는지 살펴보는 것은 시의적절한 일인데 왜냐하면 갓 서른이 되어서 교수로 임용되었던 그가 놀라울 정도로 사회학적인 사상을 잘 갖추었다는 사실을 알 수 있기 때문이다. 나는 초기 형성기의 보르도 대학 시절을 집중적으로 다룰 것이며, 따라서 '후기' 뒤르켐에 대해서는 논하지 않을 것이다.

그의 첫 번째 사회학 강의는 그가 표명했던 대로, 사회적 연대라는 주제를 다루었다.[25)] 2년차 때 그는 '가족사회학 개론' 과목을 개설했는데 그 첫

---

24) 내가 굳이 이 점에 대해 언급하는 것은 루이스 코저(Lewis Coser)의 책에서 뒤르켐에 대한 장이 잘 쓰여지기는 했지만 '스페인이나 포르투갈계의 유대인 소년이었다면 프랑스의 세속적인 문화에 발을 들이는 것에 아무런 무리가 없었겠지만, 중북부 유럽계의 유대인이었던 뒤르켐에게는 쉽지 않은 일이었다'고 기술하는 실수를 했기 때문이다(*Masters of Sociological Thought*, New York: Harcourt Brace Jovanovich, 1977, p. 162. 이 책의 번역서가 우리나라에서는《사회사상사》라는 제목으로 일지사를 거쳐 시그마프레스에서 출간되었다-옮긴이). 지멜과 프로이트가 대학교수직에 오르지 못하도록 했던 반유대주의 정서가 팽배했던 독일이나 오스트리아와는 달리, 프랑스는 공화정의 대의를 추구하는 데 도움이 되고자 하는 누구에게나 문호를 개방하였다. 더구나 게르만 민족으로 구성된 나라와는 달리, 프랑스에서는 유대인이 사회진출에 제약을 겪지 않았고 오히려 배후에서 도움을 받았다. 이와 관련해서는 다음 책을 참조하라. Philippe Bourdrel, *Histoire des Juifs de France*(Paris: Albin Michel, 1974) esp. pp. 162-225. 반유대주의가 드레퓌스 사건을 둘러싸고 터져 나온 것은 확실하며 드뤼몽(Drumont)과 모라스(Maurras)와 같은 강경 지지자가 있었던 것은 사실이지만, 진보성을 견고하게 유지했던 정부와 고등교육기관 내부에는 그 영향력을 끼치지 못했다. 내가 조사한 바로는 뒤르켐은 그의 가족의 고향인 에피날(Epinal)에서 학문적인 집이라고 할 수 있는 파리와 보르도로 옮겨가는 데 어려움을 겪지 않았다. 만약 뒤르켐, 브룅슈비크, 레비브륄, 베르와 다른 유대인 지식인이 제3공화정에서 강력한 지지를 받았다면, 그것은 정부가 그들로부터 신뢰와 정당성을 인정받는 대가로 재능만 있으면 차별을 겪지 않도록 한 데에 일정 원인이 있다.

25) "Cours de science sociale. Leçon d'ouverture" 참조. 이 글은 J. C. Filloux의 다음 편저서에 재수록되었다. *La science sociale et l'action* (Paris: Presses Universitaires de France,

강의에서[26] 그해 그가 다룰 연구과제가 무엇인지 소개했다. 그가 제시한 요약을 보면 사회학을 형성한 초기의 문제의식인 사회적 연대에 대한 질문이란 바로 '사람들을 묶어 주는 유대란 무엇인가, 즉 무엇이 사회적 집합체의 형성을 결정하는가?'를 알기 위한 것이었다.[27]

그가 후기 연구에서 흔히 보이는 특징이기도 하지만, 뒤르켐은 그 질문에 대해서 심리학적인 대답을 제시하려고 하지 않았다. 다양한 종류의 사회가 있는 것처럼, 다양한 형태의 사회적 연대가 존재한다. 우리가 현재 가지고 있는 불완전한 과학적 지식 상태로는 똑 부러지게 분류하는 것이 다소 임의적이기는 하겠지만, 과거와 현재의 모든 사회를 보면 두 가지의 주요 형태가 두드러짐을 알 수 있다. 첫 번째는 정치적인 조직을 갖추고 있지 않은 '부정형'의 사회인데, 방랑하는 친족 집단에서 도회지에 거주하는 무리에 이르는 다양한 모습을 보인다. 두 번째는 도시와 함께 나타나서 결국 대규모의 현대 국가를 이루는 데서 최고점에 이르며, 정치적 조직 혹은 정부가 그 특징적인 모습이라고 할 수 있는 유형이다. 뒤르켐은 각각 유형의 사회마다 각기 다른 형태의 사회적 연대를 가지고 있다고 말한다. 하나의 유형은 동질적인 심성 그리고 공동체적 사상과 감성에 기인하며, 다른 유형은 기능의 분화와 노동 분업으로부터 말미암는다.[28] 전자의 영향 아래에서는, 말하자

1970), pp. 77-110.

26) "Introduction à la sociologie de la famille" 참조. 1888년 처음 출판되었으며 *Textes* III, pp. 9-34에 재수록되었고, 이 인용의 출처이기도 하다.

27) 같은 책, p. 9. 사회학의 근본적인 주제에 대해서는 다음 책이 잘 다루고 있다. Robert A. Nisbet, *The Social Bond*(New York: Alfred Knopf, 1970). '연대'라는 주제는 공화정의 사회정책의 근간이었다는 사실을 지적해야 겠다. 이에 대한 첫 번째 주요 탐색에 대해서는 앙리 마리옹(Henri Marion)의 *De lat Solidarité Morale, Essai de Psychologie Appliquée*(Paris : Germer Bailliere, 1880)를 보기 바란다. 마리옹의 책은 공화주의적 기질과 열망에 대해서 대단히 잘 묘사했기 때문에 도덕 교육 분야의 장의 자리가 소르본에서 그를 위해 마련되었으며, 그 자리는 뷔송(Buisson)의 뒤를 이어서 이후 뒤르켐이 차지한다. 이에 대한 더 깊은 논의를 보려면, 이 책 7장, 〈뒤르켐, 연대, 그리고 9.11〉을 보기 바란다.

28) "서론", *Textes* III, p. 10.

면 개인이 집단에 녹아들게 되지만, 후자의 경우에는 각 개인이, 비록 전체를 온전하게 만들기 위해서 다른 이들이 구체적으로 어떤 기여를 하는가에 의존적이기는 하지만 독자적인 행위 영역을 가지고 있다.

뒤르켐은 전자를 '기계적' 그리고 후자를 '유기적'이라고 이름 붙였는데, 비록 전자가 원시적인 사회에 그리고 후자는 근대적인 사회에 팽배한 형태이기는 하더라도, 분석적인 특징으로 간주해야 할 것이라고 말했다. 사회의 영역이 작으면 작을수록, 차이를 압도하는 더 많은 유사점이 나타난다. 거꾸로 (인구 규모나 사회적 관계의 측면에서) 사회의 영역이 넓을수록, 희소한 자원을 차지하려는 개인들 사이의 경쟁이 심해지고, 따라서 생존을 위해서 사회적인 분화가 이뤄져야 할 필요성이 더 커지게 된다. 따라서 뒤르켐은 '노동 분업은 사회적 평형을 이루기 위한 기본적인 조건'이며, 따라서 사회적 연대의 변형과 인류 전체 역사의 배후에 있는 주요 요소는 '사회의 크기와 밀도의 동시적인 성장'이라고 말했다.[29)]

다시 말하면, 위에 언급한 명제는 보르도 대학에서 뒤르켐이 1887년에서 1888년에 개설했던 초기 강의에 포함되어 있다. 1893년 그의 주요한 박사 논문인 〈사회분업론, 선진적인 사회 조직에 대한 소론〉(*The Division of Labor, Essay on the Organization of Advanced Societies*)[30)]에 등장하는 개념틀이 이때 이미 제기되었으며, 사용된 용어까지도 동일한 것을 알 수 있다. 뒤르켐이 보르도에서 보낸 첫해는 페르디난트 퇴니에스(Ferdinand Tönnies)의 《공동 사회와 이익 사회》(*Gemeinschaft und Gesellschaft*)가 출간된 해이기도 했다. 그것은 마치 라마르크(Lamarck)와 다윈 — 다윈과 월리스(Wallace)라기보다는 — 이 각자의 진화론을 동시에 들고 나온 것과 비견할 만한데, 왜냐하면 뒤르

29) 같은 책, p. 11.

30) *De la division du travail social. Etude sur l'organisation des sociétés supérieures*(Paris: Félix Alcan, 1893). 조지 심슨(George Simpson)의 영역판으로는 *The Division of Labor in Society*(1933: New York: Free Press, 1966).

켐과 마찬가지로 퇴니에스도 두 가지 형태의 사회적 연대를 다루었기 때문이다. 하지만 뒤르켐과는 달리 퇴니에스는 근대의 대규모 사회의 사회적 연대를 낮게 평가했는데, 왜냐하면 그런 연대는 더 자연스럽고 초기적인 형태인 **공동 사회**와는 동떨어진 인위적인 사회에 불과한, 금전적인 연결을 사회적 관계라고 이름 붙인 자본주의의 일시적인 지배에 불과하다고 봤기 때문이다. 뒤르켐은 1889년에[31] 퇴니에스에 대해서 논평을 했는데 그 기회를 통해서 **공동 사회**의 본질, 의미, 그리고 중요성에 대해서는 그에게 동의하지만, **이익 사회**에 대해서는 두 사람이 평가를 달리한다는 사실을 밝혔다. 퇴니에스는 이런 종류의 사회에서 개인주의가 증폭될 것이며, 또한 이런 사회에서는 내재적인 자발성이 부족하다고 보았다. 국가의 외부적인 자극에 의해서 만들어진 사회적 삶, 그것은 바로 제러미 벤담(Jeremy Bentham)[15]이 생각했던 그런 종류의 사회였다.[32] 반대로 뒤르켐은 근대 사회에서도 초기에 있었던 영역이 작은 사회에서와 마찬가지로 유기적이고 자연적인 삶이 가능하다고 주장했다. 근대 사회와 원시 사회는 다른 두 유형이지만 한 종류에서 갈려 나왔을 뿐이라는 것이다. 뒤르켐은 나아가 이것을 증명하기 위해서는, 독일 논리학자와 같이 유형학과 연역론에 의존하는, 근대적인 형태의 사회를 귀납론에 의거해 연구하는, 즉 이런 형태의 사회적 구조에 연관되어 있는 법과 관습을 연구하는 책을 쓸 필요가 있다고 보았다.[33]

뒤르켐이 서른한 살에 쓴 광범위한 논평의 글은 그의 후기 연구가 어떻게 전개될 것인지를 정확하게 보여 준다. 그는 퇴니에스에 대한 비평을 그의 저작《사회분업론》으로 발전시키는데 이 책은 퇴니에스에 대한 반박의 수준

---

31) 이 논평의 영역본은, 뒤르켐의《사회분업론》에 대한 퇴니에스의 논평과 함께, 베르너 칸만(Werner Cahnman)의 다음 논문에 나와 있다. "Tönnies and Durkheim: An Exchange of Reviews", in Werner J. Cahnman, ed., *Ferdinand Tönnies, A New Evaluation* (Leiden: E. J. Brill, 1973), pp. 239-256.

32) 뒤르켐에 대한 칸만의 글. *Ferdinand Tönnies*, p. 246.

33) 같은 책, p. 247.

을 넘어서 벤담과 관련 있는 영국 공리주의에 대한 비평을 담고 있으며 허버트 스펜서에 의해서 개발된 사회학적 형태를 더 진보시킨 것이었다.

《공동 사회와 이익 사회》가 뒤르켐에게 던져 준 도전은 한 가지가 더 있는데, 그것은 근대의 대규모 사회가 내적 자발성을 가질 수 있느냐, 즉 다시 말하면 사회적 혁신과 재생을 가능하게 하는 진정한 사회적 연대가 이뤄질 수 있느냐에 대한 문제였다. 퇴니에스의 근대 사회에 대한 묘사는, 뒤르켐이 보기에는 집합적 삶의 풍요로움이라는 측면에서 비춰 보았을 때 다소 어두운 것이었다.

> 퇴니에스가 묘사한 사회는 사회주의자가 그린 자본주의 사회이다. 실제로 그는 마르크스와 라살레(Lasalle)를 빈번히 인용하면서 그 사회를 어두운 색채로 그려 놓았다.[34)]

뒤르켐은 퇴니에스와 사회주의자는 근대 사회가 어떻게 조직되는지가 국가에 달려 있다고 파악한다는 점에서 공통점이 있다고 보았다. 즉, 국가는 사회적 삶의 행정적인 처리, 계약의 강제, 그리고 진정성이 있는 사회연결망의 부재로 인해서 개개인의 욕구에 고삐가 풀릴 경우 만인의 만인에 대한 투쟁이 일어나는 것을 막기 위해서 개인의 의지에 한계를 짓는 등의 역할을 수행할 책임이 있다는 것이다. 독일 사회사상가 — 급진 사회주의자든 온건 사회주의자이든 상관없이 — 에게 통제된 자본주의란 국가 사회주의였으며 그 밖의 어떤 것도 될 수 없었다. 국가가 프롤레타리아를 위한 기관이든 아니면 부르주아를 위한 기관이든 간에, 사회를 바라보는 관점은 유사했다.

뒤르켐은 국가에 대해서는 양면적인 입장을 취했다. 그는 중앙 정부가 역사 과정에서 해방자의 역할, 즉 전통과 귀속성의 멍에로부터 개인을 자유롭

34) 같은 책, p. 245.

게 만드는 역할을 수행했다고 생각했다.[35] 의심의 여지없이 이것은 뒤르켐에게도 개인적인 의미가 있는 일이었는데 왜냐하면 바로 제1공화정이 다른 집단, 예를 들면 식민지의 노예나 국내의 유사 농노를 해방시킨 것과 마찬가지로 유대인을 **구체제**(ancien régime)의 제약으로부터 풀어 줬기 때문이었다. 반면 뒤르켐은 건강한 민주적 사회 조직은 개인과 국가 사이에 위치한 다수의 활발한 매개 집단으로 구성된다고 파악했다는 점에서는 토크빌(Tocqueville)의 추종자이기도 했다.[36] 개인만으로는 사회적 삶이 안정성을 가지고 조직화되도록 만들기에는 충분하지 않다. 국가는 적어도 일상의 사회적 세계로부터 한 단계 떨어져 있는 집중화된 정체(政體)로서, 따라서 어떤 의미에서는 국가의 법령이란 외부로부터의 강제인 것이다.

근대 사회에 대해서 퇴니에스와 다른 해석을 내어 놓는 도전은 뒤르켐으로 하여금 **이익 사회**에 대한 진지한 묘사를 할 수 있도록 만들었으며 또한 이후의 긴 세월 동안 뒤르켐의 사회학적 사고에 근원적인 자극이 되었다. 나는 퇴니에스의 근대 **이익 사회**와 같은 사회 개념은 내적 자발성을 결여하고 있다는 뒤르켐의 반박이, 그의 저서《종교 생활의 기초 형태》(1912)에 담겨 있다고 주장한다. 크나큰 파급력을 지닌 그 **책**은 사회 조직의 재건(그리고 혁신)을 위한 전 사회적인 활기의 주기적인 반복과 함께 이뤄지는 사회의 자동적 재생을 '위로부터'가 아니라 '밑바닥으로부터' 다루고 있다. 뒤르켐이 신성성의 발생을 탐구하기 위해서 선택한 (오스트레일리아 원주민의) 국가가 없는 사회는 국가에 대한 유사 종교적 혹은 신비주의적인 견해와 확실히 대비되며, 헤겔로부터 그 이후에는 트라이치케[16]와 심지어는 슈미트[17]에게서

---

35) 뒤르켐의 정치사회학의 상당 부분, 그리고 특히 오늘날의 시민적 자유라고 일컬어지는 것을 만들어 내는 데 있어서 국가의 진보적인 역할은 다음에 소개되는 그의 저서에서 찾아볼 수 있다. *Professional Ethics and Civic Morals*(London: Routledge & Kegan Paul, 1957).

36) 토크빌의 *The Old Regime and the French Revolution*(1856) 그리고 *Democracy in America*(1832)를 뒤르켐의 저서 *Professional Ethics*, 특히 9장과 비교해 보라.

그 영감을 찾는 독일 민족주의의 전통과도 차이를 보인다.

그가 교수 2년차였을 때의 과목으로 돌아가면, 그는 스스로 개설하기를 원했던 가족과 관련한 과목이 어떤 것인지에 대한 생각을 펼쳐 놓았다.[37] 그는 그가 살고 있었던 동시대의 근대 가족, 그 가족을 구성하는 요소, 국가가 결혼과 친족 관계를 어떻게 규정하는지, 그리고 가족의 구성 요소가 그 부분을 상호 연결시킴 — 이 모든 관계의 연결망이 가족의 생활을 이루는 것이다 — 에 있어서 어떤 식으로 기능하는지 등에 초점을 맞추고 싶어했다.[38] 하지만, 그는 첨언하기를, 이러한 해부학적(또는 구조적) 분석은 설명이라고 할 수 없는데 왜냐하면 설명이 이뤄지려면 그 관계의 배후에 있는 **존재이유**(raison d'être)를 밝혀야만 하기 때문이다. 자연과학은 실험이라는 수단을 빌려서 관계의 배후에 있는 원인을 밝혀 내지만, 사회학에서는 이런 방식이 가능하지 않다. 그러나 뒤르켐은 계속 말하기를, 클로드 베르나르(Claude Bernard)[18]가 오래전에 시사했던 바와 같이, 실험에서 본질적인 것은 연구자가 인공적인 현상을 만들어 내는 것이 아니라, 다양한 상황에서 그리고 다양한 형태로 설명되는 대상을 비교하는 것이라고 하였다. 달리 말하자면 과학에서 중요한 것은 상이한 조건 아래에서 하나의 **주어진 사실**을 관찰할 수 있는가이다.[39] 상이한 조건은 연구자로 하여금 한 현상에서 무엇이 본질적인 것이고 무엇이 가변적인 것인지를 알도록 만들어 준다. 만약 실험실에서가 아니라 자연적으로 현상의 다양한 형태가 만들어진다면 그에 대한 비교 연구는 간접적 실험이라고 칭해질 수 있을 것이다.

뒤르켐은 불행히도 현재 우리에게는 다른 형태의 가족에 대한 체계적이고 신뢰성 있는 지식이 없다고 덧붙인다. 따라서 우리는 주요한 가족의 유

---

37) "Introduction à la sociologie de la famille", *Annales de al Faculté des letters de Bordeaux*, 1888: 257-281.

38) *Textes* III, pp. 11-13.

39) 같은 책, p. 13.

형을 분류하고 설명하는 것으로부터 출발해야 하며, 그 유형을 속(genus)과 종(species)으로 나누고, 가능한 한 그것이 형성되고 생존하도록 만든 원인을 찾아내려고 해야 한다.[40] 그러한 과거로부터 말미암은 것에 대한 분류는 우리가 현재를 설명할 수 있게 만들고 또한 더 많은 비교 연구를 가능하도록 만드는데, 왜냐하면 가족 생활의 형태는 — 심지어는 우리가 갖고 있는 관습으로부터 시공간적으로 가장 동떨어진 것이라 할지라도 — 현재의 가족에 그 흔적을 남기기 때문이다. 고등한 사회적 형태는 열등한 것으로부터 진화한 것이므로 전자는 일정한 형성기를 거친 뒤에 후자의 개요를 보여 주는 셈이다. 다시 말하면 근대 가족은 가족의 역사적 발전 전체를 포괄한다.[41)]

가족의 발전에 대한 역사적 장면을 비교 연구하는 것은 오늘날의 가족에 대한 사회학적 분석에서부터 시작하는 것보다 가족의 구성 요소를 따로 떼어 놓고 설명하는 것을 더 용이하도록 만들어 준다. 이미 가족의 개개 구성 요소라는 실타래가 얽히고설켜 있는 오늘날의 가족이라는 장면에서부터 출발하는 것보다는, 역사를 통째로 고찰함으로써 개개의 가족의 종류와 유형을 하나하나 식별해 내는 것이 더 쉬운 일이다. 하지만, 뒤르켐은 단언하기를, 우리의 분석이 아무리 먼 과거로 거슬러 올라간다 하더라도 우리의 시야에서 현재를 놓치지 말아야 한다고 했다. 심지어 가족의 가장 기초적인 형태를 묘사하는 데도 그러한 노력을 기울이는 것은 우리가 가지고 있는 근대 서구의 가족에 대한 설명에 한 걸음 한 걸음 다가서기 위함이다.[42]

뒤르켐이 가족 생활을 설명하기 위해서 사용했던 접근법은 **24년 뒤** 그가 종교 생활을 사회학적으로 설명하고자 했을 때 썼던 연구 절차에 그대로 적용되었다.《종교 생활의 기초 형태》의 도입부에서 그는 종교의 가장 초기적

---

40) 분류(taxonomy)는 뒤르켐의 사회학적 연구의 기본적인 측면이었음을 지적해 둔다.
41) *Textes* III, p. 15.
42) 같은 책, p. 16.

인 형태에 대한 연구로서 종교에 접근하는 것을 정당화하면서 다음과 같이 썼다. '원시 종교에 대한 고찰은 단지 종교의 구성 요소를 분리해 내는 것만을 도와주는 것만이 아니라 종교 자체를 설명하는 것을 촉진시키는 커다란 이점을 제공하기도 한다.'[43] 오늘날의 종교를 이해하기 위해서, 우리는 종교가 무엇인가에 대해서 우리가 가지고 있는 선입견이나 우리의 동시대적인 상황으로부터 말미암은 추상적 이해로부터 연구를 시작하는 것을 피해야 하며, '우리가 꼭 찾아내야 하는 것은 구체적인 실재이며, 그러한 실재는 역사적, 민족학적(ethnological) 관찰로써만 파악할 수 있다'.[44]

내가 이러한 점에 대해 독자들의 주의를 환기시킨 이유는 사회 현상에 대한 뒤르켐의 접근법에 눈에 띄는 지속성이 있음을 알리기 위해서이다. 대학에서의 교육과 연구 생활의 처음부터 마지막에 이르기까지 그는 비교 분석 방법을 강조했는데, 이 방법은 인류학적, 역사적 자료라는 수단을 활용해서 뒤르켐 당시의 서구 사회의 주요한 측면을 이해하기 위해서 사용되었다. 역사적 그리고 민족학적 층위 사이를 연결 짓기 위해서 뒤르켐은 현재 상태는 일련의 발전 단계 가운데 가장 최근의 것이라는 진화론적 입장을 취했다.[45]

이전의 사회 진화론자나 많은 그의 동시대인과는 달리, 뒤르켐은 연쇄적인 사회 진화의 가장 마지막에 등장한 요소 — 즉, 최근의 제도 — 를 이전의 요소에 비해서 도덕적으로 우월한 것으로 여기지 않았다. '원시=열등', '진

---

43) *The Elementary Forms of the Religious Life*(1912; New York: Collier, 1961), p. 19.(이 책의 한글판으로는 노치준·민혜숙 옮김,《종교 생활의 원초적 형태》(1992, 민영사)가 있다-옮긴이.)

44) 같은 책, p. 16.

45) 뒤르켐의 진화론적 사상에 대한 당시까지의 논의는 다음 논문에서 찾아볼 수 있다. Roscoe C. Hinkle, "Durkheim's Evolutionary Conception of Social Change", *The Sociological Quarterly* 17(Summer 1976) pp. 336-346.

뒤르켐에게 하나의 보편적이고 단선적인 진화론적 발전이라는 것은 없으며, 그는 진화를 다수의 사회적 가지(societal branching)를 지닌 나무와 같은 이미지로 파악했다. 나는 그의 입장이 막스 베버가 문명을 바라보는 태도와 유사하다고 생각하는데, 베버는 문명이 일단 형성되고 나면 그것 자체의 내적 발전 논리를 가진다고 보았다.

보=우월'이라는 사고방식은 뒤르켐의 진화론적 문법의 일부분이 전혀 아니었다. 이 점은《종교 생활의 기초 형태》의 도입부에 기술되어 있다.

> 그렇다면 실상 틀린 종교라는 것은 없다. 모든 종교는 그 나름대로 옳은 것이다. 〔…〕 원시 종교가 여타의 다른 종교에 비해서 덜 존중받아야 하는 것은 아니기 때문에, 우리가 원시 종교를 살펴보는 것은 종교 일반을 깎아내리기 위한 것이 아니다.[46]

사회학자로서 뒤르켐은 사회적 삶의 광대한 전경은 통일된 전체라는 비전을 처음부터 가졌다. 달리 말하자면, 근대의 조건을 — 그것이 가족, 종교 혹은 무엇이든간에 — 설명하는 데 관심을 가진 사회학자에게 과거는 현재의 서곡이며 역사와 민족학은 현재의 의미를 풀어낼 자료를 제공하는 것이다.[47] 따라서 사회학적 분석이란 시간과 사회적 공간상 우리의 근대 사회로부터 동떨어져 있는 것을 관련이 있도록 만드는 것이다.

《사회학 연보》 편집진의 핵심을 형성했던 뒤르켐과 그의 추종자에게 적합하게 활용된 역사적, 민족학적 자료는 사회학적 '실증적 자료'로 받아들여졌다. 하지만 이것을 방법론적 혁신이라고 일컬을 수 없는 것은 이미 스펜서가 그의 진화론적 사회학에서 이런 방법을 활용했기 때문이다. 그러나 뒤르켐은 비판적인 문헌 분석을 더욱 엄격하게 함으로써, 또한 자료의 체계화를 위한 개념적 틀을 발전시킴으로써 비교 방법을 세련화했다. 근본적으로, 1898년 출간된 첫 권에서부터 1913년 뒤르켐이 편집장을 맡고 있는 가운데 발간된 마지막 권에 이르기까지《사회학 연보》의 틀 그 자체가 사회학의 이론적 개념화를 대표하는 것이었으며, 분석되는 자료에 비추어서 기존에 이뤄진 개념화에 대한 수정이 가해졌다.[48]

---

46) *The Elementary Forms of the Religious Life*, p. 15.

47) 동시에 뒤르켐은 콩트와는 달리 과거에 대한 은밀한 감탄이나 존경을 품고 있지도 않았다.

뒤르켐이 쓴 〈가족사회학 개론〉을 보면, 이후에 그의 연구에 영향을 미친 방법론적 논의가 다뤄져 있다. 그의 사회학적 방법론은 사실에 근거를 둔 귀납법이었지만, 특정한 사회에 대해서 여행자나 일시적 관찰자가 보고한 사실은 오해의 소지가 있을 수 있다는 입장을 취했다. 사회적 관찰자는 보수주의든 급진주의든 그들이 가지고 있는 이념적 렌즈를 통해서 사물을 바라보게 마련이다.[49] 사회학적 분석이 시도하는 것은 (가족과 같은) 제도의 내적 구조의 이해에 다다르는 것이며, 바로 이것이 — 특정 사안에 관심을 가진 보통 사람들의 주의를 끄는 표피적인 측면이 아닌 — 과학적 관심의 대상인 것이다. 사회적 현상에 대해서 개인적으로 받은 인상이라는 표피로부터, 그런 현상의 구조적 측면으로 나아가기 위해서는, 그런 구조적 측면을 다음과 같은 것으로부터 찾아낼 수 있어야만 한다. 즉,

> 관습, 법, 원규(原規, mores)라 불리는 불리는 관례에 의해 강화되는 행위의 방식으로부터. 여기에서 우리가 다루는 것은 개인적 삶의 단순한 사건이 아니라 세대를 이어 가면서 형성되는 집합적 경험의 잔재물인 규칙적이고 변함없는 관례다.[50]

뒤르켐은 나아가 관습이란 한 사회의 모든 구성원에게 강제적인 것으로 인식될 수 있다고 가정했는데, 이는 그로부터 7년 뒤《사회학적 방법론의 규

48) 사회학적 실험실 혹은 과학적 연구원이라고 불렸던《사회학 연보》는 로버트 머턴(Robert K. Merton)의 고전이 된 책 *Social Theory and Social Structure*(New York: Free Press, 1949)의 2장과 3장에서 논의된 바와 같이 이론과 연구 사이를 넘나들며 양자 모두를 풍성하게 만들었다. 이 주제에 관한 부수적인 논의를 살펴보려면, 장 뒤비뇨(Jean Duvignaud)가 편집한, 뒤르켐의 저작으로 구성된 책에 대한 대해서 장 카르보니에(Jean Carbonnier)가 쓴 다음 글을 참고하라. "Journal Sociologique", in *L'Année Sociologique* 3e série: 20, Paris: Presses Universitaires de France(1969), p. 81.

49) 이 점을 설명하기 위해서 뒤르켐은 보수주의와 급진주의의 예로 선교사와 사회주의자를 각각 활용했다(〈서론〉, *Textes* III, p. 17).

50) 같은 책, pp. 18-19.

칙》에서 그가 제안하게 될 사회적 사실(social facts)이라는 용어의 유명한 작업적 정의(operational definition)를 떠올리게 만든다. 반드시 지켜져야만 하며 모종의 제재를 가할 수 있는 권위가 부여된 것이 사회적 규칙이다. 단순한 습관으로부터 관습이 차별화되는 것은 바로 제재를 가할 수 있는 권위가 존재하기 때문인 것이다.[51)] 뒤르켐은 또한 그렇게 인식되어진 관습이 자연과학에서 연구되는 것에 비견할 수 있는 인지 가능한 사실(facts)을 우리에게 제공해 준다고 덧붙였다.

뒤르켐은 또한 가족을 연구하는 데 쓰일 수 있는 인류학적, 역사학적 자료의 출처가 되는 학자를 언급하기도 했다〔바흐오펜(Bachofen), 러벅(Lubbock), 맥레넌(MacLennan), 모건(Morgan), 메인(Maine), 좀(Sohm)과 같은〕. 그는 원규나 법에 의한 원규의 객관화가 제도적 삶에 있어서 중요한 모든 것을 드러내지는 않는다는 것을 알고 있었다. 법적 특징은 습관화되었다는 이유로 유지될 수 있으며 결국 법적 특징을 만든 근본적인 조건이 바뀌었다는 사실을 가릴지도 모른다. 따라서 역사학적, 민족학적 자료의 출처를 활용해서 가족과 같은 사회 제도의 동학을 파악하는 것에는 일정 정도의 불확실성과 불완전성이 수반되는 것이다.

---

51) 같은 책, p. 19. 도덕적으로 긴요한 사회적 행위〔그가 관습('coutumes')이라고 부른〕와 단지 전형적인 일상생활 혹은 일상생활의 일부분('simples habitudes')에 대한 중요한 차별화를 통해서, 뒤르켐은 윌리엄 그레이엄 섬너(William Graham Sumner)의 '원규'(mores)와 '습속'(folkways) 사이의 영향력 있는 개념적 구분을 위한 주춧돌을 놓은 셈이다. 1906년에 출간된 섬너의 저작(*Folkways: A Study of the Sociological Importance of Usages, Manners and Morals*, Boston: Ginn)은 뒤르켐을 인용하고 있지 않다. 마찬가지로《사회학 연보》또한 섬너의 논문에 대한 비평을 싣지 않았으며 단지 '도덕과 법 사회학' 편에 신간 가운데 하나로서만 소개했다(vol. 11, 1906-1909, p. 279). 뒤르켐과 섬너가 사회학을 '원규의 과학'으로 보는 공통적인 견해를 가졌었다는 사실 — 즉, 자연과학의 연구 대상만큼이나 자연적인 현상을 사회학에 제공해 주는 사회학적 연구의 적합한 영역을 원규에서 찾았다는 점에서 — 에 비추어 보면 그들이 서로에 대해 몰랐다는 것은 주목할 만한 일이다. 사실 두 사람은 관습, 상규(常規), 원규에 대한 과학적 연구가 '행동학'(ethology)이라는 이름으로 불려야 한다고 각기 제안한 바 있다.

이러한 방법론적 부정확성은 인구학을 활용할 수 있는 동시대 가족에 대한 사회학적 연구가 이뤄지게 되면 바로잡을 수 있다. 인구학은 사회적 삶에서 동시대에 이뤄지는 점진적 변화를 알 수 있도록 해 준다.[52] 즉, 단일 연구자가 스스로 가지고 있는 편견 탓에 실재를 왜곡시킬 수도 있는 반면, 인구학은 사회 전체를 조망한다. (사회 통계라는 넓은 의미에서 인구학을 이해했던) 뒤르켐은 숫자가 보이는 기계성이 그 숫자가 드러내는 사회 현상의 진정성과 객관성을 담보한다고 보았다. 더구나 통계 자료는 사회 현상의 양적 변이를 보여 주며 그것에 대한 측정을 가능하게 해 준다. 이 초기의 글에서나 잇따라 나온 그의 연구 업적에서도 확연히 드러나듯, 뒤르켐은 양적, 질적 분석이 하나의 통합적인 전체를 이룬다고 봤다.[53] 뒤르켐에게 '실증주의'와 '해석적' 사회학 사이의 괴리는 없으며, 설혹 막스 베버의 사회학적 분석상과 괴리가 있었다고 가정한다 하더라도 베버가 보였던 것보다 심한 괴리는 없었다.

뒤르켐이 교수 생활 초창기에 가르친 '가족사회학 개론'은 오늘날의 사회학자가 가르쳐도 거의 무방하며 그 기본적 접근법이 심각할 정도로 뒤처졌다고 할 수 있는 부분은 찾을 수 없다. **근대** 사회학의 한 과목으로서, 가족

52) '실상, 인구학은 집합적 삶에서 이뤄지는 움직임을 거의 일일 단위로 표출시켜 주는 것이다'(La démographie, en effet, parvient à exprimer presque au jour le jour les mouvements de la vie collective), "Introduction", *Textes* III, p. 23. 뒤르켐 학파를 특징짓는 연구의 분업 체계에서, 인구학 전문가가 되어서 제1차 세계대전 이후 시카고 (사회)학파와 연계를 맺은 이는 모리스 알브바슈(Maurice Halbwachs, 1877-1945)였다.

53) 뒤르켐이 편집장을 맡고 있던 시절, 《사회학 연보》는 양적 방법을 활용한 경제사회학 분야의 다음 두 논문을 실었다. François Simiand, 〈19세기 프랑스의 석탄 가격에 대한 소론〉(Essai sur le prix du charbon en France au XIXe siècle), *Année Sociologique* 5(1900-1901), Hubert Bourgin, 〈산업의 한 형태에 대한 고찰: 19세기 파리의 도축업〉(Essai sur une forme d'industrie: la boucherie à Paris au XIXe siècle), *Année Sociologique* 8(1903-1904). 또한 《사회학 연보》 논총의 시리즈 편집장으로서 뒤르켐은 알브바슈의 박사논문, 《노동 계급과 생활 수준》(*La classe ouvrière et les niveaux de vie*, Paris: Alcan, 1913)을 출간하기도 했다.

에 대한 사실적 정보라는 차원에서는 아니겠지만, 개념화나 객관성 그리고 가족이라는 기초적인 사회 제도에 대한 폭넓은 분석이라는 측면에서 그것은 분명히 근대적이다.

뒤르켐이 개설한 과목은 대체로 아주 성공적이어서 여러 단과대학에 소속된 학생들이 수강했는데, (요즘에는 그렇지 않지만) 당시로서는 다소 일어나기 어려운 일이었다. 그의 존재는 지적인 불꽃이 대학 내 이곳저곳에서 일어나도록 하는 데 상당한 도움을 주었다.[54] 대학에서 근무한 지 10년이 안 되어 그는 노동 분업에 대한 주요한 논문과 몽테스키외(Montesquieu)에 대한 가벼운 (라틴어로 쓴) 논문뿐 아니라 고전이 된 다른 두 편의 연구 —《자살론》과《사회학적 방법론의 규칙》— 도 마쳤다. 보르도 대학에서 마르셀 모스를 필두로 한 뒤르켐 학파의 1세대가 결집하기 시작했다. 보르도 대학은 뒤르켐이 재직하던 동안 교수진의 수준을 극적으로 끌어올렸으며, 그 가운데 상당수는 아주 유명해져서 바라던 승진을 하고 파리로 옮겼다.[55]

총평한다면, 루이 리아르는 기민한 결혼 중매자처럼 뒤르켐을 보르도로 데려온 셈이다. 뒤르켐은 그의 학문 이력의 절반을 보낸 그 대학에서 꽃을 피웠으며 보르도라는 이름에 큰 명성을 더하였다.

---

54) 따라서 에스피나 학장은 1890년에 처장에게 쓴 연례 보고서에서 프랑스어 문법의 **교수 자격**시험 준비생인 몇몇 학생들이 철학과의 과목을 수강했고 많은 수의 다른 학생들이 심리학과 과목을 들었으며, 다른 학생들은 (뒤르켐의) 사회과학부 과목을 선택했다는 사실을 자랑스럽게 밝혔다. 또한, 자연과학부와 법학부 학생들이 모여서 사회과학 — 특히 정치경제학을 다루는 — 특별강연회를 여는 것을 지원했다. 출처: “Rapport du Doyen”, Archives Départementales de la Gironde, T108(1876-1895).

55) 에스피나와 뒤르켐 이외에 뒤르켐의 동료 가운데 소르본이나 콜레주 드 프랑스(College de France. 당대 최고의 학자로 구성된 개방 학교식 대학-옮긴이)의 엘리트 반열로 옮겨간 사람은 역사학자 에르네스트 드니(Ernest Denis), 카미유 쥘리앙(Camille Jullian), 그리고 뒤르켐이《종교 생활의 기초 형태》의 〈서론〉에서 인간 이해의 범주로서의 시간과 공간을 다루는 데 권위자라고 인용했던 철학자 옥타브 아믈랭(Octave Hamelin)이 있다. 보르도에서 뒤르켐이 처했던 상황에 대한 간략한 개요는 다음에서 확인할 수 있다. R. René Lacroze, “Emile Durkheim à Bordeaux”, *Actes de l'Académie de Bordeaux*, 4e série: XVII(1960-1961). Bordeaux: Hôtel des Sociétés Savantes, 1962.

II

뒤르켐을 이해하기 위한 두 번째 접근은 그에게 어떤 것이 주요한 영향력을 미쳤는가를 잘 추려 살펴봄으로써 이뤄질 것이다. 사회적 맥락과 함께 이 영향력의 측면은 그에 대한 사회학적 분석을 위한 주요한 근거를 제공해 준다.

분명히 뒤르켐은 스스로를 사회학자로 인식했기 때문에 그는 그가 태어나기 한 해 전에 사망한, 사회학의 창시자로 인정받는 오귀스트 콩트와 어느 정도 동일시되었다.[56] 콩트가 뒤르켐에 미친 영향은 뒤르켐이 다음의 두 가지 측면에서 '실증주의'를 수용했다는 것에서 찾아볼 수 있다. (a) 자연현상에 접근하는 과학에서 활용된 것과 같은 과학적, 객관적 방법으로 사회 현상을 연구한 점, (b) 계몽주의 철학과 그 계승자가 가졌던 '부정주의'(negativism), 즉 새로운 제도를 발전시키기보다는 기존의 제도에 비판적 태도를 취하는 데 반대했다는 점.

따라서 뒤르켐이라는 사회학자를 이해하려면, 반드시 콩트부터 살펴보아야 한다.[57] 뿐만 아니라 아마도 콩트로 마무리까지 지어야 할 듯한데, 왜냐하면 종교는 실제 사회를 그대로 반영하는 것 이상도 이하도 아니고 신성(神性)은 사회의 총합 그 자체이며, 따라서 종교는 (사회에서 나타나는 자연스러운 현상이기에) 내재적이면서 (종교가 개인과 심지어는 사회의 하위집단을 뛰어넘는 사회의 힘을 상징적으로 묘사하기 때문에) 동시에 초월적이라는, 《종교 생활의 기초 형태》에서 펼친 대담한 논지는 사회 자체가 신성화(self-divinization)된 것이 신(Great Being)이라는 콩트 후기의 가설을 재정립한 것

56) 1911년에 촬영된 뒤르켐의 사진이 콩트와 유사하게 생긴 인물의 사진을 배경으로 찍힌 것은 이러한 동일시를 상징하는 것으로 볼 수 있다. Georges Davy, *Emile Durkheim* (Paris: Louis-Michaud, n.d. 〔ca. 1911〕) p. 9.

57) 결국 뒤르켐은 1914년 한 공공 행사에서 다음과 같이 천명했다. '나는 종종 콩트를 부흥시키는 사람으로 인식되었다'(J'ai souvent reconnu que je relevais de Comte), *Textes* I, p. 68.

이기 때문이다.[58)]

내 생각에 더욱 의미 있는 영향력을 미친 사람은, 여러 가지 가능한 이론적 틀과 프로젝트 가운데 사회적 현상에 대한 과학, 즉 사회적 삶에 대한 과학적 지식을 수집하는 '사회심리학'을 다루는 과학을 고안해 냈던 영민하면서도 다소 기이했던 사회사상가 앙리 드 생시몽(Henri de Saint-Simon, 1760-1825)이다. 그는 프랑스 혁명과 그 여파가 만들어 낸 혼란이 남긴 지적, 도덕적 혼돈 상태를 종식시키기 위해서는 사회적 삶에 대한 과학적 지식이 필요하리라고 예측했다. 입법가들이 쓸데없이 이런저런 정치적 헌장들을 만들고 부수고 했지만 그들은 기초 단계부터 사회적 조건에 대한 인식이 없었던 것이다. 이렇게 뒤르켐의 저작을 통해서 다시 등장한, 생시몽이 구상했던 여러 주제 가운데 특별히 주목해야 할 것은 **위기**에 대한 것이다. 생시몽은 위기란 '사회적 조직화'와 '사회적 재조직화' 사이에 발생하는 (충격을 남기기는 하지만) 일시적인 상태인 '사회적 탈조직화' 혹은 탈구조화의 상태에서 나타나는 사회의 도덕적 조건이라고 보았다. 광의의 규범적 위기 상태에서는 조직화된 지식의 해체가 따른다. 근대의 위기는 역사 과정상 가장 최근에 일어난 것이며, 과거에 한 가지 형태의 사회 조직이 멸망하고 새로운 사회 조직이 아직 제도화되지 않았을 때에는 다른 종류의 변형과 분리가 일어났었다. 생시몽은 중요하지만 종종 인정되지 않고 넘어가는, 구조기능주의적 분석의 선도자인 루이 드 보날드(Louis de Bonald, 1754-1840)와 조제프 드 메스트르(Joseph de Maistre, 1753-1821)라는 그와 동시대를 살았던 두 명의 영향력 있는 사상가가 행했던 분석에서 많은 영향을 받았다.[59)]

---

58) 이와 관련해서는 다음의 통찰력 있는 논의를 보라. Célestin Bouglé, "Auguste Comte et le Grand Être", in *Cours de Sociologie Générale*(mimeographed; Paris: Centre de Documentation Universitaire, c. 1935), pp. 46-53.

59) 당시 그들을 '반동분자'라고 불렀던 것은 그들이 행했던 작업이 세속화에 기여했기 때문이다. 하지만, 평가자의 정치적인 취향을 배제한 채 객관적으로 볼 수 있다면, 드 보날드의 *Du Divorce*[이혼](Paris: Adrien Leclere, 1805)는 놀랍게도 근대적인 체계적 접근

사회적 탈조직화의 근간에는 도덕적 진공 상태가 있다는 그들의 진단에 영향을 받기는 했지만, 생시몽은 그들처럼 사회 재건 모델을 중세 유럽에서 찾으려고 하지는 않았다. 그는 당시의 사회에서 미래 사회 질서의 씨앗을 찾으려고 했고, 특히 노동과 자본의 **생산성**으로 특징지어지는 초기 산업 사회에서 그 씨앗을 발견했다. 생산성이 산업 사회를 대표하는 특징이라면 귀속적 위계에 근거한 옛날식의 지위 구분은 더 이상 사람 사이의 관계 짓기에 중요성을 가질 수 없다는 것을 의미한다. 각자는 전체를 위해 어떤 공헌을 하느냐에 따라서 판단받을 것이다. 생시몽이 내세운 공식은 '각자의 능력에 따라서 공헌하고, 각자의 필요에 따라서 분배받는다'는 것이다.

근대 사회의 모든 사회계급은[60] 그것들의 사회적 기능, 즉 전체 사회 구조에 그들이 어떤 공헌을 하느냐에 따라서 사회적 신분을 얻는다. 일단 산업 질서가 완전히 제도화되면, 근대 사회의 신념 체계 또한 **과학적** 지식에 따라서 재조직화되며, 사회와 자연에 대한 지식에 따라서 통합된다. 모든 사회 질서와 모든 조직화된 문명은 그에 적합한 지식 체계가 적용되는 경제적, 정치적 통합을 이루기 마련이다. 신학적 지식과 봉건주의가 만나서 중세 사회를 만들었던 것과 마찬가지로, 과학적 지식과 산업이 만나서 근대 사회를 만든 것이다.

사회 사상의 근대화를 이룬 사람, 산업적 과학기술주의의 예언자, 그리고 한 사회학 분파의 카리스마 넘치는 수장이었던 생시몽은 사회학적 분석의 역사에 대한 어떠한 연구에서도 광범위한 고찰의 대상이 될 만한 학자이다.[61] 하지만 지금 여기서 논하려는 주제는 뒤르켐에게 미친 생시몽의 영

법을 썼음을 알게 될 것이다.

60) 생시몽의 사회학적 분석은 그 기본적 분석단위로 개인보다는 사회계급을 사용했다. 따라서 무엇보다도 그는 사회 계층론의 선구자이다.

61) 이와 관련된 관점을 확인하려면 다음을 보라. Robert Alun Jones and Robert W. Anservitz, "Saint-Simon and Saint-Simonism: A Weberian View", *American Journal of Sociology* 80 (March, 1975), pp. 1095-1123.

향력이다. 뒤르켐은 생시몽이 가졌던 생각을 매우 잘 알고 있었고, 사회를 과학적으로 연구하는 것을 명확하게 이해했던 첫 번째 학자라고 여겼다.[62] 뒤르켐이 1895-1896년 사이에 개설했던 사회주의에 대한 과목에서 생시몽과 그의 학파에 대해 폭넓게 다루었던 것은 흥미롭다.[63]

뒤르켐의 사회주의 연구의 절반 이상이 전적으로 생시몽의 노선에 대한 것이다. 그는 생시몽은 한 묶음의 사상이 적용되어 각기 다른 제도로 발현된다는 것이 사회 체제라는 개념으로부터 출발했다는 데 주목한다. 이는 여러 상이한 제도 등이 잘 나타내 주고 있는 바다. 한 사회는 무엇보다도 사람들이 가지고 있는 종교에 의해서 서로 연결되어 있는, 도덕적 사상으로 만들어진 공동체이며, 더더욱 종교는 대중적인 과학이기 때문에 종교와 과학은 서로 이질적이지 않다(뒤르켐은 이 주제를《종교 생활의 기초 형태》에서 다시 다룬다). 사회 속의 사람들을 한데 묶어 주는 것은 공통의 사고방식과 세계

---

62) "La Sociologie"〔사회학〕(1915) in *Textes* I, p. 110.

63) 마르셀 모스는 뒤르켐의 강의록을 묶어서 다음의 책을 펴냈다. *Le Socialisme*〔사회주의론〕(Paris: Felix Alcan, 1928). 앨빈 굴드너(Alvin Gouldner)의 서론이 곁들여진 영역본은 다음과 같다. *Socialism and Saint-Simon*(Yellow Springs, Ohio: The Antioch Press, 1958). 굴드너는 뒤르켐과 생시몽, 그리고 생시몽주의 사이의 관계보다는 뒤르켐과 콩트의 차이점에 대해서 더 많이 다뤘다. 본문에서 나는 다음의 프랑스어 개정판을 활용하였다. *Le Socialisme*(Paris: Presses Universitaires de France, 1971). 개정판에 실린 피에르 비른봄(Pierre Birnbaum)의 서문(pp. 5-26)은 유용한 정보를 주며 통찰력이 있다. 그 과목을 개설하도록 자극한 것은 프랑스 정치에 대한 학생들의 관심이었다. 1893년, (선거 참여를 거부한 마르크스주의파를 제외한) 각양각색의 사회주의 분파들이 총 50석의 의석을 확보했으며 이념적인 통일성이 없기는 했지만, 활발한 야당 세력을 형성했다. 뒤르켐의 몇몇 절친한 친구, 동료, 학생〔조레스(Jaurès), 에르(Herr), 모스(Mauss), 시미앙(Simiand), 레비브륄(Lévy-Bruhl)〕이 사회주의에 가담하고 있었으므로, 그가 집합적 표상의 한 사례로 사회주의를 검증하고자 한 것은 당연한 일이었다. 아마도 뒤르켐은 사회주의를 하나의 사회적 사실로 객관적으로 다룸으로써 사회학적 방법론이 실용적인 결과를 생산할 수 있음을 보여 주려고 했을 것이다. 사회주의의 맥락 안에서, 엄격한 사회학적 분석을 통해서 다양한 프랑스 사회주의 분파들의 통합의 근거를 발견할 수 있을런지도 모르는 일이었다. 1890년대 프랑스 사회주의에 대한 학문적 고찰에 대해서 살피려면 다음을 참고하라. Daniel Ligou, *Histoire du Socialisme en France*〔프랑스 사회주의사〕 *1871-1961*(Paris: Presses Universitaires de France, 1962), chap. 4.

가 어떤 곳인지를 표현하는 공통의 방식이다. 역사의 모든 국면마다, 인간은 그들이 보유하고 있는 과학적 지식 — 즉, 확실하다고 받아들여지는 지식 — 을 활용해서 세계를 이해한다. 모든 부분적인 이해를 하나의 포괄적인 지식으로 통일시키는 것이, 모든 구체적인 과학이 만든 지식을 종합하는 철학이다.[64] 실증 철학 혹은 과학 철학은 백과사전적이지만, 계몽주의 시대의 비판 철학과는 달리, 재건과 조직화를 그 정신으로 삼는다. 각 분과 과학이 계속 진화를 거듭하기 때문에 주기적인 종합이 이뤄져야만 한다. 그러므로 과학적 백과사전은 주기적으로 개정되어야 한다.

뒤르켐은 생시몽이 1810년경에 쓴《백과사전에 대한 비망록》(*Mémoire sur l'Encyclopédie*)을 설명하면서 덧붙이기를, 어떤 경우에라도 철학은 기본적인 사회적 기능을 가진다고 말했다. 모든 것이 정상적인 상태인 시기에는 철학이 사회적 의식을 지키는 역할을 하고 — 생시몽이 옛 체제를 대체하기 위한 신념의 발현 체계라고 보았던 — 위기가 닥친 시기에는 철학이 새로운 체제가 구체화될 수 있도록 안내하는 역할을 담당한다. 이어서 뒤르켐은 그러므로 생시몽의 철학적, 사회학적 연구들은 동일한 대상에 대한 것이라고 평했다. 즉, 철학은 생시몽의 사회학적 연구 관심을 자연스럽게 보완했던 것이다.[65]

과학 백과사전을 새롭게 만들려고 했던 생시몽의 연구과제는 이 과목을 가르친 다음 해 뒤르켐 자신의 과제가 되었는데 왜냐하면 이때부터, 그가 사실상 사회과학 전반의 백과사전으로 진화했던《사회학 연보》의 출간을 준비하기 시작했기 때문이다. 사회 조직의 개선이라는 실용적 목적을 추구한다는 점에서 생시몽은 정당성을 인정받을 수 있는 철학적 탐구와 사회학적 탐구 양자가 통일되어야 한다고 강조했는데, 뒤르켐은 이런 입장을 아주

64) *Le Socialisme*〔사회주의론〕, p. 120. *The Division of Labor*〔사회분업론〕, p. 364에 나오는 뒤르켐의 다음 언급과 비교해 보라. '철학은 과학의 집합적 양심이다.'

65) *Le Socialisme*〔사회주의론〕, p. 122.

쉽게 받아들였다. 결국, 뒤르켐은 철학 분야에서 자신이 받았던 훈련을 결코 저버리지 않았는데, 그랬기 때문에 그가 사회학적 관심을 철학적인 주제들에 기울일 수 있었던 것이다.

하지만 이것은 뒤르켐이 생시몽에 대해서 가졌던 친화성 — 동일시까지는 아니라 하더라도 — 의 시작점에 불과하다. 뒤르켐은 박사논문을 마친 뒤 불과 몇 년 뒤에 사회주의에 대한 과목을 개설했던 것이다.

나는 뒤르켐이 박사논문을 준비하던 당시에는 생시몽에 대해서 주의 깊게 연구하지 않았다고 생각하는데 그 이유로 댈 수 있는 것이 생시몽의 이름이 박사논문에 등장하지 않는다는 것이다. 생시몽에 대해 깊이 연구했을 때 그 자신의《사회분업론》과 생시몽이 1816년에서 1818년경에 썼던《산업론》(*L'Industrie*) 사이에 통하는 점이 있음을 발견하고서 뒤르켐은 충격을 받았을 것이다. 왜냐하면 생시몽은 이 초기 저작에서 어떻게 산업적 질서가 근대 사회의 통합을 위한 구조적 기초를 제공하는가에 대해서 숙고하기도 했지만,[66] 다른 한편으로는 도덕적 변혁 없이는 사회 조직 스스로 변화에 성공할 수는 없다고 시사하기도 했기 때문이다. 프랑스 사회의 도덕적 위기 탓에, 당시 옛 도덕 체계는 새로운 도덕 체계가 자리 잡지 못한 가운데 버려졌다.[67] 또한 뒤르켐은 생시몽이 애초에 경제적 자기이익(self-interest) 추구가 사회 질서를 위한 노동 윤리의 역할을 충분히 수행할 것으로 여겼지만 이후에 그런 생각을 바꿨다는 것을 지적했다. 이기주의 혹은 자기이익 추구는 사람들을 단합시키기보다는 오히려 분리시킨다. 사실, 통제되지 않은 자기이익 추구는 사회를 강화시키기보다는 사회의 해체를 이끌어 내는 열정인 것이다. 이런 점이《사회분업론》과《자살론》에 나타난 뒤르켐 자신의 사

66)《사회분업론》에 나온 다음의 내용과 비교해 보라(p. 190). '언젠가 우리의 사회적, 정치적 조직 전체가 완전히, 혹은 거의 완전히, 직업적인 것에 그 기초를 둘 날이 오리라고 예측을 하는 것은 무리가 아니다.'

67) *Le Socialisme*〔사회주의론〕, p. 190.

상과 맥이 통한다는 점에 대해 — 특히 이기주의가 개인이나 조직화된 전 사회적 공동체에 유해한 영향을 미친다는 것이 《자살론》에서 부분적으로 논증되어 있다[68] — 부연할 필요는 없을 것이다.

뒤르켐은 생시몽이 이전의 사회 질서에서 자기이익 혹은 이기주의를 담아냈던 전통적인 종교적 신념이 유효성을 잃을 것으로 봤다고 지적한다. 이런 상태는 사회경제적 구조 체계를 보완할 수 있는 존립 가능한 도덕 체계가 없는 사회를 만들었다. 따라서 국가적 사회 질서의 차원을 넘어서 국제적으로 근대 사회가 경제적으로 아무리 잘 조직화된다고 해도,[69] 이런 사회 조직은 경제적 통합을 공고히 할 도덕적 통합을 제공할 수 있는 공통의 도덕적 믿음이라는 형태를 지닌 어떤 정신을 필요로 한다.[70] 결국, 생시몽의 후기 사상은 근대 사회에 적합하고 필요한 종교에 대한 고찰이 담긴 1825년경에 쓰인 저작 《새로운 기독교》(*The New Christianity*)에 반영되었다.

비록 《사회주의론》이 태동되던 당시에 종교에 대한 뒤르켐의 관심이 막 새롭게 일어나기는 했지만, 그의 지적인 여정이 생시몽의 그것과 얼마나 흡사한지를 지적하는 것은 가치 있는 일이다. 생시몽의 저작에 드러난 마지막 전환을 기술하는 가운데 나온 다음 문장은 뒤르켐 자신이 했던 초기 분석이 《종교 생활의 기초 형태》에서 어떻게 정점에 이르며 변화했는지에도 동일

---

68) 《자살론》의 재판본 가운데 특히 이타적 자살에 대한 장을 참조하라(New York: Free Press, 1963, pp. 246-254). 여러 가지 사상이 배태되어 있는 이 부분에서, 뒤르켐은 상대적 박탈과 기대감 상승의 혁명이라는 개념이 등장할 것을 예측하고 있다.(한글판은 황보종우 옮김, 《자살론》(2008, 청아출판사)이 있다-옮긴이.)

69) 거시적인 차원의 산업적 질서와 미시적인 차원에서는 사유재산 상속의 금지로 인해서 국가의 정치적 경계가 해체되는 것과 관련해서 생시몽이 어떤 견해를 가졌었는지에 대해 뒤르켐이 논평한 것을 여기에서 다루기에는 공간적인 제약이 따른다. 생시몽은 산업적 질서의 잠재적인 생산력이 완전히 실현되려면 이 두 가지 요소가 모두 필요하다고 주장했다. 이러한 생시몽적 주제들에 대한 반향은 뒤르켐의 후기 강의들에 담겨 있다. 예를 들어 《직업 윤리와 공민적 도덕성》(*Professional Ethics and Civic Morals*)의 마지막 장을 참고하라.

70) *Le Socialisme*〔사회주의론〕, p. 207.

하게 적용될 수 있다.

> 생시몽과 같이 새로운 종교를 설립해야 한다고 주장하는, 신학적 체계의 반대자, 즉 실증 철학의 설립자가 나타나게 되면, 우리는 그런 사람의 사고 체계 가운데서는 이미 혁명이 일어났으며 그런 사람은 이미 기존에 통용되던 원칙을 버렸을 것이라고 생각하고 싶은 유혹을 받게 된다.《새로운 기독교》(1824)가 그의 마지막 저작이라는 점에서 이러한 가설은 그럴 듯해 보인다. 〔…〕 이러한 해석은 틀렸다. 반대로, 그의 지적 발전기 전반을 통해서 생시몽은 종교에 대해서 아주 날카로운 관심을 가지고 있었다. 〔…〕 결론적으로, 생시몽은 모든 종교적 체계를 배제한 상태의 실증적, 과학적 철학을 고안해 낸 적이 없다. 역으로 그는 그 둘이 서로 연결되어 있다고 생각했다.[71]

생시몽이 막 생겨나던 산업적 질서를 떠받쳐 준다고 강조했던 것은 다름 아닌 기독교의 사회 윤리였다. '만인을 형제처럼 대하라'는 기독교적 이타주의 원칙은, 신 안에서 한 사람을 타인과 연결시켜 준다는 점에서, 현세적인 강조와 함께 중요한 사회적 차원을 지닌다. 뒤르켐은 새로운 종교가 그 자체의 종교 의식과 신조를 가지겠지만, 그 중심 특징은 바로 윤리가 될 것이라고 지적했다.[72] 새로운 종교는 — 실재하는 모든 것에 신이 있으며 신성은 어떠한 외계의 상황 혹은 외계 신앙의 대상에 있다고 보지 않기 때문에 — 내재적인, 심지어는 범신론적인 기초를 가지고 있으며, 인간 사회의 구성원을 서로 연결시켜 주는 영적인 결속을 제공할 책무가 있다. 생시몽에게 (《종교 생활의 기초 형태》에서 나타나듯 뒤르켐에게도 마찬가지이지만) 종교는 사회에, 사회라는 통합 의식(consciousness)을 가지도록 만들어 준다. 만일 신이 자연과 함께 있다면, 신이 과학적 연구 대상이자 동시에 종교적 예배 대상

71) 같은 책, p. 208.
72) 같은 책, p. 214.

이 되기 때문에, 과학과 종교 사이의 대립은 사라지게 된다.[73)]

과학과 종교를 화해시키려는 이러한 시도는 생시몽이 가졌던 의도에 대한 뒤르켐의 설명일 뿐 아니라 이후에《종교 생활의 기초 형태》에서 뒤르켐 스스로가 가지고 있었던 생각이었음이 드러난다. 나는 생시몽의 종교에 대한 관점은 '연대의 윤리에 대한 합리적 정당화'에 이르며 또한 이러한 정당화는 지적인 추상적 개념이 아니라 근대 사회의 주요한 차원 — 즉 근대 사회의 산업적·경제적 속성, 민주적·범세계주의적 경향, 그리고 기독교에 근원을 둔 심리적 뿌리 — 과 맞물려 있기 때문에 뒤르켐에게 상당한 영향을 미쳤다고 생각한다. 뒤르켐으로서는 생시몽이 후기 저작에서 윤리와 이타주의의 도덕성, 종교의 내재성 등을 강조한 것을 선뜻 받아들일 수 있었다.

> 강의를 마치면서 그가 생시몽에 대해 요약해서 평가한 내용은 뒤르켐 자신의 묘비문으로도 어울렸다. 항상 배우는 일에 활동적이며 날카로운 관심을 갖고 있었고, 새로운 경향에 호기심이 있었으며, 그와 동시대를 사는 사람들이 품고 있었던 모든 열망에 대해서 민감할 수 있도록 직관적으로 공감할 수 있는 능력을 가지고 있었던 생시몽은 자신의 학문을 그가 살던 시대의 모든 경향을 종합하는 것으로 만드는 데 성공했다.[74)]

뒤르켐에게 두 번째로 큰 영향을 미친 것은, 뒤르켐에게뿐만이 아니라 고등교육을 받았던 뒤르켐 당시의 사실상 모든 세대에 걸쳐서 가시적인 흔적을 남겼던 이마누엘 칸트이다. 앞서서도 말했듯이 제3공화정에서 철학은 그 이념과 정당성을 발전시키는 데 아주 중요한 역할을 했으며, 칸트는 이러한 발전을 이루는 데 그 어떤 인물보다도 더 큰 영감과 자극을 제공했던 철학자였다.

〔헤겔, 라므네(Lamennais),[19] 슐라이어마허, 쇼펜하우어, 그리고 젊은 시기의 마르

73) 같은 책, p. 218.

74) *Le Socialisme*〔사회주의론〕, p. 231.

크스를 포함하는) 낭만주의 운동의 철학적 흥분기를 지난 뒤, 19세기 후반기는 더욱 냉철하고 합리주의적인 경향으로 특징지어졌다. 칸트는 근대 철학의 주요 인물로 '재발견'되었는데, 프랑스에서는 뒤르켐이 학생 시절 그의 글을 탐독했던 샤를 르누비에(Charles Renouvier, 1815-1903)와 '제3공화정의 철학자'로 일컬어졌던 뒤르켐의 파리고등사범 시절 은사 에밀 부트루(Emile Boutroux)가 이끈 공화주의자들 사이에서 특히 그러했다.

칸트와 제3공화정 사이에 친화성이 있었던 이유는 무엇일까? 칸트의《순수이성 비판》의 목적 가운데 하나가 흄(Hume)의 파괴적인 회의주의에서 지식의 확실성을 구원해 내고자 하는 것이었음을 기억해야 한다. 19세기 중반에 성인이 된 유럽인 세대에게, 과학의 지배는, 특히 진화론의 수용은 우주에 대한 종교적인 해석이 이전에 가져다 주었던 세상의 안정에 대한 확실성의 근간을 뒤흔들어 놓았다. 과학과 경제적 자기이익 추구에 의해서 동기가 부여된 경제적 행위자라는 인간의 이미지 사이에서, 유럽인 세대는 '절대성으로부터 상대성으로의'[75] 급격하고 충격적인 전이를 경험했던 것이다. 그 후속 세대 — 뒤르켐이 포함돼 있었던 — 는 '상대주의'의 한계를 알게 되었다. 1870년대 초의 사회적 혼란을 겪고 나서 막 태동되었던 공화정과 그 추종자는 도덕적 무정부주의[76] 혹은 내세주의적 성향을 가진 전통 가톨릭의 도덕성을 대체할 수 있는 무엇인가를 찾고 있었다.

칸트주의 철학은 몇 가지 차원에서 이념적인 적합성을 제공해 주었다. 첫

75) 나는 이 구절을 모리스 바레스(Maurice Barrès)의 소설《뿌리 뽑힌 자들》(*Les Déracinés*)에서 따왔다.

76) 무정부주의는 그 추종자가 상대적으로 아주 소수였기는 하지만, 적어도 제3공화정의 초기 30년 동안 강력하게 주장되었던 지적인 풍조였다. 니체는 무정부주의의 많은 영감의 원천 가운데 하나였다. 여타의 사람 가운데에는, 드레퓌스 대위의 복직 운동을 먼저 나서서 벌였던 사람들 가운데 하나인, 무정부주의 운동가 가운데 주요 인물이었던 베르나르 라자르(Bernard Lazare)가 있었고, 라자르와 뤼시앵 에르(Lucien Herr)를 통해서 뒤르켐(물론, 그가 신조로서의 무정부주의를 아주 싫어했지만)은 드레퓌스 사건에 무엇이 연관되어 있는지를 깨닫게 되었다.

째, 칸트의 인식론은 '순수이성'이 제공하는 절대적 확실성의 테두리를 재건하는 것이었다. 둘째, 그것은 또한 행위의 도덕적 기초를 설립하는 데 중요한 '실용적' 측면 — 즉, 신에게 직접적인 호소를 하지 않는다는 — 을 가지고 있었는데, 이런 점은 '정교 분리'를 표방하는 공화주의적 기질에 이념적으로 잘 들어맞는 것이었다. 칸트는 현세적인 프로테스탄트 금욕주의를 설명했는데,[77] 이것은 공화주의 프랑스의 실질적인 지도층이 지니고 있던 세계관에 반향을 불러일으켰다. 의지의 자율성과 '윤리적 지상 명령'의 '자원주의'(voluntarism), 그리고 물질적 이익과 무관하게 '의무'를 완수하는 것의 중요성 등을 비롯한 칸트주의의 주제는 무관심한 개인주의로 하여금 집합적 성향을 가지도록 만드는 것이었다. 달리 말하자면, 신칸트주의는 공화정을 정당화하고, 제3공화정의 주요 지지층이었던 성장하고 있던 중산층에게 사회적 이타주의가 확산되도록 만들어 주는 세속적인 도덕성으로서 학문 외적인 매력을 가지고 있었던 것이다.[78]

뒤르켐이 자라던 시절(그리고 그 세기의 남은 기간) 중등 과정의 철학 교육에서 칸트가 현저하게 부각되었던 것은 이 시기 프랑스 정치가 어떠했는가를 보여 주는 가장 중요한 자료 가운데 하나에 잘 드러나 있다. 그것은 바로 뒤르켐과 동시대인으로 뒤르켐처럼 로렌 주에서 자라났으며 (그가 살던 곳은 뒤르켐이 살던 곳으로부터 35마일 정도 떨어져 있다) 낭시 시 소재의 국립 고등학교에서 뒤르켐과 같은 중등교육을 받았고, 역시 뒤르켐과 마찬가지로 결국에는 파리로 옮겨갔던 지식인, 모리스 바레스(Maurice Barrès, 1862-1923)의 정치 소설《뿌리 뽑힌 자들》(*Les Déracinés*)[79] 이다. 하지만 뒤르켐과 달리 바

77) 이런 사실을 뒷받침해 주는 데 있어서 막스 베버보다 나은 권위자는 없다. 그의 유명한 다음 책 5장의 각주 58번을 보라. *The Protestant Ethic and the Spirit of Capitalism*, trans. Talcott Parsons(New York: Charles Scribner's Sons, 1958), p. 270.

78) 1880-1918년 사이의 사회 구조와 정치적 성향에 대한 탁월한 논의에 대해서는 다음을 참조하라. Jean-Pierre Azéma and Michel Winock, *La IIIe République*(1870-1940) (Paris: Calmann-Lévy, 1970) pp. 105-181.

레스는 세속화된 교육이 민족적 전통과 근원적인 토양에 내려져 있는 학생들의 '뿌리를 뽑아내' 소외시킨다고 비판했으며, 결국 반공화주의 민족주의자가 되었다.

우리는 《뿌리 뽑힌 자들》의 앞부분에서 '확고한 칸트주의자'인 철학 교사 부테유(Bouteille)가 '우리의 마음은 세상을 공간, 시간, 인과관계의 범주로 받아들인다'[80]는 신념을 갖고 있었음을 알게 된다. 우리는 또한 부테유가 '절대적 회의주의라는 단계를 거쳐서 〔…〕 도덕성이라는 범주와 확실성들로 구성된 하나의 총체를 그의 학생들을 위해서 재구성할 수 있다는 것을 칸트처럼 믿었으며 그리고 감성에 호소하기까지 했다'[81]는 것도 알게 된다. 학년도가 끝날 때 즈음, 부테유는 그의 학생들에게 그의 과목에서 다뤄졌던 가장 중요한 요점이 무엇이었는지 정리한다.

> 우리는 하나의 긴요한 생각을 검토했다. 칸트가 어떻게 다음과 같이 절대적 회의주의에 이르렀는지 그러고 나서 어떻게 확실성의 원칙을 재정립했는지를: '한 현실이 존재한다, 그것은 도덕적 법칙이다. 〔…〕 우리가 모든 윤리를 정립하는 데 기반으로 활용했던 원칙을 기억하라. 〔…〕 그것은 바로 우리의 행위가 〔일반적으로 인류를 위해서〕 하나의 원칙으로 작용할 수 있도록 행위하는 것이다.'[82]

나는 이것이 바로 뒤르켐 또한 국립 고등학교의 철학 수업에서 들었던 메시지였다고 생각한다. 그는 칸트 철학에 정통했을 뿐 아니라 철학에 대해서

---

79) 《뿌리 뽑힌 자들》은 1897년 출간된 모리스 바레스의 '민족적 동력'(*L'Energie Nationale*)이라고 이름 붙여진 3부작 가운데 첫 책이다. 나는 여기에서 《모리스 바레스 작품집》(*L'Oeuvre De Maurice Barrès,* Paris: Au Club de l'Honnête Homme, 1965. vol. 3)에 수록된 내용을 참고했다.

80) 《뿌리 뽑힌 자들》, p. 20.

81) 같은 책, p. 21.

82) 같은 책, p. 28 이후.

반추할 때마다 칸트와 평생에 걸친 대화를 나눴던 것으로 보인다. 도덕성과 윤리, 그리고 도덕성의 과학이 사회적 삶을 구성하는 특징이라는 데 사로잡혔던 것은 칸트의 흔적이라고 볼 수 있다. 마르크스의 사회학적 분석이 신헤겔주의에 착근하고 있다고 주장할 수 있는 것과 마찬가지로 뒤르켐의 사회학적 분석이 그 철학적 뿌리를 신칸트주의에 둔다고 주장할 수 있다.

칸트에게 도덕성이란 개인을 초월하며 개인에게 도덕적 행위를 취하도록 구속하기에 실재하는 것이다. 이것은 선험적 조건이지만, 칸트는 도덕성이 신으로부터 말미암은 것이라고 추론하지 않았다. 뒤르켐은 칸트의 선험성을 이해력에 주어진 초월적 구조로 흔쾌히 받아들이지만 그 선험성의 근원에 수정을 가함으로써 이러한 이성의 구조를 타당성 있게 만든다. 뒤르켐은 도덕적 행위의 선험성의 초월적 원천은 그것을 구성하는 어떤 것보다도 그 존재가 앞서 있으며 동시에 뒤에 위치하기도 하는 사회라고 주장한다.[83] (사회 전반의 규범인) 도덕적 사실은 여타의 행위 규칙에 대해서 구체성을 제공하는 두 가지의 중요한 속성을 가진다. 그 가운데 하나는 뒤르켐이 칸트로부터 가져온 속성, 즉 개인을 구속한다는 것이다.[84] 뒤르켐은 이후에 칸트가 두 번째 특성에 대해서는 언급하지 않았지만, 그 두 번째 속성은 개인이 그렇게 행동하는 것이 좋게 여겨지는 바람직함이라고 말했다. 또한 뒤르켐은 종교적 행위와 마찬가지로 도덕적 행위는 규범적이며 바람직하다는 두 가지 성격을 가지고 있다고 주장했다.

도덕적 행위에 대한 뒤르켐의 선언은 그가 자주 개설했던 과목 '과학으로서의 교육'에서 제시했던 내용을 응축시킨 것이다. 칸트가 도덕성에 대한 뒤르켐의 접근법에 얼마나 중요한 영향을 미쳤는지를 알기 위해서는, 뒤르

83) 1906년 그가 프랑스 철학원과 주고받았던 담화를 참고하라. "The Determination of Moral Facts", in Emile Durkheim, *Sociology and Philosophy*(1924; New York: Free Press, 1974) pp. 35-62.

84) 같은 책, p. 36.

켐의 사후에 그가 개설했던 과목과 관련해서 출판되었던《도덕 교육》(*Moral Education*)[85)]을 살펴볼 필요가 있다. 뒤르켐은 도덕성이 본질적으로 사회와 관련되어 있는 데다가, 한 사회에서 표출되는 상이한 사회상과 상이한 역사적 시기가 서로 다른 도덕성의 내용을 요구하기 때문에 도덕성에 시공간에 따르는 변이가 있음을 칸트가 인식하지 못했다는 것을 비판한다(칸트에게 행위란 시간과 장소를 불문하고 인류의 행위를 위한 보편적 규칙으로 만들어졌을 때에만 도덕적이라는 사실을 주지하라). 그러므로 도덕적 상대주의를 선호했던 뒤르켐의 주장은 확대돼서는 안 될 것이다. 뒤르켐은 만약 상이한 도덕 체계가 서로 다른 사회에 적합한 것이 맞다면, 어떤 주어진 사회 조직의 발전 단계에 상응하는 적합한 도덕성이 있을 것이라고 생각했다.

내가 알기로 뒤르켐은, 한 사회 내의 다른 사회 계층이나 사회 집단이, 서로로부터 완전히 동떨어진 상이하면서도 적합한 도덕적 행위 규칙을 가질 수 있다고 제안한 적이 없다. 이런 일이 있었다면 그것은 무규범 상태인 아노미가 근대 사회의 정상적이고 적합한 조건이라고 인정하는 것이나 다름없다. 만약 한 사회에 여러 가지 규범적 패러다임이 존재하면서 갈등을 빚는다는 의미의 아노미[86)]가 사회 조직의 일시적인 병리적 일탈로서가 아니라 정상적인 것으로 받아들여진다면, 국민적 통일이나 전 사회적 공동체와 같은 것에 대한 희망을 가질 수 있겠는가? 전 사회적인 공동체는 고정된 것이

---

85) 원서는 다음과 같다. *L'Education Morale*(Paris: Félix Alcan, 1925, 1938). 에버렛 윌슨(Everett K. Wilson)이 새로운 서론을 추가해서 펴낸 다음의 영역판을 참고하라. *Moral Education, A Study in the Theory and Application of the Sociology of Education*(New York: Free Press, 1973).

86) 아노미 상태는 **드레퓌스 사건 이전**, 뒤르켐의 연구를 주로 사로잡았던 주제이다. 그 위기의 해소와 그에 뒤이은 발데크루소(Waldeck-Rousseau. 1899-1902년 프랑스 수상 역임-옮긴이)와 에밀 콩브(Émile Combes. 1902-1905년 프랑스 수상 역임-옮긴이)의 강력한 정부가, 말하자면 정치적인 패러다임이 경쟁하던 상황을 말끔히 정리해 주었다. '세속적 도덕성'(morale laïque)과 공화정의 명분이 결정적인 승리를 얻었던 것이다. 위의 내용이 완전한 설명이 될 지는 모르겠지만, 여하간 뒤르켐은 세기가 바뀐 뒤에는 더 이상 '아노미'라는 용어를 사용하지 않았다.

아니라 발전하는 것으로서 결국 도덕적 표상(representations)의 진화에 이르게 되지만, 뒤르켐의 사회 실재론은 전 사회적 공동체[87]가 모든 외적 혹은 제도화된 사회적 삶의 측면의 바탕에 자리 잡고 있다는 신조에 근거를 둔다.

따라서 뒤르켐의 실재주의는 주관성을 위한 자리를 확보하면서 — 왜냐하면 세계는 선험적인 의식 구조에 의해서 이해될 수 있기 때문에 — 개인을 초월하는 세계의 사실성을 보유하는 칸트의 비판적 실재주의와 맥을 같이할 수도 있다. 칸트나 뒤르켐에게 도덕성은 초월성에 직면해서 개인의 자유를 감소시키는 것이 아니라 오히려 그것을 행사하는 것이다.[88] 간략히 말하자면, 철저히 이성적인 칸트의 도덕 철학은 사회학자로서 그리고 교육가로서의 뒤르켐이 가졌던 관심의 — 즉, 공민 의식, 사회적 연대, 그리고 민주적이며 공화주의적 제도에 대한 헌신을 어떻게 하면 증진시킬 수 있을 것인지에 대한 — 상당 부분에 대한 철학적 지향을 인도한 것으로 봐야 한다.

뒤르켐은 또한 칸트에게서 주요한 인식론적인 자극과 도전을 받았다. 칸트의 지식론은 외부 세계에 대한 우리의 인식을 '프로그램화하는' 마음의 범주에 중심적인 역할을 부여한다. 뒤르켐은 그 범주 — 공간, 시간, 인과성, 전체성 등등의 — 가 개인에게 뿌리를 두고 있다는 것, 즉, 그것이 개인의

87) 나는 뒤르켐의 사회에 대한 분석에 아주 적합하기 때문에 '전 사회적 공동체'라는 개념을 탤컷 파슨스(Talcott Parsons)로부터 취했다. 파슨스가 표현했듯, 한 사회의 중심적인 구조를 나는 전 사회적 공동체라고 부른다. 진화의 각기 다른 수준에서 더욱 구체적으로 말해 보자면, 부족이 될 수도, '민중'이 될 수도 혹은, 근대 세계에서는 국가가 될 수도 있다. 그것은 집합적 구조이며 그 안에서 구성원이 통일을 이루거나, 혹은 어떤 의미에서는 연합하기도 한다. 그것의 가장 중요한 속성은 구성원 사이의 관계를 특징짓는 — 뒤르켐식으로 표현하자면 — 연대의 종류와 수준이다(Talcott Parsons, "Social Systems", *International Encyclopedia of the Social Sciences*, New York: Macmillan and Free Press, 1968, vol. 15, p. 461).

88) '도덕 훈련의 학습 과정에서 습득하는, 우리가 가진 성향을 통제하고 우리 스스로를 억제하는 능력은 성찰적이며 개인적인 의지의 발현을 위한 필수불가결한 조건이다. 그 규칙이 우리에게 우리 스스로를 억제하고 스스로에 대해 통달할 수 있도록 가르쳐 주기 때문에 해방과 자유를 위한 수단이 되는 것이다.' *Moral Education*, pp. 48-49.

마음의 기능이라는 것을 받아들일 수 없었다. 동시에, 뒤르켐은 세계를 질서 있게 만드는 필요조건으로서 선험적 구조가 있다는 칸트의 제안을 흔쾌히 받아들였다. 사실, 뒤르켐은 모스와 함께 발표한 영향력 있는 한 논문에서,[89] 논리적 사고 구조는 집합적이기 때문에 (예를 들면, 사회적 표상) 선험적이라고 주장함으로써, 칸트적 이해의 범주를 사회학화시켰다. 달리 말하면, 뒤르켐은《원초적 분류》(*Primitive Classification*)에서 세계에 대한 인지적 지도화(地圖化)는 개인의 마음의 기능인 것이 아니라, 사회 조직 그 자체 혹은 적어도 사회적 집단이 주어진 환경에 맞춰서 조직화하거나 적응하는 것과 같은 더 깊은 곳에 뿌리내리고 있다고 시사했다. **한 집단이 세상을 분류하는 구조를 이해하는 것은 사실상 그 사회 조직의 규칙과 원칙을 이해하는 것이다.** 이것은 아마도 뒤르켐이 보여 주었던 가장 위대한 통찰력과 발견 가운데 한 사례로 간주할 수 있을 것이다.[90]

현재의 '민속방법론'이라는 사회학의 연구 분야는 그런 통찰력의 영향을 받은 것이지만,[91] 정작 그 연구 분야에 몸담고 있는 사람들은《원초적 분류》와《종교 생활의 기초 형태》로 대표되는 뒤르켐 후기 분석— 집합적 표상들의 바탕을 집합의 종교적 의식에 둠으로써 칸트의 지식론을 사회학적으로 해석하는 — 의 영향력에 대해서 알지 못하고 있는 듯하다. 이런 면에서 뒤르켐의 '사회학주의'(sociologism)[92]는 — 그가 지식은 그 근원에 있어

89) "De quelques formes primitives de classification. Contribution à l'étude des représentations collectives", *L'Année Sociologique* 6(1901-1902), pp. 1-72. 로드니 니덤(Rodney Needham)의 서론이 수록되었으며, 영역된 책으로는 다음을 보라. *Primitive Classification*(London: Cohen and West, 1963).

90) 다음 책을 참조하라. Mary Douglas, *Implicit Meanings*(London and Boston: Routledge & Kegan Paul, 1975) p. 204.

91) 이와 관련해서는 다음을 참조하라. Harold Garfinkel, *Studies in Ethnomethodology*(Englewood Cliffs, N.J.: Prentice-Hall, 1967); Paul Filmer et al., *New Directions in Sociological Theory*(London: Collier-Macmillan, 1972); Roy Turner, ed., *Ethnomethodology*(Baltimore, Md.: Penguin Books, 1974); Aaron V. Cicourel의 *Cognitive Sociology* 가운데 "Ethnomethodology"(New York: Free Press 1974), pp. 99-140.

서 사회적인 선험적 구조의 기능이며 사회화 과정에서 개인에게 전달된다고 상정하는 것을 감안하면 — 지식은 개인적 인식주체의 기능이라는 전통적인 철학적 관점에서의 인식론적 혁명이나 마찬가지라고 할 수 있다. 그러므로 이런 뒤르켐은, 《자살론》에서 '객관적' 실재를 설명하기 위해서 공식 통계자료에 순진하게 의존했던 탓에 '실증주의자'로 희화화된 이미지와는 상당한 거리가 있다.

뒤르켐이 여러 영향력을 종합해 내는 뛰어난 능력을 가졌고 다양한 사상 조류와 학문을 그의 사회학적 연구에 포함시켜 냈다는 점을 감안해, 그에게 이런 차원에서 영향력을 미친 다른 인물에 대해 더 이상 길게 언급하지는 않으려고 한다. 그럼에도 불구하고 생시몽과 칸트는 뒤르켐의 전반적인 세계관에서 사회학과 철학의 통일을 이뤄 내는 열쇠를 제공하는 데 있어서 특별한 위치를 차지한다. 그렇게 '크지 않은' 영향력을 미친 사람들도 인정할 필요는 분명히 있다. 예를 들면, 《고대 도시》라는 저작으로 근대 사회를 사회적으로 이해하는 데 역사적 분석이 중요하다는 것과 또한 사회 조직의 진화하는 형태의 밑바탕에 있는 제도적 구조로서 종교가 중요하다는 점을 뒤르켐에게 알려 준 것이 분명한, 파리고등사범 시절의 역사 교사 퓌스텔 드 쿨랑주를 들 수 있다. 《사회학 연보》의 첫 번째 권의 서문에서 뒤르켐은 사회학과 역사학이 화해할 필요가 있다는 점을 강조하며, 진정한 사회학은 역사학이라고 생각했던 퓌스텔 드 쿨랑주의 이름을 언급했다. 뒤르켐은 역사학이 사회학적으로 연구될 수 있다면, 쿨랑주의 생각에 대한 이론의 여지는 없을 것이라고 덧붙였다.[93]

---

92) 이에 대한 간략한 설명은 다음의 내 저작에 나와 있다. *Sociologism and Existentialism* (Englewood Cliffs, N. J.: Prentice-Hall, 1962).

93) "Preface", *Année Sociologique* 1(1896-1897). pp. ii-iii. 이런 맥락에서 통찰력 있는 논평을 보려면 다음을 보라. Robert N. Bellah, "Durkheim and History", *American Sociological Review* 24(August 1959), pp. 447-461; Robert Nisbet, *The Sociology of Emile Durkheim* (New York: Oxford University Press, 1974), pp. 258-260.

독일 사회과학자, 특히 뒤르켐이 1885-1886년 사이에 독일을 방문했을 당시 만났던 분트(Wundt)와 셰플레(Schäffle)[20]에 대해서도 공평하게 언급이 이뤄져야 한다. 뒤르켐에 대한 '독일의 영향력'은 그에게 학자로서의 이력 초반에는 도움이 되었지만, 나중에는 괴로움을 겪게 만들기도 했다.[94)] 이후에는 영국의 사회과학자, 특히 '원시 종교'에 대한 과학적 연구에 관심을 가지고 있던 이들이 뒤르켐에게 새로운 관점과 함께 사회학적으로 유의미한 자료를 제공해 주기도 했다. 이와 관련해서 맥레넌(McLennan),[21] 프레이저(Frazer) 경,[22] 그리고 어느 누구보다도 주목할 만한 스코틀랜드 출신 학자인 로버트슨 스미스(W. Robertson Smith)가 언급되어야만 할 것이다.[95)] 뒤르켐에게 영향을 미친 사람들의 명단은 훨씬 더 길어질 수 있겠지만, 그의 학

---

94) 1902년의 저술에서 뒤르켐은 자신이 독일인에게 많은 영향을 받았다고 언급했지만, 5년 뒤, 독일 황제(빌헬름 2세-옮긴이)가 취한 정책으로 인해서 라인 강을 건너오는 거의 어떤 것에 대해서든 프랑스 여론이 반대 입장을 취하게 되자, 뒤르켐은 스스로를 '사회학'이라는 이름으로 위장한 친독일적 정치 선전을 소르본에 들여온 사람 가운데 하나라는 드플루아주 대주교(Monsignor Deploige)의 비판으로부터 지켜내야 했다(뒤르켐의 주장을 보려면 다음을 참고하라. *Textes* I, pp. 400-407). 제1차 세계대전 중에는, 독일의 간첩 행위를 논하던 프랑스의 한 상원의원이 뒤르켐에 대해서 독일 '전쟁자원부'의 소르본 대표라는 혐의를 제기했다. 격노한 파리 아카데미의 부처장 루이 리아르는 이 중상모략에 대한 공개적인 수정이 이뤄지도록 만들었다(출처: 프랑스 국립 문서보관소의 뒤르켐 서류철에 나오는 1916년 3월 27일자 리아르의 서신). 내가 이런 점을 언급한 것은 뒤르켐에 대한 독일의 영향력이 지적인 것뿐만이 아니라 정치적인 결과까지 파생시키기도 했기 때문이다.

95) 스미스와 그가 뒤르켐의 종교사회학에 미친 영향에 대한 탁월한 설명으로는 다음 저작이 있다. Thomas O. Beidelman, *W. Robertson Smith and the Sociological Study of Religion* (Chicago: University of Chicago Press, 1974). 뒤르켐이 스미스의《유대인의 종교에 대한 강론》(*Lectures on the Religion of the Semites*)을 읽은 것은, 서구 종교와 문명의 주된 뿌리와 토대 가운데 하나를 어디에서 찾을 것인가에 대한 시사점을 제공했을 뿐 아니라, 내가 감히 주장하건대, 뒤르켐 자신의 뿌리를 풍요로운 상징주의와 의례를 갖춘 정통 유대교에서 재발견하도록 만들어 주었기 때문에 그에게 하나의 전환점을 마련해 주었다. 스미스의《유대인의 종교에 대한 강론》은 마치 백스터(영국 청교도 신학자 Richard Baxter, 베버의《프로테스탄트 윤리와 자본주의 정신》의 저술에 영향을 미침-옮긴이)와 버니언(《천로역정》을 쓴 John Bunyan-옮긴이)이 베버에게 그랬던 것과 마찬가지로 뒤르켐에게 중요한 영향력을 미쳤다고 볼 수 있다.

생으로 이뤄진 일단의 무리만 언급하고 마치려 한다. 뒤르켐 학파의 구성원들은 뒤르켐과의 공동 저작을 포함한 공동 논문이나 저술과 같은 상당한 정도의 협업을 이루었으며, 이와 같은 현상은 여타의 프랑스 대학 사회에 팽배해 있던 '단호한 개인주의'라는 규범과 대비되었다. 마르셀 모스(Marcel Mauss), 앙리 위베르(Henri Hubert), 프랑수아 시미앙(François Simiand), 모리스 알브바슈(Maurice Halbwachs), 폴 라피(Paul Lapie), 폴 포코네(Paul Fauconnet), 조르주 다비(Georges Davy), 로베르 에르츠(Robert Hertz) 등은 뒤르켐으로부터 영감을 얻었을 뿐 아니라 뒤르켐이 사회학적 분석을 진척시켜 나갈 때 그에게 중요한 지적인 반응을 주기도 했던 그의 학생 가운데 1세대와 2세대에 속하는 학자들이다.

III

상호 연결된 일단의 전문적인 활동으로 바라보았을 때,[96] 뒤르켐의 사회학적인 작업이나 프로젝트는 과학철학자 임레 라카토시(Imre Lakatos)[23]가 말한 대로 '과학적 연구 프로그램'[97](scientific research program, 이후 SRP로 약칭)

96) 뒤르켐의 주요 사회학적 활동: ① 산업사회학(《사회분업론》), 일탈(《자살론》), 방법론(《사회학적 방법론의 규칙》), 지식사회학(《원초적 분류》, 《종교 생활의 기초 형태》), 교육사회학〔《프랑스 교육학의 발전》(*L'Evolution pédagogique en France*)〕 등과 같은 분야에서의 선구적인 사회학적 연구물의 저자, ② 대학 수준에서 사회학의 첫 강좌를 개설한 대학교수이자 대학원 연구 과정 책임자, ③ 《사회학 연보》의 편집자이자 그 후속물인 'Travaux'(노작)의 시리즈 편집자. 사실 그의 편집자 역할은 실험실 책임자와 비슷한 것이었으며 그의 팀에 속한 젊은 구성원으로 하여금, 양질의 학문 시리즈에 논문을 싣도록 함으로써 그 결과 직업적인 인정을 받고 승진하도록 만들어 주었다. 또한 ④ 다른 지식인 결사체와 학술지에 관여했던 덕에 학문적, 지적 공동체에서 사회학이 정당성을 확보하도록 만들어 준 옹호자의 역할을 했다.

97) Imre Lakatos and Alan Musgrave, eds., *Criticism and the Growth of Knowledge* (London: Cambridge University Press, 1974), pp. 91-196. 내가 라카토시에 관심을 가지게 된 것

의 창안과 다름없는 것이다. 과학적 연구 프로그램(SRP)은 세 가지 주요 요소를 가지고 있다고 말할 수 있다. (1) 라카토시가 명명한 대로 '형이상학적 신념'으로 구성된 '핵심'(hard core); (2) 긍정적, 부정적 발견법으로 이뤄진 매개적인 '보호대'; 그리고 (3) 실제 세계의 차별화된 영역을 경험적으로 진술, 예측, 해석하는 하위 학문을 위한 바깥 테두리의 이론이 그 요소들이다. '긍정, 부정적인 발견법에 내포된 방법론적 규칙과 함께 SRP의 핵심을 형성하는 형이상학적 신념과 선험적이며 따라서 반박 불가능한 신조를 고수한다'는 점에서 이론들은 상호 연결되어 있다.[98]

뒤르켐이 그의 대학 경력을 시작하면서부터 사회학을 위한 SRP의 초기 형성을 진척시켰다고 주장할 수 있다. 그가 보르도 대학에서 가르쳤던 초기 과목을 살펴보면, 내가 이미 언급했던 대로, 사회학이 과학적 학문이 되기 위해서는 무엇이 필요한지에 대해서 이미 그가 구상하고 있었음을 명확히 알 수 있다. 이런 초기 비전이 세월을 거쳐, 특히 사실상 하나의 과학적 연구팀을 형성한 일단의 학생과 연구 협력자들이 그에게로 모여들면서, 점차 정교화되었다. 이런 측면에서, 그의 박사논문인 〈사회분업론〉이 SRP와 그 탐구 논리, 그리고 그 목적을 보여 준다고 생각할 수 있다. 그 저작은 '형이상학적 신념' 혹은 내가 선호하는 명칭인 '가정'(presuppositions)을 담고 있으며, 또한 뒤르켐은 이 저작에서 이론을 제기한 뒤에 그것이 반증(falsification) 과정을 거치도록 만든다. 뒤르켐이 쓴 서문에는 그 연구의 목적이 분명히 밝혀져 있다.[99] 연대가 사회적 사실의 한 대표적 사례로서 사회적 삶

은 경제학의 발전을 설명하는 데 그의 이론을 활용할 수 있다는 것을 알려 준 한 뛰어난 연구 덕분이었다. Joseph V. Remenyi, "Core-Demi-Core Interaction in Economics" (mimeographed, Ph.D. thesis, Durham, N.C.: Duke University, 1976). 나는 뒤르켐 학파를 전체적으로 다루는 데 있어서 라카토시와 레메니의 개념화가 매우 유용하다는 것을 알게 되었지만, 후자를 제대로 공평하게 다루기 위해서는 상세한 설명이 따로 이뤄져야 할 것이다.

98) Remenyi, "Core-Demi-Core Interaction", p. 38.

의 중심적 사실이라 하더라도, 〔주관적, 상호 주관적(intersubjective) 성향들은 물리적 조건들이 아니기 때문에〕 그것은 직접적으로 연구될 수 없다. 따라서 연대를 조작적으로 정의함으로써 그 외적으로 명시화된 것을 연구할 수 있다.[100] 따라서 뒤르켐은 그의 박사논문 첫째 장에서 그가 사용한 연구 방법과 반증 과정을 거치는 두 가지 이론 모두를 개괄적으로 소개했다. 사회적 현실(연대)이라는 내적 핵심이 밖으로 드러난 것이 법적 체계이므로, 그 내적 핵심이 '기계적'에서 '유기적'인 연대로 질적인 변화를 겪게 되면서, 전체 법전의 구성에 비추어 봤을 때 법적 체계에서 (주로 민법 대 사법의) 유형별 비율의 명시적인 변화가 있어야만 할 것이다. 그 첫 장에 뒤이어 나오는 〈사회분업론〉의 내용까지 여기서 살펴볼 필요는 없다. 하지만 내가 이 저작물을 뒤르켐의 SRP를 보여 주는 사례로 활용하고 있으므로, 그것에 긍정적, 부정적인 발견법 모두가 담겨 있음을 보여 주기에 충분할 정도로는 설명하고자 한다.

레메니가 지적했듯이, SRP의 부정적 발견법은 '반박 불가능한 프로그램의 형이상학적 가설'[101]을 분명히 밝히며, 따라서 과학적 설명의 방법에 따라서 무엇이 정당한지, 정당하지 않은지를 나타낸다. 뒤르켐이 명백하게 드러내지는 않지만, 그의 주요한 부정적 발견법은 사회적 사실인 노동 분업이 개인 간의 자발적인 경제적 교환으로 설명되지 않는다는 것이다. 따라서 뒤르켐의 논문 7장에서 스펜서의 노동 분업에 관한 설명에 대한 비판이 이뤄지는데, 뒤르켐에게 스펜서는 사회 구조보다는 개인으로 사회 현상을 설명하고자 하는 무리의 대표로 받아들여졌다. 뒤르켐은 사회적 현실을 재화나

99) '이 책은 실증적 과학 방법론에 따라서 도덕적 생활의 사실을 다루어 보기 위한 뚜렷한 시도이다'(《사회분업론》, p. 32).

100) '연대는 〔…〕 사회적 결과라는 매개를 통해서만 우리가 알 수 있게 되는 사회적 사실이다'(《사회분업론》, p. 67).

101) Remenyi, "Core-Demi-Core Interaction", p. 39.

설비를 교환하는 개인으로 축소시키려는 사회적 교환 모델에 대한 그의 반대 입장을 명백히 밝혔다.

> 노동 분업이란 개개인이 서로에게 서로를 제공하는 것이 아니라 사회적 기능을 제공하는 것이다.[102)]

〈사회분업론〉이 다른 연구와 확연히 구분되는 방법론을 쓰고 있기는 하지만, 그가 부정적, 긍정적 발견법을 온전히 활용해서 그의 독자에게 제공했던 것은 후속작인 《사회학적 방법론의 규칙》[103)]에서였다. 사실, 이 저작이야말로 '어떻게 사회학을 할 것인가'를 보여 준 첫 입문서였으며, 따라서 그의 SRP를 심화시키는 데 중요한 의미를 가진다. 그 책은 사회 현상을 연구하고자 하는 사람들에게 '사회적 사실'에 어떻게 접근하고, 어떻게 인식하며, 또한 어떻게 설명하는지를 알려 주었다. 일정하게 표준화된 작업 절차

---

102) 《사회분업론》, p. 407. 말할 필요도 없이 스펜서의 사회학은 오늘날 시대에 뒤떨어진 것으로 보이지만, 그 교환 모델은 조지 호먼스(George Homans), 피터 블라우(Peter Blau), 어빙 고프먼(Erving Goffman)과 클로드 레비스트로스(Claude Levi-Strauss) 등의 학자를 통해서 계속 제기되곤 한다. 물론, 모스(Mauss)의 《선물》(*The Gift*)은 교환 모델의 하나이며 뒤르켐의 구조기능주의적 분석의 사례로 볼 수도 있다. 수면 아래의 규범적, 사회적 구조로서 그리고 그것이 사회 조직에 초래하는 추가적인 결과물로서 경제적 교환에 대한 분석이 이뤄진다. 선물을 주거나 받거나 교환하는 것의 의무적인 측면은 구체적 행위자의 자유의지로부터 말미암은 것이 아니다. 이러한 교환의 측면은 역할 관계의 심리적인 차원의 부분이며 또한 '전체 사회 현상'의 부분인 것이다. 내가 이 점을 언급하는 것은, 그 자체로서 구조기능주의적 분석의 사례이며 또한 사회적 교환 모델의 원형이기도 한 모스의 연구가 또한 《사회분업론》에 근거를 두고 있거나 그로부터 파생되었다고 파악되기도 하기 때문이다. 따라서 그것을 그 자체로서 독립적으로 취급하기보다는, 뒤르켐의 SRP가 실행된 한 사례로 보아야 할 것이다. 《선물》은 1925년 프랑스어로 처음 출판되었다〔*l'Année Sociologique*, 2e ser., vol. 1(1923-1924) pp. 30-186〕. 영역본은 다음과 같다. *The Gift: Forms and Function of Exchange In Archaic Societies,* New York: Free Press, 1954.

103) *The Rules of Sociological Method*(1895, French; New York: Free Press, 1950).〔한글판은 윤병철·박창호 옮김, 《사회학적 방법의 규칙들》(2001, 새물결)이 있다-옮긴이.〕

를 제공하는 것은 과학적 학문의 제도화와 합리화를 위해서는 당연히 이뤄져야 하는 근본적인 일이다. 뒤르켐의《사회학적 방법론의 규칙》은 그의 '연구팀' 구성원들에게 바로 이런 것을 제공해 주었을 뿐 아니라 사회학적 연구에 일정한 특색을 부여함으로써 사회학을 '근대화'시켰다. 여기서 특색이란 뒤르켐주의자들이 심지어 그들이 살던 시대의 사회적 관심사를 연구 주제로 다룰 때조차도 그들의 모든 연구에서 드러나는 분석의 객관성과 엄격함을 의미한다. 어쩌면 '과학적 심미주의'라고 이름 붙일 수도 있을 이런 특색은《사회학적 방법론의 규칙》에 나타나 있는 중요한 부정적 발견법을 따르는데, 부연하면 사회 현상을 다룰 때 연구자는 조사하고자 하는 현상에 대한 상식이나 비전문가적인 이해를 괄호 안에 가두어야만 한다는 것이다. 뒤르켐은 이에 대해 '모든 기존 관념은 뿌리 뽑아야 한다'[104] 고 말했다.

부정적 발견법을 다룬 뒤, 뒤르켐은 본질적으로 긍정적인 하나의 발견법을 제안하는데, 즉 사회적 사실에 대한 연구를 시작하면서 연구자가 조사 대상에 대한 작업적 정의(定義)를 명확히 밝혀야 한다는 것이다.[105] 이것은 연구 프로그램이 밖으로 드러나도록 만들어 준다는 의미에서, 즉 경험적 사회 현상을 코드화하고 해석하는 데 사용될 수 있는 예측적 언명이나 명제를 형성하는 이론틀로 이끌어 준다는 점에서, 긍정적 발견법이다.

이런 설명으로《사회학적 방법론의 규칙》에 대한 소개가 제대로 이뤄진

---

104)《사회학적 방법론의 규칙》, p. 31. 뒤르켐은 부정적 발견법에 대해서 상세하게 설명하면서 다음과 같이 말한다. '즉, 사회학의 이 첫 번째 방법은 전적으로 부정적인 것이다. 이것은 사회학자에게 비전문가적인 생각의 영역에서 벗어날 것과 그의 관심을 사실을 향해 돌릴 것을 가르친다'(《사회학적 방법론의 규칙》, p. 34). 나는 뒤르켐의 연구 절차와 후설(Husserl)의 현상학적 방법론이 비슷하다는 것을 보이기 위해서 '괄호'라는 단어를 썼으며, 내 견해로는 그 두 방법론 모두 구조에 대한 분석에 천착하기 위한 것이다.

105) '객관적이기 위해서, 그 정의(定義)는 현상을 생각으로서가 아니라 그것의 내재적인 속성으로서 분명히 다루어야만 한다'(《사회학적 방법론의 규칙》, p. 35). 그의 방법론적인 원칙의 이런 측면은 그의 (자살, 종교, 사회주의 등에 대한) 모든 사회학적인 연구에 반영되었다.

것은 아니며, 다만 독자에게 이 저서가 전반적인 뒤르켐의 사회학적 분석 가운데 어디에 위치하고 있는가를 보여 줄 따름이다. 모든 사회학자가 이 책을 수용한 것은 아니며 심지어 뒤르켐이 살아 있던 때에도 상당한 반대와 오해를 불러일으키기도 했다. 이것은 뒤르켐의 '실증적' 연구(《사회분업론》, 《자살론》, 《종교 생활의 기초 형태》) 전반을 관통하는 탐구 논리를 이해하는 열쇠 역할을 하며, 또한《사회학 연보》를 만들었던 연구자로 하여금 주요한 뒤르켐주의의 '핵심'[106]에서 분과 학문을 구조적으로 분화시킨 특징을 지닌 조직화된 사회학적 연구를 할 수 있도록 방향을 제시해 주었다.

이 절의 나머지 부분에서, 뒤르켐 사회학의 '핵심', 즉 그가 세웠던 중첩적이고 상호 연결된 일단의 가정을 다루려고 한다. 이것은 어떻게 사회적 세계가 작동하는지에 대한 이론적인 명제와 연결되기 때문에, 그것을 논의하는 것은 우리가 미처 다루지 않았던 뒤르켐 사회학의 근본적인 측면 가운데 몇몇에 접근해 보는 것을 도와줄 것이다. 동시에 우리는 뒤르켐이 행했던 분석을 그가 처했던 사회역사적인 맥락 속에 자리매김시킬 필요가 있다.

사회 질서가 실재하지만 착취적인 관계 위에 세워져 있으며 따라서 근본적으로 가증스러운 것이라고 가정하는 마르크스주의와는 달리, 뒤르켐의 사회학주의는 사회 질서가 사회적 신체(셰플레에게서 얻은 것으로 보이는 비유)의 본성에 내재한 것이라고 가정한다. 전통 금언인 **'건강한 신체에 건강한 정신'**(mens sano in corpore sana)을 약간 수정하면 개인이 사회와 맺는 관계에 대한 뒤르켐주의의 기본적인 관점이라고 볼 수 있을 수도 있는 다음과 같은 구절이 나온다. '건강한 사회에 건강한 정신.' 즉, 개인이 물리적, 생물학적 본성의 제약으로부터 진정으로 자유로워져 완전한 기능을 하는 사람이 되

106) 레메니는 그의 연구에서, 학문 전체로서의 '핵심'(hard core)이 구조적으로 분화됨으로써 분과 학문이 생겨난다는 가정을 적용시킨 '반(半)핵심'(demi-core)이라는 개념을 도입함으로써 라카토시의 SRP 개념화를 수정하는 것이 도움이 된다는 것을 알았다. 이것은 경제학의 발전에 대한 그의 연구에만 해당하는 것이 아니라 뒤르켐 학파의 사회학 발전에도 적용시킬 수 있다.

기 위해서는, 잘 조직화된 사회에 속해야 하는 것이다. 뒤르켐에게 사회적 규칙과 기강은, 소외적이기는커녕 통합적이며, 정신 건강에 적합한 사회 조직의 본질적인 부분이다. 요약하면, 사회적 건강과 정신 건강은 서로 밀접하게 연관되어 있으며 제대로 규제되는(즉, 규범적으로 정돈된) 사회를 가지고 있는지 여부에 달려 있다. 뒤르켐의 이러한 가정은《자살론》의 분석과 논증의 상당 부분이 맞닿아 있다.

이런 점에서 뒤르켐의 사회관은 클로드 베르나르의 유명한 개념인, 복잡성을 가진 생명 유기체들의 생리적 조직을 풀어내는 열쇠와도 같은, 내적 환경(milieu interne)과 연결되어 있는 것으로 보인다. 항상 일정한 내부 온도를 유지하는 것을 비롯한 다양한 기능을 통해서, 복잡한 유기체가 외적 환경에 대한 적응력을 높이면서 발전하는 것을 가능하도록 만드는 것은 바로 — 혈관계와 그와 연관된 체액으로 이뤄진 — 내적 환경이다. 사회는 인간의 내적 환경이며, 여기에는 두 가지 의미가 있다. (a) 물리적 환경과의 관계에서, 사회는 우리가 자연에 대한 적응 상태를 유지하도록 만들어 주는 매개적 체계다. 그리고 (b) 사회적 환경은 또한 사회화 과정에서 개인에게 내재화되는데, 말하자면 자아의 인간적 구성 요소가 되는 것이다. 뒤르켐에게 사회화는 학습 과정으로서, 주로 '사회적 환경의 규범적 구조를 배우는 것이다'.[107] 뒤르켐이 '영혼'의 보편적인 개념 배후에 있는 실체로 취급하는 이러한 사회의 내재화 때문에, '몸-영혼'의 이원주의는 사회학적인 성찰을 통해서 지지되는 현실에 대한 이해다.[108] 하지만 사회는 우리의 마음에만

107) '교육이란 정확히 말하면 인간의 사회화이다'(《사회학적 방법론의 규칙》, p. 6).

108) 뒤르켐의 자아, 개인성, 개성에 대한 논의는 — 어떤 의미로는 그의 미시사회학의 토대인 — 영역된 후기의 한 논문(1914)에서 대폭 발전을 이루었다. "The Dualism of Human Nature", in Wolff, *Emile Durkheim*, pp. 325-340. 이로부터 말미암은 자아의 이중적 측면과 의식(consciousness)의 두 가지 양태(즉, 개인적 그리고 집합적 혹은 사회적 의식)에 대한 뒤르켐의 개념은 미드(George H. Mead)의 자아의 이중성과 구조적으로 유사한데, 이는 미드의 주관적 나(the 'I')라는 것이 생물학적 체계에 기초를 두고 있고, 객관적 나(the 'me') 혹은 '일반화된 타자'(generalized other)는 사회적 공동체가 내재화되면

존재하는 것이 아니다. 그것은 객관적으로 제도와 그 구현물(법 체계, 시장 체계 등등)의 형태로도 존재한다.

조직화된 사회가 근본적으로 비도덕적이라고 보는 관점과는 거리가 멀었던 뒤르켐은 그것이 본질적인 도덕적 본성을 지녔다고 가정했다. 사실, 도덕성과 사회는 서로 동떨어져 있는 것이 아니다. 이 때문에 사회적 삶과 사회 조직이 가능해지며 또한 그것들이 규범적 틀을 반영하게 된다. 사회 제도란 때로는 무엇인가를 지시하고 때로는 금지하기도 하며 또한 사회 계층을 가로 지르는 이러한 규범적 틀이 합쳐진 것이다. 그 제도적 틀이 무엇이든 또한 그 발전 단계가 어떤 것이든 간에, 사회 질서 그 자체는 실재하는 도덕적 현상이다.[109] 오늘날 사회 세계에서 우리가 발견하는 모든 것이 도덕적이라고 말할 수는 없겠지만, 그렇다고 도덕성이 사회 구조와 사회 조직 외부에 존재하는 것이라고 주장할 수도 없을 것이다.

따라서 뒤르켐에게 도덕성이란 사회 현상이며, 사회 현상에는 내재적인 도덕적 요소가 있다. 물론 당연히, 비도덕적인 것 — 즉, 규범, 기준, 혹은 도덕성에 어긋남으로써 우리를 놀라게 하는 것 — 또한 사회 현상이다. 도덕성은 사물의 내재적 속성이 아니라 행동 혹은 사회적 행위의 성질을 가진다. 도덕성이란 개인적 태도나 마음의 상태라기보다는, 도덕적 행위를 일컫는다. 개인 사이에 일어나는 행위를 도덕적, 규범적으로 배치하는 것이 사회 질서라는 개념의 중심에 있다. 뒤르켐의 이러한 분석은 오늘날의 '역할 이론'이나 '역할 분석'보다 시기적으로 앞서 있지만, 역할에 대한 오늘날의

서 만들어진다는 점을 고려하면 그러하다. 콩트에 대해서 인식하고 있었음에도 불구하고, 미드는 뒤르켐에 대해서 잘 알지 못한 것으로 보이며, 아마도 뒤르켐의 1914년 논문에 대해서도 몰랐던 것 같다.

109) '도덕적'인 것에는 두 가지 측면이 있다. 윤리적 또는 규범적인 것 **그리고** 비물질적인 것(즉, 심리적인 것) 양자 모두를 고려해야 한다. 다시 말하자면, 뒤르켐에게 도덕적 삶이란 상호 주관적이라는 의미에서 심리적이며, 따라서 그는 사회학을 사회 심리학으로 부르고자 했던 것이다.

미시사회학적 관점은 상황의 틀을 잡거나 혹은 '상황을 정의 내리는' 상호간의 규범적 기대라는 측면에서 둘 혹은 그 이상의 행위자를 연결시켜 주는 사회 구조에 대한 것임이 확실하다. 이러한 관점은 사회 질서의 규범적, 도덕적 기초에 대한 뒤르켐주의적인 가정이다.

마찬가지로, 뒤르켐은 '일탈'이라는 현대적인 용어를 쓰지는 않지만, '범죄' 혹은 '범죄 행동'이 고유한 하나의 사회 현상, 심지어는 '모든 건강한 사회의 필수적인 부분'이라고 받아들인 것이 확실하다.[110] 범죄 행동은 도덕적으로 부정적인 행동이지만, 그것이 행동의 한계를 짓는 사회 법칙 혹은 법칙 배후의 집합적 정서라는 의미에서 사회에서 행해지는 정상적인 행동인 것이다. 그러한 한계가 정해져 있지 않다면, 도덕적이거나 비도덕적인 행동이라는 것이 존재할 수 없다. 또한, 뒤르켐은 그러한 가정에 근거를 둔 두 가지의 다른 연관된 명제를 내어놓았는데, 그 내용은 처벌 또한 사회에서 일어나는 정상적인 현상이라는 것과 범죄는 '범죄율이 유난히 높을 때'[111] 비정상적인 측면을 가지게 된다는 것이다. 도덕성(그리고 비도덕성)이 사회 현상이라면, 여러 사회는 도덕성과 비도덕성에 대한 각기 다른 정의를 가질 것이며, 또한 한 사회의 규범과 형벌 체계는 고정되어 있는 것이 아니며 사회 조직이 시간에 따라 변화함으로써 진화적인 변화를 겪게 된다.

뒤르켐의 분석은 도덕성과 사회 사이의 본질적인 연계를 상정할 뿐 아니라, 사회 그 자체가 독특한 실재라는 하나의 중심적인 가정을 취한다. 이러한 사회 실재론의 중심에는 개인이 상호 작용할 때 맺어지는 연계가 실재적이며 개인의 속성으로부터 말미암을 수 없는 (사회 제도나 사회적 역할과 같은) 유대 혹은 결속을 발생시킨다는 그의 개념이 자리 잡고 있다. 비록 전체가 그것을 구성하는 부분 없이 존재할 수 없기는 하지만, 전체는 그 부분의 합

110) 《사회학적 방법론의 규칙》, p. 67. 뒤르켐의 다음 논문도 참조하라. "Deux Lois de l'Evolution Pénale", *Année Sociologique* 4(1899-1900) pp. 65-95.
111) 《사회학적 방법론의 규칙》, p. 66.

보다 크다. 뒤르켐이 전자를 단호히 주장했다는 사실 — 예를 들면, 사회는 '집단의 궁극적인 요소'[112]인 개인 없이는 존재하지 않는다고 그는 단언했다 — 을 염두에 두어야 한다. 그러나 뒤르켐의 사회학은, 어떤 개인으로부터도 초월적인, 또한 '신적인 창조' 혹은 신적 의지의 도구가 아닌 자연 세계에 내재해 있는 것으로 그가 생각하는 사회 실재의 독특성에 더 큰 무게를 둔다. 따라서 사회 실재는 사회적 상호 작용으로 구성되며 또한 사회적 상호 작용을 구성하는 요소이기도 하다. 그 상호 작용 과정은 사회 실재를 생성할 뿐 아니라, 어떤 조건 아래에서는 사회 질서를 재생시키기도 한다. 후자의 측면이, 이후에 언급될 뒤르켐의 종교와 사회 변동에 대한 이론을 포함하고 있다.

뒤르켐은 사회 실재가 여러 겹으로 이뤄져 있으며, 그 가장 안쪽에는 자발성과 활기(그 핵심을 이루는 겹으로부터 열정, 공포, 비관과 같은 집합적 경향성이 기인하는)가, 바깥쪽으로 나갈수록 더욱 제도화된 집합적 노력이 자리 잡고 있다고 생각했다. 따라서, 가장 바깥층의 법정으로부터 그 안마당에 이르는 객관화된 문화적 인위 구조가 자리 잡는 것이다.[113] 안쪽에서 바깥쪽에 이르기까지, 또는 중심에서 주변부에 이르기까지, 사회적 삶은 집합화된 인간의 의식 혹은 '집합적 양심'[114]을 표현한다. 뒤르켐은 의식(意識)과 관련해서는, 그 하나의 원천은 개인(신체)이지만 또 다른 원천은 사회라고 주장하는 까닭에, 이원론자이다. 이러한 이중의 주관성이 일상 언어에 드러나는데, 왜냐하면 주어의 양식에는 단수인 '나'와 복수인 '우리'가 모두 있기 때문이다. 더 나아가, 의식은 인지적이고 감정적이며, 상호 주관적인 의식의

112) "Le Dualisme", in Wolff, *Emile Durkheim*, p. 206.

113) 《사회학적 방법론의 규칙》, 1장. 열거한 예는 내가 만든 것이다.

114) 마음, 기억, 그리고 의식에 대한 뒤르켐의 이론을 보려면 다음을 참조하라. "Individual and Collective Representations", in Durkheim, *Sociology and Philosophy* (New York: Free Press, 1974), pp. 1-34.

연결망으로서의 사회 실재는 초정신적인 실재인 것으로 받아들여진다.[115]

뒤르켐이 여기서 말하고자 하는 것은, 인간의 의식이 관념적인 표상을 만들어 내는 정신적인 활동이라면, (사회적 삶의) 총체의 의식은 개인의 정신적 삶, 즉 어떤 한 개인의 제한된 의식으로부터 확연히 구분되며 또한 그보다 훨씬 더 방대하다는 의미에서 초정신적이라는 것이다. 정신적 삶, 혹은 의식이란, 우리가 만나는 외부 현상에 대한 표상, 개념화, 분류화 등을 통해서 외부 세계에 대한 지도를 그려 낸다는 의미에서 인지적이라고 할 수 있다. 의식의 두 번째 핵심적인 측면은 바로 그것이 느낌과 정서라는 **감정적인 요소**로 특징지어진다는 것이다. 이러한 것 가운데, 뒤르켐은 그에게 인간 본성으로부터 '동떨어진 것이 아니라' 정상적이거나 혹은 자연스러운 정서라고 할 수 있는 '연대'의 정서에 주안점을 둔다. 더 폭넓게 논의하면, 뒤르켐이 세계에 대해서 취했던 태도는 이성적이었던 것임이 분명하기는 하지만, 내가 **지각력**(sentinence)이라고 일컫는, 사회적 존재의 근본적 정서에 대해서 그가 아주 잘 인식하고 있었다는 점이 강조되어야 할 것이다.

이렇게 저변을 흐르는 정서는 뒤르켐의 여러 저술에서 다양하게 다뤄졌던 한 가지 주제였다. 예를 들면, 뒤르켐은《자살론》3부 1장에서 '집합적 경향성 혹은 열정'을 '**독특한** 영향력'(forces *sui generis*)[116]이라고 표현하였다. 이러한 집합적 감성 혹은 감정 가운데 일부는 제도화되기도 하지만, 어떤 것은 제도화의 틀에 저항하면서도 그렇다고 개인에게 영향을 미치는 사회적 힘으로 표출될 만큼 효과적이지는 않은 경우도 있다 — 이러한 논의에는 애국주의, 인도주의, 증시 마니아 혹은 경기불황(활황과 침체의 정서) 혹은 심지어 '자살을 유도하는 유전적 경향'마저 포함된다. 일상적인 사회적 삶은 명시적인 법이나 그보다는 비형식적인 행동 수칙과 규칙, 또는 언어로 명확하게 표현하기에는 더욱 모호한 도덕적 원칙에 의해서 구조화될 수 있지만

115) 같은 책, p. 34.

116)《자살론》, p. 307.

> 이런 모든 지당한 언설들의 아래로는, 그런 공식에 의해 요약되기는 하더라도 피상적인 봉투에 덮여 있을 뿐인 실질적이며 살아 있는 감성이 있다. 그 공식이 만약 사회 전반에 확산되어 있는 감정이나 인상에 조응하지 못했다면 어떠한 반향도 불러일으키지 못했을 것이다.[117)]

따라서 뒤르켐은 사회의 실질적인 저변(혹은 가장 안쪽에 자리 잡고 있는 핵심)에 격렬한 정서가 맞부딪치는 교류 공간이 있다고 본 것이다. 이것이 바로 사회적 삶의 심장이다. 이 교류 공간과 외부의 물리적 환경 사이를 중재하는 것이, 인간에게 환경을 드러내 줄 뿐 아니라 집단이 어떻게 조직화되었는지를 반영하는 집합 표상의 체계다. 다시 말하면, 그의 세계관은 단순히 인간이 어떻게 지각하는가만이 아니라 사회가 내적으로 어떻게 조직화되었는지를 반영한다. 즉, 뒤르켐이라면 칸트적인 범주를 사회학적으로 해석할 것이며 그렇게 함으로써 세계의 인지적 질서화라는 것은 세계의 근원적인 사회 질서화를 반영하는 것이라고 기발하게 재해석할 것이다. 뒤르켐은 무엇인가를 서로 붙어 있도록 하거나 혹은 연결시켜 주는 연결고리들이 근본적으로 사회적일 뿐 아니라 본질적으로 정서적이라고 파악했었다는 것이 이 논의의 핵심이다. 그의 영향력 있는 저술《원초적 분류》에 나오는 다음의 구절이 이러한 그의 관점을 잘 나타낸다.

> 이러한 집단화를 낳는 것은 집합적 정신 상태인데 이러한 상태는 더구나 분명히 정서적이다. (…) 사상들이 서로 연결되거나 단절되는 방식에 있어서 중요한 역할을 수행하는 것이 바로 개념의 이러한 정서적 가치다. (…) 바로 이런 식으로 각 사회마다 다른 방식으로 현상이 그 성격을 변화시키는데, 왜냐하면 현상이 집단의 감성에 제각기 다른 방식으로 영향을 미치기 때문이다.[118)]

117) 같은 책, p. 315.

118) 《원초적 분류》(*Primitive Classification*), pp. 85-86.

물론, 제도화의 상이한 형태가 나타나는 어떠한 시기에서라도, 감정과 정서의 교류 공간으로서 사회를 바라보는 뒤르켐의 관점은《종교 생활의 기초 형태》에서 가장 극적으로 드러나는데, 이 책은 그냥 보기에는 오스트레일리아 원주민에 대한 민족지학(民族誌學)의 사회학적 해설서이지만, 실은 사회 구조와 사회 변동을 일반적으로 다룬 논문에 더 가깝다.

우선, 사회 구조에 대해서 살펴보자면, 뒤르켐은《원초적 분류》와〈종교 현상의 정의〉(De la définition des phénomènes religieux)[119] 등과 같은 그의 초기 저작에서 뚜렷이 드러냈던 연구 방향을 더 발전시켜서, 집합적 정서가 상징에 담겨 있다고 보았다. 'y=f(x)'와 같은 생명력 없는 지적 구조물이 아니라, 정서적인 상태를 표시하며 나타내는 — 문장(紋章), 깃발, 종교 교리, 기도 등과 같은 — 집합 표상을 일컫는다. 뒤르켐은 사회 공동체의 근본적 특색으로서의 상징과 정서가 변증법적 관계에 놓여 있다고 파악했다.

> 문장(紋章)은 단순히 사회의 정서가 어떤 것인지를 확실히 알려 주는 편리한 절차로서가 아니라 이러한 정서를 창출해 내는 역할을 하며, 따라서 문장은 사회의 구성 요소 가운데 하나인 것이다.[120]

따라서 상징, 정서, 그리고 사회적 삶은 서로 밀접하게 연계되어 있다. 사회적 삶은 '방대한 상징주의에 의해서만 가능하'[121]며, 상징이 없이는 '사회적 정서는 단지 불안정하게 존재할 수 있을 뿐'[122]이라고 뒤르켐은 주장했다. 집합 표상으로 이해되는 상징은, 상호 주관적인 감정 혹은 집합적 정서를 드러내어 주는 외부화라고 할 수도 있고 또는 그렇게 하기 위한 매개체

119) "De la définition des phénomènes religieux", *L'Année Sociologique* 2(1897-1898), pp. 1-28.
120)《종교 생활의 기초 형태》, p. 262.
121) 같은 책, p. 264.
122) 같은 책, p. 262.

라고 부를 수도 있다. 상호 작용을 통해서 이런 정서를 만들어 낸 그 세대에뿐만이 아니라 후속 세대에 이르기까지, 상징은 이러한 상호 주관적 감정 혹은 집합적 정서를 나타내 준다. 상징은 그럼으로써 사회 질서를 영속화시키는데, 왜냐하면 사회적인 행사에서 우리가 부르는 집단적인 노래, 우리가 한 목소리로 외우는 기도, 우리가 기립 자세에서 경청하는 국가, 우리가 참여하는 통과 의례, 집단 안에서 우리가 공유하는 '사적인 농담', 한 집단 특유의 악수법 등과 같은 것과 또한 무수히 많은 다른 것이 사회적 연대를 지속시키며 강화시키기 때문이다.

집단 정체성의 궁극적인 기초가 된다는 이유로 뒤르켐이 아주 중요하게 여기는 주목할 만한 정서 혹은 태도는, **신성성**(*the sacred*)에 대한 느낌에서 표출되는 종교적 정서이다. 뒤르켐은 인간의 의식은 세계를 두 개의 범주로 나누는데, 그 하나는 **신성성**이고 다른 하나는 **세속성**(*profane*)이라는 생각을 가지고 있었다. 뒤르켐의 **신성성** 개념은 베버의 **카리스마** 개념과 두드러지게 흡사하다. 즉, 베버에게는 그런 태도를 부여받는 것이 사람인 데 반해, 뒤르켐에게는 토템과 같은 상징이나 실체 등의 속성에 더욱 가깝다는 차이가 있기는 하나, 두 학자가 다루는 대상인 태도 자체는 동일하다. 기본적으로, 신성한 실체에 대해서 우리는 품고 있는 감정을 표현하는 성향이 있으며, 그것 자체를 목적으로 삼는 반면, 세속적인 것에 대해서 우리는 도구적 혹은 공리적 성향을 취한다. 즉, 세속적인 것은 수단일 뿐 행위의 목적이 아니다.

뒤르켐은《종교 생활의 기초 형태》2부 7장에서 사회적 삶에는 양극으로 대별되는 행위의 양식이 있다는 것을 아주 명확하게 제시한다. 즉, 경제적 삶과 종교적 삶이 그것이다. 우리는 그 양극이 질과 양이 모두 감안되는 정서적 연속선상에 자리 잡고 있다고 생각할 수 있다. 경제적 삶은 지루하고 단조롭다. '그것의 강도(intensity)는 대체로 대단히 평범한 수준'이며 사회 공동체에 대해서 원심력을 가함으로써 그 결과 '삶을 획일적이며, 시들하고, 지루한 것으로 만들어 버린다'.[123] 집단으로 함께 모여듦으로써 생겨나는 종교적 삶은, 의식적(ceremonial)인 동시에 극적이며, 완전히 다른 종류의 정서이다. **축제**, 즉 **열광**의 기간인 것이다. 자극의 집합적 정서가 활기 속에서 증폭되며, 일상적인 세계가 특별한 세계로 변형되는데, 이런 세계에서는 개인 간의 경계가 무너지고 연대가 점점 고조되며, 그 와중에 도덕률을 폐기시키려는 행동이 생겨날 수도 있다.[124]

누군가가 뒤르켐이 그의 원시 사회의 상황에 대한 분석을 그 너머로까지 확장시킬 의도가 있었는지 묻는다면, 답은 그렇다이다. 《종교 생활의 기초 형태》가 출간되기 한 해 전에, 뒤르켐은 제4차 국제철학회의(International Congress of Philosophy)[24]에서 참가자들에게 반향을 불러일으킨 다음과 같은 제목의 발표를 했다 — '가치 판단과 실재에 대한 판단.'[125] (심미적, 종교적, 정치적 혹은 경제적 판단과 같은) 가치 판단에서 드러나는 바와 같이 사회 자체가 가치의 원천이라는 주장을 내놓은 것과 더불어, 뒤르켐은 더 나아가서 가치가 사회에 의해서 만들어진 이상을 반영한다고 주장했다. 그가 마음에 품고 있었던 (기관 혹은 구조와 그것이 가지는 기능의 체계로서 분석되기에 적합한)[126] 사회는 격식화되고 제도화되는 영역 보존적인 것이 아니었다. 오히려, 그것은 '활기의 순간'(moments of effervescence)에 집결하는 사회 공동체 전반을 동원하는 특이한 상황과 기간인 것이다. 바로 그러한 극적으로 격렬

123) 같은 책, p. 246. 《사회학적 방법론의 규칙》(p. 114)에서 뒤르켐은 그것이 심지어는 분열적인 요소를 가지고 있다고 주장한다. '순전히 경제적인 관계는 사람들을 서로 **소원해지도록**(*estranged*) 한다'(강조는 글쓴이).

124) 《종교 생활의 기초 형태》, p. 247.

125) 1911년에 처음 나왔고, 다음 책에 다시 실렸다. *Sociology and Philosophy*, pp. 80-97. 이탈리아 볼로냐에서 열린 회의에는 베르그송(Bergson), 마흐(Mach), 레비브륄(Lévy-Bruhl), 미헬스(Michels), 오르테가 이 가세트(Ortega y Gasset), 푸앵카레(H. Poincaré), 슈타이너(Steiner), 그리고 빈델반트(Windelband)와 같은 지적 세계의 대표적인 인물이 참석했다. 뒤르켐은 1908년 하이델베르크에서 열렸던 제3차 국제회의에는 참가하지 않았다. 막스 베버는 그 회의에 참가했지만, 볼로냐에서 열린 회의에는 참석하지 않았다.

126) *Sociology and Philosophy*, pp. 90-91.

한 상호 작용이 이루어지는 순간, 그리고 집합적인 황홀경의 순간에 사회 공동체가 그것의 이상을 창출하거나 재창출하는 것이라고 말할 수 있을지 모른다. 뒤르켐은 그러한 순간이 바로 (유럽의 학생층을 파리 대학으로 몰려오도록 만든) 12, 13세기의 집단적인 열광 속에 진행됐던 사회 운동, 르네상스, 종교 개혁, 프랑스 혁명, 그리고 19세기 들어서 등장했던 대규모의 사회주의 소요 사태였다고 언급한다. 사회 공동체에 위기의 때였던 이러한 시기의 정점에서, 사회적 상호 작용의 성격에 이전과 대비되는 질적, 양적 개선이 일어난다. 사회적 거리가 좁혀지며, 따라서 사람들이 갖고 있는 생각을 교환하고, 스스로를 전체의 일부로 파악하며, 그들을 사로잡았던 지극히 평범한 이기적인 집착을 버리게 된다. 이러한 시기의 정점에서 사람들은 이상 속에서 살게 되고, 합심해서 그 이상을 삶 가운데 실천하려고 하게 된다. 그리고 그 이후 — 왜냐하면 그러한 위기와 열광의 시기가 계속 지속될 수는 없으므로 — 이러한 사건에 대한 집합적 기억은, 사회적 이상이 있었던 위대한 시기를 적어도 약하게나마 재현해 낼 수 있는 기회를 사회 공동체에 제공해 주는 축제, 국경일과 같은 형태를 띠고 남는다.[127)]

이러한 모델을 제시하면서, 뒤르켐은 그 자신이 경험한 것이 무엇인지에 대해서는 언급하지 않는다. 그는 빅토르 위고(Victor Hugo)[25]의 시신이 개선문에 전시되었던 1885년 5월 31일의 극적인 밤에 십중팔구 현장에 있었거나 적어도 그 사건에 대해서 읽어는 보았을 것이다. 다음 날, 국가적인 상징이 된, 또한 공화주의와 인도주의의 이상들의 집합 표상이 된 그 시인의 시신은 승리감에 도취되어 하루 종일 지속된 행진 끝에 국립묘지 판테온에 마지막으로 안장되었다. 모리스 바레스는《뿌리 뽑힌 자들》에서 그 '사건'을 묘사하면서, (뒤르켐이《종교 생활의 기초 형태》에서 행한 분석에서 활용했던

---

127) 같은 책, p. 92. 파리, 1968년 봄의 '사건'에 대한 흥미로운 사회학적 설명을 통해서 이러한 논의를 보여 주는 다음의 글을 참고하라. Alfred Willener, *The Action-Image of Society*(London: Tavistock, 1970).

호윗(Howitt),[26] 스펜서, 길렌(Gillen)[27]의 민족지학적 설명에 기술된 대로] 오스트레일리아의 원주민이 부족 전쟁에서의 승리를 축하하는 토속춤 코로보리(corroboree)를 출 때 그들과 1885년의 파리의 시민들이 일종의 상호 작용을 이루게 되며 그 와중에 문명의 차이는 없어지고, 우리는 구조적으로 유사한 집합 행동을 마주 대하게 된다고 설명한다.

> 스스로에 대해 거의 자각하지 못하는 이 군중 가운데 일부는 영광을 체험하고 흥분에 몸을 떤다. 다른 이는 죽음을 체감하며 삶을 재촉한다. 또 다른 이는 같은 종교를 가진 사람과 어울리면서 친밀해지려고 한다. 더 나아가서, 그들은 연합하며, 이렇게 열광하는 사람들과 감정을 쏟아 내는 사람들이, 또한 숙맥인 사람과 선한 사람이 서로의 구분 없이 환상적으로 섞이면서 가공할 만한 단일한 존재로의 조직화가 이뤄지며[…][128)]

그리고 뒤르켐은 몇 년 뒤 또 한 번 집합적 활기의 시기를 겪는데, 즉 1898년에서 99년 사이에 일어났던 드레퓌스 사건으로 인한 동요로 이 당시에 특히 파리는 드레퓌스 옹호파와 반대파 사이에 벌어진 폭력적인 다툼과 거리 시위의 현장이 되었다. 이러한 시위가 가졌던 하나의 중요한 기능은 각 진영 내의 상이한 분파가 서로 연대하도록 만든 것이다. 드레퓌스 옹호 운동의 선봉에 섰던 뒤르켐과 뒤르켐주의자는 우연히도 이 '사건' 때문에 학계의 위계적인 체계 내에서 더욱 공고한 정당성을 가지게 되었다. 우파에 대항한 공동 정치 투쟁은 뤼시앵 에르(Lucien Herr),[28] 세뇨보(Seignobos),[29] 라비스(Lavisse),[30] 앙들레(Andler),[31] 랑동(Landon)은 물론이고, 개인보다 사회가 앞선다거나, '집합 의식'을 강조하는 것 등을 비롯한 뒤르켐의 '사회학주의'에 강한 의구심을 가지고 있었던 여타 지식인에게도, 사회학에 대한 불신을 재고하도록 만드는 계기가 되었다. 결국, 같은 정치 운동에 몸담고 동일한

128) 바레스(Barrès), 《뿌리 뽑힌 자들》(*Les Déracinés*), p. 333.

목표를 가졌던 것이 지적인 차이를 극복할 수 있는 연대적인 유대가 이뤄지도록 만들었던 것이다.[129] 또한 세월이 흐른 뒤 뒤르켐이 사회 공동체에서 종교의 통합적인 기능에 대해 숙고하게 되었을 때, 강력한 사회 공동체에 소속되어 있다는 의식을 일깨우는 연대의 정서적인 유대가 발현되고 또한 재발현되었던, 적어도 두 가지의 기념비적인 사건을 그가 경험했다는 사실이 영향을 미쳤을 법하다. 각 사건은 세속적이었음에도 불구하고 그것에 참여했던 사람에게 종교적 결사 혹은 신성한 사건의 면모를 체험하도록 만들었다.[130]

결과적으로,《종교 생활의 기초 형태》는 종교사회학과 또한 종교적인 사회학 — 즉, 근대 사회에 필요한 종교적인 속성을 구체화하는 것을 목표로 하는 사회학 — 의 도입 모두에 큰 영향력을 미친 것으로 생각할 수 있다. 따라서 벨라(Bellah)는 뒤르켐을 '시민 종교의 신학자'라고 적절하게 이름 붙였다.[131] 이렇게 칭해지는 한 이유는, (많은 신학자와는 달리) 뒤르켐이, 그의 후기 연구에서 근대 사회를 포함한 사회 공동체의 근본적인 구조라고 파악했던 종교 생활의 감성적 차원을 과소평가하지 않았기 때문이다.[132] 보르

129) '드레퓌스 사건'으로 말미암아 뒤르켐주의자와 대학에 몸담고 있던 다른 동료 사이에 이뤄진 화해에 대한 내부자의 견해를 보려면 다음을 참조하라. Célestin Bouglé, "L'Année Sociologique", in *Pages Libres* 353(October 5, 1907). 특히 p. 347.

130) 드레퓌스 사건은, 그 반대 진영에 선 사람에게는, 극단적인 이념 사이의 성스러운 전투로 받아들여졌다. 빅토르 위고의 장례 '사건'과 관련해서 첨언하면, 위고는 죽음을 맞이하면서도 반교권주의를 고수했으며, 그가 묻힌 판테온은 제3공화정의 일종의 상징적인 신전이 되었다.

131) Bellah, *Emile Durkheim on Morality and Society*, p. xvii. 벨라의 통찰력 있는 글 덕에 나는 전반적인 뒤르켐의 사회학과 시민 종교라는 주제가 연계되어 있음을 깨달았다. 다음 저술도 참고하라. Ruth A. Wallace, "A Source of Civil Religion: Emile Durkheim"(mimeographed; paper presented at the 1975 meeting of the Society for the Scientific Study of Religion).

132)《종교 생활의 기초 형태》에서 뒤르켐이 종교를 '진지한 삶'(la vie sérieuse)으로 받아들였던 것을 상기하라. 뒤르켐의 사회 실재론이 마르크스의 사회 실재론과 아무리 많은 공통점이 있다고 해도, 그 둘은 궁극적으로 사회 실재론의 기반을 구성하는 것이 무엇

도 시절 뒤르켐은 사회적 삶이 도덕적인 실재가 아니라면 아무것도 아니라는 것을 논증하는 데에 집중했었다. 즉, 부도덕하거나 무규범적인 사회는 무정부 상태를 초래한다는 것이다.[133] 그는 시대적인 문제는 사회의 도덕적 규칙에 대한 지적인 비판 때문에 불거진 것이 아니라 조직과 사회 공동체 성격의 변화에 따라 규칙이 그 의미를 상실했기 때문이라고 단언하면서 사회적 분업에 대한 자신의 연구를 마무리지었다. 사회학은 근대 사회에 맞는 적합한 도덕성을 발견해야만 하는 — 의무라기보다는 — 긴급한 과제를 가지고 있다.[134] 뒤르켐은 자살처럼 겉보기엔 비합리적이며 개인적인 현상이, 알고 보면 더 이상 다른 것으로 대체될 수 없는 사회학적 차원을 가지고 있는지를 《자살론》에서 깊이 있게 분석했다. 사회학적으로 분석하면, 자살률의 차이는 사회적 환경의 도덕적 측면을 내보여 주는 것이다.[135]

이냐에서는 상극의 대치를 이룬다. 뒤르켐에게, 특히 《종교 생활의 기초 형태》에 의거해서 말하자면, 사회 공동체의 기반은 다름 아닌 종교 생활에서 찾을 수 있다. 또한, 사회 조직과 사회 변화의 '깊은 구조'는 종교와 그 상징주의의 복잡성에서 발견할 수 있다. 마르크스에게, 말할 필요도 없이, '진지한 삶'이란 사회경제적 관계로부터 발생한다. 뒤르켐이 기반(infrastructure)을 찾아내는 바로 그곳에서 마르크스는 상부 구조(superstructure)를 발견한 것이다.

133) 뒤르켐이 **무규범**(*anomie*)을 사회 조직의 병리적 조건으로서 두드러지게 규정지었던 《사회분업론》과 《자살론》을 펴낼 바로 그 당시에, 프랑스는 폭력적인 무정부주의의 파도에 흔들리고 있었다. 무규범과 무정부주의가 사회적 삶의 규칙을 거부하거나 무너뜨린다는 점에서 그 둘은 어느 정도 중첩되는 면이 있다.

134) '요약하자면, 우리의 첫 번째 의무는 우리 스스로를 위한 도덕적 규칙을 만들어 내는 것이다'(《사회분업론》, p. 409).

135) 근대적 사회학 연구의 모범적인 패러다임을 보여 주는 《자살론》은 별도의 설명이 필요하지 않은 책이다. 자율적인 과학으로서 사회학을 설립해야 한다는 뒤르켐주의적인 '선언'의 주요 부분을 그 책이 담고 있느냐는 덜 명확하다. 결국, 여느 선언과 마찬가지로 그 선언 또한 논쟁적인 측면을 띠고 있다. 그것은 물리적 인류학과 생물학적 인종주의에 명백한 반대의 입장을 취한다. 또한 《자살론》은 개인주의적 미시사회학의 측면에서 사회적 행동을 설명했던 가브리엘 타르드(Gabriel Tarde, 프랑스의 사회·범죄·사회생리학자(1843-1904)로서 개인 간의 심리적 상호 작용에 근거를 둔 미시적 사회학을 구상했고 모방과 혁신이라는 주제에 천착했다-옮긴이)에 대한 공격을 담고 있다(이런 공격은 타르드의 사후에도 지속되었다). 《자살론》의 5장(1부의 4장이지만, 서론을 치면 5

《종교 생활의 기초 형태》는 사회 공동체의 정서적 기초인 도덕성과 종교를 연결 짓는 그의 분석의 연장인 셈이다. 뒤르켐이 가지고 있던 가정들이 변화하는 경향이 있었던 것에 비해, 《종교 생활의 기초 형태》는, 뒤르켐의 근본적인 과학적 연구 프로그램(SRP)의 자기발견적인 힘에 보탬을 주는 — 라카토시의 용어를 쓰자면 — '발전적 문제 이동'(progressive problem-shift)[136]의 성격을 더욱 많이 띤다. 바로 이 저술에서 뒤르켐은 사회 공동체의 도덕적 재생으로부터 말미암은 그리고 (아마도 과잉 감정적이라고 불릴 수 있는) 모종의 집합 행동으로 표현되는 사회 변동론에 대한 개요를 그려 내고 있는 것이다. '위기'라는 개념이 《종교 생활의 기초 형태》에 등장하기는 하지만, 강조되는 바는 변화가 있다. '드레퓌스 사건' 이전에는 뒤르켐이 '위기'라는 용어를 쓰면 불길하거나 비관적인 의미나 일종의 정신적인 문제와 사회 병리적인 의미를 내포하고 있었지만, 드레퓌스 사건이 전통주의에 대항한 세속적 공화주의의 승리로 마무리된 뒤에는, 뒤르켐의 분석에서 '위기'의 개념은 다가오는 겨울과 같은 의미보다는 얼음을 녹이는 봄에 더욱 가깝게 쓰였다. 드레퓌스 사건의 위기는 노동 계급과 신흥 산업 자본가 사이의 관계가 어떠해야 하는가와 같은 '사회적 의문'의 다른 측면을 미결 상태로 남겨 두기는 했지만, 각종 상처와 축적된 긴장 상태를 즉각적으로 해결하도록 만들었다. 콩브(Combes) 내각 아래서, 교육의 세속화라는 공화주의적인 목표는 단호하게 추진되었고, 위기 상태가 해결된 추가적인 결과로, 뒤르켐이 학문적인 진보를 이루는 데 부분적으로 도움이 되기도 했던 고등

번째 장이다-옮긴이) 제목인 '모방'은 비판의 대상으로 의도된 사람이 누구인지를 명확히 보여 준다. 이런 점은 뒤르켐의 가장 뛰어난 제자 가운데 한 사람인 프랑수아 시미앙(François Simiand)이 다음 저작에서 《자살론》을 평가하는 가운데 솔직하게 인정된다. "L'Année Sociologique 1897", *Revue de Métaphysique et de Morale* 6(1898), pp. 608-653.

136) Lakatos and Musgrave, eds., *Criticism and the Growth of Knowledge*, p. 137. '발전적', '퇴행적' 문제 이동에 대한 간략한 설명을 보려면, 다음을 참조하라. Remenyi, "Core-Demi-Core Interaction", p. 40.

교육 개혁안이 1902년에 채택되었다.[137)]

그러므로, 드레퓌스 사건이 일어났던 기간은 부정적인 의미에서의 위기의 기간이었다기보다는 〔조르주 발랑디에(Georges Balandier)[32]의 표현을 빌리자면〕 '중대한 기간'이었다. 그것은 열정적인 수사(修辭)가 넘쳐난 기간이었고, 프랑스 사회의 두 개의 거대한 분파 — 좌파와 우파 — 가 양극으로 나뉘어서 맞부딪쳤으며, 그 가운데 한 편이 제3공화정의 남은 기간에 주도적인 파벌로 떠오르는 계기가 되었던 폭력적인 소요의 시기이기도 했다. 그러한 활기의 시기는 근대 사회를 여는 '진실의 순간'으로 여겨질 수 있을 것이며, 또한 '근대'와 '전근대'를 잇는 집합적 삶의 정서적이며 상징적인 차원에 대한 뒤르켐의 이해를 높인 시기이기도 하다. 1885년과 1898년에서 1899년 사이에 뒤르켐이 목도했을 집합적 삶의 특별한 순간은 이후 세대의 프랑스인에 의해서 1968년 5월에, 미국에서는 1968년의 11월에, 그리고 캐나다에서는 1970년 10월의 퀘벡 세대에 의해서 다시 체험되었다.[33] 이러한 그리고 여타의 사례에서 볼 수 있듯이, 기저에 자리 잡고 있는 사회적 위기가 하나의 '사건'에서 터져 나오는데, 그러한 사건이 후세를 위해 가지는 중요성은 누구나 공감할 수 있으며, 그 의미는 여러 가지다. 그가 속했던 사회의 위기의 나날에 대해, 사회학자 페르낭 뒤몽(Fernand Dumont)이 했던 말을 빌리자면, '하나의 사건이 특별한 상징이 되었다'.[138)]

《종교 생활의 기초 형태》에서는, '위기'는 다른 의미보다는, 사회적 쇄신과 재생을 위한 치유적인 카타르시스라는 의미를 지닌다. 오스트레일리아 원주민이 강력한 종교 생활을 경험하고, 그로 인해서 사회 공동체의 정체성과 함께 일상생활을 이끄는 공동체의 규범적 구조의 타당성을 재확인하기

137) 이와 관련해서는 다음을 보라. Viviane Isambert-Jamati, "Une réforme des lycée et colleges. Essai d'analyse de la réforme de 1902", *Année Sociologique*, 3e série: 20(1969), pp. 9-60.

138) Fernand Dumont, *The Vigil of Quebec*(Toronto and Buffalo: University of Toronto Press, 1974) p. 98.

위해서 주기적으로 종교 의식 모임과 그에 수반되는 활기를 필요로 했다는 것은《종교 생활의 기초 형태》를 처음 읽어 보더라도 파악할 수 있는 다소 쉬운 교훈이다. 감지하기 힘들기는 하지만 그럼에도 불구하고 뒤르켐이 전달하고자 의도했던 교훈은, 근대 사회야말로 중대한 상황에서 주기적인 재생이라는 동일한 현상을 겪도록 되어 있다는 것, 그리고 흔하게 일어나지는 않지만 필수적인 경우에 근대 사회 또한 '진실의 순간'이 필요하고 또한 실제로 그것을 경험한다는 것이다.[139)]

어쩌면《사회학 연보》(*Année Sociologique*)팀은 뒤르켐이 종교와 사회에 대한 그의 위대한 연구를 마무리 지으면서 예언자적으로 그려 보았던 광대한 범위에서 재생된 사회 세계의 축소판과 같다고 말할 수 있을지도 모른다. 그 팀은《사회학 연보》의 10주년을 기념하기 위해서 뒤르켐의 집에서 한 몸처럼 모였고, 잔혹한 전쟁이 끝난 뒤 살아남은 팀원은 상징적인 공동체적 연회라고 볼 수도 있는 만찬 모임을 다달이 가짐으로써 일종의 종교 의식과 같은 것을 치렀다.《사회학 연보》팀이라는 이 전문가 집단은 사실상 뒤르켐 자신의 예배당이었다. 그 팀 안에서 맺어진 관계는 개개인의 능력에 기초한 평등주의를 구현하고 있었으며, 이에 대해 부글레(Bouglé)는 근대 사회의 정의의 원칙과 같은 것이었다고 평했다. 과학으로서의 사회학이라는 공통의 목적이 그 팀을 하나로 묶었으며 뒤르켐주의자는 왕성한 전문가적 활동을 계속 해나갈 수 있도록 힘을 불어넣고 몰두하게끔 만들었다. 그 팀의 이러한 상태를 사회학적 협동조합(sociological cooperative)이었다고 말할 수 있다.

---

139) '사회의 단합과 개성을 창출하기 위해서, 규칙적인 간격을 두고 집합적 정서와 집합적 이상을 유지하고 재확인할 필요를 느끼지 않는 사회란 없다. 〔…〕 옛 신들은 늙어가고 있거나 이미 죽었으며, 다른 신들은 아직 태어나지 않았다. 〔…〕 하지만 이런 불확실하고 혼란스러운 동요의 상태는 영원히 지속될 수 없다. 우리 사회가 창조적으로 활기찬 시간을 다시 되찾게 될 날이 올 터인데, 그 과정에서 새로운 생각이 떠오르고 새로운 공식이 발견되며 그것이 한동안 인류의 안내자가 될 것이다'(《종교 생활의 기초 형태》, p. 475).

그 협동조합은 드레퓌스 사건 이전에 형성되었지만, 실제로 내전과도 같았던 바로 그 위기가 뒤르켐 학파를 하나로 묶어 주었다. 제1차 세계대전은 인류 역사상 가장 커다란 도덕적 비극 가운데 하나이지만, 그 전쟁 와중에 뒤르켐은 그가 이미 마쳤던 주요 연구에 후기로 덧붙일 수 있을 법한 하나의 결과를 목도했다. 1915년 3월, 친구인 자비에 레옹(Xavier Léon)[34]에게 쓴 편지에서 뒤르켐은 국가 상황을 다음과 같이 평가했다.

> 일련의 사건은 우리나라〔프랑스〕에 아직도 넘치는 생명력이 있다는 것을 보여 줬다네. 우리나라는 나라를 대표하거나 다스리는 이들보다 훨씬 더 가치가 있다네. 강력한 정서가 나라를 하나로 만들 때, 우리나라가 가진 에너지를 볼 수 있게 되지. 평화를 되찾게 되면 우리가 주의를 기울여야 할 것은, 이러한 도덕적 추진력을 지키는 일이야. 모든 변변찮은 당파들이 그 먹잇감에 달려들 테니, 그리 하는 것이 쉽지 않을 걸세. 구원은 낡아빠진 노선을 집어던진 사회주의 혹은 프랑스의 전통을 새롭게 만들면서 새롭게 형성될 사회주의에서 발견할 수 있을 걸세. 나는 그것이 어떤 것이 될지 아주 명확하게 그려볼 수 있다네![140)]

따라서 전쟁은 집합적 활기의 기간, 즉 탈구조화와 재생의 중대한 기간이었을 수도 있다. 뒤르켐은 전쟁과 직접 관련이 있었다 — 그의 유일한 아들의 죽음이, 휴전이 이뤄지기 한 해 전인 1917년 11월 뒤르켐 본인이 사망하는 데 궁극적인 원인을 제공했다. 뒤르켐은 거의 20년 전 드레퓌스 사건 때에 그러했던 것만큼이나 전쟁 기간 동안 아주 활동적이었다. 그는 다양한 교수단체 위원회를 통해 활동하면서 프랑스에서는 물론이고 연합국 편에 서기는 했지만 중도 노선을 지키고 있던 (미국을 포함한) 나라들에서(미국은 중립을 지키다 1917년에 참전했음-옮긴이) 여론을 불러일으키려고 노력했는데, 그가 집필했던 이른바 '전쟁 팸플릿' 가운데 '무엇보다도 독일에 관하여'

---

140) 1915년 3월에 자비에 레옹에게 보낸 편지: *Textes* II, p. 478.

(Germany Above All)[141]는 특히 뒤르켐이 독일 제국주의의 혼과 관련된 일종의 집합적 표상으로 여겼던 트라이치케(Treitschke, 1장의 옮긴이 주 16번 참고-옮긴이)의 글을 비롯한 독일의 저술물을 활용해서 독일인의 가치 지향과 민족적 성격을 분석했다. 나는 잘 연구되지 않은 뒤르켐의 이 저작물에 주의를 기울여야 한다고 생각하는데, 왜냐하면 뒤르켐이 — 아마도 존재론적인 염려라고 할 수 있는 — 강한 개인적 감정을 얼마나 많이 품고 있었는지와 무관하게, 그 주제에 대한 분석이 뒤르켐 방법론의 핵심 수칙의 하나인 사회적 사실에 대한 동일한 객관적 접근이라는 특징을 여전히 가지고 있기 때문이다. 더구나 이 짧은 저작물은 '민족적 성격'의 연구를 혁신적으로 활용한 것이며, 30년 뒤 제2차 세계대전 때 〔《국화와 칼》(*The Chrysanthemum and the Sword*)을 지은 루스 베네딕트(Ruth Benedict)와 같은〕 미국의 사회과학자가 적대국의 저술물을 활용해서 그 문화 코드를 읽어내려 했던 것과 같은 유사한 시도로 이어졌다. 따라서, 뒤르켐은 마지막까지 그의 방법론적 원칙 기준을 고수했다.

뒤르켐이 전쟁 이후까지 살아남았다면 그에게 어떤 일이 일어났을지를 그리고 뒤르켐 학파가 훼손되지 않았다면 사회학에 어떤 일이 일어났을까를 추측해 보는 것은 매혹적인 몽상으로의 초대장과도 같다. 아마도 우리가 그의 저술물에 완전히 익숙해진 뒤에 그리고 우리 자신의 지적, 사회적 상황을 그가 처했던 상황과 연결 지을 수 있게 된 뒤에야, 뒤르켐주의적인 프로젝트를 갱신하기 위해서 사회학에서 이뤄져야 할 일이 무엇인지를 다시 설정할 수 있을 것이다. 도덕주의자, 철학자, 그리고 심지어는 선지자라고 부를 수도 있는 뒤르켐은 그러나 무엇보다도 탁월한 사회학자이며 선생이었고, 사회학이 제공할 수 있는 최상의 것이 무엇인지를 찾는 이에게 적합한 역할 모델이다. 어제의 사회가 어떤 기여를 했는지 평가하고 현재의 사

141) *Germany Above All: German Mentality and the War*(Paris: Armand Colin, 1915).

회가 무엇을 필요로 하는지에 대해 민감했던 그는, 내일의 사회 질서가 어떤 것이어야 하는지를 명확히 밝혀 내는 긍정적인 과제에 전념했었다. 프랑스 보주(Vosges) 주(州)의 대(大)랍비의 아들인 에밀 뒤르켐은 마치 '대랍비'처럼 근대 사회학의 지적 뿌리가 되었다.

옮긴이 주

1. 르 플레(Pierre Guillaume Frédéric Le Play, 1806-1882). 프랑스의 금속공학자이자 사회학자. 주요 저서로는《사회개혁론》(*La Réforme sociale*)과《가족의 조직》(*L'Organisation de la famille*) 등이 있다.
2. 뒤르켐은 프랑스 학사원 회원이 될 기회를 연로한 다른 학자에게 양보했지만, 학술적인 성과를 인정받아 이 훈장을 정부로부터 수여받았다.
3. 1914년 제1차 세계대전 당시 프랑스 좌파가 정부에 반대하거나 파업을 일으키지 않기로 합의했던 정치적 휴전 협정을 일컫는다.
4. 부글레(Célestin Bouglé, 1870-1940). 프랑스 철학자이며 뒤르켐과 협력했고《사회학 연보》의 초기 편집자 가운데 한 사람이었다. 소르본 교수를 역임했다. 인도 전문가였으며, 저서로《카스트 제도 연구》가 있다. 그의 인도 연구는 이 책 17장에서 언급된다.
5. 에스피나(Alfred Espinas, 1844-1922). 콩트와 스펜서의 제자였던 프랑스의 사상가.
6. 노동자, 농민을 지지 기반으로 프랑스 혁명을 이끌었던 급진 정파 자코뱅 당의 노선.
7. 무정부주의를 대표했던 프랑스의 정치가, 철학자, 사회주의자. 마르크스와 교분을 맺었으나, 마르크스가 프루동이 썼던 빈곤의 철학에 맞서는 철학의 빈곤을 발표하면서 관계가 단절되었다.
8. 군인이자 유명 정치인이었던 조르주 장마리 불랑제(Georges Ernest Jean-Marie Boulanger, 1827-1891). 1889년 쿠데타를 통해 공화정을 뒤엎고 정권을 차지할 가능성이 있었지만 실패한 뒤 자살로 생을 마감했다.
9. 프랑스 북동부의 산업 도시.
10. 1870년에 발발했던 보불전쟁을 일컫는다. 프랑스는 비스마르크의 프로이센에 패했으며, 이듬해인 1871년 프랑크푸르트 종전 조약에 따라서 배상금 50억 프랑과 함께 알자스-로렌 지역을 프로이센에 내주게 된다.
11. 페리는 1870년 보불전쟁에서 패배한 영향으로, 인종주의에 기반을 둔 제국 식민주의를 내세워 마다가스카르, 콩고, 인도차이나 등지에 대한 식민지 확장 정책을 취했다. 이 문장에서 린든 존슨이 비유의 대상이 된 이유는 그가 재임 중에 월남전을 시작했기 때문이다.
12. 빌헬름 막시밀리안 분트(Wilhelm Maximilian Wundt, 1832-1920). 의사이자 심리학자, 생리학자, 철학자였으며, 특히 현대 임상 심리학의 아버지로 불린다.
13. 퓌스텔 드 쿨랑주(Fustel de Coulanges, 1830-1889). 프랑스의 역사학자. 고대 그리스와 로마의 사회 제도에 정통했으며 대표적인 저서로는《고대 도시》(*La Cité antique*)가 있다.
14. 프랑스 혁명 전쟁 초기 혁명군에 자원했고 각종 폭동을 일으켰던 무산 계급 출신 세력을 일컫는 용어. 무릎까지 오는 퀼로트 대신에 무릎 아래까지 내려오는 바지를 입은 데서 상퀼로트라는 이름이 유래되었다. 대표적인 혁명 지도자인 자크 에베르(Jacques Hébert)가 이 운동을 이끌었다.
15. 제러미 벤담의 공리주의는 최대 다수의 최대 행복을 추구하기 위해서 사회 전반의 복리에 반하는 개인의 행복 추구권을 제한할 수 있다고 보며, 이런 맥락에서 개인에 대한 국가의 외부적 개입의 가능성이 열린다.
16. 트라이치케(Heinrich Gotthard von Treitschke, 1834-1896). 민족주의 독일 역사가이자 정치 저술가. 베를린 대학교 교수 역임. 군국주의와 강경 외교 노선을 주장했다.
17. 슈미트(Carl Schmitt, 1888-1985)는 독일의 법학자, 가톨릭 철학자, 정치 이론가로서 자유민주주의의 해체를 주장하고 파시즘을 옹호했다.

18. 베르나르(Claude Bernard, 1813-1878). 프랑스의 생리학자이며 항상성(homeostatis)의 개념을 정의하였다. 과학적 관찰의 객관성을 확보하기 위해서 맹검법(blind experiment) 사용을 제안했다.
19. 라므네(Jughes Felicité Robert de Lamennais, 1782-1854). 프랑스의 신부이자 철학자.
20. 셰플레(Albert Eberhard Friedrich Schäffle, 1831-1903). 독일의 정치가이자 정치경제학자.
21. 맥레넌(John F. McLennan, 1827-1881). 영국의 법률가이자 민족학자(ethonologist). 사회구조와 원시 종교 사이에 유의미한 관련이 있다고 주장했으며, 토테미즘(totemism)이라는 용어를 만들었다.
22. 프레이저 경(Sir James George Frazer, 1854-1941). 스코틀랜드 출신의 사회인류학자. 원시 마술 신앙을 비교종교학적으로 연구했다.
23. 라카토시(Imre Lakatos, 1922-1974). 헝가리 출신 수학/과학철학자. 헝가리에서 철저한 공산당원이었지만 이후 영국으로 탈출해 런던정경대에서 교편을 잡았다. 포퍼와 쿤 사이를 오가며 신축성 있는 과학 철학의 길을 열었다.
24. 1900년 프랑스 파리에서 열린 1차 대회를 시작으로 현재까지 이어져 오는 국제적인 철학회의. 현재는 세계철학회의(World Congress of Philosophy)라고 부른다. 지난 2008년 22차 대회가 서울에서 열렸다.
25. 위고(Victor Hugo, 1802-1885). 프랑스의 국민적인 낭만파 시인, 소설가, 극작가. 대표적인 작품으로는 소설《노트르담 드 파리》(노트르담의 꼽추)와《레 미제라블》이 있다.
26. 호윗(Alfred William Howitt, 1830-1908). 오스트레일리아 원주민의 친족관계와 결혼에 대해서 연구한 영국 태생의 인류학자.
27. 길렌(Francis James Gillen, 1855-1912). 오스트레일리아 원주민을 연구한 오스트레일리아 태생의 인류학자이자 민족학자.
28. 에르(Lucian Herr, 1864-1926). 프랑스의 지식인으로 사회주의 성향의 정치인과 저술가들에게 영향력을 미쳤음. 드레퓌스 사건에 대처할 전략을 세우기도 했음.
29. 세뇨보(Charles Seignobos, 1854-1942). 프랑스의 역사학자로 제3공화정 전문가였다.
30. 라비스(Ernest Lavisse, 1842-1922). 프랑스의 역사학자. 소르본 대학의 근대사 전공 교수 역임.
31. 앙들레(Charles Philippe Théodore Andler, 1866-1933). 프랑스의 독일 문학 전문가. 소르본 대학의 독일어 교수 역임. 뤼시앵 에르의 절친한 친구였음.
32. 발랑디에(Georges Balandier, 1920-). 프랑스의 사회학자, 인류학자로 사하라 사막 이남의 아프리카 지역 연구로 유명하며, 현재 소르본 대학의 명예교수임.
33. 첫 번째 사건은 1968년 드골 정부의 실정에 대항해서 일어났던 프랑스의 5월 혁명을, 두 번째 사건은 1960년대 말 베트남전 반대 운동을, 세 번째 사건은 1970년에 일어났던 퀘벡 해방 운동을 일컫는데, 특히 이해 10월에 퀘벡 해방전선에 의해서 정부 관료 두 명이 납치되면서 사태가 촉발되었다.
34. 레옹(Xavier Léon, 1868-1935). 프랑스의 철학자, 철학 역사가. 1900년 세계철학회의의 전신인 국제철학회의를 창립했다.

2장

뒤르켐의 재발견에 대하여[1)]

그 수가 점차 늘어나고 있는 전 세계의 뒤르켐 애호가들은 이 세 권으로 이뤄진 전집이 출간된 것을 기뻐할 것이다. 근대 사회학의 기초를 확고히 했던 그 인물에 대해서 스쳐 지나가는 정도 이상의 관심을 가진 사회학자라면 당연히 이 책들을 지난 1960년대와 70년대에 이뤄진 가장 중요한 출판물 가운데 하나로 여길 것이다. 뒤르켐이 명성과 유명세, 그리고 심지어 악명을 떨쳤다면, 그렇게 된 본질적인 이유는 번역본을 쉽게 구할 수 있는 네 권의 주요 저작(《사회분업론》, 《자살론》, 《사회학적 방법의 규칙》, 그리고 《종교 생활의 기초 형태》)에서 찾을 수 있다. 몇몇 강의록은 뒤르켐 사후에 책으로 출판되었으며 그 또한 대부분 쉽게 구할 수 있다. 하지만 알려지지 않은 훨씬 많은 그의 저작물이 있는데, 물론 그것들은 그가 만든 '4대' 사회학적 심포

1) 에밀 뒤르켐의 《문헌》(*Textes*)에 대한 서평은 다음 학술지에 실렸다. *Contemporary Sociology*, 6, 1(January 1977). 3권으로 이뤄진 *Textes*의 구성과 출판 정보는 아래와 같다. 1권: 사회 이론의 요소(*Volume I: Eléments d'une Théorie Sociale*). 2권: 종교, 도덕, 무규범(*Volume 2: Religion, Morale, Anomie*). 3권: 사회적 기능과 제도(*Volume 3: Fonctions Sociales et Institutions*). 편집자: Victor Karady, Paris: Editions de Minuit, 1975.

니에 비하면 그 중요도는 떨어지겠지만 그럼에도 불구하고 다음과 같은 여러 가지 의미를 지닌다. 후기의 더욱 정제되고 성숙한 작품의 초기 습작으로서, 뒤르켐의 사회학적 모험을 위한 예비적이면서도 필요한 발판으로서, 젊은 논쟁가로서의 그가 학문적, 학문 외적인 청중과 주고받았던 토론 기록으로서, 마지막으로, 외부로 드러난 자아가 너무도 철저히 사회학과 동일시되어서 그 전체적인 인간상이 아직 드러나지 않은 뒤르켐의 '내적 인간'의 일단을 드러내는 신상 기록으로서 말이다. 프랑스 국립과학연구센터의 연구원인 빅토르 커라디(Victor Karády)[1]는 이 전집을 엮기 위해서 책의 형태로 볼 수 없었던 뒤르켐의 글을 샅샅이 찾아냈다. 뒤르켐이 《사회학 연보》에 발표했던 글과 장문의 서평은 이 전집에서 제외되었는데 왜냐하면 그 글들은 장 뒤비뇨(Jean Duvignaud)[2]가 한 권으로 편집한 《사회학 저널》(*Journal Sociologique*)에 수록되었기 때문이다.2) 이러한 특별한 관심을 기울인 노동의 결과로, 미국에서는 기껏해야 몇 안 되는 도서관만이 소장하고 있는 학술지와 연보에 출간된 글을 손쉽게 접할 수 있게 된 것이기 때문에, 사회학계에 실질적인 공헌이 이뤄진 셈이다. 더구나 — 편지글과 같이 — 기존에 출판되지 않았던 작품 또한 수록되어 있다.

(커라디가 '사회 이론의 요소'라고 이름 붙인) 1권을 보면, 수록된 대부분의 글에서 뒤르켐이 어떻게 학문으로서의 사회학을 상세하게 기술했는지를 다루었다. 즉, 여타 사회과학과 사회학이 어떻게 다른지 분석하며, 그럼에도 철학, 역사학과 같은 다른 분과 학문과 사회학이 어떤 관련이 있는지, 그리고 프랑스에서 사회학이 어떤 상태에 놓여 있는지를 살핀다. 1권의 중요한 한 부분이라고 할 수 있는 3장은 독일의 사회과학 연구와 관련 있는 뒤르켐이 초창기에 쓴 글을 다루고 있다. 특별한 관심을 끄는 것은, 뒤르켐이 독일에 방문학자로 다녀온 뒤 1880년대에 《철학 리뷰》(*La Revue philosophique*)에

2) Emile Durkheim, *Journal Sociologique*, introd. J. Duvignaud, Paris: PUF, 1969.

발표한 두 편의 주요 논문이다. 이 논문과 다른 글을 통해서, 젊은 나이에 이미 지적으로 성숙했던 뒤르켐에게, 특히 빌헬름 분트(Wilhelm Wundt)와 알베르트 셰플레(Albert Schäffle)가 중요한 자극을 주었음을 확인할 수 있다(두 사람에 대해서는 1장과 1장의 옮긴이 주 12, 20번을 참고-옮긴이). 풍속과 관습에 대한 분트 식의 실험적이며 비교적인 연구 방법은 뒤르켐에게 《사회학 연보》를 위한 영감을 제공해 주었을 것이다. 또한 이 절에서 찾아볼 수 있는 것은 퇴니에스의 《공동 사회와 이익 사회》에 대해 뒤르켐이 1889년에 쓴 논평이다. 그 논평(p. 390)은, 유기적 연대에서 기계적 연대로의 방향성을 띠는 근대 사회의 진화론적 면모에 대한 퇴니에스의 연구를 철저히 비판할 책이 필요하다는 것을 암시한다. 물론, 4년 뒤에 나온 뒤르켐의 박사논문은 바로 그런 비판을 담고 있으며, 커라디는 이 전집의 2권에 그 초판 서문의 상당한 분량〔이 부분은 심슨(Simpson)이 번역한 《사회분업론》에서는 부록으로 다뤄진다〕을 적절히 담아낸다. 초창기의 뒤르켐은 독일 사상과 유익한 접촉을 가지기는 했지만, 그러한 접촉 탓에 뒤르켐은 독일의 영향을 지나치게 받은 것 아니냐는 의심을 보수파로부터 받기도 했다. 그 주제에 대한 그의 편지글(pp. 400-407)은 그러한 비난의 불공평함 때문에 그가 얼마나 괴로워했는지를 보여 준다. 2권의 마지막 절 혹은 '별첨부'는, 비록 사회학적이지는 않다 하더라도, 그가 가졌던 폭넓은 관심사를 우리에게 보여 주는 다양한 문건을 담고 있다. 이런 문건에는 1883년도에 그가 쓴 첫 논문, 상스(Sens) 고등학교의 졸업반에게 그가 행한 연설문(나는 이 글을 뒤르켐의 고향인 에피날의 문서보관소에서 발견하는 즐거움을 누렸다. 다음 책에 그 영역본이 수록되어 있다. Robert N. Bellah, ed., *Emile Durkheim on Morality and Society*), 그리고 파리 대학의 역사와 삶의 구조에 대해서 서술하고 있는 그의 말기 작품도 포함되어 있다. 그 말기 작품들은 전쟁 기간에 미국의 프랑스에 대한 친숙도와 이해와 동정을 더욱 높이기 위해서 구상되었던 집합적인 노력의 일환이었다. 뒤르켐의 글은 아주 유용한 정보를 줄 뿐만 아니라 프랑스가 독일에 맞서는 것의 정당성에 관한 국제적인 여론을 불러일으키기 위해서, 뒤르켐이 기울인 '승전을 위한 노력'의 일부분이기도 하다. 그리고 이는 그가 이미 집필한 바 있는 더욱 당파성이 농후한 소책자와 궤를 같이한다(1915년에 씌어진 다른 두 편의 주요 소책자의 내용은 이번 책에 실려 있지 않다). 이 절에 포함된 다른 글 또한 뒤르켐이 어떤 '내적 인간'을 가지고 있었는지를 깊이 있게 들여다볼 수 있게 해 주는데, 그것은 다름 아닌 뒤르켐과 친분이 두터웠던 다음 네 사람의 사망을 알리는 내용이다. 고등사범 시절의 절친한 친구인 빅토르 오메(Victor Hommay), 장래가 촉망되었던 철학자이자 보르도 시절 뒤르켐과 가장 친했던 동료 가운데 한 사람인 옥타브 아믈랭(Octave Hamelin), 전쟁 발발 전 뒤르켐이 프랑스에서 만들었던 위대한 연구팀 내에서도 가장 탁월한 사람들 가운데 하나로 꼽히는 로베르 에르츠(Robert Hertz), 그리고 에르츠처럼 제1차 세계대전 중에 전사한 그의 유일한 아들 앙드레 뒤르켐(André Durkheim)이 그들이다. 뒤르켐이 쓴 그 부고들은 감상적인 글이 아니다. 그 글들은 불행했던 고인 한 사람 한 사람의 본질적인 면이 무엇인지를 독자들에게 알려주면서, 또한 뒤르켐이 고인들에 대해 그렇게 깊이 있는 생각을 품었던 만큼이나 그들에 대한 깊은 애정으로 충만했었음을 보여 주기도 한다.

2권(《종교, 도덕, 무규범》)은 사회학에 대한 뒤르켐의 핵심적인 공헌이라고 우리가 여기는 것, 즉 사회 질서의 도덕적 측면이 어떤 것인지를 (무규범 현상에서 드러나는 사회 질서의 해체 위기 혹은 파괴를 포함해서) 설명하고 개념화하는 내용을 담아 우리에게 보여 준다. 1912년《종교 생활의 기초 형태》가 출간되기 훨씬 이전부터 뒤르켐은 종교와 사회의 관계에 대해 꾸준히 관심을 기울였던 것이다. 2권은 뒤르켐이 1889년에 썼던 편지글로 시작하는데, 이 글에서 그는 종교성이 매우 널리 확산되어 있고 복잡하기는 하지만, 그것이 일개인이 만들어 낸 것은 아니라고 주장한다. 그는 또한 신화와 종교 의식이 어떤 종교에서건 상호 연관되어 있는 요소임을 언급한다. 종교를 주제로 뒤르켐이 행했던 학회와 강의에 대한 관찰자의 보고서 또한 2권에 수록

되었다. 여기에는 1906년부터 다음 해까지 종교의 기원에 대해서 뒤르켐이 가르쳤던 한 강좌의 매우 광범위한 요약(pp. 65-122)이 포함되는데, 그는 이 과목을 통해서 그의 말년에서 최고의 성취라고 할 수 있는《종교 생활의 기초 형태》라는 저작 구조를 개발했다. 여기에는 종교 생활의 구조와 기원에 대한 학문적인 글에 덧붙여서, 근대 사회에서 종교의 미래, 정교 분리, 그리고 여타의 관련 주제에 대해서 뒤르켐이 썼거나 공개 토론에서 발표했던 내용 또한 수록돼 있다. 2권에 수록된 뒤르켐의 다른 저작물은 이혼, 혼외 출산, 성교육에 대한 글을 포함해서 '무규범과 사회적 건강'의 다양한 측면을 다룬다. 또 다른 주요한 절에서는 도덕성에 대한 뒤르켐의 다양한 접근법을 제시하는데, 뒤르켐이 도덕성을 하나의 사회 현상으로 바라보고 접근했던 것을 고려하면, 그가 이에 대한 객관적이고 과학적인 연구 분야가 생겨나기를 바랐음은 말할 나위도 없다.

2권의 '부록'은 앞선 부록과 마찬가지로 뒤르켐의 사람 됨됨이를 알려 준다는 점에서 아주 읽을 만하다. 빅토르 커라디는 뒤르켐이 썼던 거의 1백 쪽에 가까운 편지를 수집했다. 가장 많은 분량을 차지하는 부분(pp. 389-439)은《사회학 연보》의 초기 협력자 가운데 한 사람이자 결국엔 고등사범학교장이 되었던 셀레스탱 부글레(Célestin Bouglé)의 딸이 그 편집자에게 넘겨준 것이다. 그들 사이에 오간 서신은 모두 뒤르켐이 보르도 대학에 재직했던 1896년에서 1902년 사이에 쓰였으며,《사회학 연보》의 초창기에 어떤 노고를 기울였는지를 우리에게 생생하게 보여 준다. 이 절에 수록된 다른 서신은 프랑수아 시미앙(François Simiand), 옥타브 아믈랭(Octave Hamelin), 루이 아베(Louis Havet), 그리고 자비에 레옹(Xavier Léon)에게 보낸 것인데, 이 가운데 레옹은 젊은 시절《형이상학과 도덕 리뷰》(*La Revue de Métaphysique et de Morale*)의 모험적인 편집자였으며 프랑스 철학원의 설립자이기도 하다. 편지를 통해서 두 사람 사이에 끈끈한 우정이 깊어지는 것을 엿볼 수 있다.

3권(《사회적 기능과 제도》)에는 특히 결혼과 친족(여기에는 보르도 대학 2년

차 때 그가 가르쳤던 가족사회학 과목의 첫 강의 내용도 포함되어 있다, pp. 9-34), 정부 형태, 법학, 법철학 등의 다양한 제도적 구조와 관행에 대한 뒤르켐의 글이 수록돼 있다. 마지막 절에서는 교육학, 그리고 프랑스와 독일의 대학 철학 교육의 다양한 자료를 소개한다. 커라디는 '부록' 대신에 사려 깊게 분류되었고 출판 연도에 따라 정리된 50쪽 분량의 문헌 목록을 실었다. 이 대목에서는, 다른 수많은 프랑스의 학술 출판물과는 달리 커라디가 다행히도 각 권마다 인명과 주제 색인은 물론이고 유용한 개요를 제공하고 있다는 사실을 언급해야만 하겠다.

나는 이 출판물에 대해서 내가 쓴 이 비평을 읽은 독자는 뒤르켐의 저작물을 모아 놓은 이 주요한 전집을 서가에 소장하고 싶어하게 되리라고 믿는다. 어떤 이타적인 학자가 나서서 이 책들을 영어로 번역하는 수고를 기울임으로써 미국에서의 뒤르켐에 대한 이해도가 넓어질 수 있다면 좋을 것이다. 뒤르켐의 《문헌》(*Textes*)은 그의 인간됨과 그의 작품 사이에 벌어져 있던 이해의 빈 틈을 메워 주기 때문에 읽고 나면 보람이 크다. 따라서 앞으로 상당 기간 필독서로 남게 되리라 본다.

옮긴이 주

1. 커라디(Victor Karády, 1936). 헝가리 부다페스트 출신의 사회학자로 19, 20세기 프랑스와 중부 유럽 전문가. 1965년부터 레몽 아롱(Raymond Aron)의 조교로 프랑스 국립과학연구 센터에서 일하기 시작했으며, 1972년부터 소르본 대학에서 사회학을 가르치기도 했다.
2. 뒤비뇨(Jean Duvignaud, 1921-2007). 프랑스의 사회학자, 소설가.

3장

에밀 뒤르켐과 사회 변동[1)]

사회 변동에 대해서 뒤르켐이 명시적으로 어떤 논의를 했는지는 뒤르켐이 집필한 모든 작품을 다 읽어 봐도 나오지 않는데, 그의 주요 저작을 살펴봐도 그렇고, 심지어는 그의 생전에 출간된《사회학 연보》12권에서도 그 주제와 관련된 흔적을 발견할 수 없는 것은 마찬가지이다. 뒤르켐이 분류한 주요 사회학 분야를 봐도 사회 변동이라는 주제는 그 가운데에서 찾을 수 없다. 하지만, 마치《붉은 별꽃》(*The Scarlet Pimpernel*)[1]처럼 그 주제는 여기저기 가릴 것 없이 모든 곳에 산재해 있다. 뒤르켐의 내재적인 사회 실재론을 빼 놓고서는 그 학자에 대한 고찰을 온전히 해낼 수가 없다. 사회 체계는 안으로부터 구조적으로 변하며, 궁극적으로는 사회적 상호 작용에서의 질적, 양적 변화가 그런 변화를 야기한다(그 주요 요소에는 차이가 있지만, 이런 가정은 마르크스와 베버에 의해서도 널리 공유되었다). 뒤르켐에게 시대적 맥락을 제공했던 19세기는 사회 질서의 거대한 경제, 정치, 문화, 기술적 변형을 빚어낸

1) Published in George Ritzer, ed., *The Blackwell Encyclopedia of Sociology*, vol. III, pp. 1261-64. Malden, MA and Oxford: Blackwell 2007.

도가니와도 같았으며, 뒤르켐의 선대나 동시대의 학자 모두가 그러한 변형의 주요 특징과 원인 그리고 결과를 알아내려고 노력했다는 사실을 생각해 본다면, 왜 겉보기에 역설적인 이러한 상태가 존재하는지 잘 이해할 수 있을 것이다. 뒤르켐이 명시적으로 사회 변동에 대해서 쓰지는 않았지만, 그와 그를 가까이에서 추종했던 이들(이후에 간략하게 언급될 이른바 '뒤르켐주의자')은 사회 변동을 다루는 것의 중요성을 실제로 아주 잘 알고 있었고 또한 주의를 기울였다. 이런 사실은, 뒤르켐의 인식론적이며 구체적인 사상을 형성하는 데 역사가 미친 중요성을 언급했던 로버트 벨라(Robert N. Bellah)[2]의 영향력 있는 논문(1960)에서, 적어도 부분적으로 인정된 바 있다.

결국, 뒤르켐의 일반적인 격언에 따르면, 사회적 사실을 설명하기 위해서는 사회적 사실에 의존해야 하며, 사회 변동을 설명하려면 시공간에서 벌어지는 사회적 상호 작용의 두께와 밀도(즉, 사회적 상호 작용의 빈도와 범위)의 변화를 고려할 필요가 있다. 가장 중요한 초점이 무엇인지는, 사회 변동이 각기 다르게 표현된 적어도 세 가지의 주요 저작에서 알아낼 수 있다.

루크스(Lukes)가 그의 기념비적인 지적 전기에서 언급했듯이(1977: 167), 뒤르켐은 그의 박사논문인 〈사회분업론〉에서 사회 변동론을 제기했는데 이것이 잘못 이해되는 바람에 다음과 같은 잘못된 형태학적인 주요 변수가 만들어졌던 것이다. 사회의 '도덕적' 또는 '동적 밀도'의 증가, 분업과 그에 따르는 '유기적 연대'는 도시 지역의 인구 증가와 같은 인구학적 요인과 통신과 운송 수단의 증가와 같은 기술적 요인에 의해서 이뤄지는 것이다. 이러한 관점은 1950년대와 60년대의 초창기 근대화론 대부분의 핵심에 자리 잡고 있었으며, 구조적 분화를 사회 체계의 내재적인 변화라고 강조했다. 그러므로, 뒤르켐의 구조적 분화로서의 사회 변동에 대한 이론은, 이미 그 요소들을 스펜서(Spencer)가 다뤘기 때문에 완전히 새로운 것이라고 할 수는 없다. 하지만, 뒤르켐은 변동의 기제가 어떤 것인지에 대해서뿐 아니라, 구조적 분화로 말미암은 (규범적) 사회 체계의 통합 문제에 대해서도 다루었다. 이것은 물론, 이 글에서는 다루지 않겠지만, 근대 사회 질서에서의 무규범(anomie)의 문제를 포함하는 것이다.

19세기와 20세기 초반의 다른 사회과학자와 마찬가지로 뒤르켐도 진화론적인 패러다임에 의존해서 장기간의 사회 변동을 이해하려고 했다. 단순한 형태의 기원으로부터 더욱 복잡한 형태의 사회 조직으로의 발전을 추적함으로써, 생물학적인 진화의 시각에서, 현재 볼 수 있는 동시대적인 사회 형태에 대한 그리고 그것이 서로 간에 맺고 있는 관계에 대한 이해를 시도했던 것이다. 더욱 복잡할수록, 하나의 사회적 종이 더욱 조직화되는 것이며, 진화의 사다리에서 더 높은 계단으로 올라가는 것이다. 뒤르켐이 사회 변동을 그러한 진화론적인 용어로 분석하기는 했지만(Durkheim 1978: 154), 그는 사회(그리고 제도)가 연쇄적인 발전을 이룬다고 상정하는 직선론적인 시각을 거부했으며, 더구나 '앞선' 사회가 '원시적'이라고 여겨지는 사회를 통치할 수 있다는 식민주의와 제국주의를 정당화하는 것을 돕는 사회적 다윈주의를 배격했다.

뒤르켐이 역사적 자료를 활용해서 진화론적 관점을 전개한 것은 그가 장기적인 제도 변화를 다양하게 분석한 것에서 드러난다. 이들 가운데 (1) 법적 처벌의 양적, 질적 변화가 어떻게 형성되었는가를 형사 제도의 진화를 통해서 알아보는 그의 연구(1978)와 (2) 국가와 정치 사회의 진화와 상호 연계를 맺고 있는 개인주의의 진화에 대한 연구(1957), (3) 뒤르켐이 가장 큰 관심을 가지고 있었던 교육 제도의 진화에 대한 연구(1977)를 언급할 만하다. 마지막에 언급된 연구는, 혼란과 불확실성에 처해 있던 프랑스(1977: 7)가 교육 개혁을 어떻게 해야 하는가를 두고 고심에 빠져 있을 때 쓰였으며, 근대성에 중요한 연관이 있는 교육 제도의 발전을 아주 세심하게 추적했다.

뒤르켐은 교육 이론과 적용이, 시간이 흐름에 따라서 어떻게 개발되어야 하는가에 대한 지식에 근거해서, 중등교육에 건전한 이론적 기반이 있어야 한다는 것을 실증적으로 주장했다. 각기 다른 시대에 나온 이러한 이론의 강점과 약점을 명확하게 알림으로써 정책 입안자와 여론이 그런 지식을 갖춘 상태에서 현실에 부합하는 법제화와 법령을 이뤄 낼 수 있을 것이다. 근대 교육의 시발점이 로마의 근대식 고등교육에 있고 그로부터 다양한 단계를 거쳐 발전했다는 뒤르켐의 진화론적 역사 경로를 여기에서 세부적으로 다룰 필요는 없다. 그것은 당시 자리 잡아 가던 대학 시스템에 대한 풍부한 조직론적 분석으로써, 진화론적인 관점에서 어떤 특징이 장점이 있어서 버려지지 않고 현대적인 교육 체계의 부분으로 삼아져야 하는지 알아내고자 하는 것이었다(1977: 160).

뒤르켐이 진화론적 변동이 직선적으로 진행된다는 주장을 배제했다는 것은 그가 (조잡함, 가혹한 훈육이라는 특징이 있으며, 교육적 장점이 거의 없는 스콜라 철학의 시대로서의) 중세의 부정적인 이미지를 바로잡으려고 했던 것에서 드러난다. 오히려, 그는 이 시대는 역동적인 환경으로서 '역사상 유례가 없는 가장 강력하고 종합적인 교육적 유기체'(1977: 160)가 그야말로 바닥에서부터 발전하도록 만들었다고 주장했다. 반면, 이후의 교육 체계에는 단점이 있다. 고전 교육과 자기중심성을 압도적으로 강조했던 초기 르네상스 혹은 학생이 스스로 탐색해서 발견하는 것보다는 기강과 통제를 더욱 중요하게 여겼던 예수회 신부가 중심이었던 후기 르네상스에서 볼 수 있듯이 말이다.

교육, 특히 대학 체계의 진화에 대한 뒤르켐의 연구는, 교육 개혁은 학생의 발달과 창조성을 이끌어 내고 촉진시켜야 한다는 견해를 공유했던 동시대의 위대한 교육가 존 듀이(John Dewey)와 뒤르켐 사이의 중요한 유사점은 차치한다고 하더라도, 다음과 같은 두 가지 장점을 가지고 있다. 첫째, 그의 저작《프랑스 교육학의 발전》(*L'Évolution Pédagogique en France*)은 근대성의 각기 다른 시기에, 대학과 중등교육이 스스로를 재창조할 필요가 있었다는 것을 정리했다. 뒤르켐의 연구는 고등교육이 (다문화주의, 새로이 등장한 재정적 제약 등과 같은) 새로운 도전에 직면한 21세기를 위한 관점을 제공해 주는 비교적인 자료를 보여 준다. 둘째, 그것은, 복잡한 근대 사회 제도를 분석하는 기능주의적인 양식이 사회 변동에 대한 질문을 다루지 않는다는 비판을 잠재운다.

뒤르켐의 연구에는 세 번째 종류의 사회 변동이 담겨 있는데, 그 초점은 단기간에 일어나는 사회 전체의 격렬한 변화에 맞춰져 있다.《종교 생활의 기초 형태》(1995[1912])에 나와 있는 분석의 어떤 요소는 뒤르켐 초기에 이뤄졌던, 장기간에 걸친 구조적 분화의 분석과 놀라울 정도로 흡사하다. 하지만, 그 강조점은 '분화'보다는 '탈분화'라고 할 수 있는 것에 맞춰져 있다. 20년 전에 먼저 썼던《사회분업론》에서와 마찬가지로, 뒤르켐은 응축된 시공간에서 벌어지는 행위자의 상호 작용 빈도와 밀도가 늘어나는 것이 사회적 의식 변화에 근본적인 영향을 미친다고 가정했다. 오스트레일리아 원주민 경우에는 종교적 의식에 의해서, 그리고 1789년 8월의 프랑스 국민의회의 밤샘 회합의 경우와 같은 특이한 사건에 의해서, 혹은 1979년의 니카라과 마나과[3]와 이란의 테헤란[4]에서 1989년의 동유럽[5]에 이르는 '활기에 찬 사회적 환경'(Tiryakian 1995)으로부터 생겨나는 것에서 볼 수 있는 바와 같이, 중요한 것은 긴요한 때에 집합적인 연대가 혁신되는지 여부이다.

뒤르켐은 그러한 격렬한 상호 작용이 이뤄지는 특별한 순간을 일상의 평범한 생활에서는 찾아볼 수 없다고 생각했다. 그것은 탈구조화나 탈분화가 이뤄지는 순간이자 집합적 열광의 순간으로서, 위계적인 신분상 구분의 붕괴나 심지어 경우에 따라서는 도덕률을 폐기하려는 움직임을 수반하기도 한다. 뒤르켐은 전체 사회 집단이 관련을 맺는 특별한 상호 작용이 일어나는 상황에서 신성성의 기원에 대한 그의 이론을 끌어오기는 했지만, 또한 사회적 삶이 양극 — 즉, '과잉 흥분'이 일어나는 색감 넘치는 축제적인 시기와 '순전히 무채색'인 '세속적 행위'의 시기 — 을 오간다는 것을 지적하기도 했다(Durkheim 1995(1912): 221). 단기간의 격렬한 변동은 '정상 상태'로 돌아가게 된다. 뒤르켐은 집합적 정서를 주기적으로 동원하고 재확인할 필요가 근대 사회에 여전히 남아 있기는 하지만, 그 둘 사이의 대비는 완화된다고 설명했다.

뒤르켐과 함께 일했던 사람 가운데 몇몇은 전통 사회나 근대 사회의 사회 변동을 다뤘다. 전통 사회 변동을 다룬 사람들로는 모스(Mauss)와 뵈샤(Beuchat)가 있으며 그들은《종교 생활의 기초 형태》가 출간되기 전에, 겨울과 여름이라는 두 가지 주요 계절의 순환 속에서 에스키모의 사회적 삶은 어떠한가에 대한 책을 썼다(Mauss and Beuchat 1979). 사회적 형태론과 관련된 이 책에서 그들은 사회 조직과 상호 작용의 밀도의 다양성을 분석했다. 여름에는 집단이 해체되고 에스키모 사회를 통합해 주는 문화적 삶이 최소화되며 따라서 개별 가족이 각자의 삶을 꾸려 간다. 겨울이 되면, 그들은 함께 모이며 '사상과 물질적 이해 관계를 공유하는 진정한 공동체'로서 거듭나면서 문화적인 삶의 밀도가 높아진다(Mauss and Beuchat 1979: 76). 상호 작용에서의 양적인 변화는 높아진 집단 연대와 의식이라는 질적인 변화를 초래하며 때로는 성행위의 허가로 이어지기도 한다. 다른 북미 지역 원주민 생활환경에서도 유사한 계절적 양태를 발견한 모스와 뵈샤는 다음과 같은 일반 법칙을 가정했다. 사회적 삶은 개인적이거나 집단적인 차원에서 활동과 휴식, 흩어짐과 모임에 따라서 그 격렬도가 높아지거나 낮아지는 순환(혹은 국면)을 겪게 된다(Mauss and Beuchat 1979: 79). 본질적으로, 한 집단의 문화적 삶의 변화는 그 집단의 형태 변화와 연계된다.

《사회학 연보》의 협력자이며 모리스 알브바슈(Maurice Halbwachs)와 함께 '경제사회학'의 주요 개요를 짜는 책임을 맡았던 프랑수아 시미앙(François Simiand)[6] 역시, 경제 순환에 적용되었던, 장기간에 걸친 순환적 변동론이라는 견해를 개발했다(1932). 가격, 임금, 경제적 생산과 여타의 경제적 삶의 지표가 어떻게 움직여 왔는가에 대한 광범위한 역사적 고찰을 마친 뒤에, 시미앙은 두 가지의 주요 순환주기 — 일반적 확장의 순환주기(주요 A주기)와 축소의 순환주기(주요 B주기) — 에 따르는 오르내림이 있다고 주장했다. 전 지구적 경제위기의 한 주기를 겪으면서 글을 썼던 시미앙은 자신이 처했던 그 시기가 B주기의 초기 국면이라고 분석하면서, 자신감이라는 사회 심리학적 실재라든가 경제적 조건에 대한 신뢰와 같은 중요한 변수를 포함해 경제적 삶을 구성하는 일단의 복합적인 요소가 있다는 것을 깨닫지 못한 채 만들어지는 주먹구구식의 경제위기 해결 방식을 비판했다(1932: 113). 시미앙은 경제적 진보, 경제 개발의 실체는 A주기와 B주기가 병합적으로 작동하면서 생기는 것이라고 주장하면서, 주기적 오르내림을 무시하고 정적인 경제를 조직해 낼 수 있다고 믿는 이론이나 사회 모델은 오해의 산물이라는 입장을 취했다. 경제적 질병을 치유할 만병통치약은 없지만, A주기와 B주기를 오가는 변환의 시기에서 이전의 경제적인 조건이 어떤 것이었는지를 안다면 문제를 해결할 다양한 방안을 고려해 볼 수 있다.

시미앙이 주장한 두 가지 국면은 세계 체제론에서 활용되어 왔으며, 세계 체제론에서는 전 지구적 자본주의의 장기간에 걸친 (세속적) 성장을 보완해 주는 순환주기를 개발해 왔다. 하지만, 더욱 많은 관심은 시미앙과 동시대의 러시아 학자인 니콜라이 콘드라티예프(Nikolai Kondratieff)[7]에게 쏠렸는데, 그가 주장한 확장과 축소를 오가는 '장기 파장'에 대한 이론은 소련식의 계획경제에 잘 맞지 않았다(Hopkins and Wallerstein 1982: 107). 시미앙과 콘드라티예프에 대한 비교 평가는 정치 경제학의 역사에 중요한 한 장을 제공해 줄 것이다.

참고 문헌

Bellah, Robert N. 1960. "Durkheim and History". *American Sociological Review*, 24(4): 447-461.

Durkheim, Emile. 1957. *Professional Ethics and Civic Morals*. London: Routledge & Kegan Paul.

______. 1977(1938). *The Evolution of Educational Thought: Lectures on the Formation and Development of Secondary Education in France*. Peter Collins, trans. London: Routledge & Kegan Paul.

______. 1978(1899-1900). "Two Laws of Penal Evolution". pp. 153-180 in Traugott. *Emile Durkheim on Institutional Analysis*.

______. 1995(1912). *The Elementary Forms of Religious Life*. Karen E. Fields, trans. New York: Free Press.

Hopkins, Terence and Immanuel Wallerstein. 1982. "Cyclical Rhythms and Secular Trends of the Capitalist World-Economy". pp. 104-142 in Terence Hopkins, Immanuel Wallerstein and Associates. *World-Systems Analysis: Theory and Methodology*. Beverly Hills, CA and London: Sage.

Lukes, Steven. 1977. *Emile Durkheim. His Life and Work: A Historical and Critical Study*. Harmondsworth, Middlesex(UK) and New York: Penguin.

Mauss, Marcel and Henri Beuchat. 1979(1904-1905). *Seasonal Variations of the Eskimo: A Study in Social Morphology*. James Fox, trans. London: Routledge & Kegan Paul.

Simiand, François. 1932. *Les Fluctuations économiques à longue période et la crise mondiale*. Paris: Félix Alcan.

Tiryakian, Edward A. 1995. "Collective Effervescence, Social Change and Charisma: Durkheim, Weber and 1989". *International Sociology* 10(September): 269-281.

Traugott, Mark, ed. 1978. *Emile Durkheim on Institutional Analysis*. Chicago and London: University of Chicago Press.

옮긴이 주

1. 《붉은 별꽃》(*The Scarlet Pimpernel*)은 헝가리 출신의 영국 여류 소설가 엠마 오르치(Emmuska Orczy, 1865-1947)가 1905년에 출간한 대표작으로 프랑스 혁명 당시 단두대에서 처형될 위기에 놓인 프랑스 귀족을 구출하는 영국 귀족 비밀단체, 붉은 별꽃단의 신출귀몰한 활약을 그렸다. 1982년 영국에서 영화화되었으며 우리나라에는 '진홍의 단두대'라는 제목으로 소개되었다.
2. 벨라(Robert Neelly Bellah, 1927-2013). 미국 사회학자로 캘리포니아 주립 버클리 대학 교수로 30년 동안 재직했으며, 2000년에 클린턴 전 대통령으로부터 미국 국가 인문학 훈장을 받았다. '미국의 시민 종교론'(American civil religion)이라는 개념을 창안했다. 대표작으로는 《마음의 습관》(*Habits of Heart*)이 있다.
3. 1979년 소모사 정권을 축출한 니카라과 산디니스타 민족해방전선의 혁명을 일컫는다. 마나과는 니카라과의 수도.
4. 1979년 이란의 팔레비 왕정을 종식시킨 호메이니의 이슬람 혁명을 일컫는다.
5. 1989년 폴란드에서 시작되어서 헝가리, 동독, 불가리아, 체코슬로바키아, 루마니아를 휩쓸었던 동구 공산권의 연쇄적인 붕괴를 일컫는다. 그 여파로 1991년에는 소련마저 러시아와 14개의 공화국으로 나뉘며 해체되었다.
6. 시미앙(François Simiand, 1873-1935). 프랑스의 사회학자, 경제학자로 뒤르켐의 《사회학 연보》에 참여했고 이 학술지의 경제사회학 부문의 편집자 역할을 했다.
7. 콘드라티예프(Nikolai Dmitrijewitsch Kondratieff, 1892-1938). 러시아의 경제학자이며 주기적인 경제 변동이 일어난다는 주장을 저서 *The Major Economic Cycles*(1925)에서 주장했다. 소련 정부에 의해 반스탈린적인 학자로 낙인찍혀서 1938년 사형에 처해졌다.

4장

뒤르켐과 후설[1]

— 실증주의 정신과 현상학 정신의 비교[1)]

I

얼마 전만 해도 사회학적 실증주의가 경험적 연구 방법론을 독점하였기 때문에 미국에서 활동하는 대부분의 사회학자는 그 둘을 같은 것으로 취급하는 경향이 있었지만, 오늘날에는 일반의 관심과 전문가적인 인정을 받으려고 적극적인 경합을 벌이는 의미 있는 대안적인 방법론이 있다는 것을 아는 사람이 늘어나고 있다. 이러한 대안적 방법론 가운데, 현상학적 사회학이 눈에 띄는 빈도가 점차 늘어나고 있다.[2)]

논의를 더 진행하기 전에, '현상학적 사회학'이라는 표현은, 그것이 가

1) 이 논문은 출처는 다음과 같다. Joseph Bien, ed., *Phenomenology and the Social Sciences: A Dialogue*. The Hague, Boston, and London: Martinus Nijhoff, 1978, pp. 20-43.

2) 이와 관련해서 다음 논문을 참조하라. George Psathas, ed., *Phenomenological Sociology: Issues and Applications*(New York: John Wiley and Sons, 1973); Paul Filmer, Michael Philipson, David Silverman, and David Walsh, *New Directions in Sociological Theory*(London Collier/Macmillan, 1973).

리키고자 하는 대상(들)에 대한 일정 정도의 모호함을 갖고 있으며, 이 글에서 이후에 다루게 될 '실증주의적 사회학' 역시 이런 모호함을 띠고 있다는 것을 먼저 짚고 넘어가야 겠다. 우리가 '현상학적'이라는 용어를 사회 실재의 주관적 혹은 '내적' 측면이라는 의미로, 다시 말하면 사회적 상황과 사회 구조가 갖고 있는 주관적 의미의 명료화라는 뜻으로 폭넓게 사용한다면, 언뜻 '현상학적' 사회학자라고 여겨지지는 않지만 현상학적 사회학의 대변인 역할을 했던 많은 이 — 막스 베버, 탤컷 파슨스, 피티림 소로킨(Pitirim Sorokin), 플로리안 즈나니에츠키(Florian Znaniecki), 로버트 매키버(Robert McIver), 조르주 귀르비치(Georges Gurvitch),[2] 어빙 고프먼(Erving Goffman)과 같은 다양한 인물이 떠오른다 — 가 있다는 것을 인지해야만 할 것이다. 우리가 '현상학적'이라는 용어를 쓰려면, 근대의 철학적 현상학을 조성한 그 무엇과의 연계나 동일시를 할 수 있을 만한 근거가 있어야 한다고 한정짓는다면, 관련된 학자의 범위도 제한될 것이다. 우리가 처한 상황을 고려하면, 그러한 학자의 범위란 후설과의 연계가 주로 알프레드 쉬츠(Alfred Schutz)[3]를 통해서 이뤄진 사람으로 제한될 것이며, 따라서 모리스 네이탄슨(Maurice Natanson), 해럴드 가핑클(Harold Garfinkel), 피터 버거(Peter Berger)와 토마스 루크만(Thomas Luckmann) 정도가 그에 해당될 것이다. 몇몇 학자는 쉬츠의 학생이었고, 어떤 이는 쉬츠의 제자에게서 배웠지만, 또 다른 이는 쉬츠가 아닌 다른 경로를 통해서 현상학적 관점을 얻었다. 내가 이와 관련된 인명 색인을 제공하려는 것은 아니므로, 사회학 내에서 '현상학파'에 든다고 볼 수도 있는 다른 많은 학자에 대해서까지 언급하지는 않겠다.[3)]

헤르베르트 슈피겔베르크(Herbert Spiegelberg)의 탁월한 현상학과 심리학 연구를 토대로, 현상학적 사회학이 어떻게 발전해왔는지 그 역사와 구조

---

3) 이와 관련한 꽤 광범위한 인명록을 보려면 (누락되거나 오기가 된 인물이 있기는 하겠지만) 다음을 보라. Nicholas C. Mullins, *Theories and Theory Groups in Contemporary American Sociology*(New York: Harper and Row, 1973), pp. 183-212("Ethnomethodology").

를 체계적으로 정리할 필요가 있다.[4)] 그러한 평가는 연대기와 분류 정도의 차원을 넘어서서, 현상학적 사회학의 내적 관계를 명료하게 밝혀야 할 것이다. 예를 들어, 오늘날의 현상학적 사회학자와 1세대 현상학적 사회학자, 즉 후설과 동시대인인 만하임(Mannheim)과 셸러(Scheler)[4]와 같은 이의 관계는 무엇인가? 셸러, 만하임, 귀르비치가 활동하던 전쟁 전의 유럽에서 거시-역사적 강조가 두드러졌던 것에 비해, 미시적이며 몰역사적인 제2차 세계대전 이후의 경향은 현상학적 사회학의 '미국화'(Americanization)라고 할 수 있는 것인가? 만약에 그렇다면, 현상학적 사회학은 문화 현상을 분석하는 일반적인 방법론이라기보다는 그 자체가 문화적인 현상인 것인가? 다른 차원에서 평가를 시도해 보면, 현상학적 사회학이 이른바 '성찰적 사회학' 혹은 심지어 '비판적' 사회학〔앨빈 굴드너(Alvin Gouldner)의 1970년작인 《서구 사회학 위기의 도래》(*The Coming Crisis of Western Sociology*)와 같은 맥락에서〕이라고 불리는, 실증주의적 사회학에 반대 입장을 취하는 조류와 어떤 관련을 맺고 있는 것인가? 그것은 어디에서 합류되는 것이며(또다시 헤겔인 것인가?) 어디에서 나뉘어지는 것인가?

'현상학적 사회학'의 경계라는 것이 아무리 파악하기 어려운 것이라고 해도, 현상학적 사회학과 스스로를 동일시하는 사람은 대세를 점하고 있는 실증주의적 방법론에 반대한다는 공통점을 갖는다. 그들의 비판은 다양한 측면에서 이뤄지지만 간단하게 설명할 수 있다. 실증주의적 경향은, 고정적이며 결정적인(혹은 결정적일 수 있는) 일단의 객관적인 관계로 구성된 객체적인 외부 세계를 당연시하거나 주어진 것으로 여긴다. 그것은 그 정확성과 신뢰도를 점차 높이는 측정을 통해서 알 수 있는, 경험적 사실과 관찰로부터의 정교한 귀납에 의해서 얻어지는, 형식적이고 양적인 공식으로써 적합하게 표현되어질 수 있는 일단의 관계인 것이다. 사회적 세계의 작동이 어

4) Herbert Spiegelberg, *Phenomenology in Psychology and Psychiatry*(Evanston: Northwestern University Press, 1972).

떻게 이루어지는가에 대한 이러한 인지적 파악이 이뤄지도록 해 주는 기법은 '통계적 추정'의 방법을 통해서 제공된다. 비록 사회학적 지식('더 확실한 데이터', 더욱 강력한 분석 기법 등)의 개선이, 잘 활용되어 오고 있는 통계 분석 외의 새로운 '길'을 만들어 낸다 하더라도, 모든 실증주의적인 길은 하나의 천국으로 수렴한다. 즉, 관찰자로부터 독립적인, 객관적 사회 실재를 생산하는 결정적이며 객관적인 힘이 무엇인지를 파악하는 것. 바로 이것이 실증주의 사회학자가 가지고 있는 위대하면서도 아름다운 비전이지만 현상학적 사회학의 입장에서는 한심한 망상과도 같은 비전이다.

세계는 우리의 인식과 별개로 존재하지 않기 때문에 그런 비전은 망상이다. 다시 말하면, 전혀 문제가 되지 않는 단일한 독립체라기보다는 다중적인 의식의 실재로 구성된 것이 사회적 세계이기 때문에 그것은 망상인 것이다. 또한, 실증주의자의 객관적인 묘사라는 것은, 실제적인 세계의 경험으로 확인되지 않는 지적인 관념이기 때문에 망상이다. 그리고 사회적 실재란, 객관적이거나 양적인 절차를 통해서 탐지할 수 없지만 그래도 항상 존재하고 있는 (암묵적이고 또한 명백한) 의미가 엮인 구조에 상호 주관적인 상호 작용의 연계가 이루어지는 발현적인 과정이기 때문에 망상이다. 간단히 말하면, 현상학적 비판은 실증주의를 통한 발견이 과연 **타당성**이 있는 것인지에 대해서 제대로 따져 보지 않는, 실증주의의 무지와 소홀함, 즉 단순함에 대한 비난이라고 정리할 수 있다.

II

내가 이 글에서 제안하려는 것은, 현상학적 사회학과 실증주의적 사회학의 영감의 원천으로, 즉 그것 각자의 '정신'으로 돌아가 봄으로써, 그 둘 사이에 현재 벌어지고 있는 논란에 대한 '역사적'인 관점을 가져 보자는 것이다.

이런 목적 아래, 무미건조해 보이는 에밀 뒤르켐과 에드문트 후설의 사상을 각 이론적 시각의 기초로서 또한 그 영감의 원천으로 삼으려고 한다. 뒤르켐과 후설이 실증주의 사회학이나 현상학적 철학의 전통을 만들지는 않았다. 하지만, 그들은 각각의 지적 전통의 패러다임 구조를 근대라는 시대상에 맞게 적확히 설명했으며 그 전통에 새로운 생명력을 불어넣었고, 그들의 지적 리더십을 통해서 새로운 세대의 학자를 생산하고, 그들에게 영감을 불어넣고, 지도함으로써 각각의 패러다임을 통한 연구의 지평을 넓힌 것으로 인정받는다.

분석하는 가운데 깨달음을 얻기 위해서, 나는 그들 각자의 마지막 작품인《종교 생활의 기초 형태》와《유럽 과학의 위기와 초월적 현상학》(*The European Sciences and Transcendental Phenomenology*)이 어떤 관계인지에 집중하려 한다.[5] 몇 가지 이유를 가지고 이렇게 하려고 하지만, 무엇보다도 나는 두 명의 대이론가의 몇몇 중요한 측면을 보여 주는 데 이 두 작품이 서로 잘 어울린다고 생각한다. 뒤르켐과 후설은 그들의 시작점에서 공통점을 갖고 있다고 볼 수 있다. 두 사람은 1년을 앞뒤로 태어났는데(뒤르켐이 1858년생, 후설이 1859년생이다), 그래서 그들은 유럽의 60년 역사를 공유한다. 그들은 그들의 형성기에 — 비록 똑같은 시기는 아니었지만 — 같은 스승과 그 스승이 행했던 유명한 라이프치히 세미나를 공유하였는데, 그는 바로 실험 심리학(비록 뒤르켐과 후설 모두 현상 세계를 설명하는 데서 '심리학주의'를 거부하기는 했지만)의 창설자 빌헬름 분트(Wilhelm Wundt)였다. 하지만 이러한 공통적인 '출발점'은 무엇인가 우연적인 요소를 가지고 있었다.

반면, 그들의 입장을 비교하고 또한 이 비교를 통해서, 이미 메를로퐁티

5) Emile Durkheim, *The Elementary Forms of the Religious Life*(1912), trans. Joseph Swain (New York: Collier Books, 1961); Edmund Husserl, *The Crisis of the European Sciences and Transcendental Phenomenology*, trans. David Carr(Evanston: Northwestern University Press, 1970). 이후로는《기초 형태》와《위기》라고 약칭하며, 주석은 위에 소개한 영역본에서 따왔다.

(Merleau-Ponty)5가 밝힌 바[6]를 뛰어넘어 현상학과 사회학 사이의 관계에 대한 관점을 얻는 데 '본질'을 파악하기 위해서는 그들이 학자로서의 정점에서 집필했던 또한 근대 사회학과 현상학을 형성하는 역할을 했던, 그들 필생의 역작을 살펴보는 것이 적합할 것이다. 뒤르켐과 후설이 지적인 소명에 대해서 가졌던 초기의 비전이 완결에 이르는 것은 바로 마지막 작품을 통해서이다. 사회학과 현상학의 가능성의 구체적 실현이, 《기초 형태》와 《위기》를 통해서, 그것에 앞서 행해졌던 탐색을 구조화시켰던 목적인(目的因/*telos*)을 달성하게 되는 것이다. 그들의 마지막 작품을 비교하는 것이 오늘날의 우리에게 — 우리가 사회학자이든 철학자이든 간에 — 더욱 적절한 것은 각각의 작품이 단순히 지적인 경력의 '종결점'이나 결론이 아니라, 새로운 시작으로서의 중요성을 품고 있기에, 어떤 의미에서는 그 이전의 모든 작품을, 《기초 형태》와 《위기》에서 공표된 사회학과 철학을 위한 새로운 새벽 혹은 새로운 시작을 위한 예비단계로 여길 수도 있을 것이다. 그런 점을 차치하고라도, 그 두 사람의 마지막 작품은, 우리가 살고 있는 세계의 상황 혹은 적어도 서구 문명의 상황을 이해하도록 만들어 주는 시대적 적시성을 갖고 있다.

III

뒤르켐과 후설 각각의 마지막 작품에 접근하는 데, 먼저 말해 두어야 할 것은 어떤 평론가는 그것들이 두 사람의 이전 작품과는 '동떨어져' 있거나 연속성이 없는 것으로 취급한다는 것이다. 따라서 뒤르켐의 《기초 형태》의 경우, 그의 이전 작업과 비교했을 때, 우리는 반전까지는 아니라 하더라도 연

6) Maurice Merleau-Ponty, "The Philosopher and Sociology", in *Signs*, Trans. Richard C. McCleary(Evanston: Northwestern University Press, 1964), pp. 98-113.

속성이 없음을 알려 주는 듯한 몇 가지 사항을 고려하게 된다. 그러한 주장을 요약해 보면, 첫째, 이전의 주요 작품을 통해서 근대화와 근대성의 구조적 측면을 다루었던 한 사회학자가 근대 사회의 영역을 벗어나서 오스트레일리아의 토테미즘과 원주민 사회 조직에 대한 광범위하고 자세한 조사를 행하는 것처럼 보인다는 것이다. 둘째, 사회의 본질과 관련된 초월적 이상주의를 선호한 나머지 실증주의를 버린 듯이 보이며, 또한 종교적 상징과 경험의 구조기능주의적 분석을 선호한 결과 통계적 자료로 구성된 객관적으로 문서화된 사실의 범주를 벗어난 뒤르켐을 이 책에서 보게 되는데, 역설적인 것은 그가 바로 사회학적 실증주의를 만든 사람이라는 것이다! 그리고 후설의《위기》와 관련해서는, 급진적 주관성의 철학자, 고독의 철학자[7]로 알려진 그가 상호 주관성의 생활 세계에 스스로를 던져 넣을 뿐 아니라, 동시에 역사를 대담하게 파악하는 데에 현상학을 활용하면서, 역사적으로 드러난 서구 문명의 본질에 대한 그다지 급진적이지 않은 해석을 하고 있는 사실을 이 책에서 발견하게 되는 것이다!

그렇다면 우리는 서구 근대 사회학과 실증주의를 등진 근대 사회학의 창립자로서의 뒤르켐이라는, 또 다른 한편으로는 기술적 현상학과 역사의 우발성에 의해서 설립될 수 없음이 명백한 필연적인 지식을 얻는 것을 목표로 하는 현상학의 추구를 등진 후설이라는 역설을 다루고 있는 것인가? 결과적으로《기초 형태》와《위기》를 그 저자들의 이전 연구에서 확연히 일탈된 것으로까지는 아니라 하더라도, 흥미 있게 곁길로 빠진 것 정도로 여겨야

7) 따라서 후설이 '자율적 철학이란 〔…〕 그 스스로에게만 설명하고 책임을 지도록 개인을 철학화하는 고독하고 급진적인 시도인 것이다' 하고 말하지 않았던가? 이후에 같은 맥락에서, 주변의 사람으로부터 동떨어진 고독한 자아라는 주제는 '이러한 괄호 넣기 혹은 판단 중지(epoché) 때문에 인간의 고독은 초월적 고독으로 변형된 것이다'라는 문구에서 볼 수 있듯이 더욱 강조되었다. 이러한 후설의 언급은 그가 1931년 행했던 베를린 강연에서 나온 것으로 그 출처는 다음과 같다. "Phenomenology and Anthropology", reprinted In Roderick M. Chisholm, ed. *Realism and The Background of Phenomenology*(New York: Free Press, 1960), p. 133(앞부분 인용), p.135(뒷부분 인용).

하는 것인가?

나는 그렇게 보지 않는다. 후설 전문가인 척하고 싶은 생각이 전혀 없는 나로서는 두 명의 권위자가 각각《위기》와 이전의 후설 현상학 사이에 본질적인 연속성이 없다라고 독립적으로 내린 판단을 흔쾌히 받아들인다. 나는 여기에서 폴 리쾨르(Paul Ricoeur)와 모리스 네이탄슨(Maurice Natanson)의 후설에 대한 날카로운 연구를 염두에 두고 있다.[8] 후설에 대해서 얘기하는 것이 아니라, 뒤르켐의《기초 형태》에 대해서라면, 이 작품이 뒤르켐의 사상의 발전과 근본적인 연속성을 가지고 있다고 주장하는 것에, 내가 자격을 갖추고 있다고 생각한다. 사실, 어떤 면에서 보자면, 그가 그의 초창기 작품에서 꺼내 들었던 주제가 정점에 이른 것이 바로 이 작품이다.[9] 특히, 1886년에 뒤르켐은 종교, 도덕성, 사회 조직 사이의 깊은 상호 관계성과 의존성을 개략적으로 다뤘으며, 이러한 주제가 그의 학자로서의 '중간기', 즉 그의 '실증적' 연구 성향이 가장 두드러졌던 기간의 맥락적 배경을 이뤘던 것이다. 종교의 사회 구조에 대한 연구를 훨씬 초월하는 그 무엇인가로 받아들여져야 하는 것이 마땅한《기초 형태》— 그것은 사회적 의식의 본질적 구조에 대한 깊이 있는 탐색인 것이다 — 의 앞부분에 바로 그 배경이 자리 잡고 있는 것이다. 뒤르켐의 이 최고작은 그의 '실증주의'를 새로운 조명 아래 바라보게 만들며, 그럼으로써 우리에게 현상학적 철학과 실증주의 사회학 사이의 논란을 재고하도록 만들어 준다.

이만하면 이 주제를 다루기 위한 도입부로는 충분한 것 같다. 독자들이 내가 각각의 작품에 대한 주해를 달기까지를 원해서는 안 된다는 전제 아

8) Paul Ricoeur, *Husserl, An Analysis of His Phenomenology*, trans, Edward G. Ballard and Lester E. Embree(Evanston: Northwestern University Press, 1967); Maurice Natanson, *Edmund Husserl: Philosopher of Infinite Tasks*(Evanston: Northwestern University, 1973).

9) "Les études de Science Sociale", *Revue Philosophique*, 22(1886), pp. 61-80; "La Philosophie dans les universités Allemandes", *Revue Internationale de l'Enseignement*, 13(1887), pp. 313-338, 423-440.

래,《기초 형태》와《위기》의 비교를 통해서 지적인 대화가 이뤄질 수 있을지 살펴보기로 하자.

IV

후설은 그의 논문 〈현상학과 인류학〉[10]에서 그가 의도하는 현상학이란 어떤 것인가를 제안함으로써 그의 후기 주요작인《위기》에 대한, 오페라로 따지자면, 서곡 비슷한 것을 준비했던 셈이다. 그의 철학적 열망이 절정에 이르렀음을 알리는 이 1930년작 논문에서 몇 가지 점에 대해 숙고해 볼 만하다. 그는 현상학은 '의식 생활의 해석학'이라는 것을 언급하며, 같은 문단에 "베이컨(Bacon)이 권고한 것처럼 자연을 '조사하기'보다는, 우리는 의식 혹은 초월적 자아를 조사함으로써 그것의 비밀을 드러내도록 해야만 할 것이다"(p. 140)라고 첨언했다. 같은 논문에서 그는 다음과 같이 말한다.

> 존재론적 의미를 구성하는 자아로서의 나 자신으로부터 시작해서, 나는 나의 동료인 초월적 타자에, 그리고 전적으로 개방된 무한한 초월적 상호 주관적 영역에 동시에 이른다. 이러한 초월적 공동체에서, 세계는 '객관적'이며 누구에게나 동일한 그 무엇으로 구성되어 있다.[11]

그리고 후설은 다음과 같이 천명하면서 논문을 끝맺는다.

> 만약 우리의 목적이 무엇인지를 이해했다면 […] 단 하나의 궁극적인 철학, 단 한 종류의 궁극적인 과학, 즉 기원을 탐색하는 초월적 현상학의 방법론으로부터 떨어져 나올 수 없는 과학이 있다는 사실을 더 이상 의심

---

10) In Roderick M. Chisholm, *op. cit*.

11) 같은 출처, p. 141.

할 수 없을 것이다.[12)]

우리는 도래하는《위기》에 대해서 알려 주는, 그리고 현상학이 가진 독특한 장점의 본질적인 측면을 두드러지게 위치 짓는 세 가지의 주제를 알아봐야 한다. 첫째, 현상학은 생물-물리학적 '본질'의 수수께끼를 분석하기보다는 의식을 분석함으로써 세상의 진실이 무엇인지를 찾고자 한다. 후설이 이렇게 말한 것은 세상의 진실과 그 근원이 본질의 객관적 영역에 속한다고 가정하는 실증주의의 순진함을 지적한 것이다. 두 번째 주제는 현상학자가 고독한 탐색을 하다가 공동체적 세상으로 다시 들어오는 것을 예시하는데, 이것은 마치 플라톤의《국가론》에 등장하는 한 인물이 어슴푸레한 동굴을 떠나서 빛을 본 뒤에 실재의 진정한 진리가 무엇인지를 그의 동료에게 알려 주기 위해서 동굴 속으로 다시 들어가는 것과 흡사하다.[13)] 그리고《위기》에서는 초월적 현상학과 전 지구적, 역사적 현상으로서의 유럽공동체(현재는 유럽연합이다-옮긴이) 사이의 연계가 후설이 행했던 분석의 주요한 추가적인 탐색 대상이 될 것이다. 끝으로, 마지막 주제는 현상학이 왜 철학적 방법론으로서 특색이 있고 급진적인가에 대한 것인데, 즉 다시 말하면, 그것은 기원이 무엇인가를 탐색하는 방법론이라는 것이다.

기원을 탐색한다는 것이 무슨 뜻인가? 그것은 현상의 기초로, 그 뿌리로,

---

12) 같은 출처, p. 142.

13) 본질에 대한 신조와 관련해서 후설과 플라톤 사이의 강한 친화성을 발견함으로써, 후설을 신플라톤주의자가 아닌가 생각하게 될 뿐 아니라, 서구 문명의 (마치 국가론의 동굴의 비유에서 볼 수 있는 것과 같은) 밀교주의(密教主義, esotericism)의 전통에 그 두 사람 모두 참여하고 있는 것이 아닌가 여기게 된다. 내게 후설이 실제로 밀교주의 학파에 능통했는지를 밝힐 증거가 없기는 하지만, 그의《위기》에는, 신지학(theosophy) 혹은 인지학(anthroposophy) 등과 같은, 밀교주의에서 사용하는 언어와 눈에 띄는 유사성을 보여 주는 부분이 있다(예를 들면, Part III A, sections 39-41). 밀교주의에 대한 문헌을 원한다면, 다음의 내 책을 참고하라. *On the Margin of the Visible*(New York: Wiley and Sons, 1974).

그리고 사물이 현상으로 출현하는 것을 가능하도록 만든 그 무엇에게 다가서는 것을 의미한다. 여기에는 상호 연관된 과제가 있다. 한편으로는, 기원에 다가가기 위해서는 역사적 혹은 시간적 과정에서의 후진 혹은 우리의 의식이 생기기 이전에 있었던 가시적인 현상의 역사적 기초로의 후진이 이뤄져야 한다. 다른 한편으로는, 기원에 다가간다는 것은 역사적인 과제만이 아니라, 우리가 관심을 가지고 있는 현상의 밑바탕에 있는 근본적인 구조를 발견하는 과제, 즉 구조적 과제이기도 하다. 따라서 우리는 현상학적 분석이 **역사적 분석만이 아닌 구조적 분석**을 수반한다는 것을 알 수 있다.

우리는 이제 왜 후설의 현상학은 직관적이고 초월적인 환원을 모두 수반하는 하나의 방법론인 것만이 아니라, 이런 맥락에서 더 중요한 문제인, 왜 《위기》가 후설의 전체적인 현상학적 연구를 통틀어서 그 정점에 놓이기에 적합한가를 이해할 수 있다. 왜 적합한가? 왜냐하면 초월적 현상학의 적합한 연구 주제인 현상은 서구 문명의 현상으로서, 실증주의나 역사주의에 의해서 이해될 수 있는 '객관적', '자연적' 객체가 아니라, 전 지구적, 역사적, 영적 현상, 달리 말하자면 상호 주관적 의식 현상이기 때문이다. 그것은 단일성을 가진 하나의 현상이고, 그 역사성이 하나의 **목적인**(目的因/*telos*)을 가지고 있다. 후설은 서구(혹은 유럽) 문명의 본질적인 주제를 **합리주의**라고 볼 것이다. 이것이 서구 문명의 역사적 발현의 핵심 구조이며, 20세기의 심각한 문제의 근원은 합리주의의 탈구조화에 기인한다고 후설은 덧붙일 것이다.[14] 후설의 《위기》는 근대 세계의 '위기'에 대한 현상학적 분석이자 진단

14) "현재 위기의 혼란스러움을 이해하기 위해서, 우리는 **이성의 무한한 목적의 역사적 목적론으로서의 유럽**이라는 개념을 파악해야 한다. 우리는 유럽 세계가 어떻게 이성의 사상으로부터, 즉, 철학의 정신으로부터, 태어났는가를 보일 수 있어야 한다. 그럼으로써 '위기'를 합리주의의 명백한 실패라고 구분할 수 있을 것이다"(*The Crisis*, p. 299, 강조는 인용한 책의 원문에서 이뤄진 것임).

이 글이 후설과 뒤르켐의 대화라는 주제에 한정되어 있기는 하지만, 후설과 막스 베버 사이의 수렴에 대해서 고려해 보는 것도 그 주제와 밀접한 관련이 있을 것이다. 뒤르켐보다는 베버가 더, 합리주의의 전개가 서구 문명 근대화의 중심 주제라고 생각했으며, 후설

이다. 그가 시사했듯, 그것은 위기의 밑바탕에 있는 그 무엇에 대한 철두철미하고 급진적인 비판이다. 우리는 여기에서 후설이 천명한 바의 완전한 의미를 인식해야 한다.

> 오늘날 스스로 자신이 아주 급진적이라고 선언하는 사람보다 내가 — 이미 반동분자라고 여겨지기는 하지만 — 훨씬 더 급진적이며 훨씬 더 혁명적이라고 생각한다.[15)]

진정으로 급진적이려면 방법은 기원과 근원, 그리고 의식의 심층 구조에 접근하는 것 이외에는 없다. 현상의 표면 아래로 내려감으로써 통상적인 것을 넘어서거나 초월하게 되는 것이다. 판단 중지(*epoché*, 세상을 괄호에 넣기)는 후설에게 철학자를 자연스러운 태도로부터 해방시킬 수단을 제공해 주었다. 이러한 해방적인 자기발견적 도구 덕에 《위기》에서 후설은 유럽의 '위기'는 초월적 인식에 그 존재론적인 뿌리를 두고 있는 합리주의가 소외되었기에 초래되었음을 파악할 수 있었다. 그는 이러한 소외는 철학이 실증주의 과학과 같은 것이라는 오판과 관련 있으며, 그 영향으로 지식의 근간을 이루는 인식론의 근본적인 위기를 맞이하였다고 보았다.

지금까지 후설의 《위기》라는 저작과 그 배경에 대해서 충분할 정도의 예비적인 고찰을 해 보았다. 어떻게 뒤르켐의 《기초 형태》가 《위기》를 보완해 주는 저작인지, 더 넓은 의미에서 보면, 종교 생활의 현상에 사회학적으로 접근하는 뒤르켐의 입장이 어떻게 후설의 현상학적 열정과 수렴되는지를 먼저 논의한 뒤에 다시 후설로 돌아가기로 하자. 뒤르켐이 그 스스로 알고 있기로는 가장 원초적인 종교인 토테미즘을 그 작품에서 분석한 연유는 무엇이었던가?[16)]

처럼 베버도 합리주의의 비극적인 고갈이야말로 유럽의 미래에 가장 심각한 영향을 끼칠 것이라고 인식했다.

15) *The Crisis*, p. 290.

그 책 서론 부분의 시작 부분에 쓴 것처럼, 그는 인간성의 본질적 특징, 이른바 '인간의 종교적 본성'에 대한 우리의 이해를 심화시키기 위해서 토테미즘을 연구하려고 했던 것임이 확실하다.[17] 하지만 뒤르켐이 행했던 연구 과제의 지평은 이보다 더 넓다는 것을 뒷부분 몇 쪽을 읽으면 알 수 있다.

> 〔…〕 종교적 현상 연구는 현재에 이르기까지도 오직 철학자 사이에서만 논의가 진행되어져 온 문제를 새롭게 바라볼 수 있는 수단을 제공해준다.[18]

이러한 언급은 철학으로서의 현상학에 그의 연구가 가지는 유관성에 대한 암시를 준다. 지식의 기반에 대한 문제가 아니라면 도대체 무엇이 철학의 근본적인 문제일 수 있다는 말인가? 이것은, (비성찰적) **의견**(*doxa*)에 반대되는 것으로서의 이성 혹은 **인식**(*episteme*)에 대한 그리스식의 깨달음으로부터 진정한 철학이 설립되었다는 견해가 실린 후설의 《위기》 1부의 초반에 제기되었던 중심 주제가 아닌가? 잉태기의 철학은 '존재의 전체성에 대한 보편적 지식이 무엇인가에 대해서 차원 높게 파악하는 것을 그것의 책무로 여기고 받아들인다'.[19]

뒤르켐은 (마르셀 모스와 함께) 지식의 근본적인 형태 혹은 범주에 대해서 예비적인 연구를 한 다음에 《기초 형태》를 집필했다.[20] 그는 학자로서의 형성기에 철학에 흠뻑 빠졌으며 프랑스 철학원의 활동적인 회원이었다. 뒤르

---

16) 몇몇 학자가 뒤르켐이 오스트레일리아의 토테미즘이 가장 단순한, 즉 가장 원초적인 종교라고 생각했던 것은 잘못이라고 비판했지만, 이러한 논란은 여기에서 이어지고 있는 논의와는 아무런 관련이 없음을 밝힌다.

17) *The Elementary Forms*, p. 13.

18) 같은 출처, p. 21.

19) *The Crisis*, p. 13.

20) Emile Durkheim and Marcel Mauss, *Primitive Classfication*, trans., Rodney Needham (Chicago: University of Chicago Press, 1963).

켐과 후설은 지식의 구조적 기초를 깔아야 되는 것이 아닌가 하는 염려로 각자의 마지막 작품을 쓰게 되었다고 말할 수도 있다. 왜 그 두 사람이 지식의 기초를 펼쳐 놓아야 한다는 긴급한 필요를 필연적으로 느끼게 되었던지에 대해서 간략하게 논의될 것이다. 하지만 뒤르켐이《기초 형태》에서 철학으로 혹은 철학의 갱신으로 되돌아갔다는 것과 지식이라는 중심 주제의 측면에서 이런 일이 이뤄졌다는 것은, 그가 쓴 서론에서도 드러나듯이 명백하다. 거기에서 그는 (시간, 공간, 원인 등과 같은) 이해의 근본적인 범주를 (사실상 생활 세계의 구조인) 집합 표상이라는 구조로서 설명하고자 하는 그의 관심을 적시한다. 나아가서 그는 '일단 받아들여지면 이러한 가설, 즉 지식의 문제는 새로운 용어로 제기된다'[21] 고 덧붙였다.

따라서 뒤르켐과 후설이 관심을 가졌던 것은 지식의 구조와 기초이며, 더 나아가서,《기초 형태》와《위기》모두의 핵심적인 관심은 전통적인 지식 개념을 어떻게 혁신하느냐였다. 더구나, 후설의 급진주의가 기원이 무엇인가에 대한 현상학적 연구를 이끌어 낸 것과 마찬가지로, 뒤르켐은 시초로 거슬러 올라가는 사회학적 연구를 수반했다. 가장 원초적인 사회의 환경에 대한 지식을 범주화하면서, 그가 지식의 구조적 기초에 접근했던 것은, 마치 후설이 그리스 초기의 **인식**(*episteme*)에 대한 이해로 거슬러 올라가서 과학과 철학의 본래의 통일성 — 다시 말하자면 과학**으로서의** 철학에 담겨 있는 지식의 통일성 — 을 발견했던 것과 마찬가지다. 뒤르켐은《기초 형태》에서 독자를 시초의 시점으로 데리고 가서 '비록 종교적인 기원을 가지고 있으나 인간 지능의 기초에 여전히 자리 잡고 있는'[22] 그러한 '원초적인' 자료로부터 나오는 생각이 무엇인지를 알려 준다. 이러한 탐색이 얼마나 급진적인가에 대해서는, 비서구 사회에 살고 있는 '원시인'이 근대적인 것과 매우 다른 열등한 정신을 가지고 있다는 견해가 뒤르켐이 생존해 있던 시절에 팽배했

21) *The Elementary Forms*, p. 25.
22) 같은 출처, p. 33.

다는 사실을 인식할 경우 더 잘 이해될 수 있다. 따라서 뒤르켐이 그의 마지막 작품에서 '원시적인' 오스트레일리아 사회로 되돌아감으로써 사회적 세계의 뿌리로 접근하려는 대담성을 보였다는 사실을 추가적으로 언급할 수 있다. 그러나 어찌하여 뒤르켐과 후설 두 사람 모두 시초에 대한 탐색을 하려고 했던 것인가? 이 질문은 뒤르켐의 실증주의와 후설의 현상학의 바탕에 근본적인 염려, 즉 동시대의 사회에 깊이 자리 잡고 있던 위기에 대한 공통적인 인식이 있었음을 알려 주는 것이다.

유럽의 위기에 대한 진단을 내리기 위해 후설은 1930년대, 즉 그가 《위기》의 집필을 준비하고 있던 시기에 벌어졌던 정치·경제적 혼란의 저변을 다룬다. 그는 유럽의 **목적인**(*telos*)의 중심부에 위기가 있다고 보았는데, 그는 그 **목적인**이란 바로 **합리주의**의 전개라고 파악했다. 후설은 위기의 근저에 깔린 원인으로는 (a) 본래의 철학적 개념화로부터 과학이 분리된 것, (b) 자연과학의 모델과 스스로를 동일시하는 바람에 철학이 정체성을 상실한 것, 그리고 (c) 정신 또는 혼의 영적인 삶으로부터 자연이 분리된 것 등이 있다고 보았다. 철학으로부터 과학이 분리되었을 뿐 아니라, 그와 함께 하나의 과학이 여럿으로 구획화된 과학으로 분리되었다. '객관주의'와 실증주의의 공공연한 성공으로 인해서 근대 과학의 인식론적 깊이 없음이 가려지는데, 바로 이 때문에 '모두에게 공통적으로 이미 주어진 직관적인 주변 생활 세계'[23]로부터 지식이 파편화되는 것이다.

그런 점을 강조하기 위해서, 후설은 헬름홀츠(Helmholtz)[6]의 평면층의 존재와 같은 이미지를 활용해서 설명하는데, 그런 존재란 '깊이라는 차원이 어떤 것이지 모르며, 그들의 평면적인 세계는 단순히 그 차원에 투사될 뿐이다'.[24] 실증주의 과학은 그 자신의 기초, 즉 '생활 세계'라는 기층을 무시하고 일축했는데, 평면적인 세계는 '초월적 의식'에 근거하기 때문에 '생활

23) *The Crisis*, p. 121.
24) 같은 출처, p. 119.

세계'는 초월적 현상학에 의해서 발견될 수밖에 없는 것이다. 또한《위기》의 2부는 실증주의와 객관주의에 의해서 변형된 통일성이라는 사상을 해방시킴으로써, 과학과 철학의 통일을 복원시켜야 할 책무를 짊어질 수 있는 방도를 마련하는 내용을 담고 있다. 객관주의는 **생활 세계**(*Lebenswelt*)를, 갈릴레오가 최초로 구상했던 모델과 같이, 자연의 객관적이고 수학적인 세계라는 식으로 객체화시켰다는 사실을 주지해야 한다.[25)]

후설은 근대 과학에 의해서 세계가 존재론적, 이론화 이전 단계적 생활 세계로부터 수학적 자연이라는 가설에 동조하는 생활 세계로의 변형이 이뤄진, 세계의 객관화라는 역사적인 과정에서, (분트의 영향을 받아서인지는 모르겠지만?) 심리학이 마음, 그리고 혼에 대한 감각을 상실했다고 말한다. 그에게, 근대 심리학이란 마음에 대한 과학이라기보다는 객체화된 자아에 대한 과학이며, 지식의 진정한 기초가 되기는커녕 다른 과학적 대상과 다름없이, 과학의 대상이 되어 버리고 만 것이다. 따라서 후설은 실증주의에 가했던 그의 일반적 비판의 일환으로써 심리학주의를 거부하게 되었던 것이다.

그렇다면, 후설과 뒤르켐의 입장은 동떨어져 있는 것이 아닌가? 전자가 현상학적 태도를 통해서 실증주의 과학의 편견과 철학적 순진함으로부터 인간을 해방시키는 근본적인 과제를 짊어진 현상학의 옹호자이고,[26)] 후자는 사회학적 실증주의의 옹호자라면, 둘 사이에 대화가 이뤄질 실질적인 가능성이란 전혀 없는 것이 아니겠는가? 아마 그럴지도 모르겠지만, 그렇지 않을 수도 있다.

뒤르켐의 '실증주의'는 그 동시대의 실증주의에 대한 이미지와 비교한다면 — 후설의 현상학 또한 다면적인 가치를 지닌 것과 마찬가지로 — 훨씬 더 복잡하다. 뒤르켐은 19세기 후반에 널리 퍼져 있던 과학적 기풍에 동조

25) '물체로 이뤄진 완전히 폐쇄된 세계로서의 자연이라는 사상은 갈릴레오로부터 처음 나왔다고 말할 수 있다.' 같은 출처, p. 60.

26) 현상학의 책무에 대한 이러한 해석의 근거는 다음 내용에 있다. *The Crisis*, p. 59.

했는데, 여기에는 그가 '사실'(즉, 구체적인 과학의 영역으로서 현상의 사실성)을 관찰, 측정, 분석하고 객관적으로 보고하는, 보편타당한 과학적 방법론을 신뢰했다는 것도 포함된다. 이러한 제한된 관점에서 보면, 뒤르켐의 실증주의 사회학과 후설의 현상학에서 공통된 요소는 거의 찾을 수 없다. 하지만, 뒤르켐의 '실증주의'의 형성에는 자연과학의 전통을 초월한 또 다른 전통이 기여했다. 그것은 실증주의의 기초적인 사회학적 전통으로서, 그 전통의 주요 인물은 오귀스트 콩트(Auguste Comte)로, 그 전통은 또한 (콩트의 스승인) 생시몽(Saint-Simon)으로부터 시작되었으며 콩트의 동시대 학자인 (사회학에서의 실증적 비교 연구의 창시자인) 르 플레(Le Play)에게서도 영향을 받았다. 콩트에 대해서 간략히 언급하면, 그는 '사회학'이라는 용어뿐만 아니라 '실증주의'라는 용어까지 만들었다. 콩트는 '실증주의'를 통해서, 진화론적인 발전 단계상 이전에 있었던 인류의 두 가지 사고방식인 '형이상학적' 혹은 '신학적' 지식에 대조되는, 과학에 의해 얻어지는 실증적 지식이 있다는 사실을 이해했다 — 그리고 짧게나마 지적해야 할 것은, 후설 역시 적어도 내가 보기에는 콩트와 구조적으로 유사한, 발현적 지식관을 가졌던 것 같다.[27]

둘째, 그리고 더욱 중요하게는, 콩트는 '실증주의적 지식'이, 그 주요 사

27) 이에 합당한 근거는 후설의 다음 저작에서 찾을 수 있는데《위기》의 부록 I로 실려 있다. "Vienna Lecture"(1935), Appendix I, pp. 269-299 in *The Crisis*. 모든 인류에게 공통적인 첫 번째 사고방식을 후설은 '종교-미신적 태도'(religio-mythical attitude)라고 칭한다. 그것은 본질적으로 실용적 목적을 위한 것이다. 기원전 7세기 소크라테스 이전 철학에서 유럽과 여타 문명을 근본적으로 구분 짓도록 만들 새롭고 독특한 세계관이 창출되었다. 그것은 '신학적 태도'로서, 진화론적 발전을 거쳐서 '인간 존재의 전적 실천'(whole praxis)을 변형시킨다(*The Crisis*, p. 287).

'신학적 태도'의 후기 국면을 콩트의 '실증주의적 태도'로 볼 수 있는데, 그러나 후설이 마음에 품고 있었던 세 번째 태도, 즉 발현적 '현상학적 태도'는 다른 측면에서 고려하면 콩트가 구상했었던 것과 비슷하다. 즉, 콩트에게서 과학적인 '실증주의적 태도'는 사회에 대한 과학, 다시 말하면 사회적(혹은 상호 주관적) 의식이라는 실재의 가장 복잡한 영역에 대한 과학이 설립되기 전에는 완전해질 수 없다. 나아가서, 후설에게서 초월적 현상학이란 상호 주관적 의식을 설명하려는 궁극적 노력을 기울이는 의식에 대한 엄격한 과학이 아니던가?

상 안에 지식의 본질적 통일성을 녹여 냄으로써 사람과 사회의 유기적 통일성을 허물어뜨리는 데 일조했던 부정적, 비판적 정신인, 18세기의 (선도적 지식인이었던) **계몽사상가**의 '부정주의'(negativism)와 정반대라고 보았다. 콩트는 **구체제**(*ancien régime*)의 사회 질서를 복원시키는 것은 전혀 가능성이 없다고 보았다. 그러나 근대 사회의 정치적 불안은 지식의 파편화가 겉으로 드러난 증상 가운데 하나에 불과했다. 정치적 분절과 분열은 근대 유럽의 이러한 위기 상황을 반영했으며, 실증주의는 지식의 종합으로써뿐만이 아니라, 사회 질서의 재구조화를 위한 바탕을 제공함으로써 사회 질서를 새롭게 합성하기 위한 기초를 마련하기 위한 것이기도 했다. 우리가 아는 바와 같이, 후기의 콩트는 '실증주의'가 사회를 통일할, 지식의 새로운 인식 체계 이상의 그 무엇이라고 보았다. 그는 그것을, 계시가 아닌 사회학적인 관찰에 근거를 둔 종교라고 보았다. 그러므로 콩트에게 사회학적 실증주의는 사회 재건이라는 동기에 의해서, 그리고 '객관적인' 유럽의 겉으로 드러난 모습 아래에 있는 정신적 깊이라는 영역으로 탐색침을 내려야 하도록 만드는 근대 유럽의 정신적 위기에 대한 염려로써 활성화되는 것이다.[28)]

비록 뒤르켐이, '삼단계 법칙'[7]이라는 콩트의 단선론적 진화론의 원칙과 같은 전반적인 체계의 어떤 특성을 거부하기는 했어도, 그는 콩트 실증주의의 계승자이다. 그럼에도 불구하고, 콩트 실증주의의 정신은 사회학을 발전시켜야 한다는 뒤르켐의 책무에서 근간을 이뤘다. 더구나, 이러한 사회학적 실증주의의 정신은 지금 이뤄지고 있는 논의에 상당히 밀접한 두 가지 측면을 가지고 있다. 첫째, 사회학적 실증주의는 사회적 세계에 대한 단순한 과학적 탐구를 뛰어넘는다. 그것은 사회의 구성 요소를 통합시키기에 적합한 종교를 제공함으로써 분열된 사회에 화해를 불러올, 근대 사회 질서를 위한

---

28) 콩트의 실증주의의 여러 차원에 대해서 간략하게 소개되어 있는 글을 보려면 다음을 참고하라. Pierre Arnaud, *Sociologies de Comte*(Paris: Presses Universitaires de France, 1969).

새로운 도덕적 기초를 발견하고자 하는 것이다. 둘째, 콩트의 실증주의(그리고 뒤르켐의 실증주의)는 **사회**(*socius*)[8]의 구체성을 자연에 대한 수학적이며 물리주의적 해석으로 축소시키려는 시도를 거부한다. 콩트에게 '과학'은 근본적으로 인간 행위이며 역사적 과정에서 출현하는 것이고, 따라서 과학의 발달은 콩트에게 확률적인 과정이라고도 볼 수 있을 것이다. 이것이 암시하는 바는, 비록 예를 들어 생물학과 같은 새로운 과학이 출현하느냐는 이전 과학들의 선행적 발달에 달려 있다고 해도, 각각의 과학은 그것이 다루는 현상이 이전의 발달 수준으로 돌이킬 수 없을 정도의 복잡성을 가지고 있기에 새로운 수준의 지식이라는 것이다. 사회학은 실재, 즉 '사회적 존재' — 이 표현은 콩트의 다음 저작에서 형성된 것이다. 《실증적 정치 체계》(*Système de politique positive*) II, 6장 — 의 실재를 다루며, 이 실재는 생물학적/생리학적 존재로 축소될 수 없고, 더구나 화학적 혹은 물리적 존재로 축소시키기는 훨씬 더 어렵다. 그것은 콩트가 인간적 '합의'(consensus)라고 명명한 것에서 드러나는, 상호 주관적 의식의 실재이며, 그것의 자발적이고 자유의지적인 요소로부터 인간 사회가 동물 사회와 구별되는 것이다.

뒤르켐이 콩트 사회학의 유산을 받아들였다는 것을 적시했으므로, 이제 《기초 형태》의 완전한 의미를 적합하게 고려하는 데 이러한 고찰을 적용할 필요가 있다. 사회 실재의 물리주의적 축소를 거부했다는 콩트적인 의미의 사회학적 실증주의의 측면은 뒤르켐이 이전에 썼던 유명한 방법론적 저작인 《사회학적 방법론의 규칙》에서 명확하게 확인되는데, 그 초판 서문에서 뒤르켐은 책 전체를 꿰뚫는 하나의 주제를 밝혔다.

> 이상주의자가 생물학적 영역으로부터 심리학적 영역을 구분하는 것처럼, 우리는 사회적인 영역으로부터 심리학적 영역을 떼어 놓는다. 그들처럼, 우리는 단순함을 통해서 복잡함을 설명하기를 거부한다.[29)]

29) Emile Durkheim, *The Rules of the Sociological Method*(New York: Free Press, 1950), p.

나는 또한 콩트 실증주의의 정신이 근대 사회의 도덕적 기저층의 재구조화를 탐색하는 두 번째 차원을 가지고 있음을 말한 바 있다. 이러한 측면은 실증주의가 인류의 새로운 종교가 되어야 한다는 콩트의 의도로 강조되기도 했다. 분명히, 콩트는 '세속적' 혹은 심지어 '시민 종교'라고 이름 붙일 수 있는 그 어떤 종교를 추구했음에도 불구하고, 그에게서 실증주의는 삼위일체의 기초 — 기독교 교리의 그것과 같지는 않다 하더라도 — 를 가지는 것이었다.[30)]

다시 말하면, 뒤르켐은 그의 초기 사회학 논문에서 종교와 사회가 어떤 관련이 있는지에 대한 관심을 표현했다.《기초 형태》에서 이런 관심은 최고조에 이르렀는데, 그 이유는 뒤르켐이 오랜 세월의 연구를 통해서 각각의 사회는 일련의 핵심적인 종교 신념과 그 실천을 통해서 조직된다는 것을 받아들이게 되었기 때문이다. 이것이 기초이자 또는 사회 생활의 기본 형태이다. 근대 사회는 집단의 이질성과 노동 분업이라는 특징을 지니는데, 바로 이 때문에 '전통' 사회에 비해서 근대 사회의 조직이 복잡해진 것이다. 하지만, 그 일이 아무리 고되다고 해도, 사회학은 근대 사회 질서의 이상, 열망, 그리고 응집에 적합한 종교와 도덕적 결집체를 찾아내야 할 책무를 진다. 바로 이것이 명시적이지는 않지만《기초 형태》가 추구했던 바다.

게다가 뒤르켐은 이 책에서 과학, 종교, 철학 사이의 대립 관계의 해소까지는 아니라고 해도 그들 사이의 분절화를 해소하려고 했다. 따라서 그 마지막 장에서 뒤르켐은 다음과 같이 제안한다.

---

xxxix. 이런 논지는 책의 결론에서 재차 확인된다. '그러므로 사회학은 어떤 다른 과학에 부수적인 것이 아니다. 그것은 그 자체로서 별개의 자율적 과학이며, 사회적 실재의 구체성에 대한 감수성은 사회학자에게 실로 너무나 필요한 것이어서 오로지 별도의 사회학적 훈련을 통해서만이 사회적 사실을 지적으로 포착해 낼 수 있는 역량을 기를 수 있는 것이다'(*ibid.*, p. 145).

30) 인류의 종교로서의 실증주의를 위해 콩트가 내세운 공식은 다음과 같다. '그것의 원칙은 사랑; 그것의 기초는 질서; 그것의 목적은 진보.'

〔…〕 종교적 추측이 적용되는 실재란 결국 철학자에게는 그들의 숙고 대상으로서의 역할을 한다. 즉, 그것은 자연과 인간과 그리고 사회이다. 〔…〕 종교는 이러한 실재를 하나의 이해할 수 있는 언어로 해석하는 것이며, 그러한 언어란 본질적으로 과학에 의해서 채택되는 언어와 다르지 않다. 〔…〕 우리는 심지어 과학적 논리의 본질적 사상이 종교적인 기원을 지니고 있음을 봐 오기도 했다.[31)]

우리는 이러한 주장에서 뒤르켐의 실증주의가 (종교 생활과 불가분의 관계를 맺고 있는) 사회적 실재를 자연에 대한 자연주의적 혹은 물리주의적 개념화에 '내어 주지' 않으며, 오히려 그가, 후설과 마찬가지로, 과학이란 상호 주관적 의식의 행위에 기초를 두고 있는 것으로 파악하고 있다는 것을 알 수 있다. 두 사람을 그들의 마지막 저작물을 놓고서 더 비교해 보면, 후설의 현상학적-심리학적 **판단 중지**(*epoché*)는 우리로 하여금 경험주의의 '외적 태도'로부터 구조에 대한 '내적 인식'으로 나아가도록 만들어 준다.[32)] 후설은 우리를 그가 초월적 의식이라고 보는, 생활 세계의 근본적이며 보편적인 구조로 안내한다. 그것이 바로 의식, 즉 모든 구체적 프로젝트, 정신적 경험의 모든 의도적 측면의 기저를 이루는 순수 의식의 원천인 것이다. 하지만 뒤르켐 역시 결론부에서 다음과 같이 천명했을 때 의식의 기초는 사회의 초월적 측면에 자리 잡는 것으로 봤던 것이 아니겠는가?

〔…〕 집합 의식은 정신 생활의 최고 형태인데, 왜냐하면 그것은 **의식의 의식**(une consciences des consciences)[33)]이기 때문이다.

따라서 나는 후설과 뒤르켐은 다른 여정을 걸었지만 그들 각자의 마지막 저

31) *The Elementary Forms*, p. 477.
32) 이 내용은 다음의 중요한 논의에 나와 있다. *The Crisis*, Part III B, esp. pp. 247-250.
33) *The Elementary Forms*, p. 492, 강조는 내가 한 것이다.

술을 남기는 시점에서 동일한 교차로에 이르렀다고 주장한다. 현상학과 사회학이 초월적 의식이라는 교차로에서 대면한 것이다. 우리 문명의 초월적 기초가 무엇인지를 보지 못하게 된 것에서 비롯된 위기였던 유럽의 위기에 대해서 그들이 가졌던 감수성을 고려하면, 구조의 구조를 그들 각자가 이렇게 발견한 것이 그들의 지적인 노력에 더해서 더욱 확실한 감각을 부여해 주었음을 알 수 있다.

따라서, 요약해 보면, 후설과 뒤르켐의 마지막 저작은 모두 근원은 과연 무엇인가에 대한 탐색이며 세계의 외면성으로부터 초월적 의식에 터 잡은 그 내면성으로 향한다. 이런 점에서 그들의 노력은, 존재로부터 주관성을 제거해 버리는 객관주의적 과학, 수학적 자연과학의 편견으로 인해서 시야에서 가려져 버린 인간의 진정한 정신적 차원을 발견하려고 했던 루돌프 슈타이너(Rudolph Steiner)[9]와 르네 게농(René Guénon)[10][34]과 같은 근대 밀교주의(esotericism/密教主義) 인물과 놀랄 만한 유사점을 보인다.[35] 후설과 뒤르켐이 스스로에 대해 '합리주의자'라고 생각한 것에서 볼 수 있듯이, 그 두 사람이 합리성을 거부하지 않은 것처럼 그들은 '과학' 또한 거부하지 않았다는 사실을 유념해야 한다. 각자가 각자의 방식으로 거부한 것은 다름 아닌 생활 세계의 실재를 물건처럼 '사물화된' 실재로 축소시키는 — 즉, 존재로부터 경험과 의미와 주관성의 깊이를 박탈시키는 — 수학적 자연과학의 제국주의적인 주장이었던 것이다.

---

34) Rudolf Steiner, *The Stages of Higher Knowledge*(New York: Anthroposophic Press, 1967), 그리고 *Macrocosm and Microcosm*(London: Rudolf Steiner Press, 1968); René Guénon, *The Reign of Quantity and the Signs of the Times*(Baltimore: Penguin Books, 1972).

35) 후설은 다음과 같이 말했다. '자연과학을 교육받으며 자라난 사람은 단지 주관적인 모든 것은 배제되어야만 한다는 것과, 주관적 방식의 묘사로 나타내어지는 자연과학적 방법이 객관성을 결정짓는다는 것을 당연시한다'(*The Crisis*, p. 295).

V

앞의 몇 쪽에 걸친 나의 평가는 후설의 현상학과 뒤르켐의 사회학 사이에 화해가 이뤄졌음을 지적하는 것이지만, 일치하지 않는 영역도 있었다는 사실도 인정해야 한다. 나는 이런 상태를 의식의 존재론적 본질에 대한 불일치라고 이름 붙이려고 한다. 철학 전반을 고려했을 때 후설이 스스로의 철학을 아무리 급진적인 것이라고 생각한다 해도, 그의 급진성에는 한 가지 한계가 있는데, 즉 그의 철학에는 그에게서나 (소크라테스에서 칸트에 이르는) 다른 철학자에게서도 발견할 수 있는, 어떤 미리 상정되거나 혹은 추정되는 '주어진 조건'이 있었다는 것이다. 그것은 바로 다음과 같은 것이다. 주관성과 의식에서 나오는 행위는 개인의 **생각**(*cogito*)에 근거를 둔다. 반면, 뒤르켐에게는 의식에는 더 이상 축소될 수 없는 두 가지 구성 양태가 있는데, 그것은 개인 의식**과** 집합 의식이다. 뒤르켐은 세계에 대한 우리의 지식, 우리가 경험하는 세계의 실재를 나타내는 표상은, 한쪽이 어느 다른 한쪽보다 더 근본적이라고 할 수 없는 개인 의식과 집합 의식의 이중적 산물이라고 보았다. 사회적 인류로서 사람은 **이중적 인간**(*homo duplex*)인 것이다.[36]

결과적으로,《위기》가 상호 주관성과 공동체에 대한 높아진 이해도를 보여 주기는 했지만, 후설이 생각하는 세계의 초월적 기초는 그 핵심을 들여다보면 나 중심인 데 반해서, 뒤르켐이 바라보는 세계의 초월적 기초는 우리가 중심이 됨을 강조한다. 뒤르켐은 후설의 다음과 같은 선언을 받아들일 수 없었다.

---

36) 뒤르켐은 그의 마지막 논문 가운데 하나인 다음 글에서 이 주제를 다룬다. "Le Dualisme de la Nature Humaine et set conditions Sociales", Scientia, x.(1914), pp. 206-221.《기초 형태》의 속편에 해당하는 이 중요한 논문의 영역본은 다음 책에 실려 있다. Kurt H. Wolff, ed., *Emile Durkheim* 1858-1917(Columbus: Ohio State University Press, 1960), pp. 325-340. 독자는 자아의 이중성에 대한 보완적인 논의를 후설의《위기》229쪽과 그 이후 몇 쪽에서 찾아볼 수 있을 것이다.

> 이러한 개인적 심리학은 따라서 사회학, 그리고 (문화적인 것의) 객관화된 정신을 다루는 과학이 있다면 그것의 근간이 되어야만 한다. (…)[37]

> 인간은 서로의 외부에 자리 잡으며, 실재로부터 분리되어 있고 따라서 그들의 정신적 내면 또한 분리되어 있다. 그러므로 내적인 심리학은 개인 정신을 다루는 개인적 심리학 이외의 다른 것이 아니다. (…)[38]

그렇다면 우리는 후설의 현상학과 뒤르켐의 실증주의가 결국에는 교착 상태에 빠진다는 것을 확인하려고 이 먼 길을 왔다는 말인가? 나는 둘 사이의 대화가 이제 막 시작되었다고 생각한다. 근대 세계에서 통화가 가치 절하되는 경향이 있는 것과 꼭 마찬가지로, 언어도 대중적이 되면 가치가 절하된다. '대화'라는 단어도 예외가 아니다. 대화의 효능이 있으려면, 참여 당사자가 애초에 어떤 전제를 가지고 있었는지에 대해서 알아보는 것으로부터 시작해서 어느 대목에서 불일치가 있는지에 대해서 동의를 이끌어 내야 한다. 만약 불일치가 없는 양 '가려지게' 된다면, 대화는 사회적 '담소'로서는 일정한 유익이 있을지는 몰라도, 지적인 보상이 따르는 담론이 되지는 못할 것이다. 비록 생활 세계가 의식으로 구성되어 있다고 두 사람 모두 생각했었다는 것을 의식해야 하겠지만, 후설과 뒤르켐 사이의 대화를 통해서 그들이 의식의 존재론적 본질에 대해서 차이를 보였다는 것을 인식해야 할 것이다. 그들이 각자의 작품에서 미처 이뤄 내지 못한 과업의 성격이 무엇인가를 통해서도 그 대화가 막 시작되었다는 것은 알 수 있다. 《위기》의 독자가 깨닫는 바와 같이, 후설은 이 책에서 그가 의도했던 재건 혹은 철학의 재구조화의 단지 일부분밖에 이뤄 내지 못했다.[39] 《기초 형태》는 그보다는 확

37) *The Crisis*, p. 220.

38) 같은 출처, p. 247.

39) 이런 맥락과 관련해서는 후설이 구상했던 것이 무엇이었던가를 핑크(Eugen Fink, 1905-1975, 후설과 함께 일했던 독일의 철학자-옮긴이)가 정리한 내용이 담겨 있는 다

정적이었던 것 같이 보이지만, 나는 이 역시 서론적인 성격에 불과했다고 주장한다. 무엇에 대한 서론이란 말인가? 무정부주의와 전체주의라는 쌍둥이처럼 붙어 다니는 성향을 이겨낼 수 있는 확실한 버팀목을 사회에 제공해주는, 근대 사회의 이상과 현실에 적합한 종교적 삶의 사회학적 정식화(定式化)에 대한 것이었다.[40)]

전통적 종교를 옹호하려고 한 것과는 거리가 멀지만, 뒤르켐은 세속적 사회에서 종교의 위험성에 대해서보다는 개인과 국가 사이의 매개적 집단의 해체에 더 큰 우려를 품었다. 즉, 나는 그가 급진적 개인주의 혹은 무정부주의와 국가주의 사이의 양극화 경향이 근대 사회 위기의 일부분을 차지한다고 보았다고 주장한다. 이전 저작에서 그는 직업 집단을 그 위기의 완충물로 재구조화하는 것에 주의를 기울였지만, 결국에는 그것들만으로는 충분하지 않다고 보았다. 그러므로 나는《기초 형태》가 후설의《위기》만큼이나 서론적인 성격을 가지고 있었다고 주장한다. 전자의 경우, 그 시작점이 종교에 대한 사회학인, 종교적 사회학에 대한 서론으로 볼 수 있을 것이다 — 즉, 근대 세계의 무규범 상태 혹은 정신적 불안을 극복하기 위해서 사회에서 필요로 하는 종교적(그리고 윤리적) 구조를 형성하도록 돕기에 충분할 만큼 대담한 사회학을 위한 서론인 것이다. 사회의 정신적 재건을 추구하기 위해 사회학화를 꾀하는 사회학자에게, 이것이야말로 후설의 현상학 정신을 반영하는 뒤르켐의 실증주의 정신이 아니겠는가?

> 그러므로 **우리**의 철학화 — 우리가 그것을 어찌 피할 수 있겠는가? — 에서 우리는 **인류의 대리자들**인 것이다. 우리의 내적인 개인적 소명인 철학

음 내용을 참고하라. Appendix X of *The Crisis*(pp. 597-400).

40) 이런 점의 배경 지식을 위해서는 다음을 읽어야 한다. Durkheim's Leçons *de Sociologie, Physique des Moeurs et du Droit*(Paris: Presses Universitaires de France, 5950), 특히 pp. 52-130. 그 영역본은 다음과 같다. *Professional Ethics and Civic Morals*, trans., Cornelis Brookiield(London: Routledge and Kegan Paul, 1957).

자로서의 진정한 존재의 아주 개인적인 책임은 동시에 그 안에 인류의 진정한 존재의 책임을 지는 것이다.[41)]

그러므로, 후설과 뒤르켐 사이에 융합은 없었지만 교착 상태 또한 없었다고 주장할 수 있다. 둘 사이에는 소통을 통해서 결실을 맺을 수 있는 바탕이 마련되어 있다. 사회학이 현상학적 방법론의 풍부함으로 그 방법론을 더욱 부유하게 만들 수 있는 이득을 그 소통으로부터 취한다면, 현상학 또한 뒤르켐의 실증주의를 통해서, 특히《기초 형태》를 철저히 고려함으로써 무엇인가를 배울 수 있을 것이라는 말을 더하고자 한다. 후설의 의식에 대한 현상학을 — 심지어는 그 초월적 측면에서라고 할지라도 — 의식의 기초 토양인 독단적 자아에 대해서만 한정시킨다면 의식의 도덕적, 종교적 차원과 구조를 적합하게 설명하지 못할 것이다. 그러나, 이러한 것은 아무리 경험의 내용이 다양하다 할지라도 인간 경험의 가장 중요한 측면이다. 뒤르켐의《기초 형태》는 이러한 의식의 양태를 생활 세계의 구조로서 뚜렷하게 부각시켰다. 그의 이론화는 그 주된 관심사가 인식론적인 것이기에, 현상학이 심각한 주의를 기울일 만한 가치가 있는 지식론을 그가 어떻게 재형성했는지를 통합적으로 보여 주는 측면이 있다.

VI

우리는 지금까지 이 글에서 그들 각자의 마지막 작품인《위기》와《기초 형태》가 철학과 사회학의 후대에 중대한 영향력을 끼쳤고, 진정으로 급진적이기도 했던 후설과 뒤르켐의 면모를 검토해 보았다. 우리는 현상학과 사회학을 이끄는 '정신'을 비교하는 맥락으로 이런 검토를 했다. 우리는 그들 각

41) *The Crisis*, p. 17. 강조는 인용한 책의 원문에서 이뤄졌다.

자의 견지가 흐려지도록 만들지 않으면서 그 둘을 하나로 묶어 내고 그 둘이 서로 간의 만남을 이룰 공통의 기반을 가지고 있음을 적시하려고 했다.

이런 설명을 듣는 가운데, '실증주의'의 겉으로 드러난 이미지에 의구심을 가진 독자가 있을 것이다. 나는 이 결론부에서 '서로 다른 두 종류의 실증주의가 있다'라고 역설적으로 쓰는 것이 적합하다고 생각하며, 혹은 덜 모호하게 표현하면, 뒤르켐의 실증주의는 그것이 후설의 현상학과 차이가 있는 것보다도 더, 동시대적인 사회학적 실증주의와 달랐다고 할 수 있다. 어떻게 그랬다는 말인가?

동시대의 실증주의에 대한 간략한 개요가 에이브러햄 캐플런(Abraham Kaplan)이 《사회과학 국제 총서》(*International Encyclopedia of the Social Sciences*)의 관련 제목 아래 기고한 글에서 다뤄진다.[42)] 캐플런은 두 가지 형태의 실증주의를 다루는데, 첫째는 콩트와 관련된 19세기 것이고, 둘째는 처음에는 빈 학파〔카르나프(Carnap),[11] 노이라트(Neurath),[12] 파이글(Feigl)[13]〕에 의해서 형성된 연후에 베를린에서 〔라이헨바흐(Reichenbach)[14]에 의해서〕 다듬어지고, 1930년대에 이르러 시카고에서 (오스트리아와 독일 학자들의 대규모 이주로 인해서) 만들어진 것이다. 이 후자 형태의 실증주의를 일컬어 **논리-수학적 실증주의**(*logico-mathematical positivism*)라 하는데, 결국 암묵적으로 사회학적 실증주의와 같은 것으로 받아들여진다. 이러한 동시대적 형태의 실증주의 정신은 분석적이며 환원주의적이다. 그 주요 구성 요소를 살펴보기로 하자.

논리 실증주의의 주된 장점은 언어학적 분석이며, 이에 관련된 것은 철학적 행위의 언어 분석으로의 환원이다. **의미**가 언어의 규칙으로 환원되는 것이다. 그리고 가장 중요하다고 인정받는 것으로 보이는 한 언어가 바로 수학적 언어다. 따라서, 근대 실증주의는 세계의 언어학적 형식화를 수학적 언어 — 그 구조가 과학적 탐구의 바로 그 논리 자체인 것으로 받아들여지

42) Abraham Kaplan, "Positivism", *International Encylopedia of the Social Sciences*, vol. 12 (New York: Macmillan and The Free Press, 1968), pp. 389-395.

는 — 로 해내는 것을 추구한다. 귀납에 의해서건, 연역에 의해서건, 목표는 세계 현상을 수학적 언어로 환원시키는 것이다. 이러한 형태의 실증주의와 이러한 추구가 오늘날의 실증주의적 사회학의 특징으로 자리 잡았으며, 그러한 사회학은 암묵적으로 사회 실재의 수학화를 추구하는데, 이에 따라 우리는 '이론 구축', '공리화' 등등으로 이름 붙여진 개념을 보게 되는 것이다. 이것은 콩트가 과학과 철학의 새로운 종합이라고 여겼던, 그가 원래 품었던 과학적 지식의 통일이라는 비전을 반영한다. 그럼에도 불구하고 그것은 그 비전이 거꾸로 된 것인데, 왜냐하면 콩트나 뒤르켐 모두 사회 현상을 공식화된 즉 수학적 형태로 표현하는 것은 고사하고, 사회 현상을 자연과학 모델로 환원시켜야 한다고는 단 1분도 믿지 않았기 때문이다.

후설이 실증주의와 그 제국주의적 주장에 대해서 반대했음은 분명하다. 그는 다음과 같은 실증주의적 개념을 거부했음은 의심할 여지가 없다.

> 철학은 '지혜'를 구현하는 교조가 아니다 — 그것은 행위이다. 그것은 이론이나 생활 방식이 아니라, 차라리 삶의 과정이나 혹은 삶에 대한 이론화 과정에 대해서 말해지는 것이 무엇인가를 분석하는 하나의 방식이다.[43)]

논리 실증주의는 생활 세계에 대해서가 아니라 생명이 없는 세계, 즉 지적·논리적·수학적 추상화의 세계에 대해서 다루기 때문에 후설은 이에 대해 반대할 것이다. 철학 혹은 과학 철학은, 이러한 실증주의적 틀에서 봤을 때, 과학에 대한 비판이 아니다. 그것은 그 사명과 최종 목적, 즉 그것의 **목적인**(*telos*)을 저버렸다. 그리고 후설이 만약 이러한 실증주의적 개념을 거부한다면, 뒤르켐 또한 그 개념이 자신이 가지고 있는 실증주의에 대한 인식과 다르다고 볼 것이다. 물론 뒤르켐은 사회 현상을 객관적으로 연구할 수 있다고 믿었고, 사회학적 태도는 모름지기 이러한 현상을 '사물'로서 취급하

43) 앞서 나온 Kaplan, p. 389.

는 것이어야만 한다고 말했지만, 그렇다고 그가 마치 사회 현상이 물리적 '실체'와 같은 영역에 존재하는 것처럼 다뤄져야 한다고 말한 것은 분명히 아니다. 오히려, 사회 현상은 어떻게 구성되어야 하는가에 대한 순진한 가정의 근거가 되는 자연스러운 태도에서 말미암은 편견으로부터 해방된 상태에서 사회 현상에 대한 접근이 이뤄져야만 하는 것이다. 그러므로 '모든 선입견은 제거되어야만 한다'[44]는 그의 경고는 '물 자체(物 自體)로'(to the things themselves)라는 후설의 언명과 같은 방법론적 중요성을 가진다. 그 두 가지 표현 모두는, 우리가 겉모양 뒤편에 가려진 실재의 기초로 나아가려면 자연스러운 태도에 괄호를 씌우는 **판단 중지**(*epoché*)가 이뤄져야 한다는 것을 강조한다. 나는 후설과 뒤르켐 양자 모두 다음에 나오는 필립슨(Phillipson)의 적절한 말에 동의하리라고 생각한다.

> 수학화는 우아해 보일지는 모르지만 의미와 언어의 문제를 보지 못하도록 가림으로써 사회학자가 이해하려고 시도하는 사건을 신비화시킨다. 수학의 공식화된 우아함은 사람이 실제로 살아가는 세계의 사회 실재와는 현격한 대비를 이룬다.[45]

생활 세계, 즉 일상적인 사회적 세계에는 규칙성과 '유형화'(typifications) — 슐츠의 용어를 빌리자면 — 가 있음은 물론이며 심지어 그것을 수학적 관계로 나타내는 것도 가능하다. 뒤르켐의 유명한 실증주의 저작인《자살론》은, 겉보기에 개인적인 행위인 '자살'조차도 통계적 관계성을 통해서 그것의 객관적으로 드러난 모습을 추정해 낼 수 있는 어떤 사회문화적인 맥락을 지닌 현상이라는 논증임이 확실하다. 하지만《기초 형태》에서는 말할 나위도 없고, 이 저작에서조차도, 뒤르켐은 이러한 현상을 구성해 내는 의미 구조의

44) *Rules of the Sociologcal Method*, p. 51.

45) 각주 2번에 나온 Paul Filmer 등의 저작의 p. 145에 실린 다음 글을 참조하라. Michael Phillipson, "Phenomenological Philosophy and Sociology".

여러 겹의 층을 탐색하고자 한다. 자살은, 종교적 행위나, 범죄, 그리고 이타성과 마찬가지로 자살은 생활 세계의 한 현상이다. 이런 의미에서 그들 모두는 '자연적' 현상이지만, 물리적 성격에 대한 자연과학의 모델로써 해석되거나 설명될 수 있는 현상은 아니다. 그것은 상호 주관성의 현상인데 〔…〕 마치 물리적 성격에 대한 자연과학의 모델(들) 그 자체조차도 객관적 실체가 아니라 본질적으로 상호 주관성의 현상인 것처럼 말이다.

이 글을 요약하면, 에밀 뒤르켐과 에드문트 후설 각자가 남긴 마지막 작품은 그들이 추구했던 비슷한 정신을 드러내 보여 준다. 후설과 뒤르켐 모두 지식의 엄격한 기초, 즉 오늘날의 지배적인 '실증주의'에 대한 정의에 의해서 제공되는 것보다 훨씬 더 엄격한 기초를 찾아내기 위해 노력을 기울였던 것을 알 수 있다. 후설의 현상학과 뒤르켐의 사회학은 그리스 원어인 **이론**(*theoria*)의 원래 의미대로 철학과 과학의 근본적인 통일성을 재건하려고 노력했다는 점에서 상호 보완적이다. 후설과 뒤르켐의 뒤를 잇는 우리가 그들의 정신을 이해한다면, 우리 스스로가 가져야 할 즉각적인 책무는 분명해진다. 진정한 철학과 진정한 사회학 사이의 대화, 즉 그리 하려는 것이, 게으른 학문적 담소를 위한 것이 아닌 **이성**(*ratio*)의 마비를 겪고 있는, 귀 먹고 말 못하는 문명에게 제공해 줄 메시지를 복원하기 위한 그런 대화를 새롭게 시작하는 것이다. 협력을 통해서 철학과 사회학은 서구 문명이 이성주의의 **목적인**(*telos*)을 혁신하는 것을 도울 수 있으며, 이에 대해 후설은 다음과 같이 적절히 파악한 바 있다.

> 스스로를 해명하기 위해 끊임 없이 움직이는 이성.[46)]

---

46) *The Crisis*, p. 338.

옮긴이 주

1. 후설(Edmund Gustav Albrecht Husserl, 1859-1938). 독일의 철학자, 수학자로 현상학의 창설자로 여겨진다. 과학과 철학의 실증주의적 경향에 비판적이었지만, 역사주의와 심리학주의의 논리에도 비판을 가했다. 경험이 모든 지식의 원천이라고 믿었으며, 주체가 본질이 무엇인지를 깨닫게 되는 것은 현상학적 환원을 통해서라고 주장했다.
2. 귀르비치(Georges Gurvitch, 1894-1965). 러시아 태생의 프랑스 사회학자. 법사회학과 지식사회학 전문가였으며 소르본 대학 사회학과장을 역임했다.
3. 쉬츠(Alfred Schutz, 1899-1959). 오스트리아 태생의 사회과학자로 사회학적 전통과 현상학적 전통을 연결 짓는 사회 현상학이라는 분야를 만들었다. 빈에서 변호사로 일하다가 1939년 미국으로 건너가서 뉴욕의 뉴스쿨(New School)에서 교수로 일했다.
4. 셸러(Max Scheler, 1874-1928). 독일 철학자로 현상학, 윤리학, 철학적 인류학의 전문가였다. 후설의 철학적 방법론을 발전시켰다.
5. 메를로퐁티(Maurice Merleau-Ponty, 1908-1961). 프랑스의 현상학적 철학자로 마르크스, 후설, 하이데거의 영향을 받았으며 사르트르, 보부아르와도 학문적인 밀접성이 있다. 대표작으로는 1945년작《인식의 현상학》(*Phenomenology of Perception*)이 있다.
6. 헬름홀츠(Hermann Ludwig Ferdinand von Helmholtz, 1821-1894). 독일의 의사, 물리학자, 생리학자. 공간과 색감을 인식하는 시각과 관련한 연구를 했고, 과학철학자로서 인식의 법칙과 자연의 법칙 사이의 관계를 연구하기도 했다. 독일의 과학연구기관인 헬름홀츠협회는 그를 기려 만들어졌다.
7. 사회 발전이 신학, 형이상학, 그리고 실증 단계의 3단계를 거쳐 이뤄진다는 콩트의 주장을 일컫는다.
8. 'Socius'는 라틴어로 동반자라는 의미를 지니지만, 문맥에 맞춰 사회 혹은 사회성으로 해석한다.
9. 슈타이너(Rudolf Joseph Lorenz Steiner, 1861-2915). 오스트리아의 철학자, 사회 사상가.
10. 게농(René Jean Marie Joseph Guénon, 1886-1951). 프랑스의 작가, 지식인으로 동양적 형이상학에 정통했다.
11. 카르나프(Rudolf Carnap, 1891-1970). 독일 출신의 철학자로 논리 실증주의를 옹호했다. 1935년 이후 미국에서 활동했다.
12. 노이라트(Otto Neurath, 1882-1945). 오스트리아 태생의 과학철학자, 사회학자, 정치경제학자로 빈 학파의 지도자 가운데 한 사람. 나치 치하에서 영국으로 이주했다.
13. 파이글(Herbert Feigl, 1902-1988). 오스트리아 출신의 철학자로 빈 학파의 일원.
14. 라이헨바흐(Hans Reichenbach, 1891-1953). 독일 태생의 과학철학자로 논리 경험주의의 옹호자였다.

5장

뒤르켐, 마티에,[1] 그리고 프랑스 혁명

—한 사회학적 고전 작품의 정치적 맥락의 이해[1)]

이 글에는 두 가지 목적이 있다. 첫째, 근대사의 주요 분수령인 프랑스 혁명의 200주년을 맞이하여, 에밀 뒤르켐이 진정한 '혁명의 손자'로 인식될 수 있다고 주장하기 위해서다. 둘째는, 뒤르켐의 고전인《종교 생활의 기초 형태》의 중요하지만 간과되어 온 측면을 고찰하고자 하는 것인데, 이 작품은 많은 사회학자에 의해서 분석되고 검토되어 왔지만 그 가운데 어느 누구도 이 책에 대해서 뒤르켐의 대표작에 주어져야 할 마땅한 주의를 기울이지는 않아 왔다. 이 작품을 조명하는 데 우리는 사회학을 역사학에 결부시키는 것뿐만이 아니라 사회학의 역사로의 여정을 밟는 것을 넘어서서 '고전을 읽는 것'에 관련된 복잡한 문제를 고려하는 데 필요한 자료를 살펴보게 될 것이다.

---

1) 이 글은 출처는 다음이다. *European Journal of Sociology*, 29(1988): 373-396.

I. 《종교 생활의 기초 형태》 다시 읽기

세월이 흐름에 따라 사회학자로 받아들여졌던 혹은 사회학자에 의해서 근대 사회의 이론가였던 것으로 점차 파악된 마르크스와 베버와는 달리, 뒤르켐은 그의 학자 생활 초창기부터 오늘날에 이르기까지 언제나 사회학의 주요 인물로 여겨져 왔다. 그러나, 그가 썼던 한 저술, 즉 그의 마지막 작품이자 가장 야망에 차 있었고 가장 긴 책이었던 《종교 생활의 기초 형태》는 그 사회학적인 인지도에서 부침을 겪어 왔다. 네 편의 그의 주요작 가운데 이 책은 제1차 세계대전 기간에 처음으로 영어로 번역되었고 파슨스(Parsons 1937)의 대표 저서 가운데 한 장이 이 저술에 할애되기도 했지만, 반세기 이상 사회학자의 서가에 앉은 채 먼지만 덮어쓰고 있었다. 파슨스는 이 책이 뒤르켐이 그의 초기 실증주의와 걸음마 단계에 놓여 있던 사회 변동의 순환 이론으로부터 어떻게 인식론적인 절연을 했던가를 담고 있다고 보았다(1937: 450). 아마도 그 책의 초점이 민족지학자(ethnographers)가 연구하는 종교 생활의 구조와 기능에 맞춰져 있던 연고로, 《기초 형태》는 1960년대 중반까지, '실증주의적'인 성향의 작품인 《사회분업론》, 《사회학적 방법론의 규칙》, 그리고 이론과 실증 연구가 통합된 대표작 《자살론》을 탐독했던 사회학자 사이에서보다는, 인류학자에게 훨씬 더 중요한 작품으로 여겨졌다〔그리고 제2차 세계대전 후에는 옥스퍼드에 있던 에번스프리차드(E. E. Evans-Pritchard)[2]와 관련되었던 학자 사이에서 이런 경향이 두드러졌다〕.

그러나 그 이후로 《기초 형태》에 대한 악의 없는 무시는 바로잡혔으며, 이 책은 그의 작품 가운데 **제일**로 여겨지게 되었다. 그 자체로, 이런 상태는 이 글의 영역에서 담아낼 수 없는 폭넓은 주의를 요구하는 하나의 현상이 된 것이다. 적어도 짧게라도 나는 바로 이 시기에, 벨라(Bellah 1970, 1975), 버거(Berger 1967, 1969), 로버트슨(Robertson 1970), 윌슨(B. Wilson 1973, 1982), 우스나우(Wuthnow 1976), 잉어(Yinger 1970)와 다수의 다른 학자의 저술로 인해서 종교사회학이 독자적인 중요한 전문 연구 영역이 되었다는 점을 지적해 둔다. 또한 바로 이 시기에 근대성의 더 폭넓은 사회적 맥락이 이전에는 결여된 듯 보였던 유관성을 가지고서, 1960년대 후반과 1970년대 초의 '반문화'(Leventman 1982; Yinger 1982), 신종교 운동(Glock and Bellah 1976; Robbins and Anthony 1978; Wilson 1981), 그리고 마지막으로, 미국으로부터 이란·니카라과·폴란드 그리고 필리핀에 이르는 광범위한 배경에 걸친 종교 제도의 정치 세력화(Liebman and Wuthnow 1983; Tiryakian 1987; Wald 1987) 등의 복잡한 현상과 관련된 종교 생활에 적용되었다. 따라서 사회학적 그리고 사회적 맥락 모두가 뒤르켐의 마지막 주요작에 대한 '유관성'이 더욱 커지도록 만든 것이다.

사실, 그 자체가 고전인 루크스(Lukes 1972)의 뒤르켐 연구에서 《기초 형태》에 중요한 위치를 부여한 것을 필두로 《기초 형태》에 대한 수많은 주요 사회학적 연구와 재발견이 이뤄졌다. 그러므로, 피커링(Pickering 1984)에 의해서 그 작품에 대한 종교사회학적인 권위 있는 그리고 통상적인 접근이 이뤄진 것을 넘어서, 파슨스(Parsons 1978)는 그 작품을 인간 조건의 대담한 사회학적 개념화라고 재해석했고, 라크루아(Lacroix 1981)는 권력과 권위의 기초에 대한 중요한 **정치적** 연구로 보았으며, 티리아키언(Tiryakian 1981)은 새로운 '깊이 있는 사회학'의 기초를 설립하려는 노력이라고 판단하였다.

뒤르켐의 종교사회학을 그가 쓴 모든 작품의 통일성과의 관련성 아래에서 파악하려는, 위에 언급된 그리고 여타 최근의 분석을 보완해 주는, 《기초 형태》에 대한 독창적인 재해석이 — 비록 방법론적으로 급진적이지는 않다고 하더라도 — 존스가 쓴 일련의 논문(Jones 1977; 1983; 1986a; 1986b; Jones and Vogt 1984)에서 이뤄졌음을 발견할 수 있다. 쿠엔틴 스키너(Quentin Skinner)[3]가 홉스의 《리바이어던》(*Leviathan*)과 같은 '고전의 이해'를 어떻게 해야 하는지는 정치 이론의 역사 속에서 문제를 찾아야 한다고 주장했던 것과 같이, 존스는 《기초 형태》를 통해서 사회학의 '현재주의'(presentism)가 문제의 작품에 담긴 실제적인 그리고 진정한 의미를 일부러 파악하기 어렵게 만드는 것이 어느 정도인지를 규명하려고 했다.

존스의 판단으로는, 현재의 연속성과 축적성을 확립하기 위해서 과거를 설명하고자 하는 것과 과거 그 자체를 충분히 설명해 내고자 하는 것 사이를 확실히 구별하기 어렵다는 것이 사회학의 역사를 탐색하는 과정에 전형적으로 등장하는 문제이다. 사회학적 이론의 '역사'와 '체계' 사이의 구별은 머턴(Merton 1967)에 의해서 명확히 설명되었는데, 그는 '이론'이라고 통용되는 대부분이 '체계'라기보다는 '역사'라고 본다. 그의 첫 논문에서 존스는 머턴이 '사회학 이론의 진정한 역사'의 특성이 무엇인지를 구체화하기를 원했다고 보고 있다(1977: 291). 고전에 대한 연구 목적으로서의 '체계'는 차치하고, 존스는 우선《기초 형태》를 재해석하는 사람이 고전이 이후의 이론적 개념과 어떻게 관련되는지 혹은 통합되는지 혹은 그것을 어떻게 예견하는지에 대해서, **또는** 문제의 고전에 대해서 '영향을 미친 이전 요소가 무엇인지'의 측면에서 '설명'하려고 한다고 비판한다(아마도 이러한 비판은 여타의 '사회학 고전', 그것이《사회분업론》이든《프로테스탄트 윤리와 자본주의 정신》이든 여타 다른 작품이든 간에 적용될 수 있을 법하다). 본질적으로는,《기초 형태》에 대해서 존스가 주장한 것처럼, 고전 사회학 문헌을 적합하게 이해하려면 독자는 스스로의 가정이나 암묵적인 인과관계의 틀을 접어 두고 **저자가 살았던 시기의 지적인 맥락과 논란들 가운데에서 저자 자신이 의도하는 바가 어떤 것이었는지를 발견해야 한다**(1977: 297). 그렇게 되면, 고전에서 표현된 생각은 저자의 '사회적 행위'로서 발견되는데, 왜냐하면 고전이란 본질적으로 저자의 동시대인의 행위(문헌)에 대한 하나의 반응이기 때문이다. 비록 존스가 이렇게 표현하지는 않았지만, 그의 방법론적 제안은, 이후의 해석자와 이론가가 나중에 내세운 이론과 가정에 고전이 뒤섞여 버림으로써, 독자에게 친숙하기는 하지만 그 의미가 가려진 고전의 의미를 '되찾자는 것'이었다.

존스는《기초 형태》의 '해체'를 요구하는 데까지 나아가지는 않았지만,

그는 특히 로버트슨 스미스(Robertson Smith)[4]와 프레이저(Frazer)[5]의 저술을 비롯해서 뒤르켐의 종교와 사회에 대한 연구에 '영향을 끼친' 것으로 알려진 지적, 신학적 맥락에 대한 세심한 검토를 통해서 '사회학의 새로운 역사'(1983)라고 그가 나중에 이름 붙인 분야에 대해 논증하려고 했다.《기초 형태》의 맥락에 대한 논의를 확대하면서, 존스와 포크트(Vogt)는 뒤르켐이 프랑스 철학원의 한 회의에 참여했던 사실(일종의 '저자와의 대화'와 같은 성격의 모임으로 '종교적 문제와 인간 본성의 이중성'이 그 주제였다)을 소개하면서 다음과 같이 말했다.

> 〔…〕 뒤르켐의 '종교 문제'가, 종교적 사상에 대해서 '뒤르켐주의적 사회학' 자체를 더 넓은 맥락에서 넘어서는 — 특히 자유주의적 프로테스탄티즘[2)]과 로마 가톨릭과 관련된 — 연구를 하려는 사람에게만 제대로 된 의미를 부여하리라는 것은 명백했다(1984: 57).

존스의 노력은《기초 형태》가 놓였던 맥락과 그 저자의 의도로부터 그 책 속에 담긴 내용을 미숙하게 추상화하는 것에 반대하며 우리에게 당연한 주의를 던진다. 그럼에도 불구하고, 사회학의 역사에 대한 적절한 해석학으로 받아들이기 전에 '사회학의 새로운 역사' 그 자체에 대해서도 응당 주의 깊게 살펴볼 필요가 있다. 우선, 스티븐 터너(Turner 1983)가 존스에 대한 설득력 있는 비평에서 지적했듯이, 뒤르켐이나 베버와 같은 주요한 고전 사회학자는 그들의 사회적 행위(즉, 문헌 저술)를 통해서 의도했던 것은 '훈련된 사회학적 담론'을 설립하거나 혹은 사회학적 탐구라는 새로운 패러다임의 틀

2) 닐슨(Nielsen 1987)이 최근 명확하게 보여줬듯이, 19세기 후반의 프랑스에서 자유주의 프로테스탄트적인 관점을 강력하게 설파했던 인물인 사바티에(Sabatier) 또한 뒤르켐과 그의 추종자에게는 종교와 사회의 논쟁적인 맥락의 한 부분을 이뤘던 것으로 받아들여진다. 뒤르켐은 사바티에와, 주된 혐오의 대상이었던 스펜서를, 그가 쓴 저술의 한 각주에서 연결시키면서 개인적인 사이비 종교의 '사유화' 속에서 종교의 발현적 미래를 발견하려는 그들의 '어림짐작'을 일축한다(Durkheim 1965: 61).

을 세운다는 더 넓은 목표를 가지고 있었다는 것이다. 만약 우리가 탐구의 맥락을 저술이 이뤄진 시기의 지적인 논란에만 한정한다면, 이러한 더 넓은 의미의 관심사에 대해서는 모르고 지나갈 수 있다. 터너는 또한 고전 이론의 '현재주의' 혹은 '현재 중심의' 해석에 반대하는 '맥락주의' 자체도 '맥락주의의 당파적 신봉자가 극렬히 반대할 많은 해석적 관행을 **요구한다**'(1983: 287)고 말했다.

덧붙여서, 사회학적인 작업을 '고전'이라고 칭하는 것 자체가 지식사회학적인 관점에서 봤을 때는 문제가 있는 일이다. 이 문제를 여기에서 길게 다룰 수는 없지만 우리는 《기초 형태》가 최근 몇십 년 사이에 사회학계에서 위상과 명성을 얻었다는 사실을 이미 살펴본 바 있다. 다른 한편으로는, 다른 저자는 차치하고라도, 같은 저자에 의해서 쓰였던 여타 작품과 마찬가지로 지적으로 객관적인 잣대로 평가했을 때 인상 깊었던 작품〔예를 들면, 《사회 체계론(파슨스-옮긴이)》(*The Social System*), 《정신과 사회(파레토-옮긴이)》(*The Mind and Society*), 《사회 문화적 동학(소로킨-옮긴이)》(*Social and Cultural Dynamics*)〕 혹은 한때 '고전'으로 여겨졌던 다른 작품은 잊혀지거나 사회학자의 형성이나 동시대적인 사회학 이론의 발전에 비본질적인 것으로 여겨진다. 간략히 말하면, '고전'이란 한번 그 반열에 오르면 영원히 지속되는 것도 아니고 '귀속 지위'를 타고나는 것도 아니며, 오히려 역동적이며 결국에는 해당 시대마다 유관성 여부를 엄밀히 검증받아야 하는 하나의 사회적 범주인 것이다. 이것은 사회학적 유관성의 대상에 대해서 '과거'는 물론 '현재'에 이뤄진 해석에 대한 사회학 이론을 개발하고 진척시키려고 하는 이에게만큼이나 사회학의 역사가에게도 해당되는 것이다.

우리가 고전의 '이해'는 그 고전을 쓴 당사자의 동시대인과 그 맥락에 연결된다는 것임을 받아들인다면, 저자가 어떤 의도로 그의 작품을 써 내놓게 되었는지는 그 작품과 직결된 지적 맥락에 대한 지식으로만 **선험적으로** 한정되는 것은 아니다. 《기초 형태》를 한 번 읽었을 때, 두드러지는 맥락처럼 보이는 것은 종교에 대한 **인류학적** 연구에 관련된 것 그리고 중요한 동시대인으로는 다름 아닌 로버트슨 스미스, 프레이저, 스펜서와 길렌(Gillen)[6] 등등이 떠오른다. 두 번째 지적 맥락은, 그 책의 〈서론〉과 〈결론〉이 칸트의 이해 범주에 대한 사회적 배경을 지적하기 때문에, 쉽사리 인식론의 **철학적인** 맥락이라는 것을 알 수 있다. 이러한 뒤르켐의 의도는 또한 여러 학자에 의해서 이미 주목받은 바 있다(이것은 다음 출처를 참고하라. Parsons 1937, 1978; Needham 1963; Lukes 1972; Giddens 1978; Tiryakian 1978; Alexander 1982).

사회적 맥락이란, 구체적으로 설명하기가 복잡하며 난해하지만, 영향력 있는 사회과학 저술의 배경 대부분을 차지한다. 이런 관점에서 《기초 형태》는 문예와 과학〔상대성 이론이나 심리 분석에서 입체파와 무조(無調) 음악에 이르는〕, 그리고 대중문화의 지속적인 동요와 퇴폐, 혁신이라는 전면적인 **혁명**까지는 아니라 할지라도, 전쟁 전의 엄청난 문화적 번영기라는 배경 속에 등장했다(Weber 1986). 이때는 또한 '고도 자본주의' 시기로 거대한 기업 연합이 전 지구적인 정치 제국에 맞는 경제 제국을 형성하고 있었다. 정치적으로는, 드레퓌스 사건의 결과로 인해 좌파(공화주의자와 민주 사회주의자)가 승리를 쟁취하고 있었는데, 사회 분야에서 그들의 주요한 승리로 칠 수 있는 것은 교육 개혁과 1901·1904, 그리고 1905년에 이어진 일련의 법제화를 통한 학교와 사회를 기본적으로 세속화시킴으로써 달성했던 정교 분리라고 할 수 있다(Ozouf 1982).

하지만, 비록 교회, 군대, 그리고 전통적인 경제 분야를 옹호했던 '민족주의자'가 정치적인 통제력을 상실했지만, 《기초 형태》가 쓰인 시기는 북아프리카를 놓고 독일과 프랑스 사이에서 점증하던 갈등으로 모든 정치적인 영역에서 신보수주의적인 '애국주의'가 고조되던 때라는 특징을 잡을 수 있겠다(Weber 1959). 새로이 세속화된 학교와 대학 체계는 애국주의를 강조했으며, 공화주의자는 그러한 애국주의로 세대 간 화해와 국가의 통합이 이뤄지기를 바랐다(Ozouf 1982: 113). 애국주의는 체육, 합창에서부터 지리와 무엇보다도 역사 — 교육 과정에서 그것이 '민족주의적 감성의 특권적인 학업'이라는 현저한 위치를 차지한다고 인정받은 — 에 이르기까지 모든 과목과 지도 내용에서 강조되었다(Ozouf 1982: 113). 그러한 큰 맥락에 비추었을 때, 뒤르켐은 소르본의 학과장 정교수직이라는 학문적 사다리의 정점에 올랐다고 할 수 있다. 잘 알려진 바대로(Lukes 1972, Clark 1973), 뒤르켐과 그의 《사회학 연보》 팀은 드레퓌스로 인한 사회 운동과 그와 관련해 나왔던 졸라(Zola)의 유명한 선언 — 레비(Levy)가 최근에 지적한 것처럼 이 선언은 근대 프랑스 **지식인층** 시대의 도래를 알린 사건이었다 — 에 초창기부터 일관된 지지를 보냈다. 그들에게는,

> 1789년의 신성한 원칙, 즉 이전에는 모호했지만 드디어 전면적인 집단주의의 빛 가운데로 나섰던 사회적 공화주의, 그리고 그 바탕을 이룬 고차원의 정신이, 이에 동조했던 이들의 세계관의 경계를 설정했다. 정직한 노동, 교권 반대주의, 그리고 일상생활의 세속화가 그들이 가졌던 원칙이었으며, 대체로 프리메이슨에 가담하는 것과 함께 결부되었다(Levy 1987: 159).[3)]

---

3) 비록 뒤르켐이 프리메이슨에 가입했다는 기록은 찾을 수 없지만, 그는 그 총본부와 의심할 여지없이 가까운 관계를 가졌다. 예를 들면, 그는 뷔송(Buisson)을 대체해서 소르본에 들어갔는데, 왜냐하면 에밀 콩브(Émile Combes) 내각 — 콩브는 군과 다른 정부 관료에 대한 개인적인 정보에 프리메이슨 총본부가 접근할 수 있도록 해 줬다는 스캔들에 연루되어서 1905년에 사임했다 — 에 있었던 많은 프리메이슨 단원 가운데 한 사람이었던 뷔송이 이 당시에 교육부장관으로 발탁되었기 때문이었다. 뷔송이 뒤르켐을 대단하게 여겼다는 것은 명백하며, 뒤에 자신이 저술한 영향력 있는 책〔《교육학과 기초 지도를 위한 새로운 사전》(*New Dictionary of Pedagogy and Primary Instruction*)〕에 뒤르켐이 기고하도록 했으며 심지어 책의 일부를 그와 함께 쓰기도 했다(Lukes 1972: 583). 적어도 두 차례, 즉 보르도 시절과 파리 시절에, 뒤르켐은 그 총본부에 초대받아 강연했다. 뒤르켐이 갖고 있던 인간 본성의 개념에 기초를 이루며, 레비(Levy 1987)가 집단주의에 상응하는 것이라고 보았던, 연대라는 주제는, 저명한 프리메이슨 단원이자 대표적 정치가였던 레옹 부르주아(Léon Bourgeois 1902)가 말했던 연대주의의 사회적 노선의 사회학적 표현이었던 셈이다. 프리메이슨과 제3공화국에 대해서는 다음을 참조하라. Headings(1949) and Faucher and Ricker(1967).

《기초 형태》가 어떻게 당시의 사회적 맥락과 관련되었는지, 그리고 종국에 이 고전이 우리가 처한 상황과는 어떤 관계를 가지고 있는지에 대한 질문은 나중에 다시 다룰 것이다. 다음 절에서는 프랑스 혁명이 뒤르켐의 원시 종교 분석에 어떤 영향을 미쳤는지를 검토한다.

II. 뒤르켐에서 마티에로 그리고 다시 뒤르켐으로

종교의 본질과 기원에 대한 인류학적 연구와 논란을 다루는 다량의 문헌을 대담하게 종합하는, 그리고 인간의 인지 발달에 대한 다양한 심리적, 철학적 사안을 다루는 한 저술을 읽으면서, 이례적으로 이뤄진 듯이 보이는, 프랑스 혁명에 대한 언급을 간과하기 쉽다. 유사 신성을 갖춘 존재에 대한 토템 신앙의 기원에 대한 마지막 장에서, 뒤르켐은 사회가 도덕적 권위이자 행위자가 신성시하는 표상의 배후에 있는 힘이라는 그의 사회학적 주장을 발전시킨다. 그러고 나서 그는, 1789년 8월 4일 밤에 신분제의회[7]에서 벌어졌던 일, 즉 **구체제**를 특징짓는 봉건적 측면인 전통적 특권을 표결을 통해 폐지시킨 일련의 과정을 언급하면서 프랑스 혁명을 논의에 끌어들인다(Durkheim 1965: 240). 이러한 '사회의 활기 넘치는 행위'는 개인들이 스스로는 하지 않을 '희생과 자제'의 행위를 만든다. 뒤르켐은 나아가서 '가장 평범하고 지루해 보이는 부르주아'마저 변화시키는 '혁명적 혹은 창조적 신기원의 특징인 〔…〕 일반적 활기'에 대한 잘 알려진 논의를 진행하는데, 프랑스 혁명에서 볼 수 있듯이 이러한 활기는 그러한 사람에게 영웅적인 혹은 야만적인 행동을 하도록 만드는 것이다(1965: 241쪽과 그 이후). 몇 쪽 뒤에 보면 뒤르켐은 이런 논의를 확대해서, 사회가 일상적인 사물과 무엇인가를 대신하는 대리물을 행위자로 하여금 신성한 것으로 여기도록 만들 능력이 있기 때문에, 인간의 환경이 인간의 의식 속에서 신성한 것과 세속적인 것으로 구분될 수 있다고 말한다. 전통적이든 근대적이든 간에 모든 사회에는, 그것을 만지게 되면 신성 모독이라고 여겨질 수밖에 없는 그 무엇인가에 대한 차단 원칙이 있다.[4)]

멜라네시아와 폴리네시아에서 찾아볼 수 있는 **위광**(*mana*)이라는 개념을 묘사한 이후에(1965: 244), 이러한 관찰을 다룬 뒤르켐은 이어서 프랑스 혁명이 '조국, 자유, 이성'과 같은 것을 신성화하고, 특유의 '교리, 제단, 축제'를 갖춘 스스로의 종교를 설립한 것을 언급하면서 '사회가 스스로를 하나의 신으로 세우거나 혹은 신을 만들어 내는 능력'을 가지고 있음을 묘사했다(같은 책 244쪽과 그 이후). 뒤르켐은 덧붙이기를, 이런 일이 지속되지 않는다면 '애국주의적 열광'이 식었기 때문이며, 바로 이 점에 대해서 그는《기초 형태》의 결론에서, 일단 혁명적인 믿음이 버려지면, 혁명적 원칙에 활기를 불어넣기 위해서 만들어진 일련의 휴일이 지속되지 않았음을 언급한다(같은 책: 476).

프랑스 혁명과 관계된 구절은, 비록 내가 이후의 절에서 다룰 뒤르켐의 제안적인 언급과 함께 나오기는 하지만,《기초 형태》의 전체로 봐서는 별 가치가 없다.[5)] 이 고전의 이해와 관련된 주요한 질문은 프랑스 혁명에 대한

4) 차단이란 광범위한 '과학적 연구 프로그램'으로서의 문화적 코드에 대한 '부정적 발견법'이라고 여겨질 수도 있을 것이다(Lakatos 1970).

5) 프랑스 혁명을 분명히 다루는 뒤르켐의 한 저술이 있다. 페르뇌유(Ferneuil)의《1789년의 원칙들과 사회과학》(*Les Principes de* 1789 *et la science sociale*)이라는 책에 대해 그가 쓴 논평(1971)이 그것인데, 이 책은 혁명 백주년 기념 기간에 출간되었다. 뒤르켐의 논평은 두 가지 점에서 언급할 만하다. 첫째, 그는 그 원칙을 사회적 사실로서 분석되어야 하는 혁명 신념의 조항으로서 취급한다. 그는 만약 그것이 계속해서 믿음의 대상이 되려면, '혁명적 종교'(1971: 43)의 운명을 확립하기 위해서 근대 서구사회에서 일어난 근저의 변화를 이해할 수 있어야만 한다고 주장했다. 둘째, 프랑스 혁명의 원칙을 객관적으로 다루는 가운데 나온 그의 암묵적인 지식사회학적인 관점은 사회주의(1958)와 독일인의 사고방식(1915)과 같은 이념에 대한 그의 후기 연구에 기초를 펼쳐 주었다. 이후에 짧게 다루겠지만, 그 원칙은 '혁명적 종교'의 핵심 신념 체계였지만, 그런 신념 체계는 또한 중요한 조직 구조와 의례를 포함하기도 했다. 아마도 루소가 그 원칙을 만든 이들에게 가장 중요한 철학적 영향을 끼쳤다는 것으로 미루어서, 사회계약설에 대한 그의 주해와 균형

그의 언급이 우연히 이뤄진 것인가 하는 것이다. 이 질문을 다루기 위해서 우리는 다른 논평자가 얼렁뚱땅 넘기고 말았던, 뒤르켐이 활용한 문헌을 숙고해 봐야만 한다.

사회가 스스로를 신성화시키는 극적인 역사적 사례를 예시하기 위해서 프랑스 혁명을 논하면서 행한 그의 주장 가운데 긴요한 부분은, 종교적 감성이 집합적 모임을 통해서 생산, 재생산된다는 것인데, 뒤르켐은 이와 관련해서 알베르 마티에(Albert Mathiez)의 두 작품, 즉《혁명적 유사 종교들의 기원》(*Les Origines des cultes révolutionnaires*)과《10일 주기 종교 '신과 인간의 친구들'과 예배》(*La Théophilanthropie et le culte décadaire*)[8]를 인용한다.[6)] 그 저술은 프랑스 혁명기에 전통적 가톨릭교를 의도적으로 대체하기 위해서 새로운 세속적 유사 종교를 만들었던 시도를 다룬다. 뒤르켐은 이 문헌의 전부를 읽어 보았을 가능성이 있고, 마티에와 그의 박사논문 심사위원회에 들어가 있던 저명한 사학자들〔크루아제(Croiset), 올라르(Aulard), 드니(Denis), 세뇨보(Seignobos), 미셸(Michel), 랑보(Rambaud)〕이 뒤르켐과 같은 시기에 대학에

잡힌 비판, 그리고 그의 한 연구(1960)에서 루소가 시민 종교를 강조했다는 데에 그가 주의를 기울였던 것 등은 프랑스 혁명에 대한 그의 연구에 포함된다고 할 수 있을 것이다. 명백히, 이 주제에 대한 그의 연구 업적은 미미하며, 이런 사실은《사회학 연보》에서 정치사회학적 연구에 대한 논평을 상대적으로 찾기 힘들다는 것을 통해서도 간접적으로 확인할 수 있다. 하지만 뒤르켐의 연구에 대해 우리가 이해하는 바로는, '뒤르켐이 구체적인 정치 제도를 다루지 않았을 때에도 〔…〕 그는 언제나 정치적 측면에 관심이 있었다'는 라크루아(Lacroix 1981: 304)의 주장과 일맥상통한다.

6) 이것은 대학에 자리를 얻기 위해서 필요했던, 마티에의 소논문과 주요 논문을 대표하는 작품이다. 마티에(1874-1932)는 프랑스 혁명에 관한 선도적인 역사학자로서 스스로를 정립시켰으며 실제로도 그 분야를 개척하였다(이와 관련해서는 다음을 참조하라. Friguglietti 1974). 그러나, 마티에의 정치 성향은 그의 선생 올라르(Aulard)에 비해서 훨씬 더 좌파적이었고, 이러한 사실은 그가 당통(Danton) — 올라르와 공화정이 당통을 옹호했지만, 마티에는 그가 의회 체제의 부패와 관련이 있으며 따라서 타락한 부르주아 사회 질서의 상징이라고 여겼다 — 보다는 로베스피에르(Robespierre)를 프랑스 혁명의 진정한 영웅으로 받든 것에서 상징적으로 드러난다(Gérard 1970: 78). 그 결과, 올라르는 소르본 정규 교수진에서 마티에를 배제시켰다.

근무했던 것을 고려하면, 이 글에 대해서 좀더 상세하게 살펴볼 필요가 있다. 그렇게 함으로써, 마티에가 뒤르켐에게 영향을 미쳤다면 **뒤르켐이 마티에에 끼친 영향 또한 그 못지않았음이 나타난다**. 더구나, 마티에의 주요 논문의 초점인 '신과 인간의 친구들'을 만든 이에 의해서 조성된 시민 종교는 근대 사회에 필요한 도덕성과 종교라는 뒤르켐의 개념과 현저한 유사성을 띤다 (Bellah 1973).

'이성'과 '초월적 존재'에 대한 초기의 혁명적 유사 종교를 다루면서, 마티에는 애국주의가 혁명적 종교의 심장에 자리 잡았다고 지적했는데 이런 점은 그의 스승 올라르로부터 영향을 받은 것이다. 우리가 가진 목적에 비춰 더욱 중요한 것은, 마티에가 그의 저술 서론에서 혁명의 종교를 진정한 종교로 취급하는 데 필요한 개념 구성을 함에 있어 뒤르켐의 1899년 논문 〈종교 현상의 정의에 대하여〉(1975)의 도움을 받았다고 인정한다는 점이다. 마티에(Mathiez 1904: 11)가 인용한 뒤르켐의 요점은 신 혹은 신성의 개념은 종교의 필수적인 특징이 아니라는 것이다. 종교적 현상을 공유함으로 해서 그것들을 특징짓는 것은 — 신념이나 유사 종교적 관행 가릴 것 없이 — 그것들의 의무적 성격이다. 더 나아가서, 마티에는 뒤르켐을 다음과 같이 인용한다. '조국(la patrie), 프랑스 혁명은 〔…〕 우리에게 신성한 것이다' (Mathiez 1904: 11; Durkheim, 1975: 20).

그러고 나서 마티에는 뒤르켐이 내린 정의에다가 자신이 생각하는 종교의 특성을 첨가했다고 말한다. (a) 그 형성기에는, '일반적인 감정적인 고양' (une surexcitation générale de la sensibilité)이 종교 현상에 수반된다, (b) 새로운 종교적 신념은 물체를 통해 구체화되는데, 신앙을 가진 이들에게 이런 물체는 결집의 징표이면서 또한 효험 있는 부적이 되지만, 반면에 다른 유사 종교의 물질적 상징물은 분노 속에 파괴된다, (c) 새로운 유사 종교의 신앙이나 그 상징을 공유하지 않는 이는 공동체 밖으로 내쳐진다(1904: 12).

마티에가 뒤르켐에게 미친 영향이 《기초 형태》에 반영되었는데, 그 책 서론에 마티에(1965: 245)가 언급했던 '애국적 열광'을 비롯한 프랑스 혁명에 대한 여러 인용이 담긴 것은 물론이고, 다른 곳, 즉 2권의 7장에서 뒤르켐이 토템 신앙을 논할 때 '열광', '활기', 그리고 물리적, 정신적 삶의 '폭력적 고양'(violente surexcitation)과 함께 집단의 '결집의 중심으로서 유용한 상징'에 대해서 언급할 때 쓰인 함축성이 농후한 구절에서 반영됐다(1912: 245-265). 마찬가지로, 마티에가 혁명적 종교는 당시 사람들이 생각했던 것처럼 못 쓰게 되어 버린 것이 아니고 '언젠가 다른 형태로 다시 나타날 수 있다'(앞의 책: 14)고 (같은 세기의 후반에 일어났던 사건에 비추어 보면 예언자적인) 언급을 했던 것이《기초 형태》의 마지막 장 둘째 절에 눈에 두드러지게 반영되어 있다. 베버의《프로테스탄트 윤리와 자본주의 정신》의 결론과 유사성을 보이는 그곳의 한 구절에서 '옛 사상과 이상의 위대한 재탄생'에 대해서 뒤르켐은 다음과 같이 외친다.

> 우리 사회가 새로운 사상이 그 와중에 샘솟았던 그런 창조적 활기의 시간에 대해서 다시 알게 되는 날이 올 것이다 〔…〕 우리는 프랑스 혁명이 영속적인 젊음의 상태에서 혁명의 원칙이 보존되도록 하는 휴일의 주기를 어떻게 완전히 만들어 냈던가를 이미 목도했다. 〔…〕 하지만 비록 그 일이 실패했기는 하지만, 다른 조건 아래에서 벌어진다면 어떤 일이 생길 수 있을까에 대해서 우리로 하여금 상상해 보도록 만들어 준다(Durkheim 1965: 475 이후).

이 절을 마치면서 언급할 것은, 만약 한 젊은 역사학자가 사회학적 개념화를 끌어다 쓰는 것이 대담한 행동이라면, 역으로 보면, 뒤르켐이 오스트레일리아의 토템 종교에 대한 대체로 고루한 민족학적 자료에 대해 논의하면서 프랑스 혁명의 종교적 측면을 끌어들인 것 또한 대담했다고 할 수 있을 것이다. 하지만, 우리가 이만하고 여기에서 멈춘다면, 어느 학문 분야의 한 젊은 학자가 다른 분야의 기성학자로부터 개념적 도구를 빌려 오고, 그 기성학자는 오래도록 명작으로 남을 작품을 이후에 저술하면서 그 젊은 학자의 자료를 활용했다는 것을 그 내용으로 하는, 한 사회학 고전이 어떻게 만들어졌는가에 대한, 재미있는 각주 하나 정도를 얻은 것을 제외하면 별 소득 없이 끝내게 될 것이다.

그러나, 뒤르켐의 결론은 종교 생활의 근본적인 형태에 대한 (사회 조직의 근본적인 형태를 알아보기 위한 시도로서의) 비교 연구의 완결이나 심지어는 그의 급진적인 사회학적 인식론을 차치하고 무엇인가 다른 것을 가리킨다. 그것이 가리키는 바는 사회적 재생성에 대해서 그가 갖고 있던 폭넓은 관심사와 세속 종교가 이런 재생성을 초래할 잠재력과 효능에 대한 것이었다.[7] '랍비의 아들'(Filloux 1976)로서 뒤르켐이 가졌던 영적인 유산을 보완해 주는 '프랑스 혁명의 손자'라는 인식에 대해서 이 글의 도입부에서 주장한 것과 이런 사실을 연결시켜 보면, 프랑스 혁명의 종교적 문화 측면을 고찰할 필요가 있다. 이를 위해서 다음 절에서 마티에의 연구에서 발견되는 자료와 후기 연구를 살펴보도록 하겠다.

III. 혁명적 종교와 축제

사회적 변형에 대한 비교 연구에서 프랑스 혁명에 사회학적 중요성을 부여하는 특성 가운데 하나로, 사회의 문화적 기초를 하룻밤새 바꾸려고 했던 혁명 지도자의 의식적 노력을 들 수 있다. 이런 일은 다양한 방식으로 추

7) 《기초 형태》가 출간되었던 그해 이후로 그가 당면했던 전 지구적 배경은 뒤르켐에게 비교 연구를 수행할 실험실을 제공해 준 격이었을 것이다. 중국과 멕시코에서 혁명이 일어났고, 그가 사망하던 해에는 러시아 혁명이 일어났다. 같은 세기에 혁명이 번져 가고 있었던 것에도 불구하고, 혁명적 종교에 대한 비교 연구는 사회과학자로부터 별 관심을 받지 못했는데, 이런 조류에서 예외적이었던 것이 빌링턴(Billington 1980)이 행했던 중요한 역사적 연구였다.

진되었다. 위계적 분화를 반영했던 각종 명칭을 평등한 **공민**(*citoyen*)으로 바꾼 것; '자연적으로 형성된' 지역을 주[9]라는 행정구역으로 개편한 것; 전통적인 귀속적 매듭으로부터 눌려 있던 사회 집단, 예를 들면 여성과 유대인을 해방시킨 것; 그레고리력을 없애고 1792년 9월 22일로부터 그 첫해가 시작되는 역법으로 교체하고 각 달에 계절과 관련된 이름을 부여함으로써 사회와 자연 사이의 새로워진 연계를 나타냈으며, 또한 안식일로서의 일요일을 대체하는 **열흘째 휴일**(*décadi*)과 함께 열흘 주기의 주 개념을 도입한 것 등이다.[8)] 여기에서 우리의 초점은 문화에 대한 광범위한 수정이 가해진 것의 특징에 맞춰져 있다. 혁명적 종교와 그 축제는 '신성성의 이전(移轉)'(Ozouf 1976)을 위한 수단이었으며 새로운 사회 질서에 대한 헌신을 정당화하고 갱신하며, 그렇게 함으로써 구질서의 감성적 토대를 무력화시킬 새로운 세속 종교를 세우려는 시도와 관련되었다.

과거 몇 년 동안 새로운 관심을 받았던 이와 관련된 주제(Ozouf 1976, 1984, 1985; Ehrard and Viallaneix 1977; Hunt 1984)는 마티에와 그의 스승 올라르의 역사 연구로 시작되었다. 뒤르켐에게 이에 대한 관심은《기초 형태》에서 프랑스 혁명에 대한 지나치는 듯이 이뤄졌던 학문적 언급을 넘어서는 듯하다. 궁극적으로는, 20세기의 첫 10년 동안의 프랑스가 18세기의 마지막 10년 동안의 프랑스와 공유한 어떤 중요한 정치문화적 요소 속에서 그것을 발견할 수 있는 것이다. 기본적으로, 근대 세속 국가에서 시민 종교를 제도화하고 재활성화시키는 것의 문제에서 상황은 비슷하다. 국가를 위한 최적

8) 제루버블(Zerubavel 1982)은 집단 경계와 정체성을 형성하는 데 역법을 바꾸는 것의 사회적 기능이 어떤 것인지에 관심을 가졌다. 프랑스 공화정의 역법에 대한 자세한 논의는 다음을 참조하라: Aulard and Zerubavel(1977). 1805년까지 지속되었던 공화정의 역법은 새로운 민족적 정체성의 임시적인 틀을 제공함으로써 교회와 군주로부터 세속 국가로 권위를 이양하는 것을 마무리 짓기 위해서 만들어졌다. 일주일을 열흘로 하는 것은 혁명 기간이 끝날 때까지 지속되진 못했지만 문화적 이념의 일부인 미터법은 그 후로도 지속되었다.

의 세속화의 종류와 한계는 무엇인가를 포함해서, 종교와 정치 사이의 관계의 문제를 파악하는 것은 프랑스 혁명가에게 그랬던 것만큼이나 뒤르켐과 그의 동시대인에게도 치열한 고민거리였던 것이다. 현재의 사회에서도 그것이 점차 커져 가는 갈등의 근원이므로(학교에서의 기도, 크리스마스 구유 속의 예수상 등과 같이), 혁명적 종교와 축제에 대한 역사적 자료는 근대성에 대한 폭넓은 사회학적 관점을 위해 적합하다.

뒤르켐이 내린 종교 현상에 대한 정의를 차용한 마티에는 프랑스의 혁명적 종교의 잇따라 전개된 측면에서 어떤 근본적인 통일성을 발견했다.[9] 혁명적 종교의 기원과 (1792년 말까지의) 초기 국면을 다루면서, 마티에는 시민 종교가 어떻게 시작되었는지와 그 구조에 대해 논했다. 그것의 이념은, 미래 사회에서 가톨릭 교회를 대체할 시민 종교에 대한 루소의 사회계약설에서 나온 개념에 많이 의존한다. 근대 국가가 일반 의지라는 표현을 빌려 선포한 법령은, 국민이 그 내용을 이미 다 알고서 스스럼없이 받아들인 시민 종교에 기초를 두게 될 것임이 틀림없다(Mathiez 1904: 59). 혁명 신조의 일부는, 인간의 조건은 인간의 행복에 중요한 사회체(social body)를 바꿈으로써 무한히 향상될 수 있다는 것이다. 국가는 '종교의 가장 중요한 수호자인 철학자에 의해서 조성'되었으며 '달성할 도덕적 사명'을 갖고 있는 종교에 냉담할 수 없다(같은 책: 54).

마티에는 후기 학자들이 다양한 상황 속에서 이뤄졌던 수많은 천년 왕국설과 '갱생' 운동을 조사하면서 발견했던(예: Adas 1987; Cohn 1961; Hill 1972; Knox 1961) 혁명적 상황에서의 카리스마가 초기에 어떤 식으로 현시

9) 비록 각각의 혁명적 유사 종교가 상이한 계급과 정도의 차이가 있는 세속적 성향을 띠고서 — '이성 숭배교'와 같은 전면적인 무신론으로부터 다소 조절된 이신론(理神論)인 '초월적 존재의 종교'에 이르기까지 — 각기 다른 고객층을 가지고 있기는 했지만, 아무리 분화가 이뤄졌다고 해도 프랑스 혁명의 시민 종교를 논할 수 있는 바탕은 여전히 존재한다. 오주프(1976: 35-37)는 혁명적 축제의 통일성에 대한 상이한 해석의 자취를 추적하면서 본질적으로 마티에의 노선을 따른다.

되었는지를 검토한다. 1789년 혁명의 초입부에서 신분제의회의 소집은, 온 국민이 '인류를 완전하게 재생시킬 사명'을 걸머진 대표자가 '이러한 기적을 만들어 낼 장인'이 되기를 기대하면서 '기적'을 기다리는 와중에 이뤄졌다(Mathiez 1904: 20). 새로운 혁명적 상징주의는 (고대의 고전, 프리메이슨, 대중적 기독교와 같은) 다양한 전통, 문화적 상징과 집합적 정체성에 대한 인공물 — 예를 들면, 원뿔꼴 자유의 모자와 그것에 부착되었던 **배지**, (미국 혁명에서 기원한) 자유의 나무, 애국주의적 제단, 그리고 (새로운 모자이크식 탁자에 새겨진 '원칙들'인) 인권 선언과 헌법이 새겨진 탁자와 같은 — 등으로부터 자유롭게 빌려 오면서 자발적으로 개발되었다. 혁명적 종교는 그러므로 프랑스 혁명의 문화 분야에 해당한다. 국민 주권의 기반 위에 새로운 제도와 집합 정체성의 새로운 감각을 창출하기 위해서 혁명 지도자는 정권을 지지하고 그것에 헌신하는 데 실제로 국민을 동원하기 위해서 주의를 기울였다. 따라서, 혁명적 혹은 시민적 종교의 주요한 특성은 자유의 나무(Hunt 1984: 27)[10] 주위에서 엄숙한 선서식을 치르는 것으로부터 새로운 사회 질서의 조짐으로서의 혁명에 관련된 사건이나 상징물과 연관된 활기찬 기념행사, 그리고 혁명의 적이 파멸되었음을 증거하기 위해서 '성스러운 단두대' 주위에서 모임을 가지는 것에 이르기까지 다양한 종류의 의례화된 공공의 모임을 중요시했다는 것이다. 마티에와 헌트(Hunt)나 오주프(Ozouf)와 같은 학자가 발견한 자료는 혁명 지도자가 문화적 조작 기술과 역할을 인식하고 있었으며 그에 대한 날카로운 감각과 정교함을 지니고 있었음을 말해 준다. 이러한 사실은 국가적 축제를 강조했던 것에서 여실히 드러난다. 그리스와 로마에서 치러졌던 영웅의 장례식을 모방해서 미술가 다비드(David)가 고안해 낸 정교하면서도 화려한 행사를 통해서 볼테르(Voltaire)의 유골이 프랑스 국립묘지 판테온으로 옮겨진 지 1년 뒤였던 1790년 7월 14일에 치러진 연합 축제(festival of the Federation)로부터 이러한 축제가 시작되었다.[10)] 이외의 다른 예를 들자면, '이성의 성전'이라고 이름을 바꾼 노트르담 대성당에서 열렸던 자유와 이성의 축제(Festival of Liberty and Reason)와 국민적 행사에 대중의 참여가 절정이 이르렀던 1794년, 로베스피에르가 주도해서 튈르리 궁전에서 열렸던 절대자의 축제(Festival of the Supreme Being)와 같은 축제도 있었다(Soboul 1977: 5).

국민적 축제에 대한 이념까지는 아니라 해도, 그에 대한 사회 철학은 아주 일찍부터 면밀한 관심을 받았다. 마티에가 말한 대로, 새로운 시민 헌법은 사실상 '애국주의의 학교' 역할을 할, 그리고 극단적 좌파의 훨씬 더 맹렬한 무신론을 유보시켜 줄 시민적 행사에 의해서 완결될 것이다(1904: 77). 그러므로 의회의 유창한 연설가였던 미라보(Mirabeau)[11]는 국민적 축제가 시민 사이의 사회적 분리와 불신을 해소시키고 고대에 볼 수 있었던 시민 사이의 공동의 유대를 새롭게 해 주는 통합적인 기능을 가진다고 보았다. 그는 춘분과 추분, 동지와 하지에 치를 네 차례의 시민 축제, 그리고 네 번의 군사 축제, 그리고 마지막으로 7월 14일을 연합 기념일로 치르자고 제안했다.[11] 미라보는 축제와 시민 기념행사에 주요한 관심을 기울였던 몇몇 혁명 지도자 가운데 한 사람이었다.

---

10) 이러한 의례화된 장례는 대중의 눈으로 보기에 성직자의 권위를 강화시켰던 전통적 가톨릭 장례의 대안으로 고안되었다. 거의 한 세기 뒤인 1885년 19세기 공화정 이상의 집합 표상인 빅토르 위고(Victor Hugo)의 유골이 밤을 새워 판테온으로 옮겨진 것은 유사한 대규모 대중 집회였다. 1963년 생중계되었던 케네디 대통령의 장례 행렬과 안장은 정치적 위기의 순간에 집합적 정체성과 자유주의적 이상에 대한 헌신을 공공 차원에서 새로이 하는 데 효과적으로 활용되었다. 이러한 것은 뒤르켐이 **속죄**(*piacular*) 의식이라고 칭했던 것이 현대 사회에서 행해진 사례다(1965: 434쪽과 그 이후 참조).

11) 미라보의 제안대로, 7월 14일은 프랑스에서 여전히 국경일로 지켜지고 있다. 하지만, 더 이야기할 재미있는 사실은, 오주프(Ozouf)가 말한 것처럼, 공화주의자가 1879년 선거에서 다수파가 되면서 승리한 뒤 제3공화정의 새로운 계기를 얻을 만한 상징이 필요했기에 1880년이 되어서야 비로소 그날이 국경일이 되었다는 것이다. 오주프가 명확히 밝힌 것처럼(1984: 128-133), 그 기념일을 어느 날로 잡아야 가장 적합할지를 두고 첨예하게 의견이 갈렸으며, 심지어는 7월 14일조차도 그 날짜가 1789년에 일어났던 폭력 사태를 지칭하는 것인지 아니면 1790년의 비교적 더욱 기쁜 분위기에서 회유적인 성격을 띠었던 연합 축제를 의미하는 것인지 모호했다.

공화정 원년(1792년)에 랑테나스(Lanthenas)는 대중에게 다가갈 수 있고 종교적 의식으로 발전할 수 있으며 사회의 재생에 필요한 '보편적 교회'를 형성할 수 있는 일련의 시민 회의를 제안했다(Mathiez 1904: 105쪽 이하). 또한 그해에 콩도르세(Condorcet)는 명백히 사제를 칭하는 것이 분명한 '마녀와 기적에 대해 말하는 이야기꾼'으로부터(같은 출처의 130쪽) 대중을 떼어내고 그들에게 시민적 가치를 가르칠 시민적 의식행사와 공공 회의를 요청하는 제안서를 의회에 제출했다. 1792년 6월에 의원이었던 고예(Gohier)는 모든 코뮌(프랑스의 최소 행정구역-옮긴이)에서 조국의 제단 앞에 인생 주기와 관련되는 모든 주요 사건에 대한 시민 의식을 거행하자고 주장했다. 그는 이러한 공공 행사의 광경이 거기에 모인 이들의 감성을 건드리고 이렇게 함으로써 '말하자면 시민적 색채로 덧입혀진 것을 각인시킬' 기회를 제공하게 될 것이라고 설명했다(같은 출처의 133쪽 이하).

마티에가 관심을 두고 언급한, 국민적 축제를 이론적으로 옹호했던 또 다른 사람은 파리의 건축가이며 1792년 〈국민적 서커스와 연례 축제들을 위한 제안서〉를 준비했던 포예(Poyet)[12]였다. 그는 공공 축제가 일반적인 행복감과 공공의 번영에 대한 애착을 불러일으킨다고 주장했다. 더구나, 오스트레일리아 원주민 모임에서 불러일으켜지는 종교적 감성에 대한 뒤르켐의 묘사와 아주 유사한 표현을 활용해서(1965: 246쪽 이하), 포예는 이러한 축제를 다음과 같이 서술한다. '큰 집회의 와중에, 시민은 하나가 되고 서로를 평가하며 알게 되면서, 공통의 박애 정신을 일깨우며, 상상력을 높이 평가하고, 용기를 북돋우며 〔…〕'(Mathiez 1904: 132).

마티에는 프랑스 혁명에 관련된 종교의 기원에 대한 그의 연구를 마무리 지으면서, 그 다양한 징후의 저변에서 애국주의의 종교가 형성되고 있었다고 말한다. 공공의 회합과 축제에 대한 다양한 계획은, 새로운 정치 체제에 대한 헌신을 옹호하고 제공해 주는 기능을 담당할 시민-종교적 제도를 위한 프로젝트를 위해서 온 국민을 동원할 중요한 수단으로 여겨졌다. 마티에는 이러한 집합적 모임이, 군중이 그런 모임 속에서 '조국과 하나된 공동체'를 이루는, 사실상 천주교 성체 성사를 세속화시킨 '종교적 회합'이라고 파악했다.

프랑스 혁명 당시 국가와 종교의 관계는 복잡하고 모호했다. 논리적으로 당연한 귀결이기는 하지만, 구질서를 전복시키기 위해서 그것을 정당화시키는 근원을 떼어 내서 버리는 일이 일찍부터 이뤄졌다. 이런 과정에서 교회와 국가의 점진적인 분리가 이뤄졌다. 하지만 일시적인 권위를 신성화시키는 **바로 그** 행위자로서 로마 가톨릭 교회를 해체시키는 것은, 그리고 더 나아가서, 혁명적 선동이 최고조에 달했던 1790년대 중반에 그러한 움직임이 일어났던 것처럼, 가톨릭 의식을 일상생활에서 폐지시키는 것은 새로운 문제를 일으켰다. 혁명적 지식층의 다양한 구성원이 예견한 대로, 옛 종교를 없애는 것은 공허함, 즉 세상이 가지는 공동체적 의미의 상실을 야기했다. 공공 의식이 없어짐으로써 개인적 무규범 상태, 공공의 비도덕성이 초래되거나, 혹은 그들의 관점에서는 앞의 두 가지만큼이나 나쁜 상황인, 사망한 옛 종교의 유해로부터 새로운 가톨릭 종교가 태어날 가능성도 있을 법하게 여겨졌다(Ozouf 1976: 322쪽 이하). 교회와 국가의 분리는 처음에는 국가가 모든 종교에 대해서 **중립**적인 상태, 즉 다원주의의 수용을 뜻했다. 하지만, 폐쇄적이지 않은 근대 국가에 적합한 종교가 무엇인가에 대한 의문이 곧이어 제기되었는데, 그렇게 된 부분적인 이유는, 중립성을 유지한다면 가톨릭 교회가 시골 마을에서 그 힘을 다시 회복할지 모른다는 두려움 때문이었고, 또 다른 이유로는, 도덕적인 공화정이라는 모델이 공화주의자로 하여금 시민 종교를 가지고 있던 그리스 로마의 고전 상태를 추구하도록 만들었기 때문이다. 이러한 긴급한 상태는 권좌에 오른 지도자 한 사람 한 사람이 신임을 잃으면서 비롯된 정치적 불안정으로 더욱 악화되었다. **이런 상황은 뒤르켐이 이념적으로 가까웠던 정부 — 특히, 페리**(*Ferry*), **발데크루소**(*Waldeck-Rousseau*), **그리고 콩브**(*Combes*) **정부 — 의 갑작스러운 실각을 포함한 제3공화정의 상황과 놀**

라우리만치 닮아 있었다.

잠깐 동안이나마 공화주의적 프랑스에 적합한 **바로 그** 시민 종교가 될 것처럼 보였던 새로운 한 세속 종교에 주된 관심을 기울인 마티에의 다른 연구를 살펴보는 것이 적절하다. 그 연구에서 뒤르켐은 영감을 얻은 것까지는 아니라고 해도, 적어도 시민 종교에 대한 과학적(사회학적)인 명확한 설명 — 그렇게 하는 영감의 기원은 루소에게로 거슬러 올라간다 — 을 하는 것이 암묵적으로 정치적인 프로젝트였다는 확증을 얻었을 것으로 보인다. 1790년대에 '신과 인간의 친구들'(Theophilanthropy)이라는 새로운 종교에서 극적으로 명확히 드러난 혁명적 종교라는 이런 프로젝트는, 혁명의 첫 번째 사회학적 '아들'인 (새로운 기독교와 인류 종교에 대해서 썼던) 생시몽과 콩트에게로, 이후에는《종교 생활의 기초 형태》를 집필한 '손자'에게로 전달되었다고 생각할 수 있다.

IV. '신과 인간의 친구들'(Theophilanthropy)

마티에는《기초 형태》에도 인용된《10일 주기 종교 '신과 인간의 친구들'과 예배》에서 혁명 2기, 후기 로베스피에르 국면에 나타났던 혁명적 종교를 고찰했다. 새로운 법과 새로운 제도를 갖춘 사회의 재생성에 대한 초기의 기대는 약해져 갔고 공중은 '그 대표자의 도덕성'을 더 이상 믿지 않게 되었다(Mathiez 1903: 36쪽 이하). 대부흥 운동으로 시작됐던 혁명 그 자체의 부흥이 필요해 졌던 것이다. 말하자면 결국 '신과 인간의 친구들'이라는 이름으로 새로운 종합적 종교 운동이 출현했던 것은 혁명적 카리스마의 일상화가 위기에 처했던 바로 이러한 '한계적 상황'(Turner 1969)에서였다.

다시 말하면, 혁명가는 사회 질서의 기초로서의 종교와 도덕성에 많은 관심을 기울였는데 그 이유는, 그들에게 문제는 어떻게 하면 대중을 가톨릭 교회로부터 젖을 떼게 만들고 그것에 다가가지 못하도록 하느냐였기 때문이다. 이런 상황 때문에, 새로운 공화주의적 제도에 필요한 지원을 공급해 줄 교리와 실천성을 가진 혁명적 종교를 어떻게 하면 개발할 수 있느냐가 관심사가 되었다. 마티에는 애국주의를 되살릴 새로운 혁명적 종교라는 목적을 명확히 밝히고 조직화하려 했던 1790년대 중반의 다양한 시도를 조사했다. 예를 들면, 상스(Sens) 시('신과 인간의 친구들'이 번성한 곳이며 공교롭게도 뒤르켐이 교편을 잡기 시작한 곳[13]이다)의 브누아라모트(Benoist-Lamothe)가 1796년에 제안한 것처럼, '사회적 종교'는 가톨릭 교회로부터 종교적 사회를 지켜 주고 연대를 설파하며 부의 재분배에서 평등을 더 확대해 줄 것이라 기대되었다. 성인(聖人)을 기리는 가톨릭 교회력을 대체하기 위해서 이후에 콩트가 자신이 만든 보편적 역법을 옹호했던 것처럼, 브누아라모트는 그 종교가 인류에 큰 공헌을 한 사람 — 브루투스(Brutus),[14] 소크라테스, 예수, 루소 등(1903: 57-64) — 에게 경의를 표한다고 생각했다.

같은 해에 프리메이슨 단원이었던 슈맹뒤퐁트(Chemin-Dupontes)는 처음에는《신과 인간의 친구들 편람》(*Manuel des théoanthropophiles*)이라고 이름 붙여졌지만 나중에《신과 인간의 친구들》(*Théophilanthropie*)이라고 제목을 바꿨던 '합리적이며 시민적인 종교'의 조직 편람을 펴냈다. 그 편람은 두 부분으로 구성되었는데, 전반부는 교리, 신조와 도덕성을, 후반부는 그 종교의 조직, 예배 의식을 다룬다. 마티에와 마찬가지로 그 신조와 윤리 수칙의 본질적인 정당성은 그 새 종교의 사회적 효용성에서 말미암는다고, 다시 말하면 사회의 이익을 어떤 것보다도 우선되는 것으로 삼는 것에서 비롯한다고 강조한다(1903: 93쪽 이하).

그 종교는 '종교에 대한, 시민 의식에 대한, 그리고 국민적 축제에 대한 숙고'(*Réflexions sur le culte, sur les cérémonies civiles et sur les fêtes nationales*)라는 제목으로 프랑스 혁명력[15] 5년의 12번째 달인 꽃달에 주요한 연설을 했던 라레벨리에르레포(La Révellière-Lépeaux)[16]라는 지적인 정치인의 활동을 제외하면 잘 알려진 바가 없다. 그는 이 연설에 이어서 이듬해 어떻게 국가적인 축제에서 대중 참여를 조직화할 것인가에 대한 논문을 내놓았다. 이러한 눈에 띄는 문서는 마티에(1903)와 그보다 더 이후의, 프랑스 혁명의 문화적 측면을 다뤘던 역사가로부터는 물론이고, 그의 동시대인으로부터도 많은 관심을 받았다(Grange 1977; Ozouf 1976: 322쪽 이하). 그 문서의 내용에 대한 어떤 논의는 적절한데 왜냐하면 그 문서는 근대 사회에서 시민 종교의 성격이 어떻게 형성되었는가를 흥미롭게 다루며, 또한 그것의 성향은 뒤르켐 자신의 전망에 대해서 알려져 있는 모든 것과 아주 많이 흡사하기 때문이다.

라 레벨리에르레포는 국민공회〔프랑스 혁명력 11월(열월〔熱月〕)에 있었던 반동사건[17] 이후에 들어선 혁명 통치 기구〕 이사회의 동료 구성원에게 주요한 국민적 축제의 부활이 필요하다고 역설했다. 프랑스 국민과 일반적인 인류의 재건이라는 공화주의적 이상에 따르면 종교와 정치 제도 모두가 재구성될 필요가 있었다. 이것은 국민적 축제, 시민 의식, 그리고 가톨릭의 신조와 위계가 없는 '합리적인' 종교를 통한 프랑스 국민의 새로운 도덕적 통일을 요구했다(Mathiez 1903: 144-147).

프랑스 혁명의 근본적인 이념은 모든 초월적 권위, 즉 '자연적'이지 않은 모든 권위를 부정했다. 하지만 라 레벨리에르레포는 계몽주의의 세속적 도덕성, 공리주의의 쾌락주의적 노선은 대중에게 다가서지 못하기 때문에 효력이 없다고 주장했다. 완전히 세속화된 국가는 정권을 지탱하는 주요한 측면이라고 할 수 있는 국가 권위에 대한 자발적 수용과 애국주의에 대한 헌신과 같은 공민적 도덕의 기초에 문제가 있을 수 있다(Grange 1977: 496). 라 레벨리에르레포는 단지 두 가지의 신조(영혼의 불멸과 신의 존재)만을 가지고 있고 비록 그것이 기성 종교는 아니라 해도 정부에 의해서 선호될 그런 시민 종교를 채택해야 한다고 주장했다(Mathiez 1903: 149). 대중적인 인기를 끌기 위해서는, 그 가르침의 금욕성과 가톨릭 교회에서 볼 수 있는 성스러운 모든 이미지가 제거된 그 종교 시설의 금욕성이, 보는 이의 감각 특히 시청각에 호소하는 정교한 야외 축제와 의식에 의해서 보완되어야 할 필요가 있었다. (본질적으로, 새로운 사회 질서의 성스러운 요소인) 자유, 평등, 애국주의라는 세속적인 이상이 집합적 모임을 통해서 느껴질 필요가 있었으며, 따라서 라 레벨리에르레포는 국민적 축제에 대해서 그가 만든 편람에서 집합적 모임에 대한 기민한 관심을 기울였다. 적합하게 조직된 종교적 의식은 그가 뒤르켐에 의해서 쓰였을 법하게 보이는 용어를 써 가면서 언급한 것처럼 강력한 감정을 발생시키는 데 도움이 된다. '모든 이가 같은 순간에 동일한 방식으로 스스로를 표현하면서, 같은 감정에 의해서 감동을 받은 다수의 사람이 함께 모이는 것은 그들의 마음에 거부할 수 없는 힘을 행사한다'(Grange 1977: 497).

시민 종교의 의식으로서의 축제는, '특별한 강도의 감정'을 끌어내기 위해서 조직화될 수 있다. 참가자 수, 축제가 열리는 장소(Ozouf 1976, 6장), 그리고 펼쳐지는 광경이 얼마나 오래 지속되느냐 등은 대중을 감정적으로 고양시키기 위해서 주도면밀하게 계획되었다. 기발하게, 라 레벨리에르레포는 (10만 명을 훨씬 넘는) 엄청난 수의 관중을 세부 영역으로 나누어서 각 영역에 지도자를 세우고 주된 제단에서 일어나는 상황에 맞춰서 영역을 조화시키는 코러스와 오케스트라를 또한 각 영역에 할당했다. 모든 목소리는 처음과 끝에 합쳐지며 같은 내용의 찬가를 부르도록 되어 있었다(Grange 1977: 498-501).

비록 많은 토론을 거친 뒤에 혁명 입법부가 '신과 인간의 친구들'을 프랑스의 시민 종교로 설립하자는 제안을 기각하기는 했지만, 라 레벨리에르레포의 제안은 점점 더 큰 관심을 얻었다(Mathiez 1903: 165). 다른 혁명적 종교보다 긴 5년 동안 지속되며, 그것은 유난히 '계몽된 부르주아'와 지식인, 특히 프리메이슨 단원과 자유주의 프로테스탄트 사이에서 선호되었다(같은 책 708). 오주프가 언급했듯이, 이러한 집단에게 호소력이 있었던 까닭은 혁명적 축제가 예배 처소를 '천문학과 시민 종교'가 만나는 곳으로 만들면서 종교와 과학을 통일시키려고 했기 때문이다(Ozouf 1976: 335).

그것의 출현, 확산과 심지어 '신과 인간의 친구들' 내부의 불일치에 대한 광범위한 논의를 한 뒤에, 마티에는 이 혁명적 종교에 대한 평가를 내린다. 그 지도자들은 합리적으로 자치하는 국민이라는 민주적 이상에 대해 헌신적이었다. 이것은 프랑스의 도덕적 통일의 근간에 위치할 새로운 종교를 요청했다(Mathiez 1903: 705). 혁명을 완결 짓기 위해서 새로운 틀로 마음을 빚어내야만 했고, 그것을 위해서 공중은 시민적 도덕성에 대한 교육을 받아야만 했다. 종국적으로, 시오브(Siauve)가 말했듯이, 정말로 '신과 인간의 친구들'의 모임은 시민적 도덕성을 위한 학교였다(같은 책 292쪽 이하).

마티에는 도덕성에 대한 이러한 강조와 대중 교육이 '신과 인간의 친구들'이 남긴 유산이라고 본다. 프랑스 혁명 기간의 공화주의 교육은 혁명적 종교와 그것이 조직한 국민적 축제에 의해서 이뤄졌다. 그는 현재도 이러한 일이 세속적 지도, 성인 교육, 대중적 회합과 같은 것으로 이뤄진다고 말한다(같은 책 707쪽). 주된 차이는 혁명가의 경우 상이한 전통으로부터, 즉 루소와 프리메이슨은 물론이고 가톨릭 교회로부터도, 자유롭게 그 요소를 끌어다 썼으며, 현재의 상황과는 달리 그들은 종교 없이 가능한 사회는 없다고 느꼈기 때문에 종교적 형태를 역겨워하지 않았다는 것이다(같은 책).

V. 결어

이 논문의 주된 주장은 한 사회학적 고전을 폭넓게 이해하려면, 작품이 쓰인 당시에 이뤄졌던 지적 논쟁에서 그 글의 배경을 찾아내는 것뿐만이 아니라 그 글을 형성시켰던 더 광범위한 사회·문화적 맥락도 살펴봐야 한다는 것이다. 후자를 위해서는 명시적인 지적 맥락만큼이나 '두터운 기술(記述)'이 이뤄져야 한다. 나는 이런 주장을 《종교 생활의 기초 형태》를 사례로 삼아서 예시하고자 했는데, 그 책에 대한 이해는 이 사회학적 고전을, 시민 종교를 형성하고 시행하려고 했던 프랑스 혁명 때의 의식적인 시도의 연장선으로 바라봄으로써 더욱 증진될 수 있다. 이것은 '뒤르켐의 저술은 대단히 정치적이다'라는 프레이저(Prager)의 주장을 두드러지게 만들어 준다(1986: 3). 사회의 재생, 시민 도덕성의 중요성, 그리고 개인의 이익보다 사회의 선을 먼저 추구하도록 공중을 지도하는 것과 같은 주제는 뒤르켐을 프랑스 혁명에 연결시킨다. 사실, 그를 훗날에 나온 일종의 '신과 인간의 친구들' 신도로 여겨 볼 법하기도 한 것은, 그 종교가 가장 많은 추종자를 배출했던 지역이 뒤르켐의 고향인 에피날을 포함한 동부 프랑스이기 때문이다(Mathiez 1903: 307, 347).

공화국의 부흥을 위해서 필요한, 적합한 종교와 시민적 도덕성이 무엇인가에 대한 질문은 이미 앞서 논한 대로 제1공화정에서만큼이나 제3공화정에서도 심각하였다. 이런 것은 뒤르켐에게 정신적인 선조라 할 수 있는 자코뱅 당파원[18]에게 그랬던 것만큼이나 뒤르켐에게도 주요한 문제였다. 프랑스의 통일과 또한 프랑스가 '하나이며 나눠어질 수 없는' 상태로 얼마나 오랫동안 남아 있을 수 있느냐 하는 질문이 큰 관심사였다. 시민 종교의 축제, 함께 모이는 세속적 의식이 통일을 이룰 중요한 수단으로 여겨졌으며, 혁명가는 효과적인 축제를 고안하기 위해서 종교 생활의 비교적인 측면에 대한 고려와 진지한 연구에 많은 공을 들였다. 라 레벨리에르레포, 브누아라모트를 비롯한 이들의 저술을 검토한 오주프는, 고대의 종교 생활은 물론이고 원시 종족의 축제와 의식을 대상으로 행해진 그들의 연구가 '기초적 인류학'임을 알고 놀라게 되었다(Ozouf 1976: 336). 그녀는 그들의 관심이 최초의 종교가 무엇이었는지를 알아내기 위해서 종교의 근원을 압축해 내고자 하는 것이었다고 주장한다. '혁명을 추구했던 이들이 찾고자 했던 것은, 인류의 정체성에 대한 증거로서 종교의 본질의 진정한 정체성이 무엇인지에 대한 것이었다'(같은 책).

그러한 관심사와 의도에 비추어 보면 뒤르켐의 탐색이 종교 생활의 근원 요소에 대한 것이었다는 틀이 파악된다. 더구나 국민 통합에 대한 혁명가의 관심과 인류가 본질적으로 하나라는 데 대한 그들의 믿음은 또한 뒤르켐 사회학에서 증거된 1789년 원칙의 유산이기도 하다. 계급 갈등과 계급 분절에 대한 관심이 부재했던 것은, 하나의 동질적인 국가를 재건하려는 프랑스 혁명의 진보적 노력에 기인한 것이 아니었던 것만큼이나 보수적 가치에 기인한 것도 아니었다. 프랑스 혁명은 혁명의 존속 기간 안에 완성되었던 것이 아니며, 특히 공화주의 좌파가 득세했던 1880년 이후의 제3공화정은 사회 변혁 작업을 지속적으로 추진하려고 했다. 세속화 혹은 시민적 제도로의 '신성성의 이전'은 기초적인 노력에 해당했으며, 제3공화정의 긴요한 제도는 바로 교육 제도였다. 마이어(Meyer 1977)는 엘리트와 시민 모두에게 타당성을 부여하는 것에 국가 건설과 시민권과 같은 사회적 차원에서 교육이 가지는 주요한 정당화의 효과를 논의했다. 프랑스에서 이러한 교육의 중요성은 명백히 감지되는데, 그 이유는 뒤르켐과 그 동료가 중요한 부분을 차지했던 진보 좌파가, 학교를 프랑스의 탈기독교화를 위한 혁명의 지속적인 투쟁이 수행되는 전쟁터로 여겼기 때문이었다.

제3공화정 사람들은 제1공화정이 그 책무를 완결 짓지 못한 것은 그 교육적 하부 구조가 1790년대 당시에 개발되지 않았기 때문이라고 파악했다. 그 결과 그들은 교육 개혁과 확장을 우선시했으며 특히 1880년대 공공교육부 장관이었던 쥘 페리(Jules Ferry)의 지도력 아래에서는 더더욱 그러했다. 그가 인도차이나를 식민화하는 과정에서 벌어진 군사적 실패 탓에 강제로 총리 자리에서 물러났던 — 린든 존슨(Lyndon Johnson)이 1968년에 겪었던 일과 비견될 수 있는 운명이라고 할 수 있는 — 해에, '새로운' 소르본 대학의 주춧돌이 놓여졌다. 뒤르켐을 포함한 제3공화정의 지식인을 길러 낸 그 교육기관은 1889년 8월, 프랑스 혁명 백주년에 그 학교의 총장이 다음과 같은 선언을 하는 가운데 문을 열었다. '1789년의 원칙은 문명화된 국가의 헌장이 되었다'(Gérard 1900).

'원시' 종교에 대한 뒤르켐의 영향력 있는 연구의 더 넓은 맥락을 이해하려면, 제3공화정 기간의 프랑스가 처했던 상황은 물론이고 (세속적인 인권과 미완의 혁명의 원칙과 같은) 1789년의 유산을 포함한 사회-정치적 맥락을 살펴봐야만 한다. 실제로, 뒤르켐이 《기초 형태》에서 프랑스 혁명에 기울였던 관심은 제3공화정에서의 프랑스 혁명이 가지는 반복적인 중요성의 일부를 차지한다.

제라르(Gérard)는 국내〔프랑스〕로는 우파에게 혹은 그 전선에서는 군사적 독재자 혹은 전체주의 국가에 의해서 위협을 받았던 제3공화정의 진보적 공화주의 체제를 위한 그 현실성과 도덕성을 어떻게 지켰는가에 대해서 논한다(1970: 65). 1880년대 동안 공화주의 좌파는 '프랑스 혁명의 빛나는 정신'이 조그만 마을 하나하나에까지 파고들게 함으로써 그 당파를 재결집시킬 기회로써 다가오는 프랑스 혁명 백주년을 바라고 있었다(Gérard 1970: 67). 그들은 또한 고등교육 분야를 파고들었는데, 1885년 올라르(Aulard)가 소르본의 신설된 프랑스혁명사학과의 학과장에 임명되면서 혁명에 중요한 학문적 존엄성을 부여했고 그렇게 되면서 또한 혁명에 대한 해석이 신뢰할 수 있는 공화주의자의 손에 맡겨졌다.

홉스봄(Hobsbawm)은 그의 통찰력 있는 '전통의 발명'에 대한 논의에서 어떻게 1789년의 전통이 제3공화정으로 하여금 '사회주의와 우파 모두를' 막아 내도록 중요한 역할을 수행했는지 다루었다(1983: 270). 1789년의 혁명적 전통의 발명을 시작한 것이 제3공화정은 아니었다 — 그 시작은 미슐레(Michelet)가 1789년의 영광스러운 봉기의 자발성에 대해서 민족주의적이고 민중주의적으로 묘사했던 것으로 거슬러 올라갈 수 있다. 심지어 미슐레 이전에도 '전통의 발명'은 19세기 초의 역사 속에서 그리고 혁명에 대한 음모론적인 설명에 의해 이뤄졌고, 이들 전에는 마티에의 연구 대상이었던 종교와 의식의 지도자가 기울였던 — 고작 1789년 5, 6년 뒤에 — 혁명적 신념을 되살리려는 노력 그 자체가 '혁명적 전통의 발명'의 시작이었다고 할 수 있다.

그러므로, 제3공화정에서 프랑스 혁명은 영광스러운 행위와 영웅적 거인이 등장하는 '창조주의 위대한 시간'(Rearick 1977: 449)으로서의 엄청난 힘을 지닌 신비로운 것이었다. 그것은 1889년 백주년 기념 축제로서 공식적 테두리 안에서 그리고 국가가 부과한 의식으로서 기려지거나, 혹은 그 좌파 성향의 정권에 대한 비판자에 의해서 퇴폐적인 사회 질서라는 비난을 살 수도 있었다. 후자는 특히 로맹 롤랑(Romain Rolland)[19]의 극장 공연에서 그러했던 것처럼 노동 계급 관객에게 어필하는 공연에서 그려진다.

> 롤랑은 연극 **7월 14일**(Le 14 Juillet)을 아주 명백히 친혁명적으로 고안함으로써 대혁명의 부담과 환희를 1902년의 관중에게 그대로 전달시켰으며, 그 집합적 해방의 광경에 영감을 얻은 관중은 1794년에 중단되었던 작업을 완결 짓는다(Fisher 1977: 471).

뒤르켐이 《기초 형태》가 나오기 약 10년 전쯤에 상연되었던 롤랑의 **7월 14일** 혹은 **당통**(*Danton*)을 보았을까? 그것은 불필요한 질문이지만, 우리는 뒤르켐과 그의 《사회학 연보》팀을 '대중의 집합적 활기와 계몽주의의 합리주의를 조화시키려는 이상적인 시도에 의해서 점화된 〔…〕 대중 극장 운동의 지지자'였다고 생각할 수 있다(Fisher, 1977: 490). 롤랑의 **7월 14일**이 '폭력이 술기운에 넘치는 환희의 노래, 춤 그리고 행진에 자리를 내어 주면서 자발적 국민적 축제'(Fisher: 473)로 마무리되는 것은 뒤르켐이 그렸던 오스트레일리아 원주민의 토속춤 코로보리와 그리 크게 다르지 않다.

뒤르켐은 롤랑이나 다른 공화주의자 못지않게, 의식적인 모임, 즉 야외에서 행해진 축제가 사회의 통일성을 축하하며 회복하는 것으로써 제3공화정의 강력한 주제라고 주장했다(Rearick 1977); 여기에서 그들은 제1공화정의 '전통'에 충실했다. 그러한 행사가 항상 환희에 찬 것은 아니었는데 이것은 리어릭이 **장례식**(*fêtes funèbres*) 또한 국민이 한데 모이는 중요한 의식적 행사라고 논한 것을 보면 알 수 있다(Rearick 1977: 447) — 이와 관련해서는 1885년 빅토르 위고라는 '사상과 민주적 신념의 거인'의 장례식 광경을 떠올려 보라(Rearick 1977: 447). 이러한 제3공화정의 폭넓은 맥락에서 그리고 제3공화정이 프랑스 혁명과 맺었던 밀착 관계를 고려하면서《기초 형태》를 다시 읽으면 차원 하나가 더해지면서 뒤르켐의 '원시' 종교에 대한 영향력 있는 연구의 폭이 더욱 확대될 것이다. 그가 분석하는 종교의 주요 구조 — 믿음과 종교 의식, 특히 후자는 '긍정적 의식'(기쁜 축제)과 '속죄 의식'(슬픈 기념식)으로 구분되는데 — 는 공화정의 시민 종교의 주요 구조를 반영하며 또한 그것에 비견될 수 있다. 인권(믿음)과 국가가 부과하는 국장(속죄 의식)을 포함한 의식이 그 사례다.

루크(Luke 1987)는 그 자체가 세속화에 영향을 받는 시민 종교의 재생이라는 간과되어 온 질문에 다시 관심을 기울였다. 그의 논의는 현대 마르크스-레닌주의 정권을 다루고 있지만 그러한 문제는 당연히 1790년대와 1900년대 초의 프랑스와도 관련이 있다. 제1공화정 후기 시절의 라 레벨리에르레포의 '신과 인간의 친구들'과 제3공화정이 무르익었던 시절에 이뤄진 종교와 사회에 대한 뒤르켐의 분석은, 국민적 연대를 제공하고 또한 가톨릭 교회로 회귀하는 것을 막을 활력 있는 공화주의적 시민 종교를 위한 기초를 놓는다는 공통의 관심사를 가진다. 라 레벨리에르레포와 뒤르켐 두 사람은 모두, 호프만이 보기에 프랑스 역사에서 가장 커다란 드라마 가운데 하나, 즉 프랑스라는 국가를 어떻게 세우는가(혹은 재생시키는가), 과거가 지닌 다양성으로부터 어떻게 근대 시민을 만들어 낼 것인가라는 문제를 다루었다(Hoffmann 1987: 152).《기초 형태》에 등장하는 종교적 회합은 개인들의 통합임과 동시에 집합성의 부활이다.[12)]

---

12) 통일과 공화주의적 이상과 덕성의 재생이라는 문제는 미국의 상황에도 또한 적용된다. '우리나라〔미국〕의 시민적 제도는 영속할 것'이라는 커다란 희망으로 1830년대에

이 글에서 대략적으로 살펴본 것과 같이《기초 형태》를 읽는 것은 우리에게 다른 자료에 대해 숙고할 기회를 제공해 준다. 그 첫째는 사회학이 역사학과 맺고 있는 관계에 대한 것이다. 오래 전 벨라는 뒤르켐 저작물의 역사적 차원을 고려해 봐야 한다는 내용의 경종을 울렸다(Bellah 1959). 역사학자와 사회학자 사이의 접촉이 늘어나고 있는데, 두 학문 사이의 교차점에 대한 방법론적인 고려가 늘어나고 있고, 사회학자는 역사적 영역에 더 많이 침투하고 있으며, 반면 전통적인 역사 기록학의 틀을 깨기를 원하는 역사학자는 사회과학적 개념화를 더 많이 활용하고 있다(Furet 1982; Lefebvre 1971; Le Goff and Nara 1985; Skocpol 1984; Tilly 1981).

분과 학문 간 간격을 줄이려는 노력의 일환으로 이러한 학제적 교환을 위한 노력은 환영할 만하지만, 그 논의를 살펴보면 한 학문이 다른 학문에 제공할 수 있는 설명의 한계를 둘러싼 일종의 긴장과 불신은 여전히 드러난다. 이런 점에서 그런 논의는 20세기의 전환기에 있었던 사회학자와 역사학자 사이의 논박 — 예를 들면, 저명한 역사학자 세뇨보(Seignobos)와 당시 혜성처럼 떠오르던 뒤르켐주의자 시미앙(Simiand 1985) 사이의 토론에 대해서 르페브르(Lefebvre 1971: 301)가 언급했던 것과 같은 — 을 떠올리게 만든다.

이런 맥락에서 더욱 눈에 띄는 것은 (뒤르켐의 조카이자 선도적인 협력자였던) 마르셀 모스(Marcel Mauss)가《사회학 연보》의 다음 호에서 마티에의 박사논문에 대해서 다소 냉정한 평가를 내렸다는 것이다. 모스는 사회적 회합을 비롯한 혁명적 축제가 상징 그리고 일종의 신비로움을 만들어 냈고, 그 가운데 일부는 신성한 상징으로 자리매김했다는 것에 대해서는 마티에에 동의한다. 그러나, 그는 그것은 이론적 지도자에 의해서 만들어지고 조직화된 것으로 일시적인 것에 불과했고, 따라서 '종교 없는 종교 현상'이었다고 평가한다(Mauss 1905: 297). 나아가서, 모스는 비록 마티에가 소수 신생 종교

받아들여졌던, 페리 밀러(Perry Miller)가 종교의 부활에 대해 수행한 연구를 참고하라(1965: 69).

에 대한 흥미로운 사실이 쌓여 있는 무더기를 파헤치기는 했지만 혁명적 현상이 왜 종교적 측면을 취하는지에 대해서는 설명하지 않았으며, '신과 인간의 친구들'이라는 종교의 사상이 계몽사상가의 사상과 같으며 그 종교 의식이 가톨릭과 프리메이슨의 의식과 다를 바 없다는 것을 고려할 때, 도대체 어떻게 이 종교가 국가와 이성의 종교로서 독창적일 수 있는지에 대해서도 다루지 않았다는 것을 발견했다(같은 출처). 간단히 말하면, 이 연구는 사회학적인 연구가 되기에는 절반에도 미치지 못한다는 것이다(같은 출처). 이 평론은 마티에의 마음을 싸늘하게 식게 만들어서 마티에는 더 이상 사회학과 교류를 하지 않았고, 《기초 형태》의 출간 1년 뒤에 그는 뒤르켐의 연구 협력자〔위베르 부르쟁(Hubert Bourgin)〕의 한 연구에 대한 신랄한 비평을 내놓았다. 그 연구는 프랑스 혁명기의 정육업에 대한 것이었는데, 이에 대한 마티에의 평은 다음과 같다. '그에게 역사학은 성 뒤르켐(Saint Durkheim)의 의견과 같이 사회학의 미천한 하인에 불과하다'(Friguglietti 1974).

어찌 보면, 우리가 지금까지 검토한 뒤르켐-마티에의 자료에서 나타났던, 사회학과 역사학 사이의 교환과 적합한 시민 종교의 책무, 둘 다 중요한 '미완의 과제'이자 학문적인 의미가 있는 동시대적인 관심사인 반면, 근대사회의 시민 종교와 도덕성은 무엇인가라는 질문과 관련된 다른 측면은 사회적인 의미가 더 크다고 생각하게 될지도 모르겠다. '신과 인간의 친구들'의 신들처럼 국민적 연대와 애국주의 고취를 위해서 국가적 축제를 계획하고 조직하는 데 상당한 시간을 투자했던 프랑스 혁명가들은, 제3공화정이(그리고 그 공화정의 저명한 프리메이슨 단원 조각가인 바르톨디(Bartholdi)가) 미국인에게 주는 선물이었던 자유의 여신상 축제가 열렸던 1986년 7월의 뉴욕에 있었더라면 친근감을 느꼈을 것이다. 그것은 앞서 1984년 올림픽이 미국의 국민적 행사로서 위엄을 가졌던 것과 마찬가지로, 미국 시민 종교의 극적인 국민 축제였다.

제1공화정의 영적인 조상만큼이나 현대의 공화주의자는 사회 통합을 복원시키고 민주적 제도에 대한 지속적인 헌신을 새롭게 불러일으키기에 적합한 시민 종교와 시민 도덕을 찾아내는 것(여기에서 찾아내는 것이 '발명'을 포함한다고 할지라도)이 시급한 일임을 깨달았다. 워터게이트, 이란게이트, 월가의 경제적 추문 때문에 공공 부문과 금융 부문의 '내부자'의 도덕성에 대해서 미국이 가지고 있는 자신감이 심각하게 손상된 것을 감안하면, 이 글에서 제시한 뒤르켐의 궁극적인 사회학적 관심은 오늘날과 관련이 있는 것으로 받아들여야 할 것이다. 프랑스와 미국의 사회적 맥락으로부터 파악할 수 있는 진지한 교훈은 많은 돈을 들여 가며 치러지는 축제와 여타의 시민 종교의 의식은 그 자체로서는 시민 도덕성이 '마음의 습관'(habits of the heart)[20]으로서 유지되거나 갱신되도록 보장하지 못한다는 것이다.

참고 문헌

Adas, Michael. 1987. *Prophets of Rebellion: Millenarian Protest Movements Against the European Colonial Order*. Cambridge and New York: Cambridge University Press.

Alexander, Jeffrey. 1982. *Theoretical Logic in Sociology*, vol. II: *The Antimonies of Classical Thought: Marx and Durkheim*. Berkeley and Los Angeles: University of California Press.

Aulard, Alphonse. 1927. *Christianity and the French Revolution*. London: Ernest Benn Ltd.

Bellah, Robert N. 1959. "Durkheim and History". *American Sociological Review* XXIV (August): 447-465.

______. 1970. *Beyond Belief: Essays on Religion in a Post-Traditional World*. New York: Harper and Row.

______. 1973. "Introduction". pp. ix-lv. in Emile Durkheim. *On Morality and Society*. Chicago: University of Chicago Press.

______. 1975. *The Broken Covenant: American Civil Religion in Time of Trial*. New York: Seabury Press.

Berger, Peter. 1967. *The Sacred Canopy: Elements of a Sociological Theory of Religion*. Garden City, N. Y.: Doubleday.

______. 1969. *Rumor of Angels: Modern Society and the Rediscovery of the Supernatural*. Garden City, N. Y.: Doubleday.

Billington, James H. 1980. *Fire in the Minds of Men, Origins of the Revolutionary Faith*. New York: Basic Books.

Bourgeois, Léon. 1902. *Solidarité* 3. Paris: Colin.

Clark, Terry N. 1973. *Prophets and Patrons: The French University and the Emergence of the Social Sciences*. Cambridge, MA: Harvard University Press.

Cohn, Norman. 1961. *The Pursuit of the Millennium: Revolutionary Messianism in Medieval and Reformation Europe*. New York: Harper.

Durkheim, Emile. 1915. *'Germany Above All': German Mentality and the War*. Paris: Colin. Also published in French that year.

______. 1958. *Socialism and Saint-Simon*. Yellow Springs, Ohio: Antioch Press. First published posthumously in French in 1928 by Marcel Mauss; new French edition 1971.

______. 1960. *Montesquieu and Rousseau: Forerunners of Sociology*. Ann Arbor, Michigan: University of Michigan Press. Essay on Rousseau first published posthumously in 1918.

______. 1965. *The Elementary Forms of the Religious Life*. New York: Free Press. Firstpublished in French in 1912.

______. 1971. "The Principles of 1789 and Sociology". pp. 37-43 in E. A. Tiryakian(ed.). *The Phenomenon of Sociology*. New York: Appleton-Century-Crofts.

______. 1975. "On the Definition of Religious Phenomena". pp. 74-99 in W. S. F. Pickering (ed.). *Durkheim on Religion*. London and Boston: Routledge and Kegan Paul. First published in French in 1899.

Ehrard, Jean and Paul Viallaneix(eds). 1977. *Les fêtes de la Révolution*. Paris: Société des études robespierristes.

Faucher, Jean-André and Achille Ricker. 1967. *Histoire de la Franc-Maçonnerie en France*. Paris: Nouvelles éditions latines.

Fenton, Steve C. 1984. *Durkheim and Modern Sociology*. New York and Cambridge: Cambridge University Press.

Filloux, Jean-Claude. 1976. "Il ne faut pas oublier que je suis fils de rabbin". *Revue française de sociologie*. XVII(April-June), 259-266(special issue on Durkheim).

Fisher, David James. 1977. "The Origins of French Popular Theatre". *Journal of Contemporary History*. XII, 461-467.

Friguglietti, James. 1974. *Albert Mathiez, historien révolutionnaire*(1874-1932). Paris: Société des études robespierristes.

Furet, François. 1982. *L'Atelier de l'histoire*. Paris: Flammarion.

Gérard, Alice. 1970. *La Révolution française, mythes et interprétations*(1789-1970). Paris: Flammarion.

Giddens, Anthony. 1978. *Emile Durkheim*. Harmondsworth, England and New York: Penguin.

Glock, Charles Y. and Robert N. Bellah(eds.) 1976. *The New Religious Consciousness*. Berkeley and Los Angeles: University of California Press.

Grange, Henri. 1977. La Revellière-Lépeaux, théoricien de la Fête Nationale. 1797. pp. 493-502 in Jean Ehrard and Paul Viallaneix(eds.), *Les fêtes de la Révolution, op. cit.*

Gréard, Octave. 1900. Untitled speech inaugurating the New Sorbonne in collection *Discours aux étudiants*. Paris: Colin.

Headings, Mildred J. 1949. *French Freemasonry Under the Third Republic*. Johns Hopkins University Studies in History and Political Science, vol. LXVI, no. 1. Baltimore, MD: Johns Hopkins University Press.

Hill, Christopher. 1972. *The World Turned Upside Down. Radical Ideas During the English Revolution*. New York: Viking.

Hobsbawm, Eric. 1983. "Mass-Producing Traditions: Europe 1870-1914". in Eric Hobsbawm and Terence Ranger(eds). *The Invention of Tradition*. Cambridge and New York: Cambridge University Press.

Hoffmann, Stanley. 1987. "A Note on the French Revolution and the Language of Violence". *Daedalus*. CXVI(Spring), 149-156.

Hughey, Michael W. 1983. *Civil Religion and Moral Order: Theoretical and Historical Dimensions*. Westport, Connecticut: Greenwood.

Hunt, Lynn. 1984. *Politics, Culture, and Class in the French Revolution*. Berkeley and Los Angeles, University of California Press.

Jones, Robert Alun. 1977. "On Understanding a Sociological Classic". *American Journal of Sociology*. LXXXIII(September), 279-319.

______. 1983. 'The New History of Sociology". *Annual Review of Sociology*. IX, 447-469.

______. 1986a. *Emile Durkheim: An Introduction to Four Major Works*. Beverley Hills and London: Sage.

______. 1986b. 'Durkheim, Frazer, and Smith: The Role of Analogies and Exemplars in the Development of Durkheim's Sociology of Religion. *American Journal of Sociology*. LXXXXII(November), 596-627.

Jones, Robert Alun and W. Paul Vogt. 1984. "Durkheim's Defense of *Les Formes élémentares de la vie religieuse*". In Henrika Kurlick and Elizabeth Long(eds.). *Knowledge and Society: Studies in the Sociology of Culture Past and Present*. V, 45-62.

Knox, Ronald A. 1961. *Enthusiasm: A Chapter in the History of Religion*. New York:Galaxy/ Oxford.

Lacroix, Bernard. 1981. *Durkheim et le politique*. Paris: Presses de la Fondation nationale des sciences politiques; Montréal: Presses de l'Université de Montréal.

Lakatos, Imre. 1970. "Falsification and the Methodology of Scientific Research Programmes". pp. 91-166 in Imre Lakatos and Alan Musgrave (eds.), *Criticism and the Growth of Knowledge*. London and New York: Cambridge University Press.

Lefebvre, Georges. 1971. *La naissance de l'historiographie moderne*. Paris: Flammerion.

Le Goff, Jacques and Pierre Nora(eds.). 1985. *Constructing the Past: Essays in Historical Methodology*. Cambridge and New York: Cambridge University Press; Paris: éditions de la Maison des sciences de l'homme. Translated selections of *Faire de l'histoire,* 3 vols., 1974.

Leventman, Seymour(ed.). 1982. *Counterculture and Social Transformation*. Springfield, Ill.: Charles C. Thomas.

Levy, Carl. 1987. "Socialism and the Educated Middle Classes in Western Europe:1870-1914". pp. 154-191 in Ron Everman, L. G. Svensson and T. Soderqvist(eds.). *Intellectuals, Universities, and the State in Western Modern Societies*. Berkeley/Los Angeles/London: University of California Press.

Liebman, Robert C. and Robert Wuthnow. 1983. *The New Christian Right*. New York: Aldine.

Luke, Thomas W. 1987. "Civil Religion and Secularization: Ideological Revitalization in Post-Revolutionary Communist Systems". *Sociological Forum* II(Winter), 108-134.

Lukes, Steven. 1972. *Emile Durkheim, His Life and Work*. New York: Harper and Row.

Mathiez, Albert. 1903. *La Théophilanthropie et le culte décadaire* 1796-1801. *Essai surl'histoire religieuse de la Révolution*. Paris: Alcan.

______. 1904. *Les Origines des cultes révolutionnaires* 1789-1792. Paris: Société Nouvelle de librairie et d'édition.

Mauss, Marcel. 1905. Review of Mathiez(1903). *L'Année Sociologique* VIII, 296-298.

Merton, Robert K. 1967. "On the History and Systematics of Sociological Theory". pp. 1-37 in R. K. Merton, *On Theoretical Sociology*. New York: Free Press.
Meyer, John W. 1977. "The Effects of Education as an Institution". *American Journal of Sociology*. LXXXIII(July), 55-77.
Miller, Perry. 1965. *The Life of the Mind in America*. New York: Harcourt, Brace, and World.
Needham, Rodney. 1963. 'Introduction to Emile Durkheim and Marcel Mauss, *Primitive Classification*, transl. and edited by Rodney Needham. London: Cohen, and West. First published in French in 1903.
Nielsen, Donald A. 1987. "Auguste Sabatier and the Durkheimians on the Scientific Study of Religion". *Sociological Analysis* XLVII(Winter), 283-301.
Nisbet, Robert A. 1974. *Emile Durkheim*. New York/Oxford.
Ozouf, Mona. 1976. *La Fête révolutionnaire* 1789-1799. Paris: Gallimard.
______. 1982. *L'Église et la République* 1871-1914. Paris: Editions Cana/Jean Offredo.
______. 1984. *L'École de la France. Essais sur la Révolution, l'Utopie et l'Enseignement*. Paris: Gallimard.
______. 1985. "The Festival in the French Revolution". pp. 181-197 in Jacques Le Goff and Pierre Nora(eds.), *Constructing the Past, op. cit.*
Parsons, Talcott. 1937. *The Structure of Social Action*. New York: McGraw-Hill. Reissued in 1949.
______. 1978. "Durkheim on Religion Revisited: Another Look at *The Elementary Forms of the Religious Life*". pp. 213-232 in T. Parsons, *Action Theory and the Human Condition*. New York: Free Press.
Pickering, W. S. F. 1984. *Durkheim's Sociology of Religion*. London and Boston: Routledge and Kegan Paul.
Prager, Jeffrey. 1986. "Rhetoric, Symbol, and Solidarity. A Durkheimian Contribution to Political Sociology". Paper presented at the Annual Meeting of the American Sociological Association. New York.
Rearick, Charles. 1977. "Festivals in Modern France: The Experience of the Third Republic". *Journal of Contemporary History* XII, 435-460.
Robbins, Thomas and Dick Anthony. 1978. "New Religious Movements and the Social System". *Annual Review of Social Sciences of Religion* 11: 1-27.
Robertson, Roland. 1974. *The Sociological Interpretation of Religion*. Oxford: Basil Blackwell.
Robison, Georgia. 1938. *Revelliére-Lépeaux, Citizen Director,* 1753-1824. New York: Columbia University Press.
Simiand, François. "Historical Method and Social Science". *Review* IX (Fall), 162-First published in 1903.
Skocpol, Theda(ed.). 1984. *Vision and Method in Historical Sociology*. Cambridge/London/ New York: Cambridge University Press.

Soboul, Albert. 1977. "Préambule"(Introduction). pp. 2-7 in Jean Ehrard and P. Viallaneix (eds.), *Les fêtes de la Révolution, op cit.*

Thompson, Kenneth. 1982. *Emile Durkheim*. New York: Tavistock/Ellis Horwood. Tilly, Charles. 1981. *As Sociology Meets History*. New York: Academic Press.

Tiryakian, Edward A. 1978. "Emile Durkheim". pp. 187-236 in Tom Bottomore and Robert Nisbet(eds.), *A History of Sociological Analysis*. New York: Basic Books.

______. 1981. "Durkheim's *Elementary Forms* as 'Revelation". pp. 114-135 in Buford Rhea(ed.). *The Future of the Sociological Classics*. London and Boston: George Allen and Unwin.

______. 1988. "From Durkheim to Managua: Revolutions as Religious Revivals". in Jeffrey C. Alexander(ed.). *Durkheimian Sociology*. New York: Cambridge University Press.

Turner, Stephen. 1983. "Contextualism and the Interpretation of the Classical Sociological Texts". *Knowledge and Society: Studies in the Sociology of Culture Past and Present* IV, 273-291.

Turner, Victor W. 1969. *The Ritual Process: Structure and Anti-Structure*. Chicago: Aldine. Wald, Kenneth D. 1987. *Religion and Politics in the United States*. New York: St. Martin's Press.

Weber, Eugene. 1959. *The Nationalist Revival in France,* 1905-1914. Berkeley and Los Angeles: University of California Press.

______. 1986. *France Fin de Siècle*. Cambridge, MA: Belknap/Harvard University Press.

Weber, Max. 1958. *The Protestant Ethic and the Spirit of Capitalism*. New York: Charles Scribner's Sons. First published in German, 1904-1905.

Wilson, Bryan. 1973. *Magic and the Millennium: A Sociological Study of Religious Movements of Protest Among Tribal and Third World Peoples*. New York: Harper and Row.

______. (ed.). 1981. *The Social Impact of New Religious Movements*. New York: Rose of Sharon Press.

______. 1982. *Religion in Sociological Perspective*. New York: Oxford University Press.

Wuthnow, Robert. 1976. *The Consciousness Reformation*. Berkeley: University of California Press.

Yinger, J. Milton. 1970. *The Scientific Study of Religion*. New York: Macmillan.

______. *Countercultures: The Promise and Peril of a World Turned Upside Down*. New York: Free Press.

Zerubavel, Eviatar. 1977. "The French Republican Calendar: A Case Study in the Sociology of Time". *American Sociological Review* XLII(December), 868-877.

______. 1982. "Calendars and Group Identity". *American Sociological Review* XLVII(April), 284-289.

옮긴이 주

1. 마티에(Albert Mathiez, 1874-1932). 프랑스 역사학자로 소르본 대학에서 강의했다. 프랑스 혁명 전문가로,《프랑스 혁명 연보》를 발간했고 저서로《프랑스 혁명》이 있다.
2. 에번스프리차드(Sir Edward Evans(E.E.) Evans-Pritchard, 1902-1973). 영국의 인류학자로 사회 인류학의 발전에 영향을 끼쳤고, 1946년에서 1970년까지 옥스퍼드 대학 사회 인류학 교수였다.
3. 스키너(Quentin Robert Duthie Skinner, 1940-). 런던대 인문학부 교수로 근대 초기와 이전의 정치 저술가들이 품었던 생각들을 재발견하려는 작업을 주로 해 왔다.
4. 스미스(William Robertson Smith, 1846-1894). 스코틀랜드 태생의 구약학자, 신학 교수, 목사로서 비교 종교 연구의 근원적인 문헌으로 여겨지는《셈족의 종교》(*Religion of the Semites*)라는 책을 저술했다.
5. 프레이저 경(Sir James George Frazer, 1854-1941). 스코틀랜드 출신의 사회 인류학자. 원시 마술 신앙을 비교 종교학적으로 연구했다.
6. 길렌(Francis James Gillen, 1855-1912). 오스트레일리아 원주민을 연구한 오스트레일리아 태생의 인류학자이자 민족학자.
7. 삼부회(Estates General)라고도 불리며, 성직자, 귀족, 제3신분인 시민 대표로 구성된 의회이다. 그리고 제3신분인 시민 대표를 중심으로 이후 국민의회가 만들어진다.
8. 이 책 제목의 이해를 돕기 위해 다음 내용을 부연 설명한다. 7일마다 안식일을 가지는 가톨릭의 권위를 약화시키기 위해 열흘을 일주일로 삼는 법이 혁명기에 통과되었고, 유사 종교인 '신과 인간의 친구들'이 열흘마다 종교 의식을 치렀다. 이 내용은 다음 절에서도 언급된다.
9. 프랑스의 행정구역은 데파르트망(Départements)이라고 부르는 여러 주를 위주로 되어 있으며, 1790년부터 각 주에 두 자릿 수의 고유번호를 부여했다.
10. 영국의 세금 부과에 대항하던 미국 시민들이 1765년 보스턴에 있는 느릅나무 아래에서 첫 모임을 가졌던 것에서 유래. 프랑스에서는 이 사건의 영향을 받아서 1790년에 자유의 나무가 심어졌다.
11. 미라보(Honoré Gabriel Riqueti, comte de Mirabeau, 1741-1791). 프랑스의 언론인, 정치가. 프랑스 혁명을 지지했으나 왕정 완전 폐지보다는 제헌 군주제를 선호했다.
12. 포예(Bernard Poyet, 1742-1824). 프랑스의 건축가로 파리의 도시 건축 디자인에 관여했다.
13. 1장 각주 21번 참조.
14. 브루투스(Marcus Junius Brutus, B.C.85-B.C.42). 고대 로마의 정치가로 카이사르를 암살했다.
15. 프랑스 혁명 때 제안되어서 1793년부터 1805년까지 12년 동안 프랑스 정부에서 채택했던 달력이다.
16. 라 레벨리에르레포(Louis-Marie de La Révellière, dit La Révellière-Lépeaux, 1753-1824). 프랑스의 정치인. 1796년 후반기에 프랑스 공화국 집행 이사회 대통령을 역임했다.
17. 열월(熱月)의 반동사건은 혁명 뒤에 폭력에 의한 통치가 극에 달하자1794년에 일어난 반란을 일컫는다. 이 사건으로 로베스피에르 등이 처형당했으며, 프랑스 혁명의 가장 급진적이었던 시기가 막을 내리게 된다.
18. 프랑스 혁명 당시의 정치적 모임이었던 자코뱅 클럽에서 기인한 당파명. 당시에는 혁명에 동조하는 모든 지지자를 일컫는 이름으로 쓰였으며, 현대 프랑스에서는 중앙집권적 공화정의

개념을 일컫는다.

19. 롤랑(Romain Rolland, 1866-1944). 프랑스의 극작가, 소설가, 역사학자. 1915년 노벨 문학상 수상. 국민 극장이라는 개념을 내세워 예술의 대중화와 민주화에 기여했다.
20. 이 장에서 앞서 소개되었던 벨라(Bellah)의 1985년작《마음의 습관》(*Habits of the Heart*)을 비유적으로 일컫는 표현이다. 벨라는 이 공저작에서 종교와 미국의 공공선이 어떤 관계를 맺고 있는지를 다뤘다.

6장

뒤르켐 노동사회학의 자리매김[1)]

서론

노동은 아담과 이브가 에덴 동산에서 쫓겨남으로써 에덴 동산의 과실을 즐기기보다는 생계 유지를 위해서 일하도록 강제되었다고 형이상학적으로 표현된 것에서 볼 수 있는 것처럼 사람으로서의 조건에서 핵심적인 의미를 띠어 왔다. 노역으로부터 자유로운 에덴으로 돌아가 거기에서 순진무구하게 사는 것은 다양한 시기에 걸쳐서 나타난 이상향을 추구하는 꿈의 밑거름이 되었다. 기독교적 낙원의 개념과 여타의 신앙 공동체에서의 낙원 개념 사이에 아무리 차이가 있다고 할지라도 낙원이란 **일터**를 제외한 모든 것이다. 즉, 그것은 적어도 대중적인 상상 속에서는 노동으로부터 면제된 장소이다.

1) 이 글은 원래 다음의 프랑스어 논문으로 쓰인 것이다. Edward A. Tiryakian, “Le Travail chez Émile Durkheim”, pp. 229-250 in Daniel Mercure, ed., *Les Classiques et le Travail*. Québec, Canada: Les Presses de l’Université Laval, 2003.

근대 사회 질서의 기초를 분석했던 주요 인물마다 노동에 상당히 다른 의미를 부여했다. 비록 이 글에서 나의 초점은 뒤르켐이 어떻게 노동을 분석했는가 하는 것이지만, 간략히나마 뒤르켐이 주장한 노동의 중심적인 의미가 다른 고전적 인물 — 특히 마르크스나 베버와 같은 — 의 입장과 어떻게 다른지 알아본 뒤에, 이어서 뒤르켐의 노동에 대한 가장 중요한 논문이 쓰였던 당시의 사회역사적 배경의 요소에 대해서 논하고, 또한 그의 《사회분업론》[2)]이라는 오래도록 지속되는 고전의 주요 주제를 다룰 것이다. 마지막 절에서 나는 이 고전이 우리가 겪고 있는 현재와 어떤 관련이 있는지를 간략히 다룰 것인데, 고전을 집필했던 학자가 간과했던 광범위한 사회조사 연구에서 수집된 정보를 활용해서 오늘날 일반적인 사람에게 일은 어떤 의미가 있는지에 대해서도 논의할 것이다.

I. 뒤르켐에 견주어지는 학자들의 노동 개념

근대 사회 질서의 변형은 사회 조직의 중심부에 놓인 노동의 성격에 급진적인 변화를 일으켰다. 뒤르켐의 공헌이 무엇인지를 개괄하려면 그의 접근법과 그에 비견될 만한 고전적인 학자 — 굳이 그의 동시대인은 아니라 하더라도 어쨌든 노동이나 노동 분업이 근대성을 분석하는 데 필수적인 사항이라고 여겼던 주요 저자 — 의 견해를 비교해 봄 직할 것이다. 나는 이들을 '낙관론자'와 '비관론자'로 구분해 보려 한다.

---

2) 이 글에서는 《사회분업론》의 1902년 프랑스어판을 인용한다. 영역판을 보려면 다음을 참조하라. *The Division of Labor in Society*, with an introduction by Lewis A. Coser and translated by W.D. Halls, New York: Free Press 1997.(한글판으로는 민문홍 옮김, 《사회분업론》(2012, 아카넷)이 있다-옮긴이.)

낙관론자들—스미스(Smith)와 생시몽(Saint-Simon)

대략 250여 년 전쯤의 근대 사회 질서 초기에,[3] 대단한 영향력을 가진《국부론》(1776)을 저술했던 아담 스미스(Adam Smith)는 노동 분업에서 경제 개발과 진보의 엔진을 발견했다. 그에게 노동 분업은 기술, 상업과 상호 연관된, 인간의 사회적 진화의 주요한 주제였다. 스미스의 일반적인 낙관론적 기조는 산업적 질서를 미리 내다보았던 위대한 사상가 생시몽(Saint-Simon)에 의해 지속되었는데,[4] 뒤르켐은 이런 생시몽을 '실증주의 철학과 사회학'의 토대를 놓은 이로서 높이 샀다(아마도 뒤르켐은 콩트보다도 생시몽을 더 존경했던 것 같다, Gouldner 1958: ix).[5] 비록 그가 산업 **노동** 그 자체에 초점을 두지는 않았지만,[6] 생시몽은 전체로서의 산업 질서가 봉건 질서의 족쇄로부터 인간을 해방시킨다고 보았다. 그는 **정치** 혁명보다 더 영속적인 **산업 혁명**으로 산업 질서가 제도화되면, 생산성과 능력에 기반을 둔 산업 체계가 닮

3) 나는 영국의 마틴 앨브로(Martin Albrow 1996)나 미국의 프랜시스 후쿠야마(Francis Fukuyama 1999)와 같은 근대성에 대한 날카로운 관찰자들이 말한 것처럼, 우리가 이미 그 문턱을 넘어선 것은 아니지만 민족국가 체제와 맥을 같이 하는 근대 산업 질서와는 아주 다른 사회 질서로 향하는 문 앞에 서 있다고 하는 통찰력 넘치는 해석에 큰 장점이 있다고 생각한다. 하지만 이 글에서 그러한 논의를 자세하게 다루는 것은 적합하지 않을 것이다.

4) 이와 관련해서는 다음을 참조하라. Henri Saint-Simon, *Du Système Industriel(On the Industrial System)*, Paris: Chez Antoine-Augustin Renouard, 1821.

5) 굴드너는《사회주의와 생시몽》(*Socialism and Saint-Simon*)의 서론에서 뒤르켐이 세기의 전환기에 사회 체계에 대한 두 가지 주요한 경쟁적 이론인 마르크스주의와 콩트주의를 종합하려고 했다고 상정했다: '마르크스와 콩트 두 사람 모두에게 영향을 미쳤던 생시몽의 이론틀로 뒤르켐을 이끌었던 어떤 타협'(1958: xvii). 뒤르켐과 가까웠던 연구자 대부분이 생시몽의 민주적 사회주의라는 독특한 주장에 매료되었을 법한데, 이 가운데서도 셀레스탱 부글레(Célestin Bouglé)는 중요한 논평과 함께 생시몽이 쓴 글들을 모아서 1924년에 출간했다(Doctrine de Saint-Simon, nouvelle éd, Paris: M. Rivière).

6) 폭넓게 말하면, 생시몽은 법조인을 포함한 봉건 엘리트의 무노동과는 달리, 과학자, 예술가, 장인의 노동이 인간의 행복을 위해서 진정한 공헌을 하는 유용한 것이라고 보았다(이와 관련해서는 다음을 참조하라. Bouglé, 1924: 115쪽 이하).

아빠진 특권과 전환기의 사회적 무정부 상태의 특성을 대체하리라고 보았다. 생시몽은 산업 혁신가, 즉 신사회 질서의 엘리트에 더 큰 관심을 가지고 있었지만, 그가 '프롤레타리아'라고 불렀던 이들 — 일하고 싶지만 일자리를 찾을 수 없는 이들, 실업자 — 에 대한 동정을 보이기도 했다

비관론자들—마르크스와 베버

(그 자신이 망명 시절 대부분을 실직한 지식인으로 지냈던) 마르크스에게 노동은 아주 부정적인 의미였다. 산업 혁명은 실상 산업 노동 대중을 사슬로 묶었던 것이나 마찬가지인데, 왜냐하면 노동자들은 생산 과정도 그들이 생산하는 재화의 가격도 통제할 수 없었기 때문이다. 근대 (공장) 노동은 소외적이며 인간성을 말살시킨다. 만약 근대 노동이 무엇인가를 벌충하는 특성을 지닌다면, 그것은 재산과 인간 존엄성을 박탈당한 막대한 규모의 점증하는 노동자를 똑같은 소외적인 노동 상황에 집어넣는다는 것뿐이다. 그들이 처한 상황을 자각하면 해방(반란?)을 위한 대중 운동이 일어날 가능성이 커진다. 근대 사회 질서의 가장 중요한 부분인 자본주의 체제 아래에서 점점 더 착취적으로 변하는 노동 조건에 대한 마르크스의 비관주의는 그가 후기 자본주의 사회에 대해서 간단하고도 사회학적으로 개발되지 않은 시야를 가지고 있었음을 보여 준다. 그런 목가적인 시야로 보게 되면, 마치 루이 뒤몽(Louis Dumont 1983)이 마르크스를 서구 개인주의 사상의 맥락에서 우아하게 묘사했던 것처럼, 인간에게는 아마도 그(혹은 그녀?)가 즐기는 일을 하는 것을 포함해서 인생 그 자체를 즐길 자유가 있을 것이다. 그러나 마르크스는 그의 새 예루살렘(New Jerusalem. 마르크스의 역사 발전 5단계설의 마지막에 위치하는 공산주의 사회를 비유적으로 칭하는 표현-옮긴이)에 대해서 관심을 거의 기울이지 않았으며, 오히려 근대의 소외된 황무지에 더 많은 관심을 쏟았다.

지금의 논의에서 베버를 '비관주의자'의 범주에 넣는 것은 신중히 이뤄

져야 할 일인데, 왜냐하면 서구 문명의 동학에 대한 그의 거장다운 폭넓은 연구에서 발견할 수 있는 중요한 요소는 오히려 낙관적이기 때문이다. 이 글에서 재론할 필요가 없는(Freund 1969, 1990), '프로테스탄트 윤리'라는 베버의 유명한 논지는, 본질적으로 인간의 노동이, 심지어는 '일상적인' 노동조차도, 헌신적으로 견실하게 실행되면 구원을 이루는 세속적인 도구 역할을 한다고 보았다. '각각의 사람은 스스로의 사제'라는 만인제사장설을 주창함으로써 기독교적 권위와의 역사적 분기를 이뤄 낸 루터에 이어서, 칼뱅주의 청교도는 '소명'에서 구속(救贖)의 의미를 발견했는데, 이것이 집합화되고 제도화되었을 때 근대성에 상당한 기여를 하게 되었다(하지만 이것이 근대성의 **바로 그** 원인은 아니다). 그렇다면 왜 비관주의인가? 이에 대한 것은《프로테스탄트 윤리와 자본주의 정신》의 결론에서 찾을 수 있다. '청교도는 소명 안에서 일하고자 원했다. 그러나 우리는 강제로 그렇게 하도록 만들어졌다'(Weber 1976: 181). 세속적 금욕주의에 의해서 도입된 노동의 구속적 가치는 상업화로 침식되고 부식되었는데, 베버가 '물질적 재화가 역사상 유례없이 점증하는 그리고 마침내 제어할 수 없을 정도로 인간의 삶에 영향력을 미치게 되었다'(1976: 같은 쪽)고 썼던 때로부터 한 세기 뒤에는 그런 상태가 훨씬 더 심해졌음이 분명하다. 베버는 1904년에 북미에 왔고 여전히 만개한 프로테스탄트 윤리를 보여 주는 활력에 찬 사회를 목도했지만, 그 나라 또한 이러한 특별한 성격을 상실한 채 유럽이 겪었던 것과 같은 경로를 거치게 되는 것은 단지 시간문제일 것이라고 느꼈다(Weber 1946: 302-322).

II. 노동에 대한 뒤르켐의 분석

노동의 의미와 관련해서 뒤르켐을 어떻게 위치 지을 수 있는가? 나는 그의 특성을 **사회 실재론자**라고 본다. 그는 노동 분업의 성장이라는 현실과 그 중요성을 일종의 장기적 구조 변화로 받아들였다. 《사회분업론》에는 상이한 수준에서 작동하는 두 가지 접근법이 있는데, 이 때문에 뒤르켐을 '비관주의자'나 '낙관주의자' 가운데 어느 하나로 구분 짓는 것은 어렵다. 《사회분업론》의 1, 2부에서는 체계의 수준에서 노동을 바라보는데, 즉 노동 분업이 사회에서 가지는 기능과 원인이 무엇인가를 살펴본다. 따라서 여기에서는 하나의 분석 단위로서의 개별 노동자에 대한 관심을 찾아보기 어렵다. 뒤르켐은 변화하는 연대의 양식, 그리고 궁극적으로는, 변모하는 인구학적 조건(인구와 인구밀도의 증가라는)에 대한 철두철미한 논의를 마친 다음에야 '비정상적' 또는 '병리적' 분업 형태의 상황에 처한 노동자들의 곤경에 관심을 돌린다. 달리 말하면, 그 논문의 첫 주요 부분은 전체로서의 사회에 노동이 가지는 사회적 의미에 관한 것이다. 그 후반부는 노동자와 노동자들의 병리적 노동 여건에 대해서 더 많이 다룬다. 명백히, 노동 분업이 잘 작동되는 '정상적' 상황에서는 생시몽이 표방한 '능력에 따라서 일하고 필요에 따라 분배받는' 노동 여건의 달성을 볼 수 있을 것이다.[7] 따라서 뒤르켐은 노동자 **개인**에게 노동이 어떤 의미를 가지는가가 아니라, **집합**으로서의 노동 분업이 사회 통합에 가지는 의미에 주된 관심을 기울였다.

노동 분업, 연대의 형태들 그리고 아노미(Anomie)

《사회분업론》을 살펴볼 수 있는 몇 가지 방법이 있다. 아주 폭넓게 보면, 그 저작은 탐구를 위한 주요 노선을 형성하는 면에서 〔1970년대 라카토시(Lakatos)에 의해서 과학 철학으로 여겨졌던〕[8] 과학적 연구 프로그램의 초기 작

7) 뒤르켐과 생시몽의 배후에는 궁극적으로 플라톤의 《국가론》이 있었는데, 이 책에서는 분업이란, 말하자면 각각 다른 '작업 현장'에 배치된 개인의 능력에 따른 사회 조직의 기초적인 동인이라고 묘사하였다.

8) 라카토시에 대한 더 자세한 논의와 뒤르켐에게서의 과학적 연구 프로그램의 개념에 대해서는, 이 책의 1장, 〈뒤르켐 이해의 날줄과 씨줄〉을 참고하라.

이라 할 수 있으며, 뒤르켐은 다음과 같은 것을 최우선적으로 고려하였다: 근대 사회 질서의 구조와 기능에 대한 경험적 비교 분석, 그리고 무질서의 근원은 무엇인가.[9] 이것을 두드러지게 만드는 것은 또한 도덕적 관련성이다. 즉, 근대에 가장 적합한 사회 질서를 건전한 토대 위에 재건하는 것을 말한다. 대략적으로 말하면, 그 시작부터 마지막까지, 뒤르켐의 저작은 전부, 사회학으로 하여금, 경험적 지식을 제공함으로써, 사회 개혁을 책임지도록 만들기 위한 것이었다.

그러한 진화 과정에서 경제가 사회의 가장 큰 부문이 되었다는 것을 감안하면, 새로운 사회학이 경제 부문의 기능을 연구하는 것은 가장 중요한 일인데, 경제학자가 경제적 인간(*homo economicus*)에 대한 추상적인 모델을 가지고서 이러한 연구를 하는 것과는 달리, 사회학자로서는 일상생활에서의 사회적 응집에 관심을 기울이려고 할 것이다. 뒤르켐에게 사회적 응집이란 인간 사회의 도덕적 현상으로서 연대와 무규범 상태인 아노미라는 두 극단의 개념 사이를 오가는 것이다. 나아가서, 그의 분석에서 연대는 기계적 그리고 유기적 연대라는 두 가지 형태를 취한다. 어디에서 이러한 주요 개념이 생겨난 것일까? 그중 하나는 독일에서 그리고 나머지 하나는 프랑스에서 비롯된 두 가지의 지적 자극으로부터 말미암는다.

1889년 뒤르켐은 페르디난트 퇴니에스(Ferdinand Tönnies)의 유명한 논문인 〈공동 사회와 이익 사회 — 경험적으로 계발된 형태로서의 공산주의와 사회주의에 대한 논의〉(*Gemeinschaft und Gesellschaft. Abhandlung des Communismus und des Socialismus als empirische Culturformen*)[10]에 대한 비평을 썼

9) 그의 연구 프로그램을 보완하기 위해서, 뒤르켐은《사회분업론》이 나온 지 2년 만에《사회학적 방법론의 규칙》을 출간했다. 후자의 프랑스어판은 장미셸 베르틀로(Jean-Michel Berthelot)가 쓴 서문을 포함하며(*Les Règles de la Méthode Sociologique*, Paris: Flammarion, 1988), 영역본도 있다(*The Rules of Sociological Method*, trans. by S.A. Solovay and J.H.Mueller, edited by George E.G. Catlin, New York: Free Press, 1962).

10) 페르디난트 퇴니에스(1855-1936)는 영향력 있는 저작《공동 사회와 이익 사회》를

다. 공동 사회 혹은 공동체 상태에 대해서, 뒤르켐은 '그 구성원들의 차이를 배제시키는 절대적 통일이 존재한다. 그 가장 완벽한 형태는 바로 가족이다'라고 썼다(1975a〔1889〕 1: 384). 나아가 그는 '그것은 유기적 집단이다'라고 덧붙였다. 그 비평의 후반부에서 그는 '공동 사회의 구성은 유기적인 반면, 이익 사회의 구성은 기계적이다'(같은 출처, p. 387)라고 반복했다.

뒤르켐은 퇴니에스에 의해 주창된 사회 진화론을 흔쾌히 받아들였다. 즉, '기념품과 직업의 공동체'인 공동 사회로부터, 정치·경제·종교적 결사체와 함께, 인류애(confréries)가 발현된다는 것이다. 뒤르켐이 퇴니에스의 글을 읽고서 쓴 것에 따르면, 이러한 집단은 관습·관행·전통으로 그 생애가 규제되므로 개인의 의지(des volontés individuelles)에 의해서 생겨나는 것이 아니다. 그는 이 비평에서, 큰 근대 도시에서 훨씬 더 확장된 사회체(social body)와 함께 이익 사회가 등장하기까지, 개인주의·산업·세계 시민주의가 도래하기를 기다려야만 할 것이라고 썼다. 뒤르켐은 또한, 더구나 이러한 대규모 사회 변형에 대해서 퇴니에스뿐만 아니라 마르크스와 라살레[11]도 '침울한 색깔들'로 묘사했다고 덧붙였다(뒤르켐은 지멜에 대해서도 이같이 언급할 수 있었을 것이다).

그럼에도 불구하고, 뒤르켐은 '기계적' 연대와 '유기적' 연대의 개념을 서로 뒤바꿈으로써 퇴니에스와 이익 사회에 대한 해석을 달리했다. 그는 개인주의의 진보적 발전이 현대 사회를 단지 '기계적 집합체'로 만듦으로써 현대 사회를 부득이 원자화시킨다는 견해를 받아들이지 않았다.[12] 뒤르켐

1887년에 출간했다. 그는 독일 사회학회의 초대이자 최장 기간 회장(1909-1933)을 역임했는데, 이 학회에는 베버(Weber), 지멜(Simmel), 좀바르트(Sombart) 등도 창립 당시부터 소속되어 있었다.

11) 페르디난트 라살레(Ferdinand Lasalle, 1825-1864)는 독일 민주사회당의 설립자이며 프롤레타리아가 처한 상황을 위로부터 개선하고자 하는 국가 사회주의를 옹호했다.

12) 실제로, 이 비평이 발표된 뒤 몇 년 지나지 않아서 그리고 드레퓌스 사건의 여파로, 뒤르켐은 개인 숭상이 근대 세속종교의 중심부를 차지한다고 마지못해 인정하기까지 했

은 다음의 도전을 받아들이면서 그의 비평문을 끝맺는다: 오늘날 대규모 사회 집단의 생애가, 퇴니에스의 유년기에나 볼 수 있었던 조그만 촌락에서만큼이나 자연스러운 내적인 유기적 차원을 가지고 있음을 보여 준다.

마지막으로, 뒤르켐은 1889년의 이 글에서 실상 1893년의 그의 논문에서 자세히 다룰 내용에 대해 언급한다. '〔근대 사회의 유기적 차원을〕 증명하려면 책 한 권이 쓰여야 하는데, 이 책에서 나는 하나의 명제를 세울 것이다. 〔…〕 이런 결론에 이르는 유일한 방법은 〔…〕 공동 사회를, 법 체계를 통해서 그리고 그 사회에만 독특하게 나타나며 그 사회 구조를 장식해 주는 원규(原規, moeurs〔프랑스어-옮긴이〕)를 통해서 연구하는 것이다'(같은 출처, p. 390). 뒤르켐이 4년 뒤 그의 박사논문을 실제로 발표했을 때, 그는 근대 사회의 내적 연대에 강조점을 두었는데, 이 연대는 무엇보다도 규범적 차원을 지니는 사회적 노동 분업 내에서 각 구성 요소가 맺는 상호 작용 탓에 유기적인 것으로 취급된다. 그리고, 그가 이미 이전에 제안했던 대로, 뒤르켐은 어떤 종류의 연대가 다른 종류의 연대보다 더 두드러지는 지표로써 법체계를 (개인에 외재하는 규제들의 체계로서) 활용한다. 역사적 과정에서 진보하면 할수록, '협력에 대한' 법이 더욱 늘어나고, 퇴보할수록, '억압적' 법(혹은 형법)이 증가한다. 《사회분업론》의 1부에서 제기된 뒤르켐의 주장을 보면, 전자는 유기적 연대의 지표로 후자는 기계적 연대의 지표로 각각 활용된다. 퇴니에스에 대한 뒤르켐의 비판은 따라서 그 자신의 이론, 즉 근대 사회의 '정상성'은 '유기적' 응집으로서 그것이 다양한 재능이 점증하는 고등 노동 분업 내에서 자유롭게 자리를 잡을 수 있도록 만들어 준다는 이론을 위한 중요한 출발점이 된다.

만약 두 종류의 연대와 역사적 변화가 근대 사회 통합의 근본이 무엇인가에 대한 사회학적 관점을 제공한다면, 뒤르켐은 어디에서 아노미라는 개념

다(Durkheim 1973〔1898〕).

을 얻어낸 것일까?

마르코 오루(Marco Orrù 1987)가 말했듯, 그 개념은 뒤르켐이 만들어 낸 것이 아니다. 그것은 히브리와 그리스 사상에 그 고전적인 뿌리를 두고 어떤 신성한 질서에 부당한 죄를 뜻하는 것이었음이 명백하다. 근대에 들어와서 뒤르켐과 동시대인이었던 장마리 기요(Jean-Marie Guyau)는 1887년에 종교의 역사에 대한 사회학적 관점을 담은 책, 《미래의 비종교, 사회학적 연구》(*L'Irréligion de l'avenir, étude sociologique.* 영문판은 1897년에 출판되었다)를 펴냈다. (여러 판을 거친) 그 연구는 아노미가 병리적인 것이 아니라 도덕성의 긍정적인 조건이자 초월적인 질서가 존재하지 않는 상황에서 자발적인 도덕적 판단의 선택을 허용해 준다고 보았고, 따라서 아노미에 주요한 역할을 부여했다.

1888년에 뒤르켐은 이 작품에 대한 장편의 비평을 썼고(Orrù: 104쪽 이하) 기요의 분석이 종교와 사회 양자의 발전을 연구하는 데 중요하다고 여겼다. 그러나 그가 퇴니에스의 개념을 가지고 그랬던 것과 마찬가지로, 뒤르켐은 아노미의 가치에 변화를 주었다. 《사회분업론》의 1893년 서문에서 뒤르켐은 기요의 해석을 받아들이지 않고 다음과 같이 고대 히브리와 그리스식 관점과 유사한 입장을 취한다. **아노미**는 도덕성의 근거가 아니라 오히려 '모든 도덕성의 부정'이다. 더구나 이후의 2판 서문에서 뒤르켐은 오늘날 사회의 심각성을 정면으로 다뤘다. '우리는 오늘날의 경제생활이 처한 법적 도덕적 아노미의 조건을 〔…〕 거듭 거듭 주장해야 한다'(《사회분업론》: ii).

뒤르켐에게 아노미는 두 가지의 사회학적 측면이 있다. 거시적 수준에서는, 그것은 (예를 들면, 타자에 대한 신뢰 상실, 계급 투쟁, 그리고 내전과 같이) 위태로운 삶을 빚어내는 탈규제의 비정상적 조건이다. 미시적 수준에서는, 노동과 유기적 연대가 인간의 지평을 확장시키는 대신 그 의미를 잃어버리고, 따라서 산업 노동이 인간 본성의 저속화로 이어질 수 있다. 그의 박사논문 3부에서 뒤르켐은 연대의 반대로서, 그러나 생리학에서 병리학이 중요하듯이 사회학의 연구 대상으로서 중요성을 띠는 아노미에 대한 깊이 있는 분석을 하고 있다(《사회분업론》: 343).

연대와 **아노미**는 근대 사회에서 노동의 중심성에 대한 뒤르켐의 시야를 트이게 해 준 주요한 수단이었다. 둘 가운데 어느 것도 '탁상공론'과 같은 개념적 추상화가 아니었다. 오히려 그것은 오직 한 세기에 걸치는 장구한 관점으로 언뜻 봐야만 걱정거리가 없었던 것 같던, 길었던 19세기의 평화와 진보의 일부분인 프랑스의 사회적 삶의 기간으로부터 뒤르켐이 취했던 한 짝을 이루는 수단이었다.[13] 다음 글은 대조적인 회고를 보여 준다.

> 1892년은 프랑스의 역사에서 최고의 기념이 될 만한 기억을 남긴 해는 아니었다. 불랑제주의(Boulangisme)의 여파가 채 사라지지 않은 가운데, 온갖 사건이 나라를 뒤덮고 있었다. 정치 부문은 파나마 스캔들로 얼룩졌다. 〔…〕 사회적 분위기도 더 이상 평온하지 않았고, 광부들의 파업이 카르모(Carmaux)에서 일어났다. 〔…〕 무정부주의자는 폭탄을 제조하였다. 〔…〕 공화정 지지자에게 유일한 위안이 되었던 것은 (교황) 레오 13세가 공화정에 대한 지지를 표명했다는 정도였다(Freon 1992).[14]

---

13) 이와 유사한 논의는 다음 출처에서 볼 수 있다. Tiryakian 2005.

14) 이 인용절에 나온, '불랑제주의'는 조르주 불랑제 장군(1837-1891)의 오래 지속되지 못했던 우파 운동을 일컫는데, 상당한 대중적 지지를 확보했기에 1889년의 쿠데타는 거의 성공할 뻔했다. 1892년에서 93년까지 지속되었던 파나마운하회사 스캔들은, 미국에서 발생한 저축 대부 위기〔S&L, 저축 계좌를 열면 주택이나 차량 담보 대출을 해 주는(Savings & Loan) 미국의 금융 제도로 1990년대 미국의 금융위기의 원인이었다-옮긴이〕나 엔론 스캔들〔미국의 전기, 천연가스, 통신 분야의 우량기업으로 알려졌던 엔론(Enron) 사의 대형 회계 사기 사건으로 2001년 불거졌음-옮긴이〕과 쉽게 비견될 만한, 19세기 가장 악명 높았던 고위 관료 부패 사건이었다. 카르모는 평온한 지역으로 알려졌던 남프랑스의 조그만 마을 이름이며 1892년에 주요한 노동 소요 사태가 일어났다. 레오 13세는 로마 교회가 근대성을 수용하도록 만드는 주요한 결정을 내렸으며, 여기에는 세속 공화정을 인정하는 것과 획기적인 사회적 회칙 〈새로운 일들에 관하여〉(Rerum Novarum. 회칙은 교황이 주교들에게 내리는 칙서이며, 이 회칙은 1891년 레오 13세가 노동자 계급의 실상에 대해서 발표한 내용이다-옮긴이)를 발표한 것도 포함된다.

19세기가 저무는 수십 년 동안의 격심한 산업화와 급속한 경제 성장은 확실히, 생활 수준의 커다란 향상을 불러왔다. 그것은 또한 사회적 비용과 새로운 형태의 사회적 갈등을 수반하기도 했다. 뒤르켐의 박사논문은 산업 부르주아 계급의 새로운 양적 팽창과 함께 그들에 비해 불운했던 〔졸라(Zola)의 소설에 등장했던〕 사회적 소외층의 고통이 한꺼번에 나타났던 시기에 처음으로 쓰였다. 이때는 **탈규제**의 시기로, 다시 말하면 경제적, 도덕적 규칙과 같은 게임의 전통적 규칙이 약화되고 있었다.

경제적 탈규제화와 사회경제적 갈등의 결과가 표출되는 하나의 형태는 **무정부주의**이며, 프랑스에서는 폭력적인 노동 소요와 정계에서 일어난 암살〔1894년 사디 카르노(Sadi Carnot) 대통령 암살〕의 모습으로 드러났고 미국에서도 마찬가지였다〔1886년 헤이마켓(Haymarket) 폭동(시카고 헤이마켓 광장에서 5월 4일에 벌어졌던 노동 시위로 폭탄 테러로 인한 유혈 사태로 번졌음, 이후 노동절이 제정된 기원으로 일컬어짐-옮긴이); 1901년 매킨리(William McKinley, Jr.) 대통령 암살(미국의 25대 대통령 암살 사건-옮긴이)〕. 《사회분업론》의 2판 서문에서 뒤르켐은 무정부주의와 아노미는 심각하게 혼란스러운 사회 상태라는 동일한 총체에서 나오는 부분이라고 명시한다. 그에 비해, 규제된 사회적 삶이라는 **가상**의 경향성은 연대와 자기 발달에 적합하다.

> 집합적 삶(la vie commune)은 매력적인 동시에 강제적이다. 의심할 나위 없이, 제약은 인간이 스스로를 초월하기 위해서 필요한 요소이다(《사회분업론》: xvii).

같은 쪽에서 뒤르켐은 이러한 정상 상태와, 사회와 개인 모두에게 비도덕적인 상황인 탈규제화된 노동 상황의 병리 상태를 비교한다.

> 무정부주의(anarchy)[15]는 인간에게 고통스럽다. 인간은 그 날카로운 고통과 무질서를 겪게 되는데, 이것은 개인 사이의 관계에 규제된 영향력

이 결여될 때 매번 일어나는 현상이다. 그러므로 인간이 그의 가까이에 있는 동료와 전시 상태에서 살아가는 것은 좋은 일이 아니다(《사회분업론》: 같은 출처).

아마도 치유의 과학으로서의 사회학을 만들기 위해서는 클로드 베르나르(Claude Bernard)와 루이 파스퇴르(Louis Pasteur)로부터 영감을 얻고, 또한 사회학을 사회정책 입안자에게 유용하도록 만들기 위해서는 콩트에게서 영감을 얻었을 뒤르켐은《사회분업론》과 (《사회분업론》 2판이 나오기 전인 1897년에 출간된)《자살론》 모두에서 국가와 사회 사이의 매개적 구조로서의 **동업조합**(*corporation*)이 혁신되어야 한다고 주장한다. 에밀 르바쇠르(Emile Levasseur)[16]의 기념비적 연구의 영향을 받은 뒤르켐은 이러한 직업적 결사체(길드)가 로마 시대로부터 프랑스 혁명에 이르기까지 장인과 전문직업인에게 윤리 강령과 동업조합의 정체성을 부여했다고 평가한다(Levasseur 1900-01[1859]; 1903-04[1867]). 개인의 자유에 대한 모든 제약을 혁명적으로 철폐하는 일환으로 동업조합을 폐지하면서,[17] '욕조와 함께 아기도 버려졌으며', 이 사례를 빌려 말하자면, 경제적 삶이 탈규제화되면서 탐욕스러운 경제적 식욕과 욕심의 고삐가 풀리게 되고 따라서 노동자와 사용자, 노동자 상호 간, 그리고 노동자와 행정 당국자 사이에 갈등이 발생했다.

경제적 삶의 탈규제화는 정치적 무정부주의만큼이나 그 방식에서 잔인하고 폭력적인 경제적 무정부주의, 즉 아노미가 나타나게 되는 조건이었다. 종업원과 관리자의 관계 그리고 경쟁자 사이의 관계를 규제할 도덕적 규율

15) 뒤르켐이 아노미가 아닌 이 용어를 썼음을 눈여겨 보아야 한다.

16) 제2제국과 제3공화정에 이르는 시기에 선도적이었던 프랑스 경제사학자이자 콜레주 드 프랑스(Collège de France)의 교수를 역임한 인물.

17) 이런 상황이 절정에 이르렀을 때 혁명의 열기는 또한 노예제를 철폐시켰고 (여성을 결혼의 굴레에서 해방시키고자) 이혼을 허용했음을 상기하라. 이어지는 루이 18세, 샤를 10세의 반동 체제에서는 노예제를 복원시키고 이혼을 무효화했지만 동업조합과 그 전통적 특권을 복원시키지는 않았다.

은 존재하지 않았다. **매수자 위험 부담 원칙**(*Caveat emptor*)은 법적 성격이 없는 시장의 수칙이었다. 근대 사회가 점차 경제적, 산업적 (혹은 뒤르켐의 이론을 우리의 상황에 적용하자면 **후기 산업주의적**) 질서의 정신을 취하면서, 사회적 삶의 상당히 커다란 영역이 규범적 규제 기제를 상실하게 되었다. 개인의 욕구에 제약을 가할 도덕적 힘이 없어지면, 홉스가 말한 만인의 만인에 대한 투쟁의 상태가 도래한다. 그리고 경제적 삶은 근대 사회의 지배적인 성격이므로 — 주당 40시간 노동이 미래의 꿈에 불과하던 시절에 뒤르켐이 말하기를 — 바로 이것은 대다수의 사람이 삶의 대부분을 도덕성을 결여한 노동 상황 아래에서 보내야 한다는 것을 의미한다. 노동자가 노동 상황을 어떤 식으로 겪고 있는지에 대한 사회조사나 현장조사 자료를 활용할 수 없었지만, 뒤르켐은 공평한 자유란, 도덕성의 총체라고 할 수 있는 행위의 사회적 규칙에 부합되도록, 타인의 권리를 존중하는 것에 기반을 두어야 한다는 것을 고려하면, 이런 노동 상황은 위장된 자유라고 보았다. 뒤르켐이 명시적으로 그렇게 쓰지는 않았으나, 그는 노동이 타인과의 연대 속에서 규제되고 규범적인 환경에서 행해질 때 의미 있고 만족스러운 것이 될 수 있다는 견해를 가졌다. 나는 뒤르켐이 규제된 노동을 '즐길 만한' 것으로 여겼으리라고는 생각하지 않지만, 그것을 '인간의 조건'의 한 부분으로서 만족을 주는, 심지어 필요한 것으로 여겼으리라고 본다.

그러나 현존하는 산업 질서의 아노미적인 조건이 있다는 것을 감안했을 때, 어떻게 하면 정상 상태로 돌아갈 수 있을 것인가? 이 질문에 대해서 과거의 동업조합 모델이 유용한 답을 줄 수 있을지 모른다.

> 동업조합은 도덕성과 직업적 의무를 발달시키는 자연스러운 환경이다(《사회분업론》: xx).[18]

18) 이후에 뒤르켐은 이 주제에 대해서 강의를 개설했으며 그 노트가 남아 있는데 그의 사후에 출간되었고 영역도 되었다(Durkheim 1983). 이에 대한 논의는 다음을 참고하라.

뒤르켐은 그것은 확실히 **구체제**(*ancien régime*)의 동업조합이나 길드와 같은 구조가 될 수는 없다고 인정했다. 프랑스 혁명이 그것을 쉽사리 폐지시킬 수 있었다면 그것의 유용성이 다했기 때문이고 또한 경제적 삶이 지역을 넘어서 국가적 수준의 중공업으로 격상된 마당에 그것이 지니고 있던 지역성은 취약점이 되었기 때문이다(《사회분업론》: xxvi 이하). 새로운 동업조합은 국가적인 수준에 맞추기 위해서 그 영역과 조직 구조를 확장해야만 한다. 그것은 노동 상황에 대해서 규제력을 가진 토론의 장의 역할을 할 뿐만 아니라 다른 기능도 수행한다. 노동 상황에 뿌리를 둔 사회 집단은 도덕적 권위를 가지는데, 이 권위는 이기성을 억제하는 온정과 공감의 원천이기도 하다. 과거의 동업조합은 그 발생기에 머물렀지만 미래의 동업조합에서는 이런 것들이 실제로 발현될 것이다.

> 미래의 동업조합은 그것의 영역이 넓어짐에 따라서 그 복잡성은 훨씬 더 심화될 것이다(《사회분업론》: xxx).

그것은 어떤 기능을 할 것인가? 〔공제회(共濟會)와 같이〕 그 성원에게 상호 부조뿐만이 아니라, 교육적, 예술적 그리고 여타 여가 활동까지 제공한다.[19] 심지어 뒤르켐은 동업조합이 과거에는 도시 공동체의 기반이었던 것처럼 정치적 삶의 새로운 기반이 될 수 있을 것이라고 주장했다. 각 산업을 정치적 단위로 삼아서 재조직화된 유럽 의회(1925)의 꿈을 품었던 생시몽을 언급하지는 않았지만, 뒤르켐은 혁신된 동업조합이 근대 국가의 기초적 정치 단위의 기능을 할 수 있을 것이라고 제안했다.

뒤르켐은 동업조합의 혁신이 어떤 식으로 이루어져야 하는지는 구체적

Cladis (1992).

19) 뒤르켐이 '일 중독'이었던 것은 사실이지만, '여가 없이 일에만 빠져 사는 것'의 한계를 이해하고 있었다. 이러한 고상한 형태의 놀이와 오락은 진지한 삶(la vie sérieuse)과 함께 자연스럽게 발전되는 것처럼 보인다.(《사회분업론》: xxxi)

으로 다루지 않았다. 실천적 세부사항은 사회학자가 아닌 정책 입안자에 의해서 만들어져야 하는 것이다(《사회분업론》: xxiv). 그는 관련 논의를 더 이상 자세히 진척시키지 않았으며, 심지어는 우리 시대의 위기가 단일 원인에서 말미암은 것이 아니기 때문에 동업조합의 구조가 사회가 앓고 있는 모든 질병에 대한 만병통치약이 될 수는 없으리라고 경고했다. 실제로 그가 이런 **가설에 대한 언명**(*thèse d'état*)을 넘어서 착수하려고 했던 것은 근대 사회의 갱신에 대한 다차원적 연구였는데, 이로 인해서 결국에는 그가 노동 상황을 초월해서 하나의 제도로서의 종교를 사회학적으로 파악해 내기 위해서 노력하게 되었던 것이다. 대체로 구교라고 할 수 있는 프랑스에서의 종교는 발데크루소(Waldeck-Rousseau)와 전직 사제였던 에밀 콩브(Émile Combes)가 이끈 격렬한 반교권주의적 성향을 띠었던 정부에서 이뤄진 공화주의적 입법에 의해서 공공 영역에서 축출되었다(Daniel-Rops 1964). 그 자신이 열렬한 공화주의자였음에도 불구하고 뒤르켐은 직업적 영역이 공민적 도덕성의 지지대 역할을 해 주는 종교의 빈 자리를 채우기에는 역부족임을 깨달았다.[20] 결과적으로, 공화정의 세속화(*laïcisation*) 정책이 이뤄지자마자, 그는 그의 학자로서 이력의 마지막 10년 정도를 사회 질서의 더 깊은 구조 — 즉, 종교와 도덕성 — 를 파악하는 데 열정적으로 바쳤다. 후세에 영향력을 끼친《종교 생활의 기초 형태》(1912)에서 종교를 다룬 데 이어서, 훨씬 더 야심차게《도덕성》(*La Morale*, 1975b)의 저작에 착수했지만 끝내 마무리 짓지 못했다.

20)《사회분업론》의 결론에서 그는 '법과 도덕성은 우리를 서로에게 그리고 사회에 묶어주는 연계의 총체이다'라고 썼다("Le droit et la morale, c'est l'ensemble des liens qui nous attachent les uns aux autres et à la société",《사회분업론》: 393). 그러나 뒤르켐의 유명한 다음 정의에서 볼 수 있는 바와 같이 1912년 그는 종교를 연대의 중심으로 옮겼다. '종교란 신앙과 실천의 통일된 체계로서 〔…〕 그것을 신봉하는 모든 이들을 교회라고 불리는 단일한 도덕적 공동체 속에서 통합시킨다'(Durkheim 1912: 65). 뒤르켐이《기초 형태》에서 제기했지만 풀어내지 못한 근대성의 문제란 다음과 같다: 복잡하고, 다양하고, 다원적인 사회에서 신앙과 실천이라는 측면에서 보았을 때 무엇이 종교에 사회적으로 적합한 형태인가?

III. 되돌아본《사회분업론》

나는 뒤르켐의《사회분업론》이, 그 제목에서 풍기는 것과는 달리 역설적으로 노동사회학에 대한 주된 연구가 **아니라고** 주장했다. 그 책은 타르드(Tarde)[1]나 스펜서의 개인주의적 관점과 같은 경쟁적인 관점에 맞서 뒤르켐의 가졌던 사회학에 대한 비전을 세우는 것 등을 비롯한 많은 중요한 사안들을 다뤘다. 그 책은 경제적 자유주의라는 바다괴물(Scylla)과 사회주의라는 소용돌이(Charybdis) 사이로 공화정을 순항시키고자 했던 레옹 부르주아(Léon Bourgeois)[2]와 같은 **연대주의**(*solidarisme*)의 주요 옹호자에게 중요한 경험적 자료를 제시해 주었다. 돌이켜 보면, 존 롤스(John Rawls)[3]〔프루동(Proudhon)[4]이나 마르크스는 아니라 할지라도〕에 의해서 쓰였을 (혹은 인용됐을) 법한 구절에 나와 있는 것처럼, 그것은 국가 조합주의(corporatism)라기보다는 사회민주주의를 옹호했다.

> 가장 발전한 사회의 책무는 따라서 〔…〕 정의를 실현하는 것이며 〔…〕 〔우리의 이상은〕 우리의 사회 관계 속에서 항상 더 많은 평등이 이루어지도록 노력함으로써 사회적으로 유용한 모든 세력이 자유롭게 스스로를 드러내도록 만드는 것이다(《사회분업론》: 381).

이 저작은 물론이고 기타 이와 연관된 연구(1950)에서 뒤르켐은 유기적 연대에 근거를 둔 사회 분업이, 노동 상황에서는 물론이고 시장에서 내재적 기술 이외의 여타 불평등이 최소화되었을 때, 최선의 기능을 할 수 있다고 주장했다. 생시몽의 주장을 떠올리게 만들면서, 뒤르켐은 부모에서 자식으로의 재산 상속을 없애지 않고는 불평등을 축소시킬 수 없고 또한 타자를 위한 동정의 감정을 완전히 실현할 수도 없다고 역설하는 데까지 나아갔다(1950: 254-259).

따라서《사회분업론》은 다음에 열거되는 여러 측면에서 보았을 때 풍부한 영향력을 미친 연구임이 분명하다. 즉, 인간의 사회적 진화에 관련된 요소에 대한 사회학적 연구로서, 사회적 지표에 대한 방법론적 기여로서(뒤르켐이 법전에 담긴 변화를 사회적 연대의 지배적 형태의 변화를 나타내는 하나의 지표로 삼았음을 상기하라), 사회의 본성이 **독특하다**(*sui generis*)는 기본 가정을 규정해 주는 과학적 연구 프로그램을 형성해 주는 초기 시도로서, 그리고 초기 사회 철학으로서 사회적 병폐에 대한 치유책을 제시하기까지 하는 역할을 하기도 했다. 이런 모든 측면과 뒤르켐의 주장에서 보이는 명료함은 이 책을 전 세계에서 지속적으로 관심을 끌며 꾸준히 읽히는 사회학의 고전으로 — 비록 **최초**는 아니라 할지라도 — 자리매김시켰다.

이런 의미를 부각시키기는 했지만, 그렇다고 해서《사회분업론》이 주로 노동 조건, 노동 현장 그리고 노동자만을 다룬 것은 아니다. 이미 앞서 인용되었던 에밀 르바쇠르는 프랑스와 미국의 노동 조건에 대한 다수의 수준 높은 역사적, 서술적 연구를 발표했다(1898, 1900-1901, 1903, 1904, 1907). 뒤르켐은 역사적 문헌과 관련해서는 르바쇠르에 의존했지만, 그가 새로이 형성되고 있던 경제사회학의 영역을 개발하기 위해서 의존했던 것은 뒤르켐주의적 협력 연구의 주요 매개였던《사회학 연보》의 젊은 연구자였다. 뒤르켐 주위에 모여든 뛰어난 '별' 가운데서도(Nandan 1977) 두 명이 중요한 '5e절: 경제사회학'에서 경제적 삶에 대한 사회학을 다루는 주 책임을 부여받았다.

1898년에 나온 첫 권부터, 5e절은 프랑수아 시미앙(François Simiand)에게 맡겨졌는데 이후에는 모리스 알브바슈(Maurice Halbwachs)도 그 책임을 나눠 가졌다. 그 두 사람은 자신들이 가지고 있던 통계학에 대한 전문성을 경제사회학에 접목시켰다. 결국에는 콜레주 드 프랑스의 교수가 되었던 시미앙은 광부의 임금(1904)에서부터 광범위한 경기 순환(1932)에 이르는 다양한 사회경제적 주제에 대해서 폭넓은 저술 활동을 했다. 뒤르켐 생존 시에 나온《사회학 연보》의 마지막 권(12번째 권, 1909-1912)에서, 모리스 알브바슈는 이 절(5e절-옮긴이)의 비평자로 뛰어난 사회학자로서의 이력을 시작하게 된다. 베버의 작품을 프랑스어로 옮긴 초기 번역가이며, (시카고 대학에서 1930년대 초에 인구학 강의를 개설했던) 프랑스 인구학 연구의 선구자이지만, 알브바슈는 기억(1975)에 대한 그의 저술로 미국 사회학자에게 더 잘 알려져 있다. 그러나 알브바슈의 초기 연구(1970, 1933)는 화폐, 실업, 그리고 사회 계급의 심리학, 노동자가 처한 상황과 필요에 대해서 실증적 연구를 적용시키면서 경제사회학에 중요한 기여를 했다. 따라서 어떤 의미로는 5e절을 뒤르켐의 박사논문의 확장으로 볼 수도 있을 것이다. 종합해 보면, 5e 절과 그에 딸린 부제는 이 글 도입부의 인용에서 적시되었던 것처럼, 여전히 규정하기 힘든 경제사회학과 노동사회학을 위한 틀을 제공한다.

결어 — 3판의 서문

뒤르켐이 중요한 서문을 새롭게 작성해 넣었던《사회분업론》2판의 100주년(1902-2002)을 기념하는 차원에서 다소간의 상상력을 발휘하는 것이 적합한 일일 것이다. 제1차 세계대전 발발 전에 탄생했던 이 고전의 새로운 판을 펴낸다면 제2차 세계대전 종전 후의 어떤 특성이 뒤르켐의 관심을 끌었을까? 나아가 **제3판의 서문**에 어떤 경험적인 요소가 실리게 되었을까? 독자에게 추가적인 요소를 제공해 볼 것을 권하면서, 일단 프랑스 안팎에서 벌어졌던 몇 가지 일을 언급하려고 한다.

1. 유기적 연대라는 주제, 그리고 그것의 활성화 **또는** 억압의 조건은《사회분업론》에서 가장 큰 관심사이므로, 뒤르켐은 폴란드에서의 혁명적 노조원의 운동에서 그 용어가 사용된 것을 놓쳤을 리가 없다. 1980년대 초에 공식적으로 형성된 **연대**(*Solidarność*)는 실로 경제 전 영역을 포괄하는 '유기적 연대' 운동이었고, 공산주의 체제에 대한 민초의 저항으로 전 세계

를 놀라게 만든 국민적 연대 운동이 되었다(Touraine *et al*. 1982). 이전 시기의 노동 운동은 자본주의 체제의 억압에 반발하는 것이었지만, 폴란드의 **연대**는 공산주의 국가 권위에 대한 용기 있는 저항의 표출이었다.

2. 뒤르켐은 또한 '연대'가 2000년대 초반 프랑스에서 새로운 중요한 내각 부처인 **고용연대부**(*Ministère de l'emploi et de la solidarité*)의 설립이라는 형태로 정치적으로 재탄생했음을 목도하게 될 것이다.[21] 그 부처는 이민자의 사회 통합, 노동 조건 향상, 인종차별과의 투쟁 선도와 같은 중요한 기능을 가진다. 장관 엘리자베트 기구(Elisabeth Guigou)가 2001년 12월, 프랑스 국회에서 행한 연설에서의 초점은 연대를 근대화시키기 위한 입법화〔**사회적 근대화 법안**(*Projet de loi de modernisation sociale*)〕에 맞추어져 있었다.

> 만약 정부가 이 법안 아래에 상이한 정책을 함께 넣기를 원한다면, 그것은 정부가 그 정책 모두가 우리의 노동법과 우리 사회의 연대를 근대화시키는 데 기여한다고 보기 때문이다. 연대를 근대화시키는 것은 또한 동시에 사회를 필요로 하는 이들을 돕는 일이다.[22]

외국인, 인종이 다른 이민자가 노동 현장에서 가지는 생활 기회를 동등화시켜 주는 업무를 맡은 이 부처는 뒤르켐이 살아 있을 때라면 확실히 그의 사랑을 받았을 것이다. 더구나 **드레퓌스 사건**에 적극적으로 참여했던 그가 부당한 편견에 맞서서 싸웠던 것을 고려하면, 그는 조스팽(Jospin) 정부가 2002년 '국민적 대과제'라고 선언했던 인종차별과의 투쟁에서 이 부처가 주요한 원동력의 역할을 하는 것에 대해서 갈채를 보낼 것임이 확실하다.[23]

---

21) 캐나다 퀘벡 주 정부에도 기본적으로 같은 기능을 가졌지만 약간 다른 이름을 가진 부처, **고용사회연대부**(Ministère de l'Emploi et de la Solidarité Sociale)가 있다.

22) www.travail.gouv.fr/actualites/declaration/dagenda.asp?id=264

23) 2002년 사회당이 5월 대통령 선거와 6월 총선에서 모두 진 것은 뒤르켐을 우려하도

3. 프랑스 밖으로 눈을 돌리면, 뒤르켐은 노동 분업이 어떻게 초국가적인 차원의 **세계화**라는 측면을 취하게 되었는지에 관심을 가질 것임이 분명하다. 물론, 국제적 노동 분업은 아마도 2천 년 전에 동과 서를 이어 주던 복잡한 교역으로부터 말미암았을 수도 있고, 또한 뒤르켐이 살아 있을 때에도, 상호 작용을 하던 제국, 새로운 형태의 교통수단, 그리고 1870년에서 1914년까지 이어졌던 일반적인 정치적 안정에 의해서 촉진되었던 전 세계적 교역이라는 측면에서 세계화가 확연히 진행되었다. 그러나 최근에 이르러서야 생산과 분배에 대한 정교하고 합리화된 전 지구적 체계가 세계 경제 체계의 일부가 되었으며 그 예를 들면 의류와 여타 소비 산업에서의 '전 지구적 상품 연쇄망'(global commodity chains) 연구가 있다(Gereffi and Korzeniewicz 1994).

뒤르켐의 사회 변동에 대한 기초적인 모델은 '유기적 연대 문명'[24]의 논리적 발달로서의 세계화를 감안할 수 있기에 국경을 넘어서 노동 분업이 확대된 것은 뒤르켐에게 문제가 되지 않는다. 그러나 유기적 연대의 문명이 세계 통합의 구조적 조건이 되므로 뒤르켐은 아마도 부국과 빈국을 가르는 지역적 불평등에 대해 염려할 것 같다(Bradshaw and Wallace 1996). 그리고 그가, 현재의 국제 노동 분업이 생산 시설의 공평 분배에 기초한 것이 아니라는 것을 알려 주는, IMF, 세계은행과 같은 국제기구에 항의하는 시위 운동에 주목할 것임은 당연하다(Stiglitz 2002; Broad 2002)

4. 마지막으로, 노동의 의미가 무엇인지를 묻는 것으로 이 글을 열었으므

록 만들었을텐데, 왜냐하면 그 부처와 그것이 가진 권위는 상당 부분 민주 좌파가 만들어 낸 작품이었기 때문이다. 새로이 들어선 시장 친화적인 우파 정권 아래에서 그 부처의 운명이 어찌 될지는 장담할 수 없는 형편이다.(2014년 현재 이 부처의 이름은 노동·고용·사회적소통부(*Ministere du travail, de l'emploi et du dialogue social*)로 바뀌었다-옮긴이.)

24) 나는 아이젠스타트(Shmuel N. Eisenstadt, 이스라엘의 사회학자로 히브리 대학 교수로 재직했으며 2010년 87세를 일기로 사망했음-옮긴이)로부터 이 개념을 빌려 왔다.

로, 뒤르켐은 40여 개국에서 실시되었던 국제설문조사의 자료에 상당한 관심을 보일 것이다.[25] 비교학자인 뒤르켐은 프랑스에 대한 자료는 물론이고 자료에 드러난 국가 간 차이에 대해서도 주목했을 것이다.

응답자들이 그들의 삶에서 일이 중요한지에 대해서 물었을 때, 61%의 프랑스 응답자는 그렇다고 대답했으며 정치적으로 우파에 속하는 이들(65%)이 좌파에 속하는 사람들(53%)보다 더 일을 중요하게 여겼지만 남성(62%)과 여성(61%) 사이의 차이는 없었다. 이러한 수치는 미국(62%)과 비슷한데, 미국의 경우에도 우파(63%)가 좌파(57%)에 비해 일을 중요시한다는 응답 비율이 높았다. 캐나다(59%)는 일을 중요시한다는 전체 응답 비율이 다소 낮았지만, 서독의 경우를 보면 훨씬 더 낮았고(전체의 35%, 남성의 40%, 여성의 30%), 정치적으로 우파(37%)인 사람이 좌파(30%)보다는 일을 중요시하는 비율이 다소 높았다.

사람들은 왜 일을 하는가? 이 질문에 대해서 그리고 '일은 삶에 필수적인 것이다. 그러나 일을 해야 할 필요가 없다면 나는 일하지 않겠다'(변수번호 120번)라는 선택 항목이 주어졌을 때, 22%의 프랑스 응답자가 이에 동의했다(남성의 19%, 여성의 24%; 좌파라고 응답한 이들의 25%, 우파의 18%). 서독에서는 표본의 15%가 필수적으로 일해야 하기에 일한다는 반응을 보였지만 미국의 경우 여론 조사 참가국 가운데 가장 높은 34%의 응답자가 이렇게 대답했다. 반면, 또 다른 '개신교' 국가인 네덜란드는 단 7%의 응답자만이 일할 필요가 없다면 하지 않을 것이라고 답함으로써 참가국 가운데 하위권에 속했다.

뒤르켐이 (그리고 베버가) 오늘날 일의 의미를 숙고하도록 만들 만한 것은 왜 사람들이 일하는가라는 일반적 질문(변수번호 122번)에 대한 반응일 것이다. 여기에 제시된 선택 사항에는 '나는 일을 즐긴다. 일은 내 생애에서 가장

25) 여기에 실린 모든 자료는 다음 출처에 실린 표들에서 인용한 것이다. Inglehart, Basañez and Moreno(1998). 쪽 번호 대신, 원문 표의 번호를 제공하는 것으로 대신한다.

중요한 것이다'라는 것이 있다. 근대 세계에서 직업이 정체성과 연대를 제공하는 중심적인 위치를 차지한다는 것을 우리가 받아들인다면, 이 설문조사의 결과는 생각할 여지를 줄 것이다. 전체 표본(43개국)을 통틀어서 14%가 이 선택 사항에 동의했다(남성의 16%, 여성의 12%). 캐나다와 미국(16%)이 세계 평균보다 약간 높다는 면에서 비슷하다.

아마도 놀라운 것은 얼마나 적은 독일인과 프랑스인이 이 선택 사항에 긍정적으로 응답했는가일 것이다. 독일에서는 표본의 단 8%만이 이 선택 사항을 택했다(우파의 10%, 좌파의 5%). 하지만 뒤르켐을 확실히 유감스럽게 그리고 심히 우려하도록 만들 만한 것은 고작 4%의 프랑스인(남성의 6%, 여성의 2%; 16-29세의 2%, 30-49세의 2%, 50세 이상의 7%)만이 좌우파의 차이 없이 여기에 동의했다는 것이다! 만약 그 데이터가 타당성을 갖춘 것이라면, 그토록 낮은 수치는 일터에서의 **무규범**(*anomie*)을 나타내는 것일 것이다.

뒤르켐은 타르드(Tarde, 뒤르켐과 대립관계에 있었던 가브리엘 드 타르드가 아니라, 《자살론》에서 활용할 통계자료를 제공해 준 법무부 법률통계국장 M. Tarde를 지칭한다-옮긴이)가 제공하였던 자살에 대한 통계표가 무슨 의미를 지니는지를 알아내기 위해서 그랬던 것과 마찬가지로 설문조사 내용 가운데 특히 노동 분업의 병리적 측면에 대한 데이터를 찾아내 다시 들여다볼 것이다. 하지만 그가 오늘날의 일과, 일의 의미, 그리고 노동 분업에 대해서 반드시 비관적인 견해를 가질 것 같지는 않다. 뒤르켐은 내가 제시했던 네 가지 사례와 다른 이가 제시할 수 있는 여타의 사례를 통해서(무엇보다도 십중팔구, 노동력의 어느 단계에서든 증가 추세에 있는 여성 참여가 사례의 하나가 될 듯한데), 《사회분업론》의 새로운 판에 들어갈 새 서문을 쓸 만한 충분한 자료를 얻게 될 것이다. 시장경제와 옛 계획경제를 휩쓴 탈규제의 풍조는 자유주의 경제학이 상상했던 만병통치약이 전혀 아니며, 실상 탈규제가 인류에 끼치고 있는 손실 탓에, 그가 **무규범**(*anomie*)에 대해서 썼던 한 세기 전보다도 훨씬 더, 노동의 의미가 문제시되고 있다는 내용의 경고를 그가 새 서문의 결론에 남길 법하다. 그는 탈규제의 사회적 비용에 대해서, 선진국 내의 그리고 지구 '북반구'와 '남반구' 사이의 점증하는 불평등과 개발도상국에서 점증하는 폭력문제를 지적할 것이다. 이에 대해 분명한 견해를 밝힌 뒤에는, 그는 아마도 베버에 대한 지적 도전을 확대하면서, 우리에게 다음과 같이 말할 것 같다.

'자, 이제 일을 시작하자!'

참고 문헌

Albrow, Martin. *The Global Age: state and society beyond modernity*. Stanford: Stanford University Press, 1996.

Besnard, Philippe, Massimo Borlandi, et Paul Vogt. eds. *Division du Travail et Lien Social*. Paris: Presses Universitaires de France, 1993.

Bouglé, Célestin. ed. *L'Œuvre d'Henri de Saint-Simon*. Paris: Félix Alcan, 1925.

Bourgeois, Léon et Afred Croiset. *Essai d'une Philosophie de La Solidarité*. Paris: Félix Alcan, 1907.

Bradshaw, York and Michael Wallace. *Global Inequalities*. Thousand Oaks, CA and London: Pine Forge Press, 1996.

Broad, Robin. ed. *Global Backlash. Citizen Initiatives for a Just World Economy*. Lanham, MD: Rowman & Littlefield, 2002.

Cladis, Mark S. *A Communitarian Defense of Liberalism. Emile Durkheim and Contemporary Social Theory*. Stanford: Stanford University Press, 1992.

Daniel-Rops. *Henri L'Église des Révolutions: Un Combat pour Dieu*. Paris: Fayard, 1964.

Dumont, Louis. *Essais sur l'individualisme: une perspective anthropologique sur l'idéologie moderne*. Paris: Seuil, 1983.

Durkheim, Émile. *De la Division du Travail Social*. 2e ed. Paris: Félix Alcan, 1902.

______. *Les Formes Élémentaires de la Vie Religieuse*. Paris: Alcan, 1912.

______. *Leçons de Sociologie. Physique des mœurs et du droit*. Paris: Presses Universitaires de France, 1950. Translated by Cornelia Brookfield as Professional Ethics and Civic Morals, Westport, CT : Greenwood Press, 1983.

______. "Individualism and the Intellectuals". trans. Mark Traugott, in Robert N. Bellah, ed. *Emile Durkheim on Morality and Society*. Chicago and London: University of Chicago Press, 1973.

______. "Théories Allemandes de la Société". textes 1. éléments d'une théorie sociale. Victor Karady, ed. Paris: Editions de Minuit, 1975a, pp. 344-399.

______. "Introduction à la morale". in Durkheim, textes: 2. religion, morale, anomie. Victor Karady, ed., Paris: Editions de Minuit, 1975b(1917), pp. 313-331.

Féron, Bernard. "Le choléra envahit l'Empire des tsars". *Le Monde*, 17/18 mai 1992, p. 2.

Freund, Julien, *Max Weber*. Paris: Presses Universitaires de France, 1969.

______. *Études sur Max Weber*. Genève: Droz, 1990.

Fukuyama, Francis, *The Great Disruption: human nature and the reconstitution of the social order*. New York: Free Press, 1999.

Gereffi, Gary and Miguel Korzeniewicz(eds.). *Commodity Chains and Global Capitalism*. Westport, CT: Greenwood Press, 1994.

Gouldner, Alvin, "Introduction". to *Emile Durkheim, Socialism and Saint-Simon*, Yellow

Springs, Ohio: The Antioch Press, 1958, pp. v-xxix.

Halbwachs, Maurice. *La classe ouvrière et les niveaux de vie: Recherches sur la hiérarchie des besoins dans les sociétés industrielles contemporaines: thèse pour le doctorat présentée à la Faculté des Lettres de l'Université de Paris*. Paris & New York: Gordon & Breach, 1970(1912).

______. *L'Évolution des besoins dans les classes ouvrières*. Paris: Alcan, 1933.

______. *Collective Memory*. New York: Harper, 1975(1950).

Inglehart, Ronald, Miguel Basañez and Alejandro Moreno. *Human Values and Beliefs a Cross-Cultural Sourcebook. Political, Religious, Sexual and Economic Norms in 43 Societies. Findings from the 1990-1993.* World Values Survey, Ann Arbor, MI: University of Michigan Press, 1998.

Lakatos, Imre. "Falsification and the Methodology of Scientific Research Programmes". in Imre Lakatos and Alan Musgrave, eds. *Criticism and the Growth of Knowledge*. Cambridge: Cambridge University Press, 1970.

Levasseur, Émile. *L'Ouvrier Américain. L'ouvrier au travail. L'ouvrier chez lui. Les Questions Ouvrières.* en 2 tomes. Paris: Librairie de la Société du Receuil Général des Lois et des Arrêts, 1898.

______. *Histoire des classes ouvrières en France depuis la conquête de Jules César jusqu'à la Révolution*. Paris: Guillaumin, 1859. Second edition, 1900-1901 entitled: *Histoire des classes ouvrières et de l'industrie en France avant 1789.*

______. *Histoire des Classes Ouvrières et de l'Industrie en France de 1780 à 1870*. Paris: Arthur Rousseau. T. 1 1903, T. 2 1904.

______. *Questions Ouvrières et Industrielles en France sous la Troisième République*. Paris: Arthur Rousseau, 1907.

Nandan, Yash. *The Durkheimian School: a systematic and comprehensive bibliography, Westport.* CT: Greenwood Press, 1977.

Orrù, Marco. *Anomie. History and Meanings*. Boston: Allen & Unwin, 1987.

Policar, Alain "Sociologie et morale: la philosophie de la solidarité de Célestin Bouglé". *Recherches Sociologiques*, 1997, 2: 85-110.

Saint-Simon, *Henri De la réorganisation de la société européennes*. Paris: Les Presses françaises 1925(1814).

Segrestin, Denis, "Sociologie du Travail". dans Raymond Boudon, et. al. *Dictionnaire de la Sociologie*. Paris: Larousse, 1990, pp. 199-201.

Simiand, François. *Le salaire des ouvriers des mines de charbon en France. Contribution à la théorie économique du salaire*. Paris: Société Nouvelle, 1903.

______. *Les fluctuations économiques à longue période et la crise mondiale*. Paris: Félix Alcan, 1932.

Stiglitz, Joseph A. *Globalization and Its Discontents*. New York: W.W. Norton, 2002.

Tiryakian, Edward A. "Durkheim, Solidarity, and September 11". pp. 305-321 in Jeffrey

Alexander and Philip Smith, eds. *The Cambridge Companion to Durkheim*. Cambridge: Cambridge University Press, 2005.

Touraine, Alain, F. Dubet, M. Wievorka et J. Strzelecki. *Solidarité*. Paris: Arthème Fayard, 1982.

옮긴이 주

1. 타르드(Jean-Gabriel De Tarde, 1843-1904). 프랑스의 사회학자, 범죄학자, 사회심리학자. 사회학이 화학과 흡사하게, 개인 간의 소규모 심리적 상호 작용에 근거를 두고 있다고 봤다. 1장의 각주 135번도 참고하기 바란다.
2. 부르주아(Léon Victor Auguste Bourgeois, 1851-1925). 프랑스의 정치가로 내무장관과 제1차 세계대전 이후 국제연맹 의장을 역임. 1920년 노벨 평화상 수상. 사회 공화주의자로 사회주의와 자본주의를 아우르는 연대주의를 주장했으며, 그 주요 내용은 부자에 대한 소득세 부과로 얻은 재정을 활용해 빈자에 대한 구제 정책을 실시하는 것이다.
3. 롤스(John Bordley Rawls, 1921-2002). 미국 도덕 철학과 정치 철학의 선구자로 대표 저서로는《정의론》(A Theory of Justice)이 있다.
4. 프루동(Pierre-Joseph Proudhon, 1809-1865). 프랑스 정치가, 철학자, 사회주의자. 스스로를 무정부주의자로 규정했으며 그 이론적 기반을 제시하기도 했으나 이후에 연방주의자로 노선을 변경했다.

7장

뒤르켐, 연대, 그리고 9.11[1)]

I. 서론

제프리 알렉산더(Jeffrey Alexander 1987)는 과학적 학문 분야의 진보에 대한 '자연과학'적 성향의 시각에 맞서서 사회과학에서 고전이 차지하는 중심성을 활발하게 옹호해 왔다. 고전을 내면화시키는 것(Alexander 1987: 20)은 — 자연과학의 '주요 요소'에 해당하는 — 경험적 사실을 성립시키는 데 필수적인 증거를 발견하기 위한 방법론과 규칙을 내면화시키는 것만큼이나 사회학도를 훈련시키는 과정의 일부를 차지한다. 따라서, 고전은 사회 질서의 주요 차원을 발견, 감지, 총체적으로 파악하기 위한 틀을 제공한다(Wrong 1994).

알렉산더의 논의에 덧붙이면, 나는 우리가 고전과 우리가 처한 현대 상황 사이의 양방향 상호 작용을 목도하고 있다고 본다. 한편으로는, 고전은 우

1) 이 글의 출처는 다음과 같다. Jeffrey Alexander and Philip Smith, eds., *Cambridge Companion of Durkheim*. Cambridge and New York: Cambridge University Press, 2005.

리로 하여금 체험을 통해서 현대 세계의 사회 구조와 양태를 더 폭넓게 보며 찾을 수 있는 민감함을 갖추도록 한다. 고전은 어떤 '관점'을 제공해 주는데, 우리는 상황 속에 매몰된 나머지 더 폭넓은 실천적 특성을 보지 못하는 근시안적인 속성이 있기에 그런 관점을 스스로 갖추지는 못한다. 다른 한편으로는, 우리의 현대적 상황이 고전을 뒷받침해 주는 요소 혹은 차원을 조명해 줌으로써 궁극적으로는 고전에 쓰인 내용을 이해할 수 있도록 해 주며 — 즉, 이해(understand)라는 단어에서 보듯 그 내용의 아래에 서게 하며 — 모호하게 남아 있을 수도 있었던 고전 내용의 특성을 드러내어 보여 주게 한다. 그러므로, 우리가 처한 현대 상황에 대해서 새로이 이해하는 것, 고전의 도움이 없었더라면 그저 거추장스러운 데이터에 불과했을 그 무엇인가에 대해 파악하게 되는 것, 그리고 수용된 고전 문헌의 새로운 의미를 깨닫게 되는 것은, 진정, 과거로부터 현재로의 그리고 현재로부터 과거로의 변증법적인 이론화 과정인 것이다.

뒤르켐의 《사회분업론》이라는 널리 읽힌 고전을 토대로 이러한 논평이 어떤 의미를 가지는가를 구체화할 수 있다. 이 고전은 그의 박사논문으로, 다른 대부분의 박사논문과는 달리 그의 생시와 사후에 여러 차례에 걸쳐서 재출간되었고,[2] 영어로도 번역되어 1933년 이래로 널리 보급되었다.[3] 뿐만 아니라, 지난 1990년대에는 그 책의 백주년을 기념하는 공동 작업이 대서양을 사이에 둔 두 대륙에서 출간되었다(Besnard et al 1993; Tiryakian 1994).

학생들은 표준적인 이론 과목을 통해서 (적어도 이론적으로는) 이 책이 고

---

2) 이 논문의 2판(1902)은 박사논문이 처음으로 통과된 지 거의 10년 뒤에 출간되었으며 이 사이에 다른 두 편의 고전 작품(《자살론》과 《사회학적 방법론의 규칙》)이 쓰였고, 가장 중요한 증보가 담겼는데 그 가운데 조합주의(corporatism)의 근대화를 옹호하는 새로운 서론을 주목할 만하다.

3) 조지 심슨(George Simpson)의 1933년 영역판은 반세기 동안 제 몫을 다해 주었으며, 이후 1984년 홀스(Halls)판으로 대체되었는데 그 문고본(페이퍼백)이 시중에 나와 있다(Halls 1997).

전적인 위상을 차지할 만하다는 것을 정당화시켜 주는 다음 몇 가지 주제에 대해서 잘 알게 된다. (1)《사회분업론》이 — 뒤르켐이 허버트 스펜서(Herbert Spencer)의 자유주의적 개인주의를 반박하면서 내세운 개념인 — 경제 제도의 사회적 배태성을 주장하면서 공리주의적 사상에 대해서 매몰차게 공격한 내용이라는 것. (2) 그 작품이 혈연에 근간을 둔 친족집단에 의해서 조직화된 '단순하고 분절된' 사회로부터, 근대 산업 질서에서 그 가장 복잡한 형태를 띠는 노동 분업에 의해서, 기능적으로 통합된 — 즉, 응집성을 갖춘 — 점차 더 복잡하고 분화된 사회로의 진화가 어떻게 이뤄지는지를 보여 주는 폭넓은 틀을 제공해 준다는 것. (3) 뒤르켐이 독창적으로 법전을 활용해서 개인 행위자 사이의 관계를 규제하는 보상법(혹은 민법)과 전체 공동체를 상징하는 국가에 대한 범법 행위를 다루는 형법 사이의 변화하는 비율 혹은 상대적 비중을 검토했다는 것.[4] (4) 뒤르켐은 진화하면서 적응하는 총체로서의 근대 사회에 대한 기능론적인 분석을 했지만, 무규범(anomie)을 문제가 있는 근대성의 상태라고 규정하면서 산업 질서의 신경을 거슬리게 하는 병리에 대한 분석도 함으로써 균형을 이뤘다는 것. 뒤르켐은 구조적 문제에 대한 구조적 치유책을 찾으려고 했는데, 그것은 바로 — 직능 조합과 비슷하지만 영국식 노동조합보다는 더욱 조합주의적 성향을 지니는 — 직업적 결사체의 혁신을 이루는 것이었다는 것. (5) 뒤르켐은 기계적, 유기적 연대라는 주요한 개념적 이분법을 활용했으며, 이것은《공동 사회와 이익 사회》,[5] 자본주의와 사회주의, 원초 집단과 2차 집단, '주체로서의 자아'

---

4) 사람은 직접적으로 사회적 결속이나 관계에 이르지 못한다는 뒤르켐의 주장을 고려하면, 그가 법전집과 시간의 흐름에 따른 그 내용의 변화를 일종의 객관적, 사회적 사실이라고 의미 부여한 것은 사회적 지표를 개발하는 데 있어서 선구적인 노력이었다(Land 2000).

5) 뒤르켐은 장학생 신분으로 독일 사회과학자에 대해서 연구하다가 퇴니에스(Tőnnies)를 알게 되었고, 그의《공동 사회와 이익 사회》(*Gemeinschaft und Gesellschaft*)에 대한 비평을 1889년에 발표했는데 이것은 그 책이 출간된 지 2년 뒤의 일이었다. 이 비평은 독자에게 그 책을 개괄적으로 잘 소개하며, 공동 사회류의 소규모의 전통 사회에 대해서 저자가 곁

(I)와 '객체로서의 자아'(me) 등의 여타 고전 사회학의 이분법적인 짝짓기의 한 사례라는 것.

뒤르켐에게 '기계적'이란 감성과 신념이 공유되고 개인성은 최소화되며 집합적 사고가 최대화되는, 초기의 분절적이며 상대적으로 동질적인 사회에서 전형적으로 나타나는 상태다. 이에 반해 '유기적'이란 인구 증가와 더불어 확연해지는 상태로서, 인구 가운데 분화가 심화됨으로써 노동 분업의 증가를 통해서 상호 의존하게 되는 상태를 일컫는다. 두터운 여러 겹의 기능적 상호 의존이 친족관계를 대체해서 사회적 응집을 이뤘는데, 이에 대해 뒤르켐은 근대 노동 분업이 사회적 응집을 제공해 주며 — 근대 직업 구조가 우리 개개인에게 많은 선택지를 부여하기 때문에 — 개인주의가 꽃피우는 것을 허용해 주는 일종의 도덕적 힘이라고 보았다. 다른 주제도 제시될 수 있지만, 그리 하는 것이 이 글의 목적을 이루는 데 도움이 되지는 않는다.

위에서 마지막으로 언급했던 주제에 주의를 기울일 만하다. 뒤르켐을 기려서 만든 저작 가운데 하나를 맡았던 편집자가 간결하게 논평했듯, '기계적 연대'와 '유기적 연대'의 개념은《사회분업론》에 대한 다른 모든 것을 잊어버린다 하더라도 (혹은 그 책으로부터 별달리 배운 것이 없다 하더라도) 기억에 남게 되는 것임이 확실하다'(Besnard et al. 1993: 3).

이 글의 목적은 오래되고 친숙한 이 한 쌍의 개념을 가지고 완전히 새로운 상황, 즉 9.11 이후의 상황에 적용시켜보는 것이다. 내가 펴는 주장은 '기계적 연대'와 '유기적 연대'가 미국과 전 세계에서 지속적으로 새롭게 표출되어 왔다는 것이다. 나는 또한 일어났던 일, 혹은 9.11의 여파로 나타난 결과 가운데 일부를 살펴봄으로써,[6] 우리의 상황과 뒤르켐이 처했던 사회적

으로 드러내지 않은 편견을 가지고 있었다고 비판한다. 뒤르켐은 근대의 복잡한 사회 또한 '유기적'이지만 **이익 사회**의 진화를 법과 관습을 통해서 검토하는 책이 나와서 이에 대해 실증해야 할 것이라고 단언하면서 글을 맺는다(Durkheim 1975: 390). 그 비평과 퇴니에스의 책 모두 '연대'라는 개념은 다루지 않고 있다.

6) '9.11'과 같은 세계적으로 역사적인 사건의 결과는 역사 과정 속에서 지속적으로 펼

상황을 연결시켜 보려고 하는데, 이러한 작업은 고전에 대한 재해석에서 종종 도외시되는 일이다. 요약하면, 이 글에서 드러나기를 바라는 것은 바로 고전의 **현실성**(*actuality*)이다. 그렇게 하는 것이 배우는 이로 하여금 고전이, 이 글이 원래 실렸던 책의 제목이 말하는 바와 같이, **동반자**(*companion*)와 같다고 느끼게 해 줄 것이라고 생각한다(7장의 각주 1번에 나온 책 제목을 참고하기 바란다-옮긴이).

II

만약 뒤르켐이 '연대'가 무엇인지 정의를 내리지 않았다고 해서(Besnard, et al. 1993: 3), 그가 그 이론적 가치를 의도적으로 묵살한 것으로 생각해서는 안 된다. 그에게 연대는 사회학자로서나, 평생 적극적으로 프랑스 사회를 위했던 한 구성원으로서나, 집착 수준에 가깝게 고려할 수밖에 없는 문제였다. 비록 그는 박사논문을 쓴 뒤에는 '기계적 연대', '유기적 연대'라는 한 쌍의 개념을 더 이상 사용하지 않았지만, 어쨌든 연대는 그러한 명시적인 이분법적 개념을 초월하는 문제였다. 그가 '연대'의 문제에 얼마나 집착했는지는《자살론》과《종교 생활의 기초 형태》(이후로는《기초 형태》로 약칭한다)라는 두 편의 실질적인 주제를 다룬 연구를 보면 알 수 있다. 사회학적 분석의

쳐진다. 이 경우, 뉴욕과 워싱턴에 대한 테러 공격의 국내외적인 여파와 함께 맞물린 미국 정부의 맞대응은 한정되지 않는 기간에 걸쳐서 펼쳐질 것이다. 이러한 점이 '테러와의 전쟁'에는 국경이 없다는 선언에서 두드러지게 드러난다.

그러나 이 글이 다루는 암묵적 기간의 폭은 더 좁다. 나의 초점은 9월 11일의 아침 공격에 대한 반응에 맞춰지는데, 구체적으로 그 운명적인 아침으로부터 한 달 뒤 탈레반 세력이 장악하고 있던 아프가니스탄에 대한 미국의 공습이 시작되는 때까지이다. 방 주네프(Van Gennep, 프랑스의 민족지학자, 1873-1957-옮긴이)와 빅터 터너(Victor Turner, 영국의 문화인류학자, 1920-1983-옮긴이)가 표현했듯, 이것은 본질적으로 '반응이 촉발되기까지의 기간'(liminal period)인데, 이 경우에는 '평시'와 '전시'의 사이가 된다.

고도의 기교를 보였던 그 두 편의 연구를 조금만 들여다봐도, 사회적 행위자의 인생에 의미를 부여하는 데, 그리고 사회적 이상이나 가치를 개선시키거나 제공하는 토론의 장을 만듦에, 뒤르켐이 연대를 이루는 사회적 관계가 얼마나 중요한지를 부각시켰음을 알 수 있다. 그의 핵심 메시지는 다음과 같다. '타자와의 결속과 관계를 뜻하는 연대[7]는 도덕성의 기초이자 근원이다'(Miller 1996: 150; Jones 2001: 97).

우리가 근대성의 한 측면으로서 뒤르켐의 '유기적 연대'에 대한 논의를 자살의 유형에 대한 논의와 묶어 낼 수 있다면, 그가 학자로서의 초창기에 개인과 근대 사회를 위해서 바람직스럽다고 여겼던 연대는 과연 어떤 종류의 것인지를 유추할 수 있을 것이다. 그것은 친족 네트워크를 넘어서는, 사회적 관계로 이뤄진 풍성한 네트워크로서 사회적 행위자가 자유롭게 참가하고 발전시킬 수 있는 것이다. 그러한 사회적 관계는 즐길 만하며, 또한 자발적으로 받아들이는 의무가 생겨나는 원천이기도 하다. 내가 내 직장 동료와 가지는 관계는 〔베네딕트 앤더슨(Benedict Anderson)[1]을 인용하면, 지금 여기에 있는 나의 직장 동료만이 아니라 '상상 속의 공동체'의 동료를 포함해서(Anderson 1991)〕 뒤르켐이 《자살론》에서 다루는 것처럼, 닻과 같은 것으로서 그것 없이는 개인들이 이기적 혹은 무규범적 자살의 **허무**(*néant*) 속으로 표류해 들어갈 수 있는 것이다. 반대로, 집단의 생존을 위한 규범적 요구라는 형태로서의 사회적 관계는 닻이라기보다는 **사슬**(*chains*) 노릇을 하며 심지어 개인 행위자를 희생시킬 수도 있다. 이러한 극단적 형태의 연대는 '이타적' 자살이라는 병리를 낳는다. 이 후자의 경우를, 소규모의 단단한 결속력을 가진 '기계적 연대'의 전형적인 현상이라고 볼 수 있을 것이다.[8]

---

7) 콩트(Comte)의 개념화를 따라서, 사회학적으로 '타자'(others)는 우리 세대의 사람만이 아니라 우리 이전과 이후 세대를 포괄할 수 있다.

8) 비록 뒤르켐이 '이타적 자살'을 구식 혹은 전근대적 형태의 조직과 연관된 형태로 보기는 하지만, 그렇다고 해서 그것이 현대에 들어서 사라졌다는 뜻은 아니다. 나는 이와 관련해서 무수한 '자살폭탄 테러범'에 대해서 논한 바 있다(Tiryakian 2002).

연대는 또한 그의 **후기 역작**인 《기초 형태》에서 하나의 중요한 근본적인 측면을 차지하기도 한다. 종교 현상에 대해서 적극적인 정의를 내리면서 그는, 신성함이라는 개념에서 쌍둥이처럼 짝을 이루는 요소(즉, 구분되어진 믿음과 실천)에만 주의를 기울이는 것이 아니라, 이러한 것이 '**교회라고 불리는 단일한 도덕적 공동체, 그리고 그러한 요소에 충실한 모든 이**'를 구성하는 것이라고 강조한다. 독자가 강조점을 놓치지 않도록 하기 위해서 뒤르켐이 앞 문장의 바로 다음에 첨언한 내용을 살펴보기로 한다. '두 번째 요소는 내가 내리는 정의에서 첫 번째 요소 못지않은 본질적인 위치를 차지한다. 종교라는 관념이 교회라는 관념과 분리될 수 없음을 보이면서, 그 요소는 종교는 대단히 집합적인 것이어야 한다는 개념을 알려 준다'(Durkheim 1995: 44).

폭넓게 말하면, 이 기념비적인 그의 연구의 주요 측면은 원시 토템 숭배 신앙(totemism)에 대한 심도 있는 분석으로 지식사회학을 설립하는 것이었다고 한다면, 현대의 실재하는 사회적 세계에 대한 관심 또한 여기에서 멀리 떨어져 있는 것은 아니다. 결론을 내리는 마지막 장에서 그는 프랑스 혁명이 지녔던 집합적 열기가 어떤 것이었는지를 다루면서 '새로운 이상이 다시 솟아오를 창조적 활기의 시간'이 도래하기를 기대한다(1995: 429). 이어서 종교와 과학이 새롭게 공생해야 한다 — 물론 과학의 권위가 의심받지 않는다는 전제하에 — 고 주장함으로써 그는 사회학적 성향이 풍성한 '계몽 프로젝트'의 옹호자가 되었다.[9] 물론 《기초 형태》를 읽으면서 이성에 대한 사회학적 비판이라고 생각할 수도 있으며, 실제로 그러하다. 현재 진행되고

---

9) 나는 홀럽(Holub)이 하버마스가 그런 '프로젝트'를 담당했다고 논했던 것을 따르려고 하는데, 이 프로젝트는 근대성 프로젝트와 동일한 것이며, 그 이유는 둘 다 과학과 도덕성의 영역의 — 그리고 물론 예술 영역도 포함해서 — 합리화를 증진시키고 '이 영역들 각각의 창조적 잠재력'을 해방시키려고 한다는 공통점이 있기 때문이다(Holub 1991: 136). 하버마스(Habermas 1989)의 주요 주제는 과학, 종교 그리고 심미 영역에 대한 실증적 지식을 축적하려고 함으로써 '생활 세계'(life-world)를 더 풍요롭고 합리적으로 조직화해 주는 '계몽 프로젝트'이다.

있는 논의와 연결 짓자면, 연대가 그 비판의 중요한 부분을 차지한다. 인류, 합리성, 도덕적 사고와 행위에 대한 — 개인에 의해서 달성된 이 모든 고차원의 비개인적 삶의 측면은 또한 계몽주의 철학자인 칸트가 이미 파악했었던 것이기도 한데 — 인지적 발달은 연대 없이는 이루어질 수 없었던 일이다. 이에 대해 뒤르켐은 다음과 같이 언급한다.

> 집합적 사고는 개인들이 모였을 때에만 가능하다. 〔…〕 비개인적 목표와 진리라는 영역은 개인적 의지와 감성이 모여서 함께 일하는 것을 통하지 않고서는 실현될 수 없다(1995: 447).

《기초 형태》는 확실히 후세에 영향을 미친 저술이지만, 연대에 대해 논하는 맥락에서는 그 책에서 이뤄진 논의가 최종적인 것이라고는 생각하지 않는다. 사회의 저변을 이루는 구조에 밀착된 사회 현상으로서의 종교를 논하면서 뒤르켐은 직업 영역에서의 '유기적 연대'만으로 근대 사회의 도덕적 통합을 제공하는 것은 미흡하다고 지적한다. 비록 근대 노동 분업의 '병리'가 상당히 줄어들기는 했지만 — 예를 들면, 일부 사회 구성원이 그들의 능력을 제대로 발휘해서 노동시장에 참여하는 것을 막는 사회적 불평등을 최소화함으로써 — 이것으로 충분한 것인가? 사회학자이자 도덕주의자인 뒤르켐은 이를 위해 전문적, 직업적 결사체보다 더 폭넓은 기초를 찾고 있었는데, 이러한 결사체란 결국에는 **세속**(profane)의 영역에 속한 것이며 그것이 아무리 시장의 이해관계를 초월해서 발전된다고 하더라도 세속성을 탈피할 수는 없는 것이다. **신성성**(the sacred)의 속성에 뿌리를 내리는 종교 생활, 특히 신앙과 의식(儀式)은〔이와 관련해서는, 이 논문이 실렸던 책에 함께 실린 로버트 벨라(Robert N. Bellah)의 글과 그가 학자 생활 초창기에 썼던 뒤르켐에 대한 탁월한 비평(Bellah 1973)을 참고하라[2]〕, 강제성이 없이 자발적이라면, 전체 사회를 묶어 준다.

독자가《기초 형태》를 다 읽고 났을 때 마음속에 남는 질문은 다음과 같다. 사회적 연대를 재생시키는 '집합적 활기'의 순간이 근대 세계에서도 일어날 수 있는가, 그렇다면 어떤 상황 아래에서 가능한가? 뒤르켐처럼 민주주의를 신봉한 사람에게는, 그것은 1789년 8월 4일의 역사적인 밤, 국민 제헌의회가 봉건적 특권을 폐지하고 인권이라는 평등주의적인 이상을 향한 길을 열었던 순간일 것임은 당연하다.10) 뒤르켐에게 1933년 2월 베를린의 독일 연방의회 의사당(Reichstag) 방화 사건3은 집합적 활기의 순간으로 받아들여지지 않겠지만, 돌이켜 보면, 어떠한 다른 형태의 활기가 발생될 것인지에 대해서 근대성이 확실성을 제공해 주는 것은 아니다.《기초 형태》의 출간 이후 뒤르켐이 생존하던 몇 년 동안 그가 그것에 대한 책을 남기지는 않았지만 그의 연대에 대한 탐색과 연관되어 있으며 심지어 그것을 완결 지어 주는 일종의 예기치 못했던 '사건'이 일어났다. 그러나 그 사건에 대해 소개하기 전에 그리고 그 사건이 '9.11'과 어떤 관련이 있는지 알아보기 전에, 우리는 뒤르켐이 연대라는 개념을 어떻게 취급했는지 그 맥락을 살펴볼 필요가 있다.

10) 이와 관련해서는《기초 형태》의 결론에 나오는 통렬한 문장을 참고하라(1995: 429쪽 이하). 혹은, 1885년, 시인이자 국민적 영웅이며 민주 공화주의의 상징인 빅토르 위고의 시신이 국립묘지 판테온으로 향하던 대규모 장례 행렬에서 고취된 연대를 떠올릴 수도 있다. 또는 아마도 드레퓌스 대위가 재심을 받던 당시, 1890년대 후반에 파리에서 드레퓌스 옹호파와 반대파 사이의 대치에서 말미암은 활기가 그런 순간일 수도 있다. 집합적 사상과 열망을 진보적으로 재생시키며 뒤르켐의 사회학적 관심을 이끌어 냈을 법한, 집합적 활기가 발현된 더욱 근대적인 사례를 들자면, 1980년에서 1981년 사이 폴란드의 그단스크(Gdansk, 폴란드 북부 발트해 연안의 공업도시로 자유노조 파업 운동이 시작된 곳 가운데 하나이다-옮긴이)와 다른 지역에서 벌어진 자유노조의 **연대**(*Solidarnosc*) 운동이 충분히 적합성을 갖췄다고 볼 수 있으며, 바로 그 자신이 가르쳤던 소르본 캠퍼스에서 1968년 5월에 일어났던 학생운동도 이에 해당될 수 있을 것이다. 뒤르켐이 이러한 운동에 대한 학생들의 관심에 대한 반응으로 '실용주의'와 '사회주의'로 1년 동안 이어지는 강의를 개설했던 것을 상기해 보면, 그가 살아 있었다면 1968년의 여파로 학생운동에 대한 강의를 개설할 수도 있었으리라 상상해 볼 법하다.

III

오늘날 우리는 대체로 뒤르켐을 사회 '이론가'로 기억하고 또 실제로 그렇기도 하지만, 현대 사회학자가 자신이 살고 있는 시대의 질문과 문제에 당연히 관심을 가지는 것과 마찬가지로 — 시대 상황의 구체적인 차이와는 무관하게 — 뒤르켐 또한 세기말 프랑스가 처했던 시대적 질문과 문제에 관심을 가진 적극적인 사회적 행위자였다는 사실을 염두에 둘 필요가 있다. 뒤르켐이 연대 문제를 고심한 유일한 이는 아니었다. 여타 저명한 인물도 같은 주제를 심각하게 다뤘기에 연대는 1890년대와 20세기 초의 첫 10년 기간에 걸쳐서 제3공화정의 주요한 사회 철학으로 여겨졌다고 해도 과언이 아니다. 더구나 오늘날의 프랑스에서도 이 주제는 여전히 호소력이 있다.[11)]

지난 19세기 말, 정치가〔중도좌파인 급진사회당(Radical-Socialist Party)의 총재〕이자 미래의 노벨상 수상자인 레옹 부르주아(Léon Bourgeois)[4]가 연대란 경제 교환에서의 사회 정의이며 그것 없이는 폭력과 좌절이 생기게 된다는 생각을 구체적으로 밝혔다. 부르주아는 뒤르켐의 《사회분업론》의 개정판이 출간되던 같은 해, 그 자신의 책 3판 서문에 '연대'는 공화주의 담론에서 '박애'에 버금가는 것이 되었다고 언급한다(1902: 6). 자유주의 경제학자와 사회주의자 사이에 빚어진 분열과 서로에 대한 경멸을 넘어설 필요가 있다는 것을 알았던 부르주아는 논쟁을 빚은 당파 사이에 공통의 사회적 유대를 조성하기 위해서 연대가 필요하다는 것을 깨달았다. 그래서 그는 연대에 대해서 다음과 같이 썼다.

> 연대의 정확한 원인을 규명하며, 그 조건과 한계에 대한 연구가 이뤄져

11) 1997년 이래로, 연대는 실업자를 돌보고 인종차별에 맞서 싸우는 등의 업무를 관장하는 중요한 **고용연대부**(이전 장의 결어에서 다뤄진 바 있다-옮긴이)라는 내각의 한 자리를 차지함으로써 정부의 공식적인 인정을 받았다.

> 야 한다고 제안했는데, 이렇게 하는 것은 각자가 전체에 대해서 그리고 전체가 각자에 대해서 가지는 권리와 의무에 대한 척도를 제시해 줄 것이며, 또한 사회문제의 과학적, 도덕적 결론이 어떤 것이어야 하는지를 확실히 할 것이다(Bourgeois 1902: 15).

위에 제시된 내용은 사회학을 성숙하게 구현시키려는 뒤르켐의 사명 선언으로 받아들여도 무방하다. 또한 그 책의 몇 쪽 뒤에서 다음과 같이 쓴 것이 혹시 뒤르켐이 아닌가 하는 생각마저 든다.

> 현재 우리의 모든 제도와 법이 의문시되는 것에 대해서 놀라지 말자. 우리가 겪고 있는 도덕·사회적 문제는 다름 아닌 정치·경제·사회적 제도와 인간 사상의 진보가 느리게 변형시켜 온 도덕적 견해 사이의 충돌인 것이다(Bourgeois 1902: 77).

그러므로 사회 철학으로서의 연대주의[12]는 사회 세계를 개조하는 데 도덕성과 사회과학의 결합을 추구하며, 이러한 결합은 계몽주의의 민주적 사상의 확대인 것이다. 명성 높은 **사회과학 고등연구원**(Ecole des Hautes Etudes Sociales)에서 1901-02학년도를 보내면서 부르주아와 알프레드 크루아제(Alfred Croiset) 학장은 연대를 주제로 파리에서 일련의 학술 세미나를 열었는데, 여기에서 발표된 논문은 몇 년 뒤에 책으로 묶여서 출간되었다(Bourgeois and Croiset 1907). 발표자는 널리 알려진 저명한 인사들이었으며 뒤르켐을 가르쳤던 영향력 있는 철학자 에밀 부트루(Emile Boutroux), 파리 대학의 페르디낭 뷔송(Ferdinand Buisson, 뷔송이 입각하게 되면서 그가 원래 차지하고 있던 학과장직을 뒤르켐이 1906년에 넘겨받았음), 자비에 레옹〔Xavier

12) 사회 민주적 사상의 주류에 비춰 보면, **연대주의** — 요즘 사람에게는 구식으로 들리겠지만 — 는 아미타이 에치오니(Amitai Etzioni)의 《공동체주의》(*communitarianism*, 2000)와 앤서니 기든스(Anthony Gidden)의 《제3의 길》(*Third Way*, 1998)에 아주 가까운 개념이다.

Léon, 뒤르켐이 몇 가지 주요 논문을 출간했던 《형이상학과 도덕 리뷰》(*Revue de Métaphysique et de Morale*)의 편집인)을 비롯한 주요 지식인이 포함되었다(이 인물들은 1장에서도 설명된 바 있다-옮긴이).

어떤 이유였는지는 모르지만, 뒤르켐은 그 주제로 열린 세미나에서 발표를 한 것 같지는 않은데, 이것은 그 세미나에서 발표된 논문을 묶어 출간된 책에 그의 글이 없는 것에서도 짐작할 수 있다. 하지만 그 책은 사회학에 대해서 분명히 언급하고 있다. 크루아제는 그가 쓴 서문에서 연대는 '사회와 집단을 〔…〕 특별한 연구 대상으로 삼은 19세기 사회주의 사상에 연원을 두고 있는데 〔…〕 이것이 이후에 사회학이 되었다'라고 썼다(Bourgeois and Croiset 1907: viii). 그리고 알퐁스 다를뤼〔Alphonse Darlu, 콩도르세(Condorcet) 국립고등학교에서 철학 담당 교사로서 마르셀 프루스트(Marcel Proust)[5]를 가르쳤던 인물〕는 그가 발표한 내용에서 당시 철학의 지도적 원칙이었던 '연대라는 사상은 사회적인 것이며, 심지어 사회학적인 것이라고도 말할 수 있을 것이다'라고 지적했다(Bourgeois and Croiset1902: 129).

연대는 새롭고 실증주의적인 윤리 원칙으로서 사회적 행동주의를 고양시킨다고 인정하면서, 다를뤼는 **에스피나**(*Espinas*, 에스피나와 관련해서는 1장과 1장의 옮긴이 주 5번 참고-옮긴이)**와 뒤르켐**과 같은 엄격한 사회학자가 사회 그 자체를 목적으로 삼으려고 하는 것 아니냐는 의문을 제기한다(Bourgeois and Croiset 1907: 129 각주, 강조는 내가 한 것이다). 이 책에 기고한 다를뤼, 부르주아를 비롯한 저자들은, 적어도 개인이 사회적 행위자이며 자율적 도덕 행위자임을 옹호하면서, 사회학이 도덕성에 지나치게 결정론적인 위치를 부여하는 것과는 거리를 두었다. 그러나, 그들과 뒤르켐 사이에는 상당한 공감대가 있었는데, 특히 이들을 자유주의 경제적 개인주의와 마르크스주의적 집단주의라는 양 극단의 입장과 비교해 보면 더욱 그 공감대가 두드러진다.

나는 연대에 대한 눈에 띄는 담론의 배경에는 프랑스의 혹독한 사회적 현실 — 그 가운데 일부는 프랑스에만 독특하게 적용되는 것이었고 어떤 것은 여타 선진 산업 사회에서도 공통적으로 나타나는 것이었다 — 이 있었다고 주장한다. 산업화로 세기말의 프랑스가 아무리 번영과 풍부를 갖췄다고 하더라도, 그 당시를 다룬 영화로부터 얻게 되는 혹은 인상파와 후기인상파의 활기 넘치는 예술을 대충 살펴봄으로서 얻게 되는 **좋은 시대**(*La Belle Époque*)의 이미지는 잘못된 이해를 낳을 수 있다. 정치문화적 갈등이 심각했고 사회경제적인 불평등의 격차도 더 커지고 있었다.

> 20세기 초 프랑스는 분열되었을 뿐 아니라 내적 갈등의 위협에 시달리고 있었는데 그 가운데 일부는 이미 분출됐었다. 이 당시 프랑스는 번영을 누리는 나라인 동시에 〔…〕 배제된 자의 나라이기도 했다(Félix 1991: 166).

> 소위 좋은 시대(Belle Epoque)는, 다른 어떤 것이랄 수도 있겠지만, 사회적 동요, 갈등의 분출, 무질서, 광란, 폭동, 격동, 혼란, 바리케이드와 유혈사태가 넘쳐났던 시기였다(Weber 1986: 128).

돌이켜 보면, 그 시대에 가장 명백했지만 또한 그렇다고 유일한 사회 갈등은 아니었던 사건은, 1890년대 독일에 국방 기밀을 건네준 혐의로 기소돼 유죄 선고를 받았던 유대계 출신 대위에 대한 재판이었다. '드레퓌스 사건'의 연쇄적인 전개는 프랑스를 뒤흔들어 놓았으며, 대규모 시위와 극한 대립에서 비롯된 다양한 사회 분파 사이의 들끓는 갈등으로 인해 갖가지 사회 분열상을 노출시켰다. 군부 고위층의 다수는 가톨릭 교회에 대한 충성심을 가졌고 이는 공화정의 반교권주의적 관점과 (특히 교육을 어떻게 통제하느냐를 두고서) 충돌을 일으켰는데, 한편 그 와중에 공화주의자는 1880년대에 있었던 불랑제(Boulanger) 장군의 실패한 쿠데타와 같은 군사 쿠데타가 다시 일어나지는 않을까 노심초사하였다(불랑제의 쿠데타와 관련해서는 1장과 1장의 옮긴이 주 8번을 참고하라-옮긴이).[13] 결국, 드레퓌스는 함정수사에 걸린 것으로 판명되어서 마침내 석방되었다. 그의 무죄가 입증된 것은 문민 공화정과 특히 좌파 학계 지식인의 승리였지만, 그 정치적 상흔은 제3공화정의 남은 기간 동안에도 치유되지 못했다.14)

드레퓌스 사건이 자유 민주주의의 입장에서는 아무리 흥미진진하고 또한 궁극적으로는 승리를 안겨 주었다 하더라도, 다른 심각한 대립축이 사회 구조를 갈라놓았다. 뒤르켐이 《사회분업론》 제2판 서문에서(1997: xxxiii) **무규범**(anomie)과 **무정부주의**를 한꺼번에 언급한 것은, 폭력 숭배에서 나오는 개인적 테러 행위로 이뤄진 사회 운동으로서의 무정부주의가 프랑스는 물론 스페인과 러시아와 같은 다른 나라에서도 실존했었음을 반영한다고 볼 수 있다. 그러한 숭배는 전위적 예술가의 관심을 끌었고 그것이 극단적인 형태를 띨 경우 프랑스 대통령 카르노(Carnot)[6]와 미국 대통령 매킨리(McKinley)[7]를 포함한 국가 수반에 대한 암살로 이어졌다.15)

무정부주의/아노미는 — 다양한 금융 스캔들과 주식 사기로부터, 노동계급과 주변화된 농업 생산자의 심각한 불만, 노동조합주의 운동(syndicalism)[8]과 이에서 야기된 폭력적 파업, 1895년의 호전적인 **노동 총동맹**(Confédération Générale du Travail, CGT) 결성, 이어 1905년 장 조레스(Jean Jaurès)[9]의 지도하의 사회당 창당 등에 이르는 — 격심한 경제적 문제 탓에 더욱 심해졌다(Félix 1991: 165). 뒤르켐과 조레스는 **고등사범** 동창으로 그리고 드레퓌스의 무죄를 입증하기 위해 함께 치열하게 노력했던 이로서 친분이 있었다.

---

13) 불랑제 이후 75년쯤 뒤 알제리 전쟁의 종전을 맞이하고 있을 때 프랑스에서 또 다른 군사 쿠데타가 일어날 뻔했는데, 이 당시 드골은 은퇴 뒤에 다시 적시에 활동을 재개하고 제4공화정의 늪으로부터 나라를 구해 낸 뒤 더욱 근대화된 제5공화정 시대를 열었다.

14) 명망 높은 파리고등사범의 졸업생이자 젊은 시절《사회학 연보》팀원이었던 위베르 부르쟁(Hubert Bourgin)은 그의 비망록에서 프랑스의 고등교육이 — 특히 '무정부주의 철학자'에 의해서 — 정치화된 것에 대해서 격렬하게 비판했다. 그러나 그의 뒤르켐에 대한 묘사에서는 친밀감과 존경심이 묻어난다(Bourgin 1938).

15) '무정부주의'에 대한 간략한 논의를 보려면 다음을 참고하라. Encyclopedia Brittanica Online(www.britannica.com/EBchecked/topic/22753/anarchism).

내부적인 갈등과 함께, 점증하던 독일과의 외적 갈등[16]이, 전쟁 전 프랑스 모습의 상당 부분을 차지하였다. 프랑스의 정치는 이러한 두 측면을 반영하였다 — 즉, 독일에 맞서는 강경노선을 선호하는 이들과 내부의 사회(특히 노동) 문제에 집중하기 위해서 협상을 선호하는 이들이 대립했다. 그러나 궁극적으로는 전운이 사회 전반에 드리워졌다. 1914년 7월 조레스는 사회당이 전쟁에 반대하는 총파업을 수행하도록 했으며 군 징집을 폐지하라고 촉구했다. 그로부터 2주 뒤 조레스는 그가 독일의 수중에서 놀아나는 반역자라고 생각했던 한 젊은 열성분자에게 암살당했다(Favier 1987: 1025). 이 사건과 8월 초 독일이 프랑스에 대한 선전포고를 한 것은 새로운 형태의 연대, 즉《사회분업론》에서 분석되지 않았지만 뒤르켐이 그의 동포와 함께 체험하게 되었던 **국민적 연대**를 불러일으켰다. 내가 이런 사건에 주의를 기울이는 것은 뒤르켐이 살고 있었던 프랑스와 관련해서 연대라는 개념의 추가적인 차원을 제공하기 때문만이 아니라 1914년에 그 사건이 발현된 상황이 9.11 이후의 미국과 흥미로운 구조적인 유사점을 지니고 있기 때문이다.

IV

장 조레스는 1914년 7월 초, 사회당 대회에서 어떠한 전쟁에도 반대한다는 내용의 총파업안을 통과시킨 뒤 같은 달 31일 암살되었고, 독일은 바로 이어진 월요일에 프랑스에 선전포고를 했다.[17] 그렇게 쌍둥이처럼 겹쳐서 벌어진 사건의 여파로 뒤르켐의 사회 통합에 대한 분석에 중요한 한 장을 추가

16) 독일과의 갈등은 두 부분으로 나누어 볼 수 있다. 프랑스 보수파는 독일이 1870년 발발한 보불전쟁 승전으로 차지하면서 '잃어버린 영토'가 된 알자스와 로렌을 되찾아오고자 한 반면, 새로이 부상하던 독일 제국주의는, 프랑스가 자신의 영향권 안에 들어 있다고 여겼던 모로코를 차지하려고 했다.

17) 전쟁 전후 시기에 대한 자세한 연대기를 확인하려면 다음을 참조하라. Favier 1987.

할 만한 전례 없는 연대의 파도가 만들어졌다. 8월 4일 화요일 아침, 조레스의 공개 장례식에는 당파를 초월해 슬픔에 젖었던 대규모 군중이 참여했다. 바로 얼마 전까지 전쟁과 3년 징집안에 대한 반대 입장을 옹호했었던 노동총동맹(CGT)의 서기 레옹 주오(Léon Jouhaux)는 침략자에 저항하는 것을 전적으로 지지한다고 발표했다. 국민의회 의장은 조레스의 적수와 친구 모두 그의 암살에 충격을 받았다고 공표했다. 프랑스 내부에는 더 이상 적이 없었으며, 오로지 '문명의 구원이라는 가장 성스러운 목적을 위해 헌신할 준비가 된'(Fèlix 1991: 10) 프랑스인만이 있었다. 그리고 그날의 절정은 숙연한 국민의회에서 오후에 낭독된 대통령 성명이었는데, 그 일부는 다음과 같다.

> 프랑스는 오늘 다시 세계의 자유, 정의, 이성을 대표한다. (…) 프랑스는 조국의 아들들이 영웅적으로 수호할 것이며 적 앞에서 그 어느 것도 그 아들들의 신성 연합을 깨뜨릴 수는 없을 것이다(Félix 1991: 171).[18)]

국민의회에서는 물론이고 전국적으로 '집합적 활기'가 잇따랐다. 국민의회에서는 '기운을 냅시다, 그리고 프랑스 만세!'로 마무리된 대통령 성명 뒤에 흥분이 고조된 의원들이 서로를 얼싸안았으며 여기에는 40년 이상 서로 말 한 마디 섞지 않았던 반대 정파의 두 의원도 포함되어 있었다(Félix, 같은 출처). 전국에 걸쳐서 공화주의 프랑스의 심장은 주변부 세력 — 반전주의자, 혁명적 노동조합주의자, 농부, 그리고 심지어 공화정의 견고한 적수라 할 수 있는 신부(4만 5천 명의 신부가 징집되었으며 그 가운데 5천 명이나 제1차 세계대전 도중 전사했다) — 과의 신성 연합을 이뤄 냈다. 물론 뒤르켐은 국민적 연대를 불러일으켰던 그런 조건이 만들어지리라고는 예견하지 못했고,

---

18) 푸앵카레는 그의 대통령 회고록에서 그 의미심장한 **신성 연합**이라는 구절을 델피 신전을 지키기 위해서 결사 항전을 각오했던 고대 그리스인의 불가분의 우정과 연결지었다(Poincaré 1927: 541).

당시 그에게 남겨진 짧았던 여생 동안(뒤르켐은 그로부터 3년 뒤인 1917년 별세했다-옮긴이), 이러한 특별하고 드문 형태의 연대에 대해서 이론화를 시도할 여유나 상황을 누리지 못했다. 좌파든 중도파든 우파든, 종교적이든 세속적이든 그러한 것과 무관하게 다른 프랑스인이 그랬던 것과 마찬가지로 뒤르켐 본인도 국민적 연대를 체험했다. 군인으로 자원하기에는 연로했던 그는 지식인으로서 자신의 재능을 활용해 저술 활동을 통해서 전쟁에 처한 나라를 돕는 길을 택했는데 그의 저술은 역사상 최대의 유혈 사태를 초래한 침략의 책임이 어디에 있는가를, 당시 중립을 지키고 있었던 미국이 판별할 수 있도록 하는 데 영향을 미쳤다(Durkheim 1915; Durkheim and Denis 1915).

V

시간을 되돌려서 2001년의 9.11 사태를 살펴보자. 당시 미국은 역사상 가장 치열한 논란을 불러일으켰던 대선 — 절반 정도의 유권자는 대법원의 합법적이기는 하지만 합리적인 이치에 맞지는 않았던 결정 때문에 기만당했다고 느꼈다[10] — 을 마친 지 1년도 채 되지 않은 때였다. 정권을 넘겨줬던 정부는 내치에서의 주목할 만한 업적에도 불구하고 윤리적 문제를 포함한 부적절한 행태로 인해서 오점을 남겼다. 인권 운동으로 말미암은 흑인의 사회경제적 지위 향상에도 불구하고 흑백 간의 인종적 격차는 여전히 뚜렷이 남아 있었다. 공화, 민주 양당은 서로 상대 당이 대세를 점한 하원과 상원을 차지하려고 애쓰고 있었는데, 하원에서는 공화당이 다수당이었고, 상원은 상대 당 일부 세력의 탈당에 힘입어[11] 민주당이 겨우 다수당 지위를 차지하고 있었다. 그리고 상대적으로 좋은 시기였던 것으로 여겨지는 90년대가 저물면서 미국은 (세계 경제와 함께) 상당히 높은 실업률을 기록하며 경제 침체기에 접어들었다. 내가 이런 점을 강조하는 이유는, **9.11 직전의 미국이 1914년**

프랑스가 처했던 상황과 구조적으로 유사한 상황에 놓여 있었음을 보이기 위해서다.

세계무역센터와 미 국방부에 대한 기습적인 공격은 확실히 물리적으로나 심리적으로 엄청난 타격을 입혔다. 그러나, 이 글의 목적과 부합하게도, 그 공격은 대규모 국민적 연대를 불러일으키기도 했다. 당시 대통령이었던 조지 W. 부시는 소수파 대통령에서 미국 여론 조사 역사상 가장 높은 여론의 지지를 얻은 전시 지도자로 변모했다. 대통령 연설에서 처음부터 지속적으로 반복되었던 국민적 단합이라는 주제는 푸앵카레[12]가 국민의회 대표와 국민에게 전달했던 메시지와 유사했다. 다음은 그런 점을 잘 보여 준다.[19)]

> 오늘은 모든 계층의 모든 미국인이 정의와 평화를 위한 다짐으로 하나가 된 날입니다(9월 11일, 전 국민 담화).

> 오늘 우리는 프랭클린 루스벨트가 말했던 국민적 단합이라는 따뜻한 용기가 무엇인지를 체감합니다. 이것은 어떤 신앙을 가졌는가, 어떤 배경을 가졌는가와 무관한 단합입니다(9월 14일, 기도와 추모를 위한 국민의 날에서의 언급).

> 미국민 모두는 그 비극이 닥쳤던 날의 저녁에 공화당원과 민주당원이 이 의사당 계단에서 하나가 되어서 '미국에 하나님의 축복이 있기를'(God Bless America)을 함께 불렀던 것에 감명을 받았습니다(9월 20일, 상하원 합동 연설).

그리고 1914년 국민의회 의장이 문명을 구원하려는 지극히 선한 목적을 위해서 국민적인 단합이 필요하다고 호소하자, 이전에 다문화주의(multiculturalism, Taylor and Gutman 1994; Jopke and Lukes 1999)를 둘러싼 학문적인 논

---

19) 다음에서 인용된 연설 내용을 모두 찾을 수 있다. http://web.archive.org/web/20010911-20011201*/www.whitehouse.gov/

쟁으로 손상을 입었던 '문명'이야말로, 악으로부터 선을, 악행자로부터 공정한 자를 구분해 주는 것으로 칭송되었다.

> 전 세계의 문명인이 이런 참혹한 공격을 계획하고 실행에 옮긴 악한을 비난하고 있습니다(9월 13일, 기도와 추모를 위한 국민의 날을 선언하며).

> 그러나 이것은 미국만의 싸움이 아니라 〔…〕 전 세계의 싸움입니다. 이것은 진보와 다원성, 관용과 자유를 믿는 모든 이의 싸움입니다. 문명 세계가 미국의 편으로 결집하고 있습니다(9월 20일, 상하원 합동 연설).

9.11의 여파로, 부시 대통령은 뒤르켐식의 용어로 표현하면, 악의적인 공격에 저항하고 복수하고자 하는 욕구와 결합된 미국민의 국민적 연대의 '집합 표상'으로 받아들여졌다. 그러한 연대는 뉴욕 세계무역센터의 잔해가 있는 '피습 원점'(ground zero)에서 인명 구조를 위해서 목숨을 바친 소방관, 경찰관과 같은 영웅에 대한 이야기가 전국적으로 알려짐으로써 그리고 일체감의 상징물 — 어디에나 게양되었던 성조기, '미국에 하나님의 축복이 있기를' 제창, 그리고 여타의 상징물[20] — 로 인해서 고양되었다.

그러나, **국민적** 연대는 우리의 개념적 지평을 넓히는 데는 부족하다. 다양한 세계화 과정이 깊이 얽혀 있는 것을 인식하면, '9.11'은 **전 지구적 연대**를 창출해 낸 것으로 볼 수 있다. 지틀린의 말을 인용해서 표현한다면(Gitlin 1980), 두 번째 비행기였던 유나이티드 항공 175편이 세계무역센터를 들이받는 장면을 텔레비전을 통해서 말 그대로 '전 세계가 지켜보았다'. 근대성의 우뚝 솟은 상징에 대한 파괴적인 공격은 전례를 찾을 수 없는 공포와 동정의 감정을 불러일으켰다. 부시 대통령이 9월 13일에 그 다음 날을 기도와 추모를 위한 국민의 날로 선포하고 미국민들에게 그날 정오를 기해 추도회

---

20) 나는 다른 글(Tiryakian 2002)에서 뒤르켐의 《기초 형태》의 관점에서 9.11과 관련된 측면을 논한 바 있다. 그 책에 나온 벨라(Bellah)의 의식(rituals)에 대한 글도 참조하라.

를 치르자고 요청했을 때, 그는 이 행사가 서구와 비서구를 불문한 다른 나라에서도 치러지리라고는 기대하지 못했다. 이렇게 터져 나온 연대에 대해서 그는 의회 연설에서 다음과 같이 언급했다.

> 나는 이렇게 지지를 표출해 준 세계에 감사를 표하고 싶습니다. 미국은 버킹엄 궁에서, 파리의 거리에서, 그리고 베를린의 브란덴부르크 문에서 연주된 우리의 국가를 잊지 않을 것입니다.
>
> 우리는 서울에 있는 우리 대사관의 바깥에 모여서 기도해 준 한국의 어린이들을 혹은 카이로의 이슬람교 사원에서 드려진 동정의 기도를 잊지 않을 것입니다.

이 연설에서 대통령은 미국이 전 지구적 연대를 받아들인다는 사실을 겸손히 인정하면서 다음과 같은 내용을 단호히 요청했다.

> 모든 지역의 모든 나라가 이제 우리와 함께 하느냐, 아니면 테러리스트와 함께 하느냐 사이에서 결단을 내려야 합니다. 오늘 이후로, 테러리즘을 고안하거나 지지하는 일을 지속하는 어떤 나라든 미국에 적대적인 정권으로 여겨지게 될 것입니다.

VI

'9.11'은 근대성의 정적이 아닌 동적인 개념으로서의 '기계적', '유기적' 연대의 적절성을 드러낼 보충 자료를 제공해 준다. 《사회분업론》(1권 2장)에서 뒤르켐은 범죄에 대한 반응으로 생겨나는 강력한 집합적 감정을 논하면서 기계적 연대의 논의를 열었음을 상기해야 한다.

그 반응의 사회적인 성격은 침해당한 감성의 사회적 본질로부터 나온다. 잘못 행해진 일을 목도하거나 그 사건의 존재를 알게 되면 이런 감성들은 모든 개인적인 의식 속에서 모든 이에게 동일한 분개를 불러일으키는 것이다. 모든 이가 그것에 영향을 받는다. 결과적으로 모두가 그러한 공격 행위에 대해서 강경한 태도를 취하게 된다(Durkheim 1997: 57).

'기계적 연대'는 전근대적, 산업화 이전 사회에만 특유한 것이라기보다는,[21] 9.11 사건이 일어났던 때와 그 이후에 미국에서 다시 일깨워졌음이 분명하다고 볼 수 있다. 미 전역의 모든 사람이 세계무역센터와 국방부에 대한 공격이 미국민에 대한 공격이며 폭력적인 범죄라고 느꼈으며, 바로 이와 같은 것으로 인해서 미국민으로서 그들이 공유하고 있는 것이 무엇인지를 깨닫게 만들었던 것이다. 교회와, 옷깃과, 차에 달렸던 성조기는 집합적 정체성의 새로운 상징이 되었다. 일부 단체에 의해서 이의가 제기되었던 국기에 대한 맹세는 다시 공론의 장으로 들어왔다. 이러한 재생된 기계적 연대는 뒤르켐의《기초 형태》의 기저를 이루는 종교적인 틀에 의거해서 상당 부분 실행에 옮겨졌다. 예를 들면, 집합성의 신성성을 재확인하는 신념과 의식을 들 수 있다(그리고 대통령의 연설은, 세계의 범죄적 테러리스트에 대항하는 '십자군'과 같은, 종교적 형상화로 가득했다).

물론, 기계적 연대에는 어두운 측면이 있다. 신념이나 실천에서 집합성으로 인해 공유되어지는 것을 조명하다 보면, 외부자로 여겨지는 이에 대한 배제를 불러오는 단절화가 있을 수 있다. 오랫동안, 미국은 그 국경 밖에서 아랍/이슬람 국가(특히 리비아, 수단, 이라크, 이란)와 폭력적으로 대치해 왔으며, 그래서 서방세계에 대한 이슬람 '성전'(지하드)이라는 주제가 주목을 끌었다(Barber 1996; Huntington 1996). 미국에 대한 공격과, 이슬람 신앙에 영감

21) 다른 글에서(Tiryakian 1994) 나는 근대 사회의 다양한 수준에서의 기계적 연대가 생성될 수 있음을 암시한 바 있는데, 예를 들면 윤리적, 인종별 혹은 성별 연대와 같은 것이다.

을 입은 테러 조직을 그 배후로 지목한 것으로 인해서, 미국 내의 아랍-이슬람 인구에 대한 대규모 보복이 쉽사리 촉발될 수도 있었다. '우리'가 되는 것에 대한 높은 수위의 강조는, '그들'로서의 외부자에 대한 동일한 강도의 비방을 낳을 수도 있으며, '성도'와 '악인' 사이를 가르는 경향이 있는 청교도 문화에서는 더더욱 심하게 그렇게 될 수 있는 것이다. 미국 내의 이슬람교-아랍 인구에 대한 정부의 조처들은 불분명했다. 한편으로는, 공적, 사적 부문을 막론하고(특히 교회에 의해서) 이슬람을 미국의 종교적 다원주의의 가치 있는 일부인 '평화로운' 종교로 받아들인다는 공언과 조처가 있었다.[22] 다른 한편으로는, 아랍 국가로부터 온 유학생을 비롯한 아랍식 이름과 혈통을 가진 이에 대한 정부의 감시가 행해졌다는 사실이 널리 알려지기도 했다.

마지막으로, 관심을 가질 만한 9.11의 또 다른 차원은 **유기적 연대의 증진이다.** 이를 미시적 수준에서의 전 지구적 연대라고 보아도 될 것이다. 내 개인적 경험을 들어보겠다. 9.11 직후에 나는 내가 알고 지내던 프랑스, 독일, 마케도니아, 이탈리아, 중국, 일본 등지의 사회학자들부터 이메일을 받았다. 우리가 동료 사회학자라는 점 때문인지, 그들은 마음에서 우러난 애도와 동정, 그리고 미국과의 연대를 표하는 글을 써 보냈으며, 나를 미국민의 연계고리로 인식했다. 다른 과의 동료에게 물었더니 같은 현상이 그들에게도 벌어졌는데, 다시 말하면, 전 세계에 흩어져 있는 그들의 동료로부터 마음에서 우러난 지지와 동정을 표하는 메시지를 받았던 것이다. 뒤르켐이 1914년 8월, 프랑스가 독일의 침공을 받았을 당시에 미국 사회학자로부터 전보를 받았는지는 알 수가 없다. 하지만 뒤르켐이 이런 메시지를 봤다면 세계화의 추세를 반영하기 위해서 유기적 연대 개념을 확장시켰을 것이며, 연대의 뜻을 담은 이메일을 우리의 진보된 근대성을 반영하는 중요하고 새

---

22) 9.11 발생 두 달 뒤에 미국 우체국에서 라마단을 맞아 이슬람 이드(Eid) 축제를 **아랍식 서예체로** 기념하는 33센트짜리 우표를 발행한 것은 흥미로운 일이다. 그러나, 아프가니스탄에 있는 탈레반 세력에 대한 미국의 공습은 라마단 기간에도 중단되지 않았다.

로운 '사회적 사실'로 간주하고, 그것에 대한 비교 연구를 수행하는 것에 관심을 가졌으리라 확신한다.

기계적이든, 유기적이든, 국민적이든 전 지구적이든 간에 연대로 연결되어 있음을 표현하는 것은 뒤르켐의 최초 분석과 맥을 같이하는 것이며 사회통합의 기초가 된다. 여기에는 두 가지 측면이 있는데, 즉 인간의 사회적 조건에 뿌리를 둔 이원주의이다. 한 가지 측면은, 연대가 사회적 행위자 사이의 **표현적** 관계로서, 내재적으로 공유되어진 '우리'의 깊은 합일의 표현이라는 것이다. 9.11과 관련해서 앞서 살펴본 바와 같이, 이런 측면은 일상생활 속의 행위자를 나누어 놓는 사회적 단절을 없애는 데 강한 힘을 발휘한다. 다른 측면을 들면, 연대를 표현하는 것은 타자를 도구적으로 활용하는 것을 은폐할 수도 있다는 것이다. 우리가 함께라는 이유로 타자에게 희생을 치르라고 요구하는 것은 **우리**라기보다는 **나의** 목적을 이루려는 것일 수도 있다.

참고 문헌

Anderson, Benedict R. O'G. 1991. *Imagined Communities: Reflections on the Origin and Spread of Nationalism*. London: Verso.

Alexander, Jeffrey. 1987. "The Centrality of the Classics". pp. 11-57 in Anthony Giddens and Jonathan H.Turner, eds. *Social Theory Today*. Stanford: Stanford University Press.

Barber, Benjamin R. 1996. *Jihad vs. McWorld. How Globalism and Tribalism are Reshaping the World*. New York: Times Books.

Bellah, Robert N. 1973. "Introduction". pp. ix-lv to Emile Durkheim. *On Morality and Society*. Chicago: University of Chicago Press. Heritage of Sociology series.

Besnard, Philippe, Massimo Borlandi et Paul Vogt. 1993. *Division du Travail et Lien Social. La thèse de Durkheim un siècle après*. Paris: Presses Universitaires de France.

Bourgeois, Léon. 1902. *Solidarité* , 3rd ed. Paris: Librairie Armand Colin.

Bourgeois, Léon et Alfred Croiset(eds.). *Essai d'une philosophie de la Solidarité*. 2nd ed. Paris: Félix Alcan.

Bourgin, Hubert. 1938. *De Jaurès à Léon Blum. L' École Normale et la Politique*. Paris: Arthème Fayard.

Daniel-Rops, Henri. 1966(1963). *A Fight for God 1870-1939*. J. Warrington, trans. London: J.M. Dent & Sons; New York: E. P. Dutton.

Durkheim, Emile. 1915. "Germany above All". *German Mentality and War*. Paris: A. Colin.

______. 1975(1889). "Communauté et Société selon Tőnnies". pp. 383-390 in Durkheim, Textes. 1. *Ėléments d'une théorie sociale*. Victor Karady, ed. Paris: Editions de Minuit.

______. 1997(1893). *The Division of Labor in Society*. W.D. Halls, trans., with an Introduction by Lewis Coser. New York: Free Press/Simon & Schuster.

______. 1995(1912). *The Elementary Forms of the Religious Life*. translated and edited by Karen. E. Fields. New York: Free Press.

Durkheim, Emile and E. Denis. 1915. *Who Wanted War? The Origins of the War According to Diplomatic Documents*. A.M. Wilson-Garinei, trans. Paris: A. Colin.

Etzioni, Amitai. 2000. *The Third Way to a Good Society*. London: Demos.

Favier, Jean, et. al. 1987. *Chronique de la France et des Français*. Paris: Larousse/Editions Jacques Legrand.

Félix, Christian. 1991. *Alsace-Lorraine et Union Sacrée*. Ecully(France): Horvath.

Giddens, Anthony. 1998. *The Third Way: the Renewal of Social Democracy*. Cambridge: Polity Press; Malden, MA: Blackwell Publishers.

Gitlin, Todd. 1980. *The Whole World is Watching: Mass Media in the Making and Unmaking of the New Left*. Berkeley: University of California Press.

Holub, Robert C. 1991. *Jűrgen Habermas. Critic in the Public Sphere*. London & New York: Routledge.

Huntington, Samuel P. 1996. *The Clash of Civilizations and the Remaking of World Order*.

New York: Simon & Schuster.

Jones, Susan Stedman. 2001. *Durkheim Reconsidered.* Malden, MA: Blackwell.

Joppke, Christian and Steven Lukes. 1999. *Multicultural Questions.* Oxford: Oxford University Press.

Land, Kenneth C. 2000. "Social Indicators". pp. 2682-2690 in *Encyclopedia of Sociology.* rev. ed. Edgar F. Borgatta and Rhonda V. Montgomery, eds. New York: Macmillan.

Miller, W. Watts. 1996. *Durkheim, Morals and Modernity.* Montreal & Kingston: McGill-Queen's University Press.

Poincaré, Raymond. 1927. *Au service de la France.* v. IV: L'Union Sacrée 1914. Paris: Plon.

Taylor, Charles and Amy Gutman, eds. 1994. *Multiculutralism.* Princeton: Princeton University Press.

Tiryakian, Edward A., ed. 1994. "The 100th Anniversary of Durkheim's Division of Labor in Society". *Sociological Forum,* 9, no. 1(March).

______. 2002. "Three Levels of Teaching Durkheim". in Terry F. Godlove, ed. *Teaching Durkheim on Religion.* New York: Oxford University Press, forthcoming.

Weber, Eugen. 1959. *The Nationalist Revival in France, 1905-1914.* Berkeley: University of California Press.

______. 1986. *France, Fin de Siècle.* Cambridge, MA & London: Belknap/Harvard University Press.

Wrong, Dennis H. 1994. *The Problem of Order: what unites and divides society.* New York: Free Press.

옮긴이 주

1. 앤더슨(Benedict Richard O'Gorman Anderson, 1936-). 미국 코넬 대학 교수로 국제학, 정부학, 아시아 연구 전문가이다. 국가란 사회적으로 구성된 공동체라는, '상상 속의 공동체'(imagined communities) 개념을 창안했다.
2. 벨라에 대해서는 앞서 3장과 옮긴이 주 2번, 5장과 옮긴이 주 20번에서도 다뤄진 바 있다.
3. 1933년 2월 27일 밤에 발생했던 독일 연방의회 의사당 건물에 대한 방화 사건을 일컫는다. 이 사건은 나치 독일이 들어서는 계기가 된 것으로 평가된다. 방화범 용의자가 공산주의자인 것으로 드러나면서 당시 총통이던 히틀러가 대통령 힌덴부르크(Hindenburg)를 압박해 공산당을 탄압하고 시민 자유를 억압하는 긴급포고령을 통과시키도록 만들었다.
4. 부르주아(Léon Victor Auguste Bourgeois, 1851-1925). 프랑스 수상을 역임한 정치가. 사회주의와 자본주의의 중도 노선인 '연대주의'를 주창했으며, 1920년 노벨 평화상을 받았다. 5장의 각주 3번, 6장의 옮긴이 주 2번에서도 부르주아에 대해서 소개되어 있다.
5. 프루스트(Marcel Proust, 1871-1922). 프랑스 소설가, 비평가. 대표작으로는 7부작으로 14년에 걸쳐 출간된《잃어버린 시간을 찾아서》(*À la recherche du temps perdu*)가 있다.
6. 카르노(Marie François Sadi Carnot, 1837-1894). 프랑스 제4대 대통령으로 1887년부터 재임하다가 1894년 이탈리아 출신 무정부주의자 카세리오(Caserio)의 흉기 피습으로 사망했다.
7. 매킨리(William McKinley, Jr., 1843-1901). 미국의 제25대 대통령으로 1898년 미국-스페인 전쟁을 승리로 이끌어서 그 결과 필리핀, 푸에르토리코, 괌을 미국령으로 만들었다. 무정부주의의 영향을 받은 것으로 알려진 폴란드계 미국인 촐고츠(Czolgosz)에게 총격을 받아 사망했다.
8. 노동조합주의(syndicalism)는 의회주의를 부정하고 노동조합을 근간으로 파업과 보이콧 등의 활동을 토대로 자본주의를 타도하는 것을 목적으로 삼는다. 프랑스에서는 노동총동맹을 중심으로 이런 운동이 이뤄졌다.
9. 1장 각주 8번 참조.
10. 2000년 미국 대선에서는 공화당의 조지 부시와 민주당의 앨 고어가 맞붙었으며, 일반 국민투표에서 더 많은 득표를 했던 고어가 선거인단 투표에서 5표를 더 얻었던 부시에 석패해 논란이 빚어졌다.
11. 당시 버몬트 주의 상원의원 제임스 제퍼즈(James Jeffords)가 공화당을 탈당하는 바람에 민주당이 상원에서 다수당의 자리를 차지할 수 있었다.
12. 푸앵카레(Raymond Poincare, 1860-1934). 프랑스 9대 대통령으로 1913년부터 1920년까지 재임했다. 제1차 세계대전 당시 반전주의를 극복하고 국론을 단합시켰고 영국, 러시아와 연합해 대독일 강경외교를 구사했다.

제2부

뒤르켐과 문화 변동

8장

근대 사회학 발현의 맥락

— 옛 사회를 탐색하는 뒤르켐 학파[1)]

〔…〕 종교적, 법적, 도덕적, 경제적 사실은 사회적 사실이라는 본질에 맞게 일관되게 취급되어야 한다. 그것을 묘사하거나 설명하려면, 어떤 특정한 사회적 환경, 특정 유형의 사회 속에서 맥락화되어야만 하며, 그렇게 해야만 고찰 대상인 현상의 결정적인 요인이 무엇인지를 그 유형의 구체적 성격 가운데 찾아내려고 시도할 수 있는 것이다.

(뒤르켐, 《사회학 연보》의 서문, L'Année sociologique II 1897-1898, p. 11).

수십 년 동안, 사회학은 지식사회학자의 연구 주제가 되어 왔다.[2)] 한편으로는 역사적 연구에 대한 그리고 다른 한편으로는 에밀 뒤르켐[3)]에 대한 사회

1) 이 장은 다음 논문을 이 책에 담기 위해 개정한 것이다. "L'École Durkheimienne à la recherche du temps perdu: La sociologie naissante et son milieu culturel", *Cahiers Internationaux de Sociologie*, 66 (Janvier-Juin 1979): 97-114.

2) Robert Friedrichs, *A Sociology of Sociology*, New York, Free Press, 1970; Alvin Gouldner, *The Coming Crisis of Western Sociology*, New York, Basic Books, 1970; Edward Tiryakian (ed.), *The Phenomenon of Sociology*, New York, Appleton-Century-Crofts, 1971; Larry T. and Janice M. Reynolds (eds.), *The Sociology of Sociology*, New York, McKay, 1970.

3) Dominick La Capra, *Emile Durkheim*, Ithaca, New York, Cornell University Press, 1972; Ernest Wallwork, *Durkheim*, Cambridge, Harvard University Press, 1972; Steven Lukes, *Emile Durkheim, His Life and Work*, New York, Harper & Row, 1972; 또한 집합적인 글 모음인 *Regarding Durkheim*은 다음 특별호에 게재되었다. *Revue française de Sociologie*, 17, April-June 1976; 야시 난단(Yash Nandan)의 논문은 다음과 같다. Yash Nandan, *The Durkheimian School and its Work*, Paris, Microeditions du CNRS, 1975, 또한 그의 종합적인 서지는 다음에서 찾을 수 있다. *The Durkheimian School*, Westport, Conn., Greenwood Press, 1977. 이 학파에 대해서는 다음 특별호에서 다룬 바 있다. *Revue française de Sociologie*, "Les Durkheimiens", Jan-March 1979, vol 20 (1).

학적 관심의 부흥과 함께, 이것은 그런 풍조의 지도자(뒤르켐을 일컬음-옮긴이)를 둘러싸고 형성되었고, 전위적이었던 프랑스 사회학의 40년 속에 남아 있는 사회적·지적 공동체가 어떤 것이었는지를(뒤르켐 학파의 활동기를 일컬음-옮긴이) 자세히 살펴보도록 만든다.[4] 뒤르켐 학파에 접근하는 생산적인 방법은 그 학파를 뒤르켐식으로, 다시 말하자면 하나의 사회적 현상으로 다루는 것이며, 그 때문에 관련되는 인용절을 이 논문의 머리글로 삼았다.

그 학파를 사회적 현상으로 다룬다 함은 그것이 행했던 역할을 사회 사상사의 맥락에서만 분석하는 것으로는 충분치 않음을 뜻한다. 또한 뒤르켐이 남겼던 뒤르켐식의 패러다임과 그 방법론의 주요 사상이 그 추종자들의 연구, 논문, 저술, 강의 등에서 어떻게 사용되었는지를 이해하는 것만으로는 불충분하다. 그 주요 책무란 다름 아닌 그 학파의 통일성과 구체성이 어떤 것이었던가를 보여 주는 것임은 말할 나위도 없다. 그러나 한 학파[5]의 구조를 형성하는 연계는 눈에 분명히 보이는 지적인 수준 이외의 다른 수준을 드러낸다. 뒤르켐이 인식한 대로, 하나의 사회적 사실의 구성이 어떻게 이뤄졌는지는 그것이 놓인 사회적 맥락을 통해서 바라봐야만 한다. 이러한 수칙 혹은 규칙은 **형태**에 대한 형태 심리학(gestalt psychology)의 수칙과도 상응하는데, 그에 따르면 인지되는 사물은 그것과 그것이 놓인 배경 사이의 고유한 관계 속의 총체성으로서 파악된다. 즉, 하나의 사회 현상은 그것이 놓인 사회적 맥락에 의해서 틀이 갖춰지는 것이다.

그러므로 뒤르켐 학파에 대한 사회학적 분석은 반드시 그 학파가 처했던

4) 이 논문에 이어서 출간된 다음의 중요한 집합적인 글 모음이 이 논문에서 다루는 배경의 일부를 살핀다. Philippe Besnard, ed. *The Sociological Domain. The Durkheimians and the founding of French sociology*. Cambridge and New York: Cambridge University Press; Paris: Editions de la Maison des Sciences de l'Homme, 1983.

5) 이와 관련해서는 다음의 내 연구를 참고하라. The Significance of Schools in the Development of Sociology, pp. 211-233 in William E. Snizek, Michael K Miller and Ellsworth R Fuhrman (eds.), *Contemporary Issues in Theory and Research: A Metasociological Perspective*, Westport, Conn, Greenwood Press, 1979.

사회적 환경인 프랑스 제3공화정(1871-1940)의 맥락에서 그 발생과 발전을 설명해야만 하는데, 그 이유는 그 학파의 존재 기간이 공화정의 투쟁, 승리, 쇠퇴의 때와 겹치기 때문이다. 거꾸로 말하면, 우리는 제3공화정 동안 프랑스 사회의 — 마르셀 모스의 《선물》에 나온 주요 개념을 적용하면 — '총체적 사회 현상'으로 열려 있는 하나의 문으로서 그 학파를 생각해 볼 수 있는데, 이렇게 구체적인 현상을 통해서 사회 전반의 경제·정치·문화적 차원에 접근할 수 있는 것이다. 더 폭넓게는, 이것은 사회학에 대한 궁극적 정당화가 될 수도 있다. 사회학을 사회학적 연구의 주제로 바라보는 것은 사회학이 처해 있는 사회적 맥락에 대해서 새롭게 접근하도록 해 주며, 동시에 사회적 맥락에 대한 연구는 사회학의 구조를 밝혀내는 데 긴요하다. 이로써 '성찰적 사회학'을 위한 주요한 공헌을 할 수도 있다. 그러나 뒤르켐 학파를 사회학적으로 이해하기 위해서 **어느** '사회적 맥락'을 골라야 하느냐는, 그 맥락의 복합성을 감안하면 간단하지 않은 질문이다.

뒤르켐 학파의 복합적 맥락 — 학문적, 경제적, 그리고 정치적 맥락

우선, 클로드 베르나르(Claude Bernard)[1]의 전통을 따라서 '내적 맥락(혹은 환경)'(*milieu interne*)이라고 할 수 있는 직업적 맥락부터 살펴보자. 우리는 대학과 지적 환경의 여러 가지 다른 차원의 맥락에서 뒤르켐주의자를 살펴보게 될 것이다. 1880년대와 1890년대의 프랑스 학계의 근대화,[6)] 뒤르켐주의자에게 기회를 열어 준 학계의 구조〔예를 들면, 사회과학 고등실용연구원(École Pratique des Hautes Etudes en Sciences Sociales, EPHESS)의 제5분과〕, 1904

6) (뒤르켐 학파가 속했다고 할 수 있는) 과학적 연구와 교육을 위한 제도적 틀의 변화상을 폭넓게 다룬 다음 저작을 참고하라. Robert Fox and George Weisz, eds., *The Organization of Science and Technology in France*, 1808-1914, Cambridge and New York: Cambridge University Press, 1980.

년 소르본과 합쳐짐으로써 뒤르켐주의자가 일자리를 얻는 데 상당한 도움이 된 파리고등사범 등이 그 맥락에 해당한다.[7)] 또한 이러한 맥락의 일부를 차지하는 것은 학술지와 그 편집장들이었고 그 덕에 그 학파를 위해서《형이상학과 도덕 리뷰》(*Revue de Métaphysique et de Morale*)와 같은 공론의 장이 제공되었는데, 더구나 그 학술지를 만든 자비에 레옹(Xavier Léon)은 뒤르켐을 비롯해 파로디(Parodi)[2]와 부글레(Bouglé, 1장의 4번 옮긴이 주 참고-옮긴이)와 같은 그의 동료 몇몇이 함께 참여하기도 했던 프랑스 철학원을 창설하는 데 중요한 역할을 했다. 자비에만큼이나 도움을 줬던 이가 펠릭스 알캉(Félix Alcan)[8)]으로, 그는《사회학 연보》를 도입하고 지원해 줬던 출판인이었다.

더구나, 1920년대에 〔엘리트 위주의 **국립고등학교**(*lycées*)를 포함한〕 중등교육 과정에서 뒤르켐주의적 사상이 — 패권을 차지한 것까지는 아니라도 — 널리 소개된 것을 설명하려면, 고등교육기관에서 뒤르켐주의자〔예를 들면, 라피(Lapie),[3] 부글레, 그리고 다비(Davy, 1장 각주 5번 참고-옮긴이)〕가 얼마나 많은 주요 행정직을 차지했는지를 알아볼 필요가 있다.[9)] 이런 점에서, 뒤르켐주

7) 비록 학계에서 인정된 바대로 **뒤르켐 학파**라고 쓰기는 하지만, 여타의 주요 사회과학 분야에서도 그런 것처럼, 뒤르켐과 광범위한 교류를 맺었던 '핵심' 구성원과 다소 '주변적'이었던 구성원 사이에 분화가 있었음을 지적할 필요가 있다. 그 관계망이 어떻게 구성되었는지를 보려면 다음을 참고하라. Philippe Besnard, "The *Année Sociologique* team", p. 27 in Besnard, ed., *op. cit*. 또한 뒤르켐 학파 내에 어떤 분화가 이뤄졌는지를 자세히 살피려면 야시 난단(Yash Nandan)의 다음 저작을 참고하라. *The Durkheimian School. A Systematic and Comprehensive Bibliography*, Westport, CT: Greenwood Press, 1977.

8) 제1차 세계대전 전, 펠릭스 알캉(1841-1925, 파리고등사범 출신 출판인-옮긴이)의 출판사는 뒤르켐주의 사회학의 출간 창구 역할을 했는데, 이것은 마치 제리 캐플런(Jerry Kaplan)의 자유 출판사(*Free Press*)가 제2차 세계대전 뒤 파슨스의 사회학적 저작물을 출판하는 창구였던 것과 비슷하다. 알캉의 출판사는 오늘날 프랑스 대학 연합출판(Presses Universitaires de France)의 일부가 되었다.

9) 이와 특히 관련되는 저작물은 베스나르(Besnard)의 편저서에 실린 다음 두 편의 논문이다. *The Sociological Domain*: Roger Geiger, "Durkheimian sociology under attack: the controversy over sociology in the Ecoles Normales Primaires", pp. 120-136; Mohamed Cherkaoui, "Education and social mobility: Paul Lapie's pathbreaking work", pp. 217-230.

의자와 여타 경쟁적이었던 사회철학파〔예를 들면, 르 플레(Le Play, 1장 각주 7번 참고-옮긴이) 학파에 속했던 사회학자 또는 르네 보름스(René Worms)[4]가 이끌었던 일단의 학자〕의 관계 또한 살펴볼 필요가 있다. 우리는 심지어 뒤르켐과 타르드(Tarde, 1장의 각주 135번 참조-옮긴이) 사이의 잘 알려진 (방법론적 실재론 대 명목론의 갈등이라는) 지적 갈등이 — 그것이 아무리 논리정연하게 정리된다 해도 — 학문적인 전쟁과 영역 다툼이라는 측면을 가릴 수는 없는 것이 아닌지 의문을 가질 수도 있을 것이다.[10)] 뒤르켐이 파리의 루 뒤름(Rue d'Ulm: 파리고등사범의 소재지-옮긴이)에 터를 잡은 고등사범과의 전략적 연계를 통해서 소르본에서 입지를 굳혔다면, 뒤르켐의 비판자인 타르드와 이줄레(Izoulet)[5]는 명성 높은 콜레주 드 프랑스(Collège de France)의 교수였고, 이 당시 베르그송도 이 학교에 있었는데, 도덕성과 종교에 대한, 그의 생명의 약동론적인 접근은 뒤르켐의 견해와 상충되었다.[11)]

또한 뒤르켐주의 학파와 프랑스 외부의 광범위한 학문적 환경 사이의 관계도 고찰할 필요가 있다(예를 들면, 영국 특히 옥스퍼드의 사회인류학과가 뒤르켐주의자에 대해 수용적이었던 것). 다른 점도 있겠지만, 언급된 이런 요인은 이 학파와 그것이 놓였던 폭넓은 **학문적 환경** 사이의 관계와 관련이 있다.[12)]

더 폭넓게 맥락적 요인을 살피려면 **정치경제라는 외부 환경**을 다뤄야 한다. 근대 사회에 대해서 우리가 가지는 통상적인 견해와 마찬가지로, 우리

10) 이와 관련해서는 탁월한 다음의 연구를 참조하라. Victor Karady, "Innovation, Institutionalisation of innovation and the Birth of Sociology in France", mimeograph, AP of CNRS, no 6348, 1974. 또한, T. N. Clark, *Prophets and Patrons*, Cambridge, Mass, Harvard University Press, 1973.

11) 드라기체스코는 뒤르켐주의자가 사회과학에 적용시킨 결정론과 합리론을 비난하면서, 다음과 같은 평가로 베르그송의 철학을 칭송했다. D. Draghicesco in *The Socialist Movement*, 22, July-Dec 1907, pp 266-269: '최근에 뒤르켐의 경직된 합리론 탓에 비틀린 도덕 철학은 그 길과 참된 방법론을 찾게 될 것'(p. 267).

12) 이와 관련해서는 탁월한 다음의 연구를 참고하라. Terry N. Clark, *Prophets and Patrons. The French university and the emergence of the social sciences*. Cambridge, MA: Harvard University Press, 1973.

는 프랑스 사회에 대한 서로 연결된 두 가지 주요 측면을 제기할 수 있다. 19세기 후반의 산업 발전을 지배했던 사회경제적 구조(이에 대해 마르크스주의자는 '선진 자본주의'의 배경이라고 보기도 한다), 그리고 — 뒤르켐과 그의 학파의 주요한 표적 가운데 하나였던 — 사회 자유방임주의적 철학과 공리주의로 구성된 그 기저에 깔린 이념이 그 두 측면이다. 그렇다면, **사회경제적 환경**은 사회경제적 **아노미**의 병폐와 치유에 대한 종합적 분석으로서의《사회분업론》에 대한 이해를 위해서뿐만이 아니라, 경제학적인 연구의 전문가였던 뒤르켐 학파의 성원에 의해서 주도된 연구를 이해하기 위해서도 중요하다. 그들은 자유방임주의적 자본주의가 사회적인 기본 구조를 파괴한다는 비판적인 견해를 가지고 있었다. 이 가운데 가장 많이 알려진 학자가 시미앙(Simiand), 알브바슈(Halbwachs), 위베르 부르쟁(Hubert Bourgin)이다.[13)]

둘째로, 하지만 첫째만큼이나 중요한 것은, **사회정치적 환경**이다. 뒤르켐 학파는 그들의 전문적이고 과학적인 작업이 보여 주는 바와 같이 과학성과 객관성을 기하기 위해 전념했다는 특성이 있다. 하지만 일단의 사회학자로서 프랑스 공화정 그리고 그것이 표방한 이상(理想)이 실질적인 이익을 거두도록 봉사하는 데 헌신했다는 특성 또한 간과해서는 안 된다. 뒤르켐은 쥘 페리(Jules Ferry, 1장 각주 17번 참조-옮긴이)와 레옹 강베타(Léon Gambetta)[6]와 같은 진보적 공화주의자 세대에 의해서 훈련을 받았다. 그는 카리스마를 갖춘 사회주의 정치 지도자로 평화운동을 이끌었던 운동가이자 젊은 뒤르켐주의자에게 가장 큰 영감을 준 인물로 통하던 장 조레스(Jean Jaurès)의 막역한 친구였다. 뒤르켐주의자의 대부분은 중도 좌파에 속했다. 그들은 급진당, 민주 사회주의자인 밀랑(Millerand, 1장 각주 8번 참조-옮긴이), 알베르 토

13) 다음 저작을 참고하라. François Simiand, *Les fluctuations économiques à longue période et la crise mondiale*. Paris: Alcan, 1932 ; Maurice Halbwachs, *Les expropriations et le prix des terrains à Paris,* 2nd ed. Paris: Presses Universitaires de France, 1928 ; Hubert Bourgin, *Les Systèmes Socialistes*. Paris: G. Doin, éditeur, 1923.

마(Albert Thomas, 1장 각주 8번 참조-옮긴이) 같은 이들과 긴밀한 관계를 맺었다.[14] 드레퓌스 사건 당시에 그들이 취했던 공개적인 입장 때문에 '사회학주의'(sociologism)에 대해서 회의적이었던 이들조차도 그들에게 경의를 표하게 되었다〔예를 들면, 고등사범에서 도서관에 들어올 책의 '선별자' 역할을 맡았던 뤼시앵 에르(Lucien Herr)와 같은 이들〕.[15]

프랑스 정계에서 그들이 가지고 있었던 고유의 관계망이 이후에 그들이 교육부의 학술적, 행정적 위계 구조에서 중요한 위치를 차지하는 데 기여했다는 사실은 의심할 바 없다. 뒤르켐주의자는 제3공화정과 — 그 가운데 마르크스주의자를 제외한 모든 진보 성향의 세력과 — 너무나 긴밀한 관계를 맺고 있는 것으로 인식되어서 〔모라스(Maurras)의 《프랑스 행동》(*l'Action française*) 그리고 이 당시 보수적이었던 가톨릭 교회에 공감하던〕 우파 전통주의자만이 아니라 《감시인들》(*The Watchdogs*, 1932)을 쓴 폴 니장(Paul Nizan) — 40년 뒤에 《서구 사회학 위기의 도래》(*The Coming Crisis of Sociology*)에서 파슨스를 조롱했던 굴드너(Gouldner)를 떠올리도록 만드는 — 과 같은 마르크스주의자로부터도 공격을 받았다.

대단히 복잡했던 정치적 환경은 뒤르켐 학파를 위치 짓는 데 밀접한 관련이 있다. 그 구성원들은 그들이 행했던 사회학적 연구가 오늘날에도 읽으면 여전히 유익함을 줄 수 있을 만한 정도로 재능 있는 사회과학자였음이 확실하다. 그러나 그 배경을 이해하기 위해서는 프랑스 교육에서 사회학을 하나의 자율적인 학문으로 제도화시키는 것을 촉진시키도록 만들었던 그들의 사회정치적 견해와 정치적 연결망을 고려하는 것이 필수적이다.

---

14) 그러나 제1차 세계대전 뒤에 조르주(Georges)와 위베르 부르쟁(Hubert Bourgin)과 같은 일부 뒤르켐주의자는 우파 민족주의자가 되었다.

15) 이와 관련해서는 다음을 참조하라. D. Lindenberg and P. A. Meyer, *Lucien Herr, Socialism and its Destiny*, Paris, Calmann-Lévy, 1977, p. 149.

예술적 환경

지금까지 다뤘던 맥락적 요인을 넘어서, 나는 또 다른 학문 외적인 환경에 뒤르켐 학파를 관련지어 보려고 한다. 그 학파가 정점에 이르렀을 당시 프랑스의 **문화적 환경**이 바로 그것이다. 내가 하려는 주장은, 비록 내가 아는 한 그 학파와 프랑스의 전위적 예술인 사이의 지속적 접촉은 없었다 할지라도, **전위 예술과 뒤르켐 학파 사이의 뚜렷한 친화성이 존재한다**는 것이다.[16)]

나의 이러한 분석은 로버트 니스벳(Robert Nisbet)[7]의 도발적인 연구, 《예술 형태로서의 사회학》에서 자극을 받았는데, 이 글에서 니스벳은 '사회학과 예술은 밀접하게 연관되어 있다'[17)]고 언급하였다. 그는 예술이든 사회학에서든 간에 창조적 영혼 사이에는 본질적인 통일성이 있으며 양자 모두는 19세기 사회 현실을 그리는 데 그 양식과 수단에서 유사성을 보여 준다고 주장했다. 특히 니스벳은 사회학적 저술에서 자주 등장하는 풍경화법적인 주제는 예술가가 초상화나 풍경화를 그릴 때 활용하는 방법

16) 이 사이를 연결해 준 것으로 보이는 매개자를 살펴보자. 첫째는 뤼시앵 에르와 레옹 블룸(Léon Blum)의 친구였던 무정부주의자 베르나르 라자르(Bernard Lazare)로 나탕송(Natanson)의《백색 리뷰》(*Revue blanche*)에 기고하기도 했다. 그는 1903년, 젊은 나이로 사망하기 전에 전위 예술가들을 자주 방문하곤 했다. 라자르는 1890년대의 반순응주의의 주요한 인물이었으며, 비유대인만큼이나 유대인에 대해서도 비난을 가했던 반유대주의에 대한 그의 초기 연구로 — 드레퓌스 사건의 여파와 함께 — 시오니즘 논의를 프랑스에서 심화시켰던 인물로 알려졌다. 두 번째로 소개할 중개 인물은 로맹 롤랑(Romain Rolland, 5장 옮긴이 주 19번 참조-옮긴이)으로 그는 소설가, 극작가, 예술 비평가이자 엘리트의 요람인 파리고등사범의 졸업생(1886-1889)이었다. 1895년부터 그는 고등사범에서 예술사 과목을 가르쳤으며 이후에는 고등실용연구원에서 음악 관련 부문을 조직했다.

나는 에르 자신이 전위 예술과 전위 사회과학 모두와 동시에 접촉을 맺었다고 생각한다. 다른 정치적 사안에 대해서는 입장이 사뭇 다르기는 했지만, 뒤르켐은 이들과 긴밀히 협력했으며, 에르와 함께 알프레드 드레퓌스 대위의 석방과 복직을 목표로 하는 드레퓌스 운동을 이끌었다.

17) New York, Oxford University Press, 1976, p. 4.

표8.1 뒤르켐이 편집인을 맡았던 당시 사회학 연보에 실렸던 예술 관련 글

권	년도	주제(節, 下部節)	쪽	논문 비평자
I	1896-97	없음		
II	1897-98	없음		
III	1898-99	7.1. 미학사회학	575-83	위베르(Hubert), 파로디(Parodi)
IV	1899-1900	7.1. 미학사회학	584-93	위베르, 파로디, 리샤르(Richard)
V	1900-01	7.1. 미학사회학	577-93	위베르, 메트르(Cl. E. Maître), 스티크니(Stickney), 뒤르켐, 파로디
VI	1901-02	7.1. 미학	560-67	위베르, 모스(Mauss)
VII	1902-03	7.1. 미학사회학	666-75	랄로(Lalo), 위베르, 모스
VIII	1903-04	7.1. 미학사회학	629-38	위베르, 레니에(Reynier), 뵈샤(Beuchat), 부글레(Bouglé), 비앙쿠르(Biancourt)
IX	1904-05	7.1. 미학사회학	588-92	위베르, 샤이예(Chaillié)
X	1905-06	7.1. 미학사회학	656-59	위베르
XI	1906-09	7.1. 미학사회학	774-89	모스, 위베르, 라피트(Lafitte)
XII	1909-12	7.1. 미학사회학	840-49	젤리(Gelly), 위베르, 마르크스(J. Marx)

에 비견할 만한 방식으로 현실을 담아낸다는 개념을 만들었다. 이것이 바로 내가 뒤르켐주의자가 심취했었던 바가 무엇이었던가를 탐색하는 출발점이며, 그들이 심취했었던 것이 전위 예술가와 저술가가 심취했던 대상과 상당 부분 겹친다는 시각으로 접근하면 더욱 잘 이해되리라고 믿는다.

《사회학 연보》에 담긴 예술

우선, 뒤르켐 학파가 사회학적 연구 관심의 주제로서 어떻게 예술을 다뤘는지를 살펴보자. 표 8.1은 뒤르켐 자신이 편집인으로 있었던 때 《사회학 연보》에서 예술에 대한 글이 실렸던 내역을 보여 준다.

이 표의 내용을 설명할 필요가 있다. 우선, 3권의 잉여절인 7절('여러 주제

를 한데 모은 절')에 등장하는 **미학사회학**(*Sociologie esthétique*)이라는 주제에 주의를 기울일 필요가 있다. 그 주제는 《사회학 연보》의 첫 번째 시리즈가 나오던 기간 내내 같은 곳에 자리를 잡았다. 뒤르켐이 논평을 썼는가를 사회학 연구 분야 가운데 무엇이 중요한지를 알려 주는 시금석으로 삼아 보면, 뒤르켐은 전체 시리즈 가운데 딱 한 번 이 주제 아래에 노동사회학과 예술을 연결 짓는 두 편의 작품에 대한 논평을 남겼다(5권, 592쪽). 더구나 이 주제 아래 할당된 쪽수는 각 권의 전체 길이를 고려해 보면 미미했다. 내가 다른 글에서 논했던 대중문화와 민속과 마찬가지로[18] 예술은 뒤르켐 학파에서 가장 활발했던 구성원이 가장 주의를 기울였던 분야 가운데 하나가 아니었다. 그럼에도 불구하고 그 학파에서 다소 외곽에 자리 잡았던 샤를 랄로(Charles Lalo)는 예술사회학의 전문가가 되었다.[19]

표를 보면 알 수 있듯 앙리 위베르(Henri Hubert)가 이 분야에 대한 글을 주로 쓴 학자로 10권의 연보에 모두 이름을 올렸다. 이 주제 아래 실린 다수의 글을 종합해 보면 위베르와 그의 친구 마르셀 모스가 사회학에서 예술이 지니는 중요성을 얼마나 크게 느꼈던가를 보여 준다. 《사회학 연보》의 5권에 유일하게 미학사회학의 편집자들이 썼던 '서언'이 실렸는데 여기서 위베르는 사회학이 어떻게 예술의 문제와 씨름해야 하는지에 대해서 다뤘다.

---

18) 캐나다 퀘벡 주의 마운트 오포드(Mount Orford)에서 1977년 10월에 열렸던 프랑스어를 사용하는 사회학자의 국제학회에서 다음 주제로 원탁회의가 열린 바 있다. **고전 사회학에서의 대중문화와 민속**. 더 폭넓은 논의를 보려면 다음 글들을 참고하라. François Isambert, "At the frontier of folklore and sociology: Hubert, Hertz and Czarnowski, founders of a sociology of folk religion", pp. 152-176 in Philippe Besnard, ed., *The Sociological Domain. The Durkheimians and the founding of French Sociology*. New York: Cambridge University Press; Paris: Editions de la Maison des Sciences de l'Homme, 1983.

19) 샤를 랄로의 저술에 대한 서지를 보려면, 다음을 참고하라. Yash Nandan, *The Durkheimian School: A Systematic and Comprehensive Bibliography*, Westport, Conn. Greenwood Press, 1977, p. 316 이하.

> 우리가 예술에 대해서 설명하려고 하는 것도 아니고 더구나 예술 작품의 생산에서 개인과 사회가 각각 가지는 몫이 얼마나 되는지 바지런히 비교해 보려는 것은 더더욱 아니다. 〔…〕 우리의 관점으로 보기에는 예술에 대한 탐구는 기술(技術)과 현상 묘사에 대한 연구로 나뉘어지는 것 같다. 〔…〕 집합적 묘사에 대한 일반 이론에서는 예술이 당연히 중요한 위치를 차지한다. 〔…〕 또한 묘사되어진 것에 대한 지각과 감성적 요소에 대한 분석이 특별히 잘 이루어질 수 있음은 명백하다.[20)]

마르셀 모스는 이 주제 아래 썼던 몇 편 안 되는 글 가운데 하나에서 로스(W. E. Roth)의 저작인《놀이, 스포츠와 오락》(*Games, Sports and Amusements*)에 대해서 비평을 하는 와중에 다음과 같은 시사적인 명제를 제시했다.

> 만약《사회학 연보》가 〔…〕 완전한 이해를 추구할 수 있는 현재를 다루는 사회학에 대해서만 관심을 가지고 있었다면, 로스 씨의 글은 무엇보다도 미학에 기여한 것으로 여겨질 것이다. 우리는 **순수 예술**(*beaux-arts*)과 함께 〔**인증된 예술로서의**(*les arts d'agrément*)〕 장식 예술을 포괄하는 폭넓은 관점으로 접근하는 미학에 대해서 말하고 있는 것이며 이는 대규모로 생산되는 예술이나 기술적인 투입으로 말미암아 생성되는 단순히 기술적인 예술과는 반대되는 것이다. 그러나 사회학자 동료에 의해서 이뤄진 연구나 우리 자신의 연구 모두 게임과 같은 두드러지는 사회 현상에 대한 이론화를 이뤄 낼 만큼 발전하지는 못했다.[21)]

그러나 표 8.1에서 볼 수 있듯이, 예술에 대한 이 주제는 뒤르켐 학파의 새로운 구성원을 위한 징검다리가 될 수 있을 법하다. 이런 방식을 통해서 이 주제 아래에 파로디, 랄로, 메트르, 레니에, 뵈샤, 비앙쿠르, 젤리, 그리고 장 마르크스가 연보에 자신들의 첫 논문을 실었다. 단 한 편의 비평만을 (7권에) 썼지만 사회학과 예술을 그의 주요 연구 분야로 삼았던 샤를 랄로와 위베르

20) *Année sociologique*, V (1900-1901), p. 577.

21) *Année sociologique*, VII (1902-1903), p. 666.

만을 제외하면,[22] 이 분야에 대한 그들의 관심은 일시적이었던 것처럼 보인다. 이러한 연구 관심은 그들이 어떤 학문적인 훈련을 받았는지와 관련되어 있다. 뒤르켐 학파가 랄로의 작업을 활용해서 사회 구조와 사회 변동에 대한 분석에 비견될 만한 예술에 대한 포괄적인 이론적 분석을 제안하지 않았던 것처럼 보이는 것은 불행한 일이다. 심지어 오늘날에도 여타 대중문화와 마찬가지로 예술은 미국과 유럽의 사회학 모두에서 일종의 낯선 주제로 여겨지며 따라서 그러한 악의적이지는 않은 무관심 탓에, 예를 들어 《연례 사회학 논평》(*Annual Review of Sociology*)과 같은 학술지에서 예술은 주제로 채택되지 못했다. 이 주제 아래 《사회학 연보》가 어떤 분석을 했는지 잘 살펴보는 것은 가치가 있는 일이다. 그 분석의 범위는 대단히 넓어서 프랑스어뿐만이 아니라 영어, 독어, 이탈리아어로 쓰인 작품은 물론 미술과 시의 기원으로부터 아프리카의 시, 남아프리카의 미술과 그리스 비극까지 포괄적으로 다뤘다. 예술사회학이 이론적으로 더 나은 자리매김을 할 수 있도록 만들어 줄 수 있을 통찰력을 이런 비평에서 발견할 수도 있을 것이다.

프랑스의 거시적 문화 환경

1880년대(더 정확히 말하자면 1885년에서 1890년까지의 시기)는 프랑스의 문화적 환경만이 아니라 초기 뒤르켐 학파에게도 풍요로운 때였다. 독일로의 여정과 또 거기에서 만난 분트(Wundt)와 셰플레(Schäffle)와 같은 사회학자를 통해서 고무된 뒤르켐이 사회학자로서 그의 소명을 제대로 인식하게 된 것은 1885년에서 이듬해까지의 기간이었다.[23] 1885년 5월, 아마도 공화주의

22) 예를 들면, 다음 작품을 보라. *L'art et la vie sociale*, Paris: G. Doin, 1921; "A Structural Classification of the Fine Arts", special issue of *The Journal of Aesthetics and Art Criticism*, 11, 4(June 1953): 307-323.

의 상징과도 같았던 빅토르 위고가 사망한 것은 엄청나게 중요한 사건이었을 것이다. 국립묘지 판테온에 안장된 그 시인이자 저술가를 기리는 대규모 국민적인 장례 행사는 문화 영역에서 주요한 전기를 이루었으며 제3공화정에 상당한 중요성을 지니는 죽음과 부흥의 계기가 되었다.

> 1885년 위고의 장례식 이후의 시기에 모든 예술은 마치 그러한 신호가 주어지기를 기다렸던 것처럼 새로운 방향으로 나아가 〔…〕 스스로를 20세기의 태동기에 반응하기 위해서 19세기의 영향으로부터 해방시켰다. 모든 예술에서, 1885년은 '근대'[24]라는 단어의 의미를 고려해 보는 출발점이었다.

1886년 9월 18일, 그리스 태생의 시인인 장 모레아스(Jean Moréas)는 그의 문학적 성명서 '상징주의'를 《르 피가로》 지에 발표했다. 그는 이 운동이 프랑스 문학의 부흥과 고대의 근본적 형태의 언어로의 회귀를 나타내는 것이라고 주장했다.[25] 보들레르(Baudelaire)[8]에 의해서 소개되고 베를렌(Verlaine),[9]

23) 이와 관련해서는 다음을 참조하라. Steven Lukes, *Emile Durkheim His Life and Work*, New York, Harper & Row, 1972, pp. 66-95. '수정주의적' 시각을 살피려면 다음을 보라. Bernard Lacroix, The original vocation of Emile Durkheim, in *The French Sociology Review*, 17, Apr.-June 1976, pp. 213-245 또한 Social Dynamics and Relative Subordination of Politics according to Emile Durkheim, in *International Sociology Notebooks*, LXII, Jan.-June 1977, pp. 27-44.

24) Roger Shattuck, *The Banquet Years: the Origins of the Avant-Garde in France: 1885 to World War I*, 2nd ed, New York, Vintage Press, 1967, pp. 18과 이후. 위고의 장례식에 대한 생생한 묘사는 다음에서 찾아볼 수 있다. *Les Déracinés*. 나는 이 장례식 시기의 집합 행동이 《종교 생활의 기초 형태》의 주요 내용의 배경을 제공했다는 섀턱(Shattuck)의 주장이 일리가 있다고 생각한다. 이와 관련해서는 내가 쓴 다음 글을 참고하라. "Emile Durkheim", in Bottomore and Nisbet(출처는 이 책에서 이미 언급되었음).

25) '보줄라(Vaugelas, 프랑스 문법학자, 문인-옮긴이)와 부알로데스프레오(Boileau-Despréaux, 프랑스의 시인, 평론가-옮긴이) 이전의 우수하며 화려하고 맛스러운 프랑스어, 프랑수아 라블레(François Rabelais, 프랑스 문예부흥기의 작가, 의사, 그리스어 연구가-옮긴이)와 필리프 드 코민(Philippe de Commines, 15·6세기의 프랑스 저술가, 외교

말라르메(Mallarmé),[10] 랭보(Rimbaud)[11] 그리고 벨기에에서는 마테를링크(Maeterlinck)[12]에 의해서 더욱 풍성해진 상징주의는 뒤르켐 학파의 초기에 등장한 전위적인 운동이었다. 그것은 — 1880년대 말의 예술계를 화염에 휩싸인 혜성처럼 나타나 황홀경에 빠뜨렸던 — 반 고흐(Van Gogh) 그리고 고갱(Gauguin)의 영향을 받은 후기 인상파, 표현주의와 같은 뿌리를 가지고 있었다. 이러한 뿌리들은 세잔(Cézanne)의 급진적인 혁신으로 그 노선이 뚜렷해졌고 피카소(Picasso), 브라크(Braque), 그리스(Gris) 등에 의해서 성숙기에 접어들었던 입체파로 뻗쳤으며 같은 시기 뒤르켐 학파 또한 그 절정기를 맞고 있었다(1905-1914).[26)]

표현주의 예술에서 중요한 분기점은 19세기 후반에 시작되었다고 볼 수 있으며 이는 인상파와 인상주의자, 혹은 달리 말하면 인상주의자가 실재를 바라보고 묘사하는 방식에 의해서 새로이 소개된 패러다임과 함께 도래했다.[27)] 이와 관련한 2차 자료가 방대한 데다 나 스스로 예술사에 전문지식이 있다고 주장하는 처지가 아니므로, 인상파와 과학, 특히 물리학 사이의 관계를 조명하는 프랑스 한림원의 르네 위그(René Huyghe)[13]의 통찰력 있는 논평을 인용하고자 한다. '각각에 대해서 단 하나의 원칙으로 정리할 수 있다. 합리적 감성주의, 인상주의는 과학을 좇았으며 그것의 우월한 지위, 즉 19세기 말 과학이 차지했던 대세를 인정했다.'[28)] 뒤르켐 학파 또한 경쟁 학파

가-옮긴이) 그리고 비용(Villon, 15세기 프랑스의 시인, 방랑자-옮긴이)의 언어'. Jean Moréas, *The First Weapons of Symbolism*, text edited by M. Pakenham, University of Exeter, UK, 1973, p. 32.

26) 이와 관련해서는 이번 장과 자매 관계를 이루는 다음 장을 참고하라.

27) 반동적 인상주의가 성장하도록 만들었던 19세기 프랑스 미술의 제도적 변화에 대한 깊이 있는 논의를 보려면 다음을 참고하라. Harrison C. White and Cynthia A. White, *Canvasses and Careers. Institutional Change in the French Painting World*, New York, Wiley, 1965.

28) 이 내용은 다음 출처에서 나온다. "Shifts in Thought during the Impressionist Era: Painting, Science, Literature, History and Philosophy", in *Impressionism: A Centenary*

에게 앞설 만한 우월성을 확보하기 위해 과학적 방법론을 활용하려고 심혈을 기울였음은 이와 유사하다고 볼 수 있겠다.

인상파와 뒤르켐 사회학은 모두 장애에 부딪혔으며 그 작품들이 이른바 후설이 일컬었던 '자연적 태도'와 상반되었기 때문에 적대감을 불러일으켰다. 뒤르켐에게 과학적 방법이 매력적이었던 것은 '사회적 사실'이라는 실재를 개인적·생물학적, 혹은 환경적 원인으로 환원시킬 수 없음을 보이는 데 유용했기 때문이었지만, 이로 인해서 특히 인문학 분야에서 — 인문학 분야에서만 그랬던 것은 아니지만 — 적대감을 불러일으켰다.

마찬가지로, 위그는 인상주의자가 실재하는 관례, 즉 떨치기 어려운 습관, 기술, 전통에 맞섰기 때문에 중산 계급에서 분노를 유발했다고 평가한다.[29)] 대중은 상식에 의지했지만 인상파는 물리학, 특히 광학(optics)의 법칙을 따랐다. '거기에 존재한다'라고 표현할 수 있는 객관성의 단단하고 물질적인 세계의 실재란 부르주아에게는 아주 중요한 가치가 있음에도 불구하고, 19세기 말의 과학 발전으로 인해서 의문시되었으며 따라서 자연에 대한, 혹은 일반적으로 말하면, 실재에 대한 새로운 이해 방식이 나타나게 되었다. 플랑크(Planck)[14]의 양자 이론 공식에 따르면, '물질'에 전통적인 안정성이 있다는 것은 부인되며 따라서 세계란 영속적인 브라운 운동[15]과 확률적 과정의 격동적인 힘들이 혼란 속에서 이루는 융합과도 같은 것으로 파악될 수 있었다. 아리스토텔레스의 논리와 유클리드의 기하학은 더 이상 확실성이나 우리에게 친숙한 세계를 위치 짓고 설명할 수 있는 적합한 틀을 제공해 줄 수 없게 되었다.

물질세계의 해체, 혹은 조르주 귀르비치(Georges Gurvitch, 4장 옮긴이 주 2

Exhibition, catalogue, Metropolitan Museum of Art, New York, Special exposition from Dec 12, 1974 through February 10, 1975. 프랑스어판 출처는 다음과 같다. Éditions des Musées nationaux, Paris, 1974. 앞서 언급한 책, p. 18.

29) 앞서 인용했던 문헌.

번 참조, 그에 대한 자세한 논의는 15장 참고-옮긴이)의 표현을 따르면 '**탈구조화**'는 과학적 정신이 취할 방향만이 아니라 19세기 말과 20세기 초의 전위 예술이 취할 방향까지도 설정했던 것이다. 인상주의자는 해체로 가는 길로 향하는 불안정하고 덧없이 사라지는 실재를 묘사했다. 이것이 바로 모네(Monet)의 작품세계에 두드러진 경향인데, 그의 작품을 보면 전원이나 루앙(Rouen) 성당[16]의 단단해 보이는 속성이 물체의 표면에 부딪치는 빛의 효과로 해체된다. 1886년 이후, 반 고흐에게 더 이상 움직이지 않는 풍경이란 있을 수 없었다. 그는 힘·운동·속도의 세계를 보고 느끼고 그려 냈는데, 이 세계에서는 격렬한 탈구조화가 새로운 시야, 즉 모든 면에서 근대 물리학이 만들어 내고 있던 것과 같은 시야를 제시했다.

위그는 우리가 관심을 가질 만한 마지막 논점을 제시한다. 그것은 바로 시간의 새로운 비판적인 차원이며 이것은 19세기 말 실재에 대한 인식에 영향을 미쳤다. 과학적 법칙의 인과성과 일반성에 대한 전통적인 원리는 동일한 조건 아래에서 동일한 결과가 반복되느냐 여부에 달려 있었다. 그러나 갑작스럽게 시간이 문제의 '4차원'으로 부각되었으며, 이것은 아인슈타인의 물리학에서 중요한 위치를 점했고, 마찬가지로 베르그송의 철학이나 여타 위대한 20세기의 철학사조(실용주의나 하이데거, 화이트헤드와 미드(G. H. Mead)의 이론)에서도 중요하게 여겨졌다. 세계의 해체 혹은 탈구조화는 '객관적' 시간의 탈구조화와 맞물려 있었다.

이러한 — 일시적이며 모호하고 액체성의 — 새로운 실재론은 정체성의 본질에 심각한 의심과 불안을 불러일으킬 수밖에 없었다. 아리스토텔레스의 논리는 정체성의 원리에 근거를 두고 있지만, 만약 무엇인가에 동일시될 수 있는 어떤 것이 더 이상 존재하지 않는다면 그 논리는 존재론적인 기반을 결여하게 된다. 그렇다면 존재의 차원에서 과연 무엇이 자기 정체성을 담보하는가? 베르그송의 철학은 일정한 대중적 인기를 얻었는데, 부분적으로 그렇게 될 수 있었던 이유는 그것이 실재를 한정된 **기간**(*durée*)으로서의 시간으로 재정의했기 때문이며, 또 다른 이유는 외재하며 폐쇄된 세계의 결정론적 성격을 드러내 주는 **양심**에 대해서 그 철학이 중요성을 부여했기 때문이다.

철학자들이 이런 탐색을 벌였던 것처럼, 예술가들도 고정된 것이 아니라 **형태**를 찾아내려고 애썼다. 그들은 외재하는 세계를 관찰하면서 그 외부로 드러난 모습을 지탱해 주는 세계의 본질적인 (기하학적) 형태를 찾아내려고 했다. 바로 이들이 기억과 의식의 흐름을 통해서 일련의 형태를 확인하기 위해서 내적 세계를 분석했던 입체파다. 표현주의나 인상주의와 같은 예술적 시도는 프루스트(Proust)와 조이스(Joyce)의 문학에도 반영되어 있다.

이러한 논평과 뒤르켐 학파는 무슨 관계가 있을까? 나는 실재의 일시적 측면에 대한 인식과 19세기 말 과학과 전위 예술에 의해서 고정적·객관적·물질적인 실재가 부인된 것이, 사회적 세계의 급격한 변동과 탈구조화와 밀접하게 관련되어 있다고 본다.

아마도 쉽사리 (아마도 너무도 쉽사리) 앞서 언급한 내용이 기술과 사회 구조의 변동이라는 측면에서 언급될 수 있을 것이며, 다름 아닌 고도화된 자본주의와 전통적 귀족의 사회·정치적 영향력 때문에 중산층 하위 계급이 파괴되었다고 할 수도 있을 것이다. 하지만 사회 전반에 깊이 골이 패이게 만든 다른 원인이 있다. 공화주의와 프리메이슨의 반교권주의는 교회와 치열하고 끝을 향해 치닫는 고도로 긴장된 투쟁을 일으켰으며 **계몽: '악의 처벌!'**(*Siècle des Lumières: 'Ecraser l'Infâme!'*)[17]의 기간에 제기되었던 목표를 달성하고자 했다. 이는 결국 에밀 콩브 수상 재임 시(1902-1905)와 그 후속 정권하에서 반교권주의의 승리와 공교육의 세속화로 귀착되었다(1장의 각주 13번 참조-옮긴이). 기존의 권위를 깨는 원심력의 역할을 했던 여타 요소는 다음과 같다. 20세기 초 사회를 분열시켰던 전통주의자와 근대주의자 사이의 정치적, 학문적 갈등; 제1차 세계대전 전 프랑스의 문화예술이 번영기를 구가했던 때 약화되어 갔던 도덕적 합의와 기준; 산업화와 특정 지역의 집중적인 도시화에 이어서 일어났던 이촌향도 현상과 국내 이주 탓에 인구 구성상에 생긴 심각한 혼란; 인구 감소와 브르타뉴(Bretagne)[18]와 랑그도크(Languedoc)[19]와 같은 지역에서 빚어진 농촌의 피폐화; 그리고 광부와 무정부주의적 노동조합주의자 사이에서 점증했던 격심한 노동 소요 등이 그것이다.

프랑스가 아시아와 아프리카에서 점령지를 넓혀 가고 있었던 데다가 그 '수도'가 경제적으로 발전하고 있었기에, 프랑스 사회는 내부적으로 공공영역에서 어려운 시기를 겪고 있는 상황이었다. 확실히 1830, 1848, 1870년에 목도되었던 정치 폭력이 재발되는 상황까지는 아니었지만 사회문제는 지속되고 있었다.[30)] 그런 상황은 1898년 드레퓌스 사건이라는 커다란 위기 속에서 정점을 맞이한다. 1970년에 캐나다가 맞이한 위기에 대해서 퀘벡 분리독립 운동가인 페르낭 뒤몽(Fernand Dumont)[20]이 말했던 내용이, 이 복잡하고 다중적인 함의가 있으며 여러 층의 연합을 만들어 내었던 악명 높은 위기에도 적용될 수 있을 것이다.

> 비극적인 긴장감과 함께, 평상시에는 그토록 분산되어 있던 사회에서 몇 안 되는 개인들이 여러 주 동안 압도적인 관심을 받았다. 하나의 사건이 특별한 상징으로 태어난 것이다.[31)]

뒤르켐주의자가 운동가로 가담했던 드레퓌스 옹호파가 원하던 대로 그 사

30) 데이비드 섬러(David Sumler)는 제3공화정 당시의 프랑스 사회의 분열상이 국가 교육 체계나 자선 협회, 그리고 그 사회의 통합 상태가 지속되도록 만들어 주었던 여타 조직체를 비롯해서 통합을 선호하는 제도에 의해서 약화된 것은 아니었다는 것을 설득력 있게 보여 준다. 다음을 참고하기 바란다. "Subcultural Persistence and Political Cleavage in the Third French Republic", *Comparative Studies in Society and History*, 19, October 1977, pp. 431-453.

31) Fernand Dumont, *La Vigile du Québec*, Montréal, Editions Hurtubise, HMH, 1971, p. 174.

건이 마무리된 뒤에, 의회 내 '좌파 세력'의 후원 아래 그리고 대학 사회 속에서 그들의 편을 들었던 지식인 가운데에서 근대 세속 사회의 재건을 위한 기회가 조성되었다. '콩브 내각에서 정치적 견해를 밝히는 언어 장관과도 같은 역할을 맡았던'[32] 장 조레스(Jean Jaurès)가 바로 진보적 의회주의자와 대학의 지식인 사이에서 강력한 매개 역할을 했다. 조레스가 새로운 사회 질서의 건설을 위해서 품었던 민주적·사회적인 영감은 1789년 혁명의 국민 주권 원칙에 그 뿌리를 두고 있었으며 20세기의 새벽을 맞아서 조정기를 거치고 있었다. 1898년 이후, 매우 활기차고 흥분을 자아내는 전반적 환경이 조성되었으며, 뒤르켐주의자(결국 그들의 지도자는 페르디낭 뷔송의 잠정적인 후계자의 자격으로 1902년 소르본에 입성했다), 사회주의자, 그리고 전위 예술가에게 이런 상황은 흐뭇하기까지 한 일이었다. 각각의 집단은 각자의 영역에서 앞으로 펼쳐질 일을 대변하고 있었다.

그렇다고 해서 '더 푸른 초원'의 지평이나 목가적인 언덕의 광경이 앞에 펼쳐져 있는 것은 아니었다. 1898년이 유혈 사태 없는 내전으로 특징지어졌던 위기의 한 해였다면, 1905년은 국내와 국외의 여러 전선에 걸쳐서 다중적인 갈등이 폭발했던 해로 볼 수 있을 것이다. 그해에, 콩브 정부와 그 후속 정부는 — 프랑스 혁명기만을 제외하고 — 샤를마뉴 대제[21] 이래로 지속되어 오던 세속 권력과 종교 권력 사이의 연계를 타파하는 정교 분리안에 대한 표결을 거쳐서 좌파의 반교권주의적 정책을 마무리 짓는 승리를 거두었다. 또한 그해 독일 황제 빌헬름 2세가 모로코의 항구도시 탕헤르(Tángier)를 방문해 모로코에 독일이 개입하겠다는 호전적인 선언을 한 것 때문에 일었던 충격파는, (프랑스의 새로운 동맹국이었던) 러시아가 일본에 치욕적인 패배를 당하고 내치에서도 정치적인 혼란이 터져 나오면서 낭패를 당한 것으로 인해서 야기되었던 불안감을 증폭시켰다. 복합적인 불안감과 국가 간 긴

32) Maurice Baumont, *Gloires et tragédies de la IIIe République*, Paris, Hachette, 1956, p. 275.

장의 영향을 받아, 많은 이들이 전 세계적인 재앙이 결국에는 서구의 문명과 그 자유를 숭상하는 문화를 휩쓸어 버릴 야만 상태를 불러올 수도 있겠다고 믿게 되었다.[33)]

더구나, 1900년에 막스 플랑크가 발표했던, 흑체 방사 분포에 대한 양자이론(http://en.wikepedia.org/wiki/Quantum)을 제기한 초기 논문이 이미 과학공동체를 뒤흔들어 놓았었고, 1905년에는 더욱 중요한 함의를 지니고 있는 아인슈타인의 일반 상대성이론이 나오면서 새로운 충격을 받았다. 만일 '표준 척도'라는 것이 더 이상 존재하지 않는다면 어떻게 '질서와 진보'가 우주 속에서 우세한 원리임을 알 수 있다는 말인가? 이 이론의 사회적 적용과 함의는 합리성과 객관성의 가치를 포함하는 서구적 정체성의 근간을 산산조각 냈다. 유명했던 1905년의 예술 살롱(art Salon)[22]은 또 하나의 충격을 자아냈다. 〔마티스, 블라맹크(Vlaminck),[23] 드랭(Derain)[24] 등의〕 '야수파'와 그들이 '야만적으로' 활용했던 색채는 표피적인 부르주아적 관례라는 단색의 세계와 대조되었다. 야수파는 1906년에서 1908년까지의 기간에 일어났던 훨씬 더 급진적인 운동에서 선도적인 위치를 점했다. 바로 1880년대의 예술에 의해서 새로운 방향으로 설정되었던 것의 궁극적인 결과로 말미암은 입체파가 그것이었다.

그러므로 뒤르켐 학파를 프랑스의 사회 정치적, 사회 문화적인 상황이라는 전체적 맥락에서 이해해야만 한다는 주장이 나올 수 있는 것이다. 지금까지 그 학파가 자리했던 사회적, 문화적 전경의 일반 특성들 가운데 몇몇

33) 예를 들면, 샤를 페기(Charles Péguy, 프랑스의 시인-옮긴이)는 모로코 위기 때문에 폭력적인 소요 사태 속에 내던져졌었다. Romain Rolland, *Péguy*, vol 1, Paris, Albin Michel, 1944, pp 97-115. 러시아가 1950년대 말에 스푸트니크 호를 발사했을 때 많은 미국인이 비슷한 충격을 경험했다고 나는 생각한다. 모로코로 들어가는 독일의 교두보를 마련하려고 했던 독일 황제에 의해서 촉발된 탕헤르 위기는 미국으로 치자면 아마도 1962년의 쿠바 미사일 위기에 비견할 수 있을 것이다. 즉, 폭력적인 대치 상태가 마지막 순간에 해소되었던 점에서 말이다.

을 조명해 보았으므로, 이제 그 학파가 표명했던 구체적인 문화적 주제들을 다루어 보자.

뒤르켐 학파를 대표하는 주요 인물 가운데 일부(즉, 알브바슈, 시미앙, 부르쟁 등)가 근대 산업 사회에 그들의 연구를 집중시켰다는 것은 사실이지만, 역설적인 것은 이 초기 근대 사회학파의 가장 주목할 만한 작업은 근대적인 것도, 전근대적인 것도, 혹은 심지어 '고대적'인 것도 아닌 사회의 측면을 다루었다는 것이다. 뒤르켐주의자의 주요 작품은 무엇보다도 종교와 도덕성의 영역과 연결되어 있었다. 그것들을 간단히 살펴보자.

우선, 뒤르켐부터 살펴보기로 한다. 비록 그의 박사논문 〈사회분업론〉이 논문 심사위원회에 강한 인상을 남겼지만, 그리고 비록 《사회학적 방법론의 규칙》과 《자살론 — 사회학적 연구》가 사회학의 '고전'으로 여겨지고 있기는 하지만, 그가 오랜 세월을 쏟아부었으며 오늘날 그의 대표작으로 여겨지는 작품은 《종교 생활의 기초 형태》(이후로 《기초 형태》로 줄여 쓰기도 한다-옮긴이)이다. 그러므로 왜 근대 사회학의 창시자이며 근대성의 주요 문제와 씨름했던 뒤르켐이 원초적인 오스트레일리아 사회의 종교 형태 분석에 대해서 큰 관심을 불러일으켰는지에 대해서 알아봐야 할 것이다. 앞의 논의에 이어서, 이러한 그의 몰두는 전위 예술운동과(우선, 상징주의와 그리고 입체파와) 연결되어 있고 유관성이 있다는 것이 나의 주장이다. '상징주의'의 중요성이 강렬한 구어체적 서정성으로부터 영적인 도전에 이르는 어떤 문화적 맥락에 《기초 형태》가 연관되어 있음을 주장하는 것은 결코 논리적 비약이 아니며,[34] 그 책 2권의 5부에서 엿보이는 뒤르켐의 영향력 있는 사회학적 비전이 이를 뒷받침한다.

> 그러므로, 그 역사의 모든 순간에서 드러난 모든 측면에 비추어 보았을 때, 사회적 삶이란, 단지 거대 상징주의에 의해서만 가능한 것이다.[35]

---

34) 앞서 인용되었던 Shattuck, p. 18.

입체파 화가가 표면적 실재를 만들어 내는 기초적인 기하학적 형태 가운데 실재의 새로운 기초를 찾으려고 했던 것과 마찬가지로, 뒤르켐은 사회적 실존의 기저에 깔려 있지만 모호한 근본적인 형태를 찾기 위해서 서구의 사회적 실재의 표면 아래로 파고들어 가기를 원했다. 그가 그러한 것들을 종교생활에서 찾아낸 것은 놀랄 만한 일이 아니다.

1894년에서 95년 사이에 있었던, 심원한 개인적인 경험이 그로 하여금 종교적 삶에 대한 사회학적 연구를 수행하도록 만들었다. 그 시기에 바로 그의 조카인 마르셀 모스는 뒤르켐이 과학적이며 비교적인 관점에서 종교를 고찰했던 영국의 저작물에 관심을 가지도록 만들었던 것이다. 특히 뒤르켐에게 영향을 미쳤던 것은[36] 《유대인의 종교에 대한 강론》이라는 로버트슨 스미스(Robertson Smith, 1장 각주 95번 참고-옮긴이)[37]의 작품이었다. 나는 이 중요한 저작물을 읽은 것이 그로 하여금 그 자신의 유대계 뿌리를 재발견하게 만들었다고 생각한다. 더구나 뒤르켐은 부드렐(Bourdrel)이 아주 잘 묘사한 것처럼, 프랑스 사회로 끈끈하게 통합되고 동화가 이루어졌던 유대인 세대에 속했으며 심지어 독일과의 영토 분쟁이 있었던 알자스 출신이었다.[38] 그 세대는 베르그송과 레비브륄(Lévy-Bruhl) 그리고 이후에 프루스트, 앙드레 모루아(André Maurois), 쥘리앵 방다(Julien Benda), 그리고 레옹 브룅슈비크(Léon Brunschwig) 등을 포함한다.

---

35) *The Elementary Forms of Religious Life*, Paris, Félix Alcan, 1912, p. 331. 탤컷 파슨스는 뒤르켐이 행했던 상징적 문화 체계의 사회학적 분석이 가지는 중요성을 다음에서 잘 묘사했다. "Emile Durkheim", in *International Encyclopedia of the Social Sciences*, vol 4, New York, Macmillan & Free Press, 1968, pp. 310-320.

36) Stephen Lukes, *Emile Durkheim, His Life and Work*. New York: Harper & Row, 1972, p. 237과 그 이후.

37) 스미스에 대한 명료하고 통찰력 있는 개관을 보려면 다음을 참고하라. Thomas O. Beideleman, *W. Roberston Smith and the Sociological Study of Religion*, Chicago, University of Chicago Press, 1974.

38) Philippe Bourdrel, *History of the Jews in France*, Paris, Albin Michel, 1974.

어떤 사회에서건, 지식인은 주변적 명사이기 마련이지만, 소수 민족 출신이라면 더더욱 주변적일 수밖에 없다. 스스로는 대체로 소속 사회에 동화되었다고 믿겠지만, 그러한 당사자는 그 자신의 정체성이 파괴되거나 의문시되는 상황에 놓이게 될 위험성을 지닌다. 프랑스의 유대계 지식인들은 1890년대에 중요한 시기를 거쳤는데, 왜냐하면 이때 드레퓌스 사건이 반유대주의의 아주 강력한 풍조를 조성했기 때문으로, 파나마 운하 회사의 스캔들에 프랑스 고위 관료와 함께 두 명의 유명한 독일계 유대인 금융업자들이 연루되기 전까지는 그러한 풍조가 저변에 자리 잡고 있었다. 동시에, 1890년대 동유럽에서 자행되었던 유대인 학살에 대한 반발로 생긴 시온주의(유대 국가 건설 민족주의) 사상은, 제정 러시아가 프랑스와의 동맹에 들어가는 와중에도 유대인을 학살했다는 사실을 전해 들은 프랑스에 동화된 유대인에게는 커다란 도전이었다. 1880년대에 아주 자기확신에 차고 안정되어 보였던 프랑스에 동화된 유대 지식인 세계는 1890년대 중반에 일어난 일련의 사건으로 갑작스러운 충격을 받았다.[39)] 이런 의미에서, 뒤르켐주의자들은 혹은 적어도 그 가운데 몇 명은 전위 예술가와 마찬가지로 세계가 탈구조화되는 듯한 느낌을 받았을 것이다.

로버트슨 스미스의 글을 읽은 것은 뒤르켐에게 대학원 과정 공부에 열중하면서 한동안 옆으로 제쳐 두었던 그의 아버지〔랍비 모이즈 뒤르켐(Moïse Durkheim)〕의 종교를 지적으로 그리고 정서적으로 다시 들여다보는 계기를 마련해 주었다. 스미스는 전통적 종교의 본질적 특성으로서 의식들의 풍부함에 대해서 함부로 주어지지 않을 이해를 뒤르켐에게 제공해 주었고, 그가 행했던 분석은 산업적, 과학적 문명이 확대됨에 따라서 시대착오적이며, 덜

39) 드레퓌스 사건이 세기말 프랑스 유대인 공동체에 그리고 그 공동체의 다양한 구성원 미쳤던 여파에 관한 탁월한 분석은 다음 저작에서 볼 수 있다. Seth L. Wolitz, *The Proustian Community*, New York, New York University Press, 1971, chap. 5, “The Biographical Perspective: Israel-sur-Seine”.

발달되고 덜 세련된 것으로 여겨졌던 그 분야에 대한 접근을 복원시키는 데 기여했다. 뒤르켐은 그 스스로가 동화의 대상이자 동시에, 바레스(Barrès)의 소설 속 등장인물들처럼,[40] '뿌리가 뽑힌' 모호한 상태에 처해 있음을 알게 되었고, 따라서 '원초적' 형태의 종교를 사회적 삶의 본질적인 형태로 되살려 내게끔 되었던 것이다. 그의 뿌리가 기독교이든 유대교이든 간에 한 지식인에게 종교적 형태(즉, 이상적인 상징적 형태)의 재발견과 새로운 가치 부여는 (사회적, 물리적) 세계의 탈구조화로 말미암은 불안감으로부터의 탈출구를 열어 주는 것이다. 점차 심화되던 도시화와 산업화 그리고 확연히 드러났던 정치적 갈등상으로 인해서 사회적 연대는 지속적으로 약화되고 있었다. 뒤르켐과 그의 연구팀, 누구보다도 그가 사회학에 대한 관심을 불러일으켰던 젊은 학자들은 근대 사회 질서를 잡기 위한 새로운 인식론적, 존재론적 기반을 발견해야만 한다는 다급한 필요를 느끼고 있었다.

뒤르켐주의자는 단지 과거에 대한 향수에 젖어서 공화정 이전의 체제를 희구하고 있었던 것이 아니다. 앞서 말했듯, 정치적인 견지에서 그들은 보수라기보다는 진보였다. 그러나 그들은 사회적 삶의 가장 오래된 뿌리를 탐색하고 있었다. 근대 문명에서 태동한 경제적 실재는 그들이 보기에는 불안정하고 표피적인 것이었기에 만족스럽지 못했다. 그들의 탐색 작업이 과거로의 회귀 속에 이뤄졌던 것은 내일의 진보적인 사회를 위한, 진보에 더욱 가까운 청사진을 발견하기 위함이었다. 바로 이것이 뒤르켐 학파의 탐색 작업이 프루스트의 《잃어버린 시간을 찾아서》[41]와 비견될 만하다고 생각하는 까닭이며, 그런 면에서 보자면 《사회학 연보》의 암시적, 암묵적 차원은 **잃어버린 사회를 찾아서**라고 명명할 수 있을 만한 탐색 작업, 즉 성배(聖杯)를

40) Maurice Barrès, *Les Déracinés*, Paris: Plon, 1922.

41) 프루스트는 피카소와 브라크가 입체파를 시작할 무렵에 그의 기념비적인 여러 권으로 이뤄진 책을 준비하고 있었고, 그 첫 권인 《잃어버린 시간을 찾아서》(*A la Recherche du Temps Perdu*)는 (뒤르켐의) 《기초 형태》가 출간되고 얼마 지나지 않아서 발간되었다.

찾으려는 사회학적 탐구였다고 할 수 있다.

이런 주장이 다소 환상적인 것이라고 여겨진다면, 마르셀 모스의 주요 저작이자 그가 결국에는 마무리 짓지 못했던 작품이 **기도**에 대해 고찰하고 있음을 주지할 필요가 있다. 그리고 그 학파 구성원들의 협업으로 이뤄진 주요 저술 가운데 하나가 모스와 위베르(Hubert)가 썼던 **희생제물**에 대한 것이었음을 떠올려 보자. 혹은 위베르가 그가 받았던 고고학적 훈련을 통해서 **켈트 족**을 연구하다가 그 자신의 먼 뿌리를 재발견하는 데 도움을 받았으며 그 와중에 **마술과 영웅들**의 고전적인 세계를 발견했음을 알 필요가 있다. 나아가서 마르셀 그라네(Marcel Granet)가 애초에 봉건 시대 유럽에서 **명예**의 개념을 연구해 보자고 제안했으며, 이어서 뤼시앵 에르(Lucien Herr)가 그에게 여타의 봉건 체제(즉, 일본의)에서 같은 개념에 대해서 연구하는 비교적 관점의 중요성에 대해 쉽게 납득시켰던 것을 상기할 필요가 있다.[42] 또한 셀레스탱 부글레(Célestin Bouglé)가 그 자신이 이념적으로 헌신했던 근대 사회의 '평등주의적 이상'에 정면으로 배치되는 주제인《전통 사회의 위계적 구조》(인도의 카스트 제도)에 대해 사회학자로서의 주요 논평을 남긴 것을 떠올릴 필요가 있다. 또는 폴 포코네(Paul Fauconnet)의 박사논문이 **책임**에 대한 것이었던 것도 우연이 아니다. 그리고 조르주 다비(Georges Davy)의 박사논문이 **신뢰의 맹세**(*la foi jurée*)라는 주제에 대한 것이었음 또한 그 연장선상에 있다. 더불어 제1차 세계대전 중 박사논문을 완성하기 전 사망한 뒤르켐주의자 가운데 사례를 들면, 고대 그리스에서의 도덕 개념에 대해서 연구하고 있었던 막심 다비드(Maxime David), '금욕주의'를 연구 주제로 삼았던 장 레니에(Jean Reynier), 그리고 '원시 사회에서의 죄와 속죄'에 대한 훌륭한 작품을 준

42) 마르셀 그라네의 부인은 1975년 5월 24일에 행해졌던 인터뷰에서 감사하게도 내게 이런 사실을 확인해 주었다. 이 일화는 아쉽게도 널리 읽히지 않은 모리스 프리드만(Maurice Freedman)의 다음 저작에도 나와 있다. Introduction to Marcel Granet, *The Religion of the Chinese People*, New York, Harper & Row, 1975, p. 8.

비하고 있었던 로베르 에르츠(Robert Hertz) 등을 들 수 있을 것이다.[43)]

왜 이러한 주제가 선택되었는지와 그 주제가 취급된 방식에 대해서 여러 가지 해석이 가능하다. '보수적'이라는 딱지를 뒤르켐과, 또 필연적으로 그의 학파에 붙이는 것[44)]은 쉬운 일이다(나는 이것을 지나치게 단편적이며 심지어 기만적이라고 생각한다). 이 모든 주제가 기독교적이거나 혹은 전통적 사회학파에서 만들어진 것이 아닌가 생각할 수도 있다. 그러나 뒤르켐주의자 가운데 신앙을 가진 이가 많지 않았다는 것을 고려하면 이는 사실이 아니다.[45)]

나는 이 학파가 종교와 도덕적인 구조에 초점을 맞췄던 것은, 문명의 근대적 과정에서 '잃어버렸던'(혹은 은폐되었던), 사회 조직에 근본적인 (예를 들면, 연대와 사회적 결속과 같은) 그 무엇인가를 고대에서 재발견하려는 급진적인 시도였다고 주장한다.[46)] 사회적 실재의 상징적, 도덕적 차원에 대한 뒤르켐주의자의 탐색 작업은 제3공화정 아래에서 단단해 보였지만 실은 해체를 향해 나아가고 있었던, 쉽사리 부서지는 속성을 지녔던 세계에 대한 새로운 이해를 구하고 있던 넓고 크면서도 무정형인 문화 운동 속에 자리매김할 수 있을 것이다. 뒤르켐주의자는 '원시' 사회에서, (예를 들면, '원시 예술

43) Robert Hertz, *Sins and Expiation in Primitive Societies*. Trans and edited by R. Parkin, (W. S. F Pickering의 서문). Oxford: British Centre for Durhkheimian Studies, Institute of Social and Cultural Anthropology, 1994

44) 루이스 코저(Lewis A. Coser)가 그렇게 했다. "Durkheim's Conservatism and its Implications for his Sociological Theory", in Kurt H Wolff, *Emile Durkheim*, 1858-1917, Columbus, Ohio, Ohio State University Press, 1960, pp. 211-232.

45) 몇 안 되는 '신앙인' 가운데 하나인 가스통 리샤르(Gaston Richard)는 뒤르켐 학파의 종교에 대한 접근이 무신론적이라는 것에 충격을 받아서 그 학파로부터 떨어져 나왔다. 이런 일은 리샤르가 《연보》의 9권(1904-1905) 이후로는 더 이상 글을 기고하지 않은 사실을 미루어 볼 때 《기초 형태》가 출간되기 전에 일어났다고 볼 수 있다. 다음을 참조하라. Gaston Richard, Dogmatic Atheism in Religious Sociology in *Revue d'Histoire et de Philosophie religieuse*, III, March-April 1923, pp. 125-137, and May-June 1923, pp 229-261.

46) 다음을 참조하라. Bruce Mazlish, *A New Science: the breakdown of connections and the birth of sociology*. New York: Oxford University Press, 1989.

가' 앙리 루소(Henri Rousseau),[25] 혹은 더욱 확실한 사례로 들 수 있는 피카소, 아폴리네르(Apollinaire),[26] 모딜리아니(Modigliani)[27]와 같은〕 전위 예술가들이 그들의 '원시적 묘사' 속에서 그랬던 것과 마찬가지로, '원시' 사회 속에서 사회적 실재의 '근본적' 형태를 끌어낼 수 있는 재료를 발견했던 것이다. 그것은 바로 실재의 근본적 형태로 인도해 주는 문과 같은 것이었다.

적어도 낭만파 이래로, 전위 예술가가 그들의 새로운 창조 속에서 그들 스스로를 찾아내려고 애썼던 것과 꼭 마찬가지로(즉, 그들은 깨어진 정체성을 재확립하려고 했던 것이다),[47)] 뒤르켐주의자 또한 사회의 '심원한 구조'에 대한 탐색을 통해서 그들의 뿌리를 찾으려고 했던 것이다.[48)]

뒤르켐주의자나 전위 예술가와 별도로 여타의 집단〔예를 들면, 밀교주의(密敎主義)와 같은〕[49)] 또한 실재를 탐색하기 위한 노력을 기울였지만, 이 글에서 뒤르켐 학파에게 영향을 미쳤던 모든 문화적 환경의 영향을 논하는 것은 불

---

47) 이에 대한 일반적인 사회학적 관점은 다음에서 볼 수 있다. Harrison White, *Careers and Creativity. Social Forces in the Arts*. Boulder, CO: Westview Press, 1993.

48) 뒤르켐주의자에게 무의식적이었던 동기가 무엇으로부터 말미암은 것인가를 추론하는 것은 위험한 일일 수 있다. 그것은 뒤르켐의 세뇨보(Seignobos)에 대한 비평에 더욱 적실하게 해당될 것이다. '역사 속의 미지의 것과 무의식적인 것'에 대한 뜨거웠던 논쟁을 주제로 한 유명한 1908년 5월 28일의 회합에 대해서는 다음을 참조하라. *Bulletin de la Société française de Philosophie*, vol 8, pp. 317-247.

49) Edward A Tiryakian, *On the Margin of the Visible*, New York: Wiley Interscience, 1974, p. 235.

50) 이 논문을 준비한 뒤에, 나는 크리스토프 샤를(Christophe Charles)의 다음 논문을 우연히 발견했다. "Field of Literature and Field of Power: Writers and l'Affaire Dreyfus", *Annales(Economies, Sociétés, Civilisations)* 32, March-April 1977, pp 240-264. 이 탁월한 연구는 상이한 집단이 드레퓌스 사건과 관련해서 어떤 입장을 취했던가를 잘 보여 주며 따라서 이 두 집단 사이의 친화성을 보여 주는 보조적인 증거를 제시해 준다. 샤를은 뒤르켐주의자와 전위적 상징주의자들 모두 드레퓌스를 전력을 다해 지지했으며, 그들 각각이 세력을 끌어냈던 기득권층의 부문에서 '지배받는 자'에서 '지배하는 자'의 입장으로의 변환을 이끌어 냈다고 묘사한다.

51) Edward A. Tiryakian, "Sociology, Schools", pp. 9-12 in *International Encyclopedia of the Social Sciences,* William A. Darity, Jr., ed., vol. 8, 2nd edition. Detroit: Macmillan Reference USA, 2008.

가능하다. 그럼에도 불구하고 지금까지 서술된 내용이, 여지껏 충분한 관심을 받지 못했던 따라서 미래에 더욱 큰 관심을 기울일 필요가 있는 이 학파가 지녔던 한 가지 측면 — 즉, 예술, 특히 전위[50] 예술과 그 학파가 가졌던 밀접한 관련성 — 을 잘 조명했기를 바란다. 이 밖에도, 이 글에서 취했던 접근법은, 여러 학문의 발달을 특징 짓는 사회 사상의 주요한 학파들이 어떤 맥락 속에 놓였던가를 분석할 때 유용하게 활용될 수 있다.[51]

옮긴이 주

1. 베르나르와 관련해서는 1장을 참고하라. 뒤르켐은 베르나르로부터 생리학적 관점을 얻었고 이를 통해 유기체론적으로 사회를 바라보려고 했다.
2. 파로디(Dominique Parodi, 1870-1955). 프랑스 철학자.
3. 폴 라피(Paul Lapie, 1869-1927). 프랑스 사회학자. 뒤르켐의 《사회학 연보》 편집팀에서 일했으며 특히 셀레스탱 부글레와 함께 교육학 관련 연구를 주로 수행했다. 주요 연구로는 *Pédagogie française*(Paris, Alcan, 1920)가 있고, 사망 당시까지 파리 교육위원회장을 역임했다.
4. 보름스(René Worms, 1869-1926). 프랑스 정치경제학자, 사회학자. 학술지 《국제사회학 리뷰》(*Revue Internationale de Sociologie*)를 만들어 편집인으로 일하기도 했다.
5. 이줄레(Jean Izoulet, 1854-1929). 콜레주 드 프랑스 사회철학과의 학과장을 역임했으며, 학문적으로 뒤르켐에 반대입장에 섰다.
6. 강베타(Léon Gambetta,1838-1882). 프랑스의 좌파 공화주의 정치인. 1장에도 간략히 언급된 바 있다.
7. 니스벳(Robert Nisbet, 1913-1996). 미국 사회학자. 버클리 대학, 컬럼비아 대학 교수 역임. 현대 사회의 개인주의에 비판적이었으며 공동체성을 강조했다.
8. 보들레르(Charles Baudelaire, 1821-1867). 프랑스의 시인, 예술 비평가. 대표작으로는 《악의 꽃》(*Les Fleurs du mal*)이 있다.
9. 베를렌 (Paul-Marie Verlaine, 1844-1896). 프랑스의 상징주의 시인.
10. 말라르메(Stéphane Mallarmé, 1842-1898). 프랑스의 상징주의 시인, 비평가.
11. 랭보(Jean Nicholas Arthur Rimbaud, 1854-1891). 프랑스의 시인으로 대표작들을 10대 후반에 만들었다. 빅토르 위고는 그를 '아기 셰익스피어'라고 일컬었다.

12. 마테를링크(Maurice Polydore Marie Bernard Maeterlinck, 1862-1949). 벨기에의 극작가, 시인. 1911년 노벨 문학상 수상.
13. 위그(René Huyghe, 1906-1997). 프랑스의 저술가로 역사, 심리학, 예술 철학을 다뤘다. 루브르 박물관의 미술 분야 큐레이터이기도 했다. 콜레주 드 프랑스 교수를 역임했으며 프랑스 학사원 회원이었다.
14. 플랑크(Max Karl Ernst Ludwig Planck, 1858-1947). 독일의 물리학자. 자연과학과 철학의 혁명을 이룬 양자 역학을 발견했다. 1918년 노벨 물리학상 수상. 그의 이름을 딴 독일의 막스 플랑크 연구소는 과학, 기술뿐만 아니라 사회과학 분야에서도 세계적인 명성이 있다.
15 식물학자 로버트 브라운(Robert Brown)의 이름에서 유래한 브라운 운동(Brownian motion)은 액체 속에서 무작위적인 흐름을 보이는 입자들의 움직임을 설명하는 수학적인 모델이며 입자론이라고도 불린다.
16. 프랑스 북서부에 있는 성당으로 인상파 화가 모네의 그림들이 전시되었던 곳이기도 하다.
17. 사상의 자유를 위해서 투쟁하면서 가톨릭 교회와 갈등을 빚었던 볼테르(Voltaire)가 교회에 대한 항의의 표시로 친구들에게 보내는 편지 말미의 서명 부분에 지속적으로 써 넣었다는 내용이다.
18. 프랑스 북서부 지역.
19. 프랑스 남부 지역으로 포도주 생산지로 유명함.
20. 뒤몽(Fernand Dumont, 1927-1997). 캐나다 퀘벡 분리 독립운동을 했던 사회학자, 철학자.
21. 샤를마뉴 대제(Charlemagne 혹은 Charles the Great, 742-814). 프랑크 왕국의 왕으로 로마 교황으로부터 서로마 제국 황제의 관을 받았다.
22. 17세기부터 20세기 초까지 프랑스의 예술 생산은 살롱이라고 통칭하는 공식 전시회를 조직했던 예술 학파들의 지배를 받았다.
23. 블라맹크(Maurice de Vlaminck, 1876-1958). 프랑스 야수파 화가.
24. 드랭(André Derain, 1880-1954). 마티스와 함께 야수파를 만든 것으로 알려진 프랑스 화가, 조각가.
25. 루소(Henri Julien Félix Rousseau, 1844-1910). 프랑스 후기 인상파 화가로 원시적 채색법을 활용했다. 그의 직업 탓에 '세관 직원'(Le Douanier)이라고 불렸으며 생전에 빛을 보지 못하다가 사후에야 예술 천재로 인식되었다.
26. 아폴리네르(Guillaume Apollinaire, 1880-1918). 프랑스의 문인, 전위미술 이론가로 피카소, 브라크와 같은 입체파, 야수파 화가와 친분이 있었다.
27. 모딜리아니(Amedeo Modigliani, 1884-1920). 이탈리아 출신으로 파리에서 활동했던 화가, 조각가. 특정 사조로 분류되지는 않지만 야수파, 입체파와 가까왔던 것으로 평가받는다.

9장

전위 예술과 전위 사회학

—'원시주의'와 뒤르켐(1905–1913년경)[1)]

인류학과 인문학에서 즐겨 찾는 영역인 문화는 최근 수십 년간 사회학이 열정적으로 '발견해 낸' 분야가 되었는데, 그 징후로 들 수 있는 것은 '문화에 대한 새로운 관심' 덕에 미국 사회학회 내의 가장 큰 분과 가운데 하나로 문화 분과를 형성했다는 것이다. 그 분과의 뉴스레터에서 게이브 이그너토(Gabe Ignatow, 노스텍사스 대학 교수-옮긴이)가 언급했듯이,《종교 생활의 기초 형태》와 다른 연구를 통해서 뒤르켐은 '현대 문화사회학에 상당한 영감을 제공한 '종교사회학'을 발전시켰다'.[2)] 사회학자들이 문화사회학의 성장을 이끌어 내는 데《종교 생활의 기초 형태》(이 이후로는《기초 형태》로 약칭하기도 한다)를 나름대로 얼마나 많이 활용해 왔든 간에, 니스벳(Nisbet), 부르디외

1) 이 논문을 처음으로 발표한 장소와 일시는 다음과 같다. 영국 뒤르켐 연구소(The British Centre for Durkheimian Studies), Maison Française d'Oxford, Oxford(UK), May 15, 1999. 다음에 열거한 학자들이 이 프로젝트와 관련해 내게 준 제안과 격려에 감사한다. W.S.F. Pickering, W. Watts-Miller, Mike Gane, and Ken Thompson.

2) Gabe Ignatow, "Locating the Body in Cultural Sociology: Durkheim on "Organico-Psychic' Phenomena", *Culture*, 21, 3(Spring 2007), p. 1.

(Bourdieu), 루만(Luhmann), 알렉산더(Alexander), 졸버그(Zolberg)와 같은 예술사회학자들의 저술에 끼친 영향은 미미했던 것으로 보인다.[3)]

다른 예외적인 사례를 언급할 만하다. 프랑스어권이 아닌 곳에서는 그의 문화사회학에 대한 기여가 불행히도 인식되지 않고 있는 장 뒤비뇨(Jean Duvignaud)는 《기초 형태》가 예술 작품과 관련한 창조적이고 역동적인 상상력을 발동시키는 주요한 출발점을 제공한다는 것을 알아냈다. '집합적 활기'를 만들어 내는 축제들은, 뒤르켐이 논한 바와 같이, 단순한 **예술 작품**(*objets d'art*)의 상태를 뛰어넘어 '정서적이며 감성적인 힘'을 예술적 형태들이 얻을 수 있도록 만들어 준다. 축제들은 '즉각적으로 소통이 가능한 진정한 **의미의 입자들**(*particles of signification*)'[4)]을 구성한다. 명명법의 사회적 기초(예를 들면, 장르와 계급의 분류와 같은)에 대한 뒤르켐의 분석을 심도 있게 활용한 뒤비뇨는, 심지어는 문맹 사회마저도 창조적인 한 사람 한 사람의 예술가를 통해서 거칠고 힘겨운 환경을 상징적으로 극복할 수 있도록 만들어 주는 독창적인 분류의 원칙에 깊은 인상을 받았다(같은 출처, p. 102). 그들의 존재론적인 집단 환경과 격리되었을 때에도 〔박물관 혹은 사적(私的) 전시 장소의〕 이러한 예술 형태들은 '의미 없이도 의미를 지니는 그 무엇인가'로 남아 있게 되는 것이다(같은 출처). 뒤비뇨는 이러한 출발점을 넓은 영역에 걸친 예술과 예술적 표현에 적용시킨다. 그는 다음과 같이 언급하면서 근대 사회

3) 각 저자들의 관련 저술 내역은 다음과 같다. Robert Nisbet, *Sociology as an Art Form*, New York: Oxford University Press, 1976; Pierre Bourdieu et Alain Darbel, *L'Amour de l'Art. Les Musées et Leur Public*, Paris: Les Éditions de Minuit, 1966; Niklas Luhmann, *Art as a Social System*, trans. Eva M. Knodt, Stanford: Stanford University Press, 2000; Victoria D. Alexander, *Sociology of the Arts. Exploring Fine and Popular Forms*, New York: Blackwell, 2003; Vera L. Zolberg, *Constructing a Sociology of the Arts,* Cambridge and New York: Cambridge University Press, 1990. 이 가운데, 졸버그가 각주를 통해서 《기초 형태》를 언급하고 있는데, 그 내용조차도, 그의 다른 작품에서도 그러하듯, 뒤르켐이 심리학적 설명에 격렬히 반대하는 입장을 보였다는 것에 불과하다.

4) Jean Duvignaud, *The Sociology of Art*, New York: Harper & Row 1972(1967).

가 예술의 창조적 혁신에 새로운 기능을 부여했다고 보았다.

> 〔…〕 1914-18년 이후에 유럽에서 대중화된 미국 흑인이 개발한 '원시적' 리듬의 발현은 유럽에서 개인과 그리고 인간관계에 대한 그것이 가졌던 깊은 영향력에도 불구하고 제대로 연구된 적이 없었다(같은 출처, p. 131).

나는 그가 '원시적' 리듬에 대해서 제기했던 바를 나중에 다시 다루려고 하는데, 그 이유는 그것이 이 글에서 내가 탐색하려고 하는 중요한 주제 가운데 하나이기 때문이며, 특히 그것이 《기초 형태》와 전위 예술 사이의 연계점을 제공해 주기 때문이다. 뒤르켐의 대표작을 탁월하게 번역했던 캐런 필즈(Karen Fields)는 그녀가 쓴 〈서론〉에서 '피카소가 1907년 〈아비뇽의 처녀들〉을 발표하면서 입체파는 물론이고 그에 수반되는, 새로운 세기의 예술을 위한 새로운 용어를 만들어 냈던' 시기에 〔…〕 뒤르켐이 '예술적 표현의 실험'이 행해지고 있던 파리에서 살고 있었다고 지나치듯이 언급했다.[5] 그러고 나서 그녀는 다음과 같은 통찰력 있는 논평을 제공한다.

> 뒤르켐이 '원시'와 '문명' 사이의 경계를 넘나들면서 실재를 이해하고 더 나아가 표현하기에 적합한 용어를 찾으려고 했던 것과, 피카소가 스스로의 관점을 재인식하면서 그 같은 경계들을 넘나들면서 경험했던 것 사이에 확연한 연계가 있을 수 있다(같은 출처).

필즈는 이에서 멈춘 채 더 이상 나아가지 않았지만, 그의 고찰은 우리로 하여금 **피카소/입체파와 뒤르켐/《기초 형태》**가 서로 다른 곳에서 출발하기는 했지만 **결국 같은 문화적 행선지로 향하는 것**임을 알 수 있도록 해 준다. 이에 더

5) Karen Fields, "Introduction", to Emile Durkheim, *The Elementary Forms of the Religious Life*, p. xxii.

해서 지금 소개하려는 세 번째 학자가《기초 형태》와 뒤르켐 사회학을 대단히 잘 활용함으로써 내가 행하려는 분석과 그것들의 중요한 교합점을 제시해 주었다.

후유키 구라사와(Fuyuki Kurasawa, 캐나다 요크 대학 사회학, 정치학 교수-옮긴이)는 원시주의(혹은, 원시성)를 탐구했다는 공통성을 지니는, 제1, 2차 세계대전 사이에(1919-1939) 프랑스에서 출현한 전위적 문필가와 뒤르켐 학파 사이를 연결 지으면서 중요하면서도 비판적인 초점을 제시해 주었다.

구라사와의 논의에 대한 배경 제시의 일환으로, 우리는 재앙과도 같았던 제1차 세계대전에서 새로운 살상 기술을 활용해 수백만 명에 대해 무자비한 학살이 자행된 여파로, 처음에는 허무주의(Dadaism)와 함께 새로운 전위적 운동이 유럽에 등장했고, 이후에는 앙드레 브르통(André Breton)[1]과 그의 1924년 **선언**[6)]을 중심으로 모여들었던 지식인과 예술 엘리트가 선도한 완전히 무르익은 초현실주의가 등장했다는 사실을 적시할 필요가 있다. 19세기 후반, '노예 도덕성'[2]으로부터 자유로운 삶을 확증하는 후기 근대적 가치를 추구하던 니체와 함께 **목 놓아 우는 자의 소리**(*vox clamantis*)로 시작되었던 근대성 비판은 경제적, 과학적 진보의 시대라는 가설을 의문시했으며, 이른바 **세기말 증후군**이라고 할 수 있는 상태를 만들어 냈다. 하지만 20세기의 주도적인 문화적, 정치적 경향은, 빅토리아 여왕 시대와 같은 그리고 그에 더불어 유산 계급풍의 진보적 분위기로 차 있었고 또한 비서구 사회에 대한

---

6) 《초현실주의 선언》에서는, 브르통과 그의 동료인 필리프 수포(Philippe Soupault)가 자동 혹은 몽상 기술법이라고 칭했던 기법을 통해 꿈의 과정을 포착하기 위해서, 프로이트의 무의식과 꿈에 대한 작업을 활용했다. 실증주의와 합리적 논리에 대한 급진적인 비판으로서의 초현실주의는 브르통의 개념 정의에 따르면 '이성에 의한 어떠한 통제도 없는 상태에서 그리고 모든 심미적 혹은 도덕적 선입견을 벗어난 상황에서 생겨난다'. 이성의 제약에서 자유로운 탐색이라는 매력은 폴 엘뤼아르(Paul Éluard), 루이 아라공(Louis Aragon), 앙토냉 아르토(Antonin Artaud), 르네 마그리트(René Magritte), 살바도르 달리(Salvador Dali)와 같은, 제1, 2차 세계대전 사이에 등장했거나 혹은 전후의 시기에 나온 수많은 저명한 문학, 예술계의 인물을 매료시켰다.

서구의 '인도주의적' 지배의 물질적, 도덕적 가치를 드러내는, 일련의 제국들을 떠받쳐 주던 합리적 문명의 혜택에 만족스러워 하고 있었다. 이 글의 후반부에 다시 나오겠지만, (그 구성 요소들의 뿌리가 19세기로까지 거슬러 올라가는) 제1차 세계대전 이전의 전위적 운동은 사회 질서를 산업적, 유산 계급적, 과학적으로 떠받쳐 줄 그리고 전쟁이 가져다준 개인의 표현의 자유에 대한 위협을 상쇄할 수 있는 문화적, 정치적 대안들을 탐색하고 있었다. 그러나 산업적, 합리주의적 사회 질서를 거부해야 할 진정한 이유는, 산업 노동자, 농부, 그리고 하급 사무직원과 함께 전선에서 사망한 지식인과 예술가를 포함해서 많은 인명을 앗아 갔던 제1차 세계대전에서 찾아볼 수 있다. 유럽의 홀로코스트에서 살아남았던 전위 운동의 비전은 무엇이었던가?

구라사와는 뒤르켐의 《기초 형태》 결말부의 함의가 가득한 한 문장을 논의의 출발점으로 삼는다. '이전의 신들은 늙거나 죽어 가고 있으며, 다른 신들은 아직 태어나지 않았다'(Durkheim 1995: 429). 이러한 니체 식의 판단과, 이와 관련해서 신성성을 사회 조직의 근본적인 측면으로 분석한 것을, 구라사와는 전쟁에서 살아남은 뒤르켐주의자와 프랑스 사회학, 민족학 영역의 학자〔모스, 레비브륄(Lévy-Bruhl), 그리올(Griaule)〕를 전위적 초현실주의파와 그것의 파생물인, 짧은 기간(1937-39) 존재했던 **사회학파**(*Collège de Sociologie*)[7]를 묶어 주는 주요한 실마리가 되었다고 분석한다. 초현실주의자와 맥락을 같이하거나 공통점이 있었던 조르주 바타유(Georges Bataille), 로제 카유아(Roger Caillois), 미셸 레리스(Michel Leiris), 쥘 모네로(Jules Monnerot) 등은 1920년대와 30년대의 가장 저명했던 전위적 지식인에 속했으며 그 가운데 다수는 민족학회와 콜레주 드 프랑스(Collège de France, 1장의

7) 사회학파와 관련한 자세한 논의는 다음에서 찾아볼 수 있다. Denis Hollier, ed., *The Collège de Sociologie* 1937-39(Minneapolis: University of Minnesota Press 1988), 그리고 Simonetta Falasca-Zamponi, "A Left Sacred or a Sacred Left? The *Collège de Sociologie*, Fascism, and Political Culture in Interwar France", *South Central Review*, 23.1(Spring 2006): 40-54.

각주 55번 참고-옮긴이)에서 마르셀 모스를 따랐던 이들이었다. 전쟁 전의 사회학자와는 달리, 제1, 2차 세계대전 사이의 사회학자와 민족학자는 모스의 지침과 격려로 비서구적 환경의 삶을 직접 보고 '원시'의 가공물을 수집했는데, 그들은 이것을 조잡하고 야만적인 유물로서가 아니라 예술과 기술이 풍부했던 진정한 문화의 존재를 알려 주는 중요한 증거로서 받아들였다.[8)]

그 유물들이나 사상 체계 — 사회 철학자들이나 뒤르켐 학파에 속했던 레비브륄이 분석했던 '원시적 심성'조차도[9)] — 가 여러 면에서 매력적이었던 것은 그것들이 유럽의 근대성에 대한 급진적인 비판을 할 수 있도록 만들어 주었기 때문이다. 후기 뒤르켐주의자는 비판 사회학을 만드는 일에 협력했으며, 구라사와는 이와 관련해 다음과 같이 주장한다. '문화적 타자성과의 조우로 고무된 이런 경이로운 감정은 서구 근대성의 급격한 탈중심화를 불러일으키는 데 일조했다'(Kurasawa 2003: 8). 이런 '조우'는 몇 가지 방식을 통해 이뤄졌다. 모스의 강연에 참석하는 것, 아프리카와 다른 식민지로의 인류학적인 의미의 '선교 활동'을 떠나는 것, 그리고 아프리카의 예술품을 감상하고 수집하는 것 등.

사회학자, 민족학자, 그리고 초현실주의자를 포함한 전위적 급진주의자를 '원시민'과 동일시하는 것에는 여러 가지의 복잡한 근거가 있지만, 그 가운데서도 (부르주아 민주주의, 합리성, 그리고 과학기술과 같은) 세계대전 후에 유럽 근대성의 기반에 대한 환멸이 생긴 것이 가장 중요한 근거라고 할 수 있다.[10)] 구라사와는 사회과학자가 구성하는 넓은 스펙트럼 내에서의 지적인

---

8) 더 자세한 내용은 다음을 참조하라. Dumont(1972) and Schlanger(1998).

9) 뤼시앵 레비브륄(Lucien Lévy-Bruhl, 1857-1939)은 영어로 번역되어 출판되기도 했던 다음 작품들로 대단한 성공을 거두었다. *How Natives Think*(1910), *Primitive Mentality*(1922) 그리고 *The 'Soul' of the Primitive*(1928). 그러나 히틀러가 인종차별적인 이념을 활용해서 우월감을 고취시키는 것을 본 뒤로 그는 자신의 초기 분석이 틀렸다는 입장을 취했다.

10) 구라사와는 제1차 세계대전 뒤 독일에서도 일어났던 문화적 환멸에 대해서는 고

차이가 모스, 레리스(Leiris),[3] 부글레(Bouglé)와 같이 '뒤르켐 초기작에서 볼 수 있는 인식론적 실증주의와 규범적 과학주의'에 충실하려는 이들과, 더욱 확연히 급진적인 정치적 견해를 지닌 이들 사이에서 발견된다고 말했다. 그럼에도 불구하고 구라사와는 다음과 같이 단호히 주장한다.

> 〔…〕 이 모든 학자들을 서로 연결시켜 주는 하나의 공통적인 주제가 있는데, 그것은 바로 원시성을 유럽의 근대성 비평의 주요한 문화적 동기로 삼는 것이며, 달리 표현하자면 '원시적' 문화를 탐색함으로써 근대성의 제약으로부터 탈출한다는 것이다. 〔…〕 그러므로 원시성은 '신비적'이고 '비논리적'인 사고가 합리적 사고를 압도하는 상태로 여겨졌다. 〔…〕 원시적 우주는 따라서 마법에 걸린 상태 〔…〕 즉 집합적 신화와 신성한 의례에 잘 나타나 있듯이 활력에 넘치는 상태인 것처럼 묘사되었다(같은 출처, p. 10).

구라사와는 신성성이 사회에서 차지하는 부분에 대한 그리고 그것의 기원에 대한 그의 폭넓은 분석에서, 암시적으로 뒤르켐을 전후 전위적 토대를 일군 '대부'로 그리고 있다. 이와 관련된 주된 표현은, '이전의 신들은 늙거나 죽어 가고 있으며 다른 신들은 아직 태어나지 않았다'는 것이며, 이는 예를 들면 전위적이었던 로제 카유아(Roger Caillois)[4]로 하여금 원시성과 그것의 이성을 벗어난 디오니소스적인 열광이, 도에 지나칠 만큼 파괴적인 합리적 유럽 문화에 재주입된 것을 격찬하도록 만들었던 것이다(같은 출처, p. 16). 나아가서 **사회학파**(*Collège de Sociologie*)와 그 이질적인 구성원들은

려하지 않는다. 식민지를 빼앗긴 독일의 사회학자와 인류학자는 '원시적 **타아**(他我/*alter ego*)'를 찾아서 해외로 나가는 일은 하지 않았지만, 독일에서도 근대성에 대해서 다른 나라와 비슷한 정도의 강한 비판 논의가 한편으로는 프랑크푸르트 학파의 네오 마르크스주의자(아도르노, 호르크하이머, 베냐민, 마르쿠제 등등)에 의해서 그리고 다른 한편으로는 마르틴 하이데거로 대표되는 현상학적 존재론 철학에 의해서 형성되었다.

그 존재 자체가 아노미에 맞서 싸우는 뒤르켐적인 제도인 것으로 간주될 수 있었으며 (…) '원시적' 신성 사회에 그 모형을 두고 있었고, 공동체적 에너지의 발산을 위한 촉매처럼 그 회합들을 활용했다. 바타유(Bataille), 카유아(Caillois)와 그들의 동료들은 사회적 유기체를 통해서 집합적 활기라는 바이러스를 퍼뜨리려는 자칭 주술사와도 같았다(같은 출처, p. 22).

구라사와의 논의는 **신성함**이라는 주제와 뒤르켐, 전위주의 그리고 근대성을 연결시키는 것에 초점을 맞춘 장점이 있다.[11] 이 글의 주요한 관심은 그의 논의를 보완하는 것이다. 뒤르켐을 제대로 다루려면 제1차 세계대전 전의 문화적 배경으로 되돌아가 보는 것이 중요한 데 이 당시에는 실제로 **원시성**(혹은 원시주의)이 전위주의의 주요한 주제였고, 그렇게 된 것은 그것이 현실에서 유리된 '예술을 위한 예술 운동'이 아니라 유럽 근대성의 구조를 완전히 뜯어고치려는 급진적인 운동이었기 때문이다. 비록 뒤르켐 자신이 생활의 '심미적' 측면에 대해서 상당히 모호한 태도를 취하기는 했지만, 그의 《기초 형태》는 실제로 전위 운동의 문화적 기풍의 일부였고 혹은 적어도 그 운동과 놀라울 정도로 '선택적 친화성'을 공유하고 있었다.

유럽의 개화(開花)

뒤르켐은 보르도에서 《사회분업론》, 《자살론》, 《사회학적 방법론의 규칙》을 몇 년 사이에 연이어 출간함으로써 그의 지적인 기량에 대한 관심과 존

11) 그의 논의에 따르면, 실증주의 그리고 가치 판단과 사실 판단의 분리라는 뒤르켐의 유산은 제1, 2차 세계대전 사이의 기간 **프랑스 사회학회**(*Institut Français de Sociologie*)의 사회학자와 그들이 탈중심화된 형태로 《사회학 연보》(*Annales de Sociologie*)를 부흥시키려고 했던 바에 의해서 유지되었다.

경을 얻었고 또 그곳에서 드레퓌스를 옹호하는 데 적극적으로 가담하고 제3공화정이 가졌던 세속적 가치를 수호함으로써 명성을 쌓은 뒤에 1902년 파리로 옮겼다. 그는 프랑스를 포함한 서구세계 전반을 통틀어서, 실질적으로 모든 영역의 탐구에서 가장 창조적이고 혁신적인 시기 가운데 하나가 시작되는 때에 파리에 도착했던 셈이다. 그는 파리에 도착한 지 10년 만에 그리고 그가 정교수가 된 지 5년 만에, 《기초 형태》를 통해서 창조와 혁신이 꽃을 피우는 것에 기여했다.

새로운 세기의 첫 몇 년 동안에 일어나는 놀라운 창조성의 개화는 두 가지 역사적 재생의 틀 사이에서 샌드위치처럼 압박을 받는 경향이 있었다. 세기말 증후군과 제1차 세계대전 직전 유럽의 상황이 그것이다. 하지만 그런 틀은 이런 응축된 기간의 지속적인 혁신적 업적 가운데 단지 몇 가지만을 고려해 봐도 역사적 현실에 잘 맞지 않을 수 있다. 개혁 성향의 루스벨트 대통령 치하에서 미국이 가졌던 활력은 헨리 포드의 자동차 시대 그리고 라이트 형제의 항공 시대의 기술적인 개막과 파나마 운하라는 공학적 업적을 필두로 열렸던 것이다. 유럽은 10년 동안 보완적인 인지적 창조성의 시기를 거쳤다. 플랑크(Planck)와 아인슈타인이 양자 이론과 특수 및 일반 상대성이론을 통해서 전통적 물리학에 혁명을 일으켰고, 수학에서는 다른 누구보다도 푸앵카레(Poincaré),[5] 힐베르트(Hilbert),[6] 화이트헤드(Whitehead)와 러셀(Russell)이 **수학원리**(*Principia Mathematica*)의 창조적인 동요를 이뤄 냈다. 후설은 현상학을 통해서 어떻게 '객체'가 주관적으로 구성되는지를 보여 주는 급진적 방식을 개발했다. 프로이트는 무의식의 세계를 심리 분석 방법론을 통해서 탐색했다.

이와 관련해서 역시 간과할 수 없는 것은, 광범위한 문화적 혁신이 태동되어서 (예를 들면 추상화, 현대 발레, 무조(無調)의 혁명적인 작곡 등을 비롯해서 장치 예술, 행위 예술과 음악 분야에서) 기존의 규준을 뛰어넘었다는 것이다. 뒤르켐의 《기초 형태》의 관행적인 맥락화와 아무리 동떨어져 보인다 하더라도,

우리는 이렇게 전위적이고 혁명적인 혁신의 격렬한 창조성이라는 맥락 속에서, 특히 그 가장 초기의 고도로 응축된 10년 정도의 기간을 대상으로, 뒤르켐을 다뤄 보려고 한다. 피카소, 브라크, 댜길레프(Diaghileff),[7] 스트라빈스키, 쇤베르크가 각각의 영역에서 혁신을 일으켰던 것처럼, 뒤르켐도 신성성을 혁신적으로 다루면서 하나의 **스캔들**을 만들어 냈는데, 이들 사이의 공약수를 찾는다면 모두가 아프리카와 오세아니아에서 기원을 찾을 수 있는 '원시성'을 활용했다는 것이다.

뒤르켐의 양면성?

첫눈에 보기에는, 뒤르켐과 전위 예술 — 예술 일반과의 관계는 말할 필요도 없이 — 과의 관계는 딱히 두드러지지 않는다. 몇몇 논평가가 이미 그렇게 했듯이, **양면성**이라는 표현이 아마도 예술과 미학에 대한 그의 지향을 공평하게 특징짓는 평가가 될 것이다.

그가 사회학적 탐구의 대상으로서 예술이나 미학에 큰 기대를 걸지 않았다는 한 징표로는, 그의 '실험실' 역할을 했던《사회학 연보》에서 예술이나 미학이 '**기타**'라고 분류된 7절의 '**미학사회학**' 항목에서 나머지 논문 비평의 위치를 차지하는 데 그쳤다는 점을 들 수 있겠다. 유일하게 예술/미학 영역에서 제대로 훈련을 받았던 샤를 랄로(Charles Lalo)는, 비록 그가 뒤르켐 실증주의를 미학과 미술의 과학적 연구에 적용시켰고 소르본에서 전후에 미학 교수직을 차지했음에도 불구하고, 단 한 번 논문 비평 요청을 받았을 뿐이었다(1904년 출간된 7권에서).[12)]

12) 그의 가장 중요한 작품인《예술과 사회적 삶》(*L'Art et la Vie Sociale*)에서, 그는 예술에 집합적인 기능이 있으며 인류가 '무정부적 개인주의'(1921: 2)라는 작금의 위기를 겪는 와중에 그 중요성이 커질 것이라고 단언했다. 예술과 미학사회학과 관련된 그의 광

예술에 대해서는 '악의 없는 무심함'을 가졌던 것으로 보이는 데 반해, 뒤르켐은 비교언어학이라는 또 다른 부수적인 영역에 더 많은 관심을 기울였다. 그는 앙투안 메이예(Antoine Meillet)라는 좋은 연구협력자를 만났는데, 근대 언어학의 창시자인 페르디낭 드 소쉬르(Ferdinand de Saussure) 문하에서 공부한 사람이었다. (소쉬르가 스위스로 돌아간 뒤에 소르본에서 소쉬르의 학과장직을 물려받았던) 메이예는 수십 편의 논평을《연보》에 실었을 뿐 아니라 그 9권에 '말의 의미가 어떻게 바뀌게 되는가'(*Comment les mots changent de sens*)에 대한 중요한 논문을 발표하기도 했다. 뒤르켐이 언어학은 사회학과 아주 깊은 연계를 맺고 있다고 생각했다는 것은, 젊은 에르츠(Hertz)에게 종교사회학을 권했던 것과 마찬가지로, 자신의 아들 앙드레가 젊은 세대 가운데 언어학 전문가가 되도록 만들었다는 사실에서 드러난다.[13)]

여하간, 그들의 지적인 지도자 뒤르켐과 마찬가지로, 그와 '정기적으로' 혹은 주로 협력했던 이들 가운데 어느 누구도 적어도 그가 살아 있었을 당시에는 연구 영역으로서의 예술에 대해서는 그다지 전문적인 관심을 가지지 않았던 것으로 보인다. 이후에 나는 모스에 대해서 언급할 텐데, 그가 과학과 마술에 관련해서 취했던 절충주의는 그로 하여금 1920년대 초현실주의와 화해하는 입장을 취할 수 있도록 만들어 주는 '고급' 문화와 '저급' 문화의 다리 역할을 하게 했다(Kurasawa 2003; Schlanger 1998: 200).[14)] 하지만

범위한 저술과 관련해서는 다음을 참고하라. Nandan 1977, 316-317. 랄로는 1920년대《연보》의 간행이 잠시나마 재개되었을 때 모스가 그 편집을 맡으면서 더 많은 글을 실었지만, 그 첫 권에는 두 편의 논평만을 게재했다.

13) 그리고 아주 비극적이게도 에르츠와 뒤르켐의 아들 모두 제1차 세계대전이 터진 지 몇 달이 지나지 않아서 전방에서 전사했다.

14) 하지만, 뒤르켐이 살아있을 때, 모스는 예술에 대한 관심을 그의 삼촌에게 비밀로 숨기거나 눈에 띄지 않게 하려고 했다. 이런 점에 대한 간접적인 증거로서 들 수 있는 것은, 뒤르켐이 모스에게 보냈던, 유용한 정보를 제공해 주는 편지글을 담고 있는 연보에는(Durkheim 1998) 그 당시 혁명적이었던 전위 예술은 차치하고 예술에 대한 글은 아예 실리지 않았던 점이다. 그러나 이 글의 결론부에서 나는 모스가 주요한 전위 예술가인 피카소를 전쟁 전에 알고 있었음을 보여 주는 자료를 언급할 것이다.

우선 최근의 뒤르켐에 대한 연구는 뒤르켐의 예술에 대한 입장을 어떻게 평하고 있는지 고려해 보자.

옥스퍼드에 뒤르켐 연구소를 만들면서 영국에서 뒤르켐에 대한 사회학적 관심을 오랫동안 불러일으킨 피커링(Pickering)은, 파리가 회화, 시, 음악, 문학의 예술 세계에서 탁월성을 보였던 시기에 《사회학 연보》가 예술에 큰 관심을 기울이지 않았다는 약점을 강조했다(Pickering 2000: 43). 그는 뒤르켐의 양면성을 발견했는데, 그에 따르면 뒤르켐은 한편으로는 부차적으로나마 미술과 연극이 종교에서 빠져서는 안 되는 것이라고 보았던 반면, 다른 한편으로는 (그가 보르도 시절 강의를 하기도 했던) 심미적 문화에 대해서 그것의 상상력이 종교의 통제에서 벗어나게 되면 '사회에서 신성성을 지니고 있다고 받아들여지는 것을 묵살하거나 혹은 위협한다'(같은 출처, p. 44)[15]는 의심을 품었다. 기본적으로, 피커링은 뒤르켐에게 있어서 예술이란 신성성과 종교의 영역인 **진지한 삶**(*la vie sérieuse*)이라기보다는 **가벼운 삶**(*la vie légère*)의 영역에 속한 것이었다고 여긴다. 나아가서 피커링은, 뒤르켐이 이렇게 예술을 등한시한 것이 유대계 가정 출신이라는 문화적 배경 때문인지 아니면 개인적인 기질 탓인지는 모르지만, 예술이 그에게 그다지 매력적인 것은 아니었음이 분명하다고 주장한다.

멩거(Menger)는 《뒤르켐 연구》의 같은 호에서 뒤르켐이 지녔던 양면성을 언급하며 피커링의 입장에 동조한다. 멩거는 랄로의 **예술과 사회적 삶**을 인용하면서, 기능적으로 예술은 '사치의 사회적 규율'(Menger 2000: 82)을 담당한다고 보았고 예술과 관련해서 뒤르켐이 양면성을 보이는 것은 '균형과 사회적 규제를 다루는 이론'(같은 출처, p. 81)에서 비롯된 문제라고 주장했다. 과학, 지식, 기술 등 여타 상상력의 창조적인 생산과 마찬가지로, 예술도 역사 속에서 스스로를 재생성하는 역할을 해야 한다. 그러나 멩거는 이런

15) 사진작가 로버트 메이플소프(Robert Mapplethorpe) 등의 작품이 박물관에 예술 작품으로 전시되는 것을 둘러싼 현대의 논쟁이 이런 점을 예시해 준다.

측면을 긍정적으로 바라보기보다는,[16] 양면성의 부정적인 측면에 초점을 맞추는데, 그런 부정적 측면의 연원은 예술사회학에 대한 초기작을 집필했으며 '아노미'라는 용어를 도입했고 그것이 개인화에 끼치는 긍정적인 영향을 강조했던 사회학자인 기요(Guyau)에 대해서 뒤르켐이 비판적인 입장을 취한 것으로 거슬러 올라간다고 보았다.[17] 뒤르켐이 드레퓌스 사건에서 지식인들의 공적 역할과 그들의 근대성의 가치로서 '개인주의'를 옹호하기는 했지만, 창조적 예술가의 개인주의는 — 그리고 아마도 여기에서 언급되지는 않았지만, 예술 작품만이 아니라 창조적 예술가의 **생활양식**도 여기에 포함될 것이다 — 사회적 평형과 그 규범적 근간을 잠재적으로 불안정하게 만들 수 있는 것이었다(Menger 2000: 63).[18]

멩거는 《사회분업론》과 《자살론》에서 이뤄졌던 뒤르켐의 논의, 즉 미학이란 경제적 공리주의를 돋보이게 만드는 것이라는 관점에 주의를 기울였다. **사치**와 유희적 재창조라는 개념은 집단 규범에 의해서 강제된, 규제된 행위의 영역으로부터 우리를 끌어낸다. 자아의 깊은 내면에 자리 잡고 있으며, 심미적 활동에 내재된 아노미와 상상으로 인해서 속박에서 풀려난 상상력은 병리적인 것이 될 수 있으며 사회 질서를 약화시킬 수 있는 것이다(Menger, 같은 출처, p. 72).[19] 이러한 면을 고려해 보면, 예술가와 예술적 개인

16) 이는 (뒤비뇨가 이전에 강조했던 바에 동조하는) 한스 요아스(Hans Joas)가 뒤르켐의 종교사회학에서 창조적인 행위를 살피는 것과는 다르다(Joas 1994).

17) Jean-Marie Guyau, *L'art au point de vue sociologique*. Paris: Alcan 1903, 6th edition (서문: Alfred Fouillé). 초점은 표현적 예술이 아닌 문예적 형태에 맞춰져 있다. 기요가 이전에 출간했던 다음 작품에 대해서 뒤르켐은 《철학 리뷰》(*Revue Philosophique* 23, 1887: 299-311)에서 상세한 비판을 가했다. *The Non-Religion of the Future*, New York: H. Holt, 1897(1890).

18) 지난 두 세기에 걸쳐서, '보헤미안적인 생활'과 그것이 가정 생활의 관습을 공공연히 무시했던 것에 대해서 강하게 남겨진 공적인 이미지는 예술가적인 생활의 창조적 재능과 결부되어 있다.

19) 1960년대 중반의 문화적 혁명은 대서양 양편에서 이런 현상이 초래될 수 있는 광범위한 장을 제공했다. 1968년 프랑스에서 일어난 문화적 혁명 속의 예술에 대한 생생한

성의 자유는 불안정성의 잠재적 근원이며, 사회 질서와 그 규약 속에서 제도화된 공동체의 규범을 어길 수 있다.

그러나 양면성에는 말 그대로 두 가지 면이 있어, 멩거는 또한 집단의 도덕적 능력을 증진시키는 의례의 심미적인 측면을 긍정적으로 평가하는《기초 형태》의 문장을 살피기도 한다. 사회적 이상이 사물의 가치를 재평가하는 집합적 상상 행위 속에서 (재)생성되는 것은 바로 열정을 만들어 내는 집합 모임과 의례를 통해서이다. 그러한 집합적 삶 가운데 '열망의 시기'는 전근대 사회에만 한정되지 않고 위기의 기간에서도 생겨나는데, 이와 관련해 뒤르켐은 1789년의 열정적인 순간을 명료하게 언급했고, 나아가 한 세기 뒤 그 스스로도 참여했던 드레퓌스 사건이라는, 공화정의 이상에 대한 도전과 재창조가 잇따랐던 '열망의 시기' 또한 동등하게 언급했을 법하다.

사회 변동에 도구적인 역할을 하는 이상의 극적인 창출보다는 그 정도가 덜하기는 하지만, 멩거의 논의는 일상성의 긍정적인 **재창조**에 기여하는 종교에 대한 뒤르켐 자신의 고찰에 의해서 보완된다. 종교 의식은 세상과 그것에 대한 염려를 잊도록 만들며, 그 대신 상상이 펼쳐지는 곳으로 우리를 이끌고 간다. 이러한 종교 의식의 요소는 즐거움을 주며 때로는

> 심지어 재창조의 외형을 취하는 데에까지 이르기도 한다. 우리는 웃고 마음껏 즐기는 이들을 보게 되는 것이다(《기초 형태》, p. 384).

뒤르켐에 대해서 우리가 가지고 있는 이미지가 아무리 근엄하고 음침하거나 심지어 청교도적이라고 하더라도, 그의 논의는 신성성의 생명력과 관련한 예술의 활기와 미학에 대한 폭넓은 이해를 보인다.

> 일상적인 노동의 모든 부담 때문에 지친 영혼을 소생시켜 주는 게임이나

묘사를 보려면 다음을 참고하라. Alfred Willener(1971).

> 예술을 〔…〕 담아낼 자리가 종교에 없다면 그것은 종교가 될 수 없으며 때문에 예술은 필수적인 것이다. 〔…〕 종교 의식 그 자체가 어떤 면에서는 심미적인 것이다.

그의 분석에서 말하고자 하는 바가 저 멀리 오스트레일리아의 아룬타 원주민에게만 해당되는 것이 아니라 파리와 에피날의 동료 프랑스인에게도 해당될 수도 있다는 것을 다음 내용을 보면 감지할 수 있다.

> 놀이는 긍정적 종교 의식의 주요 대상인 도덕적 재창조의 한 형태이다. 우리의 종교의례 의무를 완수하면 우리는 더욱 큰 힘과 열정을 가지고서 세속적 생활로 복귀하는 것이다. 〔…〕 우리가 가진 능력은 덜 긴장하고 더욱 편안하며 자유로운 그러한 짧은 순간의 삶을 통해서 재충전하는 것이다. 종교는 따라서 매력적인데, 이런 점은 종교가 가진 많은 매혹적인 요소 가운데 결코 가장 작은 부분은 아니다(《기초 형태》, p. 386).

분명 뒤르켐은 그러한 놀이의 측면에 대해서 아주 흥분하지는 않는다. '의식이 오로지 즐김에만 그친다면 그것은 더 이상 의식이 아니며'(같은 출처), 미학, 예술, 종교가 우리의 상상력 가운데 겹치는 영역이 있기는 하지만 그것들은 상이한 영향력을 끼친다. 결국, '의식은 게임과는 다른 그 무엇이다. 그것은 삶의 진지한 측면에 속한다'(같은 출처). 좀더 진부한 방식으로 언급하면, 교회 예배는 하나의 공연**이지만**, 참가자에게는 그 **이상**의 무엇이다.

예술에 대한 그의 양면성을 포함해서 미학에 대해서 뒤르켐이 가졌던 관점의 유산은 수 스테드먼 존스(Sue Stedman Jones)가 쓴 글인 〈뒤르켐과 바타유 — 제약, 범죄, 그리고 신성성의 개념〉("Durkheim and Bataille: Constraint, Transgression and the Concept of the Sacred", Jones 2002)에서 확장된다. 그녀는 제2차 세계대전 전 **사회학파**(*Collège de Sociologie*)의 회원이었으며 이후에 폭력, 성애/포르노물과 신성성을 상호 연결시키는 다양한 작품으로 이뤄진 문화 연구에서 상당한 영향력을 가졌던 조르주 바타유(Georges Bataille)에게 《기초 형태》가 끼친 자극에 주안점을 두었다. 바타유는 뒤르켐의 작품에서, 특히 신성성과 세속성의 변증법적 짝짓기를 자세히 다룬 것으로부터 많은 영향을 받았다. 바타유에게는 신성한 의례에서의 범죄, 규칙 위반, 조직 규범의 위반에 대한 묘사가 특별히 매력적이었다 — 이러한 것은 창조적인 '집합적 활기'라는 개념에서 포착되는 뒤르켐의 '사회와 종교의 정신 에너지 생성'의 주요 요소들이다(Jones 2002: 54). 바타유에게, 종교 의식과 신성성으로 인해서 생성된 넘치는 에너지는, 폭력적일지라도 혹은 폭력적이기 때문에, 두려움의 대상이 되는 것이 아니라 환영을 받았다. 존스는 바타유를 인용해서 '삶은 본질적으로 과도한 것이며, 그것이 삶의 풍성함이다'라고 썼고(같은 출처), 그녀는 이후에 또 '신성성에 대해서 그리고 문화적 갱신에 대해서 바타유가 가지고 있는 시각에서 중심적인 것은 균형을 상실한 과잉의 느낌이다'라고 했다(같은 출처, p. 57). 따라서 바타유의 이런 탐색이 그로 하여금 파시즘의 매력이 무엇인지를 분석하도록 만들고, 무의식의 어두운 세력이 무엇인지를 조사하도록 만든 것은 놀라운 일이 아닌데, 왜냐하면 이 모든 것이 사회가 일상화된 객체를 통제하려고 하는 비이성적인 힘이기 때문이다. 바타유는 '무력한 공포이자 〔…〕 동시에 위험한 것이며 비할 데 없는 가치를 지닌 것'(같은 출처, p. 59)으로서의 신성성을 스스로 경험하는 데까지 나아가면서 뒤르켐에게 더 이상 의존하지 않게 되었다 — **이것은 피카소가 파리 트로카데로(*Trocadero*) 박물관에서 '원시적' 아프리카 예술품을 보게 되었던 그 스스로의 경험을 피력한 것과 흡사하다**(이와 관련해서는 이 다음 절을 참고하라).

실제로 뒤르켐은 《기초 형태》 결론에서 종교에서 이상화되는 사회의 이원적 측면을 다뤘다. 종교는 현실적이기 때문에, 신성성은 선하고 아름다울 뿐만 아니라 — 그리고 우리가 방금 논한 것처럼, 놀이의 요소가 곁들여져 있기도 하다 — 어둡고 추하기도 하다. 그리고 뒤르켐은 다음과 같이 부연 설명한다.

실제 사회를 무시하거나 묵살하기는커녕, 종교는 사회의 이미지로서 그 모든 특징, 심지어는 가장 천박하고 역겨운 특징마저도 반영한다(p. 423).

이상과 같이 예술에 대한 뒤르켐의 입장을 자세히 살펴본 결과, 예술에 대한 암시적인 언급을 뛰어넘어서 주목할 만한 것은 거의 없으며, 더군다나 그의 주요 연구 영역과 비교해 보면 예술 분야에 근본적인 영향을 끼친 연구는 없었던 것으로 봐야 할 것이다. 우리의 관점을 더 자세히 언급하자면, 《기초 형태》는 '원시성'을 특별히 여기는 전위주의의 풍토 아래에서 만들어졌다는 것이며, 더구나 뒤르켐의《기초 형태》와 장치 예술(회화와 조각)과 행위 예술(발레, 음악, 연극) 모두에 해당되는 예술 영역들 사이에는 공통된 요소가 있다는 것이다. 지면이 제한된 관계로, 우리는 예술의 두 가지 영역, 주로 회화와 발레의 몇몇 측면만을 다룰 것인데《기초 형태》에서도 이와 관련된 주제들이 언급되었다.

내가 뒤르켐과 전위 예술에 대한 도입부로 활용하려는 것은 언뜻 보기에 진부한 소재인, 1907년 피카소가 트로카데로 민속박물관을 방문한 '묵시적' 사건인데, 이 당시에 피카소는 뒤르켐이 말한 신성성의 어두운 측면, 즉 바타유를 흥분시켰던 원시성의 마법적인 힘이라고까지 묘사할 수 있는 집합성을 목도하였다(Rubin 1994: 103-105).

표현주의 전위 예술의 원시성

파블로 피카소와 조르주 브라크는 현실의 회화적 표현에 급진적인 혁신을 불러온 주요 인물로, 이와 관련해서는 특히 피카소가 남긴 근대주의의 이정표가 된 1907년 작 〈아비뇽의 처녀들〉(*Les Demoiselles d'Avignon*)을 예시할 수 있다(Elderfield 1994). 이 작품은 르네상스 이래로 팽배했던 관점에서 벗어나 사물을 바라보는 완전히 새로운 관점을 제공하면서 **분석적 입체주의**의 시작을 알렸다. 피카소가 매우 혁신적이었으며 '원시성'을 긴요하게 활용했던 것은 맞지만, 그의 예술적 상상력 덕에 원시성에 예술 세계에 **처음** 등장한 것은 아니었다.

이념적인 입장에서 바라보자면, '원시성'은, 마치 1960년대의 반체제 문화처럼, 20세기 초 유럽에서 당시 주도적인 경향과 제도에 대해서 광범위한 반체제 문화를 형성했던 것으로 볼 수 있다. 비록 파악하기 쉽지 않고 무정형이기는 하지만, 그 은밀한 이념은 합리화, 물질주의, 경제적 개인주의에 의존하는 부르주아 사회 질서와 그런 질서가 성행하는 시장을 무너뜨리려고 했다. 그리고 그것의 20세기 말 파생물과 마찬가지로, 원시성의 반체제 문화는 확고히 자리 잡고 있던 전통의 규범을 공격했고, 공동체적 연계를 복원시키고자 했으며, 무정부주의적 경향에 친화적이었고, 고대의 것 그리고 이국적인 것으로부터 아르키메데스적인 발견의 근거를 찾았다. '원시성'은 전근대적 과거의 관점으로서 또한 미래를 재창조하기 위한 자원으로서의 역할을 했으며, 전위적 시인인 아폴리네르(Apollinaire)가 말했던 바와 같이 '우주의 재질서화'(Leighten 1989: 113)를 위한 장치였던 셈이다. 회화에서의 '원시성'에는 언급이 필요한 몇몇 구성 요소가 있다.

이 앞 장(〈근대 사회학 발현의 맥락—옛 사회를 탐색하는 뒤르켐 학파〉)에서, 나는 예술과 문학이라는 문화적 장면에서 펼쳐진 **상징주의적 운동**에 대해 언급했으며, 뒤르켐주의자가 상징과 의례를 강조했던 것은 이러한 문화적 기풍과 관련이 있다고 주장했다.

이 때문에 유명한 종교사학자인 이반 스트렌스키(Ivan Strenski)는 내가 뒤르켐과 사회의 상징 구조에 대해서 저술했던 그의 추종자들이, 이국적이고, 밀교(密敎)적이며, 비합리적인 것을 격찬했던 그들의 동시대인들과 조화로운 관계를 이루고 있었다고 주장한 것으로 생각하게끔 되었다(Strenski 2006:

160). 이것이 내가 주장하고자 의도한 바는 아니었지만, 그렇다고 해서 명문 고등사범 출신이 다수를 차지하는 뒤르켐주의자와 여타의 프랑스 세속 고등교육이 배출해 낸 보석과도 같은 인사들이 표현적 상징에 주요한 의미를 부여했었다는 사실에 변화가 생기는 것은 아니다. 내가 뒤르켐과 모스(Mauss), 포코네(Fauconnet), 에르츠(Hertz), 위베르(Hubert)와 같은 그와 가까운 지지자의 동기를 이해하는 과정에서 알게 된 것은, 공화주의 프랑스 건설과 재건 과정이 도덕성, 신성성과 그 상징주의에 의존하는 사회의 전반적인 틀을 이해하도록 해 준다는 것이다. 오늘날의 프랑스와 그 제도를 이해하기 위해서는 〔뒤르켐, 알브바슈(Halbwachs), 시미앙(Simiand)이 다양한 저서를 통해서 그 방법을 보였던 것처럼〕 동시대의 사회 조직을 과학적으로 검증할 필요만이 있는 것이 아니라, 훨씬 이전의 그 토대로 그리고 초기적이며 더욱 근본적인 구조로 혹은《기초 형태》로 돌아가야 할 필요가 있다. 그들이 상징적 영역과, 상징을 폭넓게 활용했던 세기말의 전위 예술가에 대해서 탐색한 것은 일반적인 문화적 기풍의 일부로 볼 수 있지만, 뒤르켐주의자의 궁극적인 사명은 전위 예술가의 그것과는 달랐다. '비합리성'을 탐색하는 그들의 방법론만이 아니라 그들이 목적으로 삼았던 것까지도 달랐다. 결국, 뒤르켐주의자는 진보적인 사회에 힘을 불어넣고 그것을 재건하려 했음에 반해서 전위 예술가는 그것을 해체하려고 했던 것이다.[20] 그러나 이러한 대립상을 확인하기 전에, 표현주의 예술 속에 깃든 전위주의와 상징주의 운동에 뒤이어 일어났던 그것의 정치적인 토대를 추적해 볼 필요가 있다.

전위적 운동으로 (10년이 채 되지 않은) 짧은 기간 존재하기는 했지만,《기초 형태》를 폭넓은 문화적 맥락 속에 자리매김하는 데 관련이 있는 것이 바

20) 하지만, '직관'을 옹호하고 인과관계의 '폐쇄적 체계'에 대해서 비판적인, 반합리주의적 생기론(生氣論)을 주창했던 사회 철학자 앙리 베르그송은 입체파 운동을 반겼다. 광범위한 대중적 인기를 얻었던 베르그송은, 말하자면 1960년대에 버클리에서 인기를 얻었던 마르쿠제에 비할 수 있다.

로 세기말에 프랑스에 등장했던 **야수파**이다. 야수파는 이름이 잘 알려진 드랭(Derain), 블라맹크(Vlaminck), 마티스(Matisse)와 같은 당시의 젊은 화가와 연관되어 있는데, 그들은 이국적이며 옛스러운 (예를 들면, 고대 그리스의 꽃병과 같은) 주제를 육감적으로 배치했을 뿐 아니라 '야성적인' 색채를 활용하여 보는 이의 감각을 자극함으로써 권위 있는 가을 살롱(Salon d'Automne)[8]에서 1905년에 일대 스캔들을 일으켰다.[21] 야수파는 전통적 표현으로부터 떨어져 나와서 피카소와 브라크가 시도했던 급진적인 추상주의로 향하는 길목, 즉 전위주의의 일종의 전환기에 그 자리를 잡고 있다.

야수파가 화가의 팔레트에 새로운 활력을 불어넣은 것과 별개로, 그들이 서로 다른 문명이 교차하던 때에 파리에 있었다는 사실을 주목할 필요가 있다. (당시 해외 식민지와 제국의 일부였던) 아프리카, 오세아니아 등의 멀리 떨어진 이국적인 땅으로부터 때로는 어떤 주제인지조차 알 수 없는 장식품이 원래 그것이 속했던 토속적인 환경을 떠나서 파리라는 **주요 도시** 속의 미술상점이나 민속박물관으로 들어왔다.[22] 프랑스에서 (아프리카, 멜라네시아, 폴리네시아 등지로부터 들여온 '원시적' 장식품을 일컫는 일반적인 명칭이었던) **흑인 예술**(*art nègre*)을 취급하던 중개상인과 새로운 수집가〔거트루드 스타인(Gertrude Stein)[9] 등과 같은〕 외에, 주물(呪物), 가면 등과 같은 물건을 주로 보관하던 곳은 트로카데로 궁(Palais du Trocadéro)[10]이었다. 다양한 종류의 25만

21) 원시적 야수주의에 대비를 이루는 작가가 있었으니 흡사 어린이처럼 정글과 야생동물을 묘사했던 앙리 루소(Henri Rousseau. 프랑스 후기 인상파 화가, 8장 옮긴이 주 25번 참고-옮긴이)였다. 그의 그림들은, 졸버그(Zolberg 1997: 54)가 언급했듯이, 추억이 깃든 그 무엇으로라기보다는 '맹렬한' 어떤 것으로서 원시성을 이해했던, 그와 동시대를 살았던 야수파보다는 민속화가 모지즈 할머니(Grandma Moses. Ann Mary Robertson Moses, 1860-1961, 저명한 미국 민속화가로 늦은 나이에 화가가 되어서 할머니라고 불렸다-옮긴이)의 그림에 더 가까왔다. 의심할 바 없이, 추억과 맹렬성 모두 원시성이 가진 매력 요소다.

22) 제1차 세계대전이 끝나고서야 아프리카의 장식품이 공예품이라기보다는 예술 박물관에 들여질 만한 예술로서 인식되었으며, 그러한 인식의 전환은 미국이 이끌었다(Zolberg 1997: 59).

점이 넘는 광범위한 예술, 공예 수집품은 2006년까지 그 장소에 있다가, 프랑스 대통령 자크 시라크(Jacques Chirac)의 적극적인 노력으로 파리 내에서 접근성이 좋은 케 브랑리(Quai Branly) 박물관으로 옮겨졌다.[23)]

실용적이고 구상주의적인 작품들이 먼 곳으로부터 온 뒤에 그 가치가 '발견'된 것은 — 비록 누가 처음으로 그런 발견을 해냈는가를 이 글에서 자세히 밝힐 필요는 없겠지만 — 전위주의에 결정적인 영향을 미쳤다. 중요한 것은 1906년에서 1907년 사이에 발견된 '원시부족 예술'이 전위 예술가에게(마티스와 블라맹크 그리고 가장 결정적으로는 피카소에게) 강력한 '원시적' 자극이었다는 것이다. 짧게 언급하자면, 1907년 초 피카소가 널브러진 아프리카 가면과 주물로 가득 차 있던 트로카데로의 한 방에 들어갔을 때 정서적으로 전기 충격을 받았다고 느꼈던 것처럼, 뒤르켐도 모스가 그에게 로버트슨 스미스의《유대인의 종교에 대한 강론》(1장의 각주 95번 참고-옮긴이)이라는 책을 전해 줬을 때 자극을 받았다. 피카소가 원시적 형태의 표현으로부터 받은 자극을 얼마 지나지 않아서 입체파 예술로 그려냈던 것과 같이, 뒤르켐도 유대인의 '원시적' 형태의 종교로부터 받은 자극을 사회의 기반으로서의 신성성을 깊이 있게 분석하는 데 활용했다.

전위 예술가들은 이름이 알려지지 않은 '원시' 예술가들로부터 일련의 미술 양식 요소를 선뜻 받아들였는데, 예컨대 신체를 왜곡해서 표현하는 것이나 공동체가 감내해야 하는 어두운 세력을 희화화하는 것, 혹은 다산(多産)을 원초적 성애의 상징으로 묘사함으로써 주류 빅토리아 시대의 문화적 규범으로부터의 일탈을 매력적으로 표현하는 것 등이었다(Price 1989: 47).[24)] 원시 예술이 매력적인 이유는, 어떤 현실을 어떻게 추상적으로 묘사

23) 이해관계가 얽힌 다른 박물관의 강력한 항의에도 불구하고 새로운 브랑리 박물관이 완성된 정치적인 과정에 대한 자세한 논의는 다음에서 확인할 수 있다. Price (2007).

24) 피카소의 출신지인 바르셀로나의 한 사창가에 대한 그의 기억 혹은 이미지로부터 말미암은 작품 〈아비뇽의 처녀들〉 오른쪽에는 원초적인 성적 매력을 보여 주는 아프리카 여인들이 등장한다.

했는가에서만 드러나는 것이 아니라, 공동체적인 표현 양식을 통해서 **공동체적**인 생각을 나타냈다는 것에서도 찾아볼 수 있다(Price 1989: 46). 비록 **예술가로 이뤄진 공동체**라는 것이 우리가 논의의 대상으로 삼고 있는 몇몇 전위 예술의 선구자가 꿈꾸던 이상이기는 했지만(예컨대 반 고흐가 고갱을 초대해서 함께 살았던 것 그리고 다른 이들도 그들과 함께 지내도록 했던 것처럼), 결국 실현되지는 못했다. 그럼에도 불구하고 원시부족의 물품, 원시부족 예술의 공동체적인 측면은 이념적인 매력의 중요한 원천이었으며 또한 전위 예술가에게 자기 정체성을 심어 주기도 했다. 후자와 관련해서, 앤틀리프(Antliff)와 레이튼(Leighten)은 다음과 같이 평했다.

> 예술가를 '원시적'—반합리적, 즉흥적, 그리고 무엇보다도 '진품'—이라고 생각하는 개념은 제1차 세계대전 전의 기간을 관통하는 전반적인 입체파 운동에 영향을 미쳤다(2001: 57).

원시부족 예술과 그것에서 말미암은 가면과 조각의 '발견'이라는 사건은, 전통적인 시각적 표현의 패러다임이 후기 인상파와 점묘법과 같은 후기적 표현방식에 이르러서 더 이상 발전할 수 없는 막다른 골목과 같은 상황에 처하게 되었던 위기의 순간에 일어났다. 예술적 원시주의라는 자극으로(그리고 그 충격적인 가치로) 인해서 표면적 표현으로부터 벗어나서 다차원적인 관점으로 나아가게 되었는데(예를 들면, 마치 정육면체를 그 여섯 면을 통해서 바라보는 것과 같이), 이는 기초적인 기하학적 형태를 잇따라 배치하는 것으로 묘사할 수 있겠다. 조금 더 나아가 보자면, 형식과 내용의 일체성과 결별한 아프리카 조각에 자극을 받은 피카소(와 브라크)는, 삼차원적인 **콜라주**(*collages*), 물체들, 그리고 여러 조각의 종이들(특히 신문 표제 조각)을 활용하면서, 입체파의 경지를 1911-1912년 사이에 새로운 기하학적인 차원으로 끌어올렸다.[25] 이러한 **종합적 입체주의**는 입체파 전위 예술가가 1912년 8월 살롱에서 전시회를 하던 때 또 다른 스캔들을 일으켰다 — 그해, 뒤르켐 자신이 《기초 형태》를 출간하면서 일으킨 스캔들을 일컫는 것이다. 전위적 입체파처럼 뒤르켐은 실재의 기저에 깔린 기초적 형태를 찾아서 민족지학적인 자료를 깊이 조사했다. 그리고, 다음 절에서 논의하겠지만, 사회 조직의 깊은 구조 — 혹은 형태 — 를 탐색하는 과정에서, 뒤르켐은 마치 피카소가 그랬던 것처럼 과감히 새로운 영역으로 진입하면서 실증주의의 새로운 지평을 열었다. 하지만 뒤르켐과 전위 예술에 대한 최종적인 평가를 하기 전에, 보완적인 성격의 현대 전위운동을 살펴볼 필요가 있다.

공연 예술 속의 원시성

'원시주의'는 또한 발레 공연과 발레 음악의 급진화에도 등장했다. 야수파가 작품 속에서 고대적인 요소를 떠올리도록 만드는 급진적 혁신을 일으켰던 바로 그 당시에, 전통 발레는 여성의 우아함과 남성적 정력이라는 정형된 성 역할을 포함해, 품격 있는 안무가 곁들여진 이야기 전개라는 형태에 교착되어 있는 듯이 보였다.[26)]

---

25) 아프리카와 오세아니아 조각에 담긴 입체파의 매력과 그 자극은 재빨리 프랑스 너머 유럽과 미국의 근대주의자에게로 퍼져 나갔다〔여러 화가 가운데 브랑쿠시(Brancusi), 모딜리아니(Modigliani), 클레(Klee), 놀데(Nolde)를 들 수 있겠다〕. 이와 관련한 자세한 논의와 사례를 보려면 다음을 참고하라. Rubin(1984).

26) 물론 〈지젤〉(*Giselle*), 〈백조의 호수〉(*Les Sylphides*)와 같은 '전통 발레'는 지금도 여전히 꾸준히 공연되는 레퍼토리이다. 하지만 나는 발레에 강조점을 두면서, 공연 예술에서 급진적이면서 새로운 형태의 근대주의가 등장한 것에 대해 논의하려고 한다. 공연 예술과 관련해서 무용의 '순수한 미국적' 급진화가 이뤄진 것은 의심할 바 없이 1920년대 마사 그레이엄(Martha Graham)에 의해서였는데, 그것은 적어도 표면적으로는 후기의 발레뤼스(Ballets-Russes. 1909년 세르게이 댜길레프가 만든 프랑스 발레단-옮긴이)와 비슷했다 — 예를 들면, 각도 잡힌 움직임, 즉흥성 등에서. 그러나 각기 다른 근대 무용의 실타래를 연결시키는 것은 이 글의 영역 — 그리고 저자의 능력 — 을 벗어나는 일이다.

러시아인 단장인 세르게이 댜길레프(Sergei Diaghilef, 1872-1929)가 만든 발레단이라는 형태를 띠고서 1910년대 초기에 동쪽으로부터 파리를 향해 변화의 바람이 불어왔다. 댜길레프는 서유럽 예술을 러시아에 소개하는 데 많은 노력을 기울이는 동시에, 미술 전시회를 열거나 선도적인 작곡가들이 만든 음악 작품을 무대 위에 올렸다. 1905년에서 1906년 사이 정치적 격변의 여파에서 오는 영향과 함께, 제정 러시아 궁정이 그에게 불쾌해했기 때문에, 디아길레프는 자기가 만든 발레단을 이끌고 유럽 순회공연에 나섰는데 여기에서 엄청난 성공을 거두었다(Lifar 1954). 디아길레프는 새 발레 작품들을 위해서 근대주의 경향의 선두에 자리 잡고 있던 작곡가들에게 음악을 맡겼다. 작곡가 라벨(Ravel)이 음악을 담당했던 작품인 〈다프니스와 클로에〉(*Daphnis and Chloé*)는 고대 그리스의 화병에 그려져 있던 춤 동작 안무를 과감하게 활용했다. 이 시도는 성공했고 야수파의 선구자 가운데 한 사람인 마티스의 관심을 끌어서 그의 가장 널리 알려진 작품 가운데 하나인 〈춤〉에 반영되기에 이르렀다. 디아길레프는 다양한 재능을 갖춘 팀을 구성하였는데, 그 가운데서도 가장 유명했던 이는 겨우 스무 살에 불과했던 젊은 안무가이자 무용가인 니진스키(Nijinsky)였다. 디아길레프가 운영하던 발레단 발레뤼스(Ballets-Russes)는 옛 러시아의 민속적 소재에서 영감을 받은 젊은 러시아 작곡가 이고리 스트라빈스키(Igor' Stravinsky)가 만든 〈페트루슈카〉(*Petrushka*)를 무대에 올렸던 1911년 시즌에 큰 성공을 거두기도 했다. 리븐(Lieven 1936: 130)이 썼듯, 디아길레프는 발레뤼스가 영속적인 유럽의 발레단이 되도록 만들고자 결심했으며, 서유럽과 더 잘 융화하기 위해서 러시아적인 주제를 줄였다.

러시아, 그리고 과거와의 결별, 그리고 무엇인가 새로운 것에 대한 탐색은 1912년에 시작되었다 — 같은 해 피카소가 입체파를 새로운 표현의 경지로 끌어올렸고, 다시 한번 반복하지만, 같은 해 뒤르켐은 실증주의를 새로운 급진적 차원으로 발전시켰다.

발레 얘기로 다시 돌아가면, 〈다프니스와 클로에〉의 성공에 이어서 또 하나의 스캔들을 일으켰던 작품은 〈목신(牧神)의 오후〉였다. 이 작품은 상징주의 시인 말라르메(Mallarmé)의 작품에 드뷔시(Debussy)가 음악을 작곡한 것이었다. 그 '이야기'는 상당히 간단해, 염소의 하체와 뿔을 가진 남성이 몽환 속에서 정령들 가운데 하나를 좇는다는 내용이다. 혁신적이고 화려한 색채의 무대 장면, 거의 벗은 데다가 몸에 찰싹 달라 붙는 색감 넘치는 의상을 착용한 남성 무용수가 무대의 배경에 등장하는 것 외에도, 에로틱한 춤동작으로 과감하게 그 발레를 안무했던 니진스키의 탁월한 춤이 바로 심미적 센세이션은 물론이고 대중의 도덕성에 반하는 스캔들을 불러일으켰다. 정령들을 뒤쫓는 와중에 성관계에 대해서 암시적이라기보다는 분명하게 묘사한 표현은 마지막 장면에서, 즉 '그 발레 작품이 성공하는 데 결정적인 부분을 차지하는 〔…〕 목신의 마지막 남근 운동이 펼쳐질 때', 관객이 내지르는 함성과 함께 절정에 이른다(Lieven 1936: 175). 목신이 한 정령의 스카프를 성적으로 다루었던 것이[11] '스캔들의 성공'을 만들어 냈으며, 특히 극장이라는 장소가 중산층에게 익숙한 관습적 표현이 주로 이루어지던 곳이라는 점에 비추어 보면 더욱 그러했다. 그러나 이 스캔들은 디아길레프가 내놓았던 '원시적' 주제인 성과 폭력을 다룬 다음 작품에 비해서는 약한 것이었다.

1913년 5월 29일에 초연된 〈봄의 제전〉(*Le Sacre du Printemps*)은 공연 예술계 사상 가장 커다란 스캔들 가운데 하나를 일으켰다. 디아길레프는 그 작품을 위해서 스트라빈스키에게 작곡을 맡겼고, 이에 덧붙여 니진스키의 안무로 조합을 이루었으며, 그 발레 작품의 주제 — 한 처녀를 제사 제물로 바치는 것에서 정점에 이르는 원시적 의례를 다루는 — 는 아주 신경을 거슬리게 만드는 것이었기에 관객은 지지파와 반대파로 나뉘었고 그에 따라 발생한 폭동을 경찰로서도 진압할 길이 없었다.[27)] '야만적이며 거의 공포에

27) 이 작품에 대한 더 완전한 묘사를 보려면 다음을 참고하라. http://en.wikipedia.org/wiki/The_Rite_of_Spring.

가까운 인상'을 창출하기 위해서 불협화음을 사용한 리듬감 넘치는 음악, 태고적 장면을 연출한 광경, 그리고 니진스키의 발작성 춤 동작이 조합을 이루었는데, 이것을 활자화된 전달 방식으로 묘사하는 것은 어려운 일이기는 하지만, 다음과 같은 목격담이 있다.

> 그 **의례**는 선사 시대에 대한 묘사로서 혼란스럽고 공포를 유발하기는 하지만 사실적이다. 이 발레 안무의 진정한 가치를 감상하기 위해서는 원시 아프리카 부족이 보이는 흑인 춤사위를 먼저 봐야만 한다(Lieven 1936: 191).

또 다른 발레 역사가의 말이 이 평가를 뒷받침한다.

> 전통 발레의 공중 동작과는 너무나 동떨어진, 장중하면서도 각진 춤 동작은 그 잔인성 때문에 공포와 환희가 혼합된 가운데 생겨난 야만적 종교의 황홀경과도 같은 인상을 주는데, 그 와중에도 일종의 순전한 아름다움을 잃지는 않았다.

내가 아는 한, 디아길레프나 니진스키, 스트라빈스키는《기초 형태》를 읽지 않았으며, 어떤 사람이 〈봄의 제전〉 개막 공연 표를 샀을지 알 수 없는 상태라 이런 추리가 정확하지는 않을지 몰라도, 뒤르켐주의자 가운데 어느 누구도 샹젤리제 극장에서 초연을 감상했을 것 같지는 않다. 그러나, 그 발레의 장면과 악보는, 〔스펜서와 길렌(1장 옮긴이 주 27번 참조)에 이어서〕 뒤르켐이 묘사했던, 집합적 활기를 뿜어내는 오스트레일리아 원주민의 의례 행위 속의 부족 모임에 대한 묘사와 하나의 완벽한 짝을 이룬다. 책 속의 어떤 부분들은 이런 사실을 잘 보여 준다.

> 회합을 가지는 바로 그 행위는 아주 강력한 자극제이다. 개인들이 함께 모이면, 일종의 전기와 같은 것이 발생되며 〔…〕 참가자에게 이례적인

> 수준의 행복감을 준다. (…) 어디를 둘러봐도 거친 동작과, 고함, 순전한 울부짖음, 그리고 각양각색의 귀를 먹먹하게 만드는 소음이 들려온다. (…) 남성과 여성은 성적 관계를 지배하는 규칙들을 어기면서 한데 어우러진다 (…) (Durkheim 1912: 217-220).

뒤르켐이 원시 의례 속에 자리 잡은 신성성의 기원에 대해서 설명하는, '기초적 믿음'이라는 절에 실린 이런 극적인 문장은, 사회 운동의 사회학이나 종교사회학 혹은 여타 사회학적 상상력의 영역에서, 신성성의 힘이 얼마나 다양한 방식으로 이용되는가를 보여 주는 데 많이 활용되고 있으며 강조되기도 한다. 하지만 나는 교실에서나 사무실에서라도 스트라빈스키가 작곡한 음악을 듣거나 니진스키와 그의 발레단의 공연을 그려 보면서《기초 형태》를 다시 한번 읽어 보는 것도 유익할 것이라고 제안하고 싶다.

결어 — 뒤르켐, 전위 예술, 그리고 원시성

이 글에서 나는 뒤르켐의 대작《기초 형태》가 기존의 사회학자들이 등한시해 왔던 한 가지 맥락, 즉 제1차 세계대전 전 프랑스에서의 전위 예술이라는 문화적 맥락 속에 자리 잡고 있음을 주장했다. 다양한 전위 예술 운동의 창조적 행위는 당시의 상황에 도전하는 경향이 있었고, 또한 실재를 묘사하고 인식하는 데 변화하는 형태를 지향했다. 한편으로는 — 자연적으로 볼록한 표면을 오목한 표면으로 대체시키는 것과 같은 아프리카 가면의 인체에 대한 표현을 포함해서 — 추상적 기하학적 형태에 대한 입체파의 급진적 묘사와, 다른 한편으로 사회 구조의 기초적인 형태를 찾기 위해 실증주의를 넘어서 오스트레일리아 원주민에 대한 민족지학적 자료를 활용하는 뒤르켐 사이에는 명백한 관련성이 있다. 비록 뒤르켐의 전위적 사회학과 전위 예술 사이에 분명하게 나타나는 직접적인 고리는 없지만, 이러한 관련성 있는 일들이 같은 응축된 시간 속에서 파리에서 일어났다는 것은 흥미로운 일이다.

나아가서, 전위 예술가와 뒤르켐 그리고 뒤르켐주의자 사이의 정치적 성향에 중요한 차이가 있다는 것과 이런 차이가 각각으로 하여금 '원시주의' 혹은 원시성을 어떻게 활용하도록 만들었는지에 대해 논의할 만하다. 패트리샤 레이튼(Patricia Leighten)은 프랑스의 전위주의에 대한 그녀의 주요 연구인 〈우주의 재질서화 — 피카소와 무정부주의, 1897-1914〉(*Re-Ordering the Universe: Picasso and Anarchism,* 1897-1914)에서 〔19세기에 크로포트킨(Kropotkin),[12] 바쿠닌(Bakunin),[13] 프루동(Proudhon)[14]에 의해서 만들어졌던〕 무정부주의가 상징주의자로부터 입체파에 이르는 다양한 예술가와 문예인에게 끼친 영향력에 대해 신빙성 있게 묘사하고 있다.[28)] 전위 예술가에게 주요한 무정부주의적 '멘토'의 역할을 했던 크로포트킨은 예술가들에게 인간 의식을 바꾸고 시대를 풍미하던 물질주의로부터 사회를 떼어 내 전진시킬 전위적 책무가 있다고 보았다(Leighten 1989: 50). 피카소는 강한 무정부주의적인 문화적 배경을 지니고 그의 고향 바르셀로나로부터 프랑스로 건너왔고, 이런 성향을 그의 급진적인 예술적 탐색에 반영시켰는데, 그를 따랐던 다른 이들도 그렇게 하기는 마찬가지였다. 대단한 대중적(그리고 상업적) 성공을 거두었던 그의 작가 생활 후기에조차도, 비록 (스페인 내란 당시인 1937년 게르니카에 대한 나치의 폭격을 극적인 추상화로 캔버스에 담아냈던 것을 제외하고는) 자신의 예술 작품을 정치적 선전에 거의 활용하지 않았지만, 그는 여전히 스스로를 '진정한 혁명가'라고 생각했다. 제2차 세계대전 말, 피카소는 프랑스 공산당에 가입했고 남은 긴 여생 동안 당원 자격을 유지했다.[29)]

28) 자신들의 작품을 통해서 미래 사회의 이미지를 제시하고자 했던 강한 무정부주의적 경향의 화가로 잘 알려진 이들 가운데 대표적인 인물로 피사로(Pissaro)와 시냐크(Signac)를 들 수 있다(Herbert 2001). 후자는 무정부주의-공산당의 오랜 당원이었으며 제1차 세계대전 당시 반전운동가이기도 했다.

29) 피카소와 스트라빈스키를 현대 부르주아 사회와 그 모순을 궁극적으로 강화시키는 창조적 예술가로서 바라보는 정교한 마르크스주의 사회학적 설명을 보려면 다음을 참고

뒤르켐은 그에게 사회 무질서, 혼돈, 아노미를 뜻했던 무정부주의에 거의 동조하지 않았다. 그리고 만약 입체파가 선험적인 기하학적 공간이란 없다고 하는 푸앵카레(Poincaré)의 비(非) 유클리드 기하학에 대한 논의를 반겼다면(Antliff and Leighten 2001: 72),《기초 형태》에서의 뒤르켐은 칸트적인 선험적 범주(공간, 시간 등)를 우리 지식의 본질적인 인식론적 기반으로서 추구했다고 볼 수 있을 것이다 — 뒤르켐에게 **선험성**이란 바로 사회 조직의 구조 혹은 형태에 자리 잡고 있는 것이다. 따라서 이런 의미에서 그것은 공동체적이다. 하지만 그는 시장에 기반을 둔 개인주의에 대해서도 똑같이 비판적이며,《도덕 교육》을 통해서 — 이것이 소르본에서 그의 사명까지는 아니라 해도, 그는 사회학과 교육학의 학과장이었다 — 완수될 필요가 있는 책무인 사회 개혁의 기초를 찾기 위해서 '원시 사회'에 대한 민족지학적 자료를 활용했다. 그의 뛰어난 학생이자 조카인 마르셀 모스가 그 자체로 고전이 되어 버린《선물 — 고대 사회에서의 교환의 형태와 이유》〔1924 원본 출간; 다음 출판사에서 나온 홀스(W. D. Halls) 번역본이 있음: W.W. Norton & Company, 2000〕를 완결 짓기 위해 (전후에도) 지속적인 노력을 기울이기는 했지만, 제1차 세계대전이 뒤르켐의 사명에 종지부를 찍었다. 그 책은 교환이론의 기초가 되었지만 그 결론부에는 뒤르켐주의자의 사회 철학 대부분의 기저에 깔려 있는 민주 사회주의를 위한 암시적인 선언이 담겨 있다.

아마도 뒤르켐주의자와 전위 예술 사이의 연계는 빈약하다고 주장하면서 이 논의를 마칠 수도 있을 것이다. 1930년 바타유는《문헌》(*Documents*)이라는 제목의 단명한 평론지를 만들었는데, 그 가운데 한 호에는 '피카소 헌정집'(Hommage à Picasso)이라는 제목이 달렸고, 다양한 지식인과 예술가들이 피카소에 대해서 언급한 각종 증언이 실렸다.[30] 마르셀 모스가 그 증언

하라. Raphael(1980: 115-146).

30) 피카소는 그의 초기와 후기 입체파로 거둔 성공에 안주하지 않고 1920년대에도 실험을 지속했는데, 예를 들면, 디아길레프, 장 콕토(Jean Cocteau, 프랑스 시인·소설가·

가운데 하나를 썼는데, 여기에 그 내용 전체를 소개할 만하다.

> 나는 나보다 더 능력 있는 이들이 기고할 이 헌정집에 참여하게 되어 기쁩니다. 사실 내가 이 세기가 시작될 무렵 당신의 그림과 소묘에 매혹되었던 젊은이 가운데 하나였으며 그런 당신의 작품은 일단의 아마추어 작가에게 확신을 불어넣는데 성공하기까지 했다고 말해도 될까요? 혹은 이 심포지엄을 조직한 이들이 내가 원시주의나 흑인 예술 혹은 여타의 예술에(**쉽게 말하자면** 예술에) 그다지 대단하지 않은 식견을 갖추고 있음을 알고서 단순히 나로 하여금 당신의 그림과 소묘가 우리에게 인상과 표현의 가장 순수한 원천을 보여 주는 데 얼마나 큰 역할을 했는지 말하기를 원한 것일까요?[31)] (마르셀 모스, 고등연구원 이사장).

비록 짧은 글이기는 하지만, 적어도 모스는, 그리고 아마도 그 시기의 여타 젊은 뒤르켐주의자는, 전위 예술 작품을 알고 있었다는 것을 강하게 시사해 준다. 실제로 모스는 막스 베버와 그의 부인 마리아네(Marianne)[15]가 근대 예술과 극장을 포함해서 파리의 문화계를 다니며 즐겼던 1911년 9월 17일에서 10월 8일 사이에 박물관이나 미술관을 방문했을 법하다! 마리아네가 쓴 전기에 따르면, 베버는 예술 애호가였고, 파리에서 화가 조르주 데발리에르

극작가-옮긴이)와 함께 발레 무대 배경을 함께 디자인하거나, 다른 방면으로는, 사람의 얼굴과 몸을 충격적일 만큼 기괴하게 왜곡시키는 화법을 활용하기도 했다(Butterfield 2007). 제1차 세계대전으로 불구가 된 참전 군인의 모습과 (혹은) 트로카데로 박물관 창고에서 아프리카의 가면을 목도한 것이 아마도 후자에 영향을 끼쳤을 것이다.

31) 프랑스어 원문은 다음과 같다. 'On me demande de m'associer à l'hommage que d'autres plus compétents vous adressent. Est-ce pour vous dire que j'étais, aux premières années de ce siècle, un des jeunes gens que votre peinture et votre dessein séduissaient, et qui même réussirent à convaincre quelques amateurs ? Ou bien ceux qui dirigent la publication de ce florilège, sachant mes modestes connaissances en art dit primitif, nègre ou autre, (qui n'est que l'art tout court), veulent-ils tout simplement que je vous dise〔sic〕combien votre peinture et votre dessein nous rapprochent des sources les plus pures de l'impression et de l'expression? '. Marcel Mauss, "Hommage à Picasso", *Documents*, 2, 3(1930): 177. 이 중요한 모스의 글을 내게 알려 준 피커링(W. S. F. Pickering)에게 감사를 표한다.

(Georges Desvallieres)와 펠릭스 발로통(Félix Valloton)의 그림을 구입했다〔후자는 야수파에 앞서 출현했던 세기말의 반인상주의 나비파(Nabis)와 관련이 있었다〕. 그녀는, 실제로 '막스는 박물관이나 화랑에서만이 아니라 미술상까지 찾아가서 전반적인 근대 회화를 추적했다'고 덧붙였다.[32)]

역사사회학에서 이러한 모험적 탐색을 위한 영속적인 사상은 니스벳의 관찰과 관련이 있다. '마르크스, 베버, 뒤르켐, 그리고 지멜이 과학자였다는 것은 불문가지이다. 그러나 그들은 또한 예술가이기도 했으며, 그들이 예술가가 아니었다면 〔…〕 사상계 전반은 훨씬 더 빈약했을 것이다(Nisbet 1976: 7).'

아무리 뒤르켐이 모스, 그리고 특히 베버나 지멜 — 구체적인 내용으로부터 형태를 추출해 내는 그의 '형식 사회학'이 입체파와 놀라울 정도의 친화성을 가지는[33)] — 이 보여 주었던 것과 같은 방식으로 근대 미학에 대한 느낌을 갖고 있지는 않았다고 하더라도, 그도 '원시성'이 전위주의에 촉구를 가하고 자극을 주었던 위대한 예술적 창조성의 시기에 살고 있었다. 종합적 입체파와 발레뤼스의 예술적 스캔들이 일어났던 바로 그 당시에 출간되었

32) 나와의 사적인 대화(2007년 11월 2일)에서, 마리아네 베버가 쓴 전기〔《막스 베버 — 전기》(*Max Weber: A Biography*)〕에 담긴 이야기를 내게 알려 준 하이델베르크 대학의 라이너 렙시우스(Rainer Lepsius) 교수에게 깊은 감사를 표한다. 렙시우스에 따르면, 베버의 근대 예술에 대한 심미적 취향은 회화에 한정된 것이 아니었다. '베버는 또한 리하르트 슈트라우스(Richard Strauss)의 오페라와 같은 근대 음악에도 관심이 있었다.' 그의 그러한 관심은 합리화 과정에 따르는 음악의 진화를 다루는 다음의 긴 글에 반영되어 있다. *The Rational and Social Foundations of Music,* translated and edited by D. Martindale, J. Riedel and G. Neuwirth, Carbondale, IL: Southern Illinois University Press, 1958.

33) 문화적 장과 그것이 '내적 삶'에 대해서 맺고 있는 관계에 대한 지멜의 폭넓은 관심은 그로 하여금 다음의 자세한 해석적 논문을 써 내도록 만들었다. *Rembrandt: an essay in the philosophy of art*, trans. and edited by A.Scott and H. Staubmann, with the assistance of K.P. Etzkorn, New York: Routledge 2005(1916). 이 책 서론에서 편집자들은 지멜 스스로가 '자신과 예술과의 지적인 관계를 이론적 관심사를 위한 일종의 귀중한 원천'(p. xii)으로 파악했다는 것을 알려 주고 있다. 지멜이 '사회적 삶의 기하학을 개발'하려고 했다는 코저(Coser)의 논의를 보면, 지멜이 전위적 입체파와 그것의 기하학적 추상화에 대해서 알고 있었음이 거의 확실하다(Lewis A. Coser, *Masters of Sociological Thought, Ideas in Historical and Social Context*. New York: Harcourt Brace Jovanovich, 1977, p. 180).

던 자신의 위대한 작품 역시 전통적 종교주의자에게는 스캔들로 여겨졌는데, 그렇게 된 것은, 때때로 아브라함에 근원을 두는 신앙 공동체로 범주화되기도 하는 더욱 진화된 구원론적 종교에서보다는, 토템 신앙의 원시 공동체적 배경에서 신성성의 기원을 찾았기 때문이다.《기초 형태》는 또한 사회학과 철학 사이, 실증주의와 해석적 사회학 사이, 그리고 사회 구조와 사회 변동 사이를 이어 주는 다리 역할을 하는 다차원적인 사회학의 명작이다. 근대로 들어가는 입장권으로서의 원시성의 가치를 발견함으로써,《기초 형태》는 시대에 앞서서 사회학의 '문화적 전환'을 이루어 냈다. 바로 이 작품이 뒤르켐에게 창조적 전위 예술가로서의 자격을 부여한다.

참고 문헌

Alexander, Victoria D. 2003. *Sociology of the Arts. Exploring Fine and Popular Forms*. Oxford and Malden,MA: Routledge.

Antliff, Mark and Patricia Leighten, 2001. *Cubism and Culture*. New York: Thames & Hudson.

Butterfield, Andrew. 2007. "Recreating Picasso". *The New York Review of Books*, 54, 20 (December 20): 12-16.

Dumont, Louis. 1972. "Une Science en Devenir". pp. 8-21, in *Marcel Mauss*, special issue of *L'Arc*, 48 (Aix-en-Provence, France).

Durkheim, Emile. 1995 (1912). *The Elementary Forms of Religious Life*. Translated with an introduction by Karen E. Fields. New York: The Free Press.

_______. 1998. *Lettres à Marcel Mauss*, Philippe Besnard and Marcel Fournier, eds. Paris : Presses Universitaires de France.

Elderfield, John, ed. 1994. *Les Demoiselles d'Avignon*. Special issue, Studies in Modern Art 3. New York: The Museum of Modern Art, distributed by Harry N. Abrams.

Francastel, Pierre. 1949. "Art et Sociologie". *L'Année Sociologique*, 3rd series, 2 (1949) : 491-527.

Gephart, Werner. 2000. "The Beautiful and the Sacred : Durkheim's look at the elementary forms of aesthetic life". *Durkheimian Studies/Etudes Durkheimiennes*, 6, n.s., pp. 61-84.

Herbert, Robert L. 2001. "An Anarchist's Art". *The New York Review of Book,* 48, 20 (December 20). http://nybooks.com/articles/14967.

James, Wendy and N.J. Allen, eds. 1998. *Marcel Mauss. A Centenary Tribute*. New York and Oxford: Berghahn Books.

Jones, Sue Stedman. 2002. "Durkheim and Bataille: constraint, transgression and the concept of the sacred". *Durkheimian Studies/Etudes Durkheimiennes*, 7, n.s., pp. 53-63.

Kerensky, Oleg. 1970. *The World of Ballet*. New York: Coward-McCann.

Kurasawa, Fuyuki. 2003. "Primitiveness and the flight from modernity : sociology and the avant-garde in inter-war France". *Economy and Society*, 32:1, 7-28.

Leighten, Patricia. 1989. *Re-Ordering the Universe. Picasso and Anarchism*, 1897-1914. Princeton : Princeton University Press.

Lieven, Prince Peter. 1936. *The Birth of Ballets-Russes*. Boston and New York: Houghton Mifflin.

Lifar, Serge. 1954. *A History of Russian Ballet*. London: Hutchinson.

Luhmann, Niklas. 2000 (1995). *Art as a Social System*, Eva M. Knodt, trans. Stanford, CA: Stanford University Press.

Lynham, Deryck. 1947. *Ballet then and now. A history of the ballet in Europe*. London: Sylvan Press.

Menger, Pierre-Michel. 2000. "L'Art, les pouvoirs de l'imagination et l'économie des désires dans la théorie durkheimienne". *Durkheimian Studies/Etudes Durkheimiennes*, 6, n.s., pp. 61-84.

Nandan, Yash. 1977. *The Durkheimian School. A Systematic and Comprehensive Bibliography*. Westport, CT and London: Greenwood Press.

Nisbet, Robert A. 1976. *Sociology as an Art Form*. Oxford: Oxford University Press.

O'Toole, Roger. 2002. "Durkheim and the problem of art: some observations". *Durkheimian Studies/Etudes Durkheimiennes*, 8, n.s., pp. 51-69.

Pickering, W.S.F. 2000. "Durkheim, the arts and the moral sword".*Durkheimian Studies/ Etudes Durkheimiennes*, 6 n.s.,pp. 41-60.

Price, Sally. 1989. *Primitive Art in Civilized Places*. Chicago and London: University of Chicago Press.

______. 2007. *Paris Primitive. Jacques Chirac's Museum on the Quai Branly*. Chicago and London: University of Chicago Press.

Raphael, Max. 1980 (1933). *Proudhon, Marx, Picasso. Three Studies in the Sociology of Art*, trans. Inge Marcuse, ed. John Tagg. New Jersey: Humanities Press; London: Lawrence & Wishart.

Rubin, William. 1994. "The Genesis of *Les Demoiselles d'Avignon*". pp. 13-144 in John Elderfield, ed. *Les Demoiselles d'Avignon*.

Rubin, William, ed. 1984. *"Primitivism" in 20th Century Art: affinity of the tribal and the modern*, 2vols. New York: Museum of Modern Art; Boston: Distributed by New York Graphic Society Books.

Schlanger, Nathan. 1998. "The Study of Techniques as an Ideological Challenge: Technology, Nation and Humanity In the Work of Marcel Mauss". pp. 192-212 in James and Allen, eds., *Marcel Mauss. A Centenary Tribute*.

Simmel, Georg. 2005. *Rembrandt: an essay in the philosophy of art*, trans. and edited by A. Scott and H. Staubman, with the assistance of K..P. Etzkorn. New York: Routledge.

Strenski, Ivan. 2006. *The New Durkheim*. New Brunswick, NJ & London: Rutgers University Press.

Willener, Alfred. 1971. *The action-image of society; on cultural politicization*, A.M. Sheridan-Smith, trans. New York: Pantheon.

Zolberg, Vera L. 1997. "African Legacies, American realities: art and artists on the edge". pp. 53-70 in Vera L. Zolberg and Joni Maya Cherbo, eds., *Outsider Art. Contesting Boundaries in Contemporary Culture*. Cambridge and New York: Cambridge University Press.

옮긴이 주

1. 브르통(André Breton, 1896-1966). 프랑스의 문필가, 시인. 초현실주의의 창설자로 알려져 있으며, 1924년에 '초현실주의 선언'(Manifeste du surréalisme)을 발표했다.
2. 니체가 기독교를 비판하며 고안한 개념으로 주인의 도덕성과 상반된다.
3. 레리스(Julien Michel Leiris, 1901-1990). 프랑스의 초현실주의 작가이자 민족지학자.
4. 카유아(Roger Caillois, 1913-1978). 프랑스의 지식인으로서 게임, 놀이, 신성성과 같은 주제들을 문학 비평, 사회학, 철학적인 시각으로 조명했다.
5. 푸앵카레(Jules Henri Poincaré, 1854-1912). 프랑스의 수학자, 이론 물리학자, 공학자, 철학자.
6. 힐베르트(David Hilbert, 1862-1943). 독일의 수학자로 힐베르트 공간론의 창시자.
7. 댜길레프(Sergei Pavlovich Diaghilev, 1872-1929). 러시아 발레 기획자로 1908년 무소르그스키의 오페라 〈보리스 고두노프〉를 파리 오페라좌에서 공연해 세계적인 명성을 얻었음.
8. 1903년부터 파리에서 매년 가을 젊은 작가들의 작품을 전시했던 살롱을 칭한다. 보수적인 공식 살롱과 진보적인 독립 살롱의 대안으로 등장했으며, 참가 의사가 있는 작가들에게 문호를 개방하고 무작위로 심사위원을 선정하는 방식을 취했다. 마티스를 비롯한 야수파가 등장했던 1905년의 가을 살롱이 가장 유명하다.
9. 스타인(Gertrude Stein, 1874-1946). 미국 태생의 작가, 시인, 예술품 수집가로 프랑스에서 활동했음.
10. 1878년의 세계 박람회 당시의 각종 국제회의를 위해서 지어진, 파리 센 강변에 위치했던 비잔틴 양식의 건물
11. 〈목신의 오후〉 마지막 장면에서 목신이 정령이 두고 간 스카프 위에 엎드려 성행위를 연상시키는 춤 동작을 했던 것을 일컫는다.
12. 크로포트킨(Pyotr Alekseevich Kropotkin, 1842-1921). 러시아 혁명가이자 지리학자. 공산주의적 무정부주의자.
13. 바쿠닌(Mikhail Aleksandrovich Bakunin, 1814-1876). 러시아의 혁명가, 급진적 무정부주의자. 스페인, 이탈리아, 러시아의 혁명 운동에 영향을 끼쳤음.
14. 프루동(Pierre-Joseph Proudhon, 1809-1865). 프랑스의 무정부주의 사상가, 사회주의자. 제1인터내셔널 조직과 파리 코뮌에 영향을 끼쳤음.
15. 마리아네 베버(Marianne Weber, 1870-1954). 사회학자, 여권 운동가로 막스 베버의 부인이었다. 남편이 1920년 갑작스럽게 사망한 뒤에는 남편의 글을 모아 출간했으며, 1926년에는 막스 베버 전기를 펴냈다.

10장

뒤르켐으로부터 마나과[1]까지

—종교 부흥으로서의 혁명[1)]

I

사회 현상으로 빈발하는 것은 아니지만, 혁명은 정치적 근대성과 사회 변동을 연구하는 이들에게 큰 관심을 끌어 왔다. 사회주의 체제의 전반적인 붕괴와 새로운 사회 질서를 설립하려는 시도가 응축된 시간 틀 속에서 이뤄지면서 역사적, 사회학적 연구의 흥미로운 주제가 되었다(Goldstone 1980, 1982; Taylor 1984; Zimmermann 1983).

거시 수준에서의 혁명이 높은 관심에도 불구하고 잘 일어나지 않는 것은 미시 수준에서 자살이 높은 사회학적 관심에도 불구하고 그 빈도가 낮은 것과 비슷하다. 자살을(더욱 정확하게는 자살률을) — 그것이 하나의 사회 현상으로 분석될 수 있음을 보여 줌으로써뿐만이 아니라 그것의 어떤 측면은 근대성의 핵심 특징을 이해하는 방편임을 보임으로써 — 아주 대담하게 사회

1) Jeffrey Alexander, ed. *Durkheimian Sociology*. New York: Cambridge University Press, 1988, pp. 44-65.

학적 의식(意識) 속에 자리 잡도록 만든 것은 말할 필요도 없이 뒤르켐이었다. 만약 비합리적인 것처럼 보이는 이 행위가 사회적으로 조건화된 유형을 가지고 있음을 보일 수 있었다면, 혁명이라는 집합적 행위에 대한 사회학적 설명 — 역사적 혁명이 작동할 수 있도록 만들었던 기저의 유형이 무엇이었던가를 밝혀 줄 수 있는 설명 — 을 꾀하는 것 또한 가능하지 않겠는가? 다양한 경로와 모델이 — 특히 마르크스와 베버의 모델 — 혁명을 '이해'하기 위해서 활용되어 왔지만, 뒤르켐의 이론은 그런 용도로 널리 활용되지는 않았는데, 아마도 그 이유는 보수적인 의미에서 '기능주의'의 창시자로 굳어진 그의 이미지 때문인 것 같다.[2)]

우리 시대에 일어난 혁명을 다루면서, 나는《종교 생활의 기초 형태》(앞으로《기초 형태》로 약칭하기도 한다-옮긴이) — 물론 이 책은 시간이 지나도 생기를 잃지 않는 사회학의 고전으로 인정받고 있지만(Jones 1977; Tiryakian 1981), 정치사회학적인 맥락에서는 고려되지 않았다 — 의 저자인 그에게 마땅한 경의를 표하려고 한다. 이번 장의 제목이 시사하듯이, 나의 목적은 사회학적 검토의 시선이 미치지 않았던, 혁명의 한 현상을 다루고자 하는 것이다. 즉, 종교적 부흥으로서의 혁명이다.[3)] 비록 뒤르켐 스스로가 혁명 이론을 제공하지는 않았지만,《기초 형태》는 사회적 갱신의 순환 이론의 요소를 담고 있을 뿐 아니라, 또한 근대 사회 혁신의 가능성을 시사하기 위해서 프랑스 혁명이라는 한 주요한 사회 혁명의 역사적 사례를 사용하고 있음이 명백하다.

그의 분석을 활용해서, 이 장에서는 다양한 수준에서 **탈분화** — 이보다 더 잘 알려진, 주된 과정인 **분화**의 정반대인 — 과정의 측면으로 볼 수 있는 것

2) 이와 관련된 논의에 대해서는 다음을 참조하라. Moore 1978; Lacroix 1981; Coenen-Huther 1984; 그리고 Fenton 1984.

3) 프랑스 혁명에서 러시아 혁명에 이르는 유럽의 혁명 속의 종교적 요소에 천착하는 다음의 한 혁명 연구를 참고하기 바란다. *Fire in the Minds of Men*(Billington 1980).

을 수행하는 것으로서의 사회 혁명을 검토해 본다(Luhmann 1982). 뒤르켐이 《기초 형태》에서 '종교 생활' — 그가 인간 조건의 '진지한' 측면이라고 보기도 했던 — 에 사회 중추의 위치를 부여했다면, 우리도 종교 분야를 혁명 운동에 내재적으로 연관된 것으로서 바라봐야 할 것이다. 사회적 수준에서 일어나는 탈분화 과정(Tiryakian 1985)은 의식의 변형을 수반하는데, 이 변형을 겪게 되면, 일상생활에 대한 개인적 의식이 서로 다르기는 하지만 공통된 모험적 상황에 처한 타자를 세밀하게 지각하도록 해 준다. 이러한 변형에는 개인은 물론 집단을 위한 높은 수준의 에너지가 필요하다는 특징이 있다. 그것은 세속성이 신성한 맥락으로 변형되는 과정이다(즉, 일상적 가치의 '변형'이다) — 이것은 종교사회학과 그것이 그려 낸 '근대성' 이미지의 상당 부분을 차지하는 세속화 과정과 정반대이다.

위의 언급들은 '혁명'이라기보다는, 마약 문화와 관련된 '반문화'와 '변화된 의식 상태'에 대해서 낡아 빠진 것은 아니라 해도 내가 지루한 논의를 제기하고 있다는 인상을 불러일으킬 수도 있다. 비록 사회의식의 변형이 '반문화'와 '혁명'을 이론적으로 연결시켜 주기는 할지라도, 내가 여기서 다루는 것은 결코 반문화가 아니다. 1960년대와 1970년 초기의 반문화 운동 이후의 경험적 논거를 이 장에서 다루고 있음을 상기하라.

주요한 전 지구적 충격파가 1970년대 후기와 1980년대 초를 덮쳤다. 1979년의 오일 위기, 공업국가에서의 물가상승률이 두 자릿수에 이른 것, 제3세계 국가가 겪었던 심각한 부채 위기, 그리고 지금도 여전히 그 중요성을 더해 가는, 기존의 서구 중심에 성공적으로 도전하면서 산업 생산성의 새로운 경제 중심으로 자리 잡아 가는 동아시아(특히, 일본)[2]의 성장(Tsurumi 1984) 등이 그 사례이다. 정치적으로 주요한 지구적 경향은, 사회민주주의 정당이 득세한 몇몇 예외를(이때〔1980년대 후반〕의 프랑스, 스페인, 그리스) 제외하면, 서구 민주국가에서의 보수화이다.

대체로, 1980년대 말의 급격한 경제적 수축은, 1930년대와는 달리 혹은 경제적 풍요와 무제한적인 성장이 정치적 급진화를 부추기는 것처럼 보였던 1960년대와는 달리, 더욱 성숙한 정치적 신중함을 수반하거나 동반했다. 이러한 보수화와는 동떨어진 이례적인 나라들이 있는데 이 사례들이 내가 시도하려는 이론적 고찰의 경험적 기초를 제공한다. 바로 1979년에서 1981년 사이에 사회 혁명을 겪었던 세 나라로, 종교적 요소가 — 마르크스주의적 관점에서 말하듯 혁명을 신비화한 것이 아니라, 혁명적 운동을 촉발시키면서 — 그 혁명 중심부를 차지했다. 그 세 나라는 이란, 니카라과, 폴란드다. 물론, 각각의 혁명은 구체적인 사회역사적 궤적의 산물이며, 각자의 독특한 맥락에서 말미암은 특색을 띤다.[4] 그러나 사회학적으로 흥미를 끄는 것은 그 혁명들이 가지는 전 세계적 의미와 그 혁명들 사이의 공약수다.

1979년 초에 왕조를 무너뜨린 이란 혁명은 서구 부르주아적이며 권위주의적이었던 정권을 신정 '이슬람 공화국'으로 변형시킬 뿐 아니라, 이러한 기획을 이슬람 세계 전반에 수출함으로써 중동 지역에 충격파를 끼치고자 했다(Ramazani 1986). 1981년 12월에 불안하게 봉쇄된 폴란드 혁명은 그것이 극한에 달했던 1980년에서 1981년 사이에 적어도 두 가지 수준에서 혁명적이었다고 할 수 있다. 내적으로는, 국가에서 인정하는 제도 — 국가와 당이라는 획일적 권력 구조의 바깥에 그 존재와 자율성이 있는 — 로 구성된 공산국가 내부에서의 첫 혁명 사례였다. 이것은 레닌이 쌓았던 사회주의 혁명의 기초였다. 따라서 연대(Solidarity) 운동에서 노동자들이 국가 권위에 도전한 것은 사회주의 혁명 내부의 '혁명'이었다. 외적으로는, 이란이 중동 전역(적어도 수니파나 보수적 정권)에 미칠지 모를 도미노 효과로 위협적이었던 것과 같이, 폴란드와 그 연대 운동은 동유럽 전역에 걸친 러시아의 헤게

---

4) 각 혁명에 대한 풍성한 문헌이 갖춰져 있다. 이란 혁명에 대해서 내게 특히 도움이 되는 정보를 줬던 연구들은 다음과 같다. Bakhash 1982; 1984; Fischer 1980; Keddie 1981. 니카라과에 대해서는 다음을 보라. Booth 1982; LaFeber 1983; Walker 1982. 폴란드 혁명에 대해서는 다음을 참조하라. Ash 1984; Ruane 1982; Szajkowski 1983; Touraine et al. 1983.

모니에 균열을 일으킬 수도 있다는 점에서 위협적이었다. 여타 위성국가 노동자들에게 연대 운동이 가졌던 매력과 민족주의의 매력은 큰불을 일으킬 수도 있는 잠재적인 불씨와도 같았다. 니카라과를 살펴보면, 산디니스타 혁명으로 도시와 농촌 인구가 하나의 효과적인 반정부 운동으로 결합하면 군사적으로 압도적인 정권도 무력화시킬 수 있음을 보여 주었다 — 이런 점에서는 이란의 상황과 아주 비슷하다. 하지만 그에 못지않게 중요한 것은, 산디니스타 혁명이 중앙아메리카의 수출 경제가 미국과 맺고 있는 전형적인 '종속' 관계에 명백히 도전하는 사회경제적 변형과 발전의 모델을 포함하고 있었다는 것이다. 소련이 폴란드 국경지대에서 무력시위를 벌이는 것을 포함한 가능한 모든 압력을 가했던 것과 마찬가지로, 레이건 행정부도 중앙아메리카 지역에서의 도미노 효과를 막기 위해서 산디니스타 정부를 경제적으로 불안정하게 만들 수 있는 거의 모든 조치를 취했다.

이렇게 벌어진 혁명의 미래를 점치기는 어려운 일인데, 특히 각 나라가 처한 외부 환경을 고려하면 더욱 그렇다. 폴란드 민족주의와 정권의 민주화는, 안보 체제에 대한 어떤 위협에 대해서도 — 특히 미국과 우호적인 외교관계를 맺고 있는 폴란드 출신 교황을 포함해서 서방으로 열려 있는 폴란드의 외교 창구에 대해서 — 의심의 눈초리를 보내는 러시아 때문에 심각한 제약을 받았다. 내부적으로는 사회 개혁을, 외부적으로는 미국 패권으로부터의 자율성을 목표로 삼은 니카라과 민족주의는 레이건 정부가 가장 기피했던 것으로, 미국은 중앙아메리카에서의 전통적인 개입주의 정책을 전환하기보다는 연장하였다. 이란은 이라크와의 전쟁에서 헤어 나오지 못했는데, 하지만 전쟁이 끝난 다음 호메이니의 이란은 1950년대 모사데크(Mossadeq)[3]의 이란이 그랬던 것처럼 걸프 지역의 급소가 되었다.

외적인 힘들이 이들 세 혁명을 궤도에서 이탈시키려고 작동하고 있으며, 따라서 시간이 흐른 뒤에는 각각의 혁명 운동이 새로운 장기적인 사회적 계약이나 사회 재조직화를 이루어 내기보다는 단지 집합적 기억 속에나 남아 있게 될 가능성이 더 클 수도 있다. 결국, 우리가 세 개의 동시대적 혁명 사례만이 아니라 역사적 혁명들의 총체를 들여다보게 되면, '모든 혁명은 실패로 돌아가지만, 다 같은 실패인 것은 아니다'라는 오웰(Orwell)의 냉철한 논평에 가중치를 줄 수밖에 없다(Ash 1984: 275).

아마도 혁명적 운동은, 카리스마적 운동이 카리스마의 약속에 담긴 세계의 변화를 이뤄 내는 데 실패하는 것과 마찬가지로, 실패로 돌아갈 것이다.[5)]그러나 혁명의 개시와 그 초기 국면은 새로운 시작 그리고 사회 조직과 재구조화의 새로운 기반이라는 가능성과 함께 역사적 과정에 구두점을 찍기에, 혁명은 또한 성공이라고 할 수 있다.[6)] 다시 한번, 겉으로는 보수 사회학자인 것처럼 보이는 뒤르켐에 대해서 살펴보자—《기초 형태》의 결론을 보면 그는 근대 사회에서 '집합적 활기의 시간이 발현되어서 그 가운데 새로

---

5) 실제로, 혁명 운동을 카리스마적 운동의 부분집합으로 고려할 수도 있는데, 이 경우 카리스마가 구체적인 개인이라기보다는 운동 그 자체에 깃들어 있는 것으로 볼 수 있다. 카리스마에 대한 베버적인 관점에 배치된다기보다는 그것을 보완해 주는 이런 주장은 베버의 〔카리스마의〕 개념화와 유사한 《기초 형태》에 나오는 다음의 암시적인 문장에 기초를 둔다.

> 객체에 대한 마음속의 표상이 강력한 힘을 부여받은 결과 자동적으로 행위를 유발하거나 억제할 때—그 행위의 유용하거나 해로운 결과에 대해서는 전혀 고려하지 않은 채—우리는 개별적**이든 집합적이든** 간에 하나의 객체가 경의를 불러일으킨다고 말한다. 〔…〕 이것이 바로 명령이 주저할 여지를 남기지 않는 짧고도 위압적인 형태를 띠는 이유이다. 즉, 숙고나 계산의 어떤 여지도 남기지 않기 때문이며 〔…〕; 그것이 자리 잡는 정신 상태 속에서의 격렬함으로 인해서 능률이 발생되는 것이다. 이런 격렬함이 바로 도덕적 지배력을 창출한다(1961: 237-238, 강조는 내가 하였다).

6) 예를 들면, 산디니스타가 혁명 1년차에 문맹퇴치 운동을 벌인 것과 관련된 다음 내용을 보라.

> 이런 변화 과정에서 암시적인 것은 새로운 사회와 그것이 실현되도록 도울 교육적 모델의 비전이었다. 혁명적 사고에 따르면, 새로운 종류의 시민이 새로운 참여적 형태의 사회 조직에 지적, 창조적으로 가담하느냐에 그 비전의 성취 여부에 주로 달려 있다. 본질적으로, 개인적 이익보다는 공동체를 위한 공헌이라는 목표에 의해서 고무된 '새로운 남성'과 '새로운 여성', 즉 혁명적 시민의 형성이 필요하다. 〔…〕 새로운 사회 질서란 다수의 이익과 필요에 반응할, 기존의 것과는 다른 일단의 제도 창출을 의미한다(Miller 1982: 247-248).

운 사상과 새로운 공식이 발견되어짐으로써 한동안 인류의 안내자 역할을 할 수 있기를' 기대했다(p. 475). 그렇다면 이러한 영감을 발견하기 위해서 그가 뒤돌아보는 역사적 시기는 언제인가? 바로 프랑스 혁명과 그것을 선포했지만 성공적으로 제도화시키지는 못했던 시민 종교가 그것이다.

> 프랑스 혁명은 그 원칙을 지키기 위해서 완전한 주기를 갖춘 공휴일을 제정했고 이로 인해서 영속적인 신선함의 상태를 고취하려고 했다. 이러한 제도는 오래가지 못하고 무너졌는데, 그것은 혁명에 대한 신념이 일시적이었기 때문이다. 〔…〕 이런 시도는 무산되었지만, 만약 당면했던 조건이 달랐다면 어떻게 되었을까를 상상하도록 만들어 준다. 따라서 우리로 하여금 조만간 이런 시도가 다시 재개될 것이라는 믿음을 가지도록 만든다(p. 476).

이란, 폴란드, 니카라과에서의 혁명 운동이 그 초기 계획 단계에서 추구했던 그리고 대중적인 열광을 불러일으켰던 사회 변혁은 내적, 외적인 요소로 인해서 흔들리고 유산에 이르게 될 수도 있었다. 하지만 그 혁명 운동이 시작되었다는 것과 종교적 요소가 그것이 개시되는 데 중심적인 역할을 했다는 것은 동시대에 벌어졌던 광경 가운데에서 변경할 수 없는 부분이 되었으며 세계사적인 배경에서 없었던 것으로 치부될 수 없고, 또한 오웰의 '기억의 구멍'[4]에 떨어뜨릴 수도 없었다. 각각의 혁명이 고도의 탄압을 가하는 정권하에서 일어났고 그 정권들은 결국 무너졌거나(니카라과와 이란) 이전에 들어볼 수조차 없었던 정도로 양보를 하는 궁지로 밀렸다는 것(폴란드)을 감안해 보면, 그 실현된 혁명 운동은 경험적, 이론적 관심을 끌 만한 가치가 있는 중요한 역사적 순간으로서 취급되어야 마땅하다. 그것들이 발생한 맥락을 보면, 각각의 혁명은 외부의 세력에 의존할 수 밖에 없는 주변적 위치에 머무를 운명에 대한 급진적인 대안인 근대성 프로젝트를 대표하는 것이다. 어떤 이유 때문에든 이런 프로젝트가 성공하지 못한다 해도, 뒤르켐이 프랑스 혁명에 대해서 언급한 내용을 이 혁명들에 대해서도 적용할 수 있을 것이다. '그러나 이 실험은 비록 단명하기는 했으나 그에 대한 사회학적인 관심은 고스란히 남아 있다'(p. 245).

II

우리와 동시대에 일어난 혁명 운동을 해석하는 주요한 이론적 원천으로 《기초 형태》에 의존하는 것은 사회학 고전을 활용한 설득력 없는 여담 정도로 여겨질 수도 있다. 하여간 이 책은 근대 기능주의의 근원일 뿐 아니라 원시 사회의 구조에 관한 민족지학적 자료에 대한 2차적 분석이다. 그러나 이미 말한 것처럼, 이 책은 프랑스 혁명에 대한 함의가 풍부한 몇몇의 언급을 담고 있다. 뒤르켐은 그의 신성성의 기원에 대한 이론이 사회적 갱신에 대한 적용에서도 중심적인 위치를 차지하고 있음을 보이기 위해서뿐만이 아니라[7] 미래의 사회를 위한 새로운 지도 원리를 제공해 줄 종교적 활기가 다름 아닌 근대성의 미래를 위한 하나의 시나리오가 될 수 있음을 보여 주기 위해서 그 역사적 사건을 명시적으로 활용하고 있다.[8] 우리와 동시대에 벌어진 혁명을 이해하는 것과 뒤르켐의 책이 무슨 관계가 있는지 살펴보는 것 그리고 이들 혁명이 뒤르켐의 분석에 타당성을 제공할 수 있는지 살펴보는 것이 아래에서 《기초 형태》를 재고해 보는 목적이다.

---

7) 다른 글에서(Tiryakian 1978), 나는 뒤르켐이, 일상적이며 지루한 영역을 초월해서 다른 세상에 참여하는 듯한 집합적 열광과 감정을 불러일으키는 대규모 집회의 사례로서, 제3공화정에 더욱 가까운 시기에 일어났던 다른 집합적 경험에 — 예를 들면 파리 전역을 관통했던 빅토르 위고의 장례 행렬과 친드레퓌스파와 반드레퓌스파의 격동적인 시위와 같은 — 의존했을 수도 있을 것이라고 주장한 바 있다.

8) 부수적으로 **덧붙이면** 이것은 베버가 화석처럼 기계화, 관료제화된 자본주의 사회에 대한 하나의 대안으로서 새로운 카리스마적 갱신의 가능성을 예견했던 것과 아주 유사한 것이다.

뒤르켐이 풍부한 민족지학적 자료를 일원화된 사회학적 콜라주로 만들어 낸 것 가운데에서 추출해 내자면, 그의 사회 질서에 대한 분석의 시발점은 신성한 것과 세속적인 것이라는, 잘 알려져 있는 이원론이다. 예를 들면, 신성하거나 세속적인 물체, 신성하거나 세속적인 활동, 그리고 더욱 일반적으로는, 신성하거나 세속적인 세상 등이 그것이다. 사회적 세계의 '규범적' 환경에서는, 각각에 할당된 영역이 있다. 사회적 세계의 드라마가 — 즉, 사회적 재생이 — 펼쳐지는 것은 말하자면 그들 사이의 대립에서 말미암는다. 대부분의 종교사회학자는 세속성이 신성성의 영역에 침입하는 것이 그런 드라마라고 암시적으로 생각해 왔다. 신성성을 희생시켜 세속성의 영역을 확대시키는 것이 '세속화'의 한 주요한 의미이다.[9] 그러나 뒤르켐의 분석은 우리에게 하나의 보완적인 측면을 제공해 준다. 특별한 환경에서, 신성성의 영역이 확대되는 것, 즉 세속성의 '신성화'가 그것이다.

그의 박사논문 〈사회분업론〉에서, 뒤르켐은 노동의 세계와 그 안의 직업구조를 사회의 주요한 연결고리라고 보았다. 《기초 형태》에서 사회경제적 영역은 다름 아닌 세속적 세계의 영역이지만(p. 346), 이 후기작에서 그것이 차지하는 위치는 상당히 격하되었다. 경제적 영역은 개인을 분절화시켜서 '획일적이고, 축 처지며, 지루한' 사회적 삶에 처하게 만들고 따라서 그 속에서의 '지나치리만큼 판박이와도 같은 일상적인 노동'(p. 426) 탓에 다른 원천으로부터 활기를 얻어야만 하도록 만드는 정신적 피로가 초래된다. 일상세계의 바깥에 있는 원천으로부터 활기를 얻을 필요가 있는 또 다른 영역은 비친족 간의 사회적 연대이다.

뒤르켐에게 신성성의 영역은 종교 생활이 일어나는 영역임을 염두에 두어야 한다. 개인적인 삶보다 큰 그 무엇인가에 소속되었으며 참여한다는 직

9) 개인적 자율성에서 종교성의 '사유화'(私有化)의 중요성이 커지는 것에 대한 루크만의 관점(Luckmann 1967)은 개인적 컬트의 기초적인 측면에 대한 뒤르켐(1961〔1912〕: 347)의 언급과 상통한다.

접적인 의식을 행위자들에게 제공해 주는 대규모의 집합적 모임에 의해서 그 영역은 생겨나며 또한 재생된다.[10)]

뒤르켐의 이러한 논점은 혁명 운동이 어떻게 시작되는가를 이해하는 데 적합하다. 그 책의 2권 7장에서 뒤르켐은 개인들이 함께 모였을 때 느끼는 에너지와 힘의 증가를 언급한다. 그는 '이렇게 힘이 특별히 증가'(p. 241)하도록 만드는 활기는 원시 사회에만 국한된 것이 아님을 분명히 밝힌다(p. 240과 이후). 그것은 또한 '혁명적 혹은 창조적 시대의 특성'인 것이다(p. 241). 그러한 분석의 후반부에서 인과관계의 철학적 개념이 가지는 기원에 대해서 논의하는 와중에, 뒤르켐은 집합성의 도덕적 힘으로부터 말미암은 **권력** 의식을 초래함에 집단적 회합이 중요하다는 사실을 다시 한번 지적한다(p. 408과 이후). 뒤르켐의 사회학적 분석은 프랑스 속담 '단결은 힘이다'(l'union fait la force)를 떠올리게 만든다. 즉, 함께 모이는 행위 그리고 이런 집합적 회합에서 연합하는 행위가 행위자에게 사회적 의식을 불러일으키며 대단한 긍지와 어떤 힘에 대한 느낌을 불러일으키는데, 바로 이런 느낌을 통해서 집단적 상황에 근거한 권능감이 생기는 것이다. 이는 다름 아닌 어떤 일을 달성하는, 그리고 특정한 상황에서 사회 질서를 변혁(혹은 재형성)시키는 권력이다.

어떻게 이런 논의가 혁명을 이해하는 데 관련이 될까? 혁명적 운동은 다수의 개인이 지속적인 상호 작용을 하도록 만든다. 그것은 사람을 함께 모이게 만들고, 다양한 사회적 분파를, 어떤 집합적 목적에 대한 고유한 의식을 지니는 더 커다란 전체로 묶어 준다. 일상적 세계의 사회적 공간과 시간은 어떤 특별한 상황으로 변형되며, 엘리아데(Eliade 1959)의 표현을 빌리면, 혁신된 사회 질서의 중심**축**이 된다. 혁명 운동은 행위자를 **현존 사회 질서에 반해서** 연합시킨다는 사실을 염두에 두는 것이 중요하다. 만약 집합적 행동

10) '사회는 오로지 회합을 통해서만 그 고유의 정서를 재생시킬 수 있다'(《기초 형태》, p. 391).

이 중요한 경제적, 군사적 자원을 지배하는 기존 사회 질서를 극복하는 데 성공할 가능성이 있으려면, 집합적인 연합 속에서 행위자들이 감지하는 권력 혹은 집합적 힘이 있어야만 한다. 혁명 운동이 발생시키는 힘이란, 궁극적으로는 기존 사회 질서를 뒤엎는 것이 도덕적으로 옳고 정당하다는 열광적인 확신인 것이다. 뒤르켐의 분석이 의례라는 맥락에서 이뤄지므로, 그것은, 기존 질서를 재확인하거나 혁신시키는 것보다는 급격하게 변화시키는 것을 시도하는 우리 시대에 일어난 혁명들을 파악하는 데 있어서 단지 부분적인 이해만을 제공하는 것이다.[11]

그렇다면 도대체 무엇이 부흥인가? 잭슨(Jackson) 시대[5]의 종교적 부흥에 대한 위대한 지지자, 이론가, 실천가인 찰스 그랜디슨 피니(Charles Grandison Finney)에 따르면, 긴 시간 지속되는 회합의 흥분을 요하는 부흥이란 궁극적으로는 자신과 신과의 합일을 바라는 소망의 재점화를 추구하는 것이다.

> 세상의 상태란 여전히 종교가 반드시 주로 이러한 흥분에 의해서 증진될 수밖에 없도록 만들며, 아마도 이런 상황은 천년왕국[6]이 완전히 도래하기까지도 그러할 것이다. 교회를 이러한 주기적인 흥분 없이 하나님 앞에서 변함없이 행동하도록 만들기 위한 시도가 얼마나 오랫동안, 그리고 얼마나 자주 이뤄져 왔던가(Finney 1960: 10).

> 부흥은 〔…〕 사람들로 하여금 천국을 향한 신선한 충동을 가지도록 만드는 시각을 가져다준다. 그들은 천국을 미리 맛보는 새로운 경험을 하며, 하나님과의 합일을 이루고자 하는 새로운 소망을 가진다. 그럼으로써 세상이 가지는 매력은 깨지게 된다(같은 출처: 16)

뒤르켐의 분석은 이상의 논의에 대한 사회학주의적인 해석을 제공한다.

---

11) 물론, 혁명은 종종 정교한 의례를 발달시키기도 한다. 이런 맥락에서 프랑스 혁명과 관련된 흥미로운 자료를 원한다면 다음을 보라. Ehrard and Viallaneix 1977 그리고 Hunt 1984.

부흥을 요하는 신과의 연대 대신에, 주기적으로 부흥해야만 하는 사회와의 연대가 자리 잡으며, 이러한 의식 혹은 정서는, 피니의 주장과 마찬가지로, 회합 속에서 일어난다(Durkheim, p. 391). 사실, 뒤르켐에게 모든 조직화된 ('정치적, 경제적 혹은 신앙고백적') 집단은 집단에의 헌신이 없어지지 않도록 하기 위해서 주기적인 모임(p. 240)이 필요하다.

뒤르켐의 '사회'라는 용어는 탤컷 파슨스가 그렇게 했던 것처럼 '사회 공동체'로 바꾸어 부르는 것이 기술적으로 더욱 적합하며, 또한 파슨스의 말대로 근대 사회의 경우는 '국가'로 부르는 것이 나은데, 이것은

> 구성원이 결합 혹은 어떤 의미에서는 연합을 이루는 집합적인 구조를 칭하기 위해서이다. 그것의 가장 중요한 속성은 그 구성원 사이의 관계를 특징짓는 특정한 종류와 수준의 연대이다(Parsons 1968: 461).

'국가'의 사회학적 분석은 베버와 모스(Mauss)가 초기에 중요한 개념화를 시도했음에도 불구하고 이후에는 발달이 미진한 상태였는데(Tiryakian and Nevitte 1985), 예를 들면 '국가'를 사법적, 조직적인 의미의 '정부'와 동일시하는 것을 무비판적으로 받아들이는 경향이 있었다.[12] 국가는, 종합적으로 보면, 사회적 정체성(개인의 국적)과 다양한 역할 집합으로 구성되는 분화된 사회 제도 사이의 관계망을 제공하는 상호 주관적, 객관적 특성을 가지며, (모스의 표현을 따르자면) 정치적, 문화적인 '총체적 사회 현상'으로 고려되어야 한다.

일상의 세속적 세계에서는 '국가'에 대한 소속 의식은 더욱 분화된 구조에의 소속과 참여에 비해 뒤로 밀려난다. 행위자는, 사회계층 체계를 특징짓는 권력과 자원의 차등적 소유와 함께, 사회적 공간에서 서로 다른 위치

12) 하나의 사회적 범주로서 '국가'에 중심적인 위치를 부여해야 한다는 논의는 다음과 같다. Nielsson 1985, Tiryakian and Nevitte 1985, Armstrong 1982, 그리고 이와 관련된 논평으로는 아래를 참고하라: Waldron 1985.

를 차지한다. 이러한 차이가, 소멸까지는 아니라 하더라도, 일시적으로 중지되며 또한 단일 '국가'에 함께 소속되었다는 의식이 공공적인 상호 주관성의 기초에 놓인 기초적 구조로서 전면에 부상하는 것은 — 전형적으로는, (전쟁이나 해외에서 벌어지는 인질극 등과 같은) 위기 상황과 같은 — 특별한 국면에서 일어나는 일이다. '국가'가 사회 공동체로서 두드러진 위치를 차지하고, 또한 민족주의 운동은 물론이고 혁명 운동이 사회적 동원을 목적으로 암묵적, 명시적으로 국가를 활용한 것은 지난 두 세기 정도의 근대 시기에 접어들어서나 벌어진 일이다. '국가'는 세속적 집단 이상의 그 무엇이다. 국가는, 집합적 행위와 헌신을 요청할 때 흔히 쓰이던 '신의 이름으로'라는 표현을 대신해서 '국가의 이름으로' 혹은 '국가 통합의 이름으로'라는 말을 사용하면서, 신의 대리자가 되는 경향이 있다.

파슨스식의 개념화를 확대해 보면, 혁명과 부흥은 '도구적-적응적'7 행위 주기에 대비되는 '정서적 행위 주기'를 표현하는 것으로 볼 수 있다.[13)]전자는 분화 과정을 수반하며, 후자는 탈분화 과정을 수반한다(Parsons, Bales and Shils 1953: 167). 피니가 큰 관심을 가졌던 종교적 부흥은 미국의 국가적 성격의 형성에 대한 페리 밀러(Perry Miller)의 탁월한 분석에서도 중심 위치를 차지한다. 밀러는 ''국가적 역량의 대통일'을 유지하려는 주요한 힘'을 복음주의적 열정에서 발견한다(Miller 1965: 95). 밀러는 미국이라는 동일한 정체(政體)에 대한 소속 의식, 그리고 공유 가치와 공동의 목적을 가졌다는 의식의 부활에서 '대각성(大覺醒)'이 차지하는 중요성을 강조한다.

이것은 탈분화의 개념과 맞아떨어지는데, 왜냐하면 (미국의 경우, 전형적으로 캠프 야영지나 야외 텐트 모임과 같은) 부흥 환경이 행위자 사이의 사회적 평등을 강조하면서 참가자를 동일한 사회적 위상에 올려놓기 때문이다.[14)] 종

13) 뒤르켐이 《기초 형태》에서 신성한 행위와 세속적 행위 사이를 오가는 것으로 특징짓는 주기성은 소집단에서의 국면 운동에 대한 베일즈의 연구와 분석에 의해서 중요한 지지를 받게 된다(Bales 1953: 123).

교적 부흥과 진정한 사회 혁명은 사회적 서열을 폐지하는 것까지는 아니라고 해도 그 가치를 약화시키며, 이런 일은 통상 '열광'이라는 고도의 감정이 일어나는 환경에서 일어난다. 일상의 세속적 세계의 구조와 제약이 와해되면서(즉, 탈구조화되면서), 사회체(社會體)의 원천으로서 사회 공동체의 발견이 이루어진다.

파슨스식의 행위 체계 A-G-I-L 네 가지 기능의 개요에 따르면(이 글 옮긴이 주 7번 참고), 탈분화란 분화된 제도적 구조로부터 종교적, 표출적 영역으로 더욱 원초적인 'L' 분위로의 국면 운동을 의미한다. 탈분화 과정은 대체로 고도의 에너지 방출을 수반하며,[15] 일단 그것이 진행되면 가속화되는 경향이 있다.

이러한 조합은 연관된 생명 체계를 마비시킬 수 있는 병리적 형태를 띨 수 있다. 생물학적 체계에서 암, 몇몇 열광적 종교 운동에서 도덕률 폐기론, 어떤 집합적 봉기에서 무정부주의나 '대중 통치' 등이 그 사례이다. 종교 체계는 세속성이 (명백히 종교적 행위의 궁극적 목적인) 신성성과 접촉을 이루면 어떤 결과를 낳는지를 인식하고 있는 듯 보이며 따라서 그런 상호 작용의 성격을 규제하는 면밀하게 제도화된 절차(의례)를 만들어 낸다. 정치 체계 또한 정치 권력에 대한 접근을 규제하고 통제할 분화된 수단(예를 들면, 정부 내의 분업화)을 추구한다. 그러나 혁명 운동은 (권력을 점유하고 있는 정권에 무시당할 수도 있었을) 의례와 제도적 절차를 무시하며 이것은 — 사회적 혁명의 경우라면 타자에 대한, 또는 열광적인 종교 운동에서라면 자아에 대한 — 거대한 폭력을 수반할 수도 있다. 탈분화의 이런 측면이 유해한 것으로

14) 토크빌의 미국 여행은 대부흥 운동이 한창이던 때 이뤄졌는데, 그가 그 신흥 공화국에서 종교의 활력과 함께 평등이라는 가치가 중요하게 여겨지던 것을 목도했음을 상기하라.

15) 아주 폭넓게 보면, 분화 과정은 L-I-G-A의 순으로 볼 수 있으며, 탈분화는 그 역순으로 볼 수 있다. 고강도로 이뤄지는 'I-L' 과정의 교환은 파슨스의 행위론의 측면에서 보면 뒤르켐의 '집합적 활기'와 같은 개념이라고 할 수 있다.

보일 수도 있다. 또한 염두에 두어야 할 것은 — 정치적 집합은 물론 종교적 집합의 — 역사적인 집합적 기원은 종종 폭력으로 특징지어진다는 것이다.

이제 세 국가의 새로운 시작을 시도했던 그리고 각 나라의 정권에 의해서 활발하게 참여하지 못하도록 배제당한 행위자를 포섭해 사회적으로 동원하는 것을 시도했던, 1970년대 말과 1980년대를 배경으로 하는 혁명에 대해 논의할 차례이다. 이란, 폴란드, 니카라과의 경우에, '정부'가 현상학적으로 '국가'와 분화되어 사실상 서로 적대관계에 있었다고 말할 수 있다. 종교적 요소는 사회적 갱신 과정으로서 탈분화 과정을 출발시키는 데 중요하다.

III

지금까지의 논의는 근대의 종교적 부흥과 혁명 운동이 시작 단계에서 탈분화 과정을 보인다는 것과 현재 사회 질서를 탈정당화하며 그것에 맞서서 사회적으로 이질적이며 흩어져 있는 행위자를 연합시키는 데 종교적 부흥과 혁명 운동이 정치적 의미가 있다는 두 가지 주장을 발전시킨 것이었다. 이렇게 일상적 사회 세계를 신성성의 영역으로 변형시키는 본질적 동학이 바로《기초 형태》에 담겨 있다.

이런 주장을 확대시키면, 종교, 정치 운동 사이의 연계를 포함한 종교와 정치적 조직체 사이의 연계는 — 이전의 역사적 시기뿐만이 아니라 근대 사회의 배경에서도 — 내재적인 것으로서 파악될 수 있다(Merki and Smart 1983). (함께 묶어 준다는 의미를 지니는) 종교의 어원(*religare*)은 사회적 유대는 신성성의 영역에 터 잡고 있음을 시사한다. 근대 사회 공동체로서의 '국가'는 사회적 행위자의 기초적인 정치적 유대를 제공함에 신성성의 성격을 띠고 있다. 혁명 운동이 기초적으로 시도하는 것은, (외래의 통치로 인식되는 것과 같은) 구속으로부터 국가를 회복하거나 해방시키는 것 그리고 국가의 자율성을 회복시키거나 제공하는 것이다. 공통 종교로서 다시 말하면 대다수 국민의 종교로서 국가와 역사적 연계를 맺고 있는 현존 '교회'나 종교 제도와 공조해서 혁명 운동이 일어나는 정도만큼, 그러한 종교 제도는 국민적 '각성'과 그에서 말미암은 정치적 동원에 주요한 촉매제 역할을 하는 것이다. 이런 점이 이란, 니카라과, 폴란드에서 일어난 혁명에서 놀라울 정도로 예시되는 것처럼 보인다. 나는 혁명이 이들 3개국에서 일어났다면, 그것은 초기의 역사적 사회 혁명에는 없던 종교적 대의명분 때문이라는 것을 주장하려는 것이 아니다. 피셔(Fischer)가 이란 혁명에서 관찰했던 내용은 3개국 모두에 해당되는 듯이 보인다.

> 혁명의 원인과 시기는 경제적이고 정치적인 것에 관련되었다. 그러나 혁명의 형태, 속도는 종교적 시위의 전통에서 많은 영향을 받았다(Fischer 1980: 190).

각 사례를 보면, 혁명이 일어나기 전 시기의 특징은 급격하게 악화되는 경제적 조건이 대중에게 영향을 미친다는 것, 지배 엘리트가 문화적, 물리적 억압을 가하는 일이 만연한다는 것이다 — 이런 억압에는 소모사(Somoza)가 친위대를 폭력적인 용도로 활용한 것과 이란의 왕이 국가치안정보국(SAVAK)을 활용한 것도 포함된다. 각각의 경우, 정권은 과격화를 겪었으며, 중앙집권화하고 전체주의적인 경향이 있던 정권으로부터 1970년대에 일정 정도의 자율성을 지녔던 종교 부문으로부터의 점증하는 반대에 직면했었다.

이란에서는 국왕의 세속화, 서구화 경향과 함께 그의 친미적인 정책(예를 들면, 욤 키푸르 전쟁[8] 여파로 생긴 아랍 원유 수출 금지 조치 위반 등)으로 인해서 샤리아트마다리(Shari'at-Madari), 마무드 탈레카니(Mahmud Taleqani), 1964년부터 강제로 망명생활을 시작했다가 1979년에 극적으로 귀환한 루홀라 호메이니(Rohallah Khomeini)[9] 등과 같은 시아파 종교 지도자의 반발을 점증시켰다. 그 사이에 세속적인 좌파를 포함한 다양한 비밀 운동이 일어났는데, 이 가운데 가장 대중적인 매력이 있었던 것은, 많은 이들이 이해하고 있던 이슬람 상징주의와 전통의 측면에서 주어진 상황을 해석했던 분파였다. 이들이 팔레비 정권에 효과적으로 반대할 수 있었던 데에는, '서구적 오염'(Westoxication)이라는 질병으로부터 해방된 자율적인 이란의 문화적 정체성을 재정의했던 잘랄 알리 아마드(Jalal Al-i Ahmad)와 알리 샤리아티(Ali Shari'ati)와 같은 지식인의 저술이 도움을 주었다. 이와 함께, 호메이니의 저작들(특히《이슬람 정부》)은 점점 더 많은 수의 종교적인 학생에 의해서 널리 배포되고 읽혔으며, 밀수된 카세트테이프에 녹음된 내용을 듣기도 했다. 따라서 시아파의 교의(教義)와 그것의 성스러운 도시인 콤(Qom)은 공식적인 사회에 반대하는 중요한 수단이 되었다. 하니(Harney)는 그의 바크하쉬(Bakhash)에 대한 논평에서 다음과 같이 말한다.

> 호메이니가 이라크에서 망명생활을 하고 있다는 것은 잊혀졌다. 이란의 종교 지도자들은 오랜 세월에 걸쳐 그와 연락을 주고받았고 이런 방식으로 하나의 네트워크가 창출되었는데 이것이 이란 내에서 하나의 사회나 권위에 버금가는 것으로 성장했다(Harney 1985: 65).

니카라과에서는, 제2차 바티칸 공의회,[10] 해방신학의 도래, 1968년 콜롬비아 메델린에서 있었던 라틴 아메리카 주교회의의 영향이 모두 합쳐져서 1970년대 가톨릭 교회 — 라틴 아메리카에서의 전통적인 정권 지지를 위한 기반인 — 가 극적으로 새로운 방향을 설정하는 기반을 마련했다. 이런 맥락에서, 국제 구호물을 소모사가 차지한 것에 대한 1972년의 시위 와중에 지진이 일어난 뒤에 오반도(Obando) 대주교가 정권에 대한 지지를 철회하는 사건이 일어났다. 1970년대 전반에 걸쳐서, 점점 많은 수의 가톨릭, 개신교/복음주의 성직자들이 사회적, 정치적으로 활발해져서 교회 내외에서 시위를 벌이기 위해 농촌과 도시 빈민을 위한 '기초 공동체'를 조직화했고, 심지어는 산디니스타 민족해방전선(FSLN)이라는, 1960년대에 생겨났던 지하 반대 운동에도 참여했다.

> 1972년 말에 교회 사람들이 반 소모사 투쟁의 초기 국면에 가담했다. (…) 산디니스타 민족해방전선과 교회에 속한 일부 사람들 사이에 상당한 접촉이 있었다. 성직자와 교회 조직이 특히 인권 침해를 둘러싼 시위와 같은 갈등 상황에 관여했으며, 교회 조직이 기존 질서를 정당화해 주던 전통적인 태도에서 물러나는 조치를 취했다(Berryman 1984: 64).

> 많은 지역에서, 교회는 유일한 피난처가 되었다. 피난처를 제공함으로써 교회는 공격을 받았고, 대중적인 저항의 중심점이 되었다. (…) 따라서 저항 운동에서 일반인의 마음속에 제도권 교회는 반정부적이라고 인식되었다. 그 와중에, 그 나라의 복음주의적 지도부 가운데 상당 부분은 공공연하게 산디니스타 민족해방전선을 니카라과 국민의 합법적인 대표로 받아들였다(Dodson and Montgomery 1982: 163).

폴란드에서는, 여러 세기에 걸쳐서 특히 폴란드의 분할 뒤에, 국민적 정체성과 관련 있는 것으로 여겨지던 가톨릭 교회가 이중적인 의미의 사명을 발전시켰다. 그리스도의 재림 때까지 신앙의 수호자로서의 엄격한 종교적 사명뿐만 아니라, 자율적이고 통합적인 폴란드를 회복할 때까지 민족적 유산의 수호자가 되는 것이 그것이다. 공산주의 점령 이후에조차도 교회는 새로운 산업 지역에서뿐만이 아니라 농촌 지역에서도 깊이 뿌리내렸고 심원한 매력을 지녔었다. 이런 이유로, 공산주의 정권과 비진스키(Wyszynski) 추기경이 이끄는 교회 사이에 스탈린 사후 일종의 협정이 맺어졌는데, 이로써 교회의 실체가 인정되었으며, 따라서 교회가 폴란드 국민에 대한 학정에 관해서 정권을 공개적으로 비판하는 것이 허용되었다. 이와 같이 공산권 국가에서는 교회가 예외적인 지렛대 역할을 했다.

> 교회는 전혀 종교적이지 않은 이들〔지식인〕에게조차도 주일 미사에 참여함으로써 정부에 대한 항의 의사를 공개적으로 표현할 유일한 기회를 제공했다. 교회의 강단은 검열되지 않은 메시지와 폴란드 국민의 물질적, 비물질적 안녕에 깊은 우려를 나타내는 목소리가 나오는 유일한 통로였다(Szajkowski 1983: 3).

문장은 과거형으로 쓰였지만, 1980년에서 1981년 사이의 연대 혁명이 패배(혹은 교착 상태)로 돌아가면서 이 글이 쓰인 시점(1988년)[11]까지도 이런 상황은 이어졌으며, 교회는 1979년 이전과 비슷한 상황에 처했다.

따라서, 1984년 출감한 선구적인 반체제 지식 인사 아담 미치니크(Adam Michnik)는 당시의 폴란드 상황에 대해서 다음과 같이 평했다.

> 교회는 영적인 독립의 오아시스 역할과 탄압의 희생자에게 도움을 주는 보급소 역할을 했다. 〔…〕 가톨릭 교회는 전체주의 권력 구조로부터 독립되었으며 민중에 의해서 온전히 인정받는 합법적이며 진정성을 갖춘 유일한 제도이다. 폴란드인에게 교황은 인류의 가치와 의무를 가르치는 가장 위대한 교사이다(Michnik 1985: 44-46).

소모사의 니카라과에 있는 많은 성직자들이 교회와 미사를 문화적인 반대를 표명하기 위해 활용했던 것과 마찬가지로, 폴란드도 그랬다 — 예를 들면, 크라쿠프(폴란드 남부 공업도시-옮긴이) 근처에서 얀차시(Jancarz) 신부가 조직했던 '노동자 기독 대학'에서 매주 '조국을 위한 미사'가 열렸는데, 이것은 1984년 포피엘루슈코(Popieluszko) 신부가 살해되기 전 바르샤바에서 철강 노동자를 위해서 시작된 전통으로, 철강 노동자와 지식인을 위해서 이후에도 지속되었다(Michnik, p. 43; Ash 1985: 5).

니카라과, 이란, 폴란드의 혁명 전 상황을 돌이켜 보면, 종교 부문만이 정권 반대의 유일한 원천이었던 것은 아니다. 여타의 폭넓은 집합적 조류와 마찬가지로 혁명 운동에는 여러 갈래가 있다. 종교적 요소는 기존 정권을 무력화시키고 그 정당성을 부인하며, 반대파의 정당성을 확증하기 위한 도덕적 세력과 상징적 수단을 혁명 운동에 제공해 주는 데 중요한 역할을 한다. 그렇게 함으로써 그것은 참여자에게, 활발하게 반대 운동을 펼치려고 모이기 위해서 필요한, 그리고 정권을 전복시키기 위해 상황에 따라서는 목숨마저 걸 수 있을 만한 용기와 동기를 부여한다. 이것은 가톨릭 교회 — 그리고 니카라과에서의 복음주의적 사명 — 와 시아파의 경우에 특히 더욱 그러한데, 그 이유는 그 종교들이 창시자를 본받아 고통과 순교를 받아들일 것을 강조하기 때문이다 — 전자에는 그리스도가 후자에는 알리(Ali)와 후사인(Husayn)이 해당된다.[16)]

---

16) 예를 들면, 피셔가 이란 혁명을 논의하는 가운데 나온 다음 구절을 참고하라. '순교라는 주제는 물론 혁명에 중심적이었다'(Fischer, p. 214), 그리고 '〔1978년 12월〕 무하람(Muharram, 이슬람력으로 1월-옮긴이)은 폭발과 함께 시작되었다. 사흘 밤 연속으로, 순교를 작정했음을 상징하는 흰 수의를 입은 남자들이 통행금지에도 불구하고 거리로 나섰다'(p. 204).

중앙아메리카의 상황을 보면, 메리놀(Maryknoll) 외방 전교회 소속 신부는 물론이고 다른 신부와 수녀의 과테말라와 엘살바도르에서의 살해 사건이 로메로 대주교의 암살로 정점에 이르면서, 억압받고 가난한 자들을 섬기기 위해서 순교하는 것은 특히 산디니스타 혁명에 참여한 성직자를 특징짓는 주제가 되었다.

예를 들면, 에르네스토 카르데날(Ernesto Cardenal)의 눈에 띄는 작품《솔렌티나메 복음》에는 니카라과의 현실과 기독교인의 열정이 한데 얽혀 있다.

> 산헤드린 공회 앞의 예수는 재판에 처해진 산디니스타 지도자 토마스 보르헤(Tomás Borge, 산디니스타 창설자 9명 가운데 마지막 생존자였던 보르헤는 2012년 4월 폐렴으로 사망했다-옮긴이)와 마찬가지이다. 로마 군인은 소모사의 경호대나 미 육군 특전부대 그린 베레(Green Berets)와 같다. 〔…〕 예수와 산디니스타 혁명가들의 죽음에 대한 광범위한 비교가 이뤄진다 〔…〕 (Berryman 1984: 10).

폴란드의 경우, 순교와 희생이라는 주제는 역사적 경험과 그 나라의 고통으로부터 말미암은 많은 주요한 상징을 만들어 냈다. 아주 중요한 인물은 폴란드의 수호성인인 스타니슬라프 슈체파놉스키(Stanislaw Szczepanowski)다. 이 11세기 크라쿠프의 주교는 끝 간 데 없는 폭군의 통치에 항거하다가 그 폭군에 의해서, 미사를 올리는 와중에 살해되었다. 샤이콥스키(Szajkowski)는 그 주교에 대해 다음과 같이 말했다. '폴란드인에게 그는 수세기 동안 민족적 정체성만이 아니라 공민적 용기와 종교적 열성의 상징으로 남아 있었다'(p. 62). 관할구가 크라쿠프였던 요한 바오로 2세는 교황이 되자마자 스타니슬라프의 순교 900주년 기념식에 참여하기 위해서 1979년 5월 폴란드를 방문하려고 했다. 그것이 집합적 부흥이 일어나는 사회적 상황에 대한 뒤르켐의 분석은 그다지 풍성하지 않으며, 따라서 도대체 무엇이 오스트레일리아 원주민을 한데 모이도록 조장하거나 이끌었는지 명확하지 않다. 또한 뒤르켐은 혁명적인 분수령이 되는 시기에서 집합적 활기를 만들어 내는 전제조건이 무엇인지에 대해서도 논의하지 않았다. 그러나 이란, 니카라과, 폴란드의 혁명적 상황을 보면, 뒤르켐이 언급했던 바와 같이, 일상 속 세속적 세계의 '지루한 삶'이, 인구 가운데 대다수의 생활 수준 하락과 정권에 의한 정치적, 문화적 압제의 증가와 함수관계에 있다는 것을 알 수 있다. 각각의 정권에 대한 불만은 간간이 발생하는 폭동과 함께 오랜 세월에 걸쳐서 축적된다.

세 나라 모두에서 종교 지도자들은 정권의 영속성을 맹렬히 비난하면서 세속 지도자와 공동 전선을 폈다. 각 나라에서 1970년대에 성장했던 반대 운동은 성직자, 평신도, 세속주의자들이 한데 섞이도록 만들었다. 반대 운동의 와중에 인정받는 종교 지도자들의 존재는 정권에 반대하는 운동에 개인 행위자를 참여하도록 단합시키고 고무시키는 데 아주 중요한 의미를 지닌다. 뒤르켐은 세속적인 사회와 '사회가 스스로를 찾는 분산된 조건'의 국면에 대해서 말한다(Durkheim, p. 246). 사회적 공동체를 분산(계층화, 분절화)시키는 것은 단지 경제적 분화만은 아니다. 그것은 또한 행위자를 분산시키고, 그들이 함께 모이는 것을 막는 억압적이고 독재적인 정권의 본성 속에 있기도 하다. 반면에, 세 사회의 배경을 보면, 우리가 지금까지 논의해 온 종교적 지도자들은 반대파를 응집력 있는 헌신된 사회체로 결합시키는 데 주요한 역할을 했다.《기초 형태》에 나오는 다음 구절을 보라.

> 고립된 채 남겨지면 얼마 안 가서 약화될 이러한 정서를 강화시키는 것이다. 그들을 한데 엮어 주고, 서로에게 더욱 친밀하고 활발한 관계 속으로 그들을 넣어 주는 것으로 충분하다(pp. 240-241).

무엇을 상징하는지를 너무도 잘 알고 있었던 정권은 그 다음 달까지 방문을 연기시켰다.

뒤르켐은 '카리스마 있는 지도자'라는 용어를 쓰지 않고 군중과의 성찬식과 같은 상태에 들어갈 수 있는 사람의 역할에 대해서 말한다. '그 자신이나 그가 대언하는 존재보다 더 큰 도덕적 힘에 의해 압도당해서', 그는 '힘의 특별한 증가'와 '열정적인 에너지'를 발생시킬 수 있다(p. 241). 뒤르켐은 프랑스 혁명 동안의 데물랭(Desmoulins)[12]이나 당통(Danton) 혹은 전성기의 장 조레스(Jean Jaurès)를 이렇게 분석하는 것을 마음에 두고 있었을 법하다. 그러나 현대에 들어서 혁명 운동을 촉발한 이들을 보면 세속적인 인물만큼이나 종교적 인물들이 많다.

예를 들면, 1978년 10월에 카롤 보이티와(Karol Wojtyla, 교황 요한 바오로 2세의 이름-옮긴이)가 교황으로 선출된 것은 폴란드에서는 기적적인 일로 환영받았으며 '국민적, 공민적 인식의 전례 없는 표출을 촉발했다'(Szajkowski 1983: 60). 심지어 폴란드 공산당(PUWP)마저도 요한 바오로 2세에게 나라를 상징하는 반지와 함께 축하의 메시지를 보냈다. 집합적 활기는 1981년에 정점에 달해서 연대 의회, 1956년 포즈나뉴[13]의 봉기 기념식, 그리고 3월 총파업 등이 일어났는데,[17)] 이런 상태는 요한 바오로 2세가 1979년 6월에 폴란드에 귀국했던 것에 기인했다고 볼 수 있다.

> 교황의 폴란드 방문은 심리적 지진, 즉 대규모의 정치적 카타르시스를 위한 기회를 제공했다. 교황은 수십 년 동안 감춰져 왔던 것, 즉 국민의 사적인 희망과 슬픔, 검열당하지 않은 진실과 그들의 시민적, 인간적 권리를 지키기 위한 존엄과 용기를 향한 열망을 공개적으로 표현했다(Szajkowski 1983: 72).

---

17) '3월 27일 금요일 8시에 그단스크(Gdansk)로부터 야스트르제비(Jastrzebie)까지 공장의 사이렌 소리가 울려 퍼졌으며, 폴란드 전역에서 노동이 중단되었다. 이후 4시간 동안 폴란드 사회는 소련 연방 역사상 최대의 파업을 통해서 그것의 하나됨과 자제력을 보여 주었다'(Ash 1983: 157). 1981년 9월 초에 우연히 폴란드에 있었던 과 동료는 내게, 그가 그곳에 있었던 한 주 동안 일반 국민과 마찬가지로 폴란드 사회학자들도 '집합적 흥분을 경험'했다고 말해 주었다.

> 〔…〕 그의 귀국은 〔…〕 수백만의 폴란드인, 특히 젊은이들을 국민 통합과 종교적 열정을 위한 대규모 시위에 참여하도록 만들었다(Sanford 1985: 8).

이란에서는, (이웃 이라크에서 시아파 급진주의에 대한 우려 때문에 1978년 10월 파리로 추방할 때까지) 망명 중이던 호메이니가, 특히 1977년 알리 샤리아티의 암살 이후에,[14] 세속적인 지식인을 포함한 다양한 사회 부문을 국민적으로 결집시키는 중심이 되었다. 집합적 활기는 1978년 팔레비 정권에 반대하는 행진과 파업과 함께 그 강도를 더해 갔다. 이런 시위에서 사용된 깃발들에는 항상 호메이니의 사진이 등장했다.

테헤란에서는 (후사인의 순교가 일어난 이래로 시아파 이슬람교도에게 특별한 의미가 있는 달인) 이슬람력으로 1월인 무하람의 첫날, 즉 1978년 12월 2일에 통행금지가 선포되었다. 모스크(이슬람교 사원-옮긴이)로부터 귀가하면서 사람들은 반국왕 구호를 외치기 시작했으며 지붕에서 '왕을 죽여라!', '신은 위대하다!' 그리고 '호메이니를 귀국시켜라!'라고 연호했다.

> 같은 거주지의 혹은 인접한 이웃의 다른 이들이 그런 외침소리를 이어받으면서 아우성은 더 커졌다. 도시 이 구역에서 저 구역으로 번져 나가면서, 적어도 테헤란에서는 전 시민이 통행금지령을 무시하는 듯이 보였다. 〔…〕 연호에 의해 최면이 걸리는 것 같았고, 히스테리와 같은 상태가 점점 심각해지면서, 사람들은 거의 통제력을 잃었다(Green 1982: 127).

이란의 상황은 혁명 운동을 위한 응집이 일어나도록 만드는 데 종교적인 인물이 반드시 물리적으로 한 공간에 있어야만 하는 것은 아니라는 것을 보여준다 — 이런 점에서 폴란드도 마찬가지인데 왜냐하면 요한 바오로 2세가 멀리 떨어진 바티칸에 있었음에도 아주 효과적인 폴란드 단합의 국민적 상징이었기 때문이며, 이와 관련해서 폴란드 정부 당국자와 레흐 바웬사(Lech

Walesa, 자유노조 연대 전국위원회 의장 역임, 1990년부터 5년간 폴란드 대통령 역임-옮긴이) 모두 바티칸을 방문했었음을 떠올려 보라. 서로 다른 집단에서 종교적 인물의 현존을 느끼며 단합을 이루었고 이것은 국가 통일을 상징하는 역할을 했다.

이란에서의 집합적 활기는 2백만 명에 달하는 환영 인파 속에 호메이니가 귀국했던 1979년 2월 절정에 이르렀고, 니카라과에서는 산디니스타 반군이 소모사 왕조의 몰락 뒤에 마나과를 결정적으로 접수했던 1979년 7월 20일에 정점을 찍었다. 그러나 혁명 운동의 활기는 일종의 가속화 과정의 일부이며, 이것은 이 글에서 탈분화라는 측면에서 논의한 바 있다. 이란 혁명과 산디니스타 혁명은 1979년에 성공했고 폴란드 혁명은 1980년에서 81년 사이에 성공에 이르렀다(노조에 대한 법적인 실체 인정 그리고 공산당 외부에 있는 집단에 대한 정권의 여타 주요한 양보책이 있었다는 측면에서).

공식적 사회에 맞서는 사회 공동체를 갱신하는 부분으로서 집합적 활기는, 정점에 달하기 훨씬 이전 혹은 정권을 극복해 내는데 성공하기 훨씬 이전에 발생하는, 집단과 개인 행위자 사이의 상호 작용이 극적으로 수면 위로 부상하는 것을 일컫는다. 여기에 관련된 것은, 기존 정권의 '도덕적 타락' 그리고 갖가지 반대 운동의 갈래를 하나로 묶어 단일한 도덕적 공동체 — 운동 지도자들은 이를 '진정한 국가'라고 정의한다 — 를 이루는 이중적인 과정이다. 물론, 혁명 과업은 집합적 활기가 정점에 이르렀다고 달성되는 것은 아니다. 통일 과정 그리고 소외된 정권에서 종적을 감추었던 국가를 갱신할 새로운 도덕적 공동체에 대한 정의를 내리는 과정은, 혁명 운동을 제도화하는 데 관련된, 다시 말하면, 운동의 원칙에 따라서 사회 제도를 재구조화하는 데 관련된, 분화의 새로운 국면에 의해서 보완된다.

현대에 일어난 혁명의 후기 국면이 어떤 것인가 하는 것은 이 장의 범위와 의도를 넘어서는 것이다. 이 글 도입부에서 언급했던 것처럼, 개별 혁명 상황의 최종 결과는 예단하기 어려운데, 그 가장 큰 이유는 외부적 요인 때문으로 역설적이게도 외부적 요인은 국민적 연대의 응집을 유지하는 데 있어서 얼마간의 중요성을 띠는 것이 사실이다. 산디니스타가 장악한 마나과에 대한 워싱턴의 맹렬한 반대와, 연대 운동에 반대하는 모스크바, 호메이니가 이끄는 이란에 반대하는 수니파 이슬람 세력은, 만약 그런 외부 반대 세력이 없었다면 소멸되었을지도 모를 새로운 정권에 대중적인 지지를 공급해 주는 기능을 한다 — 반혁명 세력으로부터의 침공에 직면했던 이전의 혁명에서처럼 말이다. 니카라과와 폴란드의 경우, 외부 변수는, 해방신학과 사회 운동에 대한 신앙인의 정치적 관여에 대해서 점점 더 큰 반대를 표한 요한 바오로 2세가 있는 바티칸에 대해서 토착 가톨릭 교회가 맺는 관계였다. 이런 면과 다양한 여타의 특수한 측면에 대해서는 이 글에서 논의하려고 시도했던 분석과는 또 다른 노선의 분석이 필요하다.

결론적으로, 나는 한 사회학적 명저에서 나온 개념틀을 통해서 우리가 당면한 시기의 대규모 사회 현상의 주요한 한 집락인 혁명을 이해해 보려고 시도했다. 뒤르켐의《기초 형태》는 인간 사회의 조직(과 동학)에서 종교적 요소가 가지는 중요성에 대한 탁월한 사회학적 증거를 제공해 준다. 그러나 뒤르켐 자신은 그가 살던 당시 존재하던 조직화된 종교, 특히 가톨릭 교회에 대해서 매우 양면적인 입장을 취했다. 우리가 이번 장에서 해석했던 현대의 상황을 뒤르켐이라면 어떻게 바라보았을까? 나는 알랭 투렌(Alain Touraine)[15]이 기술한 바 있는 (연대 운동의 지식인이자 자문가 역할을 한) 아담 미치니크가 취했던 다음 태도를 그가 대단히 적절하다고 생각했으리라 본다.

> 만약 자신이 20세기 초의 프랑스인이었다면, 그는 교권주의에 반대하는 투쟁에 참여했을 것이며 정교분리의 편에 섰을 것이라고 말했다. 그러나 그는 민주적 상황을 전체주의적 상황과 비교하는 것은 불가능하다고 덧붙였다. 전체주의적 상황에서는, 교회가 절대권력에 맞서는 세력이다. 교회는 국가에 대항해 시민사회를 보호하고, 따라서 근본적으로 민주적인 역할을 수행하며, 심지어 교회가 국민에 대한 장악력을 강

화시켜 주는, 문화적으로 보수적인 입장을 고수할 때에조차 그러하다(Touraine et al. 1983: 46).

IV. 후기 — 1986년 필리핀 혁명

이 장을 준비하고 나서, 필리핀이 혁명적 상황에서 종교의 역할에 대한 네 번째로 눈에 띄는 현대적인 사례를 만들어 내면서 1986년 2월 극적인 일련의 정치적 사건을 연출해 냈다. 필리핀 혁명의 핵심적인 특성을 되짚어 보면, 20년 동안 집권한 마르코스(Marcos)는 경제적인 퇴보와 대규모로 표출되는 대중적인 불만을 다루는 데 시간이 지날수록 무능해졌다. 마르코스는 미국으로부터 대중적인 지지를 받고 있다는 것을 증명하라는 압박을 받자, 2월 7일 '조기' 선거를 요구했으며, 그의 신사회운동당(KBL)은 그가 선거에서 이겼다고 2월 14일에 발표했다. 그러나 그 뒤에, 스페인 식민통치 이래로 필리핀의 '제도권 교회'였던 통일된 로마 가톨릭 교회가 전례 없는 적극적인 역할을 맡았으며 그 결과 마르코스 정권의 궁극적인 실각과 축출이 이뤄졌고 새로운 합법적인 대통령으로서 코라손 아키노(Corazon Aquino)가 정당성을 부여받았다.

선거 전에 공산민족민주전선(CNDF)의 게릴라 세력에 의해서 장악되지 않았던 많은 농촌 지역에서는 교회가 사실상 유일하게 정부에 반대하는 목소리를 냈다. 몇몇 사제, 목사, 그리고 평신도가 살해되었는데 군부의 소행이라는 증거가 나왔다(Peerman 1986: 228). 아키노의 선거 운동이 '공공의 인식과 분개를 일으킬 색다른 수단'을 활용할 수밖에 없는 상황에 처했기에, 선거 운동 자체가 집합적 활기에 기여했다(Chanco and Milano 1986: 31). 노란색은 '국민의 힘'을 상징하게 되어 시위 중에 높은 건물에서는 전화번호부에서 찢어낸 노란 색종이가 뿌려졌고 시위 노래 가운데 하나로 '노란 리본을 달아 주오'(Tie a Yellow Ribbon)가 큰 인기를 끌었다. 가톨릭 라디오 방송인 라디오 베리타스는, 마르코스를 지지하는 텔레비전 방송사와 같은 정부 공식매체와는 달리, 나흘 동안의 혁명 기간 내내 야당의 선거 운동을 생중계했다(Chanco and Milano 1986: 2). 구체제의 몰락에서 더욱 중요했던 것은 하이메 신(Jaime Sin) 추기경[16]을 필두로 주교들이 보냈던 중요한 사목교서였는데, 집권당이 선거 사기와 협박을 저질렀다고 사실상 비난하는 내용이 담긴 신 추기경의 편지를 1986년 1월 18일, 모든 교회에서 읽었다. 심지어 의회에서 마르코스를 공식 승자로 선언하는 와중에도 가톨릭 주교회의 대변인 리카르도 비달(Ricardo Vidal) 추기경과 클라베르 주교는 '사기를 쳐서 권력을 잡거나 유지하는 정부에는 도덕적 기초가 결여되어 있다. (…) 교회는 마르코스가 승자로 선언되었다고 하더라도 그를 대통령으로 인정하지 않을 것이다'(Buruma 1986: 11)라고 선언했다.

정권의 기만을 바로잡을 도덕적 의무가 국민에게 있다는 단호한 내용의 성 발렌타인의 날 주교 선언문과 '평화적 수단으로 악에 적극적으로 저항'하라는 그 선언문의 요청은 중대한 사건이었다. 피어먼이 말했듯, '어떤 나라의 주교들도 정부에 충성을 바칠 가치가 없다고 비난하고 그런 정부에 맞선 혁명 — 비록 비폭력 혁명이기는 하지만 — 을 옹호했던 적이 없었다'(Peerman 1987: 4). 실제로 '제도권 교회'는 — 폭압적 정권의 정당성을 인정하지 않으며 비폭력적 수단을 통해서 전복시킨 것을 포함한 — 2월 혁명을 증진시키는 데 긴요한 요소였다. 폴란드, 이란, 니카라과라는 사례를 특징짓던 집합적 활기의 상태는, 다음 문구를 보면, 필리핀에도 해당됨을 알 수 있다. '2월 말 긴장이 넘치고 들떴던 나흘 동안 혁명이 일어났다. 비극으로 치달을 가능성이 있었음에도 불구하고, 사실상 무혈의 봉기는, 색색의 깃발이 휘날리고, 수녀들이 묵주기도를 드리며, 사람들이 적들에게 음식과 꽃을 주는 등, 일종의 종교 축제의 양상을 띠었다'(Peerman 1987: 4).

참고 문헌

Armstrong, John A. 1982. *Nations Before Nationalism*. Chapel Hill, NC: University of North Carolina Press.

Ash, Timothy Gorton. 1984. *The Polish Revolution: Solidarity*. New York: Charles Scribner's Sons.

_______. 1985. "Poland: The Uses of Adversity". *New York Review of Books* 32 (June 2.7): 5-10.

Bakhash, Shaul. 1982. 'The Revolution Against Itself". *New York Review of Books* 30 (November 18):19-20, 22-6.

_______. 1984. *The Reign of the Ayatollahs: Iran and the Islamic Revolution*. New York: Basic Books.

Bales, Robert F. 1953. "The Equilibrium Problem in Small Groups". In Talcott Parsons, R. F. Bales and Edward A. Shils, *Working Papers in the Theory of Action* pp. 111-61. New York: Free Press.

Berryman, Phillip. 1984. *The Religious Roots of Rebellion, Christians in Central American Revolutions*. Maryknoll, NY: Orbis.

Billington, James H. 1980. *Fire in the Minds of Men. Origins of the Revolutionary Faith*. New York: Basic Books.

Booth, John A. 1982. *The End and the Beginning. The Nicaraguan Revolution*. Boulder, CO: Westview.

Buruma, Ian. 1986. "Bishops in Open Defiance". *Far Eastern Economic Review* (Hong Kong) 131 (27 February):11-13.

Chanco, Pedro A. and Benjamin H. Milano. 1986. "A Different Kind of Revolution". *Communication World* 3 (September):3 1-3.

Coenen-Huther, Jacques. 1984. *Le Fonctionalisme en sociologie: et après*? Brussels: Editions de l'Université de Bruxelles.

Dodson, Michael and T. S. Montgomery. 1982. "The Churches in the Nicaraguan Revolution". In Thomas W. Walker, ed., *Nicaragua in Revolution*, pp. 166-80. New York: Praeger.

Durkheim, Emile. 1961〔1912〕. *The Elementary Forms of the Religious Life*. Trans. Joseph Ward Swain. New York: Collier.

Ehrard, Jean and Paul Viallaneix, eds. 1977. *Les Fêtes de la Révolution*. Paris: Société des Études Robespierristes.

Eliade, Mircea. 1959. *The Sacred and the Profane. The Nature of Religion*. New York: Harcourt, Brace.

Fenton, Steve. 1984. *Durkheim and Modern Sociology*. Cambridge: Cambridge University Press.

Finney, Charles Grandison. 1960〔1835〕. *Lectures on Revivals of Religion*, edited by William

G. McLoughlin. Cambridge, MA: Belknap/Harvard University Press.

Fischer, Michael M. J. 1980. *Iran. From Religious Dispute to Revolution*. Cambridge, MA: Harvard University Press.

Goldstone, Jack. 1980. "Theories of Revolution: The Third Generation". *World Politics* 32(April):425-53.

______. 1982. "The Comparative and Historical Study of Revolutions". *Annual Review of Sociology* 8:187-207.

Green, Jarrold D. 1982. *Revolution in Iran. The Politics of Countermobilization*. New York: Praeger.

Hunt. Lynn. 1984. *Politics,. Culture, and Class in the French Revolution*. Berkeley, Los Angeles and London: University of California Press.

Jones, Robert A. 1977. "On Understanding a Sociological Classic". *American Journal of Sociology* 83 (September):279-319.

Keddie, Nikki R. 1981. *Roots of Revolution. An Interpretive History of Modern Iran*. New Haven: Yale University Press.

Lacroix, Bernard. 1981. *Durkheim et le politique*. Paris: Presses de la Fondation Nationale des Sciences Politiques, and Montréal: Presses de l'Université de Montréal.

LaFeber, Walter. 1983. *Inevitable Revolutions. The United States in Central America*. New York: W. W. Norton.

Luckmann, Thomas. 1967. *The Invisib1e Religion: The Problem of Religion in Modern Society*. New York: Macmillan.

Luhmann, Niklas. 1982. *The Differentiation of Society*. New York: Columbia University Press.

Merki, Peter H. and Ninian Smart, eds. 1983. *Religion and Politics in the Modern World*. New York: New York University Press.

Michnik, Adam. 1985. "Letter from the Gdansk Prison". *New York Review of Books* 32 (July 18):42-8.

Miller, Perry. 1965. *The Life of the Mind in America. From the Revolution to the Civil War*. New York: Harcourt, Brace and World.

Miller, Valerie. 1982. "The Nicaraguan Literary Crusade". In Thomas W. Walker, ed., *Nicaragua in Revolution*, pp. 241-258. New York: Praeger.

Moore, Wilbert E. 1978. "Functionalism". In Tom Bottomore and Robert Nisbet, eds., *A History of Sociological Analysis*, pp. 321-61. New York: Basic Books.

Nielsson, Gunnar P. 1985. "States and Nation-Groups". In E. A. Tiryakian and Ronald Rogowski, eds. *New Nationalism of the Developed West*. London and Boston: Allen and Unwin.

Parsons, Talcott. 1986. "Social Systems". In David L. Sills, ed., *International Encyclopedia of the Social Sciences*, vol. 15, pp. 458-73. New York: Macmillan and Free Press.

Parsons, Talcott, R. F. Bales and Edward A. Shils. 1953. *Working Papers in the Theory of Ac-*

tion. New York: Free Press.

Peerman, Dean. 1986. "People Power' in the Philippines". *The Christian Century* 103, no. 8 (5 March): 228-9. "Corino Aquino: Religious Newsmaker No. 1". *The Christian Century* 104, no. 1 (7-14 Jan.):3-4.

Ramazani, R. K. 1986. *Revolutionary Iran: Challenge and Response in the Middle East*. Baltimore and London: Johns Hopkins University Press.

Ruane, Kevin. 1982. *The Polish Challenge*. London: British Broadcasting Corporation.

Sanford, George. 1985. "Poland's Recurring Crises: An Interpretation". *The World Today* 41 (January):8-11.

Szajkowski, Bogdan. 1983. *Next to God ... Poland, Politics, and Religion in Contemporary Poland*. New York: St. Martin's Press.

Taylor, Stan. 1984. *Social Science and Revolutions*. New York: St Martin's Press.

Tiryakian, Edward A. 1978. "Emile Durkheim". In Tom Bottomore and Robert Nisbet,eds., *A History of Sociological Analysis*, pp. 187-236. New York: Basic Books.

______. 1981. '*The Elementary Forms* as "Revelation". In Buford Rhea, ed., *The Future of the Sociological Classics*, pp. 114-135. London: Allen and Unwin.

______. 1985. "On the Significance of Dedifferentiation". In S. N. Eisenstadt, ed., *Perspectives on Macro-Sociological Theory*, pp. 118-134. London and Beverly Hills, CA: Sage.

Tiryakian, Edward A. and Neil Nevitte. 1985. "Nationalism and Modernity". In E. A. Tiryakian and Ronald Rogowski, eds., *New Nationalisms of the Developed West*. London and Boston: Allen and Unwin.

Touraine, Alain, François Dubet, Michel Wieviorka, and Jan Strzelecki. 1983. *Solidarity. An Analysis of a Social Movement: Poland* 1980-1981. Cambridge: Cambridge University Press, and Paris: Éditions de la Maison des Sciences de l'Homme.

Tsurumi, Yoshi. 1984. "The Challenges of the Pacific Age". *World Policy Journal* II (Fall):63-86.

Waldron, Arthur N. 1985. "Theories of Nationalism and Historical Explanation". *World Politics* 37 (April):416-33.

Walker, Thomas W. ed., 1982. *Nicaragua in Revolution*. New York: Praeger.

Zimmermann, Ekkart. 1983. *Political Violence, Crises, and Revolutions: Theories and Research*. Cambridge, MA: Schenkman.

옮긴이 주

1. 중앙아메리카 니카라과의 수도.
2. 이 글이 쓰였던 때가 1980년대 말임을 감안하라. 지금도 여전히 활발한 지적 생산활동을 하고 있는 티리아키언 교수는 중국이 세계 제2의 경제 대국으로 성장한 것에 대해 잘 알고 있으며 그것을 예측하기도 했다.
3. 모사데크(Mohammad Mossadeq, 1880-1967). 이란의 정치가, 민족주의 지도자. 1951년 총리로서 영국-이란 석유회사 국유화를 단행했다. 왕의 권한을 제한하며 근대화를 추진하다 1953년 자헤디 장군의 쿠데타로 실각해 체포되었다가 1956년 풀려났다.
4. 조지 오웰의 1984년에 나오는, 모든 정보를 불태워 삭제하는 장치를 일컫는다.
5. 미국 7대 대통령인 앤드류 잭슨(Andrew Jackson, 1767-1845)의 재임 기간(1829-37)을 일컫는다. 잭슨은 국민에 의한 통치를 강조함으로써 서민들에게 큰 인기를 끌었다.
6. 기독교에서 예수의 재림을 기점으로 천년 동안의 왕국 기간이 있다는 교리에서 말미암은 표현이다. 신학적으로는 전천년설, 후천년설에 따라 그 구체적 시기와 성격이 달리 해석된다.
7. 파슨스의 거시적 구조 기능주의 도식인 'A(daptation)-G(oal attainment)-I(ntegration)- L(atent maintenance)' 모델 가운데 첫 영역을 일컫는다.
8. 욤 키푸르(Yom Kippur) 전쟁. 제4차 중동전쟁이라고도 부른다. 이스라엘 속죄일 욤 키푸르에 아랍 연합군이 기습공격을 감행하면서 1973년 10월 6일에서 26일 사이에 치러진 전쟁이며 이 여파로 제1차 오일쇼크가 초래되었다.
9. 호메이니(Ayatollah Ruhollah Khomeini, 1902-1989). 이란의 시아파 종교 지도자, 정치가, 이란 혁명 최고 지도자. 팔레비 국왕의 백색혁명에 반대하다가 터키로 망명해 이란 혁명을 주도했다. 이후 이라크와 프랑스를 거쳐서 이란으로 돌아온 뒤 이란 이슬람 공화국을 만들고 종교 최고 지도자로서 이란을 통치했다.
10. 1962년에서 65년까지 있었던 공의회로 세계교회주의를 인정하는 등 혁신적인 정책들을 채택했다.
11. 이 논문이 작성되었던 때를 기준으로 한 묘사이며 물론 현재의 폴란드는 이런 상태를 벗어나서 민주화를 이뤄가고 있다.
12. 데물랭(Camille Desmoulins, 1760-1794). 프랑스 혁명 때의 언론인, 정치가. 1789년 7월 12일 바스티유 감옥 공격 직전의 선동연설로 유명하며 국민공회 의원이 되었다. 로베스피에르 파의 공포정치에 반대했다가 1794년 3월 당통과 함께 단두대에서 처형되었다.
13. 포젠이라고도 부르며, 폴란드에서 가장 오래된 도시의 하나로, 1956년 대규모 반정부 폭동이 일어났다.
14. 혁명에 이론적 근거를 제시하는 학자였던 샤리아티는 1977년, 런던에서 심장마비로 의문사했다.
15. 프랑스 사회학자로 노동운동을 비롯한 사회 운동 분야의 전문가이다.
16. 필리핀 피플파워 혁명의 정신적 지도자이며 민주주의의 수호자로 불렸다. 지난 2005년 지병으로 별세했다.

11장

성적 아노미, 사회 구조, 사회 변동[1)]

16세기 말에 쓰였던 것과 거의 같은 의미를 띠고서(Merton 1949) 1893년 뒤르켐(1964)에 의해 사회학적 용어로 다시 도입된 **아노미**(*Anomie*/무규범)라는 개념은 비동조성에 대한 머턴의 영향력 있는 논문으로부터 뒤비뇨의 아노미와 변형의 이론(Duvignaud 1970)에 이르기까지 근대 사회학적 분석에서 자주 활용되어 왔다. 뒤르켐이 처음으로 아노미의 개념화를 시도했었던 곳인 보르도의 오래된 포도주 통에서 새로운 포도주가 계속 흘러 나오는 것을 알려 주듯, 사이몬과 가뇽(Simon and Gagnon 1976)이 최근까지 새로운 관점을 제시했다. 그들은 1930년대 처음으로 형성된 머턴식의 접근법은 결핍이 횡행했던 시기를 반영한다고 주장한다. 그 결과 이 접근법은 긴 기간에 걸친 풍요와 기술 성장을 지탱할 선진 산업 사회의 능력을 감안할 수 있는 '풍요의 아노미'라는 개념에 의해서 보완되어야만 한다. 그들의 도발적 분석은 최근에 에이브러햄슨(Abrahamson)의 연구에 의해서 확대 적용되었는데, 벼

1) 이 글은 다음에 처음 실렸다. *Durkheim Lives!* special issue in honor of Everett K. Wilson, Social Forces, 59, 4 (1981: 1025-53)

락부자에 대한 이 연구는 아노미와 만족감의 수용 사이에 역상관관계가 있음을 발견했다. 즉, 뒤르켐이 가정한 것과는 달리 갑작스럽게 부가 커지면 커질수록 '더욱더 낮은 수준의 아노미'(1980: 56)가 초래된다는 것이다.

이 장에서는 뒤르켐의 아노미에 대한 분석이 여전히 활력 넘치는 것임을 또 다른 사례를 통해서 보이고자 하는데, 우선 사회 구조를 구성하는 것으로서의 성적 관계, 그리고 성적 아노미에 의해서 유발되는 혼란에 대해서 논의하고자 한다. 그의 저작 이곳저곳에 등장하는 이러한 관찰들은 사회 조직에 대한 더 일반적인 이론적 관심과 연관되어 있다. 그러고 나서 '성적(性的) 아노미'의 개념에 비추어서 현재 사회 전반의 특징을 검토해 볼 것이다.

I. 뒤르켐의 분석에 등장하는 성적 아노미

뒤르켐의 분석에서 그가 성생활을 어떻게 취급했는지, 그리고 근대 사회에서 그것이 어떻게 사회적으로 표현되는지, 그것이 얼마나 중요한지에 대한 것은 중심적인 자리를 차지하지 않은 것으로 보인다. 더 나아가, 성생활의 병리, 즉 성적 건강 상태에서의 일탈은, 사회 질서와 무질서를 만들어 내는 조건에 대한 그의 분석에서 주요 관심사가 아니었다. 적어도 이것이 그의 사회학적 활동과 그가 처했던 시대를 고려했을 때 우리가 유추할 수 있는 바이다. 종교적으로 정통파인 그의 가족 배경, 한 아내와의 아주 안정되고 행복했으며 별 탈 없었던 결혼 생활, 그리고 성생활이 남성과 여성 사이에 매우 일상화, 관습화된 관계로 구조화되었던 일종의 '빅토리아' 시대에 그가 살았다는 것 등은, 지멜과는 달리,[2] 뒤르켐이 양성 사이의 관계를 문제시 할(혹은 관심사로 여길) 필요가 없었음을 뜻한다. 성과 관련해서는 에로

2) 이와 관련해서는 다음을 보라. Georg Simmel, On Woman, Sexuality, and Love, translated with an introduction by Guy Oakes. New Haven: Yale University Press, 1984.

스의 힘을 직접 경험했던 막스 베버보다는 뒤르켐이 훨씬 더 금욕적이었다. 베버는 세속적인 지배를 위한 경쟁요소로서 비춰지는 종교와 성 사이의 긴장, 특히 에로티시즘과 종교적 형제애라는 원칙적 윤리 사이의 긴장에 대해서 영감 넘치는 문구를 썼다.

그러나 뒤르켐이 성생활과 성적 아노미에 대해서 쓴 내용들을 고려해 볼 가치가 있는데, 세기말에 성생활이라는 질문에 대해서 사회학이 어떻게 살펴봤는지에 대한 역사적 시각을 알려 주기 때문만이 아니라 뒤르켐의 입장이 오늘날 우리가 처한 상황을 비춰 주는 거울의 역할을 할 수 있기 때문이기도 하다.

뒤르켐은《사회분업론》3권 1장에서부터 아노미를 다루기 시작하며 사회적 기능 사이의 구조적인 통합 결여를 강조한다. 더 본격적인 취급은 아노미적 자살에 대해 잘 묘사된, 그의 획기적인 후속작인,《자살론》의 2권 5장에서 이뤄진다. 경제적 자살에서 드러나는 아노미에 대해 논의하는 그 장 도입부의 익숙한 내용을 모두 다룰 필요는 없다. 위기와 호황을 비롯한 현저한 경제적 불규칙성의 시기에 통제되지 않은 필요와 경제적 욕구가 풀리게 된다.

같은 장의 후반부는 대체로 논평가의 제대로 된 관심을 받지 못했는데, 예외적인 사례는, 뒤르켐의 비일관성에 대한 대단히 광범위하고 통렬한 비평을 가한 베스나르(Besnard 1973), 그리고 여성 해방이 여성의 자살률에 미치는 영향에 대한 가설을 만드는 데 뒤르켐의 추론을 활용했던 오스틴과 볼로냐의 경우이다(Austin and Bologna 1980).

'가정 내 아노미'에 대해서 논의하면서, 뒤르켐은 동시에 인간 본성에 대한 일반적인 관점과 결혼의 기능에 대한 뜻밖의 — 가정 생활에 대한 우리의 관점에 관한 깊이 있는 재고와 재평가를 가능하게 만드는 — 자료를 보여 준다. 뒤르켐은 그 자료에서 발견한 내용과 그것에 대한 해석을 충분히 활용하지 않았는데, 왜냐하면 성적 규제와 결혼에 대한 지배적인 부르주아 문화틀에 비추어 보면 그 내용이 지나치게 '이례적'이었기 때문이다.

일찍이 뒤르켐은 인간은 생물학적/동물적 본성의 영향에 따라 무제한적인 욕망과 욕구를 품는 경향이 있으며 이것은 인간을 절망에 빠지게 만들고 불행하게 만들 뿐이라고 말한 바 있다. 뒤르켐은 경제적 대상에 대해서 말한 것이다. 인간이 행위하는 터전인 공적인 환경을 지배하는 경제생활과 작업 환경은, 인간을 협동적인 연대적 유대 속에서 묶어 주는 법과 규범에 따라 규제된다. 불황이든 호황이든, 경제적 위기는 인간의 의식에서 규범적 틀을 제쳐 놓도록 만들며, 이와 관련된 슬픈 결과는 산업적, 상업적 세계에 참여도가 높은 이들 사이에서 자살률이 올라가게 된다는 것이다(1963: 258). 하지만 여기에서 뒤르켐은 성생활에 대해서 논함으로써 이러한 견해를 확대해 비사회화된 혹은 탈사회화된 인간이 무한한 욕망 때문에 희생된다고 주장한다. 새로운 사실을 알려 주는 한 구절에서, 뒤르켐은 기혼남과 미혼남의 성생활을 대비시킨다(여성은 이 긴요한 담론에 포함되지 않았음을 상기하라). 미혼남은 모든 것을 열망하나 아무것으로부터도 만족을 얻을 수 없다. 돈 후안(Don Juan)[1]이 이러한 총각 생활을 나타내는 전형이다. 뒤르켐은 '어디에서나 아노미를 수반하는, 무한에 대한 병적인 열망'(1963: 271)이 종종 성적인 형태를 취한다고 강조한다. 독신남(뒤르켐은 성년기의 초기가 아니라 그 전 생애를 통해서 독신인 사람에 대해서 논하고 있는 것으로 유추할 수 있다)은 어느 누구에게도 스스로를 내어 주지 않으며 따라서 그 누구와도 서로를 부를 수 있는 호칭을 공유하지 않는다. 그는 미래가 어떠할 것인지에 대해서 불확실하며(여기에서 뒤르켐이 뜻하는 바는 다가올 미래에 어떤 성적 관계를 누구와 나누게 될 지 모른다는 것인데 그가 살던 빅토리아 시대의 언어에 맞춰 직설적인 표현을 피했다), 때문에 독신남은 끊임없는 변화를 겪게 된다.[3)] 뒤르켐은 독신남의 이

---

3) 뒤르켐은 돈 후안이 이런 상태를 정형화하는 인물이라고 명백히 밝혔지만, 다중적인 성생활의 대명사인 드 사드(De Sade. 18세기 후반 프랑스의 소설가로 성 도착증의 하나인 사디즘의 명칭이 그에게서 유래되었다-옮긴이)에게도 동일하게 적용할 수 있다.

러한 성적인 아노미 상태가 '불가피하게 자살의 가능성을 증대시킨다'고 결론 내린다(1963: 271).

성적 욕망에 규제를 가하는 것이 결혼이다. 뒤르켐은 성적 욕망에 대해서 양성 사이의 '이러한 교합에 수반되는 육체적 본능'으로만 파악할 만큼 어리석지 않으며, 문명이 기초적인 육체적 욕구를 둘러싸고 엮어 낸 모든 종류의 파생된 감정에 대해서도 고려한다. 결혼은, 특히 근대적인 일부일처제의 결혼은, 욕정을 규제한다. 이것이 기혼남의 신체적 즐거움을 제한한다면, 그에게 확실성(다시 말하자면 오늘과 내일의 성적 파트너)을 제공하기에 혜택도 있는 것이다. 결혼은 규칙성과 항상성이 주는 일종의 마음의 평화를 그에게 제공해 준다. 따라서 뒤르켐은 남성의 사회적 존재의 가정적(家庭的) 측면이 공적 측면을 보완해 준다고 보았다. 양자 모두 뒤르켐의 기본적인 도덕적 주장을 지지해 주는데, 즉 인간이 스스로를 복종시켜야만 하는 사회의 규율은 사회 조직에만 필요한 것이 아니라 스스로에게도 유익한 것이다. 여기에서 유익하다는 것은, 사회적 규율에 순응하는 것이 본질적으로 인간에게 더 낫다는 것이며, 더 낫다는 것을 알 수 있는 것은 자살을 하지 않는 것으로 증명할 수 있다 — 베스나르가 논했듯이 자살률은 뒤르켐에게 사회적 행복 혹은 건강의 중요한 지표이다. 요약하면, 결혼은 규제된 방식으로 성적인 행위를 사회화시킴으로써 인간을 유익하게 한다는 것이 뒤르켐의 접근법이며, 이것이 인간을 안정화시킨다고 말할 수 있을 것이다.

뒤르켐이 결혼을 남성과 여성 사이의 정상적인 성적 관계로 파악했다는 것은 분명하다. 결혼은 양성 사이의 사회적 조건이며 성교의 규제이다. 따라서 **성적 아노미**란 부부간의 유대를 탈규제화하는 것(예를 들면, 이혼, 별거, 사별 등)을 일컫는다. 성적 아노미의 해로운 효과는 차별적인 자살률에서 드러난다. 뒤르켐은 나아가서 이혼율과 별거율이 높은 유럽 국가에서 자살률이 높다는 것을 발견했고(1963: 259), 또한 그에 따르면 이혼자의 자살률이 배우자와 사별한 이들이나 기혼자, 미혼자의 자살률보다 현저히 높았다. 결혼에 대한 뒤르켐의 일반적인 긍정적 평가에 비추어 보았을 때 여기까지는 별 무리가 없다.

사회학적으로 봤을 때 옥에 티는, 뒤르켐이 한 나라의 남편과 아내의 '보존 계수'[4)]라고 이름 붙인 것을 비교하는 데서 드러난다. 이혼이 쉬울수록(예를 들면, 이탈리아와 프랑스와 비교했을 때 바덴과 프로이센에서) 자살이 더 많이 일어나며, 여성의 계수가 남성에 비해서 높다. 달리 표현하자면, (이혼으로 표출되는) 성적 아노미가 더 많이 발생할수록 아내의 자살률이 더 낮으며, 이에 비해 남성의 자살률이 더 높다. 즉, 결혼은 보호적이며 (건강/병리의 사회적 조건을 논하는 데 뒤르켐의 생리학적/생물학적 담론을 활용하자면) '면역적'이지만, 자살에 관련해서는 양성에 똑같이 유익한 것은 아니다.

이혼이 금지되었거나 최근에야 허용된 나라에서는 기혼 여성의 자살률이 미혼 여성의 자살률을 넘어서며, 반면에 같은 나라에서 미혼 남성의 자살률은 기혼 남성의 자살률을 앞선다. 역으로, 이혼률이 높은 곳에서는 기혼 여성이 미혼 여성에 비해 낮은 자살률을 보이며, 기혼 남성은 미혼 남성에 비해서 높은 자살률을 보인다. 뒤르켐은 이러한 실증적 관찰로부터 불편한 결론을 도출한다. 첫째, 어떤 사회에서는 얼마나 이혼률이 높은가가 아내가 아닌 남편의 자살률의 증가와 연관되어 있다.[5)] 이것은 결혼이 호혜적이지 않다는 것만을 의미하는 것이 아니라, 이혼하기 쉬워지는 것이 발현적 혹은 근대적 결혼관계의 측면이라면, 이혼의 확산이라는 측면에서의 결혼관계의 근대화가 남성에게는 유해하지만 여성에게는 유익하다는 것을 뜻한다. 뒤르켐이 이혼에 대해서 밝지 않은 견해를 취한다면, 그 파괴적인 영

4) 이것은 같은 나라의 남성 혹은 여성 가운데 기혼자의 자살률과 미혼자의 자살률의 비율을 말한다. 국가 비교를 하는데 활용된 이 상대적 지수에 대한 뒤르켐의 방법론적인 논의를 참고할 만하다(1963).

5) 뒤르켐은 남편과 아내가 '부모로서는 같은 대상을 가지고 있지만, 파트너로서는 이해관계가 갈리며 **종종 적대적**'이라고 지나가는 말로만 언급했다(1963: 269; 강조는 내가 하였다).

향력이 — 적어도 《자살론》에서의 그의 논의와 관련해서는 — 남성의 자살률을 높이기 때문이다.

경험적으로 관찰된 내용을 설명하면서, 뒤르켐은 이혼이 널리 퍼진 곳에서는 결혼 생활의 규제가 남성의 성적 열망을 억제하는 데 덜 효과적이라는 것을 강조한다. 이런 주장은, 만약 '이혼의 기운이 감돈다면' 혹은 다시 말해 이혼이 다소 흔한 선택이라면, 남성의 마음은 덜 평화롭고, 도덕적으로 덜 만족스러우며, 그들의 (성적) 욕구는 덜 제지될 것이다. 즉, 결과적으로 자살을 방지하는 결혼의 면역 효과를 줄이는 것이다. 뒤르켐은 기혼남과 미혼남 사이의 자살률이 수렴되는 경향이 있을 것이며, 그 결과 자살률이 증가하고, 아울러 안타깝게도 일부일처제 결혼에 대한 자발적 헌신이 줄어들게 될 것이라고 덧붙였다.

뒤르켐은 이 문제에 대한 추론을 발전시키는데, 이것은 페미니스트의 환심을 사지는 못할 테지만, 그의 성적 아노미에 대한 관점의 일부이기에 설명할 필요가 있다. 이혼의 차별적 결과가 있다면, 혹은 이혼이 여성에게보다는 남성에게 더욱 큰 부정적 영향이 있다면, 이는 여성의 성적 필요는 남성에 비해 더욱 직접적으로 생리적인 데 비해서 남성의 경우 지성과 상상력으로 성적 욕구를 누그러뜨릴 수 있기 때문이다. '남성보다 더욱 본능적인 피조물인 여성은 본능에 따라서 평온과 평화에 이른다. 여성에게는 따라서 특히 일부일처제 결혼과 같이 엄격한 사회적 규제가 필요 없다'(1963: 272).

더구나, 뒤르켐은 일부일처제 결혼의 맥락에서 이중적인 기준이 남성에게 유리하도록 적용된다는 빅토리아 시대의 담론을 언급한다.

> 남성은 의심의 여지없이 이러한 불가변성 때문에 고통을 겪는다. 그러나 다른 측면에서 얻어지는 이득 때문에 남성의 이러한 불이익이 상쇄된다. 더구나, 관습은 통제의 엄격함을 어느 정도 감소시키는 일종의 특권을 허용해 준다. 여성에게는 이러한 보상이나 경감의 혜택이 없다. 일부

일처제는 여성에게 엄격하게 의무를 부과한다. […] 따라서 그 규제는 별다른 이득을 부여하지 않고 여성을 억제한다(1963: 272).

그러므로 이혼은 자살을 대체할 그리고 이혼이 존재하지 않거나 흔하지 않을 때에 비해서 결혼 생활의 상황을 더욱 융통성 있게 만들어 주는 선택권을 부여함으로써 여성에게 환영할 만한 구제책이 된다.

이러한 기민한 사회학적 분석을 감안해 볼 때, 뒤르켐이 활용한 자료와 분석에 따르면 — 뒤르켐에게 결혼 생활 탈규제의 주요 형태인 — 이혼이 성적 파트너 가운데 절반의 건강에 해악을 끼치지 않는데 왜 뒤르켐이 '부부관계의 아노미' 혹은 '결혼 생활의 아노미'에 대해 계속해서 논의하는지 의문스러운 일이다! 《자살론》의 해당 장의 마지막 구절들에서, 뒤르켐은 부지불식간에 왜 여성이 결혼을 해야 하는지에 의문을 품도록 만든다. 그가 행한 분석에서 드러나는 증거와 앞선 논의들을 되살펴 보면, 그는 결국 '여성에게는 결혼이 스스로의 이해관계에 부합할 때 거두는 이익에 비해볼 때, 부합하지 않을 때 당하는 해악이 더 클 수 있다. 이것은 여성이 결혼을 덜 필요로 하기 때문이다'(p. 275)라는 도발적인 진술을 남기기에 이른다. 이에 비하면 그의 결론은 더욱 급진적인데, 그것을 살펴보면, 결혼과 그 기능은 남성의 '일부다처 본능'을 희생시키는 것으로 비춰지지만, 실상 (혹은 사회학적 분석의 견지에서 보면) 결혼으로 인해 혜택을 보는 것은 여성보다는 남성이며, 일부일처제를 수용함으로써 '여성이 희생하는 것이다'(p. 276).

뒤르켐은 20세기에 접어들어서는 '아노미'에 대해서 언급하지 않기는 하지만,[6] 성적 탈규제와 사회 구조에 대한 그의 관찰과 관련이 있는, 《자살론》의 후속 논문을 썼다.

6) 뒤르켐이 '아노미'라는 용어를 명시적으로 사용한 것은 1890년대였는데, 이 당시 프랑스는, 예를 들면 1968년 운동의 여파로 특히 독일과 이탈리아에서 생겨났던 '신좌파'와 아주 흡사한, '무정부주의'라고 일컬어지는 도시 테러리즘이 일어났던 시기에 처해 있었다. 무정부주의 운동은 1898년 드레퓌스 위기의 발생과 함께 퇴조하는듯이 보였다.

마르그리트(Marguerite) 형제[7)]가 상호 동의가 있다면 이혼을 허용하자고 제안했던 것은 뒤르켐으로 하여금《자살론》이 출간된 지 거의 10년 뒤에 그 책에서 썼던 자료를 다시 살펴보도록 만들었다. 그러한 주장에 반대하는 것은 아니라고 밝히기는 했어도, 뒤르켐의 이혼 자유화에 반대하는 사회학적 주장은 1세기 전에 그런 주장에 반대했던 대이론가인 드 보날드(De Bonald)의 주장을 보완하는 것이었다.[8)]

뒤르켐은 스스로에게 친숙한 영역을 넘어서 이혼 확대를 강하게 비판했다. 이혼을 가일층 자유화하고 확대하면 비록 결혼 당사자가 원하는 바에 맞게 결혼을 더욱 현실에 가깝게 만들 수 있을지는 몰라도 결혼의 토대가 되는 원칙을 허물어뜨리게 되며, 개인적인 해악을 경감시키는 것처럼 보일지는 몰라도 더욱 심각한 사회적 해악을 초래하게 될 것이라는 게 그의 주장이었다(1978: 240). 왜 그럴까? 이혼이 빈번한 곳에서 자살도 빈번하며, 그 역관계 역시 성립하기 때문이다. 이와 관련한 그의 통계적 추론을 여기서 자세히 다룰 필요는 없을 것이다.[9)] 그러나 그가 일찍이 발견했던 것을 다시 한번 언급할 필요는 있다. 결혼은 기혼남의 자살은 예방하지만 이런 혜택은 미혼남에게는 주어지지 않으며, 게다가 기혼남에게 자녀까지 있다면 더욱

7) 폴 마르그리트(1860-1918)와 빅토르 마르그리트(1866-1942)는 제3공화정 당시 대단히 왕성한 저술가였다. 여권 운동과 여성을 결혼의 굴레로부터 해방시키자는 그 운동의 호전성을 옹호했던 그들의 저작물은 여러 소설, 군사적 역사물, 단편집과 함께 출간되었다. 뒤르켐이 그들의 글을 지칭했을 때 구체적으로 그들의 어떤 작품을 일컫는 것인지는 확실하지 않다. 프랑스 국립문서보관소의 안내서에 따르면 1905년에서 1906년 사이에 몇몇 관련 저작물들이 있다.

8) 드 보날드의 이혼 연구는 구조기능주의적 분석의 전형이라고 할 수 있으며 새로 펴내고, 번역할 만한 가치가 있는 잘 알려지지 않은 사회학적 고전이다.

9) 일찍이《자살론》에서 쓰였던 자료를 활용한 1906년의 뒤르켐의 글과 베스나르(1973)가 가장 통렬히 비판했던 뒤르켐의 자료 분석상의 모순을 언급하는 것 사이의 관계에 대해서 그는 세심한 관심을 기울였다. 본질적으로, 베스나르는 여성의 자살을 다루는 사회학적 이론이 부재한 데 대해서 뒤르켐의 잘못을 지적한다.《자살론》은 기껏해야 '미완성작'일뿐이며, 1906년의 글은 잘못된 추론으로 인해서 완성작을 만들려는 시도를 물거품으로 만들어 버렸다는 것이다.

큰 자살방지 효과가 있다. 결혼은 도덕적 영향력을 행사함으로써 남성을 삶에 더욱 가깝도록 만들어 준다. 결혼은 마음에 평정을 주는데, 다시 말하면 욕정을 규제하고 '저항력을 키워 주는 도덕적 태도'(1978: 247)를 부여함으로써 남성이 내적 균형을 이루도록 해 주는 것이다.

불행히도, 이런 것이 여성에게는 해당되지 않는다. 뒤르켐은 이혼은 기혼 여성에게는 해악을 끼치는 것처럼 보이지 않는다고 말하며, 반면 그는 결혼은 여성에게 (자살 경향성에서) 아주 약간의 혜택만을 준다고 이후에 인정했다. 다소 남성에게만 한정된 관점을 가지고서, 뒤르켐은 기혼 여성이 처하는 조건을 일반화한다.[10] '여성은 결혼의 도덕적 효과와 다소 무관하다고 할 수 있다. 여성에게 결혼의 혜택이 아주 적듯이 그 해악도 적다'(1978: 247).

결혼, 거실, 화롯가가 여성의 영역으로 여겨지던 뒤르켐이 살던 당시의 넓은 문화적 맥락에 비추어 보면 결혼의 도덕적 효과가 여성에게 미치는 영향력이 적다는 그의 주장은 놀라운 것처럼 보인다. 뒤르켐의 추론이 암시하는 바 혹은 결론은 바로 결혼이 남성의 제도라는 것이며 따라서 도덕적 건강과 행복이라는 기준에 따르면 여성은 가정살림을 남성에게 맡겨 두고 결혼을 떠나 공적 생활을 해야 한다는 것이다! 그런 결론은 오늘날에는 '반동적' 입장이라기보다는 급진적 입장이라고 여겨질 것이다.

물론 뒤르켐은 그가 했던 분석의 모순점까지는 아니라 해도 그 암시하는 바에 직면할 수 없었다. 따라서 그는 인류의 절반이 결혼으로 인해서 겪게

10) 제시된 자료를 보면(1978: 245), 기혼 여성 대 미혼 여성의 자살률을 비교했을 때 단 한 가지의 예외(파리의 70-80대 연령층)를 제외하고는 모든 연령층과 장소에서 기혼 여성이 미혼 여성보다 낮은 자살률을 보였다는 사실을 뒤르켐은 알고 있었을 법하다. 그는 '미혼 여성'이 미망인과 이혼녀를 포함한 일반적인 범주인지 아니면 노처녀/일평생 미혼녀만을 지칭하는 것인지 명확히 하지 않았다. 어떤 경우라 해도, 그가 제시한 자료에 따르면 결혼은, 비록 그 효과가 남성의 경우만큼 아주 뚜렷할 정도는 아니기는 하지만, 여성을 자살로부터 예방해 주는 것은 사실이다.

되는 결과에 대해서 말하자면 '괄호 안에' 넣고 판단을 유보했고, 인류의 나머지 절반인 남성이 상호 동의에 의해서 이혼을 허용함으로써 벌어지는 결혼의 탈규제로 인해 겪게 되는 상태를 일반화했다.

결과적으로 그는 상호 동의에 의한 이혼이 결혼을 엉망으로 만들어 놓는 것으로 보았는데, 이것은 '원하기만 하면 언제든 철회되는 규제는 규제가 아니기 때문이다'(1978: 247). 그러한 관행이 제도화된다면, 결혼은 욕정을 억제하는 그 예방적인 역할을 상실할 것이며 결과적으로 아노미적 자살이 증가할 것이다. 기혼자의 도덕적 고통을 줄여 주려는 의도를 가졌던 상호 동의에 의한 이혼은, 기혼자를 낙담시키며 이후의 삶에서 그들을 주변화시키는 의도되지 않았던 결과를 초래한다.

이 논문에서 내린 뒤르켐의 결론은 언급될 만하다. 사회학자 뒤르켐은 도덕주의자 뒤르켐과 다시 만나며(Wallwork 1972) 부부간의 그리고 가정 생활의 관계는 개인의 동의라는 변수에 의해서 말소될 수 없음을 강조한다. 경제적 필요의 충족과 마찬가지로 성적 필요를 채움으로써 오는 행복과 만족은 규제, 완화, 규율에 달려 있는 것이다. 결혼은 이러한 기초적 기능을 수행한다.[11] 하지만 그 논문의 마지막 문단은 더욱 비감한 논조를 보이는데, 왜냐하면 키케로와 마찬가지로 뒤르켐은 시절이 변했다는 것 그리고 당시의 여론이 '모든 규제에 대해서 때로는 순순히 따를 수밖에 없겠지만 최소화하기 위해서 노력해야만 하는 일종의 악으로 보고 있음'(1978: 252)을 잘 알고 있었기 때문이다. 빅토리아 시대는 이미 막을 내렸고, 때마침 제3공화정과

11) 세속적 사회학자이자 정통 랍비의 아들인 뒤르켐이 독실한 가톨릭 신자인 드 보날드가 이혼 연구의 결론적인 요약부에서 다음과 같이 썼던 내용에 대해 응수한 것은 주목할 만하다. '그러한 관리는 인간의 변덕스러움 때문에 만들어진 법칙이며 인간의 무절제한 욕구를 억누르는 수단이다. 〔…〕 결혼의 목적은 재생산이며 특히 인류의 보존인데 이러한 보존은 관리가 이루어지지 않거나 결혼이 없다면 일반적으로 이뤄질 수 없는 일이다. 결혼의 효과는 인류가 지속되는 것이다. 인류는 태어나는 아기들로 구성되며 이런 식으로 인류가 보존되는 것이다.'

뒤르켐주의적 사상 양자의 공식적 담론과 함께 대단히 풍성했던 신칸트주의적 매력이(Tiryakian 1978) 대중의 관심으로부터 멀어져 갔다. 사회의 규범적인 틀을 위한 그리고 현명한 규제를 자발적으로 받아들이게끔 만들기 위한 대중적인 지지를 뒷받침하기 위해서, 뒤르켐이 사회학적 추론을 결집시켰던 만큼이나, '결혼에 대한 이러한 새로운 공격이 그 목적을 달성하고야 말 것'이며 따라서 프랑스 혁명의 절정기에 만연했던 이혼의 수용과 결혼의 탈규제화로부터 초래되었던 혼돈이 재발할 것이라는 강한 예감 또한 품고 있었다. 여론이 결혼까지 포함한 모든 규제에 대항해서 결국 '상호 동의에 의한 이혼'을 만들어 냈다는 것을 뒤르켐이 인정했다는 사실은 그와 우리가 처한 사회적 세계 사이를 가르는 간극을 메워 준다. 사실, 그 때문에 우리는 그에 대해서 마치 우리와 동시대 사람인 것처럼 여길 수 있는 것이다.

뒤르켐이 성적 아노미라는 주제를 다루기에 적합한가 하는 논의를 완결짓기 위해서 그의 글 두 가지를 더 살펴보자. 《사회학 연보》의 첫 호에서 뒤르켐은 논문 하나를 근친상간을 금하는 것이 거의 보편적임을 설명하는 데 할애했다(1898); 그렇게 하면서 그는 사회 조직의 성적 기반의 주요한 측면을 다루었다. 이에 대해서 설명하는 것이, 뒤르켐의 관점에서 봤을 때 성적 아노미의 표출로 일컬어질 수 있는, 우리가 처한 현대적 환경의 특성을 평가하는 데 유용할 것이다.

인간 사회의 근본적인 한 가지 측면은 근친상간 금기이다. 동일한 씨족(혹은 가족이나 친족집단) 구성원 사이의 성적 관계를 금기로 하는 규정적인 규칙이 사회적 삶의 기초적인 규제 가운데 포함되며, 이에 맞물려서, 결혼의 규정적 규칙은 서로의 씨족 집단 외부에 속하는 성적 파트너를 찾도록 만든다. 뒤르켐은 성적 접촉에 대한 이러한 기초적 규제는 — 특히 같은 가족 구성원 내의 성적 접촉을 금지하는 명령은 — 신성한 것과 세속적인 것 사이의 접촉을 규제하는 종교적 처방과 유사하다고 말한다(1898: 40).

그는 양성을 다양한 수준에서 분리시키는, 어디에서나 볼 수 있는 현상과 관련된 민족지학적 자료에 많은 관심을 기울였다. 이러한 한 가지 측면이 남성과 여성이 각각 할 수 있는 일을 분리시키는 성별 노동 분업이다. 성적 분리의 기타 문화적 형태는 언어에서도 나타난다. 어떤 단어는 남성이 여성에게 말할 때 금기시되며, 어떤 사회에서는 남성과 여성이 심지어 다른 언어를 사용한다(1898: 46). 양성의 의례적인 분리는 양성이 서로에 대해서 가지고 있는 일종의 혐오에 근거를 둔 것으로서 상호 회피를 통해서 표현된다. 뒤르켐은 만물신앙(토테미즘)이 존재하면서 그와 함께 성적인 토템이 있는 사회에서는 양성을 나타내는 토템이 경쟁 상대 내지는 심지어 적수로 여겨진다고 지적한다(1898: 44). 뒤르켐의 논의에서 명백히 드러나는 것은 그가 '양성 간의 전쟁'이라는 적대관계적 요소를 성적 관계를 이루는 구성 특성의 하나로 보고 있다는 것이다. 그러나 혐오와 적대관계라는 동전의 한쪽 면에 반대되는 면도 존재한다.

남성과 여성을 동등한 정도로 서로에게 끌리도록 만드는 것은 성적 관계다. 뒤르켐은 성교의 기초는 한 쌍을 이루는 일방이 상대방으로부터 얻는 쾌락이며, 이것은 자발적으로 일어나는 것으로 의무와 규칙을 배제한다고 말한다. 의무와 도덕적 억제와 관련된 생각이 결여된 곳에는 탈규제의 길이 열려 있다. 결과적으로, 양성이 서로에게 느끼는 매력과 그 결과가 종종 도덕성의 위험이라고 느껴지는 것은 놀랄 만한 일이 아니다(1898: 60). 간단히 말하면, 뒤르켐의 분석은 규범적 와해(탈규제 혹은 아노미)의 근본적인 원천이, 적어도 잠재적으로는, 성생활이라는 것이며, 그 이유는 사회 조직을 가능하도록 만드는 규범적 규제의 체계에 자신의 행위를 맞추는 사회적 행위자와 성생활의 쾌락주의적 원칙의 기초가 갈등관계에 있기 때문이다. 뒤르켐에게 결혼은 성적 매력을 규제하는 사회적 해결책이다. 성적 매력은 결혼의 기초지만 결혼은 연합된 개인에게 특정한 의무를 수행하도록 강제한다.

양성이 상대방에 대해서 서로 다른 일련의 태도를 지닌다는 것이 뒤르켐의 암시적인 입장이다. '자발적' 태도는 육체적인 매력과 관련된 것이지만,

존경이 깃든 애정과 같은 여타의 감정도 있다. 뒤르켐은 근친상간을 금하는 것은 그러한 더 고상한 감정이 더럽혀지는 것을 막기 위함이라고 주장한다. 그는 말하기를 '우리가 갖고 있는 이상을 고려해 보면, 남성은 누이의 누이 됨을 포기하지 않고서는 누이를 아내로 삼을 수는 없다'(1898: 61). 이것은 근친상간을 금기시하는 것에 대한 설명은 아닌데, 왜냐하면 누이와 아내 모두에게 같은 종류의 애정을 느끼는 것이 가능하며, 근친상간이 허용되고 정상적인 것으로 받아들여지는 특이한 상황이 있을 수 있다는 것을 뒤르켐이 잘 알고 있었기 때문이다.

뒤르켐의 분석틀은 근본적으로 사회적 세계를 신성/세속으로 나눈다. 이러한 맥락에서 보면, 성적 관계=세속, 가족=신성이다. 즉, 가족이나 씨족은 일반적으로 종교 생활의 중심이며 따라서 씨족 관계는 종교적인 것이다. 그러나 성적 관계는 가족이 엄격한 행위 규칙에 매여 있기 때문에 가족 내에서 일어날 수 없다. 따라서 성생활 혹은 이와 관련된 인간의 열정적인 행위는 가족 바깥에서 일어나며 자유롭게 표현된다. 관능성은 더욱더 복잡하고 영적이며 심미적인 것이 되었을지는 모르지만 여전히 가족 도덕성에 반하는 것이다. '성생활과 관련된 이상은 미술과 시의 발전, 정신과 마음에서 일어나는 모든 모호한 꿈과 열망, 상상이 주된 부분을 차지하는 모든 개인적, 집합적 표현에 밀접하게 관련되어 있다'(1898: 61).

그러므로 근친상간 금기는 성적 관계와 가족 관계를 구분하는 기본적인 기능을 한다. 성적 관계가 쾌락에 기초한 것이기에 비도덕적인 것인 반면 가족 관계는 책무와 상호 의무의 감정에 기초한 도덕성을 공공연히 대표한다. 이러한 원초적인 구분이 현재까지 이르는 역사 발전 과정에서 강조되어 왔다. 반면, '성적 관능성'이 발전되어 왔지만, 모든 열정적 요소를 벗겨낸 우리의 도덕성은 칸트의 정언 명령의 윤리를 강조한다(1898: 67). 뒤르켐이 성생활과 가정 생활이, 특히 사회의 중간층과 상층에서, 극명히 대비되던 세기말 유럽의 상황에서 이런 내용을 썼음을 다시 한번 말할 필요가 있다.

초기 분석에서 그는 근친상간 금기와 족외혼 관행의 기저에는 초자연적인 가치가 부여되는 피에 대해 남성이 느끼는 강한 반대 감정 병존이 있다는 가설을 발전시킨 바 있다. 뒤르켐은 여성이 주기적으로 '피를 표출해 보여 주므로' 남성이 피에 대해서 느끼는 감정은 여성에 귀착되며, 따라서 신중하게 규정된 양성 간의 분리에 이르게 된다고 말한다(1898: 50). 그러나 만약 피가 유기체에 생명을 불어넣는 초자연적 물질로 인식된다면 그리고 여성이 남성에 비해서 피와 더 가까운 관련성이 있음을 드러내 보여 준다면, 이는 여성이 남성보다 더 높은 상태, 즉 더 높은 종교적 가치가 있음을 주장하는 것이 아니겠는가? 뒤르켐은 손쉽게 이러한 함의를 발견한다. '원시인은 여성을 위험한 마술사 혹은 타고난 여사제 가운데 하나로 해석할 선택권이 있었다'(1898: 55).

이런 해석은 상징주의적 분석의 가능성을 열었다(여성의 이미지는 한편으로는 마녀처럼, 다른 한편으로는 성모 마리아의 경우처럼 대중적 신앙의 우두머리로서 받아들여졌다). 따라서 생명의 궁극적 기초에 더욱 가까운 존재인 여성이 남성의 짝이라기보다는, 남성이 여성의 짝이라는 가능성이 제기되었다. 뒤르켐은 그러나 공적 생활에서 여성이 차지하는 열등한 위치를 감안해 보면 원시 남성은 여성의 종교적 우월성이라는 가설을 받아들이지 않았으며 따라서 여성을 위험한 마술사로 취급했다고 뒤르켐은 덧붙였다. 성적 분리 그리고 성별 노동 분업을 포함하는 성적 차별은 여성보다는 남성에게 혜택을 주고 여성으로부터 남성을 보호하기 위함이 그 진정한 존재 목적인 제도적 관행 혹은 사회 구조이다. 뒤르켐이 이렇게 언급하지는 않았지만 그가 한 분석을 미뤄 볼 때 그의 결론이 이러한 것임이 분명하다.

뒤르켐은 성관계의 동시대적 측면 가운데 얼마나 많은 부분이 근친상간과 피에 대한 원시적 태도에서 역사적으로 파생된 것인가를 기술하는 것으로 글을 마무리 짓는다. 근대 사회의 특성 가운데 하나로 그가 지적한 양성 분리는 학교 체계나 사회적 회합 등에도 반영되었다. 양성 사이의 보이지 않는 장벽은 각 성에게 적합한 의복 양식, 여성에 대한 직업 기회의 제한 등의 형태로 현존하고 있지만, 여성도 금지되거나 제한된 기능을 수행할 기술을 가지고 있을 수도 있다고 뒤르켐은 첨언한다. 더구나 남성이 여성과 맺는 관계에서 특별한 언어와 특별한 행동양식이 사용된다. 고프만(1967) 식으로 표현하면, 이러한 존중과 적절한 품행이라는 의례는 성적 차별과 분리의 중요성을 드러내고 재강조하는 것으로서 뒤르켐은 '수천 년 전에 우리의 조상이 우리가 논의해 온 표상을 일반적으로 피를 통해서 특히 월경혈로써 만들어 냈다'(1898: 68)는 사실을 부분적으로 나타낸다고 주장한다.

원시적 신앙과 편견은 사회적 진화의 와중에 떨어져 나갔을 수도 있지만, 성적 관계에 그것의 흔적을 남겼다는 것은 분명하며, 특히 남성이 여성의 주변에 살면서 행하는 신비로운 접촉은 그것의 일부이다. 이것은 신비와 미지의 요소로써 이로 인해 각 성은 상대방과 관계를 맺을 때 상당한 매력을 느끼며, 이러한 매력은 남성과 여성이 자유롭게 뒤섞인다면 유지되기 힘든 것이다. 혁신가들이 양성이 이중화된 영역에서 사는 것을 끝내야 한다고 주장할 때 여론이 반대하는 이유가 바로 이것이다. 이러한 통찰력 있는 분석에 더해서, 뒤르켐은 여성이 남성에게 신비한 매력(양성 사이의 상호 작용을 규제하는 사상과 관습을 포함해서)을 발산하는 것은 '사회적 존재의 유희적 필요'를 만들어 낸다고 덧붙인다. 그러나 그러한 필요는 내재적이거나 불변하는 것은 아니며 여타의 필요에 의해서 미래에는 사라질 수도 있는데, 왜냐하면 그것은 근친상간과 관련된 생각의 밑바탕에 있는 필요에 비해서는 약한 것이기 때문이다(1898: 69의 주석).[12]

따라서 뒤르켐에게 양성의 분리란 상당히 혼합된 감정에 토대를 둔 사

12) 뒤르켐의 예측에 대한 한 가지 사례를 들자면, 제1차 세계대전 당시(제2차 세계대전은 차치하고) 산업 노동력의 부족이 여성을 직업 세계로 끌어들일 필요를 만들어 냈는데 이전에는 직업세계란 여성에게 제한구역과도 같았다. 이 사례는 집합적 생존이라는 필요가 개인 차원에서 유희의 필요보다 더 우선시됨을 보여 준다.

회 조직을 구성하는 한 특징이다. 한편으로는, 남성은 여성을 위험하다고 파악하는데, 이는 세속성이 신성성을 오염시키는 원천이라고 보는 것과 같다.[13] 반면, 상대방 성과 관계를 추구하는 성적 쾌락의 충동이 존재한다. 뒤르켐의 논의가 지적하는 것은 성이 사회 질서에 반하는 성질을 가진다는 것인데, 왜냐하면 성은 사회의 재생산을 위해서 필요하지만 동시에 사회 재조직화의 규범적 틀을 해체할 수 있는 가능성을 가지고 있기 때문이다. 양성이 서로에 대해 가지는 복잡한 태도(연극이나 소설 등에서 여성의 화자를 대신해서 성을 얘기한 것은 주로 남성이었기에, 적어도 남성이 여성에 대해서 가지는 태도)는 성의 사회적 정의와 금기를 제공하며, 더글라스(Douglas 1966)가 논했던 '순수와 위험'의 요소를 모두 수반한다. 상대 성을 향한 정서나 태도는 심리적 혹은 심지어 개인적인 심리적 충동의 결과라기보다 근본적으로는 머턴과 바버가 말했던 '한 사회에서의 어떤 지위나 일련의 지위들에 부여된 태도, 신념, 행동에 대한 양립불가능한 규범적 기대'와 관련한 '사회학적 모호성'의 한 사례로 파악될 수 있다(Merton and Barber 1963: 95). 뒤르켐이 성적 관계의 한 특성으로 여기는 양성 사이의 적대는 한편으로는 쾌락의 대상이지만 다른 한편으로는 사회 질서 파괴의 한 원천이라고 인식될 수도 있는 성적인 타자에 대한 사회학적 모호성의 표출이라고 해석될 수 있다. 그러므로 뒤르켐이 논문에서 부각시키는 긴장 상태가 성의 중심에 있기는 하지만 그렇다고 성과 사회 조직에 대해서 더욱 종합적인 고찰이 이뤄지고 있지는 않다.

뒤르켐은 상당한 시간이 흐른 뒤, 성적 금기와 그것이 원초적인 형태의 결혼과 가지는 관계에 대한 중요한 연구인 어니스트 크롤리(Ernest Crawley)의 《신비의 장미》(*The Mystic Rose*)에 대한 자세한 논평(1903)을 쓰면서 이러

---

13) 뒤르켐은 암시적으로 남성의 관점에 분석의 토대를 둔다. 이를 뒤집는다면, 여성이 더 성스럽다고 여겨진다면(피, 즉 생명수와 더 많이 관련되어 있거나 그렇게 표현되기에), 양성 사이의 사회적 장벽을 허물어뜨림으로써 세속에 물들도록 만드는 것은 여성이라기보다는 남성일 것이다.

한 분석으로 되돌아간다. 비록 크롤리는 양성을 가르는 성적 차단의 한 주요한 요소로서 피에 대해서 강조하는 뒤르켐의 입장은 거부하지만, 뒤르켐은 크롤리의 연구가, 특히 성적 금기와 관련한 결혼의 역할에 대해서 크롤리가 소개하는 한 주장이 주요한 공헌을 한다고 보았다. 요약하면, 성적 차별, 다시 말하면 의례적으로 정해져 있거나 사회적 관습이나 풍속에 의해서 정해진 양성 간의 구분이 사실상 결혼을 불가능하게 만든다는 것이다. 그러므로 남성에게는 하나의 근본적인 딜레마가 있다(이것은 성의 딜레마라고 이름 붙일 수 있을 것이다). 그 각각은 심각한 도덕적, 종교적 규정을 어기거나 혹은 동시에 '가장 강력한 본능'(이것은 뒤르켐이 쓴 구절이다)은 물론이고 사회적 삶의 긴요한 필요를 포기하는 것이다(1903: 356). 일부일처제의 관습은 성관계에 내재한 위험을 줄이기 위한 의례이다. 크롤리는 양성의 결합은 위험하며 해로운 영향을 끼칠 수 있으므로 결혼에서 성행위를 중화시키거나 정화할 필요가 있다고 주장하며 뒤르켐은 이런 입장을 받아들인다. 동시에 한 쌍을 결합시키는 연계를 창출하거나 공고히 하는 더욱 긍정적인 의례가 있다. 요약하면, 이질적인 두 파트너 사이의 상호 작용, 즉 양성의 연합을 허용하는 기능을 하는 복잡한 일련의 의례를 포괄하는 결혼에 대한 크롤리/뒤르켐의 관점은 종교에 대한 뒤르켐 후기의 분석과 같은 순서를 가지고 있다(1961). 다시 언급하겠지만, 후자에는 신성성과의 상호 작용에 관련된 '긍정적' 의례를 준비하기 위한 '부정적' 정결 의례에서 반드시 신성성의 오염이 방지되어야 한다는 내용이 나타난다.

뒤르켐의 《종교 생활의 기초 형태》에는, 비록 '아노미'라는 용어가 등장하지는 않지만, 현재의 논의와 관련된 몇몇 문장이 나온다. 전반적으로 그 작품은 종교 생활을 인간 사회의 기반으로 받아들이는, 사회 조직의 근본적인 형태를 다룬다. 여기에는 성과 사회 혹은 성과 종교 사이의 매우 긴요한 변증법이 담겨 있다. 한편으로는 일상적인 사회 세계에는 (뒤르켐의 초기 분석에서 언급되었듯) 양성 사이의 차별과 분리라는 특징이 있으며, 이러한 분리는 종교적 도덕성에 의해서 승인되거나 규정된다. 반면에, 집합의 상호 작용이 극대화되거나 신성과 세속 사이의 구분이 무너져서 일상 세계가 기쁨에 들뜬 신성한 수준으로 변형되는 특별한 시기에는 양성 간의 분리가 없어진다. 이때 성적 상호 작용이 — 이러한 상호 작용이 성적 행위를 규제하는 모든 관례적 규범에 어긋날지라도 — 일어난다.

이러한 내용이 뒤르켐이 오스트레일리아의 코로보리를 다룰 때 등장하는데, 이 놀이 모임은 여성과 미성년 남성에게도 문호가 열려 있었다는 점에서 엄격한 종교적 의식과는 다르다. 사회적 상호 작용은 매우 강렬하며 다음에 묘사되는 정도에 이르기까지 활기를 띤다.

> '양성은 성관계를 규제하는 규칙을 어기며 결합한다. 남자들은 서로의 아내를 교환한다. 때로는 심지어 근친상간도 일어나는데, 평상시라면 혐오스러운 것으로 여겨져서 심각한 처벌이 내려지지만 이런 상황에서는 공개적으로 관계가 맺어지고도 처벌을 면한다'(1961: 247).

이후에는 오스트레일리아의 와라뭉가(Warramunga) 부족 사이에서 행해지는 종교적 의식이 묘사되는데, 이들은 울루루(Uluuru)와 킨길리(Kingilli)라는 두 개의 씨족으로 나뉜다. 모임을 가진 뒤 나흘째 저녁에 울루루 족은 아내들을 데리고 와서 킨길리 족과 성교를 가지도록 한다. 뒤르켐은 이 여성들 자신이 킨길리 족이므로 이런 성적 결합은 일상적 사회 세계를 구조화하는 기본적인 족외혼 규칙을 범하는 의미를 지닌다고 언급한다. 그러한 특별한 성적 행위는 극도의 야성적인 흥분을 수반한다. 바로 이 대목에서, 뒤르켐은 종교 사상이 사회적 활기가 펼쳐지는 와중에 잉태된다는 도발적인 해석을 발전시킨다(1961: 250). 즉, 성적 아노미의 전형인 것처럼 보이는 것 — 근친상간 금기를 포함한 기초적인 성적 규제의 유예 — 이 신성성의 발현과 재발현의 와중에 등장한다는 것이다.

오스트레일리아 원시인들 가운데에서 나타나는 이런 현상은 로마의 농신제(農神祭)와 이후에 등장한 마르디 그라(Mardi Gras)[2] 축제와 같은 의례화된 특별한 사회적 삶의 순간에 재현된다. 또한 이런 현상은 **도덕률 폐기**라고 이름 붙일 만한 행태를 보이는 다양한 종파에서 나타나는데, 이런 종파 구성원 사이에서는 순수하고, 성스러운 영이 드러나는 행위로 받아들여지는 성관계가, 더 큰 범주의 혹은 일상적인 공적인 사회에서는 난혼, 근친상간, 사회 통념에 반하는 것으로서 맹렬히 비난받거나 억압될 것이다. 마지막으로, 이러한 도덕률 폐기 행동 — 이를 통해서, 특별한 사회적 활기의 맥락에서 행동이 이뤄졌을 때 일상적인 성적 규제가 와해되거나 침해되는 것을 이해할 수 있다 — 은 사회 공동체가 주요한 사회적 위기를 겪고 있는 와중이나 겪고 난 직후와 같은 특별한 상황에서도 나타난다. 예를 들면, 휴전 협정 발표나 제1, 2차 세계대전의 종전은 낯선 이들 사이의 성적 행위에 대한 정상적인 규제를 유예시키며 따라서 이와 관련된 공공의 자발적 행동을 불러일으킨다(이런 논리를 확대해 보면, 신성성에 대한 공공의 의식과 매력이 더욱 확대되는 특수한 상황인 전시에는, 성적 규제의 규범은 대폭 약화된다).

뒤르켐은 성과 사회 조직이 서로 깊이 연관되어 있다는 것을 보여 주는 민족지학적 자료에서 암시된 내용을 다루지는 않았다. 뒤르켐에게 성적 규제는 일상적 사회를 구조화하는 핵심적인 부분이며, 그가 살던 당시의 성숙한 산업적 근대 사회에서는 양성 사이의 규범적 분화가 잘 정의 내려져 있었으며, 성적 상호 작용과 관련해 정교한 일련의 규정이 갖춰져 있었음을 상기해야 한다. 이러한 기본적인 사항을 고려해 보면, 뒤르켐이 다룬 부르주아 세계는 오스트레일리아의 원시적 사회 세계와 그렇게 다르지 않다. 그가 살던 당시에 여러 사건이 있었지만 — 참정권 운동 형태를 띠었던 2차 여성 운동, 또한 결혼, 이혼과 관련한 관습의 자유화 등 — 제1차 세계대전 이후에야, 그리고 특히 우리가 살고 있는 최근에 이르러서야, 성적인 규제와 그리고 그에 상응하는 성행위의 탈규제가 대폭적으로 이뤄졌다. 자본주의의 도래 뒤에[14] 가장 지대한 영향을 미칠 근대성의 혁명인 광범위한 성적 혁명의 몇 가지 측면과 시사점을 간략히 검토해 보기로 한다.

II. 성적 변동과 탈규제

성 그리고 성적 행위와 태도와 관련해 나타난 변화는 아마도 금세기 사회 세계의 가장 극적이고 중요한 변천을 만들어 낸 것으로 보인다. 즉, 나는 1960년대에 서구 사회를 엄청나게 뒤흔들었던 '시위 운동'의 다양한 구성 요소 — 교육, 정치, 민권, 종교, 문화적 요소 — 가운데 시간이 흐름에 따라서 무뎌지지 않고서 장기적 지속성이 있는 구조적 변화의 원천으로서 발현된 것이 '성적 혁명'의 차원이었다고 주장한다. 이러한 면면 가운데 일부를 간략히 짚고 넘어가고자 하며, 아울러 '성적 아노미'의 개념이 얼마나 그리고 어떤 방식으로 적합성이 있는지 알아보고자 한다.

우선, 뒤르켐 자신의 저술에 따르면, 성적 아노미는 결혼의 탈규제의 빈도 혹은 증가된 빈도에서 드러난다. 표 11.1에서 볼 수 있는 것처럼, 미국은 다양한 근대 국가 가운데 가장 높은 이혼율을 보이며, 러시아가 그 뒤를 잇는다. 인구 1천 명당 4.62의 이혼율은 같은 세기 이전의 시기에 비해서 상당히 높은 것이다. 시기별 이혼율을 살펴보면, 1920년대 1.6, 1940년대 2.0, 1950년대 2.6, 1960년대 2.2, 그리고 1970년대 3.5였다(U.S. Census 1975: 58). 이와 관련해, 미혼 상태의 동거 인구가 급속히 늘고 있음도 주목할 만한데, 1970년에서 76년 사이에만도 32만 7천 쌍에서 66만 쌍으로 늘어났다

14) 비록 다음 내용과 관련한 적확한 출처를 찾을 수는 없지만, 사회적 세계를 변경 불가능하리만큼 변형시킨 되돌이킬 수 없는 혁명이 바로 자본주의라고 말한 것은 레닌이었다고 생각한다. 이 논문의 후반부에서 다뤄질 성적 혁명의 제 측면은, 근대성의 초기에 자본주의가 그랬던 것처럼, 사회적 변형을 위한 심원한 의미를 내포하고 있다.

표 11.1 여러 국가에서의 이혼과 이혼율, 1974-78

국가	1974		1976		1978	
	이혼빈도	이혼율*	이혼빈도	이혼율*	이혼빈도	이혼율*
미국	970,000	4.62	1,077,000	5.02		
불가리아	11,567	1.33	11,311	1.29	12,799	1.45
캐나다	45,019	2.00	54,207	2.34		
쿠바	20,238	2.23				
체코슬로바키아	30,415	2.07	31,561	2.12	33,222	2.20
이집트	73,425	2.02	76,479	1.97		
일본	113,622	1.04	124,512	1.11		
멕시코	13,594	.23	16,668	.27		
스웨덴	27,208	3.33	21,702	2.65	20,260	2.44
베네수엘라	4,018	.35	5,683	.46		
영국	112,740	2.29	125,724	2.56		
(구)소련	743,398	2.95	860,688	3.35		

*이혼율은 연앙인구 천 명당 최종적으로 결정된 이혼 건수이다.
출처: United Nations (1979: 431-34). 해당년도에 입력된 수치가 없는 것은 관련된 보고 자료가 없음을 뜻한다.

(Jones 1977). 전통적 성 역할의 변화된 주요 형태를 볼 수 있는 스웨덴에서는 미결혼 상태의 쌍이 차지하는 비율이 1974년, 단 5년 사이에 6.5%에서 18%로 올랐으며, 이에 상응해 결혼은 1966년 6만 1천 건에서 1973년 3만 7천5백 건으로 줄어들었다(Frappat 1976). 뒤르켐 당시에는 독신은 — '총각'으로 불리든 '노처녀'로 불리든 간에 — 성인에게 기대되는 규범에서 일탈하였다는 의미를 수반했다. 오늘날에는 18세 이상 가운데 약 4천7백만 명의 독신자가 있고 이 가운데 절반은 평생 결혼을 해 본 적이 없기 때문에 독신 상태를 정상에서 벗어난 시민으로 낙인 찍는 것은 점차 옹호하기 힘든 입장이 되어 가고 있다.

결혼 혹은 부부관계의 변화는 성관계와 관련한 다른 주요한 변화와도 연관되어 있다. 아주 일반적이며 지대한 영향력을 미치는 경향으로 들 수 있는 것은, 사적 영역과 공적 영역에서 양성의 혼합이, 특히 1960년대 이후에, 상당히 증가되어 왔다는 것이다. 여기서 사적 영역이라 함은, 아주 간단히 말해서, 미혼 파트너 간의 성관계가 예외적인 것이라기보다는 규범적인 것이 되는 것처럼 보인다는 것이며(표 11.4를 보라), 이것은 피임 수단의 대폭적인 도입으로 여성의 '자유화'가 이뤄진 것을 부분적으로 반영한다. 노동 노동 현장, 고등교육 현장 그리고 레크리에이션과 레저 현장과 같은 공적 영역에서 여성 참여율과 함께 여성과 남성의 상호 작용이 증가했다.

1900년대에서 오늘날에 이르기까지 여성의 노동시장 참여율은 약 두 배가량 증가했다. 다시 말하면, 1900년에는 5명 가운데 1명에 다소 못 미치는 여성이 고용되었다면, 1970년대 중반에는 그 숫자가 2명 가운데 1명에 가까워졌다는 것이다(Forisha 1978). 우리가 행하고 있는 분석과 더욱 관련이 깊은 것은, 어머니들이 집 밖에서 일자리를 찾는 최근의 확연한 경향이다. 포리샤에 따르면, 1948년에는 취학 연령 아동의 어머니 가운데 32%, 유치원 연령 아이의 어머니 가운데 13%가 일자리를 가졌다면, 1970년 중반에 이르러서는 그 비율이 각각 52%와 32%로 늘어났다.

이것이 시사하는 바는 어머니를 포함한 여성들이 가정 영역에 국한되는 현상이 사라졌다는 것이다. 근대 산업 사회는 그 형성기와 성숙기에 여성을 대체로 가정 내로 국한시켰으며, 따라서 여성의 노동을 상대적으로 집안으로 한정시켰다 — 어머니로서 집안의 거실의 핵심으로서 혹은 부수적인 가정의 종으로서 말이다.

오클리는 산업화에 따라서 성별 노동 분업에 일어난 변화에 대한 역사적 자료를 흥미롭게 보여 주고 있다(Oakley 1976). 산업 혁명 이전에는 기혼 여성이 그녀들의 감독하에 가사 노동을 하던 미혼 소년, 소녀와 함께 가내 산업에 종사했다. 일터로부터 가정을 분리시킨 산업화는 기혼 여성 고용 또한 감소시켰다. 오클리는 가사 서비스, 방직업, 재단재봉업과 모자 제작, 세탁업과 교직에 — 1841년 영국 인구 조사에 따르면, 이런 업종에서 이 순서대

표 11.2 남성 소득의 퍼센트로 환치한 여성 노동자의 소득

미국 외의 나라(1975)*	제조업 총합
오스트레일리아	73.4
핀란드	73.1
아일랜드	60.4
노르웨이	78.0
스웨덴	84.8
영국	66.5
미국(1968)**	**제조업 총합**
직업 범주 전문직과 기술직	65.9
비영농 관리자, 공무원, 자영업자	54.5
사무직	65.1
판매직	40.5
공장 직공	59.2
서비스 노동자(가사 노동 제외)	55.0

*출처: 국제노동기구(ILO) (1978:18).
**출처: Kreps (1976: 2).

로 여성 고용이 이뤄졌다 — 비해서 19세기 초의 공장 노동은 여성에게 최고의 임금과 노동 조건을 제공했다고 지적한다. 그녀는 1840년대까지 여성의 일은 가사 노동과 아이 돌보기로 제한되어야 하며 이와 병행해서 남편이 유일하게 생계비를 버는 이가 되어야 마땅하다는 — 즉 기혼 여성은 경제적으로 남편에게 전적으로 의존해야 한다는 — 주요 이데올로기는 존재하지 않았다고 언급한다. 그러나 1840년대에 공장 개혁 운동이 일어나 여성과 어린이는 공장에서 일할 수 없게 되었다. 이런 상황이 빅토리아 여왕 통치기와 맞물렸는데, 그녀는 자신의 통치기에 잇따라 성숙기에 접어들었던 근대성의 시대에, 가정 생활을 이상적으로 그리는 것을 포함한 사회적 관계의 전반적인 주요 규범을 제공했다.

따라서 만약 기혼 여성을 포함한 여성이 노동 현장에 점증적으로 투입된다면, 이것은 가내에서 여성이 남성의 경제적 파트너가 되었던 산업화 전 단계의 가내 공업 시기로의 회귀라고 볼 수 있다. 물론, 공공 노동 영역에 여

성의 참가가 점증하는 것은 이혼의 증가와도 맞물려 있는데, 왜냐하면 보수가 좋은 일자리를 찾음으로써 남성에 대한 경제적 의존에서 벗어난 것이, 이전에는 대안 부재로 인해서 가정 폭력이나 긴장 관계에 굴종할 수밖에 없었던 여성들이 많은 경우 이혼하도록 만드는 한 요소가 된 것이다. 표 11.2에 나타난 것처럼 고용과 임금의 평등은 선진 근대 사회에서 아직 달성되지 않았다.

이러한 임금 차별에 반영된 한 요소는 직업에서 나타나는 성적인 연계다. 오클리는 1900년 이래로 미국에서 직업적 성 분화의 정도에는 별다른 변화가 없었다고 언급하며, 또한 영국에서는 여성이 소수 산업 집단에 과중하게 밀집되어 있다고 말한다. 이를 확증하는 것으로는, 미국의 모든 피고용 상태 여성 가운데 4분의 1이 다음의 다섯 가지 직업군에 들어간다는 크렙스(Kreps)의 1971년 보고서가 있다. 비서-속기사, 가사 노동자, 회계 장부 담당자, 초등학교 교사, 웨이트리스가 그 직업군이다.

그럼에도 불구하고, 노동 분업의 변화 속도가 양성 평등 옹호론자가 바라는 것만큼 빠르지 않다 하더라도, 변화의 방향만큼은, 적어도 근대 선진 사회에서는, 확실히 성별 노동 분업을 무너뜨리는 쪽으로 잡혔다. 이제 여성이 경찰, 트럭 운전사, 바텐더, 은행가와 증권 중개인 등으로 일하는 것을 흔하게 볼 수 있다. 여성이 이전에 남성의 영역으로 정의되었던 일자리에 종사하는 것은 확실히 '성 혁명'의 중요한 특성 가운데 하나이다. 성별 노동 분업에서 구조적 변화는 사회 심리적인 수준에서 막대한 중요성을 지니는데, 왜냐하면 자기 정체성 가운데 아주 많은 부분이 이러한 분업에서 말미암기 때문이다. 즉, 남성의 정체성은 주로 산업 생산 과정에서 그가 자리 잡는 곳에서의 기능에 달려 있고, 여성의 정체성은 재생산 과정에서 그녀가 자리 잡고 있는 곳에서의 기능에 좌우된다(즉, 독신, 기혼, 자녀가 있는 기혼 등). 산업화 이전의 사회나 산업화 사회를 막론하고 대부분의 사회에서 가장 중요하게 여겨지는 여성의 사회적 기능은 모성의 역할 — 후손을 생산하고 (여성

표 11.3 여러 국가들에서의 합법적 낙태, 1968-77

국가	1968	1970	1975	1977
미국		180,119	1,034,200	
불가리아	113,454	142,335	143,450	
캐나다		11,152	49,311	
체코슬로바키아	99,886	99,766	81,671	88,989
프랑스				150,931
헝가리	201,096	192,283	96,212	89,096
일본	757,389	732,033		
스웨덴	10,910	16,100	32,526	
영국	23,641	86,565	106,224	

출처: UN (1979: 281)

의 산고를 통해서) 노동력을 공급하는 것 — 이라고 말하는 것은 다소 과장된 것이기는 하지만 그렇다고 아주 지나친 과장은 아니다. 물론 이런 기능은 본질적으로 명예로우며 이상적이기는 하지만, 근대화 과정의 한 특징은 모성적인 돌봄과 사랑을 여성의 부가가치적인 요소의 발전으로 보는 것이다(Badinter 1980).

이제 우리는, 출산 자체와 여성 정체성의 주요한 역할로서 출산이 의문시되고 있으며 이를 부인하는 상당수 여성이 있다는 것을 알고 있다. 특히 직업 위계 구조의 상층부에서는 새로운 선택권이 매력적으로 받아들여지고 있다. 나아가, 최근까지만 해도 문화적 체계가 출산 기능과 사회에서 여성 정체성의 주요한 수단으로서 출산의 의미를 강화시켰지만, 오늘날의 문화적 체계 — 공적인 삶, 광고, 매스 미디어와 레크리에이션 영역에 반영된 — 는 모성의 일련의 역할에 대해서 모호한 입장을 취하거나, 여성이 스스로의 몸과 자신을 전통적 역할에서 해방시키려는 욕망을 증대시켜 온 경향이 있다. 그런 과정에서, 아이를 가지는 것은 더 이상 여성이 되는 명예로운 소명이 아닌 것이 되어 버렸으며, 오히려 따분한 일이나 덫으로 여겨졌다. 이에 따라 한편으로는 결혼 자체를 덫이나 짜증나는 것으로 여기게 되었으며, 다른 한편으로 복지국가에서는 낙태 합법화를 장려하거나 재정지원을 하는 데까지 이르렀다.

이러한 모성 거부의 한 결과는 낙태 증가에서 드러난다. 표 11.3은 다양한 국가의 관련 미가공 자료를 보여 준다.

이 통계 수치들을 직접 비교하기는 어렵겠지만, 영어권 국가들과 스웨덴에서 1960년대 후반에서 1970년대 중반까지의 10년 동안 낙태의 극적인 증가가 있었음을 알 수 있으며, 이 가운데 가장 두드러진 증가세를 보인 곳은 미국으로 UN의 자료에 포함된 어떤 나라에서보다도 많은 낙태가 이뤄졌다.

뒤르켐이 **집합 의식**과 집합 표상을 강조했음을 미뤄 볼 때, 그가 성적 문제에 대한 여론 조사, 특히 시계열 데이터 수집이 가능했다면, 그것에 관심을 가졌으리라고 의심할 여지없이 추측해 볼 수 있겠다. 방금 논의했던 다양한 변화에 대한 자료를 제시할 수는 없지만, 그래도 NORC[3]가 실시한 종합사회조사 자료를 보면 미국 국민으로 이뤄진 전국 규모의 표본에서 나타난 다양한 성적 문제에 대한 현대의 변화와 연속성을 파악할 수 있다. 데이비스(Davis 1978)가 제시한 자료 가운데 일부를 골라서 제시한다.

여론 조사 사이의 시간 간격은 다소 짧지만 성적 탈규제의 수용에 대한 경향이 획일적이지는 않다는 것을 암시해 준다. 한편으로는 여성이 더욱 전적으로 공공 영역에 참여하는 것에 약하게나마 늘어가는 지지 추세를 볼 수 있다(A, B, F 항목을 보라); 반면에, 낙태와 이혼 촉진에 대한 지지는 감소하고 있다(C, D, E 항목을 보라).

뒤르켐이라면 성적 차별이 붕괴되면서 여성의 정체성 영역에서 일어난, 그리고 공적인 장소에서 여성과 남성이 더 많이 섞이는 것에서 나타난 변화와 관련한 경향을 성적 아노미의 일부 측면이라고 해석할 것이다.

그러나 아마도 우리는 뒤르켐에게 이보다 많은 공로가 있음을 인정해야 한다. 생물학적 관점보다는 사회학적 관점의 지지자인 뒤르켐은 남성의 역할과 마찬가지로 여성의 역할이 생물학적 요구와 본능에 의해 확정된 기능

표 11.4 선택된 지표에 나타난 미국민의 성적 태도(1974년과 1978년)

		1974		1978	
		N	%	N	%
A. 여성은 가사를 돌봐야 하며 나라의 운영은 남성에게 맡겨야 한다.	동의	509	34	473	31
	동의하지 않음	922	62	1,009	66
	기타 (모르겠음 등)	53	4	50	3
B. 당신의 정당이 여성을 대통령 후보로 지명했을 경우, 그 후보가 자격을 갖추었다면 그에게 투표하겠는가?	그렇다	1,150	78	1,217	79
	아니다	283	19	275	18
	기타	51	3	40	3
C. 임신한 여성의 가정 소득이 매우 낮고 더 이상의 육아를 감당할 수 없다면 낙태가 합법적으로 보장되어야 하겠는가?	그렇다	776	52	696	45
	아니다	641	43	773	51
	기타	67	5	63	4
D. 임신한 여성이 미혼이고 해당 남성과 결혼을 원하지 않는다면 합법적 낙태를 할 수 있도록 해야 하겠는가?	그렇다	711	48	606	40
	아니다	709	48	867	57
	기타	64	4	59	4
E. 현재에 비해서 이혼이 더 쉽게 허용되어야 하겠는가, 아니면 더 어려워져야 하겠는가?	더 쉬워져야 한다	472	32	405	26
	더 어려워져야 한다	624	42	629	41
	현재와 같아야 한다	308	21	412	27
	기타	80	5	86	6
F. 혼전 성관계에 대한 태도	항상 혹은 거의 언제나 틀린 일이다	653	44	612	40
	한정된 경우에만 틀리다	337	23	304	20
	전혀 틀리지 않다	439	30	578	38
	기타	55	4	38	2

출처: Davis (1978: 30-36).

이라기보다는, 불변적이지 않은 동적인 사회적 기대에 의해서 조건화되었다고 생각할 것이다.

결과적으로 뒤르켐은 변화하는 성적 관계와 정체성의 구조적, 사상적 특성은 근대화 과정의 성격에 기초하며 귀속 지위로부터 여성의(그리고 남성의) 해방은, 전통적 관점에서 보면 아노미이기는 하지만, 사회적 기본 구조에 개혁을 일으키는 데 도움이 된다는 것을, 얼마간 내키지 않기는 하겠지만, 깨닫게 될 듯하다. 양성 사이의 거리를 줄이고, 양성 사이의 구조화된 적대관계 상태에 기여하는 성적 지위 불일치(예를 들면, 남성보다 더 지적인 여성이 가정에서나 일터에서 남성에 부수적인 지위를 차지하는 것)와 여타 요소에서 말미암은 긴장을 감소시킨다는 측면에서, 이것은 뒤르켐이 다소 특징적인 조건으로 삼았던 것이다. 반면에 지난 시대에 양성 간의 기초적 관계 형태를 규제했던 전통적 사회 구조와 사회적 태도의 붕괴가 이뤄짐에 따라서, 이제 우리는 남성만큼이나 혹은 남성보다도 여성이 창조적인 촉매 역할을 수행할 수 있는 주요한 사회적 진화의 단계에 대비할 수 있을 것이다.

그러한 새로운 상황 — 즉, 여성에 대한 공간적, 사회적, 심리적 차별이 사실상 붕괴된 것 — 은 전통적 시각에 따르면 단지 '성적 아노미'라고 불릴 수밖에 없다. 그러한 시각은 생물학적 본성에 뿌리를 둔 것으로 받아들여지는 다양한 가정에 기초하지만 또한 문화적으로 초래된 것으로 판명될 수도 있다 — 예를 들면, 여성은 남성보다 더 감정적이고 수동적이며, 덜 지적이고 덜 합리적이며, 육체적인 힘이 약하다는 것 등이다. 그러한 가정 혹은 '미신'은 실제로 눈에 띄는 차이를 만들어 냈지만 이는 생물학적 결정의 기능 때문이라기보다는 문화적 코드를 실행하는 사회화 과정의 결과일 수 있다.

III. 성적 아노미의 재고찰 — 양성성의 회귀

오늘날 성적 아노미에 대해 언급하는 것이 의미가 있을까? 다가오는 세기에 직업적 역할의 평등화가 더욱 확대될 징조를 알리는 성별 노동 분업에서의 변화, 그리고 심지어 결혼 관계의 변화(예를 들면, 미혼 동거 커플의 수가 더욱 증가하는 것, 지속적으로 올라가는 이혼율)는 그 자체가 아노미는 아닌데, 왜냐하면 그런 변화는 여성이 더 폭넓게 그리고 더 완전히 사회에 참여할 수 있도록 상황을 개선시키고 증진시키는 방향으로 작용하고 있기 때문이다. 이것은 선진적 근대성에 따르는 부수적 현상이라기보다는 아마도 그 중심적인 특징 가운데 하나로 파악되어야만 할 것이다. 즉, 공적 영역에서 동등한 참여와 공헌을 할 수 있도록 여성의 사회적 지위가 향상되었다는 것이다. 물론, 성적 계층화의 주요한 하부 체계를 포함하는 사회 계층에 변화를 일으키는 역기능이 있다. 예를 들면, 몰턴(Moulton)은 새로운 여성 운동이 여성과 남성에게 끼치는 다양한 영향에 대해서 논한 바 있다. 여성에게는 이런 영향은 성취에 대한 염려, 개인적, 성적 정체성과 여성의 직업적 정체성 사이의 역할 갈등, 일터에 참여하거나 재진입할 때 여성에 대한 가사 의존이 지속되는 것 등을 포함한다. 남성에게는 성적 영역에서 여성이 권리 행사를 하는 것의 영향이, 다양한 성적 염려를 창출하는데, 여기에는 남자 대학생과 젊은이 사이에 나타나는 발기 부전과 성관계 회피 등이 포함된다.[15)]

(몰락하던) 귀족 계층과 상승세의 부르주아 사이의 관계가 모호함, 갈등, 그리고 여러 세대에 걸친 궁극적인 적응으로 특징지어지는 것과 마찬가지로, 변화하는 성적 계층화와 행동 양식은 비슷한 경로를 밟으며 여러 세대에 걸쳐서 일종의 새로운 협정에 다다르게 된다. 성과 성 역할에 대한 변화하는 규범적 기대가 상당히 모호한 가운데, 이러한 이행기는 따라서, 뒤르켐의 아노미 분석의 연장으로 볼 수 있으며, '성적 아노미'의 기간이라고 이름 붙일 수 있다. 점증하는 평등 혹은 기회의 평등이, 그것이 펼쳐지는 정치 체제가 어떤 것인가와는 무관하게, 이념적이고 동시에 구조적인 근대 사회의 목표라는 점을 명심해야 하는데, 다시 말하자면, 여성과 남성이 가지는 관계가 (경제적, 정치적, 유희적, 그리고 성적) 표현의 확대된 자유로 변형된 것은 진보적이라고 파악하거나 혹은 근대성의 경향과 보조를 맞추는 것으로 파악해야지, 아노미라고 봐서는 안 될 것이다.

15) 새로운 형태의 성적 관계에 적응하는 문제는, 식민지가 독립한 뒤에 식민지 개척자와 식민지 사람들 사이의 정치적 위상이 뒤바뀔 때 생기는 적응의 문제와 유사하거나 구조적으로 비슷한 것처럼 보인다.

그러나 위의 자유주의적/낙관적 관점은 성 혁명의 깊은 측면을 고려해 다소 완화되어야 한다.

세계의 성적 분화는 동물의 생물학적 세계에서 그러한 것과 마찬가지로 인간 사회 세계에서 흔히 볼 수 있다. 이것은 물체를 성에 따라서 분류하는 세상의 많은 언어에 반영되어 있다. 뒤르켐과 모스가 함께 쓴 중요한 논문에서는, 민속방법론이 일상 세계의 구성적 특징으로서의 일상적 사회 세계의 범주화 연구를 시작하기 수십 년 전에 인지사회학을 만들어 냈다. 뒤르켐과 모스에게, 논리적 범주는 사회적 범주의 기저에 있는 지적 산물이다. 그것은 객체를 속(屬)으로 나누는 기초로서 성적 분화의 중요성을 불행히도 간과했다(Durkeim and Mauss 1903: 23의 주석). 그럼에도 불구하고, 세계를 분류하는 데 귀속적 성적 정체성이 얼마나 근본적인 것인가를 강조함으로써 그들의 분석에 도움을 줄 수 있다.

그러므로 성적인 행동과 태도에서 변화의 반영으로서, 생물학적 성과 사회 문화적 성의 사회적 의미가 무엇인가가 점차 문제시되어 왔다는 것은 중요한 의미가 있다(Katchadourian 1979). 대중문화적 수준에서는, 이것이 양성을 모두 다루는 헤어드레서와 성별 구분이 없는 머리 스타일로부터 양성이 모두 입을 수 있도록 의복이 수렴된 것에 이르는 일련의 '유니섹스' 현상에 반영되어 있다.

더 깊은 이념적 수준에서는, 사회 문화적 성 정체성이 흐려지고 탈분화된 것은 **양성성**(androgyny)의 주제에 대해서 주로 여성 운동가가 쓴 다양한 저작물에 반영되어 있다(Ferguson 1977; Forisha 1978; Heilbrun 1973; Singer 1977; Trebilcot 1977). 자본주의 국가에서건 사회주의 국가에서건 현존하는 생물학적 성과 사회 문화적 성 분화의 형태에 대해서는, 양성성의 이념을 진정으로 혁명적인 것으로서 봐 줄 가치가 있다. 그 이념은 가정과 일터에서의 성별 노동 분업과 그것이 수반하는 남성적, 여성적 행동이라는 고정관념에 맞서는데, 이런 고정관념이 모여서 '남성과 여성 사이의 가부장적 권력 관계'

가 현실에서 실행되도록 만드는 것이다(Ferguson 1977: 51). 이념으로서 그것은 부모가 자녀를 사회화시키는 측면에서의 이성애를 재생산시키는 원천이 되는, 현대 사회에 널리 퍼져 있는 핵가족 형태에 맞선다. 그 이념은 양성적 인성을 길러내야 한다고 주장한다(Ferguson 1977). 트레빌콧(Trebilcot)은 두 가지 형태의 양성성을 언급하는데, 첫째는 동일인 속에 남성성과 여성성이 공개적으로 공존하는 사회적 인성이다. 생물학적 성이 사회 문화적 성 특질의 바탕이 된다는 생각에 반대하는 두 번째 양성성, 혹은 '다중 양성성'은 각 사람이 '순전한' 여성성에서 '순전한' 남성성에 이르는 다양한 선택지들 그리고 그 둘 사이에서 나올 수 있는 어떤 조합이라도 취사선택할 수 있어야 한다고 규정한다(1977: 72). 그 결과로 나오는 행동은 '고정적이며 생물학적 성 분류에 따른 것'이라기보다는, '절차적인 경향'을 띠는데, 이것은 세계와 성적으로 관계를 맺는 완전히 개방된 체계를 선호하기에 성 역할의 규범적 기대에 순응하기를 거부한다(Forisha 1978).

양성성에 대한 이러한 주제는 현대에 등장한 여성 운동의 반문화적 측면인 것처럼 보이며 고대 서구 문명 속 일탈 성향의 밀교(密教)주의적 하위 문화에 그 유산의 뿌리를 두고 있다(Tiryakian 1974). 많은 현대 급진주의적 여성 운동이 남성 우월의 정당화를 공격하는 경향이 있기 때문에 이것이 두 가지 형태를 띠어 왔다는 것을 언급할 만하다. 우선, 근대 남성 우월 혹은 '가부장제'는 마르크스의 자본주의 발전 분석의 견지에서 해석되었다(예를 들면, Bland et al. 1979; Hartmann 1976; Interrante and Lasser 1979. 명료하고 비판적인 개요를 보려면 Burris를 참고하라). 다른 한편으로는 정통 유대-기독교 전통의 중심에 있는 남성적/부성적 신의 상징주의에 대한 신학적 비평으로부터 여성 불평등과 종속의 진단에 접근하는 방식이 있다.

신의 양성성을 옹호하면서 기독교의 성부와 성자라는 남성적 상징, 혹은 유대교의 주(主)라는 남성적 상징을 전복시키는 급진적 여성 운동은 따라서 알고서든 모르고서든 간에, 페이글스(Pagels 1979)가 논의한, 고대의 이단적 영지주의(靈智主義) 페미니즘의 기본 논리를 지지하는 것이다. 이들 사상 가운데에는, 신은 '남성이자 여성인 한 쌍으로 이뤄진 존재'이며, 천지창조는 '양성적 창조'를 풀어낸 것으로, 인간 본성은 '양성적'이라는 등의 논리가 있다. 기독교 시대 개막기의 로마 사회와 관련된 영지주의 문헌과 역사적 자료를 검토한 페이글스는 가정과 공공 영역 모두에서 여성에게 사회적 평등을 제공하려 했던, 실패로 돌아간 경향이 있었음을 지적한다. 정통주의에 맞서서 영지주의가 승리를 거뒀더라면(혹은 그 일부 내용이 후기 로마 사회 그리고 궁극적으로는 서구 문명의 새로운 정통으로 수립되었더라면), 사회 질서를 정당화하는 종교적 상징은 수 세기 동안 가톨릭과 개신교 국가에서 일반적 문화 패러다임의 핵심적 특징으로 자리 잡았던 것과는 상당히 다른 무엇인가가 되었을 수 있을 것이다.

IV. 결어 — 성적 아노미와 사회 변동

나는 주류 사회학이 그 이론적, 경험적 분파 모두에서, 암묵적으로 성을 있는 그대로 받아들여 왔다고 말하는 것은 공평하지 않다고 생각한다. 이로써 내가 뜻하고자 하는 바는 직업, 교육, 인종, 나이, 혹은 종교에 비해서 성은 종속변수로서 그다지 큰 의미가 부여되지 않았고, 독립변수로서는 그에 비해서도 훨씬 작은 의미를 부여받았다는 것이다. 사회 조직과 변동에 관련된 주요한 요소에 대한 사회학적 의식에서 성이 — 나쁜 의도에서 그렇게 된 것은 아니라 하더라도 — 간과되었던 것은, 역사가 정치, 경제, 종교 등의 요소로 구성되었다고 생각하는 것과 관련이 있으며, 따라서 성은 별다른 역사적 중요성이 없는 부수적이거나 자극적인 사건으로 혹은 무대 뒤 사건 정도로 격하되었다.

'성적 소수자' 차별 철폐 조처를 포함해, 성적 관계를 다루는 법을 변경하거나 변형시키려고(예를 들면 매춘, 근친상간, 남색의 비범죄화) 시도한 압력집단의 조직화는 차치하고라도, 1960년대 이후에 접어들어서야 우리는 성에 대한 공적인 묘사와 가정 내 성적 관계에서 막대한 영역에 이르는 변화를 목도하고 경험했다. 그리고 이 여파로 우리는 성적 규제를 전면적으로 고치라는 압력에 반발하는 직선적인 도덕적 십자군에 대한 반응으로 개인과 집단이 형성되었음을 보았다. 앞서 1970년대 말부터 일어난 구조적, 사회심리적 변화 가운데 일부를 다룬 바 있다. 그간의 변화가 이전 시기에 비해 광범위해 보일지는 몰라도, 앞으로는 성과 성 역할의 변화에 수반하는 주요한 변천과 사회 갈등이 펼쳐질 가능성이 있음을 인식해야 할 것이다.

예를 들면, 몇 년 전만 해도 '생각조차 할 수 없었던' 몇 가지 가능성 가운데 두드러지는 두 가지만 살펴보자. 첫째는 가까운 미래에 유전 공학이 발달하면서 속칭 **신세계**(*Brave New World*)의 방식으로, 여성 '분만'의 필요를 완전히 없애면서, 사회의 새로운 구성원을 실험실에서 재생산하기에, 여성이 더 이상 출산하지 않아도 될지도 모른다는 것이다. 둘째, 일터나 교실 수업에서 이성애를 옹호하는 것을 규범적 기준으로 삼는 것을 위법화하는, 위헌적 성 차별에 대한 사법적 해석이 그것이다. 이런 것과 여타의 변화를 제도화시키는 것은(예를 들면, '인력'(manpower), '의장'(chairman) 등에서 나타나는 바와 같이 언어에 성적 의미를 부여하는 것의 철폐) 양극단의 결과를 낳게 될 것이다. 한편으로는 성의 현저함을 날카롭게 강조하게 되면, 성적 규제를 없애기 위해서 고안된 더 많은 변화가 일어날 것이다. 다른 한편으로는, 변증법적으로 봤을 때, 성 변천의 속성이 광범위할수록, 대인적 정체성의 한 원천으로서 성이 더욱 모호해질수록, 성의 한계 효용은 거의 바닥에 닿을 정도로 사소한 것이 될 것이다.

사회학이 사회 질서의 성적 기반에서의 주요한 변화 자체 혹은 변화를 시도하는 것에 이르게 되면, 사회 조직의 모수(母數)와 관련한 사회학의 많은 가정이나 모델이 재고되어야만 한다. 개인적, 집단적 정체성을 포함하는 성의 문제는, 사회 구조와 변동의 부수 현상이라기보다는, 근대성의 주요한 문제로 인식될 법하다.

결론 삼아 언급하자면, 뒤르켐은 상대적으로 성에 대해서는 많은 주의를 기울이지 않았지만, 그의 저작에서 발견되는 성적 아노미라는 주제는 사회 질서의 변화에 대한 근본적인 의문을 제기한다는 측면에서 아주 자연스럽게 개발된 것이라고 할 수 있다. 20세기 초에 듀 보이스(W. E. B. DuBois)[4]는 세기의 문제로 인종 관계를 들었다. 그 문제는, 국제적인 수준에서의 남북반구 간의 치열한 논쟁이 경제 개발과 인종 관계에 대한 것을 포괄하게 되면서, 완전히 해결된 것은 아니지만 완화되어 왔다. 그러나 나는 새로운 밀레니엄에서는, 성 관계의 문제가 근대 사회의 성숙한 발전을 위해서 인종 관계만큼이나 중심적인 문제가 될 것이라고 주장하는 바다.

적어도 내게는 현재 심원한 모호성이 존재하는 것처럼 보인다. 한편으로는, 현재 성과 관련한 규범적 탈규제의 정도를 보면, 옛 로마 제국 당시, 프랑스 혁명 당시의 **구체제**(*ancien régime*)가 종언을 고하던 시기의 몇 십 년, 그리고, 슈테판 츠바이크(Stefan Zweig)[5]의 묘사를 따르자면, 심지어 바이마르 공화국[6] 하의 베를린과 불편한 유사성을 띠고 있다(Mitchell 1974). 다른 한편으로는, 언윈(Unwin 1934)이 오래전에 상상했듯이, 양성에게 완전한 법적 평등을 부여하는 것과 사회적, 경제적 조직을 이에 맞게 변경하는 것 — 즉, 여성의 창조적 능력을 남성에게서만큼 끌어내고 동시에 성행위는 새로이 활력을 불어넣은 일부일처제 속에서 이뤄지도록 하는 것 — 이 조화를 이루도록 만드는 것이 가능할 수 있을 것이다.

의심의 여지없이, 에밀 뒤르켐이라면, 작금의 상황 속에서 이렇게 모호한 근대성의 교차로를 발견했을 때, 그것을 잘 갖춰진 정보에 기반한 객관적인 사회학적 반응을 나타내 보일 중요한 도전으로 삼았을 것이다.

참고 문헌

Abrahamson, M. 1980. "Sudden Wealth, Gratification, and Attainment". *American Sociological Review* 45(February): 49-57.

Austin, R. L, and M. Bologna. 1980. "Durkheim, Women's Liberation and Female Suicide". Paper presented at the annual meeting of the American Sociological Association.

Badinter, Elisabeth. 1980. *L'Amour en Plus*. Paris: Flammarion. Besnard, Philippe. 1973. "Durkheim et les femmes ou le *Suicide* inachevé". *Revue francaise de Sociologie* 14(janvter-mars): 27-61.

Besnard, Philippe. 1973. "Durkheim et les femmes ou le *Suicide* inachevé". *Revue francaise de Sociologie* 14(janvier-mars): 27-61.

Bland, Lucy, Trisha McCabe, and Frank Mort. 1979. "Sexuality and Reproduction: Three 'Official' lnstances". In Michele Barrett, Philip Corrigan, Annette Kuhn, and Janet Wolff (eds.), *Ideology and Cultural Production*. New York: St. Martin's Press.

Burns, V. 1980, "The Dialectic of Women's Oppression: Notes on the Relation between \ Capitalism and Patriarchy". Paper presented at the annual meeting of the American Sociological Association.

Davis, James Allan. 1978. *General Social Surveys,* 1972-4978*: Cumulative Codebook*. Chicago: National Opinion Research Center, University of Chicago.

Distributed by Roper Public Opinion Research Center, Yale University.

De Bonald, Marquis. 1805. *Du Divorce*. 2d ed. Paris: Adrien Le Clere.

Douglas, Mary. 1966. *Purity and Danger. An Analysis of Concepts of Pollution and Taboo*. London: Routledge & Kegan Paul.

Durkheim, Emile, a: 1893. *The Division of Labor in Society*. New York: Free Press, 1964.

______ b: 1897. *Suicide*. New York: Free Press, 1963.

______ c: 1898. "La Prohibition de l'Inceste et ses Onigines". *L'Année Sociologique* 1(1896-97): 1-70.

______ d: 1903. Review of Ernest Crawley, *The Mystic Rose, A Study of Primitive Marriage* In *L'Année Sociologique* 6(1901—02): 352-58.

______ e: 1906. "Divorce by Mutual Consent". In Mark Traugott (ed.), *Emile Durkheim on Institutional Analysis*. Chicago: University of Chicago Press, 1978.

______ f: 1912. *The Elementary Forms of the Religious Life*. New York: Collier, 1961,

Durkheim, Emile, and Marcel Mauss. 1903. *Primitive Classification*. London: Cohen & West, 1963.

Duvignaud, Jean. 1970. "Anomie et Mutations Sociales". In Georges Balandier (ed.), *Sociologie des Mutations*. Paris: Anthropos.

Ferguson, Ann. 1977. "Androgyny as an Ideal for Human Development". In Mary Vetterling-Braggin, Frederick A. Euliston, and Jane English (eds.), *Feminism and Philosophy*. Totowa, N.J.: Littlefield, Adams.

Forisha, Barbara Lusk. 1978. *Sex Roles and Personal Awareness*. Morristown, N.J.: General Learning Press/Scott, Foresman.

Foucault, Michel, 1976. *Histoire de la Sexualité*. Vol. 1: *La Volonté de Savoir*. Paris: Gallimard.

Frappat, Bruno. 1976. "La Suede au masculin-féminin". *Le Monde* (Paris), February 5-11, 8.

Goffman, E. 1967. "The Nature of Deference and Demeanor". In Erving Goffman, *Interaction Ritual: Essays on Face-to-Face Behavior*. New York: Doubleday Anchor.

Hartmann, H. 1976, "Capitalism, Patriarchy, and Job Segregation by Sex". In Martha Blaxall and Barbara Reagan (eds.), *Women and the Workplace*. Chicago: University of Chicago Press.

Heilbrun, Carolyn C. 1973. *Toward a Recognition of Androgyny*. New York: Harper Colophon.

Hobsbawm, E. J. 1970. "Revolution is Puritan". In Philip Nobile (ed.), *Theories, Vagues and Canons*. New York: Random House.

International Labor Office. 1978, *Women at Work* Geneva: ILO newsbulletin.

Interrante, J., and C. Lasser. 1979. "Victims of the Very Songs They Sing: A Critique of the Recent Work on Patriarchal Culture and the Social Construction of Gender". *Radical History Review* 20(SpringlSummer): 25-40.

Joas, H. 2008. *Do We Need Religion? On the Experience of Self-Transcendence*. Boulder and London: Paradigm Publishers.

Jones, George F. 1977. 'Can Carter Revitalize the American Family?' *U.S. News and World Report*, February 28, 35.

Jung, C. G. a:1963. *Mysterium Coniunctionis*. Bollingen Series XX. New York: Pantheon.

______ b:1967. *Alchemical Studies*. Bollingen Series XX. Princeton: Princeton University Press.

______ c:1968. *Psychology and Alchemy*, 2d ed. Bollingen Series XX. Princeton: Princeton University Press.

Katchadourian, Herant A. (ed.). 1979. *Human Sexuality. A Comparative and Developmental Perspective*. Berkeley: University of California Press.

Kreps, Juanita M. (ed.). 1976. *Women and the American Economy. A Look to the* 1980*s*. Engiewood Cliffs: Prentice-Hall, for The American Assembly.

Lukes, Steven. 1969. "Durkheim's 'Individualism and the Intellectuals". *Political Studies* 17(March):14-30.

Merton, R. K. 1949. "Social Structure and Anomie". In Robert K. Merton, *Social Theory and Social Structure*. New York: Free Press.

Merton, R. K., and E. Barber. 1963. "Sociological Ambivalence". In Edward A. Tiryakian (ed.). *Sociological Theory. Values, and Sociocultural Change*. New York: Free Press.

Mitchell. Juliet. 1974. *Psychoanalysis and Feminism*. London: Allen Lane.

Moulton, Ruth. 1976. "Some Effects of the New Feminism—On Men and Women". Paper presented at Joint Meeting of the American Academy of Psychoanalysis and the American Psychiatric Association.

Oakley, Ann. 1976. *Woman's Work*. New York: Vintage/Random House.

Padgug, Robert A. 2979. "Sexual Matters: On Conceptualizing Sexuality in History". *Radical History Review* 20(Spring/Summer): 3-23.

Pagels, Elaine. 1979. "The Suppressed Gnostic Feminism". *New York Review of Books* 26(November): 42-49.

Simon, W., and J. H. Gagnon, 1976. "The Anomie of Affluence: A Post-Mertonian Conception". *American Journal of Sociology* 82(September): 356-78.

Singer, June. 1977. *Androgyny. Toward a New Theory of Sexuality*. New York: Doubleday Anchor.

Sorokin, Pitirim A. 1956. *The American Sex Revolution*. Boston: Porter Sargent.

Thomas, William 1. 1907. *Sex and Society. Studies in the Social Psychology of Sex*. Chicago: University of Chicago Press.

Tiryakian, F. A. a: 1974. "Toward the Sociology of Esoteric Culture". In Edward A. Tiryakian (ed.), *On the Margin of the Visible: Sociology, the Esoteric, and the Occult*. New York: Wiley Interscience.

______ b: 1978. "Emile Durkheim". In Toni Bottomore and Robert Nisbet (eds.), *A History of Sociological Analysis*. New York: Basic Books.

Trebilcot, J. 1977. "Two Forms of Androgynism". In Mary Vetterling-Braggin, Frederick Elliston, and Jane English (eds.), *Feminism and Philosophy*. Totowa, N.J.: Littlefield, Adams.

United Nations. 1979. *Demographic Pearbook* 1978. New York: U.N. Publications ElF 79X111 I.

Unwin, J. D. 1934. *Sex and Culture*. London: Oxford University Press/Humphrey Milford.

U.S. Bureau of the Census, 1975. *Historical Statistics of the United States, Colonial Times to Present*. Bicentennial Edition. Washington: Government Printing Office.

Wallwork, Ernest. 1972. *Durkheim. Morality and Milieu*. Cambridge: Harvard University Press.

Weber, M. 1915. "Religious Rejections of the World and Their Directions". In Hans H. Gerth and C. Wright Mills (eds), *From Max Weber: Essays in Sociology*. New York: Oxford University Press/Galaxy.

옮긴이 주

1. 전설 속에 등장하다가 스페인의 작가 티르소 데 몰리나의 희곡 〈세비야의 호색가와 돌의 초치객〉으로 인해 문학 캐릭터로 정착된 여성 편력가의 대명사.
2. 사순절 전날인 참회의 화요일 축제.
3. NORC는 시카고 대학에 소재한 전국여론조사연구소(National Opinion Research Center)이다.
4. 듀 보이스(William Edward Burghardt Du Bois, 1868-1963). 미국 사회학자, 역사학자, 흑인 민권운동가. 흑인 지위향상을 목표로 하는 인권운동기구 NAACP의 공동 창립자. 하버드 대학에서 박사학위를 받은 최초의 흑인이었다.
5. 츠바이크(Stefan Zweig, 1881-1942). 로맹 롤랑 등의 전기 작품을 쓴 오스트리아의 유대계 작가. 스트레이치(Lytton Strachey), 모루아(André Maurois)와 함께 20세기의 3대 전기작가로 평가받는다.
6. 제1차 세계대전 뒤 독일에서 1918년에 일어난 혁명에 의해서 1919년부터 1933년 히틀러의 나치 정권 출현 때까지 존재했던 공화국.

12장

웃을 일이 아니다

— 덴마크 신문만화 사건에 뒤르켐 적용하기[1)]

I. 서론

덴마크에서 가장 많은 판매부수를 기록하고 있는 조간《윌란스포스텐》(*Jyllands-Posten*)의 독자는 2005년 9월 30일 금요일 아침 신문을 펼쳐 들고 국내와 해외 뉴스 외에도 특별기사가 실린 지면을 즐겁게 읽었을 것이다. 매일 나오는 신문 만화 말고도 금요일 판에는 문화를 정치, 국제적 사건과 연결시켜 깊이 분석하는 '주간 문화'를 포함해 몇몇 특화된 섹션이 있다.

바로 그날 문화 섹션에는 '무함마드의 얼굴'(Muhammeds ansigt)이라는 제목이 달린 기사가 있었는데, 이 기사와 함께 문화 섹션 편집자 플레밍 로세(Flemming Rose)의 요청으로 덴마크 신문화백협회 회원들이 그린 십여 편의 삽화가 실렸다. 협회의 모든 화백이 이 요청에 응한 것은 아니었는데, 일부

1) 이 장은 이 책을 위해서 쓰였으며, 2008년 4월 3일 사우스캐롤라이나 대학의 메이휴(Mayhew) 기념 강연에서 발표되었다. 이 강연을 위해서 애써 준 매튜 데플렘(Mathieu Deflem)에게 사의를 표한다.

는 무함마드의 초상을 그리는 것을 금하는 이슬람교도의 계율을 존중했기에, 또 다른 이들은 보복이 두렵다는 이유로 그랬다. 후자의 화백들은 아마도 아야톨라 호메이니가 신성 모독을 이유로, 《사탄의 시》(1988)를 썼던 살만 루시디(Salman Rushdie)에게 강력한 내용의 기소(사실, 사형이었다)를 했던 것과 이슬람 사회에서 살고 있는 여성에게 자행되는 폭력을 다룬 단편영화 〈복종〉(영어로는 '이슬람'으로 번역되었다)을 발표한 뒤에 2004년 11월 살해된 테오 반 고흐(Theo van Gogh) 감독 사건에 대해서 알고 있었을 것이다. 대부분은 아니라 할지라도 몇몇 화백들은 익살스럽게 그렸고 단 한 사람만이 무함마드를 테러리즘과 암시적으로 연계시키는 듯한 사악한 모습으로 그려냈다. 2주 전에 다른 덴마크 신문에서는, 폭력적인 응징에 대한 두려움 때문에 코란과 무함마드의 삶을 다루는 동화책에 삽화를 그려 넣기를 주저하는 화백을 비판하는 기사를 실었다. 《윌란스포스텐》의 문화 편집자는 단순히 웃어 넘기기 위한 것 이상의 의도를 가지고 만화를 실었는데, 그것은 바로 이슬람교도의 반대 때문에 조성된 자기검열이 '현대 민주주의와 언론의 자유와 병립할 수 없는' 가파른 고갯길에 접어들었기 때문이었다.[2)]

아마 대부분의 《윌란스포스텐》 독자에게는, 정치적인 그리고 가끔은 종교적인 만화에서 심지어는 국가 수반 때로는 교황을 포함한 주교들과 같은 공인까지 풍자하는 긴 역사를 가진 서구적 전통에서 미뤄 볼 때, 그 만화가 가벼운 풍자와 희화화로 받아들여졌겠지만, 혹자는 독자의 감수성을 자극할 수 있으리라는 생각을 가진 언론 편집자에 의해서 그런 만화는 '삭제돼 걸러졌을' 것이라고 주장한다(Wallis 2007). 그러나 이 특정한 한 묶음의 만화는 유럽, 중동 그리고 멀리는 동남아시아에서 막대한 폭력적인 반응에 불

2) 출처는 다음과 같다. http://en.wikipedia.org/wiki/Jyllands-Posten_Muhammad_cartoons_controversy(이 출처는 12편의 만화도 담고 있다-옮긴이). 달리 밝히지 않는 한, 이 글에서는 상당수의 인용출처에서 정보를 취합해서 쓴 이 위키피디아의 내용을 덴마크 만화 사건의 역사에 대한 기초 자료로 활용했다.

을 붙였으며 결국 해외에서 50명이 사망했다. 이슬람교도 시위와 폭력은 크지 않은 나라 덴마크의 국경을 넘어서 반작용을 낳았다. 그 결과 덴마크 총리 아네르스 라스무센(Anders Rasmussen)은 그 상황에 대해서 '제2차 세계대전 이래 덴마크 최악의 국제적 위기'라고 평하기에 이르렀고, 덴마크에서 이슬람교 집회를 인도하는 성직자들(이맘)은 통렬한 독설을 퍼부었으며, 이슬람교도가 다수를 점하는 열한 개 나라 대사들은 라스무센과의 면담을 요청했고, 몇몇 이슬람교 국가에서 덴마크 물품 구매 거부 운동이 일어나면서 덴마크의 수출이 6분의 1 정도 줄어들었다.

따라서 그 만화가 신문에 게재된 것은 덴마크의 이슬람교도(10월 14일에 5천 명의 이슬람교도들이 코펜하겐 거리에서 시위를 벌였다)만이 아니라 유럽과 여타 각지의 이슬람교도를 분노케 만들었다. 덴마크 정부와 법원이 신성 모독에 대한 제재를 취하지 않는 것에 좌절감을 느꼈을 법한 급진적인 덴마크의 이맘들은 종교적 화재라고 할 수 있는 이 사태에 기름을 끼얹었다. 이맘들은 '이슬람 혐오주의' 때문에 빚어진 적대 행위에 대한 이슬람교도의 불만을 모은 자료를 모으기에 이르렀다. 공적인 모욕, 폭력행위, 주택과 고용에서 차별을 당했다는 주장 등과 함께, 그 자료집은 원래 게재되었던 12편의 만화보다도 훨씬 더 공격적인 만화들을 추가했는데, 다른 덴마크 신문에 실렸던 만화 가운데 하나는 무함마드의 얼굴을 돼지로 그려 놓았다. 이후에 밝혀졌듯, 이 만화는 사실 프랑스에서 팩스로 전송된, 한 시골 축제에서 열린 돼지 울음소리 콘테스트에 참가한 사람의 모습이었지만, 그 자료집이 이슬람교 국가에서 공개되자 덴마크의 이슬람교도 공동체에 대한 격한 동정만큼이나 강한 분노가 《윌란스포스텐》을 향해 쏟아졌다. 12월에 메카에서 열린 57개국 정상이 참여하는 이슬람회의기구(OIC)에서는 '어떤 나라의 언론에서 자행된 성스러운 선지자 무함마드에 대한 신성 모독'에 깊은 우려와 비난을 표명하였고, '모든 정부는 모든 종교와 종교적 상징에 대한 완전한 존중을 보장'하라는 촉구가 이어졌다.[3] 덴마크 물품 구매 거부 운동과 함께, 2006년 2월 폭력 시위의 여파로 시리아 소재 덴마크와 노르웨이 대사관 방화 사건이 발생했고 2월 5일에는 터키 흑해의 항구에서 열여섯 살 소년이 가톨릭 사제를 살해했다.

동시에, 이슬람교도의 이러한 분노, 그리고 이 사태에 대한 사과와 해당 신문에 대한 국가 제재가 있어야 한다는 그들의 요청은, 단순한 풍자에 대한 과잉 반응이 아니냐는 인식과 함께, 언론에 표현의 자유가 주어진 것을 문제 삼는 것이 더 큰 문제라고 인식한 서방의 분노를 불러일으키기에 이르렀다. 덴마크 형사법에서 규정한 신성 모독에 관한 오래된 법률을《윌란스포스텐》에 적용해야 한다는 덴마크 소재 이슬람교 집단의 요구는 덴마크 판례에 따르면 '언론인이 공공의 관심이 미치는 주제를 다룰 때는 편집권의 자유가 보장된다'고 결론 내린 지역 담당 검사에 의해서 퇴짜를 맞았다. 이보다 훨씬 근엄한 비난이 2006년 3월 1일 프랑스의 풍자적 신문《샤를리 에브도》(*Charlie Hebdo*)에 실린 〈새로운 전체주의에 함께 대항하며〉라는 선언문에 담겼는데, 이것은 〔루시디와 프랑스 철학자 베르나르-앙리 레비(Bernard-Henri Lévy)를 포함한〕 12명의 저술가가 서명한 것으로, '이슬람주의'를 '여성에 대한 남성의, 비근본주의자에 대한 근본주의자의 부정의와 지배의 세상'을 만들어 낼 뿐인 반동적 전체주의 이념이요, 암흑의 세력이라고 경고하고 있다.[4] 대체로 고루한《뉴욕 타임즈》는 사설에서 '온건 이슬람교도가 확실한 입장을 취하지 않음으로써 이슬람주의자를 달랠 수 있다는 착각에서 벗어날 때다. 〔…〕 바로 그들이 자기 민족에게, 이슬람교 사원을 폭파하고, 인질의 목을 베고, 자살 폭탄벨트를 몸에 걸치는 것이 먼 나라의 신문에서 만화 몇 편 게재한 것보다 훨씬 더 큰 악행임을 분명히 밝혀야 할 것이다'라면

3) 2005년 12월 7일에서 8일 사이, 사우디아라비아 메카에서 '21세기의 도전에 대한 응전, 행위의 연대'라는 주제로 제3차 이슬람 정상 특별회의가 열렸는데, 그 최종 성명이 바로 이 내용의 출처이다.

4) 덴마크어로 번역된 선언문이《윌란스포스텐》에 곧바로 실렸는데, 이 신문은 바로 몇 주 전만 해도 그 만화를 게재한 것에 대해서 사과 성명을 발표했었다.

서 분노를 토해 냈다(February 25, 2006).

이 사건과 그 반향을 비합리적인 '문명의 충돌'이라는 프리즘을 통해서 보는 것은 안이한 일이다(Huntington 1996).[5] 그러나 뒤르켐의 영향력 있는 저서《종교 생활의 기초 형태》에서 도출된 뒤르켐식의 분석 도구 — 특히 한 쌍으로 이뤄진 '신성'과 '세속'의 개념 — 를 사용해 더 깊이 있게 분석하면 고전 이론이 우리가 처한 세계와 관계가 있음을 보여 줄 수 있는 기회가 될 것이다. 특별히 관심을 기울일 것은 집합적 정체성과 관련한 문화적 변동에서 신성성이 가지는 역할에 대한 사회학적 이해이다.

여기에서의 내 접근법은 제프리 알렉산더가 뒤르켐적인 도약대를 디딤돌로 해서 상당한 세월에 걸쳐서 발전시켜 온 '문화사회학'의 맥락에 아주 가깝다(Alexander 1988, 1992). 사회적 상호 작용 — 사회학이 기본적으로 다루는 — 이 무엇인지 이해하는 것은 모든 행위의 환경이 되는 상징적 형태를 이해하는 것이다. 의미의 '외부', 즉 물질적 측면과 보완관계를 이루는 의미의 '내부'적 측면이 있다. 사회학자가 재발견하고자(혹은 '들춰내고자') 하는 '내부적 의미'란 개인에 따라 다를 수 있는 특유한 태도가 아니라 사회적 주체가 의미 있는 것으로 받아들이는 **상징적 유형의 조직화된 묶음**이다(Alexander, 1992: 296).[6]

5) 사실 이러한 헌팅턴식의 기억하기 쉬운 어구는 그 만화를 둘러싼 논란을 다루는《월스트리트 저널》의 한 사설 제목에 등장했는데, 이 사설은 아테네의 신에 대한 신성 모독 때문에 처형된 소크라테스가 당했던 부당함을 비판하는 서구적 전통의 견지에서 볼 때 이 사건을 둘러싼 폭력은 '대부분 근대 이슬람의 전근대성'을 보여 주는 것이라고 비난했다. 그 사설은 '영국의 이슬람교도가 '이슬람을 조롱하는 자들을 도살하라'는 현수막을 들고 나왔을 때' 그들은 맥빠질 정도로 평이하게 그러한 전통과의 차이를 보여 준 것이라고 확언했다(2006년 2월 11일).

6) 사회적 현상의 '내부적 의미'에 대한 이해에 강조를 두는 것은 막스 베버의 중심 개념인 **이해**(*Verstehen*)와 상당히 유사하며, 이런 입장은 '자연'에서 작동하는 외적 인과관계를 설명하려고 하는 자연과학에 대조되는, '문화'의 의미를 '이해'하는 것을 추구하는 인간과학의 분화를 설명하려 했던 딜타이(Dilthey)로부터 말미암았다(독일적 전통에서의 '문화'에 대한 최근의 비판적 논의를 보려면 다음을 참고하라; Lepennies, 2006). 베버와

나는 이 글에서 덴마크 만화와 그것이 불러일으킨 반응을 사회 문화적 **맥락**의 측면에서 **해석**할 필요가 있는 하나의 **텍스트**로 삼는 것을 시도한다. 뒤르켐주의적 분석을 적용하기 전에 내가 다루려고 하는 것은 이슬람교도가 살고 있는 유럽과 그들이 살고 있는 사회의 사회 문화적 맥락이다. 이슬람교도가 아니며 아랍의 정보출처에 대한 직접적인 접근을 할 수 있는 것도 아니어서, 나는 타리크 라마단(Tariq Ramadan, 출처: Ruthven 2007)과 후마윤 안사리(Humayun Ansari 2004)와 같은 유럽계 이슬람교도 학자나 혹은 고(故) 막심 로댕송(Maxime Rodinson 1987)이나 올리비에르 로이(Olivier Roy 2004, 2007)와 같은 비이슬람교도인 유럽의 전문가가 가진 '내부자 지식'을 가지고 있다고 주장하지는 않는다. 그러나, 감정에 좌우되지 않는 탐색이라는 사회학적 정신으로 나는 덴마크 만화 논쟁에 잇따랐던 보도보다 더 완전성을 갖춘 사회학적 이해를 독자에게 제공하려고 한다. 이런 작업은, 인류학자 클리포드 기어츠가, 예를 들면 발리의 닭싸움 분석(Geertz 2000: 412-53)에서 보여 주었던 것과 같이, 다중적, 복합적 상징 구조들을 한데 묶어 내면서 인기를 끌었던 — 혹은 기어츠에 이어서 뒤르켐의 신성/세속의 이분법을 기술적 담론에 적용했던 알렉산더(Alexander 1992)의 분석에서 보이는 — '심층 묘사'(thick description)의 맥락에서 이뤄질 것이다.

뒤르켐의 이론을 적용시키는 작업에 착수하기 전에, 9.11 이후 현대 이슬

의 차이는, 그가 세계에 대한 행위자의 인지적 경향을 가늠하는 데 해석적 이해를 적용한 반면, 알렉산더는 하버마스에 대한 비판에서, 객관성은 인성의 더욱 비합리적이고 원시적 동기에 터를 두고 있다고 강조한 것이다. 그가 말하듯, '심지어 근대 사회라는 것을 알려 주는 사상도 확정된 사실의 인지적 저장소에서 나온 것이 아니다. 그것은 지속적으로 깊은 감정적 충동에 의해서 모양이 갖춰지고 있으며 의미 있는 제약에 의해서 빚어지고 있다'(Alexander 1992: 304). 베버의 접근법이 문명간 종교적 경향성과 경제적 실천윤리 사이의 '선택적 친화성'을 이해하는 데 상당히 자기 발견적인데 반해서, 알렉산더가 활용하는 해석적 접근법의 문화적 연구는 클리포드 기어츠(Geertz 2000)와 맥을 같이 하며, 피시(Fish 2005)가 최근에 강조한 대로 종교의 인지적 그리고 감정적 측면에 대한 뒤르켐의 이해와 궤를 더 많이 같이 하고 있다. 나는 이러한 후자의 관점이 덴마크 만화 때문에 생겨난 감정을 이해하는 데 더욱 관련이 깊은 것이라고 본다.

람교도의 유럽, 즉 이슬람과 근대 유럽 모두에게 본질적으로 새로운 세상이 어떤 것인지에 대해서 이해할 필요가 있다.

II. 새로운 유럽(들)

2007년 3월, 최초 6개 회원국(벨기에, 프랑스, 독일, 이탈리아, 룩셈부르크, 네덜란드)으로부터 최근에 추가된 회원국(불가리아, 루마니아)까지 모두 27개 회원국을 갖춘 유럽연합이 로마 조약 50주년을 맞이하자 유럽 전역에서 축하 물결이 일었다. 반세기 전, 로마 조약은 제1차 세계대전 종전 때 체결된 베르사유 조약의 음울한 운명을 피하기 위해서 서유럽에서 새로운 경제 협약 차원에서 맺어졌다. 1957년에 창설된 유럽경제공동체(EEC, European Economic Community) — 1952년의 유럽석탄철강공동체를 모태로 해서 만들어졌던 — 는 1993년 신설 유럽연합(EU)이 되면서 (그 이름에서도 상징되듯) 그 진화에서 주요한 발걸음을 내딛었다.[7] 2000년대에 들어와서 일어난, 획기적인 것까지는 아니라 해도, 두 가지 특기할 만한 점을 들자면: (a) 2002년 1월, 13개 회원국이 새로운 통화 유로(€)를 채택했는데, 경제적인 규율이 자리잡은 유로 지역(eurozone)에서, 그 동전과 지폐가 이전의 각국 통화를 대체했다는 것 그리고 (b) 니스 조약에 따라서(2003)〔니스 조약은 유럽연합의 확대 등을 규정한 조약으로 2000년 12월에 15개국이 승인했다-옮긴이〕 EU가 10개국을

7) 유럽연합의 형성, 구성, 현재 처해 있는 조건에 대해서 자세한 정보를 알려면, 다음을 참고하라; Dinan(1999), Cram, Dinan, and Nugent(1999), Gerven(2005), 그리고 Giorgi, von Homeyer, and Parsons(2006). 유럽연합의 형성에 영향을 미친 것은, 더 이상의 전쟁을 피하기 위해서는 독일과 프랑스의 경제 통합이 필수적이라고 믿었던, 장 모네(Jean Monnet)와 로베르 슈만(Robert Schuman)이 전후에 가졌던 비전이었다. 그러한 비전을 실천에 옮긴 것이 1952년 유럽석탄철강공동체였는데 그 성공이 바로 로마 조약의 배경이었다.

추가했는데, 그 가운데 8개국은 이전 소비에트 제국의 강고한 속박에서 벗어난 지 15년밖에 지나지 않은 나라라는 점이다.

여러 관점에서 봤을 때, 유럽연합의 발달에 수반한 '새로운 유럽'의 구조적 변형은 근대사의 경제, 정치 **통합**의 대성공 가운데 하나다. 더더욱 이런 평가가 가능한 것은 EU의 상당한 규모 확대가 평화롭게 이뤄졌기 때문이다. 어느 회원국 사이에도 전쟁이 일어나지 않았고, 통합 과정에서 합의 형성이 우선 과제로 취급되었다. 유럽연합의 지역 개발 정책은, 아마도 사회민주적 성향과 기독 민주적 성향의 혼합이라는 유럽 대륙의 대표적 경향을 반영하면서, 상대적으로 빈곤한 나라(초기 회원국 가운데, 아일랜드, 그리스, 포르투갈 등)의 생활 수준을 끌어올렸고, 새로이 편입된 구동구권 나라에게도 같은 조치를 취할 지역발전기금 형성을 공약으로 삼고 있다. 유럽연합은 **다양성 속의 연합**(*in varietate Concordia*)이라는 — 초국적 연정체인 그것의 이상을 잘 표현해 주는 — 그 금언을 이행하고 있다.

새로운 유럽의 구조적 변형은 심원한 것인 동시에, **정체성**의 수준에서는 더욱 미묘한 다차원적 변화를 반영한다. 제라드 드란티(Gerard Delanty 1995)는 '타자'의 반대로서 유럽 통합이라는 전통적인 사상이 수 세기에 걸쳐 역사적으로 형성되어 왔으며, 여기서 '타자'란 다양한 역사 단계에서 '동양', '동쪽', '이슬람'을 의미해 왔다고 주장한다. 이러한 그의 폭넓은 분석을 확대해서 더욱 구체적인 수준에서의 역사적 반감을 포함시킬 수도 있을 것이다. 따라서, 예를 들면, 영-불 갈등(과 그 양면성)은 중세로부터 20세기 여명기까지 그들 각각의 민족적 정체성을 정의내리는 데 중요한 역할을 했다[8]; 이와 관련해, 19세기와 20세기 공격적인 독일 군사주의가 1870년부터 (1871년에서 1918년 사이의 알자스-로렌 병합을 포함해) 1940년 사이 세 번의 야

8) '때때로, 프랑스와의 전쟁은 영국인들로 하여금 명백히 적대적인 타자와의 대립구도에 들어서게 만들었고, 그 타자에 대해서 그들을 집합적인 반대의 입장을 서도록 고무했다'(Colley 2005: 5; 이와 관련해 다음도 보라, Kumar 2003: 162-64).

만적인 전쟁을 일으키면서, 프랑스에서 근대적 타자로서 독일인을 경멸스럽게 일컫는 '훈족'(les Boches)이라는 표현을 주로 사용하도록 만들었다. 그러나 드골과 아데나워 사이의 전후의 화기애애한 관계로부터 시작해, 이에 뒤이은 유럽연합과 그것을 보완하는 유럽회의(Council of Europe)의 발달로 말미암아, 프랑스와 독일 사이는 적대관계에서 다중적 실무 협력관계로 눈에 띄는 변천이 지속적으로 이뤄졌으며, 그 사례로는 여성 인신매매에 대한 공동 통제나 2003년 이라크 전쟁에 상당한 반대 입장을 함께 표한 것 등을 들 수 있겠다.

유럽 여론이 유럽연합을 만장일치로 지지하는 입장은 아니지만 — 그것이 브뤼셀에 소재한 막대한 규모의 비인격적 관료제 기구라는 것이 그 부분적인 이유이기도 하다 — 그럼에도 불구하고 유럽연합을 넘어서는 **유럽인의 정체성**을 수용하느냐 여부를 두고 상당한 변화가 있어 왔다(Herrmann, Risse and Brewer 2004). 이것은 더욱 지역적인 다른 집합적 정체성과 벌이는 제로섬 게임이 아니다. 그러나 유럽인의 정체성을 가지는 것은, 다시 말해 유럽의 시민이라는 느낌을 가지는 것은, 유럽연합의 도래가 지역적 정체성은 물론이고 민족적 정체성과 병립할 수 있는 것으로 받아들여지는 젊은 세대에서 싹트고 있을 수 있다.[9] 이렇게 새로이 발현되고 있는 — 경제, 문화 차원의 혼합물로서 — 집합적 정체성의 상징은 이미 자리를 잡고 있다. (전통적으로 미 달러화보다 강세인) 유로화(€)와 그 13개 회원국으로 이뤄진 유로존, 유럽 기(旗), 베토벤의 〈환희의 송가〉에서 따온 유럽가 등이 그것이다. 더구나, 이전의 조약을 흡수할 헌법은 2005년 두 번의 총투표에서 비준되지 못하고 새로운 기안 단계에 들어가 있다.[10] 언급할 만한 것은, 유럽에서의 새로

9) 이것은 **유럽 속의 독일**이라는 발현적 정체성의 상징으로 인해서 전통적인 '민족주의'를 거부한다는 것을 발견한 독일 대학생을 상대로 한 연구에서도 나타난다(Ezell, Seeleib-Kaiser and Tiryakian 2003).

10) 1777년, 미합중국의 첫 헌법이 기안되었지만 1781년에야 미국연합규약(Articles of Confederation)으로서 발효되었고, 7년 뒤 1788년 현재의 형태로 다시 만들어졌다는 것

운 '대서사'인데, 이에 대해서 쇼어가 유럽연합의 문화 정치란 지난 천 년에 일어난 문화적 지속성, 도덕적 상승, '다양성 속의 연합'의 '도덕적 성공의 이야기'라고 긍정적으로 평가한 것에서 적합하게 묘사되었다. 상징적으로는, 서구 문화유산의 대표적인 인물을 떠올리도록 만드는 주요한 교환 교육 프로그램들의 약칭이, 'ERASMUS'(에라스무스), 'SOCRATES'(소크라테스), 'LEONARDO'(레오나르도)라는 데에서도 드러난다(Shore 2000: 57).

확실히, 유럽 통합과 문화적 다양성의 통일이라는 프로젝트는 완결되지 않았다. 공산주의적/전체주의적 과거로부터의 흔적, 상이한 언어적인 배경과 함께, 서구로부터 상당한 규모의 자금 투입을 필요로 하는 낮은 사회경제적 수준을 가진 동구권 국가의 재빠른 가입이 도전적인 과제를 던져 준다. 모든 상황을 고려해 볼 때, 유럽 통일은 제2차 세계대전 종전 때에 유럽을 방문해 본 적 있는 어떤 이 — 나폴레옹 전쟁 말기의 생시몽(Saint-Simon 1814)과 같은 몇몇 몽상가를 제외하면 — 도 상상할 수 없었던 만큼 이뤄졌다. 오늘날의 '새로운 유럽'은, 유럽연합의 경제적 근대화라는 자극 그리고 이에 못지않게 그 자매기관이라 할 수 있는 유럽회의가 인권(특히 소수자의)과 유럽의 문화유산을 확대하려고 기울이는 정치·문화적 관심으로 인해서, 뒤르켐의 조카인 마르셀 모스(Marcel Mauss)가 지지했던 '국제주의'(internationalism)의 모델에 가깝게 성장했다. 1920년에, 모스는 국제주의라는 용어를, 국가를 부정한다고 그가 주장했던 '세계 시민주의'(cosmopolitanism)나 국가를 고립시키는 이념인 '민족주의'로부터 분리시켰다. 그는 국제주의란 국가와 사회 사이의 관계를 총괄하는 사상과 감정의 총체라고 강조했다(Mauss 1969).[11] 그것이 — 아무리 자주 중단되곤 한다

을 염두에 두라. 유럽헌법의 형성에서도 그러하듯, 어떻게 작은 주와 큰 주의 대표권을 설정할 것인가가 논쟁의 커다란 원천 가운데 하나였다. 역설적으로, 근래 들어 '정교 분리'가 첨예한 논쟁을 불러일으켜 온 미국에서보다, 종교 문제가 유럽헌법 기안 과정에서 더욱 험악한 논쟁을 불러일으켰다.

11) '국제주의란 〔…〕 사상과, 감정과 규칙과 집합적 집단들로서, 그 목적이 국가 간,

하더라도 — 바로 유럽 프로젝트가 그 제도와 초기 단계의 집합적 정체성의 합의를 통해 실현하고자 해 온 것이다.

따라서, 자기 표현이라는 개인의 권리를 보호하면서 그 시민과 소수자의 필요에 상응하는 (주로 세속적인) 합의에 기초를 두고 번영을 구가하며 통합된 유럽은, 오늘날 사실상 존재하며 또한 대중의 상상 속에 있는, 새로운 유럽 가운데 하나인 것이다.

III. 새롭고 '다른' 유럽

이상향까지는 아니라고 하더라도 목가적인 것처럼 보이는 유럽과 병렬시킬 수 있는 것은 또 다른 새로운 유럽으로서, 19세기 타지로 이민을 내보내는 지역으로부터 21세기 타지로부터 이민이 들어오는 지역으로 변모한 유럽이라 할 수 있다. 더욱 놀라운 것은, 통합과 정체성 논의의 전면에 이슬람교 이민자의 새로운 유럽이 부상했다는 점이다.[12] 만약 유럽연합이, 특히

그리고 사회 간 관계를 일반적으로 계획하고 총괄하는 것이다'(L'internationalisme est 〔…〕 l'ensemble des ideés, sentiments, et règles et groupements collectifs qui ont pour but de concevoir et diriger les rapports entre les nations et entre les sociétés en générale)(Mauss 1969 : 630).

12) 간결성을 기하기 위해서, 여기서 나는 유럽의 '사회적 풍경'을 이민의 새로운 지역으로 바꾸어 놓은 몇몇 이민의 물결에 대한 논의를 생략한다. 이러한 운동에 포함된 부류는 다음과 같다. 우선 이전에 식민주의를 표방하던 중심도시(런던, 파리, 브뤼셀, 암스테르담)로 각 제국의 말기에 건너온 이민자들; 그 광범위한 지역이 경제성장을 경험하기 전에 유럽 '남부'(스페인, 포르투갈, 유고슬라비아, 그리스와 같은)에서 건너온 막대한 수의 '이주 노동자'; 그리고 소비에트 연방(소련)의 해체, 국경 통제의 완화로 동유럽, 특히 폴란드에서 건너온 이민자. 주로 경제적인 이유 때문에 질 낮은 고용에도 불구하고 건너왔다면, 일부는 고국에서의 폭력적인 인종 갈등이나 정권 교체의 시기에 피난처를 찾아서 이민했다. 유럽의 이슬람교 제도와 기관을 폭넓게 다루는 정보를 보려면 다음을 참고하라. Maréchal, Allievi, Dassetto and Nielsen 2003; 그리고 Allievi and Nielsen 2003. 물론 이 두 권 모두 덴마크 만화 사태가 발생하기 전에 출간되었다.

젊은 세대에게, '옛 유럽'을 위한 새롭고 대체로 긍정적인 범유럽적 정체성의 기초에 자리하고 있다면, 이슬람교도를 받아들인 사회에서 통합의 구조적, 사회심리적 장벽에 직면해 있는 유럽의 이슬람교도 이민자를 위한 핵심적인 집합적 정체성의 근거가 바로 이슬람이라는 주장을 펼 수도 있을 것이다. 이 정체성의 침해 — 그 차원이 전 지구적인 — 가 덴마크 만화 갈등을 이해하는 데 뒤르켐의 직접적인 적합성을 보여 주는 것이다. 그러나 이러한 해석에 앞서 '새로운 유럽'의 특성으로 이슬람교도 이민에 대한 더 자세한 기술적 자료를 보일 필요가 있다.

제2차 세계대전 이후 확연한 유럽의 경제 재건과 이후 수십 년 동안 이뤄진 지속적 발전은 그 지역 — 애초에는 '북유럽'(영국, 프랑스, 벨기에, 독일, 네덜란드, 스칸디나비아), 이후에는 '남유럽'(포르투갈, 스페인, 이탈리아, 그리스) — 을 세계은행의 기준에 따른 '고소득 국가'로 부상시켰다. 마셜 플랜[1]의 성공과 함께, 제2차 세계대전 당시 상당한 사상자를 낸 뒤 인구가 노령화함에 따라, 유럽 재건에 필요한 노동력 부족이 생겼다. 1960년대와 1970년대 초기의 '공급'은 한 국가에서가 아닌 여러 지역으로부터 충당되었다. 대체로 중유럽(주로 유고슬라비아), 북아프리카, 중동(특히 터키)과 남아시아(주로 인도, 파키스탄)가 그 지역이었다. 1972년에서 73년의 석유파동이 유럽 경제성장의 지연으로 이어지면서 유럽 외 지역으로부터 더 이상의 노동 수요가 생기지 않도록 만들었다. 그러나 가족 재결합을 위한 추가적인 이민자에 대한 문호는 개방되어 있었고(50만 명으로 추산된다), 아프가니스탄, 이란, 중동, 유고슬라비아(특히 보스니아-헤르체고비나), 그리고 몇몇 아프리카 국가에서 심각한 갈등에서 유발된 폭력과 전쟁을 피해 정치적 망명을 원했던 이들이(약 40만 명) 1980년대와 90년대에 이슬람교권 국가에서 쏟아져 들어왔다(Pauly 2004). 마지막 순서에 열거하지만 그 규모를 무시할 수 없는 것은, 매년 12만 명에서 50만 명에 이르는 대규모 불법 이민자다(Savage 2004: 26).

이러한 상황은 유럽에서 상당한 규모로 인종 혼합이 이뤄지도록 했을

표 12.1 유럽 국가에서 이슬람교도 비율, 2005년 추정치

나라	전체 인구 (백만 명)	이슬람교도 인구 (백만 명)	이슬람교도 비율 (%)
알바니아	3.1	2.2	70.0
오스트리아	8.2	.34	4.1
벨기에	10.3	.4	4.0
보스니아-헤르체고비나	3.8	1.5	40.0
덴마크	5.4	.27	5.0
프랑스	62.3	5.0-6.0	8.0-9.6
독일	82.5	3.0	3.6
이탈리아	58.4	.825	1.4
마케도니아	2.1	.63	30.0
네덜란드	16.3	.95	5.8
스페인	43.1	1.0	2.3
스웨덴	9.0	.3	3.0
스위스	7.4	.31	4.2
터키	68.7	68.0	99.0
영국	58.8	1.6	2.8

출처: BBC 뉴스(2005년 12월 23일). http://news.bbc.co.uk/2/hi/europe/4385768.stm.
유럽에서 이슬람교도 인구에 대한 일관된 조사가 없다는 사실을 염두에 두고 이 표를 봐야 한다.

뿐 아니라 그 과정에서 '다문화주의', 집합적 정체성, 그리고 비전통적 유럽인을 유럽의 주류로 통합시키느냐 아니면 그들의 문화, 사회적 관습에 자율성과 지배력을 부여할 것인가 등의 논쟁을 촉발시켰다(Christiansen and Hedetoft 2004; Rex and Singh 2004). (북아프리카, 중동과 아시아 출신의) 다양한 이민 공동체 가운데 인종적으로는 다원적이지만 이슬람교 단일신앙을 가진 공동체가 통합에 가장 큰 도전이 되었다.[13] 게다가, 출신지와 이주 궤적이 다양해지는 와중에, 전 지구적 요소에 맞서는 '새로운' 종교적 정체성과

13) 이들 가운데, 보스니아와 알바니아인이, 공적, 사적 영역 모두에서 종교를 축출했던 공산주의 시대가 끝나고 나서 그들의 종교적 소속을 발견하거나 재발견했다. 켈리가 말하듯, '보스니아와 헤르체고비나에서 정치의 인종화가 최근에 일어난 것이라면, 독특한 이슬람교적 보스니아 정체성과 이슬람교적 보스니아 공동체라는 개념 또한 상대적으로 최근의 것이다'(Kelly 2004: 207).

함께, 특히 주류 유럽 사회에서 소외되었다고 느끼는 유럽 태생의 제2세대와 제3세대를 위해서, 이러한 공동체에서는 문화적으로 강력하게 현존하고 있는 이슬람을 (재)도입했다. 과거에는 기독교적이었지만 지금은 세속화된 유럽에서, 유일신론적인 공동체적 신앙과 더불어, 그 공동체의 인구학적인 유리함이 강점이 되었다.

첫눈에 보기에는, 표 12.1에서 나타나듯, 다양한 국가에서 인구 규모와 그 가운데 이슬람 인구가 차지하는 비율로 따지면, 유럽에서 이슬람의 존재는 미미하다.[14)]

유럽연합에서 오로지 (2007년에 새로운 회원국이 된) 불가리아만이 이슬람 인구가 10% 혹은 그 이상이다(표에는 기록되지 않았지만 13%로 추정되며, 대부분이 수 세기 동안 그 나라에서 살아 왔다.[15)]). 유럽연합에서 아마도 프랑스가 이슬람 세계와 가장 긴 접촉의 역사를 가지고 있을 텐데, 근대를 살펴보면 나폴레옹의 이집트 정복 실패와 이후의 알제리 정복, 그리고 북아프리카와 동부 지중해 제도로부터 지식인, 여타 전문직 종사자, 서비스 노동자와 비숙련 노동자와 같은 이질적인 인구가 프랑스로 유입된 것을 들 수 있다.[16)] 프랑스는 (물론 터키를 제외하고는) 가장 큰 규모의 이슬람 인구를 보유하고 있는데 전체 인구의 5%에서 6% 정도로 추산된다.[17)] 알바니아, 보스니아-헤

---

14) 여러 나라와 지역에서 종교 집계를 내는 것은 아주 어렵다. 유럽의 이슬람교도 또한 예외는 아니다. 덴마크만 봐도, 시몬센은 이슬람교도가 전체 인구의 3% 또는 15만 9천 명인 것으로 파악하고 있지만(Simonsen 2002: 122), BBC 뉴스에 따르면 2005년에 그 수치는 27만 명 또는 인구의 5%에 달한다(BBC News 2005: 3).

15) http://www.nationsencyclopedia.com/economies/Europe/Bulgaria.html.

16) 프랑스에서 '근대'에 들어서 이슬람 세력이 존재하게 된 것은, 오귀스트 콩트의 실증주의를 따르는 무리를 필두로 1895년부터 시작된 현상이다(Sellam 2006: 29). 후기 빅토리아 왕조의 영국에는 리버풀의 퀼람(Quillam)이라는 개종자가 이끄는 작지만 활발했던 이슬람교도 공동체가 있었지만, 이것을 둘러싼 더 폭넓은 공동체로부터 비난받았다 (자세한 내용은 다음 참조, Ansari 2004: 82-84).

17) 2002년 러시아 인구조사에 따르면, 많은 수가 실제로 이슬람교도로 살지 않는다는 점을 감안해도, 거의 러시아 인구의 10% 혹은 1,434만 명이 다양한 인종 집단으로부터

표 12.2 출산율 비교, 서유럽과 이슬람교도 국가들(2007년)

서유럽	총출산율 (출생아 수 /여성 1인)	이슬람교국	총출산율 (출생아 수 /여성 1인)
프랑스	1.98	아프가니스탄	6.64
아이슬란드	1.91	세네갈	5.00
아일랜드	1.86	이라크	4.07
노르웨이	1.78	사우디아라비아	3.94
덴마크	1.74	파키스탄	3.71
핀란드	1.73	시리아	3.31
네덜란드	1.66	리비아	3.21
스웨덴	1.66	모로코	2.62
영국	1.66	요르단	2.55
벨기에	1.64	알바니아	2.03
포르투갈	1.48	터키	1.89
독일	1.40	알제리	1.86
이탈리아	1.29	튀니지	1.73
스페인	1.29	이란	1.71
폴란드	1.26	보스니아-헤르체고비나	1.23

출처: 이 자료는 미 중앙정보국(CIA)의 2007년 추정치에서 나온 것이다. https://www.cia.gov/library/publicatins/the-world-factbook/rankorder/2127rank.html.
비교를 돕기 위해 추가하면, 미국의 해당 수치는 2.09이고 세계 평균은 2.59이다.

르체고비나, 터키 외에는, 이전 유고슬라비아 연방이었던 마케도니아만이 상당한 (그리고 점증하는 비율의) 이슬람 인구를 가지는데, 거의 전체 인구 가운데 3분의 1이 이슬람교도이다.

비록 유럽에서 이슬람 인구 비중 자체가 문제될 것은 없어 보이지만, 여

나온 이슬람교도이다. '러시아의 이슬람'이라는 제하의 다음 정보를 참고하라. http://en.wikipedia.org/wiki/Islam_in_Russia. 이 논의에서 러시아를 다루지 않고 있는데, 그 이유는 광대한 영토와 그만큼이나 복잡한 문화가 유럽과 아시아를 가로지르고 있기 때문이다. 하지만, 체첸 반군과의 장기적인 전쟁, 체첸과 다른 곳으로부터의 이슬람교도 이민자의 모스크바 유입(모스크바의 250만 이슬람교도 인구는 유럽의 도시 가운데 최대 규모이다), 그리고 가파른 속도로 진행되는 러시아 인종의 인구 감소 등은 여타 유럽 지역과 그다지 다를 바 없이 긴장을 증대시키고 있다(Mainville 2006).

타의 인구학적 요소를 고려하면 문제는 더 커진다. 표 12.2에서는 고실업률, 정치적 위기, 정권 교체를 비롯해 고국을 등지는 막대한 수의 망명객을 낳는 다양한 요소 탓에 이민을 내보내는 진앙이 되어 왔거나 그리 될 것으로 보이는 이슬람 국가의 출산율과 유럽 국가의 출산율을 비교했다.

서구 국가에서 특기할 점은, **통상적인 인구 대체 수준으로 고려되는 여성 1인당 출산율 2.1을 밑돌고 있다는 것**이다. 프랑스가 대체 수준에 가장 근접한 출산율 1.98을 기록하고 있고, 덴마크를 포함한 스칸디나비아 국가는 상당히 낮은 수준을 보이며, 역사적으로 높은 출산율을 가지고 있던 '가톨릭' 국가로 인식되어 왔던 나라 — 포르투갈, 이탈리아, 스페인, 폴란드 — 에서의 출산율조차 거의 무너져 내리고 있는 형편이다. 반면 제2차 세계대전 이래로 최근까지 이민자를 유럽으로 내보내는 주로 중동과 남아시아에 있는 이슬람 국가를 비교해 보면 출산율이 대체 수준을 넘어선다. 그러나 터키, 이란, 그리고 알제리, 모로코, 튀니지를 포함한 소위 마그레브 지역[2] 국가의 출산율은 서유럽 국가와 비슷하다는 점을 지적해야만 한다.

두 번째 인구학적 측면은 종교다. '기독교' 지역이라는 대중적인 이미지를 가진 유럽은 19세기부터 후기 계몽주의의 세속화 경향을 지속해 오고 있다(Chadwick 1975). 가장 최근에는 유럽의 문화유산을 어떻게 정의 내리느냐에 대해서 유럽헌법을 둘러싸고 벌어진 논쟁은 종교적 보수주의자가 제기한 격렬한 주장에 이어서 신과 기독교 유산에 대한 언급을 모두 없앤다는 결론에 이르렀는데, 비록 모든 서유럽 국가가 문화적 배경에 이런 유산을 가지고 있음(적어도 샤를마뉴 대제와 신성로마제국으로 거슬러 올라가는)에도 불구하고 이런 결론이 내려졌다. 2003년에 신과 기독교 가치를 적어도 헌법 전문에서 인정해야 한다는 국가(특히 폴란드, 이탈리아, 독일, 리투아니아)가 '패배'한 것은, 프랑스와 그 나라의 정교분리 원칙 중시(Roy 2007), 스칸디나비아 국가, 그리고 심지어 프랑코 총통 이후의 스페인을 포함한 다양한 유럽적 배경에서 명백하게 세속화가 진전되었다는 것을 알려 준다.

'세속화'는 근대성과 연관되는 골칫거리이자 다차원적인 개념인 반면, 서유럽에서 주류 종교 조직에 기반을 둔 전통적 종교 신앙과 관습이, 특히 1960년대의 정치·문화적 격변 이후에, 꾸준히 퇴조해 왔다는 것은 부인할 수 없다. 이것이 반드시 유럽 토착민이 '영적'이지 않거나 신앙이 없다는 것을 뜻하지는 않지만, 유럽의 종교사회학자가 발견한 것처럼(Dobbelaere and Voyé 1990; Davie 2000; Hervieu-Léger 2003), 종교적 기억의 '돌연변이'를 발생시키면서 전통적인 종교적 그리고 (후기 계몽주의의) 자유주의적 요소가 '마구 뒤섞이고 있음'을 뜻한다고 볼 수 있다. 그런 '기억'은 기념비, 교회당, 공휴일, 그리고 아마도 인생의 시작점과 종착점(세례와 장례)에서는 여전히 살아 있지만, 성행위 등이 포함된 성년기에는 형편없이 약해진다.[18] 이 글에서 특별히 주목하는 덴마크는 국가가 지원하는 복음주의적 루터 교회가 있

18) 유럽인 가운데, 남녀의 의복과 행동에 대한 엄격한 규칙(아마도 이러한 규칙을 빅토리아 시대인도 인정할 법한데)이 부과되는 일종의 피난처를 제공하는 이슬람으로의 개종자가 빠른 속도로 증가하고 있는 것은, 아마도 성 관습과 행위에서 점증하는 방종이 그 원인으로 작용하고 있을 수도 있다. 양적으로는, 유럽의 정확한 이슬람교도 숫자를 파악하기 어려운 것과 마찬가지로 유럽인 이슬람교도 개종자 수를 알아내는 것이 어렵기 때문에 대체적인 추산치만을 구할 수 있다. 영국의 이슬람교도 개종자는 약 1만 4천에서 1만 6천 명에 이르는 것으로 추산되며, 이탈리아에서는 1만 5천에서 2만 명, 프랑스에서는 2006년에 이슬람교로 개종한 이가, 한해 전인 2005년의 1천 명에서 늘어난, 약 4천 명으로, 이는 독일과 거의 비슷한 숫자이다.

통계가 아닌 질적인 사례를 들면, 조그마한 일화가 상황 파악에 도움을 준다. 가장 많이 알려진 영국의 개종자 이본 리들리(Yvonne Ridley)는 유수 일간지 기자로, 개신교도 가정에서 자라났으며, 탈레반에 납치된 이후에 개종했는데, 한 덴마크 기자가 소박한 옷차림을 해야 하는 것에 대해서 리들리가 스트레스를 받지 않는지 날카롭게 물어봤다. 이에 대해 그녀는 다음과 같이 쏘아 붙였다. '이보세요, 당신이 만약 헤픈 여자나 창녀처럼 보이고 싶거나, 매춘부처럼 입고 싶다면, 그건 당신이 알아서 할 일이지만, 나도 그렇게 해야 한다고 기대하지는 마세요.' 또한 이렇게 덧붙였다. '다음 중에 무엇이 더 자유를 주나요? — 당신의 IQ로 판단받는 것인가요, 아니면 당신의 가슴 사이즈로 판단받는 것인가요?'(출처: *International Herald Tribune*, 2006년 8월 16일자). 영국의 백인 남성 개종자에 대해서, 한 논평자는, 이슬람은 '그들의 남성성에 호소'하며, 그들에게 더 큰 차원의 초국적 이슬람교 공동체 내에서의 정체성을 부여해 주는데, 이것은 '다른 이슬람교도와 공유되는 정체성이기에 필연적으로 서구에 반하는 연대'라고 말한다(위와 같은 출처).

다는 점에서 이 지역 기존 질서의 경향에서 상당히 동떨어져 있다. 공식적으로 덴마크 인구의 85%가 국가 교회의 구성원인 반면,[19] 덴마크인은 (여타 루터교 국가와 마찬가지로) 한편으로는 교회 참석률에서 이미 상당히 낮은 수준인 유럽의 평균보다도 낮고, 신, 영혼, 내세, 천국, 지옥, 죽은 자의 부활에 대한 믿음에서도 그러하다(Davie 2000). 바로 이러한 전통 유럽적(기독교적) 신앙과 관습이 빠른 속도로 그리고 지속적으로 쇠퇴하고 있는 것에 비해 유럽의 이슬람 소수 공동체는 그 중요성을 더하고 있다.

비록 덴마크의 이슬람 인구 추정치는 오락가락하지만(이는 모든 유럽 국가에서 그러하고, 더구나 덴마크 인구조사 설문에서는 종교를 묻지 않는다는 것을 염두에 두어야 한다), 덴마크의 540만 거주민 가운데 3.5% 정도가 이슬람교도라는 것은 납득할 만한 수치이다(2007 덴마크 통계연감). 표 12.3에서 볼 수 있듯, 덴마크의 이슬람 공동체는 다양한 민족적, 인종적 배경을 가지고 있다는 점을 상기해야 한다.

추정치에 따르면, 덴마크에서 이슬람은 두 번째로 큰 종교이다 — 이는 인접한 스웨덴은 물론이고 벨기에, 프랑스, 그리스, 이탈리아, 포르투갈, 스페인에서도 마찬가지이다(Savage 2004). 규모 면에서 보면, 거의 모든 여타 유럽연합 소속 서유럽 국가보다 훨씬 작은 이슬람 공동체다. 다른 이슬람 인구와 마찬가지로, 덴마크의 이슬람 인구는 최근 몇십 년 사이 증가세를 보였고 다가올 수십 년 동안에도 줄어드는 비이슬람교 인구에 비해서 증가할 것으로 예측된다. 다양한 정보출처를 바탕으로, 세비지는 이슬람교도가 2000년대 초의 5%와 비교해 2025년에는 프랑스 인구의 4분의 1, 2050년에는 유럽 인구의 20%를 차지하게 될 것이며, 경우에 따라서는, UN의 인구 예측처럼 유럽의 노령 비이슬람교 인구가 2000년 7억 2천8백만에서 2050년 6억 미만으로 줄어들면, 그 비율이 훨씬 더 늘어날 수 있다고 추정한다.

19) http://www.um.dk/en

표 12.3 이슬람교도 출신국별 덴마크 이민인구(2007년)

지역	나라	남성	여성	총계
아프리카	이집트	1148	725	1873
	모로코	4863	4377	9240
	소말리아	8430	7763	16913
아시아/중동	아프가니스탄	6117	5437	11554
	이라크	14883	12487	27370
	이란	8311	6240	14551
	요르단	1026	896	1922
	쿠웨이트	945	774	1719
	레바논	12121	10841	22962
	파키스탄	10036	9208	19244
	시리아	1599	1642	3241

출처: 통계연감 2007, 표 18 (*Statistics Denmark*, Copenhagen). 총계란의 수치는 이민자와 그 후손을 합친 것이다.

전반적인 인구 동향은 사회 변동을 야기하는 한 원인으로, 이에 대해서는 뒤르켐도 《사회분업론》에서 근대 사회 연대의 동학을 관찰하면서 이해를 얻은 바 있다. 그러나, 로마 조약 이래로 지난 40년에 걸친 유럽연합의 발현이 유럽 공동 시장과 새로운 유럽헌법에서 특정되는 유럽적 가치들에 대한 헌신을 중심으로 한 새로운 유럽의 유기적 연대를 발생시켰고 또 발생시키고 있는 상황이라면, 이슬람 공동체가 빠른 속도로 증가하고 있으며 상당한 규모로 발전할 것이라는 예측은 통합에 대한 주요한 도전이 된다. 그 도전은 유럽 내부 요인과 전 지구적 규모의 외부적 요인 모두에서 기인한다.

사회 조직의 반영으로서 통합은 노동 분업망이라는 구조적 측면과 — 혹은 크게 보면 경제 — '우리'라는 관점을 만들어 내는 연대의 사회심리적 측면을 수반한다. 사회적 사실 그리고 사회적 가치로서의 통합은, 비록 이슬람 이민자들이 시민권을 얻었을 때조차도, 이슬람 이민자 문제와 관련해서는 벽에 부딪친 듯하다. 현재로서는 영국, 프랑스, 독일, 스웨덴, 그리고 그 어떤 비이슬람교 유럽인에게도 이슬람 인구는 '타자', 즉 환영받지 못하며 아마도 멀찍이 거리를 둬야 할 위험한 이웃과 같은 위협적 존재로 인식되고 있다(Kuper and Dombey 2007; Allievi 2003; Ansari 2004: 390). 여러 (서유럽) 논평가들은 다음과 같은 우울한 평가를 널리 공유한다.

> 실패한 통합과 사회 갈등에 대한 불길한 예감과 분위기가 서유럽에 거주하는 1천6백만 정도 되는 이슬람교도 위에 구름처럼 드리워져 있다(Laurence 2006a: 252).

유럽연합 10개국의 이슬람교도 58명과 심층 면접을 한 연구에 따르면, 유럽의 이슬람교도, 특히 현재 그 이민 인구의 절반 정도를 차지하는 이민 2, 3세대는, '경제·사회·문화적 생활에서 배제 당할까봐' 염려하고 있다(EUMC 2006b: 7). 간략하게 말하면, 그들은 유럽**의 일부**라고 느끼기보다는 유럽**에 살고** 있다고 느낀다.[20] 그 배경에는 무엇이 있고 이것은 어떻게 만화 사건과 연결되는 것일까?

IV. 새로운 이슬람 정체성

이슬람 세계에 대한 양면성이, 간간이 벌어진 정복전쟁, 점령, 그리고 정복에의 순응기(알안달루스 이베리아〔6세기에서 15세기 사이에 간간이 이슬람의 통치를 받던 이베리아 반도를 일컫는 말로 현재의 스페인, 포르투갈, 안도라, 남부 프랑스를 포함하는 지역이다-옮긴이〕처럼)와 함께, 유럽의 긴 역사에 상존했었다면, 나는 새로운 이슬람 정체성과 새로운 공동체 의식은 최근 수십 년 동안의 대규모 이민의 여파로 실제로 존재하게 되었다고 주장한다. 전 지구적 이슬

20) '그들은 유럽 사회를 고향처럼 느끼지 못하고 상대적으로 자기봉쇄적인 공동체를 만들어서 그들끼리 살기를 선호한다'(Parekh 2006: 179).

람 공동체 **움마**(*ummah*)는 (모든 세계 종교의 신자 공동체와 마찬가지로) 항상 있어 왔지만, 인종, 국적과 같은 다른 정체성의 기초에 종속됐었다.[21] 몇몇 요소들이 그 반대로 세속적인 유럽에서 이슬람의 종교 정체성을 두드러지게 만들었다.

첫째, 점진적으로 정치적 통합에 이르는 전통적인 유럽적 방식 — 정치 영역에서 선거 참여, 공공 교육을 통한 시민 참여, 징집을 통한 국가와의 동일시 등 — 이 그 새로운 이민자를 유럽 시민으로 만들기에는 상당히 부족한 것으로 판명되었다(Laurence 2006: 253).[22] 이민자들이 도심(그러나 생활환경이 좋지 않은) 지역에 몰려 산다는 것을 감안해, 각국에서는 다양한 통합 전략을 활용해 이들 집단과 관계를 맺어 왔다. 1980년대 들어 기독교, 유대교, 힌두교, **그리고** 이슬람의 '근본주의'가 다양한 형태로 정체를 숨기고 나타나서 국가 권위에 새로운 도전을 제기한 탓에 이러한 국가의 움직임이 촉발되었다(Marty and Appleby 1993). 유럽에서 점증하는 (새로운 개종자를 포함한) 이슬람교도의 존재를 알아차린 유럽 각국은 처음에는 유럽 밖의, 이후에는 해당국 내의 이슬람 기관과 협회를 통해서 이민 인구와 관계를 맺는 것이, 본질적인 것까지는 아니지만, 편리한 길이라는 것을 알게 됐다. 해외의 이슬람 국가는 모스크를 지을 자금에서부터 모국어로 이민 집단에게 설교를 할 종교지도자 이맘과 같은 자원을 제공하는 데 '활용되는 것'을 기꺼이 받아들였다. 1975년에서 2005년 사이에 이뤄진 사우디아라비아의 자금 지원이 **850억 달러**를 상회한다는 추정치도 있다(Laurence 2006: 258).

---

21) 따라서 예를 들면 정교분리를 중시하는 프랑스는 공공 영역에서 종교를 인정하지 않으며, '아랍인'과 '알제리인'을 '세네갈인' 등과 함께 취급했다. 하지만 지금은, 특히 9.11 이후에, 아랍인은 '이슬람교도'(Musulmans)라고 불리는 경향이 있다.

22) 왜 그리고 어찌 해서 이러한 시민적 참여를 위한 민주적 원칙이 부적합한지는 복잡한 문제이다. 안사리는 유럽에서 이슬람교도의 정치 통합도가 가장 높은 영국에서조차, 이슬람교도 정치인이 '권력 면에서는 대체로 주변부에 머물러 있다'고 평가한다(Ansari 2004: 242).

유럽 각국은 이민자의 종교적 필요를 채워줄 기금을 가지고 있지 못했고, 특히 이슬람이 국가의 재정지원을 받을 수 있는 종교(프랑스와 독일에서처럼)로 인정받지 못한 상황에서, 세속적인 유럽 국가와 (사우디아라비아, 리비아 같은) 부유한 이슬람 국가 사이에 **정략결혼**(*mariage de convénience*)과 같은 관계가 맺어졌던 것이다. 이슬람 국가로서는 재정적 자원과 종교인(이맘)을 지원하는 것이, 해외에 나가 있는 국민을 관리하고 그들을 가능한 한 서구의 세속적 근대성과 부식을 일으킬 수 있는 급진적 이슬람 지도자라는 영향력으로부터 보호할 수 있는 방편이었다. 스웨덴을 사례로 보면, 이맘은 인종적 신도 공동체를 섬기는데, 이 공동체 구성원은 해당 사회의 언어를 좀처럼 배우지 않고, 공동체의 울타리 안에서 생활하면서, 스웨덴의 근대성과 현실 — 예를 들면 교육과 여성을 위한 고용기회와 같은 — 로부터 차단되었다(Roald 2002: 111).

이민 인구와의 종교적 연계의 중요성은 몇 가지 요소로 인해 부각되었다. 우선, 1979년에서 2005년 사이에 일어난 일련의 문화·정치적 위기가 유럽 내외의 이슬람교도에게 영향을 끼쳤다. 유럽 외부를 보면, 전 세계적인 관심 속에 1979년 아야톨라 호메이니가 이란에 극적으로 귀환하면서 근대화를 추진하던 — 다수 시아파의 영적, 물질적 요구보다 서구의 대규모 정유사들의 이해를 앞세웠고, 전체주의적이며 부패한 것으로 여겨졌던 — 왕정이 전복되었다. 혁명 정권이 왕정을 복구하려는 미국의 시도를 견뎌 내자 미국 언론에서는 호메이니를 악마로 묘사하기에 이르렀지만, 이슬람권에서 그의 존재는 골리앗을 이겨 낸 다윗처럼 받아들여졌다. 거의 10년 뒤인 1990년 그가 신성 모독적인 《사탄의 시》를 발표한 살만 루시디를 살해하도록 지시했던 유명한 **종교적 결정**(*fatwa*)을 발표함으로써 루시디가 해외로 망명해 숨을 수밖에 없게 되자 그는 '시련의 시기에 이슬람을 구원한' 구세주로 받아들여지게 되었다(McRoy 2006: 13).

이전에는 '고국'으로 여겨졌던 중동 지역은 이슬람 국가와 그 국민을 위기 상태에 빠뜨림으로써 쓰라린 갈등을 담은 마녀의 가마솥처럼 되어 버렸다. 1987년 말, 이스라엘 무장 병력을 상대로 돌을 사용했던 팔레스타인 풀뿌리 시민 **저항봉기**(*intifada*)는 세계의 주목을 받았고 1993년 오슬로 평화협정[3]을 이끌어 내는 데 기여한 것으로 여겨졌다. 개전 선언 전까지 미국 국내 여론을 갈라놓았던 1991년의 이라크 침공은, 사담 후세인이 영유권 갈등을 빚은 쿠웨이트 유전 너머까지 영토를 확장하려고 할지도 모른다는 두려움을 가지고 있던 페르시아 만 산유국들과 같은 이슬람 세력의 부분적인 지지를 얻었다고 할 수 있다. 그러나 동시에 유럽(과 타지의) 많은 젊은 이슬람교도에게 후세인은 악당보다는 민중적 영웅처럼 여겨졌다.

1990년대 중반의 끔찍한 유고 내전과 그 여파로 90년대 말기에 발생한 코소보 사태는 유럽 지역의 이민자에게 이슬람교도는 유럽을 포함해 어디에서도 안전할 수 없으리라는 두려움을 불러일으켰다(McRoy 2006: 24). 미국이 나토 연합군을 이끌고 세르비아의 '인종 청소'로부터 알바니아 계 이슬람교도를 구하려고 했지만, 영국의 이슬람교도는 일찍이 영국 정부가 보스니아 원조를 거부했다는 것에 격분했다. 심지어 이 가운데 일부는 보스니아 계 이슬람교도를 방치한 것은 영국에서 자신들이 당할 홀로코스트의 전조가 될지도 모른다고 우려하였다(McRoy 같은 출처).

중도주의 정부에서 강경 보수주의자에 대해 인종차별주의 태도를 취하고, 두 자릿수 실업률 때문에 유럽 전반의 경제성장이 둔화되고 사회복지 정책이 제대로 시행될 수 없도록 부담이 가해지면서, 이슬람교도 사이에 널리 퍼져 있던 분노가 심화되었던 세기말에 이르자 이슬람교도의 유럽 주류 통합 작업은 더욱 악화되었다. 그들의 부모가 유럽 밖에서 건너온, 소외된 이슬람교도 청년 실업자는 점점 더 그들의 종교 **때문에** 노동과 주택 시장에서 차별받는다고 느꼈는데, 이슬람교도 여성이 **하집**(*hajib*) 또는 **풀라드**(*foulard*)라고 불리는 전통적인 스카프를 프랑스 학교나 노동시장에서 착용하지 못한 것이 그 전형적인 사례로 보인다(EUMC 2006a: 40; Laurence and

Vaisse 2006: 163-74). 영국에서는 2001년 초여름 요크셔의 구 공장 지대 — 지금은 문 닫은 방직 공장이 있는 — 에서 남아시아 이슬람교도 청년 실업자들이 언론에서도 크게 다루었던 폭동을 일으켰고, 영국 해협 건너편 프랑스에서는 2005년 가을에 파리 **근교**에서 심각한 폭동이 발생했는데 그 사태는 마그레브와 아프리카 지역 출신의 호전적인 이슬람교도 실업자들이 일으킨 광란으로 인식되었다.

2001년 9월 11일 뉴욕에 대한 공격은 물론 역사적으로 중요성이 있으며, 이전의 선전포고(9.11이 선전포고였다고 가정하면)에서는 상상할 수 없었을 만큼 긴 기간 미 국내적으로나 국제적으로 지속적인 반향을 불러일으켰다. 각국 정부들이 '온건' 이슬람교도와 '급진적' 이슬람교도를 구분하려는, 정치적으로 올바른 시도를 했음에도 불구하고, 또한 유럽의 이슬람교도가 자살 폭탄 공격에 대해서 압도적으로 반대했음(Kuper 2007)에도 불구하고, 미국의 '테러와의 전쟁' 선포는 폭넓은 스펙트럼에 걸쳐 있는 유럽인 사이에서 이슬람에 대한 잠재적인 '부정적 정체성'을 강화시킨 것은 분명하다. (2005년 7월에 발생한 런던의 지하철과 2층 버스에 대한 폭탄테러인) 7.11과 함께 9.11은 '이슬람 혐오주의' 그리고 그 결과 더욱 심화된, 유럽의 이슬람교도에 대한 차별과 폭언을 증폭시켰다(EUMC 2006a; EUMC 2006b).

유럽과 타 지역에서 벌어진 더 많은 폭력적 사건을 추가해 언급할 수 있겠지만, 내가 여기서 분명히 하고자 하는 바는 이슬람 그리고 이슬람교도가 된다는 것이 유럽에서는 물론이고 전 세계적으로 중요한 정체성의 징표가 되었다는 점이다. 비이슬람교도는 이 징표를 부정적이라고 보며, 이슬람교도에게 이슬람이 여성을 학대할 뿐 아니라 전쟁, 갈등, 테러를 유발시키는 어둠의 세력이 아니라는 것을 입증하라는 암묵적인 압박을 가한다(EUMC 2006b). 이슬람교도에게는 그리고 특히 유럽에서 태어난 (혹은 그렇지 않다면 개종한) 2, 3세대 젊은 이슬람교도에게는, 이슬람은 연대와 통합의 주요 기반이 되었다 — 주변 시민사회로의 통합이라기보다는 사실상 전 지구적인 이슬람 국가인 '가상의' 세계 공동체 **움마**(*Ummah*)에로의 통합을 뜻한다.[23] 한 연구에서 언급되었듯이, 미국의 빈민가 하위 문화가, 마그레브 지역 출신 배경의 이슬람교도 젊은이와 미국 도심 지역에서 그들과 비슷한 지위를 차지하고 있는 듯한 젊은이 사이에 **랩**, **펑크**, **힙합**과 **락 음악**을 통해서 약간이라도 동일시할 수 있는 발판을 제공한다면, 마찬가지로 이 젊은이들에게 종교에 귀의하는 것은 그들이 자신의 모국에서 떨어져 나와서는 얻을 수 없는 영적, 사회적 공허함을 메우기를 원하는 증상이라고 할 수 있다(Berhil 2003; Laurence and Vaisse 2006: 74-97).

'근대' 서구와 '전통적' 혹은 '전근대적' 이슬람 사이에 근본적 갈등이 있으리라는 — 일부 동양학자, 시사 평론가와 여타 관찰자가 주장하는 — 가정에 대한 반응으로써, 사회학자들은 유럽의 젊은 이슬람교도 세대 사이의 연대에서 새로운 종교적 기초는 게오르크 지멜(Georg Simmel)의 고전이론이 적용될 수 있는 하나의 현대적인 사례라고 파악한다. 즉, 사회 갈등의 의도되지 않았던 기능 가운데 하나는 바로 수세에 몰린 소수자의 응집과 연대를 증가시키는 것이다(Coser 1956).

V. 뒤르켐 적용하기

사회적 현상의 하나로서 종교(그리고 암묵적으로는 종교 현상의 하나로서 사회)의 기원과 구조에 대한 그의 영향력 있는 연구에서, 뒤르켐은 덴마크 만화 사건을 폭넓게 이해할 수 있는 분석 틀을 제공한다. 동시에 현재 벌어지고 있는 엄청난 논란은 뒤르켐의 분석 범위를 원래 그것이 기초로 삼았던 오

23) 나는 '가상의'라는 용어를 베네딕트 앤더슨(Benedict Anderson)이 제국 주변부에서 인쇄 매체가 국가 구축 과정에서 수행했던 역할을 지칭할 때 썼던 의미로 사용한다(Anderson 1991).

스트레일리아의 민족지학적 자료를 뛰어넘어서 확대시키는 것을 가능케 한다.

신앙과 관습 — 종교의 인지·행위적 측면 — 의 혼합물로서 종교 생활에 대한 그의 연구를 시작하면서 뒤르켐은 인간이 물질세계를 통해 만들어 내는 기초적인 분화를 소개한다. 그 한편에는 **세속**적인 것에 대한 그리고 다른 한편에는 **신성**한 것에 대한 집합적 신앙이 있다. 그것에 어떻게 접근하느냐를 두고 그 둘은 현격한 대조를 이루며, 모든 것은 — 물질적이든 이상적이든 — 신성하거나 세속적인 것으로 분류될 수 있다(Durkheim 1995: 34). 나아가 그는 이 두 범주 간의 이질성이 **절대적**인 것으로, 심지어 선과 악 사이보다도 더 대비되는 것이라고 주장했는데, 이것을 뒤르켐은 같은 속(屬)의 반대 종(種)이라고 생각했다(p. 36). 각각의 영역은 상대에 맞서는 각자의 에너지를 보유하며 그들이 어떻게 맞서느냐는 종교마다 차이가 있다. 뒤르켐은 한 영역에서 다른 영역으로 의례화된 통과 — 예를 들면, 입회식 의례로 상징화되는 — 가 가능하다고 인정하기는 하지만,[24] 그 둘 사이가 근본적이며 실제적인 반목관계, 즉 그것들이 '적대적이며 시기하는 경쟁자'(p. 37)임을 강조한다.

이러한 시초의 이분법은 헌팅턴의 '문명의 충돌', 즉 현재의 맥락에서는 '평화의 집'(혹은 신앙의 집)과 '전쟁의 집'(혹은 불신의 집)을 가르는 이슬람의 견해를 가리키는 것으로 보일 수도 있으며, 서구의 근대성에 대항해서 **성전**(*jihad*)을 수행하는 이슬람 무장운동가의 이미지와 결부될 수도 있다. 부분적으로는 그렇겠지만, 더 깊은 차원의 분석이 필요할 뿐 아니라 그런 시각은 이슬람이, 기독교와 유대교만큼이나, 신성/세속에 대한 자체적인 내적 영역을 갖추고 있다는 사실 — 각각의 종교는 그 영역이 '순전'한 것과 '불

24) 이러한 의례에 대한 민족지학적 연구는 다음을 참고하라. Arnold van Gennep, *Rites of Passage*, Chicago: University of Chicago Press, 1960 그리고 Victor W. Turner, *Revelation and Divination in Ndembu Ritual,* Ithaca, New York: Cornell University Press, 1975.

결'한 것으로 나뉘어져 있으며, 전자가 신성의 영역이고 후자가 세속의 영역이라고 본다 — 을 간과하는 것이다. 나아가서 **성전**은 광범위하게는 **투쟁** 혹은 **저항**을 일컫는 것으로, 종종 외부의 적을 나타내기도 하지만 영적인 의미에서는 내부의 적(이슬람 공동체 내부 혹은 궁극적으로는 자아의 어두운 측면)에 대해서도 쓴다. 후자의 중요성은 인간 본성의 이중성을 반영하는 것으로서 기독교와 유대교도 그에 대해 인정하고 있으며, 프로이트도 초자아(superego)-원초아(id) 사이의 더욱 '세속적'인 이중성에 대해서 인정하고, 또한 뒤르켐도 후기에 쓴 논문을 보면 이에 수긍한다(Durkheim 1960). 이슬람과 이슬람 테러에 대해서 최근에 이뤄지는 논의 가운데 많은 부분이 이슬람이 서구와 그 핵심 요소를 파괴하는 것이 목표인 **성전**으로 표현된다고 보는 관점에 근거를 두기는 하지만, 이것이 전체적인 그림은 아니며 이슬람과 다른 종교에 공통되는 부분도 있다는 것을 염두에 둬야 한다. 이에 대해서는 결론에서 다시 다루기로 한다.

뒤르켐의 논의와 그것이 이 연구와 가지는 연관성을 확대하면, 신성과 세속의 분리는 불변하는 것은 아닌데, 왜냐하면 각각은 상대방을 '전염'(뒤르켐의 용어로 p. 328에 나온다)시키는 주된 과정의 지배를 받기 때문이다. 그것은 '우리가 감지할 수 있는 것과는 질적으로 다른'(p. 327) 상호 보완적인 **세력**이다. 그는 그것이 물체에 **겹쳐진**(프랑스어 원문으로는 *surajoutées*) 것이라고 덧붙였다. 각자가 상대 영역에 침투해 들어가려고 하는 서로 간의 과정과 함께, 변증법적인 관계가 수반된다고 말할 수도 있다. **세속화**(혹은 신성 모독)는 신성한 것에 침투해 들어가는 행위 또는 과정으로서 신성성의 능력이나 힘을 약화시키는 것으로 볼 수 있다. 이와 대조적으로, **신성화**는 평범하고 세속적인 물체로 보이던 것을 신성하게 만드는 행위라고 생각할 수 있다. 따라서 예를 들면, 위대한 종교 지도자의 옷 혹은 기적이 일어난 것으로 알려진 장소 혹은 국민적 영웅의 유물은, 뒤르켐의 격언에서 예시되는 무수한 물체 가운데에 속한다.

> 모순적이게도, 신성한 세계는, 그 본성에 따라, 같은 세속적인 세계 — 안 그랬다면 배제되었을 — 속으로 확산되어 들어가는 경향이 있다(p. 322).

그러나, '신성성'은 세속성에 의해서 침해되거나 침투당하는 것을 막아 내야만 하며, 즉 그것은 **세속화**의 행위로 더럽혀지는 것을 금하고, 차단하며, 반작용을 보여야 하는데 이 와중에 신성한 것을 세속적인 세력으로부터 정화시키고, 깨끗하게 하며, 멀리 거리를 두도록 하는 의례가 전통 사회에서 생겨난 것이다.[25] 애초에 밝혔던 이 글의 초점이 적어도 덴마크 만화에 대한 이슬람교도의 반응이 왜 그리 격렬했는가를 이해하는 것이었으므로, 나는 신성화의 과정보다는 그것의 짝을 이루는 세속화 현상을 추적할 것이다.

신성성을 더럽히는 여러 종류의 행위 가운데, 신성성을 언어 공격으로 세속화하는 **신성 모독**이 있다.[26] 뒤르켐이 분석하지 않은 더욱 진화된 형태의 종교집단이나 신앙 공동체에서는, 신성 모독이 '너는 너의 하나님 여호와의 이름을 망령되이 일컫지 말라'[4]는 금지 명령에서 보이듯이 신의 이름을 부적합하게 사용함으로써 언어로 공격하거나 신의 능력을 폐기하려는 인간의 형태를 띤다. 이런 공격과 여타의 신성에 대한 모독을 막기 위해서, '전통' 사회는 **금기**(*tabus*), 특정 행위의 차단, 금지 영역을 제도화했다(p. 304). 가장 잘 알려진 금기는 신성한 물체와의 접촉 금지이다. 상대적으로 폐쇄된 환경에서 사는 소규모 사회에서 친족관계는 가장 중요한 사회 조직이며, 금기 가운데 가장 흔히 눈에 띄는 것은 친족 간 성교에 대한 것이다. 유대교-기독교 십계명의 일부는 소규모 사회에서 또 다른 일부는 더욱 복잡한 사회

25) 이에 대해서 메리 더글라스(Mary Douglas)가 뒤르켐의 분석에 대한 그녀의 고전적인 파생작에서 광범위하게 검토했다. *Purity and Danger: an analysis of the concepts of pollution and taboo*. London: Ark, 1984(1966).

26) '신성한 것에 덧붙여서, 그와 같은 성질을 가지는 말과 소리가 있다. 그것은 세속적 인간들의 입 밖으로 나와서는 안 되며 그들의 귀에 들려서도 안 된다'(p. 309).

조직과 같은 사회 환경에서 무엇이 금지되는가를 보여 준다. 우리가 살고 있는 더욱 진화한 근대적 복합 사회에서는, 성적 금기는 여전히 최소한도로 지켜지는 반면, 새로운 금기가 공적 영역으로 들어왔는데, 일부는 아주 추상적으로 예를 들면 모욕적이거나 도덕적으로 부끄럽고 불쾌한 말을 금지하는 것이다. 그러한 단어나 구절을 입에 담는 것은 사실상 신성 모독 행위이며, 비록 공격당하는 '신성성'이 신이나 신의 직접적인 대리자가 아니라도 그러하다.

근대적 금기 혹은 무엇이 신성하게 그리고 세속적인 것으로 여겨지는지 내용상의 변화에 대해서 뒤르켐이 구체적으로 말할 수 있는 것은, 간단하겠지만 — 이후에 우리가 살펴보겠지만 — 덴마크 만화 사건의 다른 차원과 아주 많이 관련되어 있다. 그러나 당장 중요한 것은 그의 분석 기저에 깔려 있는 그것 사이의 적대적이며 변증법적 관계의 구조다. 특히, 사회적 행위자는 어떻게 한 영역의 다른 영역에 대한 침투를 경험하며 혹은 반응하는가? 하나의 사회 현상으로서 종교 생활의 신앙과 관습을 바라보는 그의 접근법 가운데 상당 부분은, 피시가 조심스럽게 언급했듯(Fish 2005), 정서적이며 감정적인 측면에 대한 것이다.

뒤르켐이 사회 조직의 구조적 측면을 살펴보는 학자에게 상당한 영향력을 미친 것은 사실이지만, 또한《종교 생활의 기초 형태》가 매우 특별한 순간의 사회적 상호 작용에서 발생되는 강력한 감정을 활용하고 관리하는 사회적인 힘을 강조한다는 것도 인정되어야 할 것이다(p. 212). 종교적 사상이 창조되는 배경으로서 '집합적 활기'(p. 220)가 많은 근대적 환경에 적용되기에 이르렀지만(예를 들면, 이 책의 16장 〈집합적 활기, 사회 변동, 그리고 카리스마: 뒤르켐, 베버, 그리고 1989년〉을 참고하라), 여기에서 더욱 직접적인 관심을 끄는 것은, 신성성이 세속화라는 공격을 받았을 때 강력한 감정이 발생한다는 것이다.[27] 뒤르켐은 그의 분석에서 금기의 파괴가 일어나면 강력하고 본능적인 집합적 반응이 일어난다고 주장하는데, 그는 자신의 종교 연구의 배경으로 삼았던 전통 사회에서나 우리의 근대 사회에서 신성 모독을 저지른 범인에게 어떤 종류의 부정적 제재가 가해지는지에 대해서는 논의하지 않았다. 부과되는 제재에는 상당한 문화·역사적 변이가 있을 것으로 예상되며, 힘의 차이가 영향을 미치는 한 요소가 될 것으로 보인다. 예를 들면, 어떤 공동체가 신성 모독을 저지른 다른 공동체에 비해서 상대적으로 힘이 없다면 제재는 감정적인 저주와 같은 언어적 비난에 그칠 것이다. 어떤 경우라도, 그의 분석에서 다음과 같은 논리를 개발할 수 있다.

> **신성성이 해당 공동체의 종교 의례 전문가가 아닌 타자 — 특히 사회 공동체 바깥에 있는 것으로 여겨지는 사람 — 에 의해서 침해되었다면 그 범법자에 대한 반응으로 강력하고 부정적인 감정과 제재가 일어난다.**

왜 그래야만 하는가는 사회학적으로 이해될 수 있다. 세속화와 신성 모독은 사회 공동체가 중심가치로 삼는 것을 드러내거나 다치게 만든다. 공동체가 앓게 되는 고통은 병원균의 침범으로 위협받는 신체가 느끼는 고통만큼이나 격렬하다. 궁극적으로, 신성성이 상징하는 것은 사회 통합과 응집의 핵심이며, 그것을 위반하는 일이 일어나면, 신성성이 단순히 일상적인 측면이 되어 버리지 않도록 하기 위해서, 매우 조속히 바로잡아져야만 한다.

우리가 덴마크 만화 사건과 관련해서 유럽의 이슬람과 이슬람교도가 처한 상황을 해석하는 데 뒤르켐을 활용하는 것은 바로 이런 점 때문이다.

---

27) 다시 한번 말하지만, 이 글의 초점이 이미 맞춰졌기에 집합적 기쁨 혹은 열광과 같은 강력한 감정은 — 예를 들면, 국가대표 스포츠 팀이 대단한 승리를 거뒀을 때, 신성화가 '집합적 활기' 속에서 생기는 것 등과 같은 — 다루지 않는다. 개인적인 수준에서는, 뒤르켐이 말했듯(p. 215), 신성성은 높은 지위의 특정인에게 부여되기도 한다.

VI. 이슬람교 신성 모독의 해석

그렇다면 덴마크 밖에서는 그때까지 잘 알려져 있지 않았던 신문에 실린 만화에 대해서 덴마크와 전 세계 이슬람교도가 보여 준 반응의 폭과 그 한결같음을 무엇이 설명할 수 있을 것인가? 마찬가지로, 그 만화가 게재된 것에 반대하는 이슬람교도의 폭력적 반응에 대해서 유럽과 세계 다른 곳에서 엄청난 비난이 쏟아졌던 것에 대해서는 어떻게 설명할 수 있을까? 나는 **양자** 모두의 경우에서 신성성의 세속화가 있었다고 주장하고자 한다. 더 나아가서, 현대적 상황 — 무엇이, 각각 '원시적' 연계와 '시민적' 연계의 강한 감정에 이끌리는, 이슬람교도와 비이슬람 인구의 집합적 정체성을 구성하는지가 모호한 — 의 환경에서는 신성 모독에 대해서 강한 반응이 격발될 수 있다.

첫째, 이슬람교도의 신성성.

다양한 신학적 파생물과 해석을 제쳐 놓고, 이슬람 신앙과 관습의 중심 가치는, 맥로이가 언급했듯(McRoy 2006: 83), 신의 말씀으로 받아들여지는 《코란》(*Qur'an*)에 있다〔이는 유대인에게의 모세 5경(Torah)과 기독교인에게의 복음과도 같은 것이다〕.[28] 천사 가브리엘로부터 일련의 계시를 받은, 이전에 상인이었던 무함마드는 신이 인간에게 요구하는 것이 무엇인지에 대해 기술하는 일을 맡게 된다. 메카에서 메디나로 도피한 다음 그는 신의 의도에 충실한 공동체인 이슬람 공동체를 만든다(Lawrence 2006). 따라서 무함마드는 이슬람교도에게는 신의 특별한 계시를 전달하는 선지자로 여겨지며, 아브라함과 모세로 거슬러 올라가며 예수에 이르는 선지자의 계보에서 마지막에 자리 잡는다. 무함마드는 태어나고 죽은 때와 장소가 적시되기에 신적인

28) 코란에 대한 간략한 설명과 개요, 주요 신봉자와 그 구조에 대해서는 다음을 참고하라. McRoy 2006, Part 2, ("Islam and Islamism in Relation to Democracy and *Jihad*"), 그리고 Lawrence (2006).

존재는 아니지만, 신의 문자 담화를 인간이 이해할 수 있도록 만들어 준 특별히 숭배되는 인물이다. 그러므로 뒤르켐주의 용어로 돌아가면, 만약 무함마드가 이슬람 신학에서, 코란에서 알려진 것을 듣고 실천하는 모든 이들의 공동체인 이슬람의 창시자는 아니라 해도, 그는 사실상 총체적인 세계적 공동체인 **움마**(*Ummah*)로서의 **이슬람의 가장 중요한 집합 표상**이다.

유대교와 마찬가지로 이슬람은 어떤 주어진 영토에서 시작되었으며, 그곳은 신성성의 심장부가 되고, 그로 인해서, 유대교나 기독교의 구성 요소와 마찬가지로, 그 신자에게 신성한 사명을 띠고 선택되었다는 느낌을 준다(Davies 1982; Smith 2003). 정복과 이민을 통해서 이슬람은 오랜 시간에 걸쳐 전 세계로 번져 나갔으며 곳에 따라서 그 신자가 다수를 차지하기도 하고 소수에 그치기도 한다. 현대 세계에는 이슬람 국가로 인정되는 다양한 나라가 있지만, 서구 문명권에서는 아주 친숙한 정교 분리는 이슬람 세계에서는 찾아볼 수 없다. 나는 이슬람은 종교**이자** 중간에 끊김이 없이 이어지는 경계로 구성된 나라, 즉 '가상의 공동체'라고 주장한다(Anderson 1991). 그 양자 간의 상호 침투가 이반 스트렌스키(Ivan Strenski)의 관찰 밑바탕에 깔려 있다.

> 침입자에게 성전의 지성소가 '금기'의 영역인 것처럼, 국경선이 신성한 구역의 경계를 지을 뿐 아니라, 민족주의적 부가적인 장식물 — 국기, 기념비, 국가 등 — 역시 신성한 존재로서 국가의 초월적인 종교적 특징의 일부가 될 수 있다(Strenski 2006: 301).

이슬람에는 — 유대교에서도 신성한 곳으로 여기는 — 예루살렘의 바위 사원과 같은 구체적인 신앙의 표식물들이 있지만(Lawrence 2006: 62-72), 전통적으로 이슬람교도들이 다수를 차지하며 이슬람 **성법**〔샤리아(*Shari'ah*)〕을 지키며 사는 땅이 이슬람 국가의 핵심이었다. 따라서 비이슬람 군사력에 의해서 이슬람 영토가 침범되거나 점령되는 것 — 1990년대 러시아 군이, 최근에는 나토 군이 아프가니스탄을 점령했던 것, 혹은 최근에 미국이 이끄는 연합군이 이라크를 침공한 것 — 은 이슬람교도에게는 이미 신성 모독이다. 그러나 이슬람교 국가에 대한 군사적 점령(이슬람교도에게는 팔레스타인, 특히 예루살렘과 요르단 강 서안지구가 이에 포함된다)은 차치하고, 근래 들어, 특히 9.11 이후로 이슬람은 전 세계 대부분의 언론에서 그리고 저명한 세속적, 종교적 지도자에 의해서 폭력과 에이즈 바이러스와도 같은, 테러를 부추기는 경향이 있는 부정적인 이미지로 비춰졌다. 이러한 낙인은 심지어 '온건' 성향의 국가로도 확대되었다. 예를 들면, 빠른 속도로 이 지역 재정의 중심으로 떠오르고 있는 아랍에미리트 연방의 하나인 두바이가 2006년에 한 회사를 인수해서 두바이 포츠 월드(Dubai Ports World)[5] 사를 통해 미국 내 몇몇 항구 터미널을 운영하려고 하자 미국 의회에서 강력한 정치적 반발이 일어나 그 거래를 무산시켰다. 이런 사건 위에 다른 형태의 모욕이 더해지면서 서구에 대한 불만감이 깊어졌다. 예를 들면, 이라크의 아부그라이브(Abu Ghraib) 교도소[6]와 쿠바의 관타나모 기지에서 이슬람 전투원과 억류자를 제네바 협정에 어긋나는 방식으로 다룬 것, 2007년 9월 이란 대통령이 UN에서 연설하기 위해서 뉴욕을 방문했을 때, 컬럼비아 대학 총장이 적법하게 선출된 대통령을 환영하는 연설을 하기는커녕 호되게 꾸짖었던 것 등이다. 이와 마찬가지로 치욕을 준 것은, 2007년 6월 영국 여왕 생일을 맞아서 살만 루시디의 저술물을 높이 산다는 이유로 더 이상 영국에 거주하지도 않는 그에게 기사 작위를 수여한 것이었는데, 일부는 이를 칭송했지만 이슬람 세계에서는 의도적인 모욕으로 받아들였다.

제약된 지면 사정으로 이슬람교도가 전 세계 속에서 처한 상황을 더 자세히 논의할 수는 없다. 긍정적인 측면으로는, 이슬람 세계가 인구와 경제성장을 이어가고 있다는 것이다. 2006년 UN 자료를 보면, 높은 출산율을 갖고 있는 이슬람교도는 가톨릭을 넘어서 전 세계에서 가장 많은 신도를 보유하며(19.2% 대 17.2%), 기독교(가톨릭과 개신교를 합친 범주-옮긴이)에 뒤이어 두 번째로 많은 신도를 가지고 있다(여러 추정치가 있지만 약 13억 명 정도이다).[29] 이슬람을 상징하는 초승달 깃발이 중동, 중앙아시아, 동남아시아의 몇몇 천연자원 부국에서 휘날리고 있으며 때문에 많은 새로운 이슬람 국부펀드에서 대규모 자본으로 국가 간 투자를 하고 있다. 반면, 이슬람 세계는 적극적으로 혹은 비밀리에 — 최첨단 기술과 가능한 모든 감시수단을 동원한 (본국이나 해외에 거주하고 있는 이슬람교도에 대한) 군사적 경계 대상이 되는 — **성전**(*jihad*) 테러 활동을 옹호하고 있다는 의혹도 받고 있다. 그러므로 전 세계적으로 봤을 때, 이슬람과 외부의 적대적인 **전쟁의 땅**(*Dar al-Harb*)은 활성화된 긴장 상태를 유지하고 있다.

덴마크에서 이슬람교도의 상황은 유럽에서 이슬람교도가 처한 불편한 상황의 전형이다. 출신국보다는 덴마크의 일상적인 생활과 문화에 더 익숙한 이민 2, 3세대 구성원을 포함해, 작지만 커지고 있는 공동체지만, 그들은 시민 참여의 장에 받아들여지지 않고 있다. 사실, 특히 9.11 이래로 덴마크의 정체성은, 이슬람교도 이민자와 덴마크에서 태어난 그들의 후손을 배제하는 유리 그릇 속에 담긴 '우리 덴마크인의 공통가치'를 위주로 한다(Simonsen 2002: 127; Mouritsen 2006: 81-83). 이미 언급한 대로, 덴마크에서의 이러한 배제는 유럽의 이슬람교도 상황은 물론이고 전 세계(특히 미국과 영국의) 이슬람의 상황을 대표하는 것이다. 동시에, 아마도 덴마크, 유럽과 타지에서 인식되는 '이슬람 혐오주의'와 이슬람교도에 대한 학대와 차별의 인식 때문에, 집합적 정체성의 종교적 기초 — 전통적 종교 지도자 이맘의 지원과 격려 속에서 — 는, 특히 이민 2, 3세대 사이에서, 강화되었으며, 심지어 인종과 출신국이 어디냐를 넘어서 가장 중요한 요소가 되었다.

따라서, 덴마크, 유럽 그리고 해외에서 대규모 이슬람교도 시위를 격발시킨 신문 만화 게재는 전통적 신성성의 금기(선지자에 대한 묘사)에 대한 모독이었지만

29) www.catholicnewsagency.com/new.php?n=12192

신성한 인물을 더럽힘으로써 그것은 또한 전체적인 이슬람 사회 공동체 움마를 더럽힌 것이기도 했다.

어떻게 일련의 만화가 그런 중요성을 가질 수 있는 것일까, 그리고 이와 관련해서, 그다지 중요하지 않은 '평범한' 소설(《사탄의 시》)이 어떻게 신성모독적이라고 비난받고 그 저자는 사실상의 범법자로 규정되었을까?[30] 뒤르켐이 종교 상징의 집합적 표상으로서의 효과를 분석한 것은 우리에게 더욱 깊은 사회학적 이해를 제공한다. 그는 집합적 표상이 객체화될 수 있으며, '가장 흔한 객체로부터, 그들은 가장 신성하고 아주 강력한 존재를 만들 수 있다'(1995: 229)고 말한다. 나아가,

> 종교적 힘이 어디에서 객체화되느냐는, 어떤 상황이 종교적 사상이 이곳저곳에 자리를 잡는다는 느낌을 일으키느냐에 전적으로 달려 있다. 〔…〕 마지막으로, 종교적 사고방식의 견지에서 보면, 부분은 전체와 같다. 부분은 같은 정도의 힘과 효과를 지닌다. 유물의 한 조각은 전체 유물이 가지는 것과 똑같은 특성을 지니는 것이다 〔…〕 (1995: 230쪽 이후).

무함마드를 조롱하고 테러범으로 묘사하는 덴마크 만화는 따라서 신성성을 이중으로 모독한 것이다. 이것은 신의 메신저를 인간으로 그려 내는 것을 금하는 전통적인 이슬람의 규정을 어긴 것만이 아니다. 그 선지자를 희화화한 것은, 결국 공개적인 조롱이자 전체 공동체 움마에 대한 공격이며,

---

30) 이에 반해서, 기독교 신성성에 대해 이슬람 못지않게 모독하는 내용으로 문학적 공격을 가했던 《다빈치 코드》(*The Da Vinci Code*)의 저자는 명사 대우를 받고 경제적으로도 풍성한 보상을 얻었으며, 단지 전통적인 종교기관의 대수롭지 않은 시위만이 일어났을 뿐으로, 이와 유사한 사례로 노골적으로 반기독교적인 내용의 〈제리 스프링거-디 오페라〉(*Jerry Springer-the Opera*. 미국의 TV 토크쇼 〈제리 스프링거 쇼〉를 본따서 영국의 리처드 토머스와 스튜어트 리가 만든 뮤지컬이다. 예수가 기저귀를 찬 동성애자로 묘사된다. BBC에서 방송된 뒤에 5만 5천 건에 달하는 항의가 접수되었다-옮긴이)가 2005년 납세자의 돈으로 BBC에서 제작됐는데, 이것은 '정당한 예술 작품'이라고 옹호되었다(Jenkins 2007: 280).

또한 이슬람교도에 대한 유럽과 유럽 밖에서 일어나는 폭력 행위에 덧붙여 발생한 상징적 폭력 행위인 것이다. 덴마크 만화들 그 자체와, 덴마크 정부가 그 신문 편집인과 그와 협력했던 화백들을 책망하지 않은 것은, 이슬람교도 세계에서는 또 다른 더럽혀짐을 의미하는 것으로, 이 때문에 강력한 감정적 반응이 최초에는 2005년 9월 덴마크에서, 그리고 그 만화들이 이슬람 국가에서 확산되면서, 2006년 2월에는 여타 지역에서 시위로 명백히 표현되었다.

VII. 세속적 신성성의 모독에 대한 해석

덴마크 만화 사건은 또 다른 신성성을 드러내 보여 주는데, 이에 대한 모독은 우리 근대성의 심화된 측면을 밝혀 준다. 이 글의 도입부에서, 이 만화들이 게재되도록 촉발한 원인은 무함마드를 그림으로써 루시디와 테오 반 고흐에게 일어난 것과 비슷한 괴롭힘과 보복이 뒤따를 수도 있다는 자기검열과 공포심임을 언급한 바 있다. 이슬람 종교 지도자 이맘들의 만화 비난에 대한 언론의 반응은 복잡했지만, 신성 모독과 이슬람교도의 감정을 상하게 만든 것에 대한 유감 표현은 언론과 표현의 자유를 대대적으로 옹호했던 것에 비하면 약한 수준에 머물렀다. 그것은 근대의 세속적 신성성의 주요 요소가 되었으며, 이에 대해서 뒤르켐이 자세히 언급하고 있다.

> 자유로운 사고를 가장 중시하는 사람조차도 한 가지 원칙에 대해서는 토론의 여지가 없다고 보며, 건드릴 수 없다고, 다시 말하면 신성하다고 여긴다. 그것은 자유로운 토론의 자유라는 원칙이다(1995: 215).

이것은 우리의 현대 신성성의 요소일뿐 아니라 가장 중요한 것인데, 왜냐하면 표현과 언론의 자유는 근대 민주주의로 들어서는 정문과 같이 여겨지기 때문이다. 역으로, 그것의 침해는 — 예를 들면, 이슬람교도가 《사탄의 시》를 공개적으로 불사른 것 — 독재 정권을 떠올리게 만든다. 영국의 이슬람교도들이 덴마크 만화를 맹렬히 비난하면서 '이슬람을 조롱하는 자를 도살하라'는 현수막을 들고 나온 것은, '아테네의 신들을 모독했다는 이유로 소크라테스를 처형한 것은 부당했다는 믿음 위에 (…) 서구의 철학적 전통이 세워져 있다'는 대조적인 입장을 옹호하는 《월스트리트 저널》의 사설에 의해 비판받았다(*WSJ*, February 11, 2006).

왜 말과 그림, 그리고 인쇄매체에서 표현의 자유가 그토록 중요한 — 가장 중요한 것은 아니라고 하더라도 — 세속적 신성성의 이념 요소가 되었는지를 알아보려면, 이 글에서 감당할 수 있는 것보다 더 광범위한 논의가 이뤄져야 한다. 그러나 그것은 아마도 근대 사회에 팽배한 진보적 경향의 최소 공분모 — 혹은 심지어 민주주의 자체의 대리물 — 로 파악될 수 있을 것이다.

VIII. 결어

나는 이 글에서 덴마크 만화 사건에 대한 '심층묘사'를 통해서 그것이 일어난 **상황**의 의미에 대한 해석을 제공하고자 했다. 그 상황은 다중적인 상호작용의 배경을 가진다. 이슬람교도와 그들을 받아들인 덴마크 사회의 상황, 변화하는 유럽 이민자의 상황, 세계 속 이슬람의 — 특히 (중동 자원에 아주 의존적이면서도 전통 이슬람 영토에서 전쟁을 수행하고 있는) 서구에 대해서 — 진화하는 상황 등이 그것이다. 명백한 이유로 인해서, 여기서 행해진 분석은 종합적이라기보다는 암시적인 것이었다. 그러나 몇 가지 주요한 논점이 제기되었는데, 그것은 덴마크 만화 논쟁과 이에 대한 뒤르켐주의적 분석을 시발점으로 삼아서 더 폭넓은 사회학적 조망을 제공해 줄 수 있을 것이다.

《사회분업론》으로부터 《종교 생활의 기초 형태》에 이르는 뒤르켐의 전반적인 저작에서 중심적인 위치를 차지했던 **통합**에 대한 질문은 — 자본과 재화의 흐름만이 아닌 상이한 문화 배경을 가진 사람들의 막대한 흐름으로도 특징지어지는 — 세계화 시대인 오늘날에도 동일한 중요성을 가진다. 국가와 지역의 사회경제적 통합은 최근 수십 년 동안 유럽, 북아메리카에서 괄목할 만한 성장을 보였고, 아시아에서도 이뤄질 가능성이 농후하다. 유럽의 이슬람교도는 시민으로 받아들여질 수 있느냐라는 주요한 도전에 직면해 있고, 그들을 맞아들인 사회 역시, 국내, 국제적 이유를 고려했을 때, 과연 이민자를 시민으로 받아들여야 하는가라는 도전에 당면해 있다. 내부적으로, 유럽의 이슬람교도는 공공 교육을 받고, 국가적인 스포츠(예를 들면, 독일의 이슬람교도가 2006년 독일 월드컵에서 독일을 응원했던 것과 같은) 이외에 국가적 정체성을 고양할 일에 참여해야 하며, '갈등의 내부적 요인'이 무엇인지 이해함으로써 고립 상태에서 벗어날 수 있도록 닫혀 있는 문호를 개방해야 한다는 문제에 직면해 있다. 덴마크 만화 사건에서 유럽의 이슬람교도가 취했던 입장은 근대 유럽연합을 떠받치는 계몽주의 시대의 주요 성과 — '평등, 여성 및 동성애자의 자결권(自決權), 의견 표현과 언론 자유, 신성한 세계에 대해서 세속적 세계가 가지는 권리'〔Jenkins 2007: 248에 인용된 피터 슈나이더(Peter Schneider)의 말〕 — 에 대한 도전 과제를 주었다.

서로 다른 경제 발전 수준과 인구 성장률을 가지고 있는 상황에서, 잉여 인구와 제한된 고용 기회를 가지고 있는 지역에서는 상당수의 이민자를 더 나은 조건의 나라로 보냈다. 이민자가 낮은 노동 비용으로 필요한 용역을 제공함으로써 경제 통합은 촉진되었다. 그러나 경제 통합은 통합의 부분적 측면일 뿐이며, 이미 주장된 바와 같이, 정치·문화적 요소가 이민자 공동체가 그들을 받아들인 더 광범위한 사회에 수용되는 것을 어렵게 만들었는데, 특히나 지난 20여 년간의 경제적 환경이 유럽과 북아메리카에서 성장과 고용 기회를 축소시키면서 더욱 그랬다. 유럽의 이슬람교도를 진정한 시민으로 받아들이는 데 (더욱 중요한 것은 아니라 해도) 동등한 정도의 중요성을 가지는 것은, 최근 미국과 유럽에서 일어난 예기치 못했던 테러 공격이(그리고 발리처럼 멀찍이 떨어진 곳에서 급진적 이슬람 세력과 관련된 산발적인 테러 공격이), 특정 이민자 공동체를 문화적 다양성을 더해 주는 환영할 만한 존재로서가 아니라, 잠재적인 위협 요소로 보는, 외국인 혐오까지는 아니라 해도 '이민 배척주의' 경향에 기여했다는 것이다.[31)]

나는 유럽의 이슬람교도가 주변화되었고 '이슬람 혐오주의'의 피해를 입고 있으며 종교와 의복 때문에 차별받는다고 느끼고 있다는 데 주의를 기울이면서 이 문제에 대해서 자세히 써 왔다. 이슬람 이민 공동체의 통합 문제는, 많은 수에도 불구하고 고용 사다리의 낮은 부분을 차지하고 있으며 미국으로의 불법 입국을 실질적이며 물리적으로 막는 장벽을 부과하려는 '이민 배척주의' 경향의 영향을 받고 있는 미국 내 **히스패닉** 계 이민자의 상황과 상당히 비슷하다. 이런 일이 미국 역사상 처음 벌어진 것은 아니며, 거의 히스테리에 가까운 '도덕적 공황' 반응이 백여 년 전 일본과 중국에서 온 '외국인'(aliens)에 대해서도 일어났었다〔이것은 '황화'(黃禍/yellow peril)라고 일컬어졌다〕. 미국이 과거에 특별할 것 없는 배경을 가지고 다른 문화권에서 온 이민자의 통합에 괄목할 만한 성공을 거뒀다는 사실은, 유럽의 이슬람 인구와 거의 비슷하게 그 존재에 대해서 환영받지 못한다고 느끼는, 중앙아메리카로부터의 합법 혹은 불법 이민자가 겪는 괴로움이 커지는 상황을 해결하는 데 별 도움이 되지 않는다(Collins 2007).

---

31) 이런 경향을 보여 주는 사례로, 2005년 12월 네덜란드 노동당의 한 지도자가 '무제한적 이민 수용과 통합 실패가, 우리가 사회민주주의자로서 자랑스럽게 여기는 연대와 복지가 공유되는 수준에 심각한 위협이 되고 있다'고 선언했던 것을 들 수 있다(Jenkins 2007: 247). 이것은 10년 전 덴마크 진보당의 대변인이 '덴마크에는 덴마크 법에 또는 최소한 덴마크의 도덕성에 위배되는 것을 〔…〕 지지하는 이슬람교도가 있다. 〔…〕 그들이 덴마크의 안보에 위협이 되기 때문에, 〔…〕 우리는 이런 사실을 망명 허가를 결정할 때 반드시 고려에 넣어야만 할 것이다'(Hjarnø 1997: 295)라고 한 것과 상통한다.

유럽의 이슬람 소수 인종과 미국의 히스패닉 소수 인종에게 공통된 통합과 관련한 의문은 또한 현대 세계에서 신성성이 무엇인가에 대해 성찰하도록 만든다. 뒤르켐의 분석은 우리가 사는 곳과는 매우 다른 사회에서 나온 자료를 활용한 것이지만 신성성에 대한 그의 분석은 오스트레일리아 토테미즘의 신성성에 국한되지 않고, 더욱 광범위하게 적용될 수 있는 가능성을 지닌다. 사실상, 그것은 우리가 처한 상황에서, 특히 — 애초에는 신성성이 전무한 듯이 보였던 — 고도로 세속화된 시대 속에서 신성성과 그것이 어떤 식으로 표현되는지를 성찰적으로 고려해 보라는 초대장과도 같다. 나는 이미 뒤르켐으로부터 나온 실마리 하나를 활용해, 검열 당하지 않을 표현의 자유(의견 표명의 자유, 언론 자유)가 (실제로는 한계가 있겠지만, 적어도 이론적으로는) 신성성의 핵심적인 측면이라고 주장한 바 있다.

미국에 국한해서 보면, 그 신성성의 영역은 미국이라는 나라의 핵심적 정체성을 제공하는 다른 요소를 가진다. 신에게 속한 장소와 그에 대한 그림은 세속화와 함께 점차 그 중요성을 잃어가게 되었고, 공공 영역에서 신에 대해서 가시적으로 그리고 언어적으로 일컫는 것 또한 법적 투쟁을 거쳐서 최소화되었다. 하지만, 특히 9.11 이래로 미국과 그 중요한 상징 — 국기와 국가 — 은 나라의 집합적 표상으로 눈에 띄는 위치를 차지하게 되었다. 그 가운데 어떤 것이라도 모독하게 되면, 덴마크 만화들의 게재가 그러했던 것과 꼭 마찬가지로, 격노와 폭력의 위협이라는 감정적(혹은 '원시적') 반응이 생겼다. 바로 이런 일이 2006년 멕시코 계 미국인이 성조기라는 미국의 문화적 유산을 그들이 공유하고 있으며 동일시하고 있다는 의도를 표현하기 위해서 〈우리의 국가(國歌)〉(*Nuestro Himno*)[7]를 불렀을 때 생겼는데, 이에 대해 비 히스패닉 계 미국인은 큰 모욕으로 받아들였다. 즉, 언어로서의 영어도 자본과 정보의 교환 과정에서 쓰이는 세계적 의사소통의 도구로서가 아니라 미국 국가주의를 위한 신성성의 일부분이 되었던 것이다. 세속화와 경쟁으로부터 영어를 지키기 위해서, 이민 배척주의 운동의 일부는 영어를 국가의 공용어로 만들려 하고 있다. 따라서 유럽과 미국 모두에서 몇 년 전만 해도 진보된 근대성의 새로운 패러다임인 것처럼 보였던 다문화주의가 여러 이유로 재판에 회부되었다고 말할 수 있겠다.

신성성은 여타 주요 사회 집단에서도 나타나는데, 뒤르켐의 분석을 계속 활용해서 말하면, 그 이유는 신성성이 집단 정체성에 근본적이며, 특히 여러 인구가 섞이고 개인주의가 장려되는 탓에 민족주의 외에 집합적 의식의 존재가 부인되는 세계화 시대에 중요성을 가지기 때문이다. 역사적 사건과 인물은, 마치 기독교가 그 선지자를 따르는 순교자를 만들어 냈던 시대에 그랬던 것처럼 그리고 이슬람이 그 선지자와 순교자를 가졌던 것 같이, 집합적 기억 속에서 초월적인 것이 된다. 예를 들면, 선지자로서의 마틴 루터 킹 목사는 아프리카 계 미국인에게 신성성의 한 핵심 요소가 되었고, 마찬가지로 **홀로코스트**(히브리어로 *Shoah*) 또한 유대인 공동체에게 핵심 요소로 자리 잡았다. 뒤르켐의 분석을 따르면, 이 어떤 것에 대한 모독도 전체 공동체에 대한 공격으로 여겨지면서 가장 강력한 감정적 반응을 불러일으킬 것이며, 특히 전통적인 엘리트는 이런 반응을 부추길 것이다.

이 글은 또한 두 근대성의 문화 사이에 있는 듯이 보이는 간극을 메우는 출발점을 만들고자 쓴 것이다. 아마도 긴급히 필요한 것은, 이슬람교도나 서구인을 막론하고 진보주의자가 상대방의 관점을 이해하는 것과 그리고, 허쉬만(Hirschman 1970)을 인용하면, '목소리 내기(voice)'가 '상황에서 탈피하기(exit)'라는 선택보다 압도적이 되도록 만드는 것이다.[8] 현재로서는, 표현의 자유를 최대로 옹호하는 미국이라는 나라에서 이와 관련한 '대화'가 허용되지 않는 것은 개탄스러운 일이다. 수많은 저작에서 이슬람과 근대성을 민주적 가치에 연결시킴으로써 '문명의 충돌'을 완화시키려고 노력해온, 저명한 스위스 출신의 이슬람 학자인 타리크 라마단(Tariq Ramadan)에 대해서 국무부가 테러리즘을 지지한다는 혐의로 비자를 취소함으로써 그가 노터데임(Noter Dame) 대학에서 가지고 있던 종신교수직을 박탈당했다

는 것은 우려스러운 일이다.[9]

종국적으로는, 사회학이 당면한 도전은 국경 내와 국경 간에 분열과 차단을 더 이상 심화시키기보다는 더 큰 통합을 위한 기초를 제공하는 경향이 있는 뒤르켐주의적 분석의 유산을 계승하는 것이다. 오늘날의 지정학적 환경에서는, 이것은 엄청난 과제라고 할 수 있다.[32)] 우리는 그것을 거부할 수 없다. 웃을 일이 아니다.

---

32) 밝은 면을 본다면, 코피 아난 전 UN 사무총장과 프랑스 만화가 플랑튀(Plantu)의 제안에 따라서 2007년 유럽과 미국의 여러 장소에서 **평화를 원하는 만화가들**(*Cartoonists for Peace*)이 회의와 함께 전시회를 열어서 증오나 무례함 없이 정치적인 주제를 솜씨 좋게 만화로 표현함으로써, 그들 마음에 깊이 자리 잡은 풍자에 대한 신념을 보여 주었던 것은 희망을 북돋우는 일이다(www.cartooningforpeace.org).

참고 문헌

Alexander, Jeffrey. 1992. "The Promise of a Cultural Sociology: Technological Discourse and the Sacred and the Profane Information Machine". pp. 293-323 in Richard Münch and Neil J. Smelser, eds., *Theory of Culture*. Berkeley: University of California Press.

Alexander, Jeffrey, ed. 1988. *Durkheimian Sociology*. New York: Cambridge University Press.

Allievi, Stefano and Jørgen S. Nielsen, eds. 2003. *Muslim Networks and Transnational Communities in and across Europe*. Leiden and Boston: Brill.

Anderson, Benedict, 1991. *Imagined communities: reflections on the origin and spread of nationalism*, revised and extended edition. London & New York: Verso.

Ansari, Humayun. 2004. '*The Infidel Within*'. *Muslims in Britain since* 1800. London: Hurst and Company.

Armstrong, Karen. 2007. "Balancing the Prophet". Financial Times, *Life* & *Arts*, p. 6 April 28/29.

Beckford, James A., Danièle Joly, and Farhad Khosrokhavar, 2005. *Muslims in Prison: challenge and change in Britain and France*. Blasingstoke (UK) and New York: Palgrave Macmillan.

Berhil, Mohammed. 2003. *Les Jeunes en France entre Islam et Modernité*. Paris: Publibook.

Chadwick, Owen. 1975. *The Secularization of the European Mind in the Nineteenth Century*. Cambridge (UK) and New York: Cambridge University Press.

Christiansen, Flemming and Ulf Hedetoft, eds. 2004. *The Politics of Multiple Belonging. Ethnicity and Nationalism in Europe and East Asia*. Aldershot Hants, UK and Burlington, VT: Ashgate.

Citrin, Jack and John Sides, 2004. "More than Nationals: How Identity Choice Matters in the New Europe". pp. 161-85 in Hermann, Richard K. et. al., *Transnational Identities*.

Colley, Linda. 2005. *Britons: Forging the Nation* 1707-1837, 2nd ed. New Haven, CT: Yale University Press.

Collins, Kristin. 2007. "Hispanic People Feel New Hostility". Raleigh (NC) News & Observer, September 23, 1A.

Coser, Lewis. 1956. *The Functions of Social Conflict*. New York: Free Press.

Cram, Laura, D. Dinan, and N. Nugent. 1999. *Developments in the European Union*. New York: St. Martin's Press.

Davie, Grace. 2000. *Religion in Modern Europe. A Memory Mutates*. Oxford and New York: Oxford University Press.

Davies, W.D. 1982. *The Territorial Dimension of Judaism*. Berkeley: University of California Press.

Delanty, Gerard. 1995. *Inventing Europe. Idea, Identity, Reality*. London: Macmillan Press.

Dinan, Desmond. 1999. *Ever Closer Union. An Introduction to European Integration*, 2nd ed. Boulder, CO & London: Lynne Rienner.

Dobbelaere, Karel and Liliane Voyé. 1990. "From Pillar to Postmodernity: the Changing Situation of Religion in Belgium". Sociological Analysis. 51: S1-13.

Durkheim, Emile. 1960 (1914). "The Dualism of Human Nature and Its Social Conditions". pp. 325-40 in Kurt H. Wolff, ed., *Emile Durkheim,* 1858-1917. Columbus, Ohio: Ohio State University Press.

______. 1995 (1912). *The Elementary Forms of Religious Life*, translated with an Introduction by Karen Fields. New York: Free Press.

EUMC (European Monitoring Centre on Racism and Xenophobia). 2006a. *Muslims in the European Union. Discrimination and Islamophobia.* Vienna (Austria).

______. 2006b. *Perceptions of Discrimination and Islamophobia. Voices from Members of Muslim Communities in the European Union.* Vienna (Austria).

Ezell, Elizabeth D., M. Seeleib-Kaiser, and E.A. Tiryakian. 2003. "National Identity Issues in the New German Elites: A Study of German University Students". International Journal of Comparative Sociology, 44, 3: 280-308.

Fish, Jonathan. 2005. *Defending the Durkheimian Tradition. Religion, Emotion and Morality.* Aldershot Hants, UK and Burlington, VT: Ashgate.

Geertz, Clifford. 2000 (1973). *The Interpretation of Cultures.* New York: Basic Books/Perseus Books Group.

Gerven, Walter van. 2005. *The European Union: a polity of states and peoples.* Stanford, CA: Stanford University Press.

Giorgi, Liana, Ingmar von Homeyer and Wayne Parsons, eds. 2006. *Democracy in the European Union: towards the emergence of a public sphere.* London & New York: Routledge.

Haddad, Yvonne Yazbeck, ed. 2002. *Muslims in the West. From Sojourners to Citizens.* Oxford and New York: Oxford University Press.

Herrmann, Richard K., Thomas Risse and Marilynn B. Brewer. 2004. *Transnational Identities. Becoming European in the EU.* Lanham, MD: Rowman & Littlefield.

Hervieu-Léger, Danièle. 2003. *Catholicisme, la fin d'un monde.* Paris: Bayard.

Hjarnø, Jan. 1997. "Muslims in Denmark". pp. 291-302 in Gerd Nonneman, T. Niblock, and B. Szajkowski, eds. *Muslim Communities in the New Europe.* Reading, Berkshire (UK): Ithaca Press.

Huntington, Samuel P. 1996. *The Clash of Civilizations and the Remaking of World Order.* New York: Simon & Schuster.

Jenkins, Philip. 2007. *God's Continent. Christianity, Islam and Europe's Religious Crisis.* Oxford: Oxford University Press.

Kelly, Lynette. 2004. "Bosnian Refugees in Britain: A Question of Community". pp. 199-212 in Agata Górny and Paolo Ruspini, eds. *Migration in the New Europe. East-West Revisited.*

Kumar, Krishan. 2003. *The Making of English National Identity*. Cambridge: Cambridge University Press.

Kuper, Simon and Daniel Dombey. 2007. "Religious fault line that divides Europeans". Financial Times, August 20: 3.

Laurence, Jonathan. 2006a. "Managing transnational Islam: Muslims and the state in Western Europe". pp. 251-273 in Craig Parsons and Timothy M. Smeeding, eds. *Immigration and the Transformation of Europe*. Cambridge and New York: Cambridge University Press.

______. 2006*b*. *Integrating Islam. Political and Religious Challenges in Contemporary France*. Washington, D. C.: Brookings Institution Press.

Laurence, Jonathan and Justin Vaisse. 2006. *Integrating Islam. Political and Religious Challenges in Contemporary France*. Washington, D. C.: Brookings Institution Press.

Lawrence, Bruce. 2006. *The Qur'an, a Biography*. New York: Atlantic Monthly Press.

Lepennies, Wolf. 2006. *The Seduction of Culture in German History*. Princeton: Princeton University Press.

Mainville, Michael. 2006. "Russia has a Muslim dilemma: Ethnic Russians hostile to Muslims". San Francisco Chronicle, November 19.

Maréchal, Brigitte, S. Allievi, F. Dassetto, and J. Nielsen, eds. 2003. *Muslims in the Enlarged Europe. Religion and Society*. Leiden and Boston: Brill.

Marty, Martin E. and R. Scott Appleby, eds. 1993. *Fundamentalisms and the State. Remaking Politics, Economics, and Militance*. Chicago: University of Chicago Press.

Mauss, Marcel, 1969. Œuvres. Vol 3, *Cohésion sociale et divisions de la sociologie*, edited by Victor Karady. Paris : Les Ėditions de Minuit.

McRoy, Anthony. 2006. *From Rushdie to 7/7: The Radicalisation of Islam in Britain*. London: Social Affairs Unit.

Modood, Tariq, A. Triandafyllidou, and R. Zapata-Barrero, eds. 2006. *Multiculturalism, Muslims and Citizenship*. London and New York: Routledge.

Mouritsen, Per. 2006. "The particular universalism of a Nordic civic nation. Common values, state religion and Islam in Danish political culture". pp. 70-93 in Tariq Modood, A. Triandafyllidou, and R. Zapata-Barrero, eds., *Multiculturalism, Muslims and Citizenship*. London and New York: Routledge.

Parekh, Bhiku. 2006. "Europe, Liberalism and the 'Muslim Question'". pp. 179-203 in Tariq Modood, Anna Triandafyllidou and Ricard Zapata-Barrero, eds. *Multiculturalism, Muslims and Citizenship. A European Approach*. London and New York: Routledge.

Parsons, Craig A. and Timothy M. Smeeding, eds. 2006. *Immigration and the Transformation of Europe*. Cambridge and New York: Cambridge University Press.

Pauly, Robert J., Jr. 2004. *Islam in Europe. Integration or Marginalization*? Aldershot, Hants (UK): Ashgate.

Ramadan, Tariq. 2002. "Islam and Muslims in Europe: A Silent Revolution toward Rediscovery". pp. 158-66 in Yvonne Yazbeck Haddad, ed., *Muslims in the West. From Sojourners to Citizens.* Oxford and New York: Oxford University Press.

Rex, John and Gurharpal Singh, eds. 2004. *Governance in Multicultural Societies.* Aldershot Hants, UK and Burlington, VT: Ashgate.

Roald, Anne Sofie. 2002. "From 'People*'s Home to 'Multiculuralism': Muslims in Sweden". pp.* 101-20 *in Yvonne Yazbeck Haddad, ed., Muslims in the West. From Sojourners to Citizens.*

Rodinson, Maxime. 1987. *Europe and the Mystique of Islam*, translated by Roger Veinus. Seattle and London: University of Washington Press.

Roy, Olivier. 2004. *Globalized Islam: the Search for a New Ummah.* New York: Columbia University Press/Centre d'Études et de Recherches Internationales.

______. 2007. *Secularism Confronts Islam*, George Holoch, trans. New York: Columbia University Press.

Ruthven, Malise. 2007. "The Islamic Optimist". pp. 61-65, *The New York Review of Books*, 54, 13 (August 16).

Saint-Simon, Henri. 1814. *De la réorganisation de la société européenne*, 2nd ed. Paris: A. Ėgron.

Savage, Timothy. 2004. "Europe and Islam: Crescent Waxing, Culture Clashing". The *Washington Quarterly*, 27 (Summer): 25-50.

Sellam, Sadek, 2006. *La France et ses musulmans. Un siècle de politique musulmane* 1895-2005. Paris: Fayard.

Shore, Cris. 2000. *Building Europe. The Cultural Politics of European Integration.* New York and London: Routledge.

Simonsen, Jørgen B. 2002. "Globalization in Reverse and the Challenge of Integration: Muslims in Denmark". pp. 121-30 in Yvonne Yazbeck Haddad, ed., *Muslims in the West. From Sojourners to Citizens.* Oxford: Oxford University Press.

Smith, Anthony D. 2003. *Chosen Peoples.* Oxford and New York: Oxford University Press.

Strenski, Ivan. 2006. *The New Durkheim.* New Brunswick, NJ: Rutgers University Press.

Wallis, David, ed. 2007. *Killed Cartoons.* New York & London: W.W. Norton.

옮긴이 주

1. 제2차 세계대전이 끝난 뒤 미국에서 서유럽 16개국에 대해 시행한 원조 계획의 명칭으로 당시 국무장관이었던 마셜(George Catlett Marshall)의 이름을 땄다.
2. 대체로 이집트 서쪽의 북서 아프리카의 대부분 지역을 일컫는 말로 모로코, 알제리, 튀니지, 리비아를 포함한다.
3. 라빈 이스라엘 총리와 아라파트 팔레스타인 해방기구(PLO) 의장이 1993년 9월 13일 맺은 협정으로, 서로를 합법적인 체제로 인정했다.
4. 기독교의 십계명 가운데 하나이다.
5. 2005년 설립된 선적, 물류 기업으로 6개 대륙에서 60개의 터미널을 운영하고 있다.
6. 이라크 수도 바그다드 서쪽에 있는 이라크 최대의 정치범 수용소로 주로 후세인에 반대하는 정치범을 고문, 처형하는 용도로 쓰였다.
7. 2006년 미국 이민법 개혁에 대한 시위 때 히스패닉 계 이민자들이 미국 국가 '성조기여 영원하라'에 스페인 어 가사를 입혀 부른 사건이다.
8. 이 표현은 허쉬먼의 저작의 제목인 'Exit, Voice, and Loyalty'에서 나온 것으로 조직이 구성원을 불만스럽게 만들 경우 나올 수 있는 반응이 상황에서 떠나거나 아니면 개혁의 목소리를 내거나 둘 중 하나라는 것이 주된 내용이다. 원전 인용정보는 다음과 같다. Hirschman, Albert O. 1970. *Exit, Voice, and Loyalty: Responses to Decline in Firms, Organizations, and States*. Cambridge, MA: Harvard University Press.
9. 소송으로 비화된 이 사건은 지난 2009년 라마단의 승소로 마무리되었고, 이듬해인 2010년 국무장관 힐러리 클린턴에 의해서 미국 입국 허용 결정이 내려졌다. 그는 현재 옥스퍼드 대학 교수이다(출처: http://en.wikipedia.org/wiki/Tariq_Ramadan)

제3부

뒤르켐과 베버

13장

지식사회학의 한 문제

—에밀 뒤르켐과 막스 베버가 서로 몰랐다는 것[1)]

무지와 무시가 사회적 중요성을 가지는 것은 실증적 지식으로서의 사회 구조(그리고 사회적 관계)를 드러내는 주요한 잠재적 기능을 가지고 있기 때문인 듯하다.[2)] 나는 사회학의 지적인 역사에서 단순하면서도 흥미로운 사실을 다루려고 하는데, 이것은 내 생각에는 사회학의 보물찾기 이야기와도 같다. 그 사실이란, 뒤르켐과 베버가, **모든 정황을 미뤄 봤을 때 서로를 잘 알고 있었을 법한데도**, 내가 아는 한 서로의 저술을 인용하거나 상대방에 대해서 언급하지 않았다는 것이다.

1) 이 글의 원 출처는 다음과 같다. *European Journal of Sociology*, 7 (1966): 330-36.

2) 이 주제를 다룬 드문 문헌 가운데 하나가 바로 다음이다. Wilbert E. Moore and Melvin M. Tumin, "Some Social Functions of Ignorance", *American Sociological Review,* XIV (1949), 787-795. 본질적으로, 이 저자들은 지식은 권력의 원천으로, 그리고 무지는 지식을 가진 자가 그의 위계적 지위를 유지하기 위해서 사용하는 사회적 통제의 기제라고 본다. 저자들은 사회적 타자를 무시하는 행위에 대해서는 논의하지 않고 있다.

I. 뒤르켐과 베버 사이의 공통분모

오늘날의 역사사회학의 관점에서 보면 뒤르켐과 베버는 일반 사회학 이론을 발전시키고 자율적인 과학 분야로서의 사회학을 세운 두 명의 걸출한 인물이라는 것은 어느 정도 확신을 가지고 주장할 수 있는 내용이다.[3] 주지하다시피, 그들이 생존했던 시기는 상당히 겹치는데, 뒤르켐은 베버가 태어나기 6년 전에 출생했고 그의 사망 3년 전인 1917년에 사망했다 — 두 사람 모두 나름대로 제1차 세계대전의 피해자였다.

사회학자로서 그들이 보인 노력은 주요 연구 영역에서 서로 일치했는데, 파슨스가 자신의 저작《사회적 행위의 구조》에서 아주 설득력 있게 주장했던 대로 이론의 주요 노선에서의 수렴 그리고 이와 관련해서 내가 이전의 한 논문에서 다뤘던 것처럼, 그들이 실존적 현상학과 맺었던 관계에서도 그러했을 뿐 아니라,[4] 다른 주요한 면에서도 일치점이 있었다. 경제적 제도의 비경제적 측면이 뒤르켐의 상당한 관심사였고 베버에게도 주요한 연구 주제였다. 두 사람을 주로 사로잡았던 것은 도덕적 현상을 사회의 다른 측면에 엄밀하게 관련짓는 일이었다. 특히, 그들의 주요한 비중 있는 공헌은 종교사회학 영역에서 이뤄졌는데, 역설적이게도 둘 다 종교적으로 '활발'하거나 '열성적'이지 않았다. 기성 종교에 대해 개인적으로 무관심했음에도 불구하고, 그들의 연구를 보면 의심의 여지없이 인간 사회의 구조와 동학에

3) 그들을 향한 존경이 어떤 것인가는 레몽 아롱(Raymond Aron)의 평가를 참고하라. '의심의 여지없이, 막스 베버는 독일 사회학자 가운데 가장 위대한 인물이다'〔*La sociologie allemande contemporaine*, (trad. amér. *German Sociology*, New York, The Free Press, 1957, p. 67〕. 다음은 뒤르켐에 대한 앙리 페르(Henri Peyre)의 비슷한 맥락의 평가다. '프랑스 사회학자 가운데 가장 위대한 인물'〔"Durkheim: The Man, His Time, and His Intellectual Background", in Kurt Wolff, ed., *Emile Durkheim*, 1858-1917 (Columbus, Ohio State University Press, 1960), p. 3〕.

4) "Existential Phenomenology and the Sociological Tradition", *American Sociological Review*, XXX (1965), pp. 674-688.

서 종교적 요소의 중요성을 논증하고 있다.

이런 일반적인 실질적 연구 관심 외에도, 사회학에 대한 영향력의 차원에서 다른 중요한 공통분모는 그들의 방법론적 저작으로 — 뒤르켐의 《사회학적 방법론의 규칙》(*Les règles de la méthode sociologique*)과 베버의 《인식론 논총》(*Gesammelte Aufsätze zur Wissenschaftslehre*) — 사회학적 연구의 객관적 성격에 대해 본질적으로 유사하게 개념화하였다. 또한 이런 맥락에서, 뒤르켐과 베버가 사회적 다원주의의 여파로 사회적 행동을 생물학·인종적으로 설명하는 것이 여전히 유행이었을 때에도 이를 거부한 것도 공통점이다.[5] 나아가 그들은 제1차 세계대전 전 일부 진보 지식인 사이에 퍼져 있던 진화론적 낙관주의도 거부했는데, 왜냐하면 두 사람은 근대 사회에서 종교적 기초가 결여되어 있는 것은 안전한 토대의 상실을 암시하며, 이 때문에 인류의 비합리적 잠재력이 활발하게 활용될 수 있다고 본 이유 때문이었다.

또한 전문적인 역할에서도, 뒤르켐은 1897년에 프랑스에서 가장 영향력 있는 사회학 학술지 《사회학 연보》를 만들었고, 베버는 연보가 나온 지 7년 만에 선보인 새로운 학술지 《사회과학과 사회복지 총서》(*Archiv für Sosialwissenschaft u. Sozialpolitik*)의 창간 때부터 부편집인이었다. 두 학술지 모두 유사한 구성과 목적을 가지고 있었다. 소수의 고급 논문을 싣고, 동시대 사회과학 연구물을 폭넓게 망라하는 것이었는데, 후자는 사회과학의 발전에 적합한 자료의 통합과 소통을 촉진하기 위해 만들어진 것이었다.

정치적인 견지에서 봐도, 뒤르켐과 베버는 상당히 가깝다. 양자 모두 노동 계급과 그 대변 세력에 호의적이었으나, 두 사람 다 사회주의는 근대 사회 질서의 복잡성을 풀어내기에는 지나치게 안이한 해결책을 얻으려 한다

5) 베버의 입장에 대해서는 다음을 참고하라. *The Methodology of the Social Sciences*, tr. and ed. by E. A. Shils and H. A. Finch (New York, The Free Press of Glencoe, 1949), p. 69; 혹은 H. H. Gerth and C. W. Mills, *From Max Weber: Essays in Sociology*(New York, Oxford University Press, 1958), p. 177. 뒤르켐이 사회 현상을 생물학적-인종적으로 해석하는 것을 반대한 것에 대해서는 다음을 참고하라. Book I, Chapter II of *Le Suicide*〔자살론〕.

고 느꼈다. 두 사람 모두 애국주의자로 전쟁 때 자신들이 가진 모든 에너지를 쏟아 냈지만 동시에, 제국주의가 대중적으로 수용되던 전성기에조차도, 각자의 나라가 제국주의적으로 팽창하는 것에는 부정적이었다. 두 사람은 어떤 이익집단도 초월하는 사회적 책임, 그리고 어떤 정당 또는 이념보다도 깊고 넓은 진정한 진보주의에 헌신하려고 했다. 뒤르켐은 그의 일생 내내 공화주의자로 인정받았으며 베버는 초기에는 왕정을 지지하다 후기에는 뒤르켐과 같은 입장에 이르렀으나,[6] 둘 중 누구도 어떤 정치적 신조에 대해서도 교조적이고 맹목적인 추종자는 아니었다. 그들의 엄청난 지적 에너지 때문에 그들은 학문적인 세계 밖으로 진출했으며 둘 다 국가 복지와 사회 재건과 관련되는 일에 참여했다 — 베버는 정치와 바이마르 공화국이 어떤 형태를 갖추어야 하는가에 많이 관여했고 뒤르켐은 프랑스 고등교육 과정을 개정하는 일을 맡았다. 그 결과 그들은 생전에 각자가 속한 나라의 지식인 공동체에서 전국적으로 뛰어난 명성을 얻었다.[7]

따라서, 베버와 뒤르켐이 서로를 알고 있었으며 상대방의 연구를 참고해서 자신들의 저작물을 풍성하게 만들었다고 보는 것은 아주 자연스럽다.

II. 서로의 저술을 인용하지 않은 것

그러나 바로 여기에 놀라운 일이 있다. **베버와 뒤르켐의 저작물은 서로를 인용하지 않았다.**[8] 어떻게 이런 수수께끼와 같은 일이 일어났는지 자세히 알아

6) H. H. Gerth and W. Wright Mills, eds, *op.cit.* pp. 37-43.

7) 다름 아닌 카를 야스퍼스(Karl Jaspers)라는 저명인사가 막스 베버를 '우리 시대 가장 위대한 독일인'이라고 말했다. Karl Jaspers, *Three Essays*(New York, Harcourt, 1964), p. 189.

8) 뒤르켐의 저서, 《사회학과 철학》(*Sociologie et Philosophie*, Paris, Presses Universitaires de France, 1951) III쪽의 각주에 베버에 대한 인용이 있다. 하지만 내가 아는 한 이것은 프

보자. 《연보》(*Année*)와 《총서》(*Archiv*)는 독자에게 사회과학의 가장 중요한 최신 연구내용을 알려 주기 위해 만들어진 유럽의 양대 학술지였다. 프랑스와 독일 사회과학의 거장이 상대방의 학술지에서 각기 어떻게 취급되었을까?

우선, 《총서》의 모든 호를 검토한 결과 베버가 편집인이었던 당시에 **뒤르켐의 작품에 대한 논평을 단 한 편도 찾아볼 수 없었다**. 1905년 퇴니에스(Tönnies)는 《연보》의 첫 6권과 그 구성에 대해서 광범위한 논평을 하였지만, 뒤르켐에 대해서는 지나치듯 언급할 뿐이다.[9] 1908년에 베르너 클린크하르트(Werner Klinkhardt)가 번역한 뒤르켐의 《사회학 방법론》(*Die Methode der Soziologie*)에 대한 인용이 등장하나, 이는 논평이 아니라 절(節)제목이었을 뿐이다. 《총서》의 편집진이 《연보》의 편집인을 그저 몰랐을리는 만무한 것이, 《총서》의 첫 권에서(p. 248 이후) 《연보》의 참고 문헌 목록 정리 방식이 기술되어 있고 〔좀바르트(Sombart)가 쓴〕 '이 탁월한 연보'(Dieses ausgezeichnete Jahrbuch)라는 칭찬이 실려 있기 때문이다. 《연보》가 뒤르켐과 아주 밀접하게 동일시되었기 때문에,[10] 그의 논문이 주목받지 못한 것은 실로 당혹스러운 일이다.

랑스 철학협회(Société française de Philosophie) 총무이자 《진보의 리듬》(*Le rhythme du progrés*) 저자인 루이 베베르(Louis Weber)로, 막스 베버와는 무관하다. 나와 레몽 아롱 교수가 개인적으로 주고받은 연락에서, 마르셀 모스(Marcel Mauss. 뒤르켐의 조카이자 뒤르켐 학파의 일원-옮긴이)가 하이델베르크에 있는 막스 베버를 방문했을 때, 베버의 서재에 《사회학 연보》 전집이 있는 것을 보았다고 알려줬다. 제2차 세계대전 전에 레몽 아롱과 대화를 나누던 모스는 아롱에게, 베버가 뒤르켐과 그의 제자들로부터 '많은 아이디어를 빌렸다'고 말했다.

9) Ferdinand Tönnies, "Soziologische Literatur", Archiv für Sozialwissenschaft u. Sozialpolitik, Bd 21 (der neuen Folge dritten Band), 1905, pp. 237-47. 이 호의 앞머리에 베버는 그의 〈프로테스탄트 윤리〉 논문의 두 번째 부분을 담은 논문을 싣고 있다.

10) 사실 — 뒤르켐이 그의 《공동 사회와 이익 사회》에 대한 논평을 20년 전에 했던 — 퇴니에스는 1905년 논평을 다음과 같은 말로 시작한다. '에밀 뒤르켐이 편집한 연보…'(L'Année Sociologique. Publiée sous la direction de Emile Durkheim…)

그런데, 베버가 뒤르켐을 인지하지 못했다는 사실이 뒤르켐 사망 10년 뒤에 나온《사회학 연보》의 한 호에 짧게 언급되어 있는 것은 흥미로운 일이다. 해리 엘머 반스(Harry Elmer Barnes)의 편저서《사회과학의 역사와 관점》(*The History and Prospects of the Social Sciences*)에 대한 세련된 논평에서,《연보》의 논평자는 미국과 독일에서 사회과학이 분절화된 것을 프랑스의 뒤르켐 학파가 수용한 통합적 사회과학과 대비시킨다. 그리고 다음과 같은, 여러 가지 뜻을 포함한 평가를 한다: "뒤르켐과 그의 지도 아래 이뤄진 학술 업적에 대해서 거의 언급하지 않았던 고(故) 막스 베버는 우리와 비슷한 견해를 가지고 있었다. 현재의 상황을 평가하자면, 이 저자로부터 퇴행했다고 봐도 무방할 것이다".[11]

그렇다면 베버는《연보》에서 어떻게 다뤄졌을까? 다시 수수께끼는 깊어진다.《연보》의 편집자는 베버 가(家)의 모두를 알고 있었지만, 그들에게 존경심을 품었던 것 같지는 않다. 저명한 베버 집안 인사 가운데 가장 길게 언급된 것은 막스 베버의 동생 알프레트였는데, 그가 쓴《산업들의 위치에 대하여》(*Über den Standort des Industrien*)는 부르쟁(Bourgin)이 쓴 긴 논평에서 부정적인 평가를 받았다.[12]

막스 베버에 대해서는, 그의《로셔와 크니스》(Roscher und Knies, 1903)[1] 그리고 그것만큼 유명했던 글 〈객관성〉(Die Objektivität)이 열거되어 있지만, 1903년에서 1904년까지《연보》에서 경제사회학을 다뤘던 해당 절인 5e에서는 논의되지 않고 있다(vol. VIII, p. 539). 이 절에 대해서는 부르쟁(H. Bourgin)과 시미앙(F. Simiand)이 공동책임을 맡고 있었다. 베버의 영향력 있는 저서《프로테스탄트 윤리》는《연보》IX권(1904-1905)의 같은 절에서 간단히 소개되고 있다. 이 연구는 '개신교도의 경제적 우월성이 상황

11) *L'Année sociologique*, n.s., vol II(1924-1925), pp. 176-192. 이 호의 사본이 갑작스레 192쪽에서 끊기기 때문에 누가 이 논평자였는지는 알 수 없다.

12) *L'Année sociologique*, XII(1909-1912), pp. 678-687.

적 요인보다는 윤리적 기질로부터 말미암은 것을 다루고 있다'(p. 471). 베버의《프로테스탄트 윤리》2부(〈금욕적 개신교의 직업적 사상〉(*Die Berufsidee des asketischen Protestantismus*))는 그 다음에 발행된《연보》X권(1905-1906)에서 다뤄졌고, 다음과 같은 프랑스 특유의 간결한 논평이 있었다. '어떤 결과를 야기할지 지켜봐야 할 매우 흥미로운 연구이다'(étude fort intéressante dont les conséquences seraient à pousser, p. 555). 같은 권에서 아무런 논평 없이《로셔와 크니스》의 2부와 3부는 언급만 됐다.

이 권의 '경제사회학' 절의 참고 문헌 목록은 부르쟁, 시미앙, 그리고 새롭게 편집팀에 합류한 알브바슈(Halbwachs)가 책임을 맡고 있었다. 명백히, 그 가운데 어느 누구도 베버의 저술이 긴 논평을 받을 만한 주제가 아니라고 여긴 듯하다!

이제 이 감질나는 수수께끼와 관련된 마지막 사실을 소개하려 한다. 연보의 XI권(1906-1907)에는 막스 베버의 부인 마리아네 베버가 1907년에 쓴 작품인《법 발달에서 아내와 어머니》(*Ehefrau und Mutter in der Rechtsentwicklung*)에 대해서 뒤르켐이 직접 쓴 일곱 쪽 짜리 논평이 실렸다! 이 책은 여성의 역사적 상황과 오늘날 가족 내에서 여성의 역할이 어떤 것이어야 하는가를 다루었다. 뒤르켐의 논평에서는 여성 저자에 대한 정중함을 찾아볼 수 없는데, 그는 다음과 같이 퉁명스럽게 썼다. '이 책에서 결여된 것은 방법론적 계획에 따라서 사실을 조직화할, 그리고 그 사실이 의도된 결론으로 수렴할 수 있도록 만들어 줄 조직적 사고이다.' 그는 논평에서 또한 — 베버 부인에 의해서 발전된 — 법적 배우자와의 결혼과 유대를 **이익 사회**(*Gesellschaft*)의 관점으로 바라보는 것을 비판한다. 자신의 일반적 견해 대로, 그의 논평에서 그는 가족 **연대**는 여성의 역할을 존중한다고 강조한다. 생시몽(Saint-Simon), 드 메스트르(de Maistre),[2] 프루동(Proudhon)으로부터 지속적으로 내려온 프랑스 사회 사상에 아주 가까운, 사회의 유기적 통합이라는 뒤르켐의 개념은 마리아네의 **이익 사회**에 대한 강조에서 거부되었다.[13)] 이런 맥락에서 뒤르켐이 베버의 명목론적 경향에 대해서 별로 동조하지 않았다고 주장할 수 있는 단초가 제공된다(즉, 베버에게서 역사적 **개인**은 사회학적 분석의 주요 단위였다).[14)]

III. 서로 몰랐던 것의 문제

이 대목에서 이 문제에 대한 결정적인 답을 하지 않고 여러 가능성을 인정해야 할 것이다. 모든 상황을 종합해 봤을 때 뒤르켐과 베버가 서로의 존재를 알았음이 틀림없는 데도, 자신들의 저작에서 서로를 인정하지 않은 것은 왜일까? 아주 많은 동일한 문제를 놓고 연구했던 그들이 의견을 교환하지 않았던 것은 왜일까? 어떤 요소가 이런 소통 부재를 설명할 수 있을까(뒤르켐이 독일어 문헌을 읽을 수 있었고, 베버도《프로테스탄트 윤리》와 다른 저작들의 참고 문헌 목록에서 프랑스어 저작물을 인용한 것으로 봤을 때 프랑스어 문헌을 읽을 수 있었던 점으로 미뤄서 형식 언어적인 요소는 제쳐 놓고)? 독자들이 스스로 깨달을 수 있도록 하기 위해, 몇 가지 가능성을 제안하고자 한다.

그들의 저작물에서 드러난 대로 그들이 서로 몰랐다는 사실을 해석할 한 방법은 서로가 서로를 **무시**했던 것은 아니라는 것이다. 만약 정말로 그랬다면, **민족주의**적 갈등이 그 직접적인 배경이었을 수 있다.[15)] 각자가 당시 어

13) 결국, '이익 사회'의 개념 속에 자리 잡은 관계의 형태는, 스펜서(Spencer)의 '계약적 관계'와 상당히 유사한데, 이에 대해서 뒤르켐은《사회분업론》에서 신랄하게 비판한 바 있다.

14) Georges Gurvitch, Le concept de structure sociale, *Cahiers internationaux de sociologie*, XIX, n.s.(1955), pp. 3-44.

15) 외젠 플라이슈만(Eugène Fleischmann)은 다음 출처에서 "베버에게 민족주의란 어떤 정치적인 것에 대해서도 절대적인 '가치'를 갖는 것이었다"(Le nationalisme était pour Weber la 'valeur' absolue par rapport à quoi se situe toute politique)라고 썼다. "Métamorphoses webériennes", *Archives européennes de sociologie*, V (1964), pp. 126-

떤 프랑스인이나 독일인보다도 각각의 나라 전체를 스스로와 동일시했기에(이것을 사회학에 대한 사회적 관점의 반영으로 볼 수 있을까?), 보편성이라는 과학적 기준에 그들이 헌신하였음에도 불구하고 각자가 서로를 상대국 사회과학의 주요 전문가로서만이 아니라 적대적 문화의 집합표상으로써 파악했기 **때문에** 서로에 대한 민족주의적 반감을 발달시킨 것이 아닐까?[16] 뒤르켐과 베버는 제1차 세계대전 중 어떤 경우에도 각자 나라의 대의명분을 열렬히 지지한 바가 없다. 하여간, 뒤르켐과 베버가 전문적인 저술에서 민족주의와 애국적 긍지 때문에 서로를 무시한 것이라면, 이것은 그들의 위엄 있는 위상을 약화시키는 일이다. 그러나 지식사회학의 측면에서는, 한 과학적인 학문 분야의 사회 구조에서 작동하는 '보편주의 대 특수주의'의 딜레마가 이런 경우에 표출된 것을 확인하는 한 의미 있는 사례가 될 것이다.[17]

---

129. 그러나 나는 이러한 점에서 베버가 막스 셸러(Max Scheler)와 상당히 비슷한 '문화적 민족주의자'였다고 본다. 이와 관련해 다음을 참조하라. Gerth and Mills, *op. cit.* pp. 171-176 for Weber's views on the nation. 민족주의와 애국주의에 대한 뒤르켐의 입장에 대해서는 그의 사후 출간된 다음 작품을 참고하라. *Leçons de sociologie*(Paris, Presses universitaires de France, 1950), pp. 87-91.

16) 1870년부터 제1차 세계대전까지 프랑스에서는 다양한 지적 영역에서 독일 문화의 영향이 번지는 것에 대한 상당한 우려와 심지어는 공포심마저 있었다. 1902년 독일 황제는 독일인 정신의 '세계 지상주의'를 주장했다. 이에 대해, 잡지《메르퀴르 드 프랑스》(*Mercure de France*)의 자크 모를랑(Jacques Morland)은 다양한 저명인사에게 설문지를 보내서 그들의 영역에서 게르만적인 영향력을 평가해 달라고 요청했다. 이에 대해서 뒤르켐은 그의 답변에서 학자 시절 초기에는 독일 사회과학으로부터 사회적 현실의 복잡성에 대해서 배운 바 있으나, 독일의 사회학 연구가 이제 뒤처지고 있는 느낌이라면서, '나는 독일 사회과학에서 새로운 맥박이 뛰는 것을 보지 못한다'(je ne vois pas se produire d'impulsion nouvelle dans l'ordre des sciences sociales)라고 했다. 그의 논평 어조는 다소 부정적이었다. 출처: *Mercure de France*, XLIV(1902), pp. 647-648.

17) '과학의 실천과 사고는 관용을 요구하지만, 사실 지식인이 편협하다는 사실을 종종 보게 된다'(Si la pratique de la science, si la pensée scientifique exigent la tolérance, le savant en fait se montre fréquemment intolérant, 출처: Jean Pelseneer, "La psychologie du savant de génie", *Janus*, II, 1964, pp. 62-64). 과학사에 있었던 수많은 개인적 충돌 가운데, 저자는 데카르트(Descartes)와 페르마(Fermat), 라이프니츠(Leibniz)와 뉴턴(Newton), 칸토어(Cantor. 독일 수학자-옮긴이)와 크로네커(Kronecker. 독일 수학자-옮긴이), 진즈

다른 가능성을 들면, 베버는 시간의 경과에 따라서 사회학자로 알려졌으며 그가 살아 있던 당시 그의 전문가적 신분은 차라리 경제사학자에 더 가까웠다는 점이다. 그렇다면 각자가 상대방의 사회학적 논문을 인식하게 될 가능성이 작았을 수 있다.[18] 그러나 이런 경우라면 지식사회학의 측면에서 규명해야 할 흥미로운 문제가 한 가지 더 있다. 즉, 한 사람의 전문가적 신분의 이미지에 변화를 가져오는 것은 무엇인가? 어떤 사회역사적 요소가 한 사람의 사후에 그를 한 영역에서 다른 영역으로 '흘러들어 가게' 하는 것인가? 어떤 요소가 한 학문 분야로 하여금 누군가를 그것에 속한 것으로 인식하게 만드는가(또는 역으로, 한 학문 분야에서 누군가가 거부되는 이유는 무엇인가)?

이 모든 것으로 인해서 제기되는 더욱 미묘한 하나의 문제는 바로, 한 저술가나 학파에 의해서 그들 자신의 창조적 발전에 적합한 것으로 여겨지는 외부적 자극이 무엇인가를 결정하는 기준이란 — 이 외부적 자극에 우리는 다른 문화나 다른 관점을 포함시킬 수 있을 것이다 — 어떤 것인가 하는 것이다. 구체적으로 말하면, 뒤르켐은 베버의 사회학적 저술물에 대해서 알았

(Jeans. 영국 물리학자, 천문학자-옮긴이)와 에딩턴(Eddington. 영국 천체 물리학자-옮긴이) 사이의 적대적 관계를 언급한다. 뒤르켐-베버의 사이는, 펠세니어(Pelseneer) 식으로 표현하면 '시무룩한 반대자'(une opposition sourde)의 고전 사회학적인 사례 가운데 하나가 될 듯하다.

18) 그렇기에 뒤르켐은《미국 사회학 저널》(*American Journal of Sociology*) 2호(1895년 9월)부터 제1차 세계대전이라는 방해요소가 터지기 전까지 지속적으로 고문 편집자로 이름이 올라 있었던 것이다. 지멜과 퇴니에스도 그 저널의 외국인 편집자였지만, 베버는 이런 명예직을 부여받지 못했을 뿐 아니라, 1935년에 이르기까지 AJS에서 그의 작품에 대한 논평이 이뤄지지 않았다. 반면, 뒤르켐의 저작에 대해서는 그가 살아 있었을 당시에도 흔히 거론되었다.

19) **후기:** 이 논문의 출간에 이어서, 스티븐 사이드먼(Steven Seidman)이 흥미로운 연구 결과를 발표했다. 베버는《일반 경제사》(*General Economic History*) 독일어판의 각주에서 두 차례 뒤르켐을 인용했지만, 프랭크 나이트(Frank Knight)의 영역본은 이것을 누락시켰다는 것이다. 나아가서 사이드먼은 그 인용은 '베버의 강연에서 나온 것으로서 베버가 사망한 뒤에 덧붙여진 것이 아니'라고 주장한다〔출처: "The Durkheim/Weber 'Unawareness Puzzle'", *Archives Européennes de Sociologie*, 18, 2 (1977): 356〕.

으나, 그 자신의 연구와 무관하다고 여겼기에 그것을 무시했던 것이며, 베버도 **같은 이유로** 그렇게 한 것인가? 사회학의 지적 역사에서 이런 작은 문제가 만들어 내는 실질적인 결과는 바로 상대방을 누락시키는 죄를 저지르는 것에 대항하는 경계를 갖추도록 만들어 준다는 것이다 — 예를 들면, 미국 사회학은 프랑스 사회학의 이론적, 실질적 발전에 대해서 알고 있는가 혹은 프랑스 사회학은 영국 사회학의 발전에 대해서 인식하고 있는가? 그렇지 않다면, 이것은 정신적 생산물이 그 사회 문화 환경에 긴밀히 관련되어 있기에 같은 사회과학 분야의 위대한 인물조차도 사회적 실재에 대해서 그리고 무엇이 사회적으로 유관성이 있는가에 대해서 아주 다른 가정 위에서 학술 작업을 하기에 그들이 서로를 알면서도 서로를 알지 못하기 때문인가? 어쨌든, 이런 사실에 대해서 침묵을 지키는 것이 사회학적으로 얼마나 중요한 문제가 되는지에 대해서 이 글이 주의를 기울이도록 만들었기를 바란다.[19)]

옮긴이 주

1. 원저의 제목을 번역하면, '로셔와 크니스, 역사경제학의 논리적 문제'인데, 여기에 등장하는 빌헬름 로셔(Wilhelm Roscher)와 카를 크니스(Karl Knies)는 역사학파 경제학자다.
2. 드 메스트르(Joseph-Marie, comte de Maistre, 1753-1821). 프랑스 철학자, 저술가, 법률가, 외교관. 프랑스 혁명 직후 위계적 사회와 왕정국가를 옹호했다.

14장

마르크스도 뒤르켐도 아닌… 아마도 베버[1)]

I. 서론

근대 사회에 대한 거시 이론을 만들면서, 다음의 세 인물이 사회학이 지속적으로 성찰하고 연구해야 할 유산을 남겼다. 마르크스, 뒤르켐, 그리고 베버가 그들이다. 이 기회를 통해서 다음 질문을 하고자 한다. 근대 사회로서의 미국이라는 사회역사적 현상에 가장 적합한 사회적 모델을 가진 이는 셋 중 누구인가? 이 논문의 제목은 그 결론을 예측하고 있다. 그 결론에 이르는 과정에서 발견될 근거가 독자들에게 새로운 생각할 거리와 연구를 위한 새싹을 제공하기를 바란다.

제목의 첫 부분(Neither Marx nor Durkheim)은 프랑스의 지식인 장-프랑수아 르벨(Jean-François Revel)이 미국 사회를 해석한 책《마르크스도 아니고 예수도 아닌》(*Ni Marx ni Jésus*, 1971)에서 따온 것이다. 르벨은 미국을 여행하면

1) *The American Journal of Sociology*, 81, 1(July 1975): 1-33. 이 논문의 초안에 대해서 사려 깊은 논평과 제안을 해 준 로버트 머턴(Robert K. Merton)에게 사의를 표한다.

서 얻은 경험을 미국 사회를 성찰하는 기반으로 활용했던 일련의 프랑스 지식인과 사회과학자의 계보 가운데 뒤늦게 더해진 사람으로, 몇몇 사례에서 근대성의 미래에 대한 교훈(혹은 경고)을 도출하려고 노력했다.[2)]

막스 베버가 미국 여행을 선택한 이유 가운데 일부가 우울증에서 벗어나 원기를 회복하기 위해서였던 것과 마찬가지로, 르벨이 1970년경 미국에 왔던 것도 베버와는 다른 이유로 앓았던 우울증과 탈진 상태로부터 벗어나기 위해서였다. 프랑스의 여타 좌파 지식인과 마찬가지로, 그리고 프랑스의 모든 이와 마찬가지로, 르벨은 1968년 5월 중대한 '사태'를 경험했는데, 이것은 애초에는 호전적 의식의 종말론적 시야에서 보면 이미 예정된 혁명 같았다. 그 사태의 시초는 진보주의자와 보수주의자에게 상흔을 남겼고, 그 '운동' 실패와 '정상 상태'로의 회귀 역시 프랑스 급진주의자에게는 대단히 충격적이었는데, 이런 상황은 정확히 100년 전, 1870년 파리 코뮌이 진압되고 무너졌을 때 이미 체험된 바 있었다. 따라서 르벨이 미국으로 왔던 것은, 적어도 부분적으로는, 1968년과 1969년 미국 '사태'의 운명을 확인하고 그것이 변화를 일으키려는 하나의 움직임으로 무익한 것이었는지를 알아보기 위해서였다.

프랑스와 미국의 상황 그리고 그 각각의 결과를 비교하는 르벨의 관찰과 성찰은 그로 하여금 사회의 제도적 구조 내에서 작동하는 역동적 실재가 있는 미국 외의 다른 곳에서는, 근대 세계의 혁명이 막혀 있거나 침체되어 있

2) 다음과 같은 대표적인 인물과 그들의 작품이 있다. 앙드레 지크프리트(André Siegfried), *American Comes of Age*(1927), *American at Mid-Century*(1955); 자크 마리탱(Jacques Maritain), *Reflections on America* (1958); 클로드 쥘리앵(Claude Julien), *Le nouveau nouveau monde*, 2 vols. (1960).

프랑스 지식인에게 미국이 어떤 의미를 지니는지에 대한 간단한 논의는 Joseph(1959, pp. 57-71)에 나온 레몽 아롱(Raymond Aron)을 참고하라. 1835년에 처음 출간된 알렉시 드 토크빌(Alexis de Toqueville)의《미국의 민주주의》(*Democracy in America*)는 이런 계보에서 고전일 뿐 아니라 현대 미국 사회학자에게 자극을 주는 작품이다(예를 들면, 비교사회학자로서 드 토크빌에 대해서 논한 닐 스멜서(Neil Smelser 1971)의 논문을 보라).

다는 결론에 이르도록 만든다. 그는 혁명이 지속적이려면, 위로부터의 단발성 쿠데타나 단일한 방향으로 일어나서는 안 된다고 주장한다. 혁명은 경제·정치·문화적 수준에서 다차원적이어야 한다(1971, pp. 183-184). 르벨은 1789년 프랑스 혁명의 원칙에서 구체화되어 있는 목표의 완전한 성취를 위한 전형적인 국가의 역할에 가장 적합한 사회가 미국이라고 본다. 이는 미국이 다음의 필요조건을 충족하기 때문이다. (1) 높은 경제성장률과 번영의 구가, (2) 높은 수준의 기술적 능력과 기초 연구, (3) 과거보다는 미래를 지향하는 문화적 지향성, (4) 행동 기준에서 그리고 개인의 자유와 평등을 확인하는 데 지속되고 있는 혁명, 그리고 (5) 독재적 통제의 거부, 다양하며 상호 보완적 대체적 하위 문화의 공존을 허용하려는 모든 영역에서 시도의 배가(p. 183)가 그것이다.

르벨은 미국이 '다양한 문화와 모순적 도덕 체계'라는 특징을 가진 유동적 독립체로서 집단적, 개인적 위기를 점차 더 많이 만들어 내고 있다고 봤다(p. 262). 이러한 — 수많은, 영구적인, 그리고 항상 새로운 — 위기는 근대 혁명의 본질이다. 그러나 그것은 미국의 법적 체계에 의해서 억압되지 않는다. 그것이 일으키는 변화는 헌법적 틀 내에서 확대되며, 이는 미국 내의 혁명적 행위를 — 근대 세계의 여타 장소에서와는 달리 — 심원하고, 다양하며, 비옥한, 혹은 축약하면 창조적인 것으로 만든다(p. 185).

르벨은 미국의 좌·우파가 창조적 긴장 가운데 공존한다고 보았다. 유럽 혹은 적어도 프랑스에서는, 좌·우파 할 것 없이 모두 불임의 보수성이라는 특징을 띠어, 따라서 새로운 정치·문화적 혁명의 가능성을 사실상 차단하고 있다(pp. 260-261). 그의 책을 마치면서, 르벨은 펼쳐지고 있는 미국의 혁명이 마르크스주의나 조직화된 종교(양극화된 좌파와 우파)로부터 영향받게 될 가능성은 없다고 말한다. 계급 투쟁의 좌파적 이미지는 미국에는 적용될 수 없는데, 이는 계급 분화가 사회적 분화의 주요 기초가 아닐 뿐 아니라 그런 이미지는 구조적 변화를 두려워하고 그에 저항하는, 본질적으로 정체되어 있거나 융통성 없는 사회에나 해당하기 때문이다. 고전적(혹은 정통) 좌파는 마니교적 세계관[1]의 견해를 가지고 작동한다. 그 전형적 태도는, 반동 국가의 반동 정부라는 맥락에서 좌파가 존재한다는 것이다. 이 점에 대해 그는 다음과 같이 언급한다. '내가 '보수적 좌파'의 특성으로 묘사하려는 태도란, 그 스스로를, 가지고 있는 견해를, 그 미래를 불변하는 세상에서 불변하는 상태로 유지하려고 하며, 부정의를 타파하는 것보다는 매일매일 부정의가 더욱 심화된다는 것을 의기양양하게 증명하는 데 더 관심을 가진다는 것이다'(p. 269).

르벨은 고전적 우파는 덜 자세하게 다루었지만, 미국의 역사적인 정교 분리 때문에 우파가 미국 내에서 반혁명을 조성하지는 못하리라고 보았다. 전통적 (유럽적) 우파의 오래된 비전이자 사회적 행위의 기초인, 기독교적 세력과 세속적 세력의 완전한 통합에 기초한 사회 질서를 복원할 어떠한 역사적 근거도 없는 것이다. 이 글을 개괄하는 도입부로서 르벨이 미국 사회에 대해서 어떤 생각을 가졌던가를 다루는 것은 이만하기로 하자. 세계에서 미국이야말로 1789년에 선언된 원칙을 완수할 수 있는 희망이 있는 나라라는 그가 펼친 주장의 옳고 그름을 평가하려고 하지는 않는다. 그의 책이 출간된 이후 르벨 본인이 그 주제를 재고한 바 있다. 여러 제한점에도 불구하고, 《마르크스도 아니고 예수도 아닌》이라는 책은 한 관찰자의 시각으로 미국을 바라볼 수 있는 그리고, 현상학적인 특수용어를 조금 써 보면, 미국 사회학자가 '늘상 가지는 태도를 괄호에 넣을 수 있는' 좋은 출발점이다.

르벨의 미국에 대한 분석은 《미국의 도전》(*The American Challenge*, 1968)을 쓴 또 다른 프랑스인인 장자크 세르방슈르베(Jean-Jacques Servan-Schreiber)의 분석을 보완한다. 그 역시 유럽의 좌·우파 모두에 비판적이었는데 그 이유는 둘 다 변화에 저항하고, 인간 본성과 개개인을 불신하지 않는다는 것 등이었다. 그는 유럽의 경쟁국과 비교해 미국이 가지는 주된 장점은 부유함보다는 신축성이라고 단언한다. 이것이 미국의 커다란 무기라는 것이다(p. 6).

더구나, 그는 이후에 덧붙이기를, '팽창해 가는 경제에서, 사회 정의가 산업적 역동성의 조건'(p. 242)이라고 말한다. 미국은 사회 정의와 산업적 역동성에 동시에 매진할 수 있는 능력을 갖춘 예외적인 국가라는 것이다.[3)]

마지막으로 인용하고자 하는 프랑스인은 널리 알려진 관료제 연구가 미셸 크로지에(Michel Crozier)로서 그가 행했던 적합한 분석을 소개하려 한다. 미셸 크로지에는 한 연구에서 '가로막힘과 퇴행 과정을 주관하는 기제가 모든 선진 사회를 마비시키고 있다'고 진단한다(1973, p. vi). 르벨, 세르방슈르베와 함께 가시적인 변화가 결여되어 있다는 데 대한 좌절을 공유한 크로지에는 이에 대한 사회학적 분석인《고착된 사회》(*The Stalled Society*)를 썼다.

'관료제적 현상'에 대한 이전의 연구를 포함해, 프랑스 사회에 대한 그의 관찰로부터 크로지에는 진정한 발달을 저해하는 구조적 가로막힘으로 특징지어지는 근대 선진 사회에 대한 일반적 이미지를 그려냈다. 근대성이 가치의 측면에서 필요로 하는 것은, 합리주의적 활력과 사회적 책임을 수반하는 창조성과 비동조성이다(1973, p. 51). 하지만 실제로 사회 체계를 특징짓는 것은 산업에서 정부나 군을 그 조직 모델로 삼는 관료제적 집중화, 가부장주의, 구획화되고 계층화된 집단, 그리고 자유와 창의적 주도성의 결여다(p. 73). 특히 사회 체계의 계층화와 집중화는 사회 질서와 안정을 해칠 수도 있는 혁신에 불리하게 작용한다. 창조성과 혁신을 좌절시키는 주요 통제 체계는 행정, 교육, 정치 체계다(pp. 105-106). 완강하고, 고착되어 있으며, 위

3) 사회학적인 독자들은 근대 세계를 위한 큰 비전을 가지고 있던 이들 가운데 하나인, 사회학의 창시자 앙리 드 생시몽이 200년 전의 미국 방문에서 비슷한 인상을 받았다는 사실에 흥미를 느낄 것이다. 그는 혁명가의 편에서 싸운 뒤에 (생시몽은 미국 독립전쟁에 프랑스 군으로 참전했다-옮긴이), 다음과 같이 썼다. '나는 미국 독립 혁명이 새로운 정치적 시대의 서막을 알린다는 것과, 이 혁명이 반드시 전반적인 문명의 주요한 진보를 결정지으리라는 것과, 곧 유럽에 존재했던 사회 질서에 주요한 변화를 야기할 것임을 느꼈다. (…) 산업적 자유라는 명분을 위해 투쟁하는 와중에, 다른 세계로부터 이런 것을 나의 조국에 이식시켜서 그 꽃이 피는 것을 보고 싶다는 갈망을 느낀 것은 미국에서가 처음이었다'(1925, pp. xxii-xxiii).

계적인 사회에 맞서서 1968년의 사건은 무엇보다도 현대판 농신제(農神祭)처럼 방자했으며, 크로지에의 말을 빌리면, 1968년의 사회 위기는 기본적으로 '권위에 대한 직접적인 대립과 도전'이었다(p. 129).

비록 크로지에가 근대 선진 사회가 '가로막혀' 있거나 혹은 '고착돼' 있다고 주장하는 듯 보이지만, 그 역시 미국은 예외라고 본다. '더욱 심한 계층화가 이뤄져 있는 사회에서 살고 있는 시민보다 집합적 모험에 훨씬 더 깊이 참여하는 미국인은, 변화의 책임이 지도자나 더욱 강제적인 체계에 떠맡겨진 사회의 구성원보다 훨씬 더 철저하게 모든 사회 갈등과 모순을 내면화해야만 한다.'(p. 145).

내가 지금까지 인용한 관찰 내용의 본질 혹은 정신을 요약하면, 미국은 지속하고 있는 과정으로서 근대화의 흥미로운 사례다. 미국은 모든 — 경제, 정치, 문화, 사회 — 영역에서 실질적이며 지속적인 변화가 일어나는, 탁월한 대규모 사회인 것이다. 암묵적으로, 근대화에 대한 주요 이론가 가운데 하나인 아이젠스타트(S. N. Eisenstadt)가 제안하고 요약한, 근대화의 일반적 특성에 경험적으로 가장 부합하는 것이 바로 미국 사회다.

> 근대화는 사회 이동과 점증하는 구조적 분화의 다양한 지표의 발달만이 아니라, (…) 지속적인 변화를 창출할 뿐 아니라 그 자체의 원래 제도적 전제를 뛰어넘는 변화도 흡수할 수 있는 사회, 경제, 정치 체계의 발달을 암시한다(1973, p. 25).

이러한 배경을 고려해 보았으므로, 이제 우리는 마르크스, 뒤르켐과 베버의 근대 사회 모델이 미국 사회를 이해하는 데 얼마나 적합한 것인가를 검토하는 다음 단계로 나아갈 수 있다.

II. 마르크스도 아니고…

르벨에 대한 나의 논의는 미국 사회 동학을 이해하는 데 마르크스주의적 분석을 적용할 수 없음을 알려 준다. 그러나, 마르크스와 미국과 관련해서 보조적인 고려를 몇 가지 더 추가해 보도록 하자.

나는 근대 사회에 대한 마르크스의 개념과 인식은, 일단의 지위, 계급과 권력 계층화가 사회 질서의 위계적인 배열 가운데에서 제도화되어진, 첨예한 사회 분열의 전통을 가지는 사회역사적 배경에서 더욱 잘 이해될 수 있다고 주장한다. 마르크스는 암시적으로 혹은 종종 드러내 놓고 유럽적 상황에 기초해서 혁명이 필요하다고 분석했는데, 유럽에서는 계급 분열과 계급 인식이 일상화된 삶의 측면이었다 — 그리고 지금까지도 대체로 그러하다. 임박한 혁명의 비전에서 정점에 이르는 마르크스주의적인 관점은 물론 — 그의 역사적 과정에 대한 해석에 근거해 볼 때 가장 혁명에 근접한 것으로 보았던 — 서구 산업 사회를 넘어서 러시아와 중국과 같은 사회에 영향을 미쳤다. 발달된 산업 프롤레타리아와 산업 부르주아가 결여되어 있기는 했지만, 이런 사회 역시 명백한 사회적 경계 그리고 사회적 분화의 제도적 기초에 의한 혁명 전 단계 형태의 특성을 보였다. 이것은 마르크스 모델의 적용 가능성을 위한 하나의 전제조건을 구성한다. 이와 동등한 정도로 중요한 또 다른 전제조건은, 상향 이동 지향의, 점증하는 기대감을 가지는 집단으로 이뤄진, 권리를 박탈당한 '무산자' 가운데에서 스스로의 힘과 참여를 증대시키려는 욕망을 지배 계층이 수용하려는 의사가 없어야 한다는 것이다.

한 가지 측면에서 미국은 마르크스의 근대성 분석에 가장 적합한 사회일 수 있다. 미국에서는 경제 체계로서의 자본주의가 가장 충실하게 실현되고 일상화되었기 때문이다. 그럼에도 미국은 예측 가능한 마르크스주의적 방식대로 움직이지 않아 왔다. 차라리, 환호성보다는 한탄에 가까운 최근의 지만스키(Szymanski) 논평에서 드러난 대로 중요한 한 측면에서 미국은 이례성을 보인다. '그러나 명백히 미국의 노동 계급은 고전 마르크스주의 전통이 예측하였던 그것의 역할을 실현시키지 않았다. 여타 선진 자본주의 국가에서 노동 계급 대다수가 계급의식을 발달시키고 사회주의적-공산주의적 정치를 채택해 왔음에도 불구하고, 대다수의 미국 노동 계급에게 이런 일은 일어나지 않았다'(1974, p. 1474).

미국이 왜 예측 가능하게 움직이지 않았느냐에 대해서 다양한 — 심지어 마르크스주의적인 것을 포함한 — 해석을 할 수 있다. 하나의 기초적인 고려사항은, 권리가 박탈된 이들의 사회적 시위와 점증하는 참여 요구에 대해서 여타 선진 사회에 비해 더 많은 수용이 이뤄져 왔다는 사실에 결부된 제도적 구조의 유동성을 들 수 있다. 이 점에 대해서는 다시 논의가 이뤄지겠지만, 우선 나는 미국에 대해 마르크스가 취했던 입장을 다룬 몇 가지 논평을 추가하고자 한다. 그는 제한되어 있기는 했으나 미국 사회에 대한 흥미로운, 언급할 만한 인식을 가지고 있었다.

10년 동안(1851-62) 마르크스는 《뉴욕 데일리 트리뷴》(*New York Daily Tribune*) 지의 외국 통신원이었고 또한 빈의 《디 프레세》(*Die Presse*) 지에 미국 남북전쟁에 대해 기고했었다(Christman 1966; Marx and Engels 1937). 이런 맥락에서 쓰인 그의 다양한 글이 사회학 이론에 중요한 기여를 한다고 볼 수는 없겠지만(말하자면, 이 기간에 작성된 《정치경제학 비판》이나 이전의 《공산당 선언》, 그리고 이후의 《자본론》과는 달리), 그 글들은 그의 환상적인 정치 분석력을 보여 준다. 더구나, 남북전쟁의 경과에 대한 그의 관찰을 보면, 그를 뛰어난 군사 전략가로 인정할 만하다.

상당히 일찍이 그리고 대부분 사람보다 먼저, 마르크스는 남북 사이의 투쟁이 '다름 아닌 두 사회 체제 사이의, 노예제 체제와 자유노동 체제 사이의 투쟁'이라고 보았다(Marx and Engels 1937, p. 81). 그는 북부에 동조했는데, 왜냐하면 그 승리가 '노예 해방에 〔…〕 노동 계급의 해방에 필수적이기 때문이다 — 제조업의 성장이, 잉여 자본을 철도와 공장보다는 동산(動産)인 노예와 토지에 재투자하는 남부 지배계급에 의해서 방해되었다'(p. xv). 마르크스는 링컨의 재선 직후에 그에게 보낸 국제노동자협회(제1인터내셔널이라고도 불린다-옮긴이)의 성명에 서명했으며(성명을 작성하지는 않았다 해도), 그 성명은 무엇보다 다음과 같은 내용을 언급한다. '유럽의 노동자는, 미국 독립전쟁이 중산 계급이 우세한 위치를 차지하는 새로운 시대를 열었던 것처럼, 미국의 반노예제 전쟁이 노동 계급을 위해서 같은 역할을 하리라 확신한다'(p. 281).

5년 전인, 1860년 1월 11일에, 마르크스는 엥겔스에게 다음과 같은 예언적인 내용의 글을 썼다. '내 생각에는, 오늘날 세계에서 일어나고 있는 일 가운데 가장 커다란 일은 한편으로는 존 브라운(John Brown)[2]의 죽음으로 촉발된 미국 노예운동이며, 다른 한편으로는 러시아 농노운동이라네'(p. 221).

그가《디 프레세》지에 실은 특보(예를 들면, 1862년 3월 26일과 27일자)와(pp. 164-177) 그가 남북전쟁의 경과에 대해서 엥겔스와 주고받은 편지를 보면(pp. 221-277), 마르크스는 미국 상황에 대한 심도 있는 지식과 함께 군사적 상황에 대한 — 무엇이 북군이 승리할 수 있는 전략이 될 것인가 그리고 남·북군에서 누가 정말로 능력 있는 지도자인가 등을 포함해 — 판단력(때때로 전쟁의 결과에 대해서 절망했던 엥겔스보다 그가 더 정확했다)을 가지고 있었음을 알 수 있다.[4)]

남북전쟁의 경과에 대해서 보였던 그의 총명함에도 불구하고, 마르크스

4) 따라서 1862년 초 마르크스는 그랜트(Grant) 장군이 북군에서 탁월한 군사적 인물이며 군 총사령관으로 매클레런(McClellan)보다 훨씬 나으리라는 것을 알아차렸다. 그는 또한 전쟁에서 승리하는 데 접경 지역 주가 가지는 중요성을 알고 있었고, 따라서 (1862년에) 엥겔스에게 남군이 워싱턴을 장악하거나 북군이 리치몬드를 점령하는 것은 큰 의미가 없는 일이라고 썼다. 군사적 관점에서 봤을 때, 전쟁의 승리는 북군이 애틀랜타와 남부연합을 이어 주는 조지아 주의 철로를 장악할 때 결정될 것이라고 단언했다. 사실 이것이 그랜트와 셔먼(Sherman) 장군에게 승리를 안겨준 전략이었음이(1864년 셔먼 장군은 애틀랜타를 점령하고 철도망을 초토화시켜 남군 세력을 분리시킴으로써 전쟁의 판세를 결정적으로 유리하게 이끌었다-옮긴이) 이후에 드러났다!

는 링컨에 이어서 존슨[3]이 대통령이 된 직후에는 미국에 흥미를 잃었던 것으로 보인다. 그는 1865년 5월 13일자로 존슨에게 보내는 국제노동자협회의 찬미 일색인 서한을 기초했지만, 당시 엥겔스에게 보낸 편지를 보면 존슨을 대수롭지 않게 여겼음을 알 수 있다(pp. 276-277). 사실, '부르주아 공화국'인 미국은 마르크스에게 중요도가 떨어지는, 일시적 관심사였으며, 이에 반해 독일, 프랑스, 영국은 그의 분석과 근대화 이론을 위해 지속적으로 중요한 경험적 연구의 초점이 되었다. 마르크스가 미국에서 뒤이어 이뤄진 역사적 경험의 견지에서 근대화에 대한 그의 일반적 모델을 바꿀 수도 있었을까? (예를 들면, 그가 생각했던 것처럼, 혁명은 산업화의 역사적으로 필수적인 산물인가?) 그랬을 수도, 그렇지 않았을 수도 있었을 것이며, 아마도 그는 미국을 그 법칙에서 어긋나는 예외로 생각했을 수도 있다.[5]

어떤 의미에서는, 이 세기에 미국의 역사적 경험은 일반적인 마르크스주의적 모델의 본질적인 논지를 보여 준다. 스펜서 식 모델의 예측과는 달리, 경제 발달과 산업화는 모든 계층을 위한 사회 통합과 증대된 사회적 행복을 가져다주지 않았다. 내적 사회 갈등(국제적 군사 갈등은 차치하고)과 분열이 경제 발달 과정에 의해서 직접적으로든 간접적으로든 발생될 수 있다(비록 산업적 계급선을 따라서 반드시 혹은 가장 중요한 분열의 대치선이 생기는 것은 아니라 해도).

미국이 아주 격렬한 '시위' 운동을 목도하게 된 것은, 결국 대단한 경제적, 기술적 발달(스펜서의 낙관주의의 원천인)로 특징지어지는 지난 1950년대 중반 이후부터 1970년대까지였다. 그러나 다른 곳에서는 유사한 운동이 군사적 억압 혹은 지배 엘리트의 — 겉보기에는 수용하는 듯하지만, 실제로는 사회 권력 분배를 변화시키지 않는 — 수동적인 저항을 낳았던 반면, 미

5) 마르크스는 미국이 자본주의 발달 과정에서의 이례적인 사례라는 것을 실제로 인식하고 있었다. 이런 점은 미국의 헨리 케어리(Henry Carey)의 정치경제학에 대해서 그가 썼던, 다소 우호적인 1857년의 비평을 보면 시사되어 있다(Marx 1971, pp. 47-53).

국에서의 그러한 운동과 '위기'는 중요한 제도적 개혁과 시위자에게 정당한 사회적 권력을 허락하는 새로운 원천을 낳기에 이르렀다.

이 절을 마치기 전에, 근대 사회에 대한 마르크스의 기본적인 모델은 암묵적으로 유럽의 역사적 지위 계층화 사회에 기초를 두고 있음을 강조하려고 한다 — 이런 사회에서는 선명하게 설정된 지위 차이가 일상적인 사회 현실의 부분이며, 권위는 (흔쾌히든 불만에 차서든) 본질적으로 위계적인 것으로 보여지거나 받아들여지며, 공직을 차지하고 있는 지도자에게 귀속된다. 중세의 사회 질서는 여전히 오늘날의 유럽에서 그러한 전통의 무게를 가지며 그러므로 구조적 변동이 일어난다면 고전적인 마르크스주의적 혁명 모델에 따라서 일어나야 할 것이다. 그러나 시위에서 나오는 요구에 대한 미국의 지속적인 적응은 — 미국적인 현실의 일부인데 — 우리가 '혁명'이라고 가정하는 것이 어떤 것인지에 대해 의문을 품도록 만든다.

유럽적인 이미지 속에서 '혁명'은 근대 사회의 창조라 신성시되는 과거의 영광스러운 성취로서 그 기반 위에 국가라는 배의 닻이 내려지며 또한 그로 인해서 진정한 사회 발전의 결여가 숨겨진다 — 혹은 그것은 미래에 대한 종말론적 비전 속에 위치한다. 미국에서는 혁명이란 역사상의 신성한 한 순간이라기보다는 지속적인 역사적 과정 그 자체인데, 이것은 기술적 영역에서뿐 아니라 다면적인 사회적 영역에서도 변화의 실현을 추구하는 주도적인 가치 지향에서 드러난다. 기술적 변화와 경제 발전을 추구하는 것은 대부분의 근대 사회에서 공유된 가치이지만, 넓은 영역에 걸친 사회적 변화 속에서 실험을 하는 것에 정당성이 주어지는 것은 아주 다른 문제다. 좋든 나쁘든, 미국은 그 최근 역사에서, 현존하는 어떤 대규모 사회 가운데에서도, 지배 계층들(비록 단일한 '기득권층'이 존재한다는 것을 보여 주는 사례가 있을 수도 있겠지만, 나는 의도적으로 복수 형태로 '계층들'이라고 표현한다)의 입장에서 전 영역에 걸친 변화를 수용하는 것이 무엇인가를 알려 주는 가장 가까운 근사치를 보이고 있다.

이것이 바로 르벨이 인식했던 바이고, 그 모든 특성을 감안할 때 이런 현상은, 마르크스가 근대 사회 모델을 형성했던 유럽식 모델의 바깥으로 미국을 옮겨 놓는다.

III. …뒤르켐도 아닌

뒤르켐 사회 모델은 종종 마르크스 사회 모델과는 뚜렷한 대비를 이루며 반대 명제에 해당한다는 평가를 받는다. 마르크스에게 근대 사회의 중심적인 경향은 사회 질서가 지배 계급(혹은 노동과 그에서 말미암은 결론적인 지위 분화의 궁극적 원천인 사유재산의 폐지 외에는 개선될 수 없는 근본적인 계급 갈등)에 의한 억압, 강제, 미혹, 혹은 소외 위에 구성된다. 뒤르켐에게, 사회의 중심적인 경향은 공유된 집합 표상이라는 규범적 합의에 의해서 공고해지는, 새로운 형태의 구조적 상호 의존성에 기초를 둔 사회적 연대이다. 비록 마르크스와 뒤르켐 사이에 간과된 몇 가지 유사점이 있지만, 나는 근대화의 한 극적인 모델로서 뒤르켐의 관점을 수용하는 것에 의문을 제기하려고 하지 않는다.[6] 확언컨대, 나는 결코 사회적 세계의 근본적으로 상징적인 본성에 대한, 일탈과 동조의 통합적 연계에 대한, 사회문화적 실재의 구체성과 축소 불가능성에 대한 그의 깊이 있는 통찰력과 같은, 사회 실재의 이해를 돕는 그의 영향력 있는 기여의 가치를 의문시하려고 하지 않는다. 내게는, 뒤르켐이 사회학의 위대한 인물 가운데 **제1인자**다. 뒤르켐이 내게는 일반적으로

6) 그러므로, 《직업윤리와 공민적 도덕》(*Professional Ethics and Civic Morals*, 1957, pp. 208-220)의 결론에서, 뒤르켐은 사회적 도덕성의 근대화의 주요 특성으로서 사회 정의와 평등주의는 사유재산 상속의 폐지를 요구한다고 주장했다 — 이것은 정통 마르크스주의의 한 주요 요소이다. 마르크스가 무계급 사회의 비전으로 인해 활기에 찼었다면, 이러한 구조적 변화를 실현하는 상당히 다른 일단의 생각과 수단을 가지고 있기는 했지만, 학자로서의 성숙기에 이르렀을 당시의 뒤르켐 역시 그러했다.

상당히 설득력이 있다는 것을 알리기 위해서 이런 평가를 하기는 했지만, 그의 사회 모델을 미국 사회를 이해하기 위해 적용하는 데 어떤 제한점이 있는지 알리고자 한다.

우선, 이 글에서 우리가 다루는 세 명의 인물 가운데 뒤르켐은 근대 미국 상황에 가장 적게 노출되어 있었고 또한 가장 적은 인식을 가지고 있었다. 그는 미국의 사회적 경향보다는 지적인 경향에 정통해 있었다고 말할 수도 있을 것이다. 외국인 고문 편집자로 위촉되었던 그는 《미국 사회학 저널》(*American Journal of Sociology*)에 어떤 내용이 실리는지 알고 있었던 듯하다.[7] 또 그는 미국의 민족지학적 문헌에 대해서 잘 알고 있었다(Lukes 1972); 그리고 그는 데카르트 철학에 대한 지적 도전으로서 그가 심각하게 받아들였던 실용주의 철학에 미국이 어떤 기여를 했는지 심도 높은 연구를 했다.[8] 그럼에도 불구하고, 그의 저작에서 근대적 형태의 미국에 대해서 언급된 것을 찾기란 어려운 일이다.[9]

---

7) 다음은 이렇게 단언할 수 있는 근거다. 《미국 사회학 저널》의 1898년 1월호에 구스타보 토스티(Gustavo Tosti)가 뒤르켐의 《자살론》에 대한 매우 부정적인 긴 비평을 실었다. 1898년 2월 6일, 당시 보르도에 있던 뒤르켐은 이에 대한 답변을 썼으며 이것은 1898년 5월호에 실렸다. 언짢아진 토치는 《미국 사회학 저널》 1898년 9월호에 다시 이에 대해 답변하였다. 뒤르켐이 더 이상 응수하지 않기는 했지만, 오랜 세월에 걸친 그 이론에 대한 시험은, 그가 옳았음을 보여줬다. 그 저널이 출간되던 첫해부터 뒤르켐은 '고문 편집자'였으며 적어도 제1차 세계대전이 발발하기까지는 고문 편집진으로 남아 있었다(이 정보를 알려 준 그 학술지의 편집진에게 감사한다).

8) 뒤르켐은 소르본에서 1913-14 학년도에 1년 동안 이어진 강의에서 실용주의에 대해 자세하게 비판하였다(이에 대해서 다시 언급이 이뤄질 것이다). 이 강의는 《실용주의와 사회학》(*Pragmatisme et sociologie*, 1955)이라는 제목으로 학생들의 노트에 적혀 있던 내용으로 구성돼 그의 사후에 출간되었다. 실용주의라는 미국의 철학적 도전이 유럽에서 활동하는 미국 기업의 실용주의에 반영되어서 결국 세르방슈르베(Servan-Schreiber)로 하여금 미국의 도전을 심각하게 받아들이라는 경고를 하도록 만들기에 이르렀다는 것은 재미있는 일이다.

9) 나는 뒤르켐이 토크빌의 《미국의 민주주의》를 명확히 인용한 바가 있는지 잘 모르겠다. 토크빌이, 그의 연구 《구 체제》(*L'Ancien Régime*)에서 중심적인 위치를 차지하는, 중재 집단의 중요성에 대해 강조한 것은, 민주주의에 구조적 안정을 부여할 필요가 있는 사

뒤르켐이 미국의 제도적 구조에 노출되어 있었는지 아닌지가 중요한 일인가? 이 질문에 답하기 위해서, 근대 사회에 대한 그의 모델과 이미지의 본질적 측면을 지적하려고 한다. 마르크스와 마찬가지로 그의 개념화는, 비록 역사에서 그가 다른 교훈을 끌어오기도 하지만, 유럽의 역사적 경험에 의해서 그 틀이 잡혔음을 주장하고자 한다.

뒤르켐에게 근대 사회의 주요한 측면은 **아노미**(*Anomie*)의 조건이다 — 아노미라는 개념은, 마르크스의 소외라는 개념만큼이나, 편의적이고 왜곡된 방식으로 미국 사회학 용어로 수용되어 왔다(Horton 1972; Israel 1971). '아노미'는 아주 익숙한 용어이므로, 뒤르켐에게 그것이 무슨 의미였는지를 간략하게 짚는 것으로 족하다. 아노미란 근대 사회를 괴롭히는 규범적 혹은 도덕적 탈규제 상태다. 그 결과 가운데에는, 자살과 같은 개인의 병리적 행위뿐 아니라, 근대 노동 분업의 통합적 경향을 약화시키는, 억제되지 않은 경제적 욕구도 해당된다. 뒤르켐에게 아노미는 — 혹은 무도덕성은 — 근대 사회 위기의 중심에 위치해 있으며, 따라서 근대 사회에 심각한 불안정성을 초래하는데, 사회학의 궁극적 존재 이유는 근대 사회에 필수적인 기반을 제공할 도덕 체계를 과학적으로 도출해 내거나 그것에 다다름으로써 사회 재건을 돕는 것이다.[10)]

사회학적 분석, 성찰 그리고 연구 주제로서의 도덕성에 대한 관심은 뒤르켐에 관한 문헌에서 정확히 다뤄지는데(Tiryakian 1962; Wallwork 1972; Bellah 1973), 이것은 하나의 주요한 관심으로서만이 아니라, 그의 최초 논문으로부터(Durkheim 1886, 1887) 《종교 생활의 기초 형태》(1961)에 이르는 모든 학술작업에 근본적인 통일성을 제공해 주는 중심적인 연계고리다. 사회적 실

회적 재건의 어떠한 프로그램에서라도 그런 집단(직업적 협회와 같은)을 재활성화시킬 필요가 있다고 보는 뒤르켐의 신념에 영향을 미쳤을 것이다.

10) 《사회분업론》의 마지막 몇 쪽에는 뒤르켐 일생의 가장 중요한 관심사가 매우 명확하게 쓰여 있다.

재의 근본적인 측면으로서, 사회적 상호 작용의 중심적인 구조로서 도덕성에 대한 그의 관심은 도덕성과 종교 사이의 연계에 관한 집약적인 분석으로 이어졌는데, 이 연계는, 그가 지적하듯, 마르크스의 관점과는 다른 의미에서이기는 하지만, 그 성격상 본질적으로 사회적이다(Durkheim 1961, pp. 471-472). 뒤르켐은 도덕성과 종교가 밀접하게 연관되지만 분석적으로는 별개의 것이라고 보았다. 도덕성은 전통적으로 종교에서 도출되지만, 종교의 성질은 하나의 독특한 제도적 구조다. 결과적으로 뒤르켐이 제시한 근대 사회가 당면한 규범적 위기의 해결책은, 근대 사회를 위한 적합한 도덕적 체계이자 종교인 그 무엇인가를 경험적, 이론적 기반 위에 세우는 것이다.

그는 어떠한 결정적 답도 제공하지 않았다. 《직업윤리와 공민적 도덕》(*Professional Ethics and Civil Morals*, 1957), 《도덕교육》(*Moral Education*, 1973)과 같은 작품은 근대 사회를 위해 필수적인 도덕성의 체계에 대해서 그가 어떤 생각을 가졌었는지를 잘 보여 주지만, 적합한 종교란 무엇인가의 문제는 그 답을 찾기가 훨씬 더 어렵다. 어떤 의미에서는《종교 생활의 기초 형태》가 종교사회학의 가장 중요한 업적이자 사회적 세계의 구조에 대해서 뒤르켐이 시도했던 탐색의 정점이라고 볼 수 있다. 다른 의미에서는, 그것은 하나의 건축 골격이지 완성된 건물과 같은 것은 아니라고 볼 수 있는데, 왜냐하면 그가 근대 사회를 위해 필수적인 종교·제도적 구조에 대해서 아주 기초적인 암시만을 제공하기 때문이다. 지식인에게는 그런 구조가 필요 없을지도 모르지만, 뒤르켐은 그것의 결여가 사회 조직을 위해서 해롭다고 보았다. '시민적 종교'가 어떤 형태를 띠어야 하는가에 대해서 뒤르켐은, 같은 어려운 문제를 해결하려고 노력했던, 콩트나 생시몽보다도 훨씬 더 불명확했다. 아마도 그가 종교와 사회의 복잡성에 대해서 앞선 두 학자보다 더 철저하게 연구했기 **때문에**, 그가 (이 동일하게 중요하게 받아들여졌던 문제에 대해서) 더욱 불명확한 입장을 취했을 수도 있다.[11] 종교와 사회에 대해 뒤르켐이 갖고 있던 이미지는 압도적 다수를 점하는 유럽 사회뿐 아니라 대부분의

'전통적' 사회에서의 공통적인 역사적 경험에 암묵적인 기초를 두었다. 이런 맥락에서 무엇이 그러한 사회를 특징짓는가? 우리가 고전에 나오는 로마 혹은 그리스를 생각하든, 프랑스, 영국 혹은 차르가 통치하는 러시아를 떠올리든, 우리는 정치 체제와 종교 사이에, '교회'와 '국가' 사이에, 종교와 정치적 권위 사이에 아주 가까운 통일성을 지니는 사회를 균일하게 다루는 것이다. 우리는 공식적으로 인정된 '교회'라는, 하나의 공적으로 정당화된 종교 제도를 가지는 한 사회 체계를 다루는데, 그것은 그 집합체와 정치 체제에서 구성원 자격의 중요한 기준을 제공할 뿐 아니라 도덕적 행위의 주요한 통로이자 결정권자, 해석자로서 역할을 하는 제도이기도 하다.

물론, 중세 혹은 종교 개혁 전의 유럽이 이런 체제의 전형인 듯 보이기도 하지만, 종교 개혁 이후의 세계도 — 심지어 로마 교황에 대한 복종관계를 깬 나라도 — 여전히 이러한 특성에 들어맞는다. 확실히, (생시몽, 콩트처럼) 뒤르켐은 프랑스 혁명이 역사상 결정적인 단절을 불러왔다고 보았다. 기독교가 서구 문명 발달에 크게 기여했다는 것에 동조하기는 했지만, 그는 공공 교육에서 가톨릭 교회를 배제시키는 일에 단연코 헌신적이었다. 제3공화정과 그것이 표방한 정교분리를 주 내용으로 하는 **세속주의**(*laïcisme*)의 열성적인 지지자였던 뒤르켐은 〔모라스(Maurras)[4] 혹은 바레스(Barrès. 반공화주의 민족주의자, 1장 각주 79번 참조-옮긴이)와 같은〕 동시대의 우파와 같은 의미에서 전통 종교(즉, 가톨릭)의 복원주의자가 아니었다. 그럼에도 불구하고, 만약 내가 나의 해석에서 통탄할 만한 오역을 한 것이 아니라면, 근대 서구만이 아니라 '고대' 그리고 '고전적' 사회에 대한 그의 암묵적인 인식을 고려해 보면,[12] 뒤르켐에게 사회 재건은 옛 상태를 대체하는, 합의에 기초한 도

11) 나는 로버트 벨라(Robert N. Bellah)의 연구《미국의 시민 종교》(*Civil Religion in America*, 1970, pp. 168-189)가 뒤르켐의 이 중요한 관심사에 대해 사회학적 주의를 환기시킬 주요한 촉매작용을 하는 노력이라고 본다.

12) 이런 맥락에서, 벨라가 쓴 다른 중요한 작품을 보라(Bellah 1964, pp. 358-374).

덕 체계의 공적인 재제도화를 수반한다. 1789년 대혁명이 터져 나오면서 옛 상태는 근대 사회에 부적합하다는 것이 증명되었다. 뒤르켐이 당면했던 현재란 규제적이며 제도화된 도덕 체계의 부재 탓에 아노미가 증대되던 시기였다.

미국은 그 역사적 경험의 전반에 걸쳐서 공식적으로 국가가 인정하거나 허가한 종교 제도[13]를 가져본 적이 없다는 이유 때문에 하나의 흥미로운 이례적인 사례[14]를 대표한다. 미국은 종교적 권위를 갖춘 **합법적** 제도, 즉 **도덕성의 통로**로 구현되거나 그런 역할을 수행한 제도를 가져본 적이 없다.

그러한 중심적인 종교 제도가 결여되었다는 것은(그런 것이 존재했다면, 다른 종교 제도가 같은 고유한 사회적 가치를 가졌다는 것에 대한 사실상의 인정 없이, 용인되어진, 심지어는 법률적인, '비동조적' 지위로 존재했을 것이다), 사회 전반적인 수준에서 미국은 제도화되었거나 제도적인 기반을 가진 도덕 체계를 가진 적이 없다는 것을 의미한다. 뒤르켐의 견지에서, 이것은 그가 사회 불안정과 문제의 근본적 원천이라고 비판하는, 바로 그 아노미 상태로 보일 법하다.

아마도 뒤르켐이 다른 주제에 그가 바쳤던 것과 같은 정도의 철저함과 객관성을 가지고 미국을 연구했다면 미국에 대한 두 가지 대조적인 해석을 했을 것이다. 이미 그 첫 번째에 대해서는 다뤘다. 이 나라가 경제, 정치, 성, 그리고 다른 행위 영역에서 표출된 가장 심각한 정도의 아노미의 전형적 사례

13) 여기서 종교 제도라는 말의 의미는 뒤르켐과 에른스트 트뢸치(Ernst Troeltsch, 1865-1923, 독일의 개신교 신학자-옮긴이)가 사용한 '교회' 혹은 하워드 베커(Howard Becker, 1899-1960, 미국 사회학자로 미국 사회학회장 임기 중 사망-옮긴이)와 밀턴 잉어(Milton Yinger, 1916-2011, 미국 사회학자로 미국 사회학협회장 역임-옮긴이)가 썼던 '교회모임'이라는 뜻이다.

14) 미국이 뒤이어 나오는 논의에서 언급되는 특이성을 가진 유일한 나라인 것은 아니다. 국가적 수준에서, 스위스는 같은 부류의 사회라고 여겨질 수 있을 것이지만, 국가 하위〔주(州)〕 수준에서는 일반적인 유럽의 경험과 공통되는 역사적 특성을 가지고 있다고 볼 수 있겠다. 이런 점에 대해서는 다음의 주요한 연구를 참고하라. Guy Swanson(1967).

라는 것을 파악하는 것은 쉬운 일이다. 집중화된 가시적인 도덕성의 통로를 결여한 미국 사회는 아주 도덕관념이 없고 정신 나간 것처럼 보일 수 있다. 마르크스가 미국이 고도의 자본주의 상태 때문에 구조적으로 아주 불안정하다고 지적할 법한 것처럼, 뒤르켐 역시 고도의 아노미 상태 때문에 미국이 구조적으로 아주 불안정하다고 여길 수 있다. 그렇다면 이에 대조되는 해석이란 무엇인가?

전반적인 역사 속에서 특정한 종교 제도적 기반을 가지지 않았던 덕에 미국의 도덕 체계는 여타 다른 사회에서보다 상당히 더 큰 정도로 다양한 사회 부문으로 확산되어 왔으며 따라서 미국은 아노미 정도가 가장 덜한 사회 가운데 하나라는 것이다. 미국에서는 통상 종교 생활로 여겨지는 영역 밖에서 사회적 실재의 측면과 사회적 행위의 영역은 도덕적 책임의 재단을 받는다 — 행위의 영역이란 성, 경제, 정치 행위와 심지어는 국제관계도 포함한다. 미국의 개인적, 집단적인 사회적 행위자가 여타 사회의 행위자보다 더 도덕적으로(즉, 윤리적 행위 규범에 따라서) 행동한다고 주장하는 것은 아니다. 사실상 모든 행위 영역과 모든 사회적 사건의 측면이 잠재적으로 그리고 종종 실제로, 개인적 혹은 집합적 수준에서 이뤄진 행위자의 행동이 '도덕적'인지 '부도덕'한지를 가리는, 도덕적 검토와 공공의 회계를 거치게 된다는 것을 말하려는 것이다. 권위, 징벌적 제재와 사회 변화의 요구에 대한 한계 설정은 대체로 도덕적 정당화와 상황의 도덕성에 기초를 두고 이뤄진다. 기성 제도적 관습과 기성의 권위를 가진 인물이 도덕적 검토를 면하는 것은 좀처럼 생각조차 하기 힘든 일이다.

친숙한 뒤르켐식 모델의 측면에서는, 도덕성을 조성하던 전통 종교 제도가 사회적 중요성과 정당성을 잃었기에, 근대화 체계가 마비를 불러일으키는 '도덕성의 위기'를 수반한다고 추론할 수 있다. 근대 사회의 한 특성인 사회적 이질성의 증대는 도덕성을 더욱 지키기 어렵고 덜 가시적인 것으로 만들 것이다. 그러나 나는 모든 증거가 갖추어진다면, 이 세기에 미국에서 사회적 이질성이 급격히 늘었지만 도덕적 책임은 공적 생활에서 더욱더 핵심적인 것이 되었다는 것을 증명할 수 있으리라고 주장한다 — 예를 들면, 기업, 인종관계, 가정 생활, 환경 사건과 정부 공무원의 행동에 대한 규제와 같은 문제에서. 도덕적 책임이라는 강력한 흐름이 항상 미국의 공론장의 입구에서 굽이치고 있다!

나는 미국의 공적 생활에서 한 핵심적인 특성이, 어떤 제도적 관습이 도덕적 기대와 조화를 이루는지 여부를 계속 따져 묻는 것이라고 말했다. 만약 그렇지 않다는 판단이 나오면, 이로 인해서 그 관습에 관련된 사람을 개혁시키는 것뿐 아니라 도덕적으로 피해를 입히는 관습이 나오게끔 만든 제도적 구조를 뜯어고치게 되는 것도 가능하다. 아마도 '전통적' 도덕성의 쇠퇴와 상실 그리고 도덕적 규범의 모호성이 증대되어 왔다는 주장이 있을 수 있다. 그러나 우리가 쓰는 사회학 용어 가운데 아노미의 개념을 재고할 필요가 있으며, 유럽적인 맥락에서 의미가 있는 것이었다면 미국적인 맥락에서도 사실상 적용 가능하지 않을지 우리 스스로 자문할 필요가 있다. 이전 시기에 공유되었던 도덕 체계의 상실, 그리고 사회 전반적인 제도적 틀에서 연약함과 불안정성을 불러오는 상실이 있었다고 믿기는커녕, 나는 이와 다른 관점을 가지기에 이르렀다. 미국은 그 도덕 체계가 당연한 것으로 혹은 그 한계 설정이 잘 이루어졌다고 여겨지지 않았기 때문에, 그 도덕 체계가 구체적이거나 집약적이기보다는 제도적으로 광범위하기 때문에, 아주 성공적일지도 모른다. 그리고 이런 주장에 가치가 있다면, 우리는 뒤르켐주의적 모델 추정을 재고할 준비를 해야 할 것이며, 그것을 만든 뒤르켐 본인이 진정한 실증주의적 정신의 기치 아래 가장 먼저 그렇게 하려 들지도 모른다.

IV. …아마도 베버

막스 베버에게서 미국 사회에 대한 사회학적 접근을 하기에 적합한, 앞선 두 사람보다 더 나은 자기발견적 장점이 있는 관점을 찾을 수 있을까? 나는 그렇게 생각하며, 내가 '아마도'라고 제목에서 암시한 대로, 미국의 사례를 통해 근대화에 대한 베버주의적 모델을 참신하게 고려할 필요가 있다. 먼저 내가 왜 그가 마르크스나 뒤르켐보다 우리에게 더 많은 것을 줄 수 있다고 생각하는지에 대한 이유를 제시하고자 한다.

베버는 마르크스나 뒤르켐보다 미국 사회의 훨씬 더 많은 영역을 경험했다. 그의 저작에서 미국에 대한 많은 언급 — 종종 묘사적이거나 비교적인 — 이 섞여 있는 것을 볼 수 있다. 더구나 우리는 《프로테스탄트 윤리와 자본주의 정신》(1958b)에서 '자본주의 정신'의 전형으로 벤저민 프랭클린(Benjamin Franklin)[5]에게 특별한 관심이 주어졌던 것을 잘 알고 있다. 또, 마르크스나 뒤르켐과는 달리, 그는 미국에 대한 직접적인 경험을 통해서 개신교 종파와 자발적 단체에 대한 자료를 수집했다.

110년 전쯤(1904년 9월에서 12월까지) 베버는 짧지만 상당히 생산적으로 미국을 방문했다(Brann 1944; Weber 1958a, pp. 14-18). 놀랄 만한 활력으로, 그는 체류 기간 동안 독일 도서관에서 연구하면서 발견했던 지적인 영역만큼이나 넓은 물리적 영토를 돌아다녔다. 약 100일 동안 그는 다양한 연구기관〔하버드, 컬럼비아, 해버포드(Haverford), 터스키기(Tuskegee)〕을 방문했다. 그는 대도시의 인종적 다양성과 시골 지역의 동질성을 관찰했다. 그는 오클라호마 주의 인디언과 짧게나마 같이 생활했는데, 거기에서 초기 유전(油田)과 인디언의 역동적인 사회 환경에 매료되었다. 그는 단순한 여행자가 아니라, 미국 생활에 대해서 보고, 질문하고, 그 다양한 주요 측면에 대해서 알기 위해 왔던 것이다. 마찬가지로 그는 아주 다양한 정보원을 활용했는데, 여기에는 학문적 동료, 같은 숙소에 묵었던 사람들, 택시 운전사, 노스캐롤라이나에 살던 친척까지 포함된다.

비록 그가 목도한 것과 이전 여러 해 동안 그가 빠져 있었던 심리적 침체로부터 벗어나 기운을 회복한 것으로 인해서 크게 자극을 받기는 했지만, 베버는 미국을 장밋빛 안경을 통해서 바라보지 않았다. 그는 총체적인 미국 사회의 선, 악, 그리고 추함〔the good, the bad, and the ugly. 세르조 레오네(Sergio Leone) 감독의 1966년작 서부영화 제목을 활용한 표현이다-옮긴이〕을 파악했다. 그리고 짧은 시기에 일련의 모든 환상적인 상황과 장소를 찾아봤음에도 불구하고, 날카로운 명민함으로, 대단하고 활력이 넘치는 나라 위에 커다란 먹구름이, 즉 '흑인 문제'(the Negro question)라는 인종 관계에서 오는 문제가, 드리워져 있음을 깨달았다(Brann 1944, pp. 26-27; Weber, 1958a, p. 16).[15] 만약 베버가 미국에 대한 그의 직간접적 지식을 미국 사회에 대한 완전한 구조적, 역사적 연구로 발전시킬 시간을 가질 수 있었더라면, 그는 우리에게 토크빌의《미국의 민주주의》혹은 브라이스 경[6]의《미 연방》(*The American Commonwealth*)과 짝을 이루는 작품을 우리에게 선사할 수 있었을 것이다.

그러나 베버의 직접적이고 풍성한 미국 경험 그 자체만으로 그의 해석적 틀이나 준거틀이 마르크스나 뒤르켐의 것보다 더 선호되리라는 것을 보장할 수 없다. 나는 베버가 다른 두 사람에 비해 미국에 대한 더 많은 사실을 알았고 더 많이 친숙했다는 것을 주장했지만, 이것만으로는 충분하지 않다.

마르크스, 뒤르켐에 비교해 봤을 때, 베버와 미국 사회 사이의 '적합도'는 언뜻 보기에 진부한 하나의 관찰에 근거를 둔 것인데, 이것은 바로 미국이

15) 따라서 베버는 4년 전에 듀 보이스(W. E. B. DuBois)가 첫 번째 범아프리카 회의(Pan-African Conference)에서 발표했던 다음 내용을 반영하였다. '20세기의 문제는 인종 간 대립의 문제이다'(이것은 다음으로부터 인용되었다. Legum, 1962, p. 25). 베버의《일반경제사》(1961) 6장을 보면, 흑인이 경제적 조건과 관련해서 어떤 상황에 처해 있었는지 베버가 알고 있었음이 확증된다. 더구나 이 글에 인용된 연구를 보면, 그가 미국 남부에 대한 자료를 제시할 때 듀 보이스의 저술을 참고했음을 알 수 있다. 베버와 듀 보이스 사이의 개인적인 접촉에 대해서 더 알아보려면 다음을 참고하라. Nelson(1973a).

프로테스탄트 사회이고 베버가 금욕적이며 현세적인 프로테스탄티즘에 깊이 있는 내부자의 이해[16)]를 갖추고 있었으며, 그의 행동과 생각은, 말하자면, 이마누엘 칸트의 행동과 생각이 그러하듯이, 그런 이해를 나타내 보여주는 전형적인 사례라는 것이다.

베버가 프로테스탄트 배경을 가지고 있었고 대다수의 미국인도 이런 배경을 공유한다고 말하는 것은 실로 진부한 일이다. 미국의 프로테스탄티즘과 자본주의가 역사적으로 논증할 수 있을 만한 공생 관계를 맺어 왔고 전자는 19세기 후반부에 후자의 성숙한 발현을 위한 '촉진제'의 역할을 했다는 주장을 내가 추가한다 하더라도, 이것은 여전히 진부한 사회학적 관찰에 그친다. 무엇보다도, 베버 자신이, 미국 사회의 활력과 미국 종파들의 생명력에 감명을 받기는 했지만, 미국이 '종교적 개념에서 말미암은 모든 현상이 근대에 굴복하고 말았던 '세속화'라는 특징적인 과정'에 영향을 받지 않고 남아 있으리라고는 생각하지 않았다(1958a, p. 307).

베버의 통상적인 관점을 넘어서려면, 우리는 서구 문명에 그의 지적 오디세이가 가지는 함의를 재고해야만 한다. 우리는 그의 저작 속에서 완성되고 다 닦아진 길보다는, 그가 암시적이고, 구상 수준에서 겨우 그려 낸 경로들을 찾아내려고 해야 한다. 베버의 학술 업적에 대한 이해를 돕는 재평가를 한 벤저민 넬슨(Benjamin Nelson 1973b)은 이러한 견해를 대단한 통찰력을 곁들여 표현했다. '개인적, 사회적 질서의 강화된 규율과 합의적인 조직화를 통해서 세상을 지배하려고 하는 어떠한 사회라도 가지고 있는 존재론적, 문화적 기초를 지칭하는데 '프로테스탄트 윤리'라는 개념을 쓰는 것이 바로 베버의 의도였다'(p. 83). 베버가 서구 문명의 종교적, 경제적 진로 사이의 역사적 연계에 초점을 맞추었다는 것, 그리고 종교적 태도와 경제 발전 사이의 관계에 대한 완전한 서술을 하기 위해서, 말하자면, 문명 비

16) 의심의 여지없이, 베버는 절대적 지식을 주장하는 '내부자의 이해'가 가지는 한계에 대해 다루는 머턴의 통찰력 있는 논문(Merton 1972)에 갈채를 보냈을 것이다.

교라는 좋은 척도를 활용했다는 것은 맞는 말이다. 그러나 종교적 **세계관**(*Weltanschauungen*)과 사회역사적 발전이 가지는 관계의 한 사례로서 프로테스탄트 윤리와 근대화 사이의 관계는 — 그의 분석의 주요 초점이었던 — 프로테스탄트 윤리가 경제 부문에 대해서 가지는 연계에 비해 폭이 훨씬 넓다. 베버 자신은 종교와 일반적 정치 체제 사이의, 프로테스탄트 윤리와 근대의 역사·정치적 발전 사이의 연계에 대해서 체계적으로 조사한 바가 없다. 베버가 근대 세계의 변형에 관련되어 있는 모든 요소를 밝혀 내는 일에 암묵적으로 전념하고 있었다고 넬슨이 주장한 것은 일리가 있으며(Nelson 1973b, p. 80), 우리는 그가 프로테스탄트 윤리로부터 아르키메데스의 지렛대[7]와 같은 것을 발견했다고 추정할 수 있고, 바로 이 발견은 오늘날의 우리에게도 위대한 자기발견적 가치가 있는 것이다. 나는 사회역사적 사회로서 미국이 **프로테스탄트 윤리**라는 기만적이라고 할 수 있을 만큼 단순한 표현 속에 담긴 그 용어의 총체성을 가장 잘 나타내고 그 근사치에 가장 가깝다고 할 수 있기 때문에, 이 나라에 대해서 특별한 관심을 기울일 필요가 있다고 생각하는 것이다.

이런 주장을 더 발전시키면, 우리는 프로테스탄트 윤리란 후기 루터주의 프로테스탄티즘에 의해서 틀이 잡힌 상징적 문화 체계의 일반적 **세계관**이 표현된 것이라고 봐야 할 것이다. 더 나아가, 미국 사회에 경험적 세계를 향한 가치 지향의 근본적 체계를 제공한 미국의 문화 체계는 '청교도' 문화라고 이름 붙일 수 있는 것에 기초를 두고 있고, 미국을 특별히 흥미롭게 만드는 것은, 립셋(Lipset 1963)의 여러 가지 뜻을 담은 용어를 빌리자면, 미국이 단지 '새로운 첫 번째 국가'라서만이 아니라, 이와 버금가게 중요한 것으로써, 그 나라의 기저에 깔린 문화 체계의 측면에서 '첫 번째 프로테스탄트 국가'를 대표한다는 것이다.[17] 미국을 **첫 번째** (그리고 그 독특한 특징에 덧붙여서

17) 시모어 마틴 립셋(Seymour Martin Lipset)의 《새로운 첫 번째 국가》(*The First New Nation*, 1963)는 미국 사회에 대한 가장 중요한 사회학적 설명 가운데 하나다. 나는 그 통

말하자면, 유일한) **프로테스탄트 국가**로 새롭게 봐야 한다고 주장하면서 내가 의도하는 바는, 그 역사성의 총체적인 측면에서 미국의 주요한 제도적 구조와 그 가치 지향 체계가, 청교도 심성의 기초적인 암묵적 차원에 의해서 자라난 그리고 그것과 궤를 같이하는 전제 위에 설립된 첫 번째 사회의 소산물이라는 것이다. 여기서 특히 중요한 것은 이 논의의 출발점으로서 종교와 정치 체제 사이의 관계다.

유럽의 역사적 맥락에서, 종교 개혁의 성공은 프로테스탄트 국가 성립으로 이어졌으나, 교회와 국가는 해체 불가능한 연대 제도라는 중세적(그리고 중세 이전의) 가정이 이어져 내려왔다는 점이 중요하다. 따라서 심지어 베스트팔렌 조약[8] 이후에도, 통치자의 종교는 공식적인 국가 종교였고 그(혹은 그녀)는 그것을 지키겠다고 맹세했다. 구조적으로, 프로테스탄트 국가(네덜란드, 프로이센, 스칸디나비아 국가 그리고 성공회를 믿는 영국도 이에 포함시켜야 할 것이다)는 잔여 가톨릭 국가(프랑스, 오스트리아, 스페인 등)와 마찬가지로 교회와 국가의 수립이라는 원칙에 충실했다. 심지어 프랑스 제1공화정도 이성을 숭상하는 공공의 종교(5장 특히 각주 9번 참고-옮긴이)를 만들었기에, 이런

찰력 있는 분석에 상당히 동의하는데, 그 분석의 범위는 이 논문에서 추구하는 것보다 제도적인 수준에서 더욱 포괄적이다. 나는 주로, 립셋이 '종교와 미국적 가치'(그 책의 4장)에서 보인 입장과 다른 입장을 취한다. 한 가지 사소한 점에 대해 말하자면, 나는 아르미니우스 설〔Arminianism. 네덜란드의 신학자 아르미니우스(Arminius)의 만인구원설 사상-옮긴이〕이 청교도 신학에 의해 수용되었다고 생각하지 않는다 — 비록 그것이 주요한 도전이 된 것은 맞다 하더라도. 그러나, 더욱 중요한 것은, 립셋이 미국의 종교를 관습적인 측면에서, 즉, 형식화되고 제도화된 형태로서, 바라보고 있다는 것이다. 나는 이것이 미국 종교 생활의 한 부문에 해당한다고 생각하지만, 프로테스탄티즘 정신 그리고 종교적 활동과 세속적 활동의 탈분화와 궤를 같이 하는 종교 생활의 '자유롭게 흘러다니는' 혹은 제도적으로 확산된 측면 또한 발견할 수 있다. 결론적으로, 나는 '교회와 국가의 분리가 미국 사회에서 종교 그 자체에 확산된 역할보다는 구체적인 역할을 점증적으로 부여해 왔다'(1963, p. 168)는 립셋의 말에 의문을 제기하고자 하는데, 왜냐하면 그 정반대가 맞다고 생각하기 때문이다. 더구나, 그 주제에 대한 충분한 자료가 있다면, 내 생각에는 근대 시기에 정교분리를 이루지 못한 사회에서 종교는 확산적인 역할보다는 구체적인 역할을 한 것으로 나타나리라고 본다.

기초 구조를 가지고 있었다.

건국 시점에서부터 전국적 정권의 수준에서 정치 체제와 종교의 공식적인 분리라는 원칙을 구현한 것은 바로 미국이었다. 그 연방의 원칙은 법 앞에서 시민의 평등만이 아니라 실질적으로 교파의 평등까지 인정했다. 초기 미국 식민사의 일부 정치적 단위에서 기성 교회의 전통적 원칙이 고수되는 경우가 있기는 했지만, 독립 전쟁 직전까지 대부분의 식민지가 새로운 '근대적' 시각을 받아들였다. 일단 그 원칙이 전국적인 수준에서 수립되자, 남아 있던 주에서도 곧 시행되었다.

미국은 그러므로 사회의 종교, 정치 부문 사이의 관계의 성격과 관련되는 기초적이고 잠재적인 프로테스탄트적 전제를 구현한 첫 번째 근대 국가일 수 있다. 미국의 정교분리는 청교도 세계관의 한 결과이자 표현이었다. 미국이 16세기와 17세기 유럽으로부터 받아들였던 역사적 영향력에서 말미암은 청교도주의는 그 형성기에 기성의 기독교적, 전통적 권위에 대항하는 하나의 항의로서 발전을 이뤘다. 청교도적 심성에서 기초적인 것은 외부 권위에 깊이 자리 잡은 양면성이었는데, 이것은 세속적인 권위자(부분적인 이유를 들면, 그들이 자아와 양심의 자율성을 구속할 수 있기에)와 외부적 제도 모두에 대한 양면성이었다. 또한 청교도적 가치의 실천은 전통에 기초한 권위의 신성함을 거부하는 것으로(그리고 이와 무관하지 않게, 개인적 '카리스마'에 기초한 권위에 대한 거부로) 이어졌다. 이것의 한 결과는 정치 체제와 종교 사이의 제도화된 연계의 거부였다. 외부 권위에 대한 이러한 양면성은 미국에서의 정교분리로 드러난 것만이 아니라,[18] 제도화된 권위를 향한 양면성이라는 미국적 가치 지향이 지속됨으로써 표출되기도 했다.

미국이 정교분리 원칙 때문에 프로테스탄트 정신을 가졌다고 보는 것은 미국에서의 청교도적인 문화적 모체가 가지는 중요성을 완전히 파악하기

18) 그의 책《프로테스탄트 윤리와 자본주의 정신》서두에서 베버는 미국의 정교분리를 언급하지만 '이런 원칙의 실질적인 중요성'에 대해서는 검토하지 않는다(1958a, p. 302).

위해 밟아야 하는 단순한 첫걸음일 뿐이다. 베버는 우리 앞에 야곱의 사다리[9]를 두었지만, 그 자신은 모든 가로대를 다 밟고 올라가지(혹은 내려가지) 않았다. 그는 미국에서 청교도적인 문화적 모체의 구체성이 그 사회에서 가장 중요한 문화 체계인지 검토하지 않았다. 청교도적인 틀에서 독특한 점 가운데 하나는 — 적어도 내 해석에 따르면 — 그것을 종교 문화적인 틀로서 인식하기는 쉽지 않다는 것이다. 정교분리는 종교 생활과 세속 생활 사이의 분화에서 경계 희석 그리고 신성한 활동과 세속적 활동 그리고 사회적 목표의 경계 희석으로 이어진다 — 이러한 경계 희석은 그 자체가 프로테스탄트 윤리의 주요한 특성이다.[19)]

베버는 서구 문명 근대화 과정이 두 개의 서로 연관된 근원적인 경향을 가지고 있다고 보았다. 행위의 모든 영역의 합리화와 세속화, 즉 '실질적'인 사회적 활동에서 종교적 충동과 종교적 태도를 분화시키는 것이 그 경향성이다. 상당한 부분에서 우리의 사회학적 사고는 이러한 폭넓은 이미지를 따라서 함축적으로 빚어진 것이다. 우리는 그것을 무비판적으로 수용하기보다는, 새로운 시각으로 바라봐야 한다. 미국의 문화 체계를 이해하는 것으로부터 시작하면 생산적인 출발이 이뤄질 수 있다. 그 시초기와 잉태기뿐 아니라 그 이후로도 청교도적이었던 미국은 베버가 우리로 하여금 느낄 수 있도록 만들어 주었던 그러나 그 스스로는 체계적으로 분석하지 않았던 청교도적 문화 체계의 요소를 분석하기에 알맞은 흥미로운 사회다.

---

19) 넬슨의 관찰이 이와 상당히 관련이 있다(Nelson 1973b, pp. 98-99). '미국에서《프로테스탄트 윤리》의 영향력을 발견하기란 때로는 아주 쉽고 때로는 아주 어렵다. 〔…〕 그 이유를 말하기는 어렵지 않다. 미국에서 프로테스탄티즘은 선명하게 분화된 제도의 형태를 띠기보다는, 사회·문화적 삶의 과정에서 매순간 휘발성의 형태로 표현되기 때문이다. 삶의 한 방식으로서, 프로테스탄티즘은 모든 관습화된 구조 안으로 스며들며 따라서 교육, 사업, 그리고 법과 같은 영역에서 당연한 절차적 방식으로 받아들여진다.'

V. 청교도 문화의 표출

앞 절들에서 등장하는 논의의 바탕 위에서, 미국에서 청교도 문화가 역사적으로 그리고 동시대적으로 어떻게 표출되었는지를 살펴봄으로써 베버주의 와인을 담을 새로운 부대가 어떤 것인지 알아보자.

1. 자연과 광야

대부분의 경우와 마찬가지로 문화 체계는 진공 상태에서는 존재하지 않는다. 물리적 환경인 '자연'의 분류는, 자연에 상대로 이뤄지는 사회적으로 조직화된 행위에 중요한 수단을 제공하면서 어떠한 문화 체계에서든 아주 중요한 기능을 수행한다.[20] 나는 여기에서 식민지기로부터 현재에 이르기까지 미국의 역사적 경험을 보면, 자연을 향한 — 그것을 '광야'와 연결짓는 — 흥미롭고 복잡한 지향을 주요한 집합표상으로써 삼아 왔고, 이러한 지향은, 유럽의 본거지에서 출발해서 오늘날에도 여전히 집합행동을 조직화하는데 효력이 있는 뚜렷한 미국 청교도적 관점으로 진화해 온 종교적 이미지에 그 뿌리를 두고 있다고 주장하려고 한다.[21]

'문명'과 대척점에 있는 '광야'는 신·구약에서 공통으로 나타나는 성경 주제다. 이런 의미에서 보면, 후기 서구문명의 맥락에서 광야는 자연이 문명의 타락으로부터 제공하는 피난처, 시련과 정화의 일시적인 거주지다. 이러한 전통적인 이미지는 유럽의 프로테스탄트 종파와 최초의 프로테스탄트 종파〔발데스 파(Waldensians)[10]와 같은〕의 경험과 초기 청교도 정착자의 북

---

20) 뒤르켐과 모스를 따라서(혹자는 지나치게 따라 했다고도 할 수 있다) 쓰여진 클로드 레비스트로스(Claude Lévi-Strauss)의 《신화》(*Mythologiques*)는 복잡한 문화/자연의 상호 작용에 대해 탐색한 내용을 담고 있다.

21) 이런 맥락에서 주요한 배경자료는 다음에서 찾을 수 있다. Williams(1962), Nash(1975), Heimart(1953), and Miller(1956).

미에서의 경험 등에서 지속되어 왔다(Williams 1962).

그러나 '광야'와 '자연'의 의미는 청교도의 인지적 혁신의 결과로 중요한 역사적 변형을 겪는다.[22] 그 혁신의 첫 번째 국면은 영국의 급진 청교도주의 신학에서 일어났는데, 이것에 따르면 자연은 그리스도의 재림 때까지는 그의 직접 통치로부터 벗어나 있는 것으로 본다. 이와 관련해 윌리엄스는 다음과 같이 말한다. '이러한 자연에 대한 해석은 자연을 과학적 조사와 결단력 있는 인간 행위가 일어날 수 있는 자유로운 영역으로 해방시켰다. 어떤 경우에는 이 종말론적 견해가 그 과도기 동안에 이 영역에 대한 특별한 책임을 인간에게 부여해 주는 효과도 있었다'(p. 83).

자연을 인식하는 이러한 새로운 방식이 가지는 온전한 의미는 무엇인지가 점진적으로 북미에서 알려졌다.[23] 처음에는 대서양을 두 세계 사이의 지리적 경계로 보았던 청교도는 광야가 그들의 뒤에 있다고 인식했다. 부패한 구세계 문명으로서 그것을 질식시킬 정도로 억압적인 제도적 구조(특히 종교와 정치)로부터 그들은 도망쳐 나오고 있었던 것이다. 그 뒤에, 광야는 여전히 전통적 이미지 속에 남아 있었다. 물리적 환경의 거친 자연으로서, 시련과 고난의 환경으로서, '약속의 땅'을 찾는 와중의 일시적인 거처로서 말이다.

그러나 18세기에 새로운 개념화가 부각되었다. 광야**로서의** 자연이 '부가가치'가 있는 측면을 가지게 되었다. 그것은 미국적인 상황의 영속적인 물리적 현실로 받아들여졌다. 그뿐 아니라, 광야**로서의** 자연을 정복하는 것이 신에게서 부여받은 책무, 즉 미국민의 집단적인 소명으로 받아들여졌다.

전통적인 유럽의 심성에서는 자연이 창조의 노고로 신성화된 경건한 성

---

22) 인지적 '혁신'이라는 개념은, 베버의 《종교사회학》(*The Sociology of Religion*)의 〈서문〉에서 그 개념을 논한 탤컷 파슨스(Talcott Parsons)로부터 내가 차용한 것이다(Parsons 1963, pp. xxix-xxiv).

23) 이것과 17세기의 여타 급진적 청교도 사고의 교리를 보려면 다음을 참고하라. Mosse (1960).

격을 띠었지만(그러므로 심지어 후기 로마 사상에서도 문명의 부담으로부터 피난처로 비춰진다), 미국의 주도적인 문화 체계 속에 담긴 자연에 대한 이미지는 아주 다른 의미를 가졌다. 광야**로서** 자연은 신성불가침인 것이 아니라 순전한 인간적인 수단을 통해서 체계적이고 조직적으로 정복하고 활용해야만 할 영역이었다.[24] 자연의 정복과 문명화는, 초월적이며 그 무엇보다 중요한 목표로서 청교도적 가치 체계에 수용되기에 이르렀다(Nash 1973, p. 37; Heimert 1953, p. 382).

청교도 문화의 광야라는 주제가 사회학적으로는 어떤 관련성이 있는 것인가? 우선, 베버를 인용하면 우리는 그가 **프로테스탄트 윤리**의 중심에 '소명'(*Beruf*)이라는 개념을 놓은 것이 얼마나 깊은 함의를 지닌 일인지를 알게 된다(Weber 1958b, 3장). 그러나 베버는 소명이라는 청교도적 개념의 미묘하면서도 중요한 변화에는 주의를 기울이지 못한 듯하다(Michaelsen 1953).[25] 여기에서 특별한 관심을 끄는 것은 이 개념이 미국적 경험에 맞춰서 조정되었다는 것이다. 광야**로서의** 자연에 대한 체계적 정복 혹은 길들임이 그 신흥국가의 **집합적** 삶의 책무가 되었던 것이다. 식민 1세대 이후에 점차 사회적, 종교적으로 이질화되었던 — 그리고 미합중국 그 자체가 태동되고 나서는 그런 이질화가 줄곧 지속되어 왔던 — 미국민 공동체에게 광야의 완전정복이라는 완수된 적이 없는(심지어 완수 불가능한) 책무에 대한 부단한 헌신이

---

24) 광야에 대한 청교도적 이미지는 양면성을 띤다. 광야**로서의** 자연은 사랑이나 헌신의 대상이 아니다. 또한 그것은 무관심이나 증오의 대상도 아니다. 애초에는 적대적이지만 인간의 변형시키는 힘(이성, 과학, 기술)에 의해서 바뀔 수 있는 그 무엇이다. 변형되면 그것은 열매를 생산하지만, 이것은 인간이 만든 것이기에 불완전하다.

25) 나는 여기에서 루터와 캘빈의 시기로부터 백스터(Richard Baxter. 1615-1691, 영국 청교도 목사이자 저술가로 성공회와 청교도 사이의 조정을 시도했다-옮긴이)의 시기에 이르기까지 '소명'의 종교적 의미가 당시 발현하던 근대 자본주의와 더욱 일치하는 방식으로 변경되었을 수도 있다는 것에는 관심이 없다. 베버가 근대 자본주의 정신의 발달을 설명하면서 만들었던 '소명'의 자기발견적 사용이 그런 변화가 있었다고 해서 틀렸다고 입증되는 것은 아니다.

란, 정말로 의미가 있는 일이었다. 부득이, 소명의 개념은 개인적 사안에서 근본적으로 집단적인 과업으로 변형되었다.

광야의 정복이라는 집단적 소명의 중요성은 뉴잉글랜드 식민지 시기가 지나서, 심지어 19세기 '서부 개척'과 그 이후로도 지속되었다(Nash 1973). 환경적 요소로서 물리적인 개척지가 시야에서 사라졌다면, 이것이 광야를 세계의 실재로서 인식하는 것을 폐기시킨 것일까? 나는 그렇지 않다고 보는데, 왜냐하면 광야는 청교도 심성과 문화 체계의 기초적 틀이기 때문이다. 타인이 겨우 자연이나 심지어는 문명을 볼 수 있을 때에도(둘 다 본질적으로 안정된, 혹은 정체된 범주다), 청교도적인 정신에는 광야를 찾으려고 하거나 찾는 경향이 내재해 있다. 찾으려 들면, 광야는 언제든 찾을 수 있다. 결과적으로, 미국인은 미국 내부와 외부 모두에서 새로운 개척지를 찾아냈다. 그 바깥에서는, 제3세계와 구세계(유럽, 아시아, 아프리카를 통칭함-옮긴이) 가운데 미개발 지역에서 그것을 발견했다. 내부에서는, 처녀지에서가 아니라 문명이 과잉개발된 지역, 대규모 도시가 주변으로 확산된 지역(빈민가를 포함해서)에서 그 퇴락한 상태가 잠식해 들어오는 광야처럼 인식되며, 그에 맞서기 위한 빈곤과의 전쟁과 같은 새로운 집합적인 정복 노력의 필요성이 제기되곤 한다.[26] 그 이미지의 내용과 지시 대상물에서는 변화가 일어났지만, 광야는 그 문화적 중요성을 전혀 잃지 않았다.

따라서 집합적 소명으로서 광야 정복은 미국 청교도 문화에서 중심적인 요소라고 볼 수 있다. 그 의미는 금욕적 프로테스탄티즘의 세속적 경향에 근간을 둔다. 이런 경향에 내재한 신성성과 세속성 사이에 있는 차이의 불분명성은, 여기에서는, 한편으로는 광야 정복의 경제적 의미, 다른 한편으

---

26) 이런 표현은 미국 도시화에 대한 다음의 연구물 제목에서 상징적으로 나타난다. Sam Bass Warner, Jr., *The Urban Wilderness*(1972). 더구나, 케네디 대통령의 평화봉사단(Peace Corps) 프로그램은 애초에 미국 젊은이가 미국 내의 새로운 개척지에 도전할 수 있도록 개발시키기 위한 훈련 프로그램으로 여겨졌다〔이것은 로스토(W. W. Rostow) 교수와의 개인적인 의사소통으로 알게 되었다〕.

로는 광야 정복의 도덕적-종교적 의미 사이의 경계가 불분명해지는 것으로 나타날 것이다. 어쨌든, 미국 청교도 문화는 광야와 투쟁하고 그것을 개척하는 끊임없는 책무 가운데 세계를 정화시키는 집합적 과업을 찾으려 해 왔고 발견한 것이다.

나아가서, 광야**로서의** 자연 정복은 미국 사회에서 변화가 가치 있는 행위의 목적〔베버의 **가치 합리성**(*Wertrationalität*)〕으로서 강조되도록 만드는 한 중요한 요소라는 것을 알 수 있다. 청교도가 세계를 변화시키는 데 참여할 수 없다면, 그들은 스스로를 가치 없다고 여기거나 불만족을 느낄 것이다. 이와 꼭 마찬가지로, 그들은 세계를 하나의 완성품으로 받아들일 수 없으며, 또한 그것을 거부하거나 버려둘 수도 없다. 광야로서의 자연을 변형시키는 책무는 — 그것이 완결되었다고 판단할 객관적 기준이 없는 — 끊임없이 심지어 미친 듯이 지속되는 노역이기 때문에, 이러한 청교도주의의 세속적 행동주의는 기술 변동에 대한 것만큼이나 사회 변동에 대해서 미국 사회가 지니는 헌신을 지탱해 주는 문화적 기초라고 볼 수 있을 것이다. 그러므로, 미국의 역동성 혹은 변화와 실험에 대한 활기찬 헌신(르벨과 같은 외국인 관찰자를 매료시킨)은 프로테스탄트 정신이라는 측면에서, 더욱 특정하자면, 광야의 정복이라는 청교도적 집합적 소명에 관계되는 것으로서 더 적합하게 이해될 수 있을 것이다.[27)]

코튼 매더(Cotton Mather)[11]가 말한 대로, '광야의 조건'에 있는 것의 존재론적인 특징은 미국 청교도 문화에 관련된 여타의 특성도 드러내 준다(Heimert 1953, p. 379). 여기에서 특히 관심을 끄는 것은, 이런 조건이 종교적 가치와 의미가 있는 것으로서 역경 심지어는 재앙을 수용하도록 만든다는 것이다(왜냐하면 광야는 가장 심한 시련을 주는 상황이기 때문이다); 역경과 재앙

27) 광야의 정복이라는 이 책무가 추상적으로는 아무리 칭송될 수 있다 할지라도, 정작 광야에 살고 있는 이에게는 잔혹한 결과를 낳을 수 있다 — 나는 이에 대해 언급하면서 예전의 미국 인디언과 오늘날 도시 재개발 피해자를 마음속에 떠올린다.

은 집합체를 시험하고, 정화하며, 회생시키는, 신이 운명 지은 시련으로 여겨진다.[28] 청교도 윤리를 미국 독립혁명과 관련지으면서, 모건(1968)은 청교도는 검소와 역경 속에 미덕이 있다고 보았고, 그들이 물질적인 성공이라는 조건 — 역설적으로 더 큰 불안의 원천인 — 보다는 역경의 조건 속에서 더 편안함을 느꼈다고 말한다. 만약 청교도 문화가 하나의 도전으로서, 정화시킬 수 있는 시련으로서의 역경 속에서 번성했다면, 이런 태도가 에너지 위기와 워터게이트 위기와 같은 사건에 대한 일반적 반응과 같은 동시대적인 현상 속에서도 나타나지 않겠는가? 심지어는 1960년대에 등장한 히피 운동마저도 문명의 부유함에서 나오는 부패보다는 광야의 변경에서의 역경을 더 선호하는 태도를 보임으로써 청교도 문화의 성격을 띠었다고 볼 수 있다.

역경에서 미덕을 찾는 청교도와 관련해서, 또 다른 미국적 현상에 주의를 기울여 보려 한다. 식민통치기의 다양한 시점에서, 큰 역경과 위협적인 재앙의 상황이 닥쳐오면 '회개를 주장하는 한탄', 집합적 금식과 겸비의 요청이 잇따랐다. 바로 미국의 정치적 출발부터가 회개를 주장하는 한탄으로 특징지어졌다. 1775년 필라델피아에서 열린 대륙회의[12]에서는 그해의 7월 20일을 모든 식민지에서 '공적인 겸비(謙卑), 금식과 기도의 날'로 지킬 것을 권고했다. 전국적으로 이뤄진 죄의 고백으로 깨끗해진 미국민은 따라서 정치적 역경의 위협적인 재앙에 직면하였다(Miller 1968).

회개를 주장하는 한탄이 미국 초기 역사에서나 발견할 수 있는 신기한 화석과 같다고 생각하는 것을 막기 위해 말하자면, 남북전쟁이라는 국가적 대시련기에 링컨 대통령이 의회의 요구에 따라서 세 차례 '겸비, 금식, 그리

28) 청교도의 심성은 미국에서의 발달 과정에서 성경 속 유대인과의 동일시로부터 깊은 영향을 받았다(Heimart 1953, p. 380; Miller 1954, pp. 463-491). 청교도 신학자는 역경의 시련은 집합체의 순수함을 회생시키는데 필수적이며, 반대로, 부유함은 집합체의 도덕적 순수성을 오염시킨다는 선지자의 신념을 공유한다.

고 기도'의 날을 선포했다는 것은 흥미롭다. 청교도 문화의 끈질긴 생명력을 알리는 사례로 들 수 있는 더 흥미로운 것은, 지루하게 이어지던 워터게이트 사건 조사의 여파로 인한 정치적 위기가 피고인들뿐만이 아니라 미국 전체적으로 시련이었는데, 이 중요한 사건 때에도 역시 회개를 주장하는 목소리가 있었다는 것이다! 바로 1974년 초에 통과된 상원 양당 합동 결의안에 따르면 같은 해 4월 30일이 '전미 겸비, 금식, 그리고 기도의 날'로 지정되었다.[29)]

아마도 이 결의안을 예스러운 시대착오라고 볼 수 있겠지만, 냉철한 청교도라면 1974년 회개의 목소리가 (그날이 준수되었느냐가 아니라 그 결과에서) 성공적이었다는 사실을 지적할 것이다. 더욱이, 이런 일은 광야라는 개념과 결별할 수 없는 청교도 문화에 근거를 둔 국가 정체성, 즉 내면 깊이 자리 잡은 집합적 가치를 재확인해 주는 지속적인 표현이라고 볼 수도 있을 것이다.

광야의 사회학적 중요성은 유럽 사회학의 문법에서는 찾아볼 수 없는데, 마르크스, 뒤르켐은 물론이고 베버에게서조차도 그러하다. 그러나 그것은 미국 사회에 대한 사회학적 해석에서는 중요하며, 나는 이 글에서 베버주의적 관점이 자기발견적인 가치를 가지기에 우리를 청교도주의의 주제 — 베버 본인이 분석한 것 외에, 광야와 같은 주제 — 에 민감할 수 있도록 만들어 준다고 주장해 온 것이다.[30)]

---

29) 2세기 동안의 잠에서 깨어난 립 밴 윙클〔Rip Van Winkle. 미국 작가 워싱턴 어빙(Washington Irving)이 1819년에 발표한 동명 단편소설 속 인물로 잠든 지 20년 만에 깨어났다-옮긴이〕과 같은 청교도라면 집에서 다음과 같은 기사를 읽게 될 것이다. '상원 결의안은 미국민의 영적인 실패 때문에, '우리가 전능하신 하나님 앞에서 겸비한 자세를 가지고 우리의 국가적인 죄를 시인하며 관용과 용서를 위해서 기도해야 함이 마땅하다'라고 밝히고 있다'〔일간지《더 캐피털》(*the Capital*)의 1974년 보도〕.

30) 이 논의는 미국 사회의 상호 연결된 측면을 설명하는 데 광야의 개념이 가지는 사회학적 중요성의 표면만을 다루었다. 구조적으로 그리고 역동적으로 보면, 광야라는 주제는 마르셀 모스(Marcel Mauss)가 적절히 이름 붙인 '사회적 현상'(phénomène social total)이라고 볼 수 있는데, 모스의 종합적인 사회학적 분석 —'선물'과 같은 — 은 그렇지 않았더라면 볼 수 없었을 사회의 깊은 구조를 노출시킨다. 이런 맥락에서 모스의 저작에 나오

2. 자원주의(自願主義/Voluntarism)

주의를 기울이고자 하는 청교도 문화의 두 번째 폭넓은 사례는 '자원주의'라는 주제로, 이것은 광야와 마찬가지로 미국에서 시작된 것은 아니지만 미국적인 새로운 틀 안에 맞추려는 재작업이 이뤄진 개념이다.

자원주의의 원칙은 미국 청교도 문화 속에서 사회적 행위의 공식(公式)으로서, 또한 더욱 구체적으로는 행위자와 국가의 관계만이 아니라 행위자와 여타 사회 제도(결혼과 같은)와의 관계에 대한 사회 이론으로서 발달되었다. 신세계의 조건에 적합한 신학의 사회적 차원을 만들어 내면서, 청교도적 심성에 따라서 전통적인 서구의 우주론을 재해석했는데, 여기에는 상호 연결되어 있는 종교 교리인 원죄와 계약도 포함되어 있다.[31] 원죄는 인간 파탄의 조건으로서가 아니라, 인간은 신에게 빚을 진 상태로 태어나지만 그 빚을 세속적인 활동을 통해서 자유롭게 갚을 수 있다는 조건으로 해석된다. 인간이 자원(自願)해서 채무를 이행할 수 있다는 것은 본인이 태어날 때부터 처한 상황을 운명으로 받아들이는 것의 정반대 상태인 세속적 활동주의를 위한 한 중요한 명령이자 동기부여가 되는 것이다. 계약론과 관련해서, 자원적 원칙은 '청교도의 상태는 전적으로 계약적인 것이며, 그것은 인간의 자유의지의 산물이고, 인간의 이성의 법칙에 따르는 것이지만 하나님에게 지시와 통치를 받는다. 물리에서와 같이 사회에서도, 자유의지와 절대 명령은 밀접하게 연관되어 있다'(Miller 1954, p. 421).

그러므로 자아를 위한 행동의 자유는 중요한 종교적 정당화를 부여받은 것이며, 시민적 자유에 대해 우리가 강조하는 것은 청교도 정신의 기초적인 계약적 전제로부터 말미암은 것이다. 그러나 급진적 개인주의는 청교도

는 결론 절을 참고하라. Mauss(1954).

31) 청교도적 사회 교리의 중요한 자료를 보려면 다음을 참고하라. Miller(1954), pp. 398-431.

사상과는 동떨어지는데, 이러한 사실을 언급할 필요가 있는 것은 '개인주의'라는 용어의 모호성 때문이다. 도덕률 폐기론적 경향은 공동체의 맥락에서 의미를 가지는 것으로서 자원주의에 대한 청교도의 관점에 의해 제한된다. 행동의 자유는 사회적 의무와 책임을 받아들이는 것을 수반한다(Miller 1954, pp. 425, 427). 미국 사회의 정치적 개념은 시초로부터 후기 청교도에 이르기까지 자원주의적 원칙에 기초하는데(처음에는 순전히 종교적인 원칙으로서, 성인이 종교 개혁과 종교 선택의 종파적 원칙이라는 맥락에서, 자유롭게 신을 선택해야 한다는 것이었다), 그 원칙에 따르면 순수한 사회란 (…) '적합한 인간이 스스로의 의지와 선택으로 적합한 공동체의 창출과 관리를 이행할 수 있다는 신념 위에 세워진 것이다'(Miller 1956, p. 147).

따라서 우리는 청교도 사회 이론에서, 자아가 조직화된 사회에서 가지는 관계에 대한 미국적인 관점의 중심 특성을 찾을 수 있다. 정치적 권위에 대한 충성은 법을 지키는 통치자와 관리에게만 제한된다. 국가의 관리자가 법을 어기면 충성은 그치고, 강한 반대가 시작된다. 국가는 (전통 유럽 사상에서처럼) 신이 창조한 것도 아니고 (헤겔 철학의 주장처럼) 신의 외화(外化)도 아니며 인간의 협동적 행위의 산물이다. 행위의 자유는 청교도 사회 이론의 중요한 측면이지만, 그렇다고 행위자가 공민적 의무와 무관하게 하고 싶은 대로 할 수 있음을 의미하는 것은 아니다. 그 반대로, 인간의 행위는 항상 그들의 공동체를 위해서 하는 봉사의 측면에서 판단을 받는데, 여기서 공동체는 하나님이 세상에 직접 재림하려고 결심하기까지 이 세상에서 하나님의 공동(혹은 신탁) 대리자 역할을 수행한다. 공동체는 유기적 실재이지만 자유로운 행위자 사이에서 자유로운 과정을 거쳐서 도달한 계약적 관계에 의존한다 — 따라서 공동체는 초인간적 실체가 아니다.

청교도주의로 틀이 잡힌 자원주의적 이론은 미국 독립 혁명 전후를 불문하고 미국 사회의 가장 중요한 특성으로 자리 잡았다. 어떤 측면에서는, 미국은 성인의 자유로운 유대에 의해 형성된 자원 결사체, 2차 집단으로 이뤄진 사회에 가깝다고 할 수 있다 — 이것은 미국적 삶의 사실로 토크빌에게 확실한 인상을 심은 바 있다. 다른 측면에서 보자면, 지난 2세기 동안 미국의 정치적 활력의 상당 부분이 미국 사회의 자원주의의 힘에서 나왔다고 할 수 있다. 미국적 상황의 특징인 사회 변화와 개혁의 추진력은 자원적 결사체의 힘을 반영하며, 이에 대해서 사회사학자 버트호프(Berthoff)는 지난 역사를 돌아보며 이렇게 평했다. '사회 개혁 운동은 자원적 결사체의 특별한 영역이었다. 각각의 집단은 그것의 목적이 진보적, 평등주의적, 개인주의적, 그리고 낙관주의적 시대정신의 수호자가 되는 것이라고 여겼다'(1971, p. 255).

청교도 사회 이론에 근거를 둔 자원주의는, 개인주의라는 미국의 기초적인 가치 지향의 기저에 깔려 있다. 이미 지적한 대로, 개인주의 정신은 확대된 공동체를 위해 봉사하고 혜택을 끼치려고 해야 한다. 미국 사회 진화에서 자원주의적 원칙이 어떻게 사회적으로 표출되었는가 또 어떤 사회적 결과를 맺었는가를 적합하게 다루는 것은 그 자체로 또 하나의 논문거리가 될 것이다. 여기에서 특별히 중요한 것은 미국 자본주의가 자원주의와 봉사라는 주제를 얼마만큼 반영함으로써, 유럽 자본주의의 발달과 태도로부터 중요한 면에서 차별화되느냐다. 사회법[13]은 제쳐 놓고, 기업의 이윤을 활용해, 교육기관(주요 대학을 포함해서), 기업 후원자로부터 자율성을 부여받은 대규모 재단, 공공 도서관, 박물관 등을 설립하는 형태로 사회적, 시민적 책임을 수용하는 것을 언급하려고 한다. 내가 이런 점을 지적하는 것은 (경제적 활동에서 근대 자본주의의 여타 형태와 다름없이 무자비한) 미국 자본주의의 경제 체제 자체를 정당화시키려는 것이 아니다. 그러나 미국 자본주의의 사회 봉사에서 확연히 눈에 띄는 요소를 '피 묻은 돈'이라고 쉽사리 일축해서는 안 되며, 청교도적 사회 윤리와 연관된 것으로서 봐야만 한다.

이 절의 나머지 부분에서, 나는 청교도주의에 뿌리를 둔 자원주의라는 주제가 미국의 사회학적 사상에서 어떻게 표출되었는지를 보이려고 한다. 달리 말하자면, 프로테스탄트 윤리에 대해서 가능한 한 밀착해서 바라보자는 것이다.[32] 나는 조지 허버트 미드(George Herbert Mead)가 미시사회학에 가장 큰 기여를 한 미국 태생 학자이며, 탤컷 파슨스(Talcott Parsons)는 거시사회학에 가장 중요한 기여를 한 미국 태생 학자라고 감히 단언한다. 독자들이 그들의 저작을 잘 알고 있다고 전제한다. 내 주장에 누군가 반론을 제기할 수도 있겠지만, 나는 두 학자가 오늘날 미국 사회학에 주요한 영향력을 행사했다는 것에 대해서는 모두 동의하리라 믿는다.

미드의 가장 큰 공헌은 사회화에 대한 접근법의 패러다임을 우리에게 제공했다는 것이다. 사회적 자아의 기원, 그것이 역할 행동에서 실현되는 것, 사회적 상호 작용에서 상징의 중요성 등이 그 사례다(Mead 1934). 자아도 사회도 고정되어 있거나 정적으로 주어진 것은 아니다. 그것은 현실의 발현적 특성이다. 미드가 자원주의에 대해서 명확히 언급한 바는 없지만, 그의 자아와 사회에 대한 접근은 고도로 자원주의적인 시각을 갖추고 있다. 그것은 다음과 같은 그의 시각의 밑바탕에 깔려 있다. '기성 구조로서가 아닌 사람들이 삶의 조건에 직면하는 인간 사회; 그것은 사회적 행위를 사회 구조에서 나오는 것이 아니라 인간 행위자에 의해서 만들어지는 것으로 여긴다 〔…〕 그것은 집합적 삶을 〔…〕 연합적 행위를 만들어 가는 과정으로 본다' (Blumer 1969, pp. 74-75).

미드는 자아 개발을 위한, 그리고 게임의 규칙을 자유롭게 수용하고 내면화하기 위한, 개인의 자유의지 능력을 대단히 강조한다. 궁극적으로 자아의식은 행위자가 무엇이 되려고 하는가를 구조화하지만, 근본적으로 행위자의 선택은 적극적이고 생산적인 사회적 존재가 되기 위해 이뤄진다. 사회는 축복도 저주도 아니며 행위자가 만들어 가는 공동체다. 미드의 사회 실재론은 마르크스나 뒤르켐의 그것과는 각각 다른 사회상을 가진다. 하지만 그가

32) 폭넓은 학문적 맥락에서 쉴즈(Shils 1971)의 설득력 있는 논평을 참고할 필요가 있다. '대학은 비록 한 세기 전처럼 기독교적이지는 않다고 해도 여전히 **프로테스탄트 윤리**의 현장이다. 〔…〕 학자와 과학자는 청교도적 기업가와 같다'

행위의 내재적 주관성을 강조한 것을 명목론(즉, 개인 자체가 사회적 실재라고 여겨지거나 그것을 '구성한다'는 신념)을 수용하는 것으로 봐서는 안 되며, 행동주의적 환원주의에 대한 초대장으로 봐서도 안 된다. 그러므로 미드는 인식에 대해서 논하면서 진화 과정에서 인간의 인식은 동물의 인식과 구별되었으며, 만약 인간이 상징적으로 사물을 인식한다면, '그러한 발달의 전제 조건은 〔…〕 공동체적 관점이 있어야 하며, 사물이 집단과의 관계 속에 존재해야 한다는 것'이라고 뚜렷하게 밝혔다(1938, p. 203).

이 점을 강조하면, 자아 개발은 공통적 의미의 내재화에 달렸으며, 이런 내재화를 위해서는 조직화된 공동체, 합리적으로 조직화된 사회가 있어야 한다(Mead 1938, p. 518). (중세 사회 질서의 특징인) 생래적으로 귀속되는 특권에 반대하고 개인적 성취를 강조하는 청교도적 사회 이론과 보조를 맞추어, 미드는 민주적 사회가 자아 개발과 자아 표현에 더욱 알맞으며 필수적이라고 보았다. 그는 인성 계발을 위해서는 '카스트〔신분제〕 철폐'(1934, p. 318)가 이뤄져야 하며, 그렇게 되면 행위자가 사회 공동체에 최대한의 기능적 기여를 할 수 있도록 허용된다고 주장했다.

> 〔…〕 공동체 속에서 기능을 실현함으로써 얻어지는 자아 감각은 누가 우월하고 열등한지가 가려지는 즉각적인 개인 관계에 의존하는 자아 감각에 비해서 더욱 효과적이며 여러 측면에서 봤을 때 더욱 고등한 형태다(1934, p. 316).

부득이하게 미드에 대한 논의가 간략하게 이뤄졌지만, 나는 이를 통해서, 자아와 사회에 대한 그의 공식화가, 미국 사회에서 가치 유형의 중심적 특성에 대한 지적 표현이자 그 특성이 사회 속에서 실현된 것일 뿐만이 아니라, 세상에 대해 미국 청교도적 지향이 가지는 기초적인 사회적 전제와 일치한다는 것을 주장하였다.[33]

이 글 특히 이번 절에서 개발된 분석의 논리가 — 광범위하고 방대한 저술활동을 했던 — 탤컷 파슨스와는 어떻게 관련될 수 있을까? 나는 파슨스적 이론의 해석에서 하나의 새로운 차원 — 그의 거대이론에 대한 기여가 미드의 미시이론에 대한 기여와 맞물려 있으며 서로를 보완한다는 것 — 을 소개하고자 한다. 즉, 두 사람 모두 고도로 추상화된 수준에서 미국 사회의 중심적인 사회문화적 실재와 가치 지향성에 대해 표현했다. 그리고 마지막으로 파슨스의 사회 실재에 대한 접근법의 존재론적 기반은 미드가 그랬던 것처럼 청교도 문화와 — 그것에 뿌리를 내리고 있는 것은 아니라 해도 — 조화를 이루고 있다.[34)]

나는 청교도적인 사회 노선이 자원주의의 원칙에 가장 기본적인 중요성을 부여해 준다고 강조해 왔다. 이런 개인주의 이론은 사회적 영역에서 행위의 자유에 대한 승인(종교에 대한 자발적 찬성에서부터 정치적 권위와 관련된 사안에서의 자발적 찬성에 이르기까지)과 개인이 자유롭게 선택한 세속적 행위가 공동체의 공동 목표를 실현하는 데 도움이 되어야 한다는 명령이라는 두 가지 요소를 담고 있다. 이 두 가지 요소 모두가 — 파슨스의 성숙한 모든 저술에서 암묵적으로 나타나지만 — '젊은 시기의' 파슨스에게서 뚜렷하게 보인다는 것은 언급할 가치가 있다. 80여 년 전에 《사회과학 논총》(*Encyclopedia of the Social Sciences*, 1934)에 '봉사'라는 제목의 논문을 실었던 이가 바로 파슨스로, 이 논문에서 그는 칼빈주의 속에서 사상의 세속화가 이뤄졌다는 논의를

33) 미드가 청교도 문화에 대해 더욱 명확하게 언급한 내용을 볼 필요가 있다. '미국인에게는 과학에 대한 반응을 대체로 결정해 온 두 가지 태도가 있다 — 청교도 신학에 의해 주어진 역사 철학과, 인간이 통제할 수 있을지도 모르는, 그를 둘러싼 물리적 세계를 이해하고자 하는 의지가 그것이다. 인간의 마음 한 켠에는 세계에 대한 해석으로서의 모종의 구원 계획이 자리 잡고 있다'(Mead 1938, pp. 625-626).

34) 이것은 굴드너(Gouldner)가 《서구 사회학 위기의 도래》(*The Coming Crisis of Western Sociology*)에서 그렇게 하려고 했던 것처럼, 파슨스의 '가면을 벗기려는' 시도와는 무관하다. 이런 시도를 하는 의도는 우리가 이해하고 있는 파슨스의 사회학적 개념화 — 그것을 '이념'이라고 부정하는 것이 아니라 — 틀을 보강하려는 것이다.

포함해서, 봉사의 구조적, 역사적 측면에 대해 간결한 설명을 한다. 짧지만 한 재미있는 우연에 대해서 언급하려고 한다. 파슨스가 쓴 글은 그 책의 마지막에 실렸다. 같은 책에 처음으로 등장하는 글은 〔제임스(M. James)가 쓴〕 … '청교도주의'였다!

우리의 논의에 적합한 초기의 두 번째 작품은 고전이 된 그의 연구《사회적 행위의 구조》(*The Structure of Social Action*, 1937; 1949)다. 이 영향력 있는 작품으로부터 파슨스의 후기에 '행위의 일반 이론'과 제도 분석이 진화되어 나왔다. 그 작품이 발전시키는 이론적 준거틀의 기초가〔마셜(Marshall),[14] 파레토(Pareto),[15] 뒤르켐, 베버의 분석적 요소의 종합인〕 공리주의와 경험적 실증주의 모두에 매우 중요한 비평을 수반하고 있음을 언급해야 한다. 아마도 더욱 중요한 것은 파슨스의 그 책에서 맨 첫 부분에 나오는 행위 준거틀에 관한 자원주의적 공식이다. '주로 초점을 두어야 하는 것은, **행위의 자원주의적 이론**이라고 부를 수 있는, 하나의 일관성 있는 이론 체계의 발달 과정이다' (p. 11. 강조는 원전에 의한 것).

이런 생명력 있는 자원주의라는 요소는 어디에서 나온 것인가? 그 책에서 이뤄진 제안을 살펴보면(pp. 53-55, 63, 87-88), 그 용어의 영감이 청교도적 사회 사상에 뿌리를 두고 있는 것은 아닌 것 같다. 틀림없이, 파슨스가 집중적으로 연구했던 베버와 트뢸치(Troeltsch)가 그가 내세운 자원주의 이론의 정식화에 기여한 유럽의 지적 영향일 수 있겠지만, 아마도 그 자신이 가지고 있던 문화적 유산이 자원주의라는 개념을 발현하는 바탕에 깔린 근원적인 요소일 것이다.[35)]

《사회적 행위의 구조》 출간 이후에 자원주의는 파슨스가 사용하는 용어에서 떨어져 나온 것처럼 보인다. 그러나 후기 마르크스와 후기 뒤르켐이 각각 소외와 아노미라는 주제는 계속 품고 있었으면서도 그것에 대한 고려

---

35) 트뢸치는 그의 기념비적인《종교사회학 연구》(1960)에서 자원주의에 아주 많은 관심을 기울였고 스스로도 독일 프로테스탄트 문화에 정통해 있었다.

를 겉으로 드러내지 않았던 것처럼, 자원주의라는 주제는 파슨스의 제도적 구조에 대한 접근법의 배경에 여전히 남아 있었다. 미국 사회에 대한 그의 해석, 특히 그에 포함된 일단의 가치 지향은, 초기 자원주의와 상당히 많이 연관되어 있는 '구조적 행동주의'(1960, p. 172)에 가장 기본적인 중요성을 부여해 주었다. 나아가, 그는 다양한 논문에서(1969) 결사체에서 '자원성'이 가지는 중요성을 지속적으로 강조했다.

나는 이것이 파슨스에 대한 적합한 이해를 위해서 몇 가지 측면에서 중요하다고 생각하는데, 이것들은 '공동체', '규범적 의무', 그리고 '봉사'의 개념으로서 청교도적 사회 이론의 주요 요소이며, 같은 요소가 — 아마도 더욱 세속적인 형태로 그러나 그럼에도 불구하고 같은 문법을 활용해서 — 파슨스의 사회학적 분석과 해석에 등장한다. 《사회적 행위의 구조》에 나타난 공리주의에 대한 그의 초기 비평은 경제적 개인주의 — 돈벌이 자체를 목적으로 삼는 것 — 의 사회적 역기능에 대한 청교도의 인식과 상당한 정도로 맥을 같이한다. 프로테스탄티즘이 경제적 행동에 아무리 많은 지지를 보냈다고 하더라도, 청교도는 부유하게 되는 것만을 목적으로 삼는 상인은 못마땅하게 여겼다.[36)]

파슨스식 이론이 사회적 행위의 자원주의적 가정에 기초하고 있다는 것(그리고 여전히 그렇다는 것)을 염두에 둔다면, 이 이론이 행위자를 사회 구조에 의해서 결정된 수동적 대리자로서 본다는 잘못된 이미지를 고칠 수 있을 것이다. 관련된 문장을 살펴보면 자아와 사회에 대한 파슨스의 관점이 미드의 관점을 보완해 준다는 것을 알 수 있다. 또한 사회 구조를 사회 실재의 분석적 측면으로 삼는 파슨스의 후기 분석으로 인해서, 그가 갖고 있던 구체

36) '〔…〕 상인은 때때로 사회에 득이 되기보다는 해가 되는 방식으로 자신의 소명을 실천에 옮김으로써 소명의 가치를 떨어 뜨렸다. 〔…〕 청교도 윤리가 상인에 대해서 의심을 품게 되자, 그것은 또한 번영에 대해서도 의심을 〔…〕 품게 되었다'(Morgan 1968, p. 237).

적인 사회의 이미지가 '정적'(靜的)인 실체였다고 생각한다면 이것 또한 잘못이다. 미국 사회의 역동성과 그것의 변화에 대한 헌신을 반영하는 파슨스의 후기 진화론적 관점은, 미드의 사회관과 인간 사회는 인간 활동의 산물 — 공동 목표의 실현으로 종결되어 본 적이 없는 — 이라고 보는 청교도적 사회 교리와 맥이 통한다. 변화에 대한 미국의 개방성은, '변화의 문제와 안정된 체계 내에서 과정의 문제에 함께 적용할 수 있는' 이론을 요구하는, 일반적 행위 이론에 대한 파슨스 자신의 뚜렷한 계획적인 언명에 반영되어 있다(1951, p. 535).

파슨스에 대한 성찰적인 고찰을 마치면서 한 가지 더 주장하자면, 파슨스의 사회학이 일부 비평가가 주장한 것보다는 상당히 더 많이 미국 사회의 현실에 적절히 대응하고 있다는 것인데, 왜냐하면 그의 사회학은 미국의 제도적 삶과 가치가 발현되어 나온 청교도주의의 문화 체계라는 바탕에 존재론적 뿌리를 내리고 있기 때문이다.

VI. 결어

이 장 전반을 통해서 우리는 상당히 넓은 영역을 다뤘고, 그 가운데 일부는 우리에게 익숙한 것이고, 다른 부분은 사회학에서 다루기에 그다지 친숙하지 않은 것이기도 했다. 대부분의 내 사회학적인 뿌리는 구세계에 내려져 있고 내 존재론적인 뿌리도 내가 강조했던 청교도적인 문화에 터 잡고 있지 않기에, 이것은 내게 쉬운 여정이 아니었음을 인정하고자 한다. 그러나 아마도 내가 완전한 내부자가 아니기에, 미국 사회의 바탕에 깔려 있는 깊이 있는 청교도 문화가 내게 인상을 남긴 것일 수도 있다.

나는 미국 사회가 청교도 문화의 측면에서 완전히 통합되었다고 주장하려는 것은 아니었는데, 왜냐하면 그런 문화 체계는 독점력을 상실했기 때문이다. 또한 청교도 문화가 있기에 미국 사회가 더욱 '안정돼 있다'고 말하려던 것도 아니다. 간단히 말하면, 우리가 청교도 문화에 상호 연관된 모든 요소에 대해서 충분한 지식을 가지고 있다고 해서, 미국 사회에서 흥미롭다고 여겨지는 모든 것을 사회학적인 목적으로 다룰 수 있는 것은 아니다.

하지만, 내가 청교도 문화 체계가 미국 근대화와 근대성의 사회학적 분석을 위해 가장 중요하다는 것을 시사하고자 했던 것은 맞다. 지난 200년에 걸친 미국에서의 근대화 과정은 다른 나라와 많은 특성을 공유한다. 그러나 그 과정은 이 논문에서 보인 바와 같이 독특하고 가장 중요한 문화 체계로서 미국 청교도주의라는 구체성 또한 가지고 있다. 마르크스도 뒤르켐도 그들 각자의 준거틀에 비추어서 그 주제를 아주 잘 다뤄내지는 못할 것이다… 아마도 베버가 이 주제를 더 잘 다룰 수 있을 것으로 보인다.

무엇보다도 결론적으로 말하면, 미국 사회가 그토록 사회학적인 흥미를 자아내는 이유는 그것의 심원한 모호성 때문일 것이다.[37] 아주 자유방임적인 것 같지만, 아주 억압적이기도 하다. 아주 세속적이지만, 아주 종교적이기도 하다. 200년 동안 정치 체제를 바꾸지 않았지만, 그 정치적 여정은 진보적 변화로 특징지어진다. 모호성은 그 시초부터 미국의 특징이었는데, 예를 들면 미국 독립혁명의 성격은 무척 여러 가지로 해석될 수 있어 단순히 '보수적' 혹은 '급진적' 이미지로 축소해서 정리할 수 없다.[38]

나는 미국 사회의 모호성이 미국 청교도 문화에 내재해 있는 모호성과 관련 있다고 주장한다. 1770년대의 역사적 사건 이전 거의 200년 동안, 청교도 문화 체계는 최종적인 형태로 형성되지 않은 채, 기본적인 고려를 뛰어넘어서, 새로운 조건이 유럽 사회에서 말미암은 요소를 확대하고 수정할 것

37) 비교 분석을 위해서, 조르주 발랑디에(Georges Balandier, 1966)의 세심한 작품을 보라.

38) 이에 대해서는 유명한 역사학자 로버트 파머(Robert R. Palmer 1959, 1: 235)의 평가에 의존하고 있다.

을 요구함에 따라서 지속적으로 진화했다. 혁명 전야에도 정적인 문화 체계가 아니었고, 그 이후로도 정적이지 않았지만, 그것은 — 비록 오직 주변적으로만 나타나지만 — 여전히 미국 사회의 문화적 뿌리로 남아 있고, 깊이 묻혀 있기는 하지만, 계속해서 새로운 성장의 가지를 내뻗고 있다. 광야에서 의미를 찾고자 하는 청교도의 바로 그런 모호성이 미국 사회에 시시포스와 같은 측면을 더하는 것일 수도 있다.[39)] 시시포스와 같이, 미국은 영속적으로 성취 지향적이지만, 그 과업의 완수는 항상 저 멀리에 있다.

혁명 기간 전의 청교도는 이런 고통스러운 자각에 이르렀는데, 그럼에도 불구하고 그들은 '광야의 조건'이 가진 영속성을 받아들였다. 아마도, 집합적 과업의 의미에 대한 이런 핵심적인 모호성 때문에,[40)] 미국 사회에는 절대로 성취되지 않는 측면이 존재한다. '혁명'이나 '반혁명'을 그것 자체로서 목적인 양 미화하지 않으면서, 미국은, 르벨이 감지한 대로, 역사상 가장 활동적인 사회가 되었는데 그 이유는 청교도 문화가 헌신했던 도덕적, 사회적 혁명이 달성되기 어려운 목표였기 때문이다.

이 장에서 내린 결론 때문이 아니라 지금까지 제시한 자료에 비춰서, 미국 사회학이 미국 사회에 대해서 그 발달 측면과 그리고 동시대적인 특성의 측면 모두에서 새로운 시각을 가지게 되기를 바라며, 이런 성과가 청교도 문화에 대한 집중적이며 광범위한 조사를 통해서 이뤄지기를 바란다. 그러한 조사가 이뤄진 이후에, 우리는 페리 밀러(Perry Miller)가 적절히 표현했듯, '광야로 들어가는 심부름'[16]을 끝없이 계속할 수 있을 것이다.

39) 롤린 체임블리스(Rollin Chambliss)가 시시포스(신을 속여서, 큰 바위를 끊임없이 산 정상으로 밀어 올리는 벌을 받았던 그리스 신화 속 인물-옮긴이)를 조지 허버트 미드의 관점에 적용시킨 것을 읽고서 나도 이 은유를 활용하게 되었다(Chambliss 1963).

40) 페리 밀러(Perry Miller)는 이러한 본질적 모호성에 대해서 아래와 같이 설득력 있게 썼다: '우연히 한 국가에서 형성될 기회를 얻은 문화가, 이해하기 어려운 어떤 요청을 받고 그 용무를 맡게 된 것인지 여부를 전혀 깨닫지 못한 상태에서, 그 영향력을 무지막지하게 행사해도 되겠는가, 아니면 그 문화가 실제로 운용되도록 만드는 활력에 부여된 의미가 무엇인지 발견해야 할 의무가 있다고 봐야 하겠는가?'(1956: 217)

참고 문헌

Balandier, Georges. 1966. *Ambiguous Africa*. London: Chatto & Windus.

Bellah, Robert N. 1964. 'Religious Evolution". *American Sociological Review* 29 (June): 358-74.

______. 1970. "Civil Religion in America". pp. 168-89 in *Beyond Belief*. New York: Harper & Row.

______. ed. 1973. *Ernie Durkheim on Morality and Society*. Chicago: University of Chicago Press.

Berthoff, Rowland T. 1971. *An Unsettled People: Social Order and Disorder in American History*. New York: Harper & Row.

Blumer, Herbert. 1969. *Symbolic Interactionism*. Englewood Cliffs, N.J.: Prentice-Hall.

Brann, Henry Walter. 1944. 'Max Weber and the United States". *Southwestern Social Science Quarterly* 25 (June): 18-30.

Chambliss, Rollin. 1963. "Mead's Way out of the Basic Dilemma in Modern Existential Thought". *Journal of Social Psychology* 60: 213-20.

Christman, Henry M., ed. 1966. *The American Journalism of Marx and Engels*. New York: New American Library.

Crozier, Michel. 1973. *The Stalled Society*. New York: Viking.

Durkheim, Emile. 1886. "Las études récentes de sciences sociales". *Revue philosophique* 22: 61-80.

______. 1887. "La science positive de la morale en Allemagne". *Revue philosophique* 24: 33-58, 113-42, 275-84.

______. 1955. *Pragmatisme et sociologie*. Paris: Vrin.

______. 1957. *Professional Ethics and Civic Morals*. London: Routledge & Kegan Paul. First published in French in 1950.

______. 1961. *The Elementary Forms of the Religious Life*. New York: Collier. First published in French in 1912.

______. 1973. *Moral Education*. New York: Free Press, First published in French in 1925.

Eisenstadt, S. N. 1973. *Modernization, Change, and Modernity*. New York: Wiley.

Heimert, Alan. 1953. 'Puritanism, the Wilderness, and the Frontier". *New England Quarterly* 26 (September): 361-82.

Horton, John. 1972. "The Dehumanization of Anomie and Alienation: A Problem in the Ideology of Sociology". pp. 135-51 in *Humanistic Society: Today's Challenge to Sociology*, edited by John F. Glass and John R. Staude. Pacific Palisades, Calif.: Goodyear.

Israel, Joachim. 1971. *Alienation from Marx to Modern Sociology*. Boston: Allyn & Bacon.

Joseph, Franz M., ed. 1959. *As Others See Us: The United States through Foreign Eyes*. Princeton, N.J.: Princeton University Press.

Leguns, Cohn. 1962. *Pan Africanism: A Short Political Guide*. New York: Praeger.

Lipset, Seymour Martin. 1963. *The First New Nation*. New York: Basic.
Lukes, Steven. 1972. *Ernile Durkheim, His Life and Work*. New York: Harper & Row.
Marx, Karl. 1971. *The Grundrisse*. Edited by David McLellan. New York: Harper & Row.
Marx, Karl, and Frederick Engels. 1937. *The Civil War in the United States*. Edited by Richard Emmale. New York: International.
Mauss, Marcel. 1954. *The Gift: Forms and Functions of Exchange in Archaic Societies*. New York: Free Press. First published in French in 1923-24.
Mead, George Herbert. 1934. *Mind, Self, and Society*. Chicago: University of Chicago Press.
______. 1938. *The Philosophy of the Act*. Chicago: University of Chicago Press.
Merton, Robert K. 1972. "Insiders and Outsiders: A Chapter in the Sociology of Knowledge". *American Journal of Sociology* 78 (November): 9-47.
Michaelsen, Robert S. 1953. "Changes in the Puritan Concept of Calling or Vocation". *New England Quarterly* 26 (September): 315-36.
Miller, Perry. 1954. *The New England Mind: The Seventeenth Century*. Cambridge, Mass.: Harvard University Press.
______. 1956. *Errand into the Wilderness*. Cambridge, Mass.: Harvard University Press.
______. 1968. "The Moral and Psychological Roots of American Resistance". pp. 251-74 in *The Reinterpretation of the American Revolution* 1763-1789, edited by Jack P. Greene. New York: Harper & Row.
Morgan, Edmund S. 1968. "The Puritan Ethic and the Coming of the American Revolution". pp. 235-51 in *The Reinterpretation of the American Revolution,* edited by Jack P. Greene. New York: Harper & Row.
Mosse, George L. 1960. "Puritan Radicalism and the Enlightenment". *Church History* 29 (December): 424-39.
Nash, Roderick. 1973. *Wilderness and the American Mind*. Rev. ed. New Haven, Conn.: Yale University Press.
Nelson, Benjamin. 1973*a*. "Max Weber, Dr. Alfred Ploetz, and W. E. B. DuBois". *Sociological Analysis* 34 (Winter): 308-12.
______. 1973*b*. "Weber's Protestant Ethic: Its Origins, Wanderings, and Foreseeable Futures". pp. 71-130 in *Beyond the Classics: Essays in the Scientific Study of Religion,* edited by C. Y. Glock and P. S. Hammond, New York: Harper & Row.
Palmer, R. R. 1959. *The Age of the Democratic Revolution: A Political History of Europe and America,* 1760-1800. Vol. 1. Princeton, N.J.: Princeton University Press.
Parsons, Talcott. 1934. "Service". pp. 672-74 in *Encyclopedia of the Social Sciences*, R. A. Seligman, editor-in-chief, vol: 1.3, New York: Macmillan.
______. 1949. *The Structure of Social Action*. New York: Free Press. First published in 1937.
______. 1951. *The Social System*. New York: Free Press.
______. 1960. *Structure and Process in Modern Societies*. New York: Free Press.
______. 1963. "Introduction". pp. xix-xvii in Max Weber, *Sociology of Religion*. Boston:

Beacon.
_______. 1969. *Politics and Social Structure*. New York: Free Press.
_______. 1974. *Report from the Capital* 29 (January): 1.
Revel, Jean-François. 1971. *Without Marx or Jesus*. Garden City, N.Y.: Doubleday. Published in French as *Ni Marx, ni Jésus*, in 1970.
Saint-Simon, Henri de. 1925. *Lettres d'un habitant de Genève à ses contemporains*. Paris: Alcan.
Servan-Schreiber, J. J. 1968. *The American Challenge*. New York: Atheneum.
Shils, Edward. 1971. "Academic Appointment, University Autonomy, and the Federal Government". *Minerva* 9 (April): 161-70.
Smelser, Neil J. 1971. "Alexis de Tocqueville as Comparative Analyst". pp. 19-47 in *Comparative Methods in Sociology*, edited by Ivan Vallier, Berkeley: University of California Press.
Swanson, Guy E. 1967. *Religion and Regime*. Ann Arbor: University of Michigan Press.
Szymanski, Albert. 1974. "A Reply to Friedman, Stevenson, and Zeitlin". *American Journal of Sociology* 79 (May): 1462-76.
Tiryakian, Edward A. 1962. *Sociologism and Existentialism*. Englewood Cliffs, N.J.: Prentice-Hall.
Troeltsch, Ernst. 1960. *The Social Teaching of the Christian Churches*. New York: Harper.
Wallwork, Ernest. 1972. *Durkheim: Morality and Milieu*. Cambridge, Mass.: Harvard University Press.
Warner Sam Bass, Jr. 1972. *The Urban Wilderness*. New York: Harper & Row.
Weber, Max. 1958*a*. *From Max Weber: Essays in Sociology*. Edited by Hans H. Garth and C. Wright Mills. New York: Oxford University Press.
_______. 1958*b*. *The Protestant Ethic and the Spirit of Capitalism*. Translated by Talcott Parsons. New York: Scribner's. English edition first published in 1930, from the original German essay published in 1904-5.
_______. 1961. *General Economic History*. New York: Collier.
_______. 1963. *The Sociology of Religion*. Boston: Beacon.
Williams, George H. 1962. *Wilderness and Paradise in Christian Thought*. New York: Harper.

옮긴이 주

1. 마니교적 세계관이란 쉽게 설명하면 선과 악을 대비시키는 이원론적인 흑백 논리에 기초를 둔 세계관을 일컫는다.

2. 브라운(John Brown, 1800-1859). 백인이었던 그는, 미국의 혁명적인 노예제 철폐 운동가로 1850년대 버지니아에서 무장 봉기 운동을 일으켰다. 체포된 뒤 사형 당했으며, 법정에서의 진술이 미 전역에서 관심을 끌었다. 교수형 집행일에 '이 나라의 범죄는 오로지 피로써만 씻길 수 있을 것'이라는 글을 남기기도 했으며, 빅토르 위고가 그의 석방을 요구하는 공개서한을 쓰기도 했다. '미국 최초의 미국 국내 테러리스트'로 불리기도 한다.
3. 존슨(Andrew Johnson, 1808-1875). 링컨의 암살 뒤에 17대 대통령이 되었다. 남부 재건에 적극적인 정책을 펼치다 공화당 급진파에 의해서 탄핵을 받았으나 파면을 면했다. 러시아로부터 알래스카를 사들인 인물이기도 하다.
4. 모라스(Charles-Marie-Photius Maurras, 1868-1952). 프랑스의 작가, 시인, 비평가. 군주제와 반의회주의를 옹호하는 정치 운동인 프랑스 행동(Action Française)의 지도자.
5. 프랭클린(Benjamin Franklin, 1706-1790). 미국의 언론경영인, 자연과학자, 정치가. 미국 독립선언 기초위원. 공리주의에 투철한 전형적인 미국인으로 불린다.
6. 브라이스(James Bryce, 1838-1922). 영국 법률가, 역사학자, 진보주의 정치인. 1907년부터 1913년까지 미국 대사를 역임했고 루스벨트 대통령 등과 친분을 쌓기도 했다. 퇴임 뒤 영국으로 돌아가서 자작 작위를 받았다. 1888년에 쓴《미 연방》은 미국 헌법을 연구한 내용을 다루었지만, 미국의 점증하는 불평등 문제를 지적하기도 했다. 말년에는 헤이그의 국제사법재판소에서 일했고, 국제연맹 창설을 지지했다.
7. 아르키메데스(Archimedes, BC 287경-212경). 그리스의 수학자, 물리학자, 발명가. 지렛대의 반비례 법칙을 발견했고, 이와 관련해 '긴 지렛대와 지렛목만 있으면 지구라도 움직이겠다'고 장담했다.
8. 독일 30년 전쟁을 끝내기 위해 1648년 체결된 평화조약이며, 가톨릭 제국으로서의 신성 로마 제국을 사실상 붕괴시킨 계기가 되었다.
9. 성경 창세기 28장에서 야곱이 형 에서를 피해 하란으로 가다가 돌베개를 베고 노숙하던 중에 꿈에서 본 사다리를 일컫는다. 성경에 따르면 이 사다리의 꼭대기는 하늘에 닿아 있었고, 하나님의 사자들이 사다리 위를 오르락 내리락 했다고 되어 있다.
10. 12세기 프랑스에서 생겼던 한 복음주의파. 재산가였던 발데스(Petrus Valdes)가 재산을 빈민에게 나눠주고 청빈한 생활을 한 것을 보고 추종자가 생기면서 시작되었다. 로마교회에서는 이 파를 인정하지 않았다.
11. 매더(Cotton Mather, 1663-1728). 사회적, 정치적 영향력이 있었던 뉴잉글랜드 지역의 목사, 저술가.
12. 독립혁명 때 아메리카 13개 식민지(독립 이후에는 주)의 대표자 모임. 1775년 5월의 회의에서는 영국과의 무력충돌에 대비해 워싱턴을 총사령관에 임명했다. 1789년 연방헌법이 제정되고 새로운 정부가 들어서면서 해체됐다.
13. 소유권 인정과 계약자유 원칙에 기반한 시민법과 달리 자본주의 발달에 따라서 피해를 입는 노동자와 소외계층을 보호하기 위한 법을 말한다.
14. 마셜(Thomas Humphrey Marshall, 1893-1981). 중범위 이론을 도입한 사회과학철학자로 런던정경대학 등의 교수 역임.
15. 파레토(Vilfredo Pareto, 1848-1923). 이탈리아의 사회학자, 경제학자, 정치학자. 이탈리아 인구의 20%가 80%의 토지를 소유하고 있다는 그의 관찰에 기초한 파레토 법칙이 널리 알려져 있다.
16. 미국 사학자이며 하버드 대학 교수였던 페리 밀러의 저서 제목(Errand into the wilderness)에서 따온 표현이다. 밀러는 미국 청교도주의 전문가였고 미국학이라는 학문 분야를 개척했다.

15장

뒤르켐과 베버 —사촌지간?[1)]

고(故) 막스 베버는, 비록 뒤르켐과 그의 지도 아래 이뤄진 작업을
거의 인용하지 않았지만, 우리와 상당히 가까운 견해를 가지고 있었다.
—《사회학 연보》에 실린 마르셀 모스(Marcel Mauss)의 말
〔*l'Année Sociologique*, n.s. II (1924-25), p. 186〕.

I. 서론 —전략적 배경으로서의 스트라스부르(Strasbourg)

이 **뒤르켐-베버** 심포지엄은 두 갈래 주요한 학문 집단의 역사적 재회다. 도널드 레빈이 사회학을 위해서 바라며 그렸던 대로, 대화를 나누는 상황에 처한 적이 없는, 각각 프랑스어와 독일어를 쓰는 사회학자가 만난 것이다(Camic and Joas 2004). 내가 아는 한, 미국과 독일 사회학자를 한 자리에 모으는 다양한 학술회의는 있었지만, 최근 얼마간은 프랑스어와 독일어를 쓰는 사회학자의 대표가 모이는 합동 학술회의는 없었다.[2)]

---

1) 1991년 8월 8-9일에 프랑스 스트라스부르에서 열린 국제 심포지엄에서 내가 했던 환영 연설("Durkheim et Weber: cousins germains?")을 수정한 것으로, 다음 책에 실렸다. Monique Hirschhorn et Jacques Coenen-Huther, eds., *Durkheim, Weber, Vers la Fin des Malentendus*. Paris: L'Harmattan, 1994.

2) 예를 들면, 1986년 미국 사회학회 이론 분과와 독일 사회학회(Deutsche Gesellschaft für Soziologie)가 공동으로 캘리포니아 버클리에서 열었던 학회 **사회 변동과 발전 이론**(*Theories of Social Change and Development*)은 다음 책으로 결실을 맺었다. Hans Haferkamp and Neil Smelser, eds., *Social Change and Modernity*(Berkeley: University of

라인 강 양편에서 온 그리고 심지어는 해외에서 참석한 사회학자 회합이 알자스의 주도(州都)이자 그 자체로 역사적 정체성을 가지는, 프랑스와 독일 문화가 만나는 스트라스부르에서 열린다는 것은, 사회학의 역사와 관련된 이유 때문에 — 영감을 주는 것까지는 아니라 해도 — 기껍게 만들어 주는 그 무엇인가가 있다. 스트라스부르는 프랑스와 독일 사회학의 교차점으로서는 특별하게 적합한 장소인데, 이는 말하자면, 1940년대의 뉴욕과 뉴욕에 소재한 사회 연구를 위한 뉴 스쿨(New School for Social Research)이 미국 사회학자와 프랑스와 독일에서 탈출한 사회과학자 사이의 만남의 장으로서 적합한 장소였던 것과 유사하다.

독일어와 프랑스어를 쓰는 사회학자의 첫 번째 학회가 열리는 이 장소는 또한 상징적 의미를 더한다. 심포지엄의 장소로 스트라스부르를 선택함으로써 유럽 의회가 열리기도 하는 유럽 평의회[1] 건물을 쓸 수 있게 됐다: 이런 맥락에서, '국경 없는 유럽'이라는 더 큰 유럽을 향한 비전은, 우리의 사회학적 조상이자 오귀스트 콩트(Auguste Comte)의 멘토이기도 했던 앙리 드 생시몽(Henri de Saint-Simon)에 의해서 1814년 처음으로 제창되었음을 상기하라.[3)] 유럽 통합은 나폴레옹 이후 유럽이 군사 정복을 산업으로 대체해야 한다는 생시몽의 비전 속에서 그 당시부터 시작되었고, 생시몽의 새 유럽 건설을 위한 비전은 심지어 초국적 정부 심의체까지 포괄하고 있었다![4)]

California Press, 1992). 이듬해, 훔볼트 대학의 한스페터 뮐러(Hans-Peter Müller)는 바트홈부르크(Bad Homburg)에 있는 베르너 라이머스 재단(Werner Reimers-Stiftung)에서 '뒤르켐의 규범'(The Normative in Durkheim)에 대한 영어권과 독어권 학자들의 학회를 열었다. 이런 학회의 성공은 영어와 독어를 쓰는 학자 사이에 지속적인 대화가 이뤄지도록 자극을 주었다. 존 크레이그(John Craig)는 스트라스부르 대학에 있는 철학자 모리스 블롱델(Maurice Blondel)과 모리스 알브바슈(Maurice Halbwachs)가 '1928-31 다보스 불-독 학회'(Craig 1983, p. 280)에 참여했으며 그래서 알브바슈가 좀바르트(Sombart)를 만났다고 간단하게 언급한다. 불행히도, 나는 이 학회들이 이후에 어떻게 되었는지, 학자간에 어떤 협업이 이뤄졌는지도 — 이뤄진 바 있다면 — 알지 못한다.

3) *Oeuvres complètes* de Saint-Simon et Enfantin, Paris, 1865-1876, vol. 15, pp. 153-248.

4) 문화적 다양성 속에서 유럽 통합의 자극으로 21세기의 '신세계'가 오리라 예상되는

경제적 국경이 없는 유럽의 거대 공동시장은 또한 이에 상응하는 사상의 시장이 언어, 국가 간 장벽 없이 개방된다는 것을 암시하는데, 이는 과학으로서의 사회학에 대한 공통의 갈망에도 불구하고, 사회학에서 언제라도 이뤄질 수 있는 일은 결코 아니다. 유럽 의회의 심의가 이뤄지는 곳에서 회합을 가지는 것은 다양한 나라에서 온 사회학자에게, 특히 프랑스어와 독일어를 쓰는 세계로부터 온 이들에게, '국경 없이' 새로워진 사회학적 조우에 참여하도록 하는 자극이 될 것이다.[5] 이런 조우를 위한 한 방법으로, 우리는 눈에 보이지 않는 국경이 특히 중요한 장소에서나, (문화적 상품이라고 볼 수 있는) 사회학적 연구의 교환과 확산을 위해서 전략적으로 자리를 잡았던 행위자 사이에 존재했던 사회학의 역사적 측면을 숙고하려고 한다.

사회학사에 존재하는 국가 간, 언어 간 국경을 넘어선 활기찬 상호 작용을 하기보다는 그 국경 사이에 침묵을 만들어 냈던, 확연히 눈에 띄는 하나의 '보이지 않는 장벽'으로 들 수 있는 것은, 내가 1960년대에 쓴 한 논문에서 지적했던 대로, 베버와 뒤르켐이 서로를 무시한 것처럼 보인다는 사실이다.[6] 그러나, 제1차 세계대전 전 유럽의 사회학 세계에서 그들이 가졌던 엘리트로서의 위치 등 모든 상황을 고려하면, 이 두 사람이 서로를 알고 있었을 법하며, 또한 알 수밖에 없었을 것이라는 생각을 갖게 된다. 지적으로 그리고 이념적으로, 그들은… 서로에 대해서 아주 희미하게 알고 있는 '사촌지

데, 이 주제에 대해서는 내가 '프랑스어를 사용하는 사회학자의 국제협회'(l'Association Internationale des Sociologues de Langue Française)의 1988년 차기 회장 자격으로 제안했던 바 있으며, 프랑스 리옹에서 열렸던 제15차 AISLF 세계 대회의 주제로 채택되었다〔**신세계와 사회학**(*Les Nouveaux Mondes et la Sociologie*), 1992년 7월 6-11일〕.

5) 사실, 스트라스부르 심포지엄은 다음의 책 출판으로 이어졌다. *Durkheim, Weber. Vers la Fin des Malentendus,* M. Hirschhorn and J. Coenen-Huther, eds.(Paris: L'Harmattan 1994).

6) Edward A. Tiryakian, "A Problem for the Sociology of Knowledge: The Mutual Unawareness of Emile Durkheim and Max Weber"(1966). 이 책의 13장에 그 수정판이 수록되었다.

간'이었던 것으로 볼 수 있다.[7)] 본격적으로 이 학회를 준비하는 과정의 일환으로, 나는 그들이 서로 알지 못했던 것 같아 보인다는 문제에 대한 내 기존 연구를 지식사회학을 뛰어넘어 하나의 사례 연구로 더 발전시켜 보려고 한다.[8)]

비록 그들이 같은 시간에 같은 공간에 함께 있었을 가능성은 있는 것 같지만, 그래도 만약 그들이 평생 동안 서로를 직접 만나지 못했거나 혹은 서로를 알아보지 못했다면, 제1차 세계대전 이후의 시기에는 어땠을까(그들은 둘 다 그 전쟁의 피해자라고 여겨진다)? 간단하게, 나는 베버적인 분석을 프랑스에서 수용하는 맥락이 어떠했던가만을 살펴보려고 하는데, 이렇게 함으로써 제1차 세계대전 전과 바이마르 공화국 시기에 뒤르켐주의적 사회학이 독일에서 어떻게 수용되었는지 혹은 수용이 결여되었는지의 문제는 독일 연구자에게 맡겨 두려고 한다.

이 심포지엄의 배경에 적합하게 만들기 위해서, 우리는 다른 민족적 전통을 가진 매우 다른 나라의 사회학자에 의해서 오늘날 활용되는 일종의 분석적 '연장 세트'를 구성하면서 지속적인 중요성을 가지는, 사회학에서 주요한 **문화적 혁신**으로서 뒤르켐주의 사회학의 **모든 작품** — 그것의 방법론과 실질적 연구 — 과 또한 이와 동등하게 베버주의적 연구의 **모든 작품**을 고려할 수 있을 것이다. 기술적 혁신과 함께 과학적 발전과 패러다임은 매우 빠르게 국경을 넘어서 확산될 수 있지만, 종종 혁신의 문화적인 기초에는 이런 경향이 적용되지 않는다. 최근의 연구에서, 카우프먼(Kaufman)과 패터슨(Patterson)은 문화적 확산의 동학에 대한 몇 가지 중요한 논점들을 제기했는데,[9)] 내 생각에는 그 논점들은 20세기 전반 프랑스에서 독일 사회학의 확

7) 독자는 프랑스어의 '사촌'(cousin-Germain)이 영어의 그 단어에 해당하는 '사촌'(first cousin)에는 없는 의미를 가지고 있음을 염두에 둬야 한다.

8) 프랑스에서 베버적인 연구가 막혀 있었던 것에 대한 보완적이고 더 광범위한 연구를 보려면 다음을 참고하라. Monique Hirschhorn, *Max Weber et la Sociologie Française* (1988).

산이 얼마나 억압되었는지를 잘 보여 준다. 그들이 조사한 결과 확산 관련 문헌의 한 단점은 제도적 틀을 넘어서 중요하게 고려해야 할 것이 간과되었다는 것으로, 예를 들면 변화의 대리자와 '수용자' 사이의 권력 관계 그리고 '혁신이 전파되었지만 결국 거부된 경우나 수용할 것으로 기대되었지만 그런 일이 일어나지 않은 경우' 등과 같은 사례에서 알 수 있다(Kaufman and Patterson, 2005: 83).

심포지엄의 중심적인 주제에 대한 이런 기본적인 틀을 고려했을 때, 베버주의적 연구가 제1차 세계대전 전후로 프랑스에서 확산될 수 있었던 기회는 어떤 것이었으며, 베버주의적 연구의 확산을 돕거나 가로막을 수 있는 구조적 위치에 있던 주요한 변화의 대리자는 누구였던가? 파리와 마찬가지로 스트라스부르도 몇 가지 면에서 라인 강 양편에서의 '민족적' 사회학의 확산을 조사할 수 있는 주요한 교차점이다.[10)]

II. 지멜, 알브바슈, 귀르비치(Gurvitch)[2]

게오르크 지멜(Georg Simmel)은 그의 말년이었던 1914년 학계에서 그의 첫 번째 정규직 교수 자리를 스트라스부르에서 얻었고 4년 뒤에 사망했다. 베를린에서의 강사 시절, 그는 뒤르켐의 요청으로 논문 한 편을《사회학 연보》1권에 실었다.[11)] 뒤르켐은 지멜의 '형식사회학'에 만족하지 못했던 것

9) Jason Kaufman and Orlando Patterson, "Cross-National Cultural Diffusion: The Global Spread of Cricket", *American Sociological Review*, 70(February 2005): 82-110. 구체적으로, 그들은 영국 전통 종목 크리켓이 많은 나라로 퍼지기는 했지만, 왜 대영제국과 식민적 혹은 여타의 관계를 맺고 있던 모든 나라로 확산되지는 않았는가의 문제를 다룬다.

10) 확산 과정에 대한 비교 연구의 폭을 넓히면 베를린과 하이델베르크도 교차점으로서 포함될 것이다.

11) "Comment les forme sociales se maintiennent"(사회적 형식은 어떻게 유지되는가),

이 분명한데, 왜냐하면《미국 사회학 저널》(*American Journal of Sociology*)이 지멜의 글을 처음 실은 이후에도 정기적으로 그의 논문을 실었던 것과는 달리(1896-97년에도 실렸다), 지멜은 평생 동안 프랑스 사회학과 더 이상의 연을 잇지 못했기 때문이다. 심지어 그는 사후에도 퇴짜를 맞았다고 느꼈을 법한데, 왜냐하면, 비록 수많은 그의 주요 학술 업적(예를 들면《돈의 철학》과 같은)이 사후에 출간되었지만, 모스(Mauss)가《연보》를 편집했던 1923-24년의 첫 권에는 그의 이름조차 등장하지 않기 때문이다. 그가 스트라스부르에서 무엇을 가르쳤는지 그리고 그가 두 나라에서 민족주의가 강세를 떨치던 전쟁 동안에 뒤르켐의 연구를 다뤘는지는 조사가 필요하다(이와 함께 1914년 이전에 그가 뒤르켐주의적 사회학에 대해서 가르쳤는지도). 당분간은, 지멜을 독일과 프랑스 사회학 사이의 일종의 '사라진 연계고리'로 여길 수밖에 없다.

알자스 지역과 그 교육기관이 프랑스 당국에 반환되었던 제1차 세계대전 뒤, 모리스 알브바슈(Maurice Halbwachs)가 1919년에서 1935년까지 장기간 사회학 및 교육학 교수로서 재직했던 것은 스트라스부르의 '새로운 대학'에서였다. 1920년대 그곳에서 젊은 교수로서 뒤르켐주의적 접근법을 경제사회학과 인구학에 확대해 적용했던 그는, 파슨스가 미국 사회학의 관심을 베버에게 돌리기 전에, 막스 베버의 사상을 프랑스에 소개한 첫 인물이었다.[12] 적어도 알브바슈가 스트라스부르에 있었던 동안은 프랑스 사회학은 베버주의적 분석을 위한 한 통로를 확보하고 있었던 셈이며, 모스가 그의 전반적인 편집권 범위 내에서 베버를 암묵적으로 인정했었다는 사실도

L'Année Sociologique, I (1896-97): 71-109.

12) Maurice Halbwachs, "Max Weber: un homme, une oeuvre", *Annales d'Histoire*, 1(1929): 81-88. 더욱 넓게 보자면, 데용(Deyon)은 알브바슈가 독일어와 독일 문명에 대한 지식을 프랑스에 소개하는 저술 활동을 했다고 평가한다(Deyon 1997). 비록 이 프랑스-독일 심포지엄의 범위를 넘는 질문이기는 하지만, 확산과 관련한 중요한 비교사회학적 질문은, 왜 베버주의적 연구가 미국에서 늦게 시작되었음에도 불구하고 베버에 대한 미국에서의 사회학적 관심이 빠르게 자라나서 심지어 오늘날에는 프랑스보다 앞서 있느냐는 것이다.

언급되어야 할 것이다.

독일어에 정통했던 알브바슈는《사회학 연보》의 경제 분야 편집자로서〔시미앙(Simiand)과 함께〕 이미 제1차 세계대전 이전에 베버의 학술 업적 목록과 간단한 비평을 실었는데, 여기에는《프로테스탄트 윤리와 자본주의 정신》에 대해 두 번에 걸쳐서 연속적이고 긍정적으로 언급했던 것이 포함된다(9권, p. 471; 10권, p. 555). 제1차 세계대전 이전에는 (처음에는 베르그송의, 그 뒤에는 뒤르켐의) 젊은 제자였던 알브바슈는 전후에 살아남은 뒤르켐주의자를 위한 주요한 구심점이 되었다. 종교에 대한 그의 초기 관심은 여러 가지 형태로 나타났으며, 이 가운데는 새로운 세대의 학생을 위해서 뒤르켐의《종교 생활의 기초 형태》를 1925년에 집약적으로 응축해서(비록 원전 그대로는 아니지만) 발표한 것도 포함된다.[13] 베버에 대한 관심은 마르셀 모스가 대표 편집자였던 때에 눈에 띄게 성장했는데, 이 당시《연보》의 새로운 시리즈는 불행히 2권도 완전히 채우지 못했다. 그러나 그 첫 권(1923-24)에서 알브바슈는 당시 베버의 최신 연구를 충분히 다루어, (베버의 고대 농경 사회 연구인)《사회경제사 총서》(*Gesammelte Aufsätze zur Sozial-und Wirtschaftsgeschichte*)와 (1920년 베버가 가르쳤던)《경제사》(*Wirtschaftsgeschichte*)에 대한 자세한 논평을 실은 것은 물론이고, 몇몇의 잇달은 논평에 베버의 논의를 끌어들이기도 했는데, 그 가운데 주목할 만한 것이 좀바르트(Sombart)의《유대인과 경제생활》(이 책에 대해서 알브바슈는 그 독일어 원전에 대한 논평을 뒤르켐의 책임 편집하에서 마지막으로 나왔던《사회학 연보》의 12권에 이미 실은 바 있었다고 언급한다) 프랑스어판에 대한 논평이다.[14]

---

13) Maurice Halbwachs, *Sources of Religious Sentiment* (1925), New York: Free Press, 1962.

14) 알브바슈는 베버의 종교사회학으로부터 중요한 영향을 받은 좀바르트의 작품에 대한 긴 논평에서, 베버와 좀바르트 두 사람 다 모든 형태의 종교적 요소와 경제적 사실 사이에 인과관계를 설정하면서 실수를 저질렀다는 의견을 개진한다(*L'Année Sociologique* 1923-24, 1, ns., pages 745-48). 그는 일부 종파와 일부 민족적 전통에, 자본주의에 걸맞은 경제적 행위에 더욱 적합한 조건이 있을 수 있지만, 자본주의의 발달을 추적하는 데는

그는 또한 인구학과 경제적 계층론에 대한 연구 관심을 환기시키면서도 종교적 동기가 경제 발전과 집합 의식에 어떤 영향을 미치는 요소인가에 대해서도 탐색을 지속한다. 알브바슈는 그의 사후에 나온《사회계급의 심리학》에 실린 글에서도 좀바르트와 베버의 프랑스어판과 독일어 원전 모두를 광범위하게 활용해서 집합적 심성과 도덕성이 어떻게 근대의 산업적 기업가 정신으로 변형되었는가를 설명한다.[15)]

알브바슈는 1935년 스트라스부르를 떠나 파리의 소르본에서 정교수가 되었고, 종국에는 1944년 콜레주 드 프랑스(Collège de France)의 사회심리학과 학과장이 되면서 프랑스 학계의 위계 구조에서 최고의 인정을 받기에 이른다.[16)]

알브바슈가 파리의 소르본에서 정교수로 임명되었을 때, 스트라스부르에서 그의 자리를 물려받았던 이가 〔1958년에 '프랑스어를 쓰는 사회학자의 국제협회'(AISLF)를 창설한 이들 가운데 하나인〕 조르주 귀르비치(Georges Gurvitch)였다. 귀르비치는 이후에 소르본에서 사회학과 정교수가 되었으며 전후 프

후자(즉, 경제적 행위)가 관심의 대상이라고 언급한다.

15) 알브바슈는 또한 사회학 영역 바깥에서 베버에 대한 지식을 증진시켰다. 1925년에 그는 자신의 논문《자본주의의 청교도적 기원들》(*Les origins puritaines du capitalisme*)에서 1920년의 독일어판《프로테스탄트 윤리와 자본주의 정신》에 대해서 광범위하게 다루었다(*Revue d'histoire et de philosophie religieuse*, University of Strasbourg Theological Faculty, March-April 1925: 132-57).

이와 관련해서 다음을 참고하라. "Urban Environment and Industrial Civilization, Part I", pp. 41-65 in Halbwachs, *The Psychology of Social Class* (1955), trans. C. Delavenay (G. Friedman의 서론과 함께). New York: The Free Press, 1958. 알브바슈가 이 글에서 근대 자본주의에 대한 여타 설명 — 베블런(Veblen), 토니(Tawney), 슘페터(Schumpeter)의 논의를 포함해서 — 을 잘 활용했다는 것도 언급할 만하다.

16) 전시 프랑스와 독일 점령군은 학문적 자유를 존중하지 않았고, 항상 정치적인 입장을 두려움 없이 밝히던 알브바슈는 학과장으로 임명된 지 얼마 지나지 않아서 게슈타포에 체포되어 그 이듬해 수용소에서 사망했다. 이로써 프랑스와 독일 사회학의 소중한 연계고리가 끊어졌다고 말할 수도 있다. 다행히도, 최근 들어서, 그의 작품들이 독일어로 번역 출판되고 있다. 이에 대해서는 다음을 참고하라. Jaisson and Baudelot(2007: 13쪽 이후).

랑스에서 가장 중요한 이론가가 되었다. 볼셰비키 혁명으로부터 도피해 독일에 머물렀던 그는, 특히 1920년대에 강세를 보였던 현상학적 조류를 포함해, 독일 철학에 정통한 지식을 쌓은 뒤에 프랑스로 건너왔다.[17] 현상학적 접근법의 특성이 귀르비치의 후기 이론적 분석('사회적 시간의 다양성'과 '사회구조의 심층 수준'과 같은)[18]에 다시 등장했고, 마르크스와 피히테(Fichte)[3]가 그에게 많은 영감을 주었지만, 베버는 여기에는 해당되지 않았다. 귀르비치는 베버의 방법론적인 문제(명목론)와 그리고 연구 내용의 차원에서는 법, 종교, 역사사회학에 대한 접근법에 대해서까지 호되게 비난했다.[19]

***

1920년대 그리고 1930년대의 일부에서 알브바슈를 통해 이러한 연계가 있었으므로, 문헌 조사 연구에 하나의 길이 열렸다고 볼 수 있다. 알브바슈가 소르본에서 가르쳤던 강의에서 독일 사회학과 좀바르트, 베버와 같은 인물을 다뤘을까? 반대로, 바이마르 공화국 당시 독일에 프랑스 사회학 특히 뒤르켐과의 연계 고리가 있었을까? 지금 이 시점에서 나로서는 독일에서 거의 아무런 관심이 주어지지 않았으리라고 추정할 수밖에 없는데, 그 이유는 부분적으로는 뒤르켐의 실증주의가 제1차 세계대전 이후 첫 번째 10년 동안의 기간에 호의적인 대접을 받지 못했을 것이기 때문이고, 또한 뒤이은

---

17) *Les Tendances Actuelles de la Philosophie Allemande*. Paris: Librairie J. Vrin, 1949 (1930년판의 신판).

18) 귀르비치 사회학에 대한 간략한 개괄은 다음을 참고하라. Phillip Bosserman, *Dialectical Sociology*. Boston: P. Sargent 1968; Richard Swedberg, *Sociology as disenchantment: the evolution of the work of Georges Gurvitch*. Atlantic Highlands, N. J.: Humanities Press.

19) '베버의 기념비적인 노력은 그러므로 사회학적인 관점에서 대실패였다'(Le monumental effort de Weber se solde donc par un formidable échec au point de vue sociologique), 출처: "Histoire de la Sociologie", in Georges Gurvitch, ed. *Traité de Sociologie*, vol. 1, Paris: Presses Universitaires de France, 1958, p. 58.

나치 통치기에 그것의 인종차별주의적 이념이 프랑스인이자 유대계 출신인 한 학파의 수장을 받아들이지 못하도록 했으리라는 것 때문이다. 제2차 세계대전 뒤에는, 레몽 아롱(Raymond Aron)과 작고한 쥘리앵 프뢴드(Julien Freund, 그는 스트라스부르에 있었다)가 독일 사회학과 베버를 최고 수준에서 학생들에게 소개하려고 용기 있는 노력을 기울였음에도 불구하고,[20] 프랑스와 독일 사회학의 관계에는 기나긴 냉각기가 지속되었는데, 그 부분적인 이유는 채 한 세기가 못 되어 독일이 프랑스를 3번이나 점령했던 쓰라린 기억 때문이었다. 그러나 이런 이유를 차치하고, 프랑스 학계에서 마르크시즘과 포스트모더니즘 사회이론〔푸코(Foucault), 알튀세르(Althusser), 리오타르(Lyotard), 보드리야르(Baudrillard) 등〕이 전후에 팽배했던 것 때문에 뒤르켐과 베버 연구 사이에 장벽이 생겼던 것일 수도 있다.

프랑스에서 베버 연구가 확산되지 않았던 선행요인이 무엇이든 간에(혹은 그 반대로 뒤르켐 연구의 독일에서의 확산 문제도 거론할 수 있겠지만), 이제는 그러나 — 프랑스와 독일 사이의 역사적인 평화협정이라고 할 수 있는 — 1992년 마스트리히트 조약과 함께 도래한 유럽연합과, 과거의 국경이 철폐된 것을 경험하는 새로운 세대가, '상대방'을 만날 수 있는 공유의 장을 재발견하게 해 줄 유리한 조건으로 작용할 것이다.

---

20) 예를 들면 아롱의 명료한 작품과 그 속에 실린 막스 베버에 대한 〈서문〉을 보라. *La Sociologie Allemande Contemporaine*. Paris: Presses Universitaires de France. 1966. 그리고 그가 막스 베버를 '소개'한 글을 보려면 다음을 보라. *Le Savant et le Politique*. Paris: Librairie Plon, 1959. 쥘리앵 프뢴드와 관련해서는 다음을 보라. *The Sociology of Max Weber,* New York: Pantheon, 1968, 그리고 *Études sur Max Weber*. Geneva: Droz, 1990. 프뢴드는 그가 1988년 히어슈호른(Hirschhorn. Monique Hirschhorn가 썼던 다음 책을 일컫는다. *Max Weber and French Sociology*, Paris, Harmattan, 1988-옮긴이)의 책에 쓴 서문에서 프랑스에서는 인식론적인 그리고 정치적인 이유로 인해서 베버에 대한 '저항'까지는 아니라 해도 그에 대한 '언급을 회피'하는 경향이 있었고, 제2차 세계대전 종전 이후에도 한참 동안 이런 경향이 이어졌다고 말했다.

III. 공유의 장

내 글의 제목은 존재론적으로나 인식론적으로 근대 사회학에 영감을 불어넣었던 동시대에 공존한 두 명의 위대한 이들 사이의 일종의 (학문적) 일가친척 관계를 지칭한다. 그들을 공유의 장, 즉 대화가 이뤄질 수 있는 역사적인 만남의 장으로 불러내는 것이 이 심포지엄의 존재 이유다. 명목상의 친척관계를 언급한 것은 뒤르켐이 독일어를 할 수 있었다는 것 때문만이 아니라 그의 이름에서 풍기듯이 그의 조상이 라인 강 건너편 독일에서 건너왔을 수도 있기 때문이다.[21] 그러나 뒤르켐과 베버가 인접한 연구 영역, 즉 실질적으로 나란히 붙어 있는 연구 영역을 가지고 있었기에, 깊은 차원의 친척관계가 존재한다고도 할 수 있다. 이 은유를 좀더 확대해 보면, 뒤르켐과 베버의 사회학적 연구의 터 사이에는 도랑도 있지만 다리도 놓여 있다고 할 수 있다.

이 심포지엄의 세 가지 주요 주제 — **행위 이론**, **방법론적 지향**, 그리고 마지막으로 **과학, 도덕성 그리고 정치** — 는 그들 사이의 간격과 그것을 이어 주는 다리에 대해서 진정한 대화를 할 수 있도록 해 준다. 이미 앞선 문장에서 뒤르켐의 '사회학주의적' 경향에 대비되는 베버의 '방법론적 개인주의'나 〔부동(Boudon)은 존경스럽게도 이런 차이가 없었다고 논박했다〕,[22] 혹은 뒤르켐이 민족학적 자료를 선호했던 데 비해 베버가 역사적 문헌의 중요성을 강조했던 것 등의 차이점에 대해서는 언급한 바 있으므로, 그들 사이를 이어 주

21) 알자스에 작은 도시 투르켐(Turckheim)이 있기는 하지만, 독일의 **바트 투르크하임**(*Bad Turckheim*)으로부터 건너온 것일 수도 있다. 어쨌든, (뒤르켐이 태어났고 정기적으로 돌아가곤 했던) 에피날의 공문서 보관소에는, 그 가족의 이름이 '투르켐'(Turckheim)으로 기록돼 있는 것을 볼 수 있다.

22) Raymond Boudon, "Durkheim et Weber: Convergences de Méthode", pp. 99-122 in M.Hirschhorn and J. Coenen-Huther, eds. *Durkheim, Weber. Vers la Fin des Malentendus*. Paris: L'Harmattan, 1994.

는 다리란 어떤 것인지를 알아보자.[23)]

이 심포지엄의 첫 번째 주제는 **행위 이론**이다. 여기에서 나는 뒤르켐과 베버가 행위에 대해 공통적인 자원주의적 접근법을 활용했다는 점에서 수렴한다는 것을 알려 주는 탤컷 파슨스(Talcott Parsons)의 연구를 강조하려고 하는데, 이런 주장은 — 사실 마르크스의 구조주의가 더욱 결정론적이기는 하지만 — 뒤르켐이 경직된 결정론과 관련되어 있다는 것을 반박하는 것이다.[24)] 리하르트 뮌흐(Richard Münch)는 파슨스의 행위 이론에서 칸트의 윤리론이 중심을 차지하고 있음을 잘 언급하고 있다.[25)] '미몽에서 깨어나는 것'을 겪는 근대적 도시 산업 사회의 맥락에서, 칸트 철학(신칸트주의를 포함해서)에 대한 새로운 깨달음은 뒤르켐과 베버의 유럽 세대에게는 본질적인 것이었다. 그것은 한편으로는 시대에 뒤떨어진듯이 보이는 전통적 종교 바깥에 있는 초월적 도덕성이라는 안전장치와 함께, 다른 한편으로는 자유방임적 시장 경제학의 비도덕성을 나타내는 것이었다. 칸트는 독일의 빌헬름 시대[4]뿐 아니라 프랑스의 제3공화정에서도 근대성의 위대한 도덕주의자로서 초월적 윤리(즉, 정언명령)와 지속적인 평화의 조건을 찾아내는데 관심이 있었다.[26)] 칸트 윤리학의 규범적 파생물로서 나온 것의 사례를 들자면, 책

---

23) 히어슈호른(Hirschhorn)는 둘 사이에 수렴이 이뤄지는 부분이 있다고 논한 뒤에, 그들 사이의 근본적인 차이(심지어 칸트에 대한 입장에 있어서도)에 대해서 '막스 베버와 뒤르켐은 서로 다른 지적인 세계를 가지고 있다'고 강조하기에 이른다. 내가 애초에 두 사람이 서로 인지하지 못했던 것 같다는 글을 썼을 때만 해도 나도 그렇게 생각했지만, 지금 이 글에서 지적하게 되겠지만 그 점에 대해서 재고하게 되었다.

24) Talcott Parsons, *The Structure of Social Action*, 2 vols. New York: The Free Press, 1968: 81쪽 이후.

25) Richard Münch, "Talcott Parsons and the Theory of Action. I. The Structure of the Kantian Core", *American Journal of Sociology*, 86, 4 (January 1981): 709-39 , 그리고 "Talcott Parsons and the Theory of Action. II. The Continuity of Development", *American Journal of Sociology*, 87, 4 (January 1982): 771-826.

26) 이와 관련해서는 다음을 참고하라. Immanuel Kant, *Toward Perpetual Peace,and other writings on politics, peace and history*, edited with an introduction by P. Kleingeld. New

임을 가지고 행위 한다는 것은 선택을 내리고 사회 속에서 명확하게 자신의 기능을 수행해야 한다는 내용과 같은 것이다. 다시 말하면, 당면한 제도적 맥락과 그 제한 속에서 행위자가 자신의 자유를 구가해야 한다는 것이다. 칸트와의 이러한 연계는 내가 보기에는 뒤르켐과 베버를 이어 주는 주요한 다리 역할을 하며, 뒤르켐의 《도덕교육》(*L'Éducation Morale*, 특히 7장)과 (종교 생활의) 《기초 형태》(*Les Formes Élémentaires*)와 베버의 《직업으로서의 정치》(*Politik als Beruf*)와 《직업으로서의 학문》(*Wissenschaft als Beruf*)과 같은 두 학자들의 문헌 사이에 연결고리를 만들어 준다.[27] 철학적으로, 칸트는 두 사람에게 영감을 주었던 것이다.

뒤르켐과 베버에게 중요한 위치를 차지하는 행위 이론과 관련해서, 한스 요아스(Hans Joas)는 이 학회에서 창조성 이론을 소개함으로써 중요하게 고려해야 할 것이 무엇인지를 알려 준다.[28] 그는 창조성 이론의 요소를 베버의 카리스마 개념에서 그리고 수정된 뒤르켐의 신성성 개념에서 찾아내는데, 이를 통해서 새로운 이상과 제도가 제기된다. 나는 듀이(Dewey)와 미드(Mead)의 실용주의에 뿌리를 두는 그의 접근법이 파슨스의 규범적 강조와 전통적인 **경제적 동물**(*homo economicus*)과 관련한 공리주의적 측면 모두를 뛰

Haven: Yale University Press, 2006.

27) 출처: Emile Durkheim, *Moral Education: a study in the theory and application of the sociology of education,* foreword by P. Fauconnet, trans. by E. K. Wilson and H. Schnurer, ed. E.K. Wilson. New York: Free Press, 1961 (1934), 그리고*The Elementary Forms of Religious Life*, trans. with an introduction by Karen E. Fields, New York: Free Press, 1995 (1912); Max Weber, *Politics as a Vocation* 그리고 *Science as a Vocation* in Hans Gerth and C. Wright Mills, trans., eds., *From Max Weber: Essays in Sociology*, New York: Oxford University Press.

28) "La théorie de l'action chez Durkheim et chez Weber: le problème de la créativité", pp. 53-71 in Hirschorn and Coenen-Huther, *op. cit*. 또한 다음을 보라. Hans Joas, *The Creativity of Action*. Chicago: The University of Chicago Press, 1996. 여기에서 논의되는 행위 이론에 대한 더 폭넓은 개괄을 보려면 다음을 참조하라. Michael W. Macy, "Action Theory", pp. 1-4 in Bryan S. Turner, ed., *The Cambridge Dictionary of Sociology*. Cambridge: Cambridge University Press, 2006.

어넘지만, 선진적 근대성의 윤리에 대한 칸트적인 접근의 여지를 여전히 남겨 둔다고 조심스럽게 주장하는 바다. 이것은 우리가 이론에 대한 대화를 할 때 더욱 자세한 관심을 기울일 필요가 있는 주제다.

심포지엄의 두 번째 주제는 **방법론적 지향**을 다룬다. 뒤르켐과 베버는 사회학 방법론에 관련된 질문을 명시적으로 다루었다는 장점이 있는데, 뒤르켐은 그의《사회학적 방법론의 규칙》에서, 베버는 (프랑스어나 영어로도 나와 있는) 다양한 글—《로셔와 크니스 그리고 역사적 경제학의 논리적 문제들》(*Roscher und Knies und die logischen Probleme der historischen Nationalökonomie*)과 〈사회과학과 사회정책에 있어서의 객관성〉(*Die Objectivität sozialwissenschaftlicher und sozialpolitischer Erkenntnis*) — 을 통해서 그렇게 했다. 여기에는 중첩되는 영역도 많지만, 차이가 나는 부분도 꽤 있다. 뒤르켐의 실증주의는 '사회적 사실'에 대한 인과적이고 결정론적인 관점에 가까운 듯하다. 그의 사회학주의(sociologism)는 근대 사회를 위한 규범적 함의가 사회학적 연구에서 나온다고 본 듯하다. 반대로 베버는 (과학적) 연구를 통해서 사회적 행위를 안내해 줄 가치 선택에 이르는 것은 불가능하다고 강조한다. 그는 개인에 강조를 두지만, 뒤르켐과 마찬가지로, 사회 제도를 심리학적으로 설명하는 것은 거부한다.[29)]

베버는 이상주의자로 뒤르켐은 물질주의자로 불리는 것은 역설적으로, 그 자체만도 긴 논쟁을 할 만한 주제다. 베버의 종교사회학은 역사에 대한 경제적 해석을 종교적 해석으로 대체하려고 하지 않았다. 베버는 경제적 삶과 생산 양식이 문화의 조건을 규정짓는다(혹은 그 역방향의)는 증거를 제시하는 일원적인 인과성을 거부했다고 말할 수 있다. 뒤르켐의 경우, 물질주의의 한 형태를 만들어 내는 것이 인구밀도라는 인구학적 요소에 의해서 조

29) "Objectivity in Social Science and Social Policy", pp. 50-112 in Max Weber, *The Methodology of the Social Sciences*, trans, and edited by E. A. Shils and H. A. Finch, New York: Free Press, 1949(1904).

건화된 그의 사회에 대한 개념인지, 혹은 집합체의 이례적인 사회적 상호 작용 속에서 궁극적으로 발생한 종교 생활의 개념인지 말하기 어렵다. 비록 각기 다른 곳에서 출발해서 방법론의 문제를 다루고 있기는 하지만, 내가 보기에는 뒤르켐과 베버는 서로 분기하기보다 수렴하는 것 같다. 그 둘 모두에게, 역사적 실재로서 사회는 제도 사이의 상호 작용의 결과인 것만이 아니라 간주관적(間主觀的) 실재이기도 하다. 뒤르켐보다는 베버에게, 심리학적 수준에서의 사회는 상호 주관적 실재로 구성된 것이다.[30] 뒤르켐은 방법론의 하나로서 **이해**(*Verstehen*)에 대해서 말하지 않지만,《종교 생활의 기초 형태》에 나타난 그의 탁월한 '동력발생'에 대한 분석은, 의심의 여지없이, 신성성의 집합적 체험에 대한 사회학적 해석이다.

실제로, 뒤르켐과 베버는 근대성의 미래가 열려 있다고 보는 점에서 의견을 같이 한다.《종교 생활의 기초 형태》에서 뒤르켐은, 프랑스 혁명 초기에 그랬던 것처럼 그리고 드레퓌스 사건에서 사회의 갱신을 그 스스로 목도했던 바와 같이, 근대 사회의 흥분 속에서 발생하는 예기치 않았던 사회 운동으로부터 새로운 이상이 출현할 수도 있다는 가능성을 열어 놓았다. 베버 또한 잘 알려진《프로테스탄트 윤리와 자본주의 정신》의 결론에서 합리화 과정이 문화 자본을 고갈시킬 수 있지만, 비합리성 혹은 새로운 선지자의 귀환으로 새로운 마법이 시작될 수도 있다고 말했다. 또한 베버와 뒤르켐 모두 근대성의 새로운 전환이 창조성의 잠재력을 일으킬 수도 있지만, 반대로 사회적으로 파멸적인 '암흑의 측면'도 불러올 수 있음을 감지하고 있었다.

마지막으로, 학회의 세 번째 주제는 **과학, 도덕성 그리고 정치**라는 아주 광범위한 것이다. 각각 독립적인 학술토론 주제가 될 수 있는 이 3가지가, 이 학회의 여타 발표에서 더욱 적합하게 다뤄지리라 믿고, 나는 다만 간략하게

---

30) 이에 대해서는 다음을 보라. Alfred Schutz, *The Phenomenology of the Social World*, trans. George Walsh and Frederick Lehnert, introd. G. Walsh. Evanston, IL: Northwestern University Press.

만 언급하려고 한다.

정치적으로, 뒤르켐은 일평생 공화주의자였다. 베버는 제1차 세계대전 이후 독일이 와해되고 공화주의자가 된 바 있다. 둘 다 살아남았더라면, 그들은 제3공화정과 바이마르 독일의 붕괴 뒤에 한 대안으로 자리 잡는, 새롭고 활력 넘치는 전후 유럽 공화정의 설계자가 되었을 것이다. 그들은 평생 동안, 그들의 나라에서 벌어지는 정치적 사건에 대해서 열성적이었지만, 공직을 얻으려고 하지는 않았다. 그들은 내내 지식인으로 남았다. 뒤르켐과 베버 형성기의 **강단 사회주의**(*Kathedersozialismus*)[5]의 중요성에 대하여 간단하게 언급하고자 한다. 1873년 바그너(Wagner), 슈몰러(Schmoller), 브렌타노(Brentano), 크나프(Knapp)와 다른 이들이 **사회정책을 위한 협회**(*Verein für Sozialpolitik*)[31]를 결성해서 경제에 이상주의를 다시금 불어넣고 노동자의 생활여건과 노동을 향상시키려는 사회적 행동을 자극하려고 했으며, 동시에 국가의 개입을 막으려고 했다. 이러한 관심으로부터 새로운 사회과학이 탄생한 것이며, 이후 미국 사회학의 시카고 학파에서 이런 일이 다시 재현된다. 베버는 뒤르켐의 독일 체류 직후에 이 **협회**에 가입했으며, 농업 노동자의 상태에 대한 그의 첫 번째 실증적 연구도 이 협회의 의뢰로 이뤄진 것이었다.[32] 분명, 뒤르켐이나 베버 모두 강의실이 정치적 가치 주입의 장이 되는 것은 원하지 않았다. 그러나 반드시 덧붙여야 할 한 마디는, 두 사람 모두 정치적인 차원에서는, 근본적으로 민주 사회주의의 한 형태라고 할 수 있는, **강단 사회주의**(*Kathedersozialismus*) 성향에 가까웠다는 것이다. 두 사람은 과학, 도덕성, 정치 모두에 관심을 가졌지만, 그들과 동시대에 살던 그리고 지금 우리와 동시대에 살고 있는 많은 이들이 저질렀던 잘못처럼 그 셋

---

31) 이것은 자유방임적 사회정책에 반대해서 만들어진 조직으로, 정치적으로 중립적이며 학제적인 성격의 협회이며 경제학의 모든 영역에 걸쳐 연구와 연구물 간행을 하면서 여전히 존재한다. 자세한 내용은 다음을 참고하라. http://www.socialpolitik.org/vfs.php?mode=informationen&lang=2.

32) Marianne Weber, *Max Weber, A Biography*, pp. 127-29.

을 혼동하지 않았으며, 그들의 다양한 저작과 담론 속에서 볼 수 있듯이 도덕성, 과학, 정치의 영역을 구분 지어서 유지하는 데 따르는 긴장에 대해서 충분히 인식하고 있었다.[33)]

뒤르켐과 베버 그리고 이 자리에 있는 그들 후손들의 만남을 위해서, 몇 가지 특징을 간단히 열거해 보겠다. 독일과 프랑스 문화가 합류되는 지점인 스트라스부르, 철학적 영감을 제공했던 칸트, 사회정치학적 자극이 되었던 **강단 사회주의**가 그것이다 — 사회학적 사촌 사이에 새롭고, 그리고 희망하기로는, 이번에는 길게 이어질 수 있는 대화를 위한 많은 공통 요소가 있다고 할 수 있겠다.

33) 베버와 관련해서는 다음에 열거한 그의 고전을 참고하라. "Politics as a Vocation", and "Science as a Vocation" in Hans Gerth and C. Wright Mills,eds., *From Max Weber: Essays in Sociology*. New York: Oxford University Press, 1958; Wolfgang J. Mommsen, *Max Weber and German Politics 1890-1920*, M. S. Steinberg, trans. Chicago and London: University of Chicago Press, 1990 (1974). 뒤르켐과 관련해서는, 다음을 참고하라. *Professional Ethics and Civic Morals,* trans. Cornelia Brookfield, London: Routledge & Kegan Paul 1957 (1950); *Emile Durkheim on Morality and Society*, edited with an introduction by Robert N. Bellah, Chicago: University of Chicago Press, 1973; W. Watts Miller, *Durkheim, Morals and Modernity*. Montreal & Kingston, London: McGill-Queen's University Press, 1996.

참고 문헌

Camic, Charles and Hans Joas, eds. 2004. *The Dialogical Turn. New Roles for Sociology in the Posdisciplinary Age. Essays in Honor of Donald N. Levine*. Lanham, MD: Rowman & Littlefield.

Craig, John E. 1983. "Sociology and related disciplines between the wars: Maurice Halbwachs and the imperialism of the Durkheimians", pp. 263-89 in Philippe Besnard, ed. *The sociological domain. The Durkheimians and the founding of French sociology,* with a preface by Lewis. A. Coser. Cambridge & New York: Cambridge University Press, Paris: Éditions de la Maison des Sciences de l'Homme.

Deyon, Pierre. 1997. "Maurice Halbwachs et l'histoire de son temps", pp. 17- 20 in Christian de Montlibert,ed., *Maurice Halbwachs* 1877-1945. Strasbourg: Presses Universitaires de Strasbourg.

Hirschhorn, Monique. 1988. *Max Weber et la Sociologie Française*, préface de Julien Freund. Paris: Éditions de l'Harmattan.

Jaisson, Marie and Christian Baudelot. 2007. *Maurice Halbwachs, sociologue retrouvé*. Paris: Editions Rue d'Ulm/ Presses de l'École Normale Supérieure.

옮긴이 주

1. 유럽 평의회(The Council of Europe)는 민주주의와 인권 수호를 목표로 1949년 창설된 유럽의 국제기구로 프랑스 스트라스부르에 본부를 두고 있으며 46개국이 참가하고 있다.
2. 4장 옮긴이 주 2번 참조.
3. 피히테(Johann Gottlieb Fichte, 1762-1814). 독일의 관념론 철학자로 그의 사상은 셸링과 헤겔로 계승되었다. 나폴레옹 전쟁의 위기 속에서 '독일 국민에게 고함'이라는 강연을 한 것으로 유명하다.
4. 비스마르크 시대 이후 1890년에서 1918년까지 이어진 독일 황제 빌헬름 2세의 통치기를 말한다.
5. 1860년대와 1870년대 독일 지식인들이 대학 강단에서 노동자의 이해를 대변하면서 일으켰던 사회주의 운동. 부르주아 사회주의라고도 불린다. Katheder는 강연 때 노트나 책을 얹어두는 독서대를 뜻한다.

16장

집합적 활기, 사회 변동, 그리고 카리스마
— 뒤르켐, 베버, 그리고 1989년[1]

I. 서론

생시몽(Saint-Simon)이 1789년 프랑스 대혁명 이후 유럽에서 나타난 사회 혼란을 이해하기 위해서 '사회생리학'이라는 과학이 만들어질 필요가 있다고 보았던 것처럼, 사회 변동의 동학은 사회학적 숙고를 위한 기반 혹은 기초적인 매트릭스를 구성한다고 말할 수 있다. 2백년 뒤, 그리고 이 주제와 관련한 사회학적인 연구물이 수천 편까지는 아니라 해도 수백 편이 나오기까지, 사회 변동이라는 주제는, 최근 몇 년 사이에 겉으로 보기에 획일적인 권력 구조가 예상치 못했던 변형을 겪었던 것에서 볼 수 있듯이, 여전히 그 함의를 고스란히 지니고 있다. 역사의 여신은 대단히 너그러웠다. 그녀는 서구에 있는 자녀에게 '1968년' 사태를 주었고, 동구에는 '1989년' 사태를 허락했는데,[2] 둘 다 거의 모든 사회과학자가 — 그들의 이념적 성향과는 무관

1) 다음 학술지에 처음 발간되었다. *International Sociology*, 10, no. 1(September 1995): 269-81.

하게 — 예상치 못했던 막대한 의미를 지닌 역사적 순간이었다. 현재 우리가 보는 세계의 대부분은 이 두 차례 사회 변동의 순간이 가져온 결과물이거나 적어도 그것으로부터 영향을 받았다고 볼 수 있다. 제도, 사회적 배열과 집합적 정체성이 계속해서 변모를 겪고 있는 가운데 여전히 희뿌연 먼지 속에서 그것의 윤곽을 파악하기가 어렵기에, 우리는 최근에 스톰카가 현대 사회 변동이란 존재론적인 '생성의 생성이라는 바로 그 기제'이며, 그리고 '사회적 생성은 역사의 경로 속에서 그 양태를 바꾼다'고 해석한 것에 동의할 수밖에 없다(Sztompka 1993: 230).

이에 대해서 좀더 평범한 방식으로 다시 언급하고자 한다. 몇몇 역사가 그리고 많은 사회과학자가 과거에 일어났던 일의 동학에 대한 그들의 해석상의 이미지로 미뤄 봤을 때 미래에 어떤 일이 일어날 것인지를 설명하기 위해서 인과적 혹은 여타 방식의 깔끔한 모델을 찾으려고 시도하지만, 고루하게 지속되는 현재는 우리에게 놀라움을 안겨 준다. 궁극적으로 지구상 모든 기성 권위의 정당성에 도전하는 문화적 혁명이라고 파악되어야만 할 '1968년' 사태 그리고 — 궁극적으로 정치·문화적 영역에서 '1968년'의 연장선이라고 볼 수 있는 — '1989년'의 사태는 아주 놀라운 일이었다. 1990년대에 민주적으로 선출된 남아공 정부가 인종차별정책을 폐기한 것과 중동의 평화정책으로 인해서 더 많은 아랍 국가가 이스라엘을 그 지역의 발

2) 여기서 '1968년'이란, 대학을 혁명 시도의 중심으로 삼았던, 기존 국가에 대한 격렬한 사회문화적, 사회정치적 도전 — 대체로 진보적-산업적인 성격을 띠는 — 으로 특징지어지는, 그 특별한 해와 아울러 1967년에서 1972년 정도의 기간을 일컫는다. '1989년'은 마르크스-레닌주의를 공식적 이념으로 하며 공산당을 유일하게 인정된 정치결사체로 삼았던 기존 사회주의 국가에 대해 벌어졌던 압도적으로 성공적인 도전으로 특징지어지는, 1968년과 유사한 특별함을 지니는 연도/기간을 뜻한다. '1989년'은 정책에 대한 공개 토론과 비판을 뜻하는 **글라스노스트**(*glasnost*)와 경제 구조적 변동의 시도를 뜻하는 **페레스트로이카**(*perestroika*)를 표방하며 고르바초프(M. Gorbachev)가 권좌에 오르자마자 추진했던 '위로부터의' 개혁과 함께 시작되었다고 말할 수 있을 것이다. 이것은 1991년 말 소련 연방의 해체로 종결되었다.

전을 위한 잠재적인 동반자로 여기게 될 가능성이 생긴 것 역시 앞선 사태에 못지않은 놀라움을 준다. 또한 '마법에서 풀린' 것으로 여겨지는 근대성의 세계에서 어떤 놀라운 사건이 있었는가에 대해서 재빨리 알아보는 와중에 간과해서는 안 될 것은, 알제리, 이집트, 터키와 같은 몇몇 세속 국가에서 '근대적'인 혹은 '근대화를 시도하는' 혁명이 한참 전에 일어났음에도 불구하고, 지난 1970년대부터 90년대 중반까지(혹은 이보다도 더 짧은 기간에) 이슬람교 근본주의가 기성 '세속' 국가를 위협하는 세력으로 급속하게 번졌다는 점이다. 그리고 이에 추가해서, 매우 다른 종류의 정권 — 진보주의, 권위주의, 공산주의 정권을 가리지 않고 — 에 대해서 국내로부터의 도전을 가해 온, '종족 민족주의'(Connor 1994)를 포함한, 다양한 형태의 민족주의에 대해서도 언급이 이뤄져야 할 것이다.

이렇게 조금만 살펴보아도, '놀라운 사건'이 예상치 못한 방향으로의 역전이나 변화를 말미암기 때문에, 근대성의 조건이란 어떤 결정론적인 방정식이나 단선적인 추세로 설명할 수 없다는 것을 알 수 있다. 물론 '놀라운 사건'이 일단 생겨나면, 사회과학자는 왜 그런 일이 그런 식으로 일어났는지에 대해서 합리적인 설명을 제공할 수 없다고 해서 쩔쩔매지는 않는다. 어떻게 보면, 놀라운 일이 일어난다는 것은, 그런 놀라운 사건을 역사 과정의 부분으로, 인간 조건이 가진 역사성의 한 부분으로 받아들여야 한다는 더욱 심각한 도전에 비하면 덜 도전적이다. 행위자와 사회 구조는 새로운 방식으로 결합하고 재결합한다. 사회적 생성의 상당 부분을 차지하는 것은 그 생성이 그 양태를 스스로 변화시키는 것이다. 사회학자는 — 적어도 뒤르켐과 분트(Wundt)로 거슬러 올라가는 — '목적적 행위의 의도되지 않았던 결과'의 법칙을 옹호함으로써 이러한 사실을 암묵적으로 수용해 왔다. 그러나, 그 영향이 아주 명확하지는 않으며 그 장기적 결과가 단기적인 의도와 결과와는 다르다 할지라도, 때때로 우리는 집합체에 영향을 미치는 중요한 일련의 행위에 시동을 거는 것에는, 아무나가 아니라 그러한 목적 행위를 수행하는 특정한 개인이 필요하다는 사실을 잊는 경향이 있다.

예를 들면, 역사상 우리가 목도했던 '놀라운 사건' 가운데 몇 가지를 보면, 만약 1992년에서 93년에 만델라와 데 클레르크가 아닌 다른 이가 남아공의 지도자였다면, 혹은 이스라엘과 팔레스타인해방기구의 지도자가 라빈과 아라파트가 아니었다면, 혹은 1980년대 말의 소련 지도자가 고르바초프가 아니었다면, 중요한 구조적 변동을 야기했던 극적인 사건이 일어나지 않았을 것이라고 말할 수 있다. 그리고 그런 사건이 일어나지 않았더라면, 우리는 나머지 세계가 사회 변동의 새로운 길로 나아가고 있는 데도 불구하고 왜 그런 일이 일어나지 않는지에 대한 구구한 설명을 들었어야 할 것이다. 한 사회 체계나 어떤 집합체가 적응할 수 있는 변동을 하는데 실패했을 때 쓰이는 관성이라는 말은 때때로 '국가적 성격' 혹은 팽배해 있는 '전통'의 힘에 기인하는 것으로 설명되곤 한다. 여기에는 맞는 면도 있다. 대체로, 사회 속 대부분의 구성원은 일상 세계에 대한 그들의 성향에서 보수적이다. 그러나, 어떤 경우에는, 많은 수의 사람이 일상 세계에 대한 그들의 성향을 바꾸고 그러한 세계를 재생산해 내는 제도적 구조와 배열을 거부하는 데 따르는 위험을 감수하고자 하며, 그럴 때 진정한 구조적 변동이 실제로 **일어난다**.

진정한 구조적 변동을 뒷받침하는 기제나 동학을 다루는 조사에는 두 가지 초점이 있다. **혁명**을 다루는 것과 **카리스마**를 다루는 것이다. 이것은 익히 많이 다뤄진 사회학적 주제로, 이미 알려져 있는 내용을 여기서 다시 다룰 필요는 없을 것이다. 이 논문에서 나는 1989년의 사건이 이러한 친숙한 부대에 담을 새로운 포도주를 제공한다고 주장하려고 한다.[3] 더욱 구체적으로는, 다음의 내용을 특별히 고려할 필요가 있다.

3) 내가 비록 글의 경제성을 위해서 여기에서는 다루지 않겠지만, 전 세계적으로 일어났던 '1968년'의 정치-문화적 사건을 다발로 묶으면 — 비록 그것이 주로 비공산권 국가에서 일어나기는 했지만 — 1989년 사건을 보완하거나 그것에 선행했던 사건이라고 본다.

마르크스와 토크빌 이래로 사회학적인 혁명 모델이나 이미지에 따르면, 이러한 거대한 규모의 변형은 폭력을 수반한다. 내전이나 외부와의 전쟁, 혹은 외부와의 전쟁이 하나의 전제조건 역할을 해서 국가의 힘을 소진시킴으로써 결국 혁명적인 정권 장악이 일어나게 되는 상황을 포함해서 말이다. 그런데 1989년에는 소련 체제가 폭력을 거의 수반하지 않은 채로 그리고 주요한 외부와의 전쟁이 없는 상태에서 무너지기 시작했다(아프가니스탄 전쟁이 소련에 기능 장애를 입히는 효과가 있었다는 주장을 제기하지 않는 한에는).

19세기 이래로, 사회주의는 급진적인 변화를 이끄는, 선봉에 선 전위적인 혁명적 정당의 형태를 띤 진보 세력으로 파악되었다. 일단 사회주의 혁명 혹은 권력 장악이 일어나면, '부르주아' 사회를 넘어서는 일종의 되돌이킬 수 없는 사태의 진전이 생기리라고 가정된다. 그러나 지난 변혁기에는, 소련과 그 위성국가만이 아니라 한참 떨어져 있는 아프리카와 동남아시아에서도 시장 경제와 공산당이 아닌 정당에게 권력을 허용하는 형태의 민주화가 일어났으며, 이로 인해 예상치 못했던 '국가 사회주의의 몰락'을 설명할 새로운 방법이 생겨났다.[4]

이러한 새로운 혁명적 변동의 시기에 카리스마는 어떤 역할을 하는가? 20세기에 일어났던 제3세계 반식민주의 운동을 비롯해서, 이전의 혁명적 시기에는 카리스마적인 지도자가 있었지만 — 예를 들면, 로베스피에르와 당통, 레닌과 쑨원(孫文), 카스트로, 체 게바라와 마오쩌둥 — '1989년'과 '1968년'의 혁명기에는 오히려 카리스마적 인물이 없었다는 특징이 있다. 동유럽의 극적인 변화를 설명하는 데 카리스마의 개념이 자리 잡을 여지가 있는가?

이러한 질문에 답변을 시도하는 과정에서, 베버와 뒤르켐의 분석을 재조합함으로써 우리가 목격해 온 역사적 변동의 동학에 대한 의미 있는 해석을

---

4) 학술지《이론과 사회》(*Theory and Society*)의 1994년 특별호 '국가 사회주의 몰락의 이론적 함의'를 참고하라.

제공할 수도 있을 것이다. 본질적으로, 나는 첫째, '카리스마'와 '집합적 활기'라는 개념은 상호 보완적(동전의 앞뒷면과 같은 것은 아니라 하더라도)이며, 둘째, 그 둘을 조합해서 사용하면, 어떻게 사회적 행위자 — 심지어 권력 독점 상태의 폭압적 세속 국가의 — 가 특정한 예외적 상황에서 봉기를 일으키고 국가를 무장해제시킬 수 있는지를 이해할 수 있는 실마리를 얻을 수 있을 것이라고 제안하려고 한다.

뒤르켐과 베버의 수렴[5)]

비록 뒤르켐의 사회학적 실재론은 베버의 방법론적 개인주의와 대조를 이루지만, 나는 그들의 일상생활 속 세계가 어떻게 변형되었는지를 다루는 주요 구절을 읽어 보면 둘 사이에 중요한 이론적 수렴 — 파슨스(Parsons 1937)가 그의 고전적 종합에서 주장했던 것과는 다른 수렴 — 이 있었음을 알 수 있는 충분한 공감대가 있었다고 주장하려고 한다. '카리스마'와 '집합적 활기'에 대한 상황 분석에서 제공되는 변화의 동학에 초점을 맞추어 보면, 이 수렴은 1989년의 '혁명'으로 동학을 이해하는 데 성공적으로 적용될 수 있다. 이제 우리는 뒤르켐과 베버의 고전 문헌을 재고할 필요가 있다. 주요 구절은 뒤르켐의《종교 생활의 기초 형태》(2부 7장 〈이러한 믿음들의 기원〉)와 베버의《경제와 사회》(1권 3장의 〈카리스마적 권위〉의 앞부분 논의, 2권 14장의 〈카리스마와 그 변형〉의 뒷부분 논의)에서 인용한다.

우리는 베버가 전통적 그리고 합리적 — 특히 관료제적 — 권위에 도전하는 권위의 한 유형으로서 카리스마를 주로 강조했음을 잘 알고 있다(《경제와 사회》 244). 역사적인 측면을 보면, 베버는 '전통주의적' 혹은 '합리주

5) 나는 베버에 대해서는《경제와 사회》(1978)와 거스와 밀즈를 활용한다(Gerth and Mills 1958). 추가적인 자료를 보려면 다음을 참고하라. Eisenstadt(1968). 뒤르켐에 대해서는,《종교 생활의 기초 형태》(1965)를 활용한다.

의 이전 단계'에서 카리스마적 리더십이 특별히 강한 혁명적 힘이라고 보았다(《경제와 사회》 245). 카리스마에 대한 그의 분석 가운데 많은 부분이 직업과 사회 계층화를 포함해서 공직과 제도가 시간의 경과에 따라서 일상화되어 온 과정을 다룬다.[6] 비록 베버가 지나치듯이 제1차 세계대전 뒤 독일에서 카리스마적인 혁명 리더십이 존재했음을 인정하지만, 그는 카리스마가 점증하는 경제적 상호 의존의 힘과 생활의 일상화를 극복할 수 있을지 회의적이었다(《경제와 사회》 252).[7] 카리스마의 일상화를 추진하는 것은 한편으로는 '안전을 위한 자연스러운 노력'이며 다른 한편으로는 행정 관료 사이에 '일종의 확실한 질서'가 있어야 할 필요 때문인 듯이 보인다(《경제와 사회》 252). 과거 수십 년 동안에 우리가 목격한 변화의 견지에서, 그리고 특히 '1989년'의 변화와 관련해서, 이런 의견이 어떻게 수정되어야 할지 이후에 논의하기로 한다. 카리스마적인 인물이 출현하는 사회적인 배경의 몇 가지 특성에 대한 베버의 논의를 언급함으로써 이 간단한 설명을 마무리 짓자: 그것은 일상적이고 평범한 제도적 시간대에서가 아니라 '곤경의 순간'(《경제와 사회》 1111) 혹은 달리 표현하면,

> 특별히 정치적 또는 경제적으로 유별난 상황 혹은 특별한 정신적 — 특히 종교적인 — 상황이나 앞의 두 상황이 겹칠 때 생겨난다. 그것은 특별한 사건에 의해서 그리고 어떠한 종류이든 간에 영웅주의에 대한 굴복으로 인해 발생하는 **집합적 흥분**으로부터 생겨난다(《경제와 사회》 1121. 강조는 내가 한 것).

6) 이런 내용을 소개하는 아이젠스타트의 다음 글을 참고하라. "Charisma and Institution Building: Max Weber and Modern Sociology"(Eisenstadt 1968).

7) 이런 점에서, 베버의 카리스마 분석은 1920년 이래로 세계의 상이한 배경(전통적, 식민적, 산업적-진보적, 그리고 산업적-사회주의적)에서 개인적, 집합적인 카리스마적 리더십이 어떻게 분출되었는가를 설명하기에는 미진하다.

베버의 논의를 나중에 다루겠지만, 베버로부터 '집합적 흥분'이라는 말이 나왔으므로, 이제는 뒤르켐으로 옮겨 갈 차례다. 베버가 카리스마의 출현의 '평범하지 않은' 성격이 어떻게 일상적인 경제적 고려와 반대되는지에 대해서 강조한 것과 마찬가지로(《경제와 사회》 244), 뒤르켐도 신성성이 '평범하지 않은' 사회적 삶의 한 국면에서 기원한다고 보는데, 여기에서 '평범함'이란 경제적 활동의 일상적 세계를 말하는 것이다(《종교 생활의 기초 형태》 246). 뒤르켐의 자료가 주로 비서구 전통 사회로부터 나온 것임을 의식할 필요는 없다(비록 그가 프랑스 혁명이라는 '평범하지 않은' 배경에서 나온 역사적 자료도 활용하기는 하지만[8]). 베버가 '곤경의 순간'에 대해서 말하는 대목에서, 뒤르켐은 '모종의 거대한 집합적 충격의 영향 아래에서, 사회적 상호 작용이 훨씬 더 잦고 활발했었던 역사적 기간'을 언급한다. 이어서 다음과 같이 말한다. '그러한 거대한 활기가 혁명적 혹은 창조적 시기의 특성을 낳는다'(《종교 생활의 기초 형태》 241).

본질적으로, 뒤르켐과 베버는 제도화된 권위에 대한 도전을 발견하기 위해서, 특이하거나 또는 평범하지 않은 역사적 시기를 주시하는데, 이러한 도전이 일어나기 위해서는 관련된 행위자가 일상생활의 태도를 초월해야만 한다. 베버나 뒤르켐 모두, 행위자의 열광에서 나오는 영웅주의적 행동을 할 수 있어야만 한다고 지적한다. 집단이 한 자리에 모여드는 것이 베버의 카리스마적 리더십 논의에서 뒷배경의 역할을 한다면, 뒤르켐에게는 앞마당의 역할을 하는 것이다. 뒤르켐의 논의는 베버가 카리스마적 권위라고 칭하는 것을 위한 여지를 — 그 용어를 직접 쓰지 않고서도 — 만들어 준다. 뒤르켐에게(또한 베버에게도) 그것은 말하자면 '역할을 감당할 수 있는' 개인

8) 예를 들면, 뒤르켐은 의회에서 봉건적 특권을 폐지시킨 표결을 했던 1789년 8월 4일의 역사적 밤에 대해 언급한다. 뒤르켐이 프랑스 혁명을《종교 생활의 기초 형태》에서 '여타' 형태의 자료 출처로 삼은 것에 대한 광범위한 논의를 보려면 다음을 참고하라. Tiryakian(1988a).

과, 강력한 감정, 열망, 갇혀 있던 집합체의 느낌을 분명히 설명하는 것 사이의 특별한 관계 구조다.

> 이것은 어떤 이가 적어도 집합체와의 교감을 얻는데 성공했을 때, 그 사람이 군중에게 말하는 독특한 태도에 대한 설명이다. 그의 언어는 평범한 상황에서라면 조롱당할 법한 호언장담으로 가득 차 있다. 그가 품은 생각은 지켜야 할 모든 규칙에 대해서 참을성이 없으며 온갖 종류의 과잉으로 쉽게 넘쳐난다. **이것은 그가 그 자신의 속으로부터 흘러넘치며 폭발해 나오려고 하는 비정상적으로 과잉 공급된 힘을 느끼기 때문이다. 심지어, 때로 그는 자신보다 더 큰 어떤 도덕적 힘에 사로잡혔다는 그리고 자신이 단지 그 힘의 대변자일 뿐이라는 느낌을 가지기도 한다**(《종교 생활의 기초 형태》 241, 강조는 내가 한 것).

만약 우리가 뒤르켐과 베버의 문헌을 나란히 배치하면, '집합적 활기'와 '카리스마'가 서로 겹치는 것을 쉽게 볼 수 있을 것이다. 그것은 동일하지는 않은데, 왜냐하면 베버의 카리스마적 인물 모델은 그 추종자들이 종교적인 구원자로 그를 받아들인 상태에서 복종해야 할 의무가 있는데 반해서, '웅변의 영감을 지닌 악령'(《종교 생활의 기초 형태》 241)에 대해서 언급하는 뒤르켐의 경우에는 로베스피에르와 당통만이 아니라 자신과 동시대 인물인 위대한 사회주의 지도자 장 조레스(Jean Jaurès)를 비롯한 정치적인 인물을 염두에 두고 있기 때문이다. 그러나 그 차이는 미미하다. 1989년의 혁명적 상황에 대해서 이러한 수렴을 적용하고자 한다면, 한 가지 더 언급할 내용이 있다. 그것은 베버의 용어로 하면 '카리스마적 공동체'라고 불리는 모임에 참여하는 개인에게 미치는 특별한 상황의 영향력이다. 뒤르켐은 주장하기를, 일반적인 활기의 혁명적 혹은 창조적 순간에,

> 〔…〕 이러한 더 커다란 활동은 개인적 힘을 불러일으키는 큰 자극이 된

다. 사람들은 평상시보다 더 많은 것을 다른 방식으로 본다 〔…〕 사람들이 달라진다. 그들을 움직이는 열정은 너무나 격렬해서 그들은 〔…〕 초인적인 영웅주의나 유혈의 야만주의와 같은 행위가 아니고서는 만족할 수 없게 된다(《종교 생활의 기초 형태》 241, 강조는 내가 한 것).

베버도 이런 점에 대해서 응수하면서 더 자세하게 진술하는데, 그의 주장에 따르면 카리스마적인 신념은 합리화의 '내부로부터' 인간을 혁명화시키고 합리적 조직은 '바깥으로부터' 혁명을 불러오는 반면, 카리스마는 — 그것이 어떤 구체적인 효과가 있다면 — 그 추종자의 태도에서 일어나는 중심적인 **변화**(*metanoia*)로부터, 즉 내부로부터 혁명적 힘을 표출한다(《경제와 사회》 1117, 강조는 내가 한 것).

베버는 카리스마가 전통이나 합리적 관료제의 규칙으로부터 말미암은 태도를 포함해서, '신성성과 관련된 모든 개념'을 그 추종자의 태도에서 없애 버리는 특성을 가지고 있기에, 카리스마는 역사의 **그** 혁명적인 힘이라고 상당히 정확히 파악한다.[9)]

뒤르켐과 베버에게는 우리가 관심을 가질 만한 한 가지 언급되지 않은 태도 변화와 관련된 측면이 있다. 즉, 카리스마적 혹은 활기를 띠는 전통에 들어가거나 그 일부가 되는 것은 카리스마적 공동체에 **권력**을 가지고 있다는 느낌을 부여해 준다는 것이다 — 물리적 혹은 물질적 자원 통제에 근거를 둔 권력이 아니라, 한 도덕적 공동체의 부분이 되는 덕분에 생기는 효과적인 권력. 이렇게 권능이 부여되었다는 느낌은 특정한 순간에만 일어나며 집단을 카리스마적 공동체로 변형시키고 궁극적으로는 사회 구조를 행위자로 변형시킨다. 혹은, 내가 투렌(Touraine 1992)을 제대로 이해한 것이 맞다면, 이것이 바로 그가 말한 **주체화**의 과정이다.

---

9) 현상학적 분석의 측면에서 보면, 카리스마는 **생활 세계**(*Lebenswelt*)의 '자연적 태도'를 옆으로 밀어두는 그리고 일상생활 속의 행위자를 그들이 처한 상황의 목적과 연결시켜 주는 의미 구조를 깨뜨리는 효과를 가진다.

이런 상황 속에서 공동체가 합리적-관료제적 혹은 전통적 조직의 책임자와 맞붙게 되면, 특정 순간에 물리적 폭력으로 탄압을 받을 수 있다. 이렇게 되면 정권의 전복은 막을 수 있을지 모르지만 동시에 순교자가 만들어 질 수가 있는데, 구체적으로는 초기 기독교 순교자로부터 근래의 순교자가 여기에 해당하여, 예를 들면 헝가리(1956)의 임레 너지(Imre Nagy),[1] 체코슬로바키아(1969)의 얀 팔라치(Jan Palach),[2] 폴란드(1984)의 제르지 포피엘루슈코(Jerzy Popieluszko)[3]와 1989년 6월 베이징 톈안먼(천안문) 사태 때 숨진 민주화 시위 학생과 같은 이들이다. 그러나 이와 다른 순간에서는, 전통적 혹은 합리적 관료제적 조직 세력이 그들이 차지하고 있는 공직(그것으로부터 그들의 특권이 발생되는)의 일상화된 카리스마를 허비하거나 희석시켜서 **사실상** 정당성을 상실하기도 했다. 바로 이러한 때에 권능이 부여되었다는 느낌은 대중과 그들을 대변하는 이('추종자'와 '지도자'라는 말 대신 더 중립적인 용어를 쓰자면)를 한데 묶어 주며 상호 작용을 하도록 만들어 주는 과정에서 작용하면서 사회 변동, 혹은 '사회적 생성'을 일으키는 강한 지렛대가 된다. 그 기간이 서유럽에서는 '1968년'이었던 것처럼, 동유럽에서는 '1989년'이었다.

II. '1989년'

1989년 소련이 지배하던 세계를 뒤흔든 혁명에는 몇 가지 두드러진 점이 있다. 그 하나가 혁명 과정이 그 전반적인 체제로 번져 나갔던 빠른 속도다. 겉으로 보기에는 획일적이던 제국으로부터 공산주의라는 외투가 3년 이내에 동유럽 변방에서 중앙아시아 내륙 지역을 거쳐서 심지어 러시아 심장부에서도 벗겨져 나갔다. 또 다른 하나는 정권을 뒤엎으려는 이들에게서 폭력을 찾아볼 수 없었다는 것인데, 이런 현상은, 정권의 이념을 선전하기 위해서 미디어를 거의 독점한 것도 모자라서 그 얼마 전까지만 해도 폭력을 쓰곤 했던 당국마저도 놀라울 정도로 폭력을 자제한 것과 짝을 이뤘다. 이러한 두 가지 특징을 보면, '1989년' 사태는 1957년에서 62년까지의 5년간 아프리카의 식민 제국을 무너뜨렸던 동학과 유사하다.[10)]

동유럽과 소련의 사회주의 사회는 혁명 — 혹은 애쉬(Ash 1990: 14)가 아래로부터의 대중적 압력과 상호 작용하는 '위로부터의 개혁'(reforms from above)이었음을 인정하는 의미로 지어낸 용어처럼 '개혁 혁명(refolution)'으로 혁명을 표현할 수도 있겠다 — 전야에 많은 특성을 공유하고 있었다. 뒤르켐과 베버의 분석과 관련된 것은 간단히 다음과 같이 정리할 수 있다. 소련 제국 전역에 시민 사회가 결여되어 있었고 시민 사회에 대한 탄압이 있었다(Miller 1992). 안도르카(Andorka 1993)가 헝가리에 대해 쓴 것을 보면 다음과 같은 조건이 일반적이었다. 전반적인 정치 체제가 '더 부드러운 권위주의'를 향해 나아가는 와중에도, 시민성, 자립성의 결여, 높은 수준의 불신, **아노미** 그리고 무기력함 등이 그것이다. 공적 영역은 공식 이데올로기로 독점돼 있었고, 따라서 이런 상태는 공식 통계를 무의미한 것으로 만드는 '거짓말 속에 사는' 체제를 만들어 낸 것으로 모두에게 알려져 있었고 또 그렇게 이해되고 있었다. 이것은 '핵심부'는 물론 '주변부'에 사는 이에게 모두 해당되는 상태였다. 따라서, 예를 들면, 로즈가 러시아인에 대해서 말한 것은 동·서에 자리 잡은 전 소비에트 연방 공화국들의 시민에게도 똑같이 해당될 수 있다.

10) 1950년대 후기와 1960년대 초기 아프리카의 배경에는 집합적 활기에 더불어 조모 케냐타(Jomo Kenyatta. 케냐의 국부로 여겨지는 초대 대통령-옮긴이), 콰메 은크루마(Kwame Nkrumah. 가나의 초대 대통령, 아프리카 독립운동의 아버지로 불린다-옮긴이), 세쿠 투레(Sékou Touré. 기니의 초대 대통령-옮긴이), 헤이스팅스 반다(Hastings Banda. 1961년부터 33년 동안 말라위의 지도자 역임, 폭군으로도 평가됨-옮긴이)와 같은 이에게서 보이는 카리스마적 리더십이 있었다고 짧게라도 언급할 필요가 있다.

국가의 요구로부터 스스로를 보호하기 위해서, 많은 러시아인은 '방어적 소외'를 택했다. 무관심한 동조는 당국에 보이기 위한 가면과 같은 것이었다(Rose 1994: 52).

마찬가지로, 예를 들면, 발트 해 연안에서는 '40년 동안의 소련 통치기에 에스토니아인은 국가 권력은 물론이고 정치 일반으로부터도 멀어졌다'(Rosimannus 1991). 중심과 주변부 사이의 차이점 하나는 주변부의 많은 나라에서(예를 들면, 발트 해 연안과 중앙아시아 공화국) 더욱 중요한 '근대적인', 위세가 있는, 그리고 힘이 있는 산업적, 관료제적 관리 부분의 직업이 비현지민과 이민자에게 할당되었다는 것이다(Bankovskaya 1992). 고르바초프가 시도한 초기 개혁 운동조차도 의도된 결과를 만들어 내기보다는, 체제의 결점을 부각시켰다. 만약 고르바초프가 지난 일을 회상한다면, 그는 국민에게 목소리를 내고 그들의 견해를 표명하라고 요청하는 것의 성패는 국민이 얼마나 체제에 기본적으로 헌신하고 신뢰를 가지고 있느냐에 달려 있다는 것을 깨닫게 될 것이다. 이런 요소가 중심부와 주변부를 가릴 것 없이 체제 전반에서 결여되어 있었다.

전형적인 사례로 다시 에스토니아를 언급해 보면, 에스토니아인은 자신들의 국가 당국자를 '점령 세력 그리고 본질적으로 외생적인 소련 정권의 대변인에 불과하며 식민화와, 정치의 중심부에 대한 러시아화를 추진하는 이들'로서만 보았다(Rosimannus 1991).

로시만너스가 더 나아가서 언급하듯이, 1984년 사회 통치에 대한 에스토니아인의 만족도는 7점 만점에 3.9점이었다(탄압에 대한 두려움을 가진 응답자들 때문에 이 점수나마 실제보다 높은 것일 수 있다고 그는 말한다); 1988년 4월에 이 점수는 2.7점으로 떨어졌는데 이것은 '체제를 있는 그대로 유지하려는 모든 권력 구조'에 대한 불만이 표출된 것이었다.

1989년보다 5년 정도 이전에는, 동유럽과 소련은 억압적이지만 — 진 커크패트릭(Jeanne Kirkpatrick 1982)이 말하듯 — '권위주의적'인 것이 아니라

'독재적'이기에 변화할 수 없는 고정된 정치 체제인 것처럼 보였다. 체계적 변화는 적어도 내다볼 수 있는 미래에 일어날 수 있는 선택지에 끼어 있지조차 않았다. 물론, 사회주의 체제의 '무한성'(혹은 정통 마르크스주의 관점으로는 '후기 역사성')은 기만적인 것으로 판명되었는데, 조르주 귀르비치(Georges Gurvitch 1964)의 사회적 시간 유형에 따르면, 만사가 일상적이고 평범하게 보이지만 광범위한 구조적 변동이 암암리에 진행되고 있을 때, 그것은 **'기만적인 시간'**이다.

그것은 사실 뒤르켐과 베버로부터 나온 개념틀을 적용할 수 있는 기간이었다. 외부적, 외생적 요소가 상황 속으로 들어왔으며, 확실히 공산당의 새로운 개혁 리더십은 이 가운데 하나였다. 이와 마찬가지로 텔레비전과 다른 대중매체도 1980년대의 소련 제국에서 이전보다 훨씬 더 많은 외부 정보를 흡수하도록 했고, 이를 통해서 심지어 동구에서 가장 높은 생활 수준을 누리던 동독인조차 그들과 '서독인' 사이의 경제적 상태의 차이를 알고 있었다. 이와 마찬가지의 외생변수는 백악관에 있던 강경 반공주의자였다.[11]

그러나 정권의 내부 부패와 타락과 함께 — 얼마나 부패했었는지를 보일 수 있는 한 사례로, 체제가 무너지고 나서야 얼마나 환경오염이 심각하게 진행되었던지가 공개된 것을 들 수 있다 — 이러한 외생변수를 고려해도 혁명을 설명하기에는 충분하지 않다. 이러한 예상조차 할 수 없었던 사회적 생성에서 또 하나의 중요한 역할을 한 것은 풀뿌리 사회적 동원으로 학생

11) 나는 1986년 처음 동유럽을 방문했던 때를 잘 기억하고 있다. 폴란드 크라쿠프(Krakow)의 야기엘로니안(Jagiellonian) 대학에서 발표하면서 미국의 니카라과에 대한 외교 정책을 말하자 몇몇 얼굴에서 궁금증이 떠오른 것을 느낄 수 있었다. 이후에 몇몇 학생들이 내게로 와서 말했다. '우리는 연대 운동에 대해서 당신이 공격하는 발언을 했을 때까지는 당신이 좋은 사람인 줄 알았습니다.' 깜짝 놀라서 내가 말했다. '자네들 어떻게 그렇게 말할 수 있나? 나는 연대 운동이 표방하는 바에 완전한 지지를 보내는 입장이라네!' 그 학생들은 다시 내게 말했다. '당신이 마르크스주의 정부를 가지고 있는 니카라과에 대한 레이건의 정책을 비판했을 때, 당신은 폴란드에서 공산주의를 몰아내려는 사람에 대해 비판한 것이나 마찬가지입니다!'

과 지식인이, 내가 국가적 갱신 운동이라고 보는 것에 참여한 것인데, 이렇게 함으로써 공산주의 정권에 의해서 파묻혔다고 여겨졌던 집합적 상징을 회복시키거나 새로운 활력을 불어넣을 문화적 자본을 꺼내기 위해서 깊이 파들어 간 것이다. 공공장소에 사람들이 함께 모임으로써 이뤄지는 사회적 동원은 파시스트는 물론 그리고 공산 정권에 의해서도 활용된 바 있지만, 1988년에서 91년 사이에 목도된 사회적 동원은 자원해서 일어난 것이었으며 따라서 뒤르켐의 사회적 집회에 대한 논의와도 상당히 맥을 같이한다.

국가가 폭력 수단을 독점하고 있었다는 것을 감안하면, 모여서 평화롭게 시위를 벌이는 것은 놀랄 만한 영웅적 행위다. 그 시위에서는 소련이 10년쯤 전에 그 스스로의 외교 정치적 사안을 위해서 승인했던 헬싱키인권선언을 활용했으며, 따라서 소련은 뒤통수를 맞은 셈이 됐다.

공개된 공적 장소에 모인 것은 많은 것을 상징한다. 탄압에 대한 공포의 극복, 사적·공적 영역 구획화의 극복, 그리고 궁극적으로는, 사회주의 체제에서 소외의 극복이다. 1989년 사태를 목도했던 관찰자는 다음과 같이 날카롭게 기록했다.

> 〔…〕 그들이 함께 서서 외쳤을 때, 이 남성들과 여성들은 그들 사회의 분열만을 치유하고 있었던 것이 아니다. 그들은 그들 속에 있는 분열을 치유하고 있었다. 〔…〕 의미론적인 점령은 군사적 점령만큼이나 그들에게 모욕적인 것이었다. 따라서 물리적 환경을 치우는 것만큼이나 언어적 환경을 정리하는 것도 중요한 일이었다. 〔프라하의〕 바츨라프 광장의 살을 에는 듯한 안개 속에 《자유의 말》(*The Free Word*)이라는 신문을 받기 위해서 아침마다 길게 줄지었던 사람들은, 내게는 1989년의 가장 상징적인 광경 가운데 하나였다(Ash 1990).

모든 장소, 혹은 거의 모든 장소는 — 비록 그런 집회 하나하나를 만들어 낸 사안의 특수성에서는 차이가 있었을지라도 — 대규모 시위의 장이 되었다.[12)] 폴란드는 1980년에, 그 한 해 전 최초의 자국 출신 교황이 폴란드를 방문했던 것이 주된 자극이 되어서, 그단스크(Gdansk) 파업과 함께 대규모 시위를 겪었던 바 있다. 1989년 1월, 시위자들은 프라하의 바츨라프 왕의 동상 근처에 모여서 1969년 1월 16일 바르샤바조약기구의 체코 침공에 반대하는 의미로 분신했던 대학생 얀 팔라치의 죽음을 기념했다. 5월 노동절 공식 집회는 역사적인 바츨라프 광장에 모였던 인권 운동 집단에 의해서 방해되었다. 그러나 체코에서의 사회적 동원은 특히 11월 바츨라프 하벨(Václav Havel)이 집합적 정서의 '대변자'가 되었을 때 그 정점에 이르렀다. 애쉬(Ash 1990: 89)는 11월 그날들의 하벨을 '카리스마적'이었다고 특징짓는다. '모든 것이 특별히 이 사람을 중심으로 돌아갔다. (…) 이 한 사람이 그 운동 속의 매우 다른 경향과 이해관계가 어떻게든 균형을 이루도록 만들 수 있었다.' 이러한 특별한 상황 속에서, 카리스마적 인물이 접촉하는 '사람들'인 카리스마적 공동체는 대단히 포괄적인 성격을 띠게 된다.

> 라테르나 마기카[4]에 있던 이들에게, '사람들'은 무엇보다도 프라하를 뜻했다. 어떤 의미에서, 프라하의 모든 것이 혁명 본부인 라테르나 마기카가 되어 버렸다. 바츨라프 광장의 거대한 인파만이 아니었다. 도시 전역에 붙어 있던 즉석에서 만든 포스터도, 공장에서 모이는 파업위원회도, 병원, 학교, 사무실에서 결성된 시민 포럼도 (…) 모두 라테르나 마기카였다. 거리의 평범한 시민 또한 그것의 부분이었다(p. 90).

그 숫자는 기하급수적으로 늘었다. 11월 24일 30만 명의 인파가 하벨, 알렉산드르 둡체크(Alexander Dubček)[5]와 토마세크(Tomasek)[6] 추기경을 환영하면서 자발적으로 열쇠고리를 흔들었는데 이때 '마치 밀집한 중국식 종들이 울

12) 달리 출처를 밝히지 않는 경우를 제외하고는, 다음 두 출처로부터 다양한 나라에서 있었던 구체적인 사건에 대한 정보를 얻어서 논의를 진행하고 있다. *Eastern Europe and the Commonwealth of Independent States 1992* 그리고 *Keesing's Record of World Events*.

리는 듯한 소리가 났다'; 이튿날, 50만 명이 프라하의 레트나 축구장에 모여서 뒤르켐의 논의를 재현한 듯한 방식으로 연사와 상호 작용을 했다. 애쉬를 다시 인용하자:

> 다양한 연사들이 청중에게 연설을 했는데, 그 가운데 한 사람은 예수 그리스도의 이름으로 '악마를 없애자'고 청중에게 요청했다. 그랬더니 거의 즉각적으로 반응하면서 **청중은 특별한 방식으로 연사들에게 말했다**, '악마는 성에 있다, 악마는 성에 있다'〔프라하에서 성은 정부가 차지하고 있었다〕(p. 99, 강조는 내가 한 것).

헝가리에서 대중이 모인 것은 1989년 6월 16일 임레 너지와 그의 절친한 동료 네 명의 재안장 때였다. 거의 30만 명에 가까운 사람들이 전국적으로 생방송되었던 라코스케레스투르(Rakoskeresztur) 묘지에서 있었던 국장(國葬)에 참여했다. 정부의 한 위원회는 1956년의 대중적 지도자로 카다르(Kadar) 정권에 의해 1958년 처형되었던 너지가 진정한 개혁가였고 '반혁명 반역자'가 아니었다는 결정을 내렸다. 한 해 전, 오스트리아 통치에 반대했던 헝가리 봉기 140주년 기념일에, 1만 명이 진정한 개혁을 하라고 주장하며 행진했었다. 한 해 뒤 3월 15일에는 대중성 없는 외국의 정권에 대항했던, 헝가리 봉기를 기념하는 같은 행사를 빌미로 10만 명이 부다페스트에 모여서 반정부 시위를 벌였다. 너지의 재안장은 망치와 낫을 뺀 적·녹·백색의 국기를 휘날리며 사실상 자율적인 헝가리의 공개적인 부활을 요구하는 것이었다. 다른 상징적·실질적인 자율적 조치가 잇따랐는데, 예를 들면, 9월에 오스트리아와의 국경을 개방해서 동독인의 탈출을 허용한 것과 10월에 민주사회주의를 채택하기 위해서 마르크스주의를 표방하는 사회당을 포기한 것 등이다 — 집권 공산당이 이렇게 한 것은 이때까지는 역사상 처음 있는 일이었다.

스탈린주의 지도자 차우셰스쿠(Ceauşescu)[7]의 폭정 탓에 개혁적인 방향으로는 미동도 하지 않던 루마니아에서는, 루마니아 마을의 '체계화 정책'에 반대하며 벌어진 반정부 시위가 루마니아 남부의 트란실바니아 알프스 지역 티미쇼아라(Timisoara) 시에 있던 헝가리 출신의 목사 라슬로 퇴케스(László Tőkés)[8]에 초점을 맞췄다. 루마니아인이 헝가리 출신 사람과 연대해서 경찰로부터 그 목사를 지킨 것은 주목할 만한 일이다. 그들의 밤샘 시위는 부쿠레슈티(Bucharest), 클루지(Cluj) 등지에서 잔인한 정권에 대항하는 시위를 촉발시켰으며, 1989년 12월의 마지막 날들 동안에 차우셰스쿠를 실각시켰다. 다시 말하지만, 차우셰스쿠가 부쿠레슈티의 왕궁 발코니에서 공식행사의 연설을 하고 있는 동안 군중이 친민주주의 구호를 외치며 그의 목소리가 들리지 않도록 만든 것은 — 사회적 집회에서 권능이 부여되는 느낌과도 관련되어 있는 — 영웅적인 집합 행위였다.

독일의 깜짝 놀랄 만한 통일을 향한 길을 닦았던 1989년의 극적인 사건이 벌어지고 5년 뒤에 독일 빌레펠트에서 열렸던 국제사회학회 제13차 세계대회의 모임은 그 **놀라운 해**(*annus mirabilis*)를 기념하는 추가적인 행사였다. 소원(疏遠)했던 한 시대의 종언을 의미하는 전 세계적으로 미디어를 통해 보도되었던 사건인 베를린 장벽 붕괴는, 상징적으로는 1946년 윈스턴 처칠에 의해서 선언되었고,[9] 놀라움이 이어지던 1989년에 대미를 장식했다. 간단하게나마 언급할 것은, 구동독에서 교회의 적극적인 지지와 함께 여름의 몇 달 동안 그리고 그 11월의 날들로 이어지는 가을에 이르기까지 대중 시위의 빈도가 점증했었다는 것이다. 집합적 활기의 아주 많은 장소가 종교적인 상징을 포함해서 집합적 상징을 동원 대상의 일부로 삼았음을 감안해 보면, 라이프치히의 성 니콜라스 교회가 하나의 중요한 집회 장소로서 공공 영역과는 독립된 하나의 상징적 공간이었음을 기억해 둘 만하다. 9월과 10월의 월요일 저녁에 있었던 '평화를 위한 기도회'의 고정 참석자 수는 1만 명 단위에서 심지어 10만 명 단위로 커졌다.[13)] 말할 필요도 없이, 수억 명의 전 세계 시청자가 세계 최대 규모의 혹은 가장 인상적인 '장거리 시위

행진'(walkathon)을 1989년 11월 10일에서 11일의 주말에 지켜보았는데, 당시 2백만 명의 동독인이 장벽의 틈을 지나 서독 지역으로 밀려 내려갔다(대부분이 그 국가적 분열을 종식시키는 조용한 걸음을 마친 뒤에 되돌아갔다).

비록 이 글의 일반적인 틀과 밀접한 관련이 있기는 하지만, 나는 1960년대 후반('1968년')의 카리스마적/집합적 활기의 상황에 대해서 곱씹으려고 하지는 않는다. 또한 이후의 다른 상황 — 1979-80년의 니카라과, 이란, 폴란드 혹은 1985-86년의 필리핀 — 도 자세히 논하지 않을 것인데, 이런 상황 속에서 이전까지 권력기구를 사실상 독점해 오던 반민중적 정권에 맞서는 사회 공동체에 힘을 불어넣으며, 카리스마적 리더십과 집합적 활기가 뒤섞이는 현상이 일어난다(Tiryakian 1988b).

III. 결어

나는 이 글에서 뒤르켐과 베버의 종교사회학에 수렴적 특성이 있음을 주장하고자 했으며, 이것은 우리에게 현대의 사회 변동과 집합 행동의 동학에 대한 새로운 이해를 제공해 줄 수 있을 것이다. 집합적 활기와 카리스마적 상황의 날은 평범하지 않으며, 흐릿해진 채 과거에만 존재하는 것 또한 아니다. 사회 공동체로서의 국가(Parsons 1969)에 의해서 공적 영역이 상징적으로 탈환되는 것에 초점을 두고서 여기에서 논했던 '1989년'의 사건은 그 자체로서는 소련 정권과 같은 광범위하고 아주 견고한 정권의 멸망을 설명하기에는 충분하지 않다. 명백히, 경제적 쇠락, 1986년 체르노빌에서의 원전 폭발로 인한 환경 재앙, 다양한 국가에서 출현했던 새로운 개혁가 세대 등의 선행요인 모두가 멸망을 불러오는 데 일정한 역할을 했다. 그러나 말

13) '혁명의 진앙은 라이프치히의 성 니콜라스 교회와 카를 마르크스 광장의 바깥이었다(Ash 1990: 67 이후 참조).'

하자면 내파(內破)의 불꽃은 지금까지 다뤄 왔던 사회적 동원이었으며, 이것은 일상생활 태도의 변형을 수반하는 것으로써, 그 이해를 위해서는 뒤르켐과 베버의 보완적 분석이 필수적이다.

동구권(구 소비에트 연방)의 상이한 공적 장소에서 집합체가 모여들었던 것은, 위로부터 조직화된, 국가 수반을 위해 치러지는 세속적 행사(예를 들면, 5월 노동절 행진 혹은 혁명 기념일 축하행사)에서 볼 수 있듯이 소련 통치기(파시스트 정권에서도 그러했듯이)에 일상화되어 있었다. 그러나 1989년의 특별한 날에는 모임이 자발적으로 이뤄졌으며, 국가가 공적 영역을 강탈한 것에 대항해서 온 국민이 한데 모이는 진정성이 있었다. 모이는 과정에서, 개인 — 그 장소에 직접 있었든 아니면 텔레비전을 시청했든 간에 — 은 초월적 질서를 경험하는 데서 말미암은 권능감을 체험했다(초월적 질서의 체험에 대한 자세한 논의는 다음을 참고하라. Berger 1992).

동유럽과 이전 소비에트 연방의 영토에서는 정치적 자유의 회복과 함께 많은 것을 얻었다. 그들은 국민적 정체성의 기초를 (재)확립했는데, 1989년의 '좋은 의미에서의 놀라움'은 다른 주기로 반복되는 사건에 그 자리를 양보했다. 서유럽이 소수 인종의 새로운 민족주의적 운동을 발생시키거나 증진시키는 경제 침체를 떨쳐내기 위해서 노력해 왔다면, 동유럽과 혹은 러시아는 — 동유럽보다도 훨씬 더 격심하게 — 거대한 경제·사회적 곤경을 겪고 있다. 1989년의 순간을 특징지었던 — 혹은 그 얼마 뒤 주변부의 일부에서도 일어났었던 — 국민 통합은 노년 세대의 저열한 사회경제적 상황, 젊은 세대를 위한 고용 기회 결여, 대부분의 국민이 새로이 경험하고 있는 신뢰와 자신감의 붕괴로 인해서 그 기반이 약화되었다. 그러므로 블라디미르 지리노프스키(Vladimir Zhirinovsky)[10]의 등장과(Morrison 1994; Specter 1994), 리투아니아, 폴란드, 헝가리와 다른 나라에서 이제는 사회민주주의자가 된 옛 공산주의자가 (선거를 통해) 권력을 되찾기도 한 것은 집합적 활기와 카리스마적 권위의 새로운 주기가 다가오고 있음을 알려 준 것인지도 모른다.

1989년의 운동은 흥분되며 건설적인 것이었으며 혐오스러운 체제를 탈정당화시켰다. 그러나 그 이후로 그 스스로를 해방시킨 나라에서의 민주화 과정은 허둥지둥하며 불안정한 듯이 보이며, 통일 과정의 독일과 한두 나라의 '성공' 사례는 오히려 예외적인 것 같다. 이에 잇따르는 것은 아마도 아주 건설적인 것은 아닐 수도 있으며, 뒤르켐과 베버 또한 '폭력적이고 거리낌 없는 〔…〕 유혈 만행'의 가능성을 인지하고 있었다 — 1930년대의 독일에서 우리가 이미 목도했듯이 말이다.

새로운 천년에 들어선 지금, 사회적 생성 과정은 지속적으로 우리에게 놀라움을 줄 것이며, 유럽과 다른 지역에서, 집합체가 텔레비전 앞과 가상현실 게임기 앞을 떠나서 현실 속의 공적 장소에서 그들 스스로를 하나의 민족으로 인식하며 공통의 발전 궤적이 어떠해야 하는가에 대해 정의 내리고 재정의 내리도록 만드는 다른 사건이 다시 일어날 수도 있을 것이다.

참고 문헌

Andorka, R. 1993. "The Socialist System and its Collapse in Hungary: An Interpretation in Terms of Modernization Theory". *International Sociology* 8 (September): 317-337.

Ash, T. G. 1990. *The Magic Lantern. The Revolution of '89 Witnessed in Warsaw, Budapest, Berlin, and Prague*. New York: Random House.

Bankovskaya, S. P. 1992. "On the 'Birth-marks' of Socialism in Latvia". in Nikula, J. and Melin, H. (eds.), *Fragmentary Visions of Social Change—Poland, Latvia, and Finland*. Tampere, Finland: University of Tampere, Department of Sociology and Social Psychology, Working Papers B: 34.

Berger, P. L. 1992. *A Far Glory: The Quest for Faith in an Age of Credulity*. New York: Free Press.

Connor, W. 1994. *Ethnonationalism. The Quest for Understanding*. Princeton: Princeton University Press.

Durkheim, E. 1965. *The Elementary Forms of Religious Life* trans. By J. W. Swain. New York: Free Press.

Eastern Europe and the Commonwealth of Independent States. 1992. London: Europa Press.

Eisenstadt, S. N. (ed.) 1968. *Max Weber on Charisma and Institution Building*. Chicago: University of Chicago Press.

Gerth, H. and C. W. Mills. 1958. *From Max Weber: Essays in Sociology*. New York: Galaxy.

Gurvitch, G. 1964. *The Spectrum of Social Time*. Dordrecht: D. Reidel. *Keesing's Record of World Events*. 1989. 35(1).

Hechter, M. and I. Szelinyi (eds.) 1994. "The Theoretical Implications of the Demise of State Socialism". *Theory and Society* 23 (2) Special Issue, April.

Kirkpatrick, J. J. 1982. *Dictatorships and Double Standards*. New York: American Enterprise Institute/Simon & Schuster.

Miller, R. F. (ed.) 1992. *The Development of Civil Society in Communist Systems*. North Sydney, Australia: Allen and Unwin.

Morrison, J. W. 1994. "Vladamir Zhirinovsky, An Assessment of a Russian Ultra-Nationalist". McNair Paper 30. Washington, D. C.: Institute for National Strategic Studies, National Defense University.

Parsons, T. 1937. *The Structure of Social Action*. New York: Macmillan.

________. 1969. *Politics and Social Structure*. New York: Free Press.

Rose, R. 1994. "Getting by Without Government: Everyday Life in Russia". *Daedalus* 123 (Summer): 41-62.

Rosimannus, R. 1991. "State Power and Public Confidence in Estonia 1985-1991". *Emor Reports* (1, July-September): 15.

Specter, S. 1994. "Why Russia Loves this Man". *New York Times Magazine* 19 June.

Sztompka, P. 1993. *The Sociology of Social Change*. Oxford: Blackwell, p. 230.

Tiryakian, E. A. 1988a. "The Political Context of a Sociological Classic: Durkheim, Mathiez, and the French Revolution". *European Journal of Sociology* 29(2): 373-396.

______. 1988b. "From Nicaragua with Love". in J. Alexander (ed.), *Durkheimian Cultural Studies*. New York: Cambridge University Press.

Touraine, A. 1992. *Critique de la Modernité*. Paris: Fayard.

Weber, M. 1978. *Economy and Society*, ed. Roth, G. and Wittich, C. Berkeley: University of California Press.

옮긴이 주

1. 너지(Imre Nagy, 1896-1958). 헝가리 정치인, 수상 역임. 1956년 헝가리 혁명 때 스탈린주의에 반대해서 소련의 침공에 저항했지만 실패로 돌아갔고 1958년 교수형에 처해졌다.
2. 팔라치(Jan Palach, 1948-1969). 역사학과 정치경제를 전공하던 체코의 대학생으로 소련의 침공으로 패배주의에 빠져 있는 체코 국민들을 일깨우기 위해서 분신했다. 그의 사망 20년 뒤에 그를 기념하는 시위가 일어났고 이것이 이른바 벨벳 혁명으로 이어져 체코의 공산주의 통치가 막을 내렸다.
3. 포피엘루슈코(Jerzy Popieluszko, 1947-1984). 폴란드의 로마 가톨릭 신부로 자유노조 연대 운동에 가담했고, 1984년 폴란드 공산당 정보국 소속 세 명의 요원에게 살해되었다. 가톨릭 교회로부터 순교자로 인정받았고, 2010년에 시복(諡福)되었다.
4. 라테르나 마기카(Laterna Magika)는 무언극을 상연하는 프라하의 극장이다. 1989년 벨벳 혁명 당시에 시민 포럼의 본부가 이곳에 있었다.
5. 둡체크(Alexander Dubček, 1921-1992). 슬로바키아의 정치인으로 1968년에서 69년까지 체코슬로바키아의 지도자였다. 프라하의 봄에 공산당을 개혁하려고 노력했으며, 1989년 공산 정부의 전복에 기여했다.
6. 토마세크(František Tomášek, 1899-1992). 로마 가톨릭 교회의 추기경으로 1989년 벨벳 혁명의 상징적 존재였다.
7. 차우셰스쿠(Nicolae Ceaușescu, 1918-1989). 루마니아의 독재자. 4선 대통령을 역임하다 1989년 반정부시위를 유혈진압했으며 이후 임시정부에 체포되어서 처형되었다.
8. 퇴케스(László Tőkés, 1952-). 루마니아 개혁 교회 소속 목사로, 그를 교회에서 몰아내려던 것이 결국 1989년 루마니아 혁명의 단초를 제공했으며 차우셰스쿠와 루마니아 공산 정권의 몰락을 불러왔다. 현재는 정치인으로, 2010년부터 2년 동안 유럽의회 부의장직을 맡았다.
9. 1946년 3월 윈스턴 처칠이 미국 웨스트민스터 대학에서 동구권의 '철의 장막'을 언급했던 연설을 지칭하는 내용이다.
10. 지리노프스키(Vladimir Zhirinovsky, 1946-). 러시아의 민중주의적, 민족주의적 정치인으로 반서구적 성향을 띠고 있음. 러시아 진보민주당 당수.

17장

베버와 뒤르켐의 어깨 위에서

—동아시아와 발현적 근대성1)[1]

I. 서론

1980년대라는 중요한 10년 동안 흥미로운 사건들이 일어났다. 한편으로는, 서구의 논평가와 분석가는 태평양이 — 특히 동아시아 국가가 — 가장 경제적으로 활발한 — 공격적인 것까지는 아니라 해도 — 지역임을 마지못해 그러나 점점 더 확실히 깨달아 가고 있다. 이 10년의 초반에 미국 국무부 관료들과 여타 인사들이 '우리의 동맹국 일본'이라는 칭송을 보냈다면, 내 생각에는 1980년대 말에는 그 말투가 다소 불안하고 방어적인 것으로 바뀌었으리라고 본다. 잡지 《이코노미스트》(*The Economist*)의 한 표지가 일본을 거대한 스모 선수로 그렸던 것은 불행히도 제1차 세계대전 이전 미국인의 정서에 퍼져 있던 '황화'(黃禍)의 이미지를 개선하는 것과는 상당히 거리가 먼,

1) 1989년 6월, 서울에서 열렸던 한국사회학회 연례 회의에서 발표한 기조연설로 다음 책으로 출간되었다. Kim Kyong-Dong and Su-Hoon Lee, eds., *Asia in the 21st Century: Challenges and Prospects*. Seoul, Korea: Panmun Book Co., 1990, pp. 3-25.

'일본에 대한 맹비난'의 징후를 보인 것이었다. 다른 한편으로는 — 그리고 첫 번째 말한 것과 의심할 바 없이 관련되어 있는 것으로서 —《월스트리트 저널》(*The Wall Street Journal*)에 실린 '생활 수준이 떨어지고 있다고 생각하는 미국민의 수가, 생활 수준이 올라가고 있다고 생각하는 숫자를 근소하게 앞질렀다'는 여론 조사(1989년 5월 1일자)에 반영된, 미국의 '좋은 시절'은 끝나간다는 불편한 불만감이 팽배해 있었다는 것이다. 1987년, 한 존경받는 언론인이 하버드 대학에서 옥스퍼드 대학의 폴 스트리튼(Paul Streeten)이 행한 연설을 논평한 바 있다. 스트리튼 교수는 대영제국의 시대가 제1차 세계대전 이후에 저물었던 것처럼 팍스아메리카나도 종언을 고하고 있다는 주제를 명확히 밝혔다. 이에 대해 언론인 레너드 실크(Leonard Silk)는 미국이 '오늘날 세계 최대의 부채 국가'이지만 어떤 다른 나라도 그 '패권국'의 역할을 수행하려고 뛰어들지 않고 있다고 언급했다〔《헤럴드 트리뷴》(*Herald Tribune*), 1987년 5월 9-10일〕.

레이건 시대에 언급되지 않았던 것은 '미국을 다시 강하게 만들기' 위한 헌신이 고급 기술 개발 영역이 아니라 군사 방위 지출 영역에서 행해졌다는 것이며, 미국의 군사적 영향력이 소규모의 제3세계 국가(니카라과, 그라나다)를 대상으로 행사되는 바람에, 대중이 가지고 있는 다윗과 골리앗의 성경 속의 이미지를 역전시켰다는 점이다. 그 결과, 달러는 약세를 보였고, 미국 부동산 가격은 떨어졌으며, 이런 추세는 모든 동아시아 국가와의 사이에서 증가하는 무역 역조와 미국의 경상수지 적자 규모가 GNP의 3%를 넘는 상태가 된 것 등과 맞물려 악화되기도 했다. 그런 불만은 쇠퇴의 내적인 표출을 나타내는 수많은 방식으로 표현되었는데('미국의 쇠퇴'에 대해서 말하는 것은 '사회주의'에 대한 찬양을 소곤거리는 것만큼이나 미국인에게는 충격적인 것으로 받아들여진다), 예를 들면 투자율 하락, 다른 나라와 비교했을 때 생산성 저하, 다음 세대를 길러내는 교육 체제 실패 등등이다. 일본이라는 경쟁자의 도전에 대응하기에는 미국 산업 분야의 기량이 부족하다는 것을 비판적으로 고찰하는 데이비드 핼버스탬(David Halberstam)의《추산》(*The Reckoning*)과 넓은 순환적 시각을 가지고 있는 데이비드 케네디(David Kennedy)의《강대국의 쇠퇴》(*The Decline of the Great Powers*)는 동전의 앞뒷면과도 같다.[2)]

본질적으로, 미국은 오스발트 슈펭글러(Oswald Spengler)의《서구의 몰락》(*Der Untergang des Abendlandes*)이라는 획기적인 연구가 첫 선을 보였던 제1차 세계대전 직전보다도 1980년대 말에 그 작품에 대해서 더 쉽게 수긍할 수 있었을 것이다. 그 당시 유럽은 슈펭글러가 보기에 무르익어 가고 있었다. 1980년대 미국은, 이미 무르익은 단계는 아니라 해도, 그러한 관점에서 보기에 무르익어 가고 있었는데, 이 관점은 진보의 준거틀과 미국이 전 세계에서 진보의 등대 역할을 하고 있다는 소명 의식에 도전을 시도한다. 미국의 쇠퇴(그것이 아무리 상대적인 의미라 해도), 동아시아의 상승(역시 아무리 상대적인 의미라 해도), 그리고 '새로운 유럽'의 개혁은 우리가 경험해 온 전 세계적 상황의 서로 맞물려 있는 특성들이다. 이러한 주요 지역에 대한 개괄적인 설명은 우리가 살아왔고, 살고 있는 세계의 대체적인 윤곽을 묘사해 주지만 상대적으로 근대성의 더욱 긍정적인 상황을 부각시키는 경향이 있다. 내가 근대성의 암울한 측면으로 보는 세 지역이 있는데, 1990년대까지도 별로 개선의 기미가 보이지 않았다. (a) 비참한 내전 — 우간다에 이어서 수단과 에티오피아에서 — 과 에이즈 창궐로 더욱 악화된, 1980년대 마이너스 경제성장을 한 사하라 사막 이남의 아프리카, (b) 대외 부채와 늘어나는 시민들의 폭력행사로 어려움을 겪고 있는 라틴 아메리카, 그리고 (c) 경제악화, 종교적 광신, 정치적 비타협성 때문에 '문명의 요람'인 이 지역을 바로

---

2) '황화'와 미국의 재정 쇠퇴를 잘 다루고 있는 또 다른 작품은 대니얼 버스타인(Daniel Burstein)이 1988년에 출간한《엔화!》(*Yen!*)다. 두 경제 초강대 세력의 사이가 본질적으로 제로섬과 같은 관계라는 사실은 버스타인이 쓴 아래의 글에서 드러난다. '미국의 힘에 대한 일본의 도전은 따라서 자극적이다. 〔…〕 어느 나라가 세계에 대해서 더 강한 영향력을 행사하느냐는 우리의 재정 형편, 삶의 방식, 자기 이미지, 그리고 안보에 직접적인 영향을 미친다'(1988: 295).

잡을 희망이 거의 없어 보이는 중동이 그곳이다.

이러한 종합적인 지역 발전의 문제에 직면한 상태에서 — 일부의 경우에는 '발전'이라는 말보다는 '퇴행'이라고 쓰는 것이 더 어울린다 — 당면한 한 세기가 어떠할 것인지를 예측하는 것은 무모한 일일 수도 있다. 다음 10년 동안이 어떠할 것인지를 평가하는 것 또한 역사 과정이 잘 규정된 경로를 따라서 움직이지 않는다는 것을 감안하면 매우 위험한 일이다. '정신적 실험' 삼아 말해 보자면, 1959년에 어떤 명민한 사회과학자가 1960년대에 시위 운동의 혼란이 있으리라고 예측했던가? 그리고 1969년에 어떤 명민한 사회과학자가 뒤이은 10년 동안에 가장 선진적으로 산업화된 나라에서 보수화로의 전환이 있을 것임을 예측했던가? 바로 이것이 어느 한 시점에서 무엇인가 앞일을 너무 많이 예측하는 것이 위험한 까닭이다. 사회학자는 앞으로 무슨 일이 있을 것인지 정확하게 예측하는 것보다는 세상에 이미 일어났던 일에 대해서 정교하게 설명하는 것에 최적화되어 있다.

도입부에서 이러저러한 한계에 대해 설명하는 것은 이만하면 충분하다. 다음 절에서는 '발전'에 대한 관점에 대해서 몇 가지 논해 보기로 하자. 그러고 나서 근대성과 동아시아에 대해서 논의하기 위해 사회학의 고전적 인물 두 사람을 언급할 것이다. 이미 알려져 있지 않은 새로운 '사실'을 제공하지는 않겠지만, 이러한 요소에 대한 나의 해석이 지적 자극을 제공하고 이 학회의 중심적인 주제를 논의하는 데 도움이 되기를 바란다.

II

'발전'과 관련된 복잡한 문제와 그에 대한 설명은 사회학이라는 학문에서 중심적인 과제다. 그것은 사회학 자체만큼이나 오래된 주제로서, 새로운 산업적 질서가 **구체제**의 잔해로부터 나왔다는 생시몽(Saint-Simon)의 비전에 담겨 있으며 스펜서(Spencer)에서 파슨스(Parsons)에 이르는 19세기에서 20세기에 걸쳐 등장한 다양한 사회 진화론적 기류를 타고 면면히 흘러내려 왔다. 그 와중에 격렬한 비판에도 직면했지만(예, Nisbet 1970), 발전의 통합적 패러다임을 찾는 것은 거시적 상상의 반복적인 주제였다.

이런 와중에, 특별한 패러다임이 상이한 집단 혹은 '학파'와 함께 위세를 떨쳤다. 19세기에 가장 중요했던 패러다임은 '진보'에 대한 것으로, 이것은 계몽주의 시대의 계승자에 의해서 폭넓게 공유되었고, '진보'적 사고방식의 온상 역할을 했다(Bury 1932). 그 역사적 과정은 인지 가능한 발달 단계가 전근대적인 저발전의 기반('암흑', '야만성', '봉건주의' 등등의 것)에서 흘러나와 근대성의 새 예루살렘으로 향하는 전이의 터널을 통과하는 — 때로는 진통과 함께(마르크스가 묘사하듯), 때로는 진통 없이(스펜서가 묘사하듯) — 과정을 그려 놓은 획일적인 문헌을 읽는 것과 같다.

한 세기 뒤 전후 세계에서 다양한 서구 국가가 공산화의 제물이 되지 않고서(1948-9년 이후) 사회 구조를 근대화하고 경제를 재건시킬 능력을 발휘했기 때문에 미국의 사회과학자는 이전과는 다른 종류의 '근대화 이론'이라고 알려진 이론을 만들어 냈다. 이런 발달 패러다임이 주된 수용자로 삼았던 것은 '신생국', 이전의 식민 제국 혹은 서구 영향권에 속했던 나라의 엘리트로 이들은 단순한 정치적 독립을 넘어서 발달에 이를 수 있는 청사진을 구하러 돌아다니고 있었다. 근대화 분석의 주요 주제는 세 부분으로 이뤄졌다. (1) 경제 발전은 '전통' 상황에서 '근대' 상황으로 변형되어야만 하는 사회문화적, 제도적 기반 내에서 일어난다. 혹은 달리 말하자면, 경제 발전은 사회적 총체의 부분이며 진공 상태에서 일어날 수 없다, (2) 결핍 상태의 경제로부터 상대적으로 풍부한 상태의 경제로 사회 변형을 일으키는 것은 조화롭게 행동하는 행위자가 실현시킬 수 있는 과제이며, 그로 인해서 사회 구성원 대다수가 누리는 행복이 늘어나게 된다, (3) 발전과 사회 변형에 긴요한 힘은 근본적으로는 내부적인 요소에서 오지만, 근대화를 추진하는 사회에 최적 모델은, 시장의 상대적인 자유와 공론장에 대한 상대적으로 자유로운 접근권이라는 특징을 가지고 있는 서구의 산업적-진보적 체제의 역사적 경험에 부합하는 혹은 그것과 비슷한 것이다.

'근대화 이론'이 그 이름으로 알려지게 되었을 즈음에는, 그것은 이미 경제적인 면에서 불일치점을 가지고 있던 이념적인 입장으로부터 심한 공격을 받고 있었다. 그 공격이 오는 주요한 중심부는 1960년대 후반의 라틴 아메리카였고, 2차 중심부는 아프리카에 있었다. 라틴 아메리카에서는, 경제학자와 경제사회학자가 '구조주의적' 관점을 형성했는데, 여기에는 두 개의 가지('민족주의적' 그리고 '마르크스주의적')가 있었고 이들은 '근대화 분석'에 맞서는 공동 전선을 구축했다. '구조주의적' 관점은 라틴 아메리카 사회가 스스로를 사회적, 경제적으로 변형시키는 데 '종속 구조' 때문에 무능할 수밖에 없었음을 지적한다. 이러한 환경 제약은 사실상 제1세계 국가(무엇보다도 미국)와 그들의 대리자(1세계에 본부를 두고 있는 초국적 기업)가 세계 상품시장을 통해서 제3세계 국가에 강요하던, 사람을 옭아매는 옷과도 같았다. 라틴 아메리카를 발전된 사회에 연결시켜 주는 세계 시장 체제는 불공평한 카지노 도박과 같은 것으로 생각할 수 있는데, 이런 도박판에서 '하우스(제1세계)'는 판돈을 잃는 도박 참여자(제3세계)를 상대로 지속적으로 흑자를 쌓는다. 따라서, '발전'은 신화 혹은 사기다. 혹은 제로섬과도 같은 세계 경제에서, '발전'은 비대칭적인 것으로서, 선진 산업 사회가 더 많이 발전할수록, 제3세계 국가는 이익은 보지 못하고 비용만 지불하게 되는 것이다. 아프리카에서는, '근대화 이론' 비판이 **종속**(*dependencia*)이라는 용어를 사용하지는 않았지만, 은크루마(Nkrumah, 16장 주 10번 참조-옮긴이), 아민(Amin),[2] 지글러(Ziegler)[3]는 그 이론과 아주 비슷한 평가를 내놓는, 공격적인 '신식민지론'을 주장했다.

결과적으로 우리는, 왜 '신생국'에서 발전이 일어나지 않는지를 주로 논의하고 그 해답은 해당 사회 스스로가 그 속에서 사는 평범한 시민을 위해 더 나은 세상으로 변화할 능력이 없다고 부인하는 지배 구조에 있다는 것을 찾아내는, '비발전'의 패러다임이라고 할 수 있는 '반근대화론' 패러다임에 이르게 된다.

이매뉴얼 월러스틴(Immanuel Wallerstein)은 베트남 전쟁 종전 때 (스스로 자처한 캐나나 망명으로부터) 미국으로 돌아가서, 제3세계 비발전 패러다임의 기반 위에, 뉴욕 주립대 빙엄턴 캠퍼스에 페르낭 브로델(Fernand Braudel) 연구소라는 학계의 주변 기관을 설립했다. 그가 만든 '세계 체제론' 패러다임은 1970년대 거시사회학에서 거의 패권을 차지하다시피 했는데, 이것은 1950년대 말과 1960년대 초에 '근대화론'이 그런 위치를 차지했던 것과 비슷한 일이었다. 그는 대담하게 자라투스트라 식으로 근대화론의 죽음을 선언했다(1979: 132-7): '우리는 자본주의에서 사회주의로 향하는 역사적인 세계적 이행기에 살고 있다'(Wallerstein 1979: 135), 그리고 '우리는 우리 시대의 사회주의 세계-혁명이 〔…〕 역사적으로 단일한 세계적-규모의 운동이라고 추정할 수 있다'(Hopkins and Wallerstein 1982: 140) — 이러한 주장은 1980년대 사회주의 사회에서 실제로 일어난 시장 체제로의 주요한 전환과는 정반대인 것으로 보인다. 이에 따라 월러스틴과 그의 학술지인《리뷰》(*Review*), 그리고 다양한 학회와 집단이 대규모 경제 발전의 동학에 대한 광범위한 재검토와 연구를 해 왔다는 것에 대해서는 이견이 없다.

동시에, 그 모델을 떠받치고 있는 바로 그 경제적 결정론이야말로 비이념적 토대에 대한 비판에 무방비로 노출되어 있다. 어느 경험적 사회 체제나 가지고 있어야 하는 데도 월러스틴의 세계 체제론에서 놓치고 있는 (또한 아무리 복잡한 사회 계층화의 과정이라 하더라도 포함해야 하는) 두 가지 본질적인 차원이 있다. 행위의 정치적 영역이라는 차원과 문화적 영역이라는 차원이다. 월러스틴이 근대사를 재구성한 것은 베버의 더욱 포괄적인 근대성의 역사적 과정에 대한 설명을 경시하는 것인데, 베버의《경제와 사회》(1978)로부터 얻을 교훈이 하나 있다면, 그것은 인간 행위의 경제·정치·문화적(규범적) 영역 사이에 상호 의존성과 상호 연결성이 있으며 그 셋 가운데 어느 것 하나가 다른 것에 앞서는 주요한 요인은 아니라는 것이다. 마지막으로, '근대화론' 패러다임이 발전에서 외생 혹은 외적 환경 요인을 도외시했다면, 이와 마찬가지로 '세계 체제론' 또한 세계 체제의 중심부에 있는 사회와 지역에서 (문화와 정치 같은) 내적 요인이 차지하는 역할을 등한시했다고 말할 수 있을 것이다.

세계 체제론의 중요한 가정은, 자본주의 게임이 만들어졌던 그 시초에 게임에 끼어 있지 않았다면 '농장 노동자'나 '가사 노동자'가 될 운명에 처하여 (게임판이 깨지지 않는 한에는) 절대로 엘리트가 될 수는 없다는 것이다. 이것은 행위자가 게임에 '후발 주자'로 끼어든다 해도 그들이 처한 상황에 기초해서 그 상황을 변화시킬 수 있는 행위자의 능력을 부인하는 것이다. 그러나, '제1세계' 상황에서만 보자면, '후발 주자'는 19세기 독일의 사례에서 볼 수 있는 바와 같이 '주변부'에서 '중심부'로 움직일 수 있는 능력을 역사적으로 증명했으며, 이에 반해 그 역방향으로의 진행도 가능하다(17세기 이후에 스페인이 어떻게 됐는지 보라). 그렇지만 세계 체제론 패러다임의 보편성에 회의를 품도록 만들 만한 과거의 역사는 충분하지 않았으며, 오히려 최근의 경험적 현상이 그 패러다임에 어긋나는 주요한 이례성을 창출해 냈다. 이 점에 대해서는 추후에 다시 다루기로 하자.

발전에 대한 — 비록 이와 관련한 다른 것들도 있겠지만 — 최근에 나온 두 편의 입문서 역할을 하는 작품을 소개할 만하다. 첫 번째는 저널《다이달로스》(*Daedalus*)의 특별호, '만들어야 할 세상: 발전을 보는 관점'(1988년 겨울호)이고, 두 번째는 에번스와 스티븐스의 새로운 방식의 문헌 연구이다(Evans and Stephens 1988). 전자는 종합을 시도하지 않고, 발전 분석의 이념적 특성으로부터(Sutton 1989) 제3세계 발전에서 국가와 지역 정부의 역할에 이르기까지(Lewis 1989) 흥미로운 서술적, 회고적 논문을 제공한다.

에번스와 스티븐스의 논문은 발전 연구를 망라하고 그것이 현재 보이는 성향의 다양성을 인정하면서, 발전과 관련된 수많은 문헌에 일종의 일관성이 있다고 주장한다. 그들은 다음과 같이 말한다.

> 〔…〕 최근의 경향은 기존에 가정되어 있던 사회 발전의 단선적 경로를 따라서 진보를 그려 내는데 목표를 두는 것이 아니라 오히려 독특한 발전의 양태를 발견해 내서 해석하고 설명하려고 시도한다(1988: 746).

그들은 최근의 경향을 종합하는 패러다임을 '새로운 비교 정치경제학'이라고 부르는데, 이것은 내생적 요소(계급 관계와 국가의 행위)와 외생적 요소(국제적인 경제, 정치 상황)를 그 변수로 삼는다. 그들은 네 가지의 사안이 발전론적 문제에서 자기발견적(그러나 포괄적인 것은 아니다)이며 핵심적이라고 주장한다. (1) 국가와 시장, (2) 발전과 민주화, (3) 축적과 분배, (4) 세계 정치경제와 국가 발전이 그것이다. 에번스와 스티븐스는 경쟁적이거나 혹은 보완적인 두 가지 관점이 떠오른다고 말하면서 그들의 연구를 마무리한다. 사회 변동 연구에 대한 문화적 접근과 합리적 선택론이 그것이다. 다음에 소개하는 맺음말에서 볼 수 있는 바와 같이 그 저자들은 후자(합리적 선택론)를 더욱 반기는 듯하다.

> 합리적 선택론과 우리가 여기에서 조명했던 학술 작업 사이에는 분명한 상보성이 있다. 〔…〕 새로운 비교 정치경제학에 따르면 〔…〕 발전사회학은 단순히 가난한 나라에 대한 연구가 아니라, 장기적이며 대규모의 사회경제적, 정치적 변동을, 그런 일이 발생한 시대나 지역과 무관하게 연구하는 것이라고 정의 내린다(1988: 761).

내가 흥미롭게 생각하는 것(그리고 우려되는 것)은 위의 마지막 문장에서 규범적, 문화적 변동에 대해서는 언급하지 않고 있다는 것인데, 왜냐하면 이것이 바로 발전 문제에 대한 정치경제학적인 접근법의 — 에번스와 스티븐스의 연구처럼, 아무리 발달된 추론이 이뤄지고 광범위한 접근법을 취했다고 하더라도 — 한계를 보여 주는 것이기 때문이다.

내가 이제부터 존경심을 가지고 베버와 뒤르켐의 어깨 위에 올라타려고 하는 것은 21세기 동아시아 발전에 대한 관점을 개발함으로써 바로 정확히 이 빈틈을 메우고자 하기 때문이다.

III

이 글에서 나의 핵심적인 주장은 '21세기의 아시아'에 대한 신선한 관점을 갖추기 위해서는 베버와 뒤르켐의 발전에 대한 거시사회학적 분석을 재개하는 것이 유익하다는 것이다. 우리는 그런 조건부로 '그들의 어깨 위에 올라서야지' 그곳에 무한정 머무르려고 해서는 안 된다. 베버와 뒤르켐에게는 넓고 깨끗한 시야가 있으며 그것을 통해서 근대 사회 발전의 문제가 무엇인지 볼 수 있다. 그러나, 그들은 대다수의 서구 동시대인과 서구의 일반적인 자민족중심주의적 편견을 공유하였기에, 동아시아에 대한 그들의 시야는 상당한 정도로 제한되어 있다. 결과적으로, 베버와 뒤르켐에게서 교훈을 끌어내는 것은 이 학회를 위해서 매우 자기발견적인 효과가 있겠지만, 우리의 근대성 모델을 발달시키기 위해서는 그들의 관점을 뛰어 넘어야 할 필요가 있다.

베버는 아시아의 종교에 대해 광범위한 저술 활동 — 이것의 영어 번역본이 나와 있다(1967, 1968) — 을 했기 때문에, 그가 아시아 발전을 해석한 것을 두고 광범위한 논의와 비판이 있어 왔다. 이 상당한 분량의 문헌을 재검토하는 것은 내 의도가 아니지만, 베버의 비교 분석 수용을 세 단계의 국면으로 나누어서 간단히 살펴보려고 한다.

첫 번째 국면은 20세기 전반기에 걸쳐 학자들이 서구의 사회역사적 자료에 대한 베버주의적 '이론'에 관한 논란에 참여했을 때였다. 이 당시에는 베버가 서구 바깥의 종교와 사회에 대해서 무엇이라고 말했는지에 대해서, 혹은 그가 그 주제에 대해서 말한 것이 그가 수행했던 서구의 사회 변동 분석과 어떻게 관련되는지에 대해서 거의 고려가 이뤄지지 않았다. 두 번째 국면은 1950년대 후기와 60년대에 제3세계 국가가 정치적 독립을 얻은 시기와 우연히 맞물렸다. '근대화론' 패러다임은 한 사회가 '전통적'인 제도적 배열을 가진 무리에서 벗어나서 '근대적'인 제도적 배열을 가진 무리에 들어가도록 만드는 구조적 변형을 일으키는 내생적 요인에 대해서 강조했다. 내생적 요인 가운데에는 인성의 변화도 있었다 — '사고방식'과 동기부여의 상태: 따라서 구조를 변동시키기 위해서 요구되는 것은 새로운 '정신의 습관'(habits of the mind)이었다〔토크빌(Tocqueville)의 '마음의 습관'(habits of the heart)[4]을 변용하자면〕. 베버의 '프로테스탄트 윤리'에 대한 논의는 성공적으로 도입되었고, 그 결과 급진적인 '내재적 금욕주의'가 출현해서 마술을 휩쓸어 내고 근대적, 합리적 자본주의를 위한 토양을 다졌다. 그러므로, 이 베버주의의 두 번째 물결이 밀려오는 동안에, 전통 사회에서 '프로테스탄트 윤리'의 기능적 등가물을 찾아내는 것에 대한 강조가 이뤄졌다 — 혹은 그것을 찾아내지 못했을 경우, 성취 지향성, 만족의 연기(延期)와 같은 복합적인 태도를 미래의 지도자와 잠재적인 현지 기업가에게 고취시킬 수 있는 기제를 찾으려고 했다.

이 두 번째 물결은 또 다른 측면을 가지고 있었는데, 이것이 베버에 대한 부정적인 반응을 불러일으켰고, 제3세계의 반식민주의와도 맥이 닿아 있을 수도 있다. 베버는 서구 지배의 광범위한 이념인, 〔사이드(Said)의〕 '오리엔탈리즘'의 많은 보급자 가운데 하나로 여겨지기도 한다. 중국과 인도에 대한 베버의 저술을 읽고서, 반근대적 가치와 사회 조직으로 덮여 있는 아시아의 토양에서는 근대 문명의 기반인 자본주의와 합리성이 발달할 수 없다고 말한 것으로 받아들인다면, 동아시아에서 생긴 일을 이해하는 데 베버는 별 도움을 줄 수 없다. 더구나 비평가는 또한 베버가 아시아 문헌 원전을 읽을 능력이 없었고 인도와 중국 사회를 몰역사적으로 유형화했기 때문에, 아시아 종교에 대해서 깊게 이해할 수 있는 가능성이 없었다고 비판한다.[3)]

학계의 경향은 베버에 대한 기존의 비판과 미묘한 차이를 보이며, 따라서 이것을 신베버주의적 국면의 발현이라고 할 수 있겠다. 이런 경향을 대표하는 한 인물이 아이젠스타트(S. N. Eisenstadt)[5]인데 그는 베버를 주요 배경 인물로 삼고서 비교 문명분석이라는 광범위한 연구 과제를 수행했다(1986a, 1986b). 베버로부터 주요한 영감을 얻어서 연구를 했던 아이젠스타트는 이교(異教)에 자리 잡고 있으며, 기성 사회 질서에 대항해 변동의 지렛대 역할을 할 수 있는 '초월적 비전'으로부터 말미암은 문명의 변형 능력에 대해 조사하였다. 결국, 바로 그것이 '현세적 금욕주의' 윤리와 밀접하게 연계를 맺고 있는 구원에 대한 급진적인 새로운 해석을 제공해 주며, '돌파구'(Parsons 1963)를 마련해 준 청교도 종파를 가지고 있던 서구 문명 동학의 주요 원천인 것이다.

중국 문명에 대한 연구에서(1983), 아이젠스타트는 중화 제국의 제도적 틀은 문화적인 영역과 정치-행정적인 영역으로 이분화되어 있지 않았다고 언급한다. 이것은 문화적 엘리트(무엇보다도 지식인)가 자율적인 행위 영역을 가지고 있지 못한 상태에서 오히려 정치-행정의 중심에 맞닿아 통합되어 있었다는 것을 뜻한다. 아이젠스타트는 여러 측면에서 베버의 분석을 따르고 있지만, 베버가 중국에 대해서 '세습 사회'라는 이미지를 가졌던 것에 반대한다. 그는 베버와는 달리 시위 운동과 변동을 포함한 상당한 정도의 지대한 영향을 미칠 제도적, 구조적 변동이 중국에 있었던 것을 발견했는

---

3) 그의 비교 종교 연구 〈서문〉에서, 베버는 그의 지식이 제한되어 있음과 온전히 갖춰져 있지 않은 '원전'의 번역본에 의존해야만 했던 제약이 있었음을 매우 조심스럽게 인정하고 있다. 그는 다음과 같이 경고했다. '이 모든 것을 감안해 볼 때, 이 연구들은, 특히 아시아에 대해서 다루는 부분은, 분명히 잠정적인 성격을 지니고 있다'(1958: 28).

데, 이에 대해 '매우 강력한 초기적인 변형 잠재력'을 지녔던 것으로 평가한다(1983: 395). 그는 그것이 성공하지 못했다면, 그 사회가 '전통주의'에 매몰되었기 때문이 아니라, 그 지배 연합체가 사회 통제를 위한 정교한 수단을 개발했기 때문이라고 주장한다. 중화 제국사 전반에 걸쳐서 발생한 반란은 이교(불교와 도교)와 연계되지 않았으며 그 체제의 제도적 엘리트와의 이념적 혹은 구조적 연계를 발전시키지도 않았다.[4)] 중국 사회에 존재한 변형의 잠재력이 급진적으로 사회정치적 질서를 재구축할 수 있었던 것은 공산주의 혁명에 이르러서였다.

베버의 중국 분석을 활용한 두 번째 인물은 게리 해밀턴(Gary Hamilton)[6]이다. 해밀턴은 '베버주의적 관점은 근대 아시아를 분석하는 데 최고의 출발점을 제공한다'(Hamilton and Kao, 1987: 289)는 것을 인정한다. 해밀턴은, 베버가 유교는 자본주의적, 산업적 질서와 양립할 수 없다고 생각했던 점에서 오류를 범했다는 비판은 틀린 것이라고 본다. 해밀턴이 지적하듯이, 베버는 중국인이 손쉽게 자본주의를 흡수할 수 있다고 보았다(그는 이런 점에서 중국인이 일본인보다 낫다고 여겼다). 베버가 그의 비교 분석에서 알기 원했던 것은 자본주의가 왜 — 많은 면에서 〔서구와〕 경쟁할 만한 위대한 현세적 문명이자, 16세기 직전에 서구보다 기술적으로 앞섰거나 비등한 위치에 있었던 — 중국에서 발생하지 **않았느냐**는 것이었다. 해밀턴은 중국에 대한 베버의 분석이 자기발견적이지만 또한 결함도 있다고 보았는데, 그 이유는 베버가 서구 문명의 동학을 설명하는 관점하에 아시아 종교에 대한 그의 연구를 진행했기 때문이었다. 그의 중국에 대한 설명, 특히 중국의 경제·사회사에

---

4) 베버가 반란에 무관심했던 것은 아니다. 그는 태평천국의 난(중국 청나라 말기인 1850년대에 일어난 농민 반란-옮긴이)에 상당한 관심을 기울였고, 그것에 대해서, '중국이 지금까지 경험했던 것 가운데 단연코 가장 강력하고 철저하게 종교정치적, 정치윤리적인 성격을 띠는, 유교적인 행정과 윤리에 대한 반란이었다. 〔…〕 〔유교적 질서의〕 마법적이며 맹목적인 숭배의 족쇄는 깨어졌으며, 이런 일은 중국의 여타 시기에는 없었던 일이다'(Weber 1968: 219-22).

대한 설명은 불완전하다. 본질적으로, 해밀턴은 중국, 혹은 더욱 넓게는 아시아 사회와 경제사는 서구 발전의 관점에서가 아니라 그 내부의 시각에서 써야 한다고 주장한다.

> 중국 사회에 대한 분석적 이해를 발전시키려면 (…) 서구에서 개념과 이론이 개발되었던 것과 같은 방식으로 — 즉, 연구의 대상이 되는 사회에 대한 면밀한 맥락적 분석을 통해서 — 개념과 이론을 개발해야 한다. 중국 경제의 제도적 행위에 대한 이해가 이뤄지게 되면, 그때는 그리고 오직 그때에 이르러서야 중국 경제를 조명하기 위해서 고안된 비교 문화 연구의 기초가 마련되었다고 할 수 있다(Hamilton 1985: 71).

해밀턴 자신이 수행한, 옛 제국의 경제와 지역 결사체 속에 자리 잡은 그 제도적 틀에 대한 자세한 연구(1985)는 중국 경제사에 대한 새로운 접근법을 개발하는 데 성공을 거둔다. 그렇게 하면서, 그는 중국의 상황에 대한 서구의 주요한 '오해'에 대해서 집중 조명하는데, 예를 들면, 중화 제국을 '강한 국가 혹은 약한 국가'로 특징짓는 것과, 상인을 씨족 집단 속에서 묶어 내는 도덕적 조건으로서 중국 경제를 파악하기보다는 그것을 '법적으로 정의된 행위 영역'으로 보는 것 등이다(1985: 84-85).

또한 같은 맥락에서 동양 문화가 정체돼 있다고 보는 제도적 분석도 언급할 수 있다. 시아오(Hsiao)[7]도 국제 시장에서 타이완의 급속한 상승 이동을 설명할 수 없는 세계 체제론 분석에 대해서 비판적이다. 그는 해당 사회의 역사상 여러 시기에 각각 다른 발전 모델이 적용될 수 있을 것이라고 주장하며, 타이완의 1948년 이후 성공적인 사회경제사에 대한 더욱 정확한 설명을 위해서, 중요한 문화적 요소를 제기한다(p. 21). 낸 린(Nan Lin)[8]의 제도적 분석은 중국 사회에서 가족이 '심층 구조'로서 중심적인 자리를 차지하며, 가족의 주요한 기능은 — 어느 사회에서라도 중요한 자원인 — **권위**와 **번영**의 이전이라고 본다. 그의 분석은 중국, 일본, 영국계 사회 사이의 흥미로운 비교로 이어진다. 린은 '자원주의'(自願主義) — 여기에서는 비영리 조직의 소유로 여겨지는 — 와 같은 영역에서 중국계 미국인, 일본계 미국인, 한국계 미국인 사이의 차이가 동아시아에서만큼이나 만연하다는 것을 보여 주는 자료를 제시한다. 중국인은 '다른 민족과 비교했을 때 가족의 관심사와 무관한 자원적 결사체에 참여해 활동할 가능성이 아주 적다'(p. 62).

근대 경제생활에서 중국 가족의 중요성에 대해서 논하면서, 린(시아오가 그의 타이완 연구에서 그렇게 하듯이)은 베버가 스케치해 놓았던 모습의 거울 속 이미지와 같은 것을 보여 준다. 베버는 근대 기업에서 필수적인 '자유시장에서의 노동 선택'을 좌절시키는 힘 가운데 하나로 형제자매를 들고 있다(Weber 1968: 95). 린은 또한 중국이 사회 조직 변형을 위해서 거쳐야 할 필수적인 단계인 합리적 종교를 결여하고 있다는 베버의 견해를 받아들인다. 중국이 기독교에 노출된 것이 이르게는 2세기부터였다는 사실을 지적하면서, 린은 다음과 같은 질문을 제기해야 한다고 말한다. '**중국과 같은 몇몇 사회들에서는 왜 그런 종교를 광범위하게 받아들이지 않았는가?**'(p. 63. 강조는 내가 한 것). 본질적으로 그것은 기독교가 중국의 가족 관습과 양립될 수 없기 때문이며, 린은 그 종교는 오히려 일본과 한국의 종교적 숭배 관습에 더 쉽게 맞춰질 수 있었다고 덧붙인다(p. 66).

아시아에서의 발전 혹은 서구적인 발전의 결여에 대한 베버의 연구는, 다른 학자가 그 잘못된 이미지를 바로잡기 위해서 동아시아의 문화 배경에 대해서 깊이 있게 조사하도록 만들었다. 따라서, 예를 들면, 중국의 과학에 대한 가장 유명한 사학자 가운데 한 사람인 네이선 시빈(Nathan Sivin)[9]은 베버와 조지프 니덤(Joseph Needham)[10]이 다음과 같이 오해의 소지가 있는 질문을 하고 있다는 점에 대해 비판적이다. 과학 혁명이 왜 중국에서 일어나지 않았는가?(Sivin 1982). 시빈은 그 질문과 연관된 잘못된 다양한 가정을 지적하는데, 이 지적의 대상에는 중국이 근대 과학을 발달시키지 않았다는 이유로 낙후되어 있었다고 가정하는 것뿐만이 아니라, 17세기 유럽에서 발달한 과학이 독특하고 보편적이라는 가정도 포함된다. 마찬가지로 중요한 점은, 베버(그리고 니덤)가 중국을 고려하는데 '무척이나 비사회학적이었다'는 시빈의 지적이다(Sivin 1985: 44). 이와 관련해서, 시빈은 서구가 전통에서 근대로 변형된 것을 설명하면서는 베버가 그의 시선을 주변적인 것(프로테스탄트 종파)에 고정시켰던 반면, 중국을 관찰할 때는 엘리트와 그들의 문학적 유산에 관심을 가졌다고 지적한다(1985: 46).

지금까지 간략히 관련 연구 내용을 소개했는데, 마지막으로, 몇몇 연구 협력자와 함께, 주로 '유교 제도'에 초점을 맞추고 '동아시아의 부상(浮上)'에 대한 폭넓은 비교 문화 연구를 수행했던 투 웨이밍(Tu Wei-ming)을 언급하려고 한다(MacFarquhar *et al*. 1987). 비록 '유교 윤리'를 동아시아 경제적 동학의 원동력으로 보는 것은 아니지만, 투는 유교를 심각하게 고려했을 때의 장점을 알고 있다. 베버는 중국 연구에서 유교가 근대성으로의 문화적 변형을 위한 잠재력을 결여하고 있는 것으로 취급했다. 투는 신유교(neo-Confucianism)의 동학에 광범위한 관심을 기울였고 — 베버는 이를 얼버무리고 넘어갔다 — 하이데거의 존재론과 비교하기도 했다(1983, 1988). 기본적으로, 투와 그의 연구 협력자의 작업은 동아시아의 동학(動學) 가운데 얼마의 변량이 유교적 제도에 의해서 설명되는지를 살펴보는 연구 프로그램을 개발하는 것인데, 이와 같은 방식으로 서구 근대성의 변량 가운데 얼마 정도가 청교도 가치와 제도로 설명되는지를 물어본 것이 베버의 문제 제기 방식이었다고 말할 수 있겠다.

IV

나는 베버에 할애한 만큼의 관심을 뒤르켐에게 기울이지 않는데, 그 부분적인 이유를 들면 뒤르켐은 베버처럼 아시아와의 지적인 만남에 참여하지 않았기 때문이다.[5)] 뒤르켐의 연구 협력자 두 명 셀레스탱 부글레(Célestin Bouglé, 1장의 옮긴이 주 4번 참고-옮긴이)와 마르셀 그라네(Marcel Granet)[11]는 아시아 사회를 광범위하게 연구했다. 부글레는 인도의 카스트 제도에 대한 일련의 논문을 그의 학자 생활 초기에 집필했다(1971). 그는 카스트 제도가 근대성을 저해하는 힘으로써, 노동 분업에서 혁신이 일어나는 것을 가로막고, 개인의 자유의 한 조건인 사회 이동을 억제한다고 보았다. 그가 내린 간략한 평가는 다음과 같다.

> 카스트 제도는 〔…〕 의심할 여지없이 한 사회를 야만 상태에서 끌어올리는데 기여한다. 그러나 그것은 문명으로 향하는 길을 재빨리 그리고 오랫동안 가로막아 선다. 〔…〕 따라서 경제 분야에서도 역시 인도는 일종의 억제된 발달의 모습을 보인다(1970: 176).

부글레는 현지조사는 하지 않았지만, 그의 작업은 서구에서 입수 가능한 상당한 양의 인도에 대한 정보를 종합했고, 인도 문명 연구에서 하나의 초점을 제공하는 데 중요한 영향을 끼쳤다. 반대로, 그라네는 일류 중국학자로, 뒤르켐주의 사회학의 주요 관심사인 집합 표상을 그것이 속한 사회 환경과 관련짓는 것을 중국 사상에 대한 연구에 적용했다. 몇몇 문장을 보면, 그라네가 다른 서구인처럼 아시아 사회에서 발달과 근대성을 저해한 요인을 찾으려 했음을 알 수 있다. 그래서, 예를 들면, 그라네는 중국어를 분석하면서 중국의 사상이 그 기초적인 표현 양식에서 '거의 필연적으로 과거를 지향하

5) 그러나 뒤르켐은 중국과 일본에 대한 학술 연구에 관한 논평을 그의 《사회학 연보》에 실으면서 두 나라에 대해서 관심을 보였고 섬세하게 다뤘다. 후쿠다 도쿠조(Fukuda Tokuzo. 일본 근대 경제학의 선구자로 불린다, 게이오 대학 교수 역임-옮긴이)의 책《일본의 사회 경제적 진화》에 대한 논평에서 뒤르켐은 일본의 진화를 서구의 진화에 비유하며 다음과 같이 말한다. '일본의 종파들과 프로테스탄티즘 사이의 유사함이 눈에 띈다. 즉, 두 발전은 모두 일반적 원인에서 말미암았고 그래서 우리는 추상적 형태의 사회 진화를 목도하고 있는 것인지도 모른다'(1980: 319).

고 있다'고 보았다(1953: 120). 나아가서, 중국어의 문어와 구어는 추상성을 결여한 채 구체적인 이미지로 가득 차 있기 때문에, 지식에 대한 이론을 생산하지 못했고, 그러므로, 서양 언어와는 달리, 전통 중국어에는 근대 과학이 끼어들 틈이 없었다고 보았다. 결과적으로, 그라네는 만약 중국이 근대화를 원한다면, 새로운 언어를 만들어 내야만 할 것이라고 덧붙였다(1953: 152쪽 이하). 다른 글에서, 그라네는 고대로부터 제국 시기까지의 중국 문명사에 대해 설명하면서, 다음과 같이 쓴다. '도덕의 진화는 〔…〕 점진적인 건조(乾燥)의 방식으로 진행되었는데, 즉 점점 불어나는 관습적인 예절의 무게 아래에 처한 도덕적 생활에서, 자발성이란 찾아볼 수가 없었다'(1930: 428).

그러나, 〔1919년 베이징 혁명(5·4 운동-옮긴이)의 목격자인〕 그라네는 중국의 각성을 기대했다.《중국의 문명》 결론에서, 그는 제국 시대의 시작 때나 그가 관찰했던 잠정적 시기에(그리고 아마도 오늘날에도) 적용 가능한 다음과 같은 말을 남긴다.

> 그러나 전통적 이념을 점점 더 엄격하게 정의 내림으로써 전통의 신봉자가 고착된 품위로 그것을 장식하기를 원했지만, 그것에는 여전히 젊은 힘이 넘쳤다(1930: 429).

그리고, 중국 종교에 대한 그의 대단한 연구 — 연구의 범위와 사용하는 정보 출처의 면에서 베버의 연구에 상당히 앞서는 — 결론에서, 그라네는 당시의(즉, 1922년) 배경에 통찰력 있는 시각을 제공한다. 그는 가톨릭, 개신교, 이슬람과 같은 '수입된' 종교에 흥미로운 논평을 한 뒤에 그의 관심을 토착 종교로 돌린다. 국가 도덕성으로 유교 대신 실증주의를 세우고 싶어 하던 의회주의자에 의해서 유교가 심각하게 비난받는 상황을 언급하면서, 그라네는 다음과 같이 섬세한 논평을 남긴다.

〔…〕 유교적 가르침의 장점은 〔콩트 철학의(Comtean)〕 질서와 진보라는 공식으로 정의될 수도 있는 이념을 가진 현실적인 정신을 고양시킨다는 것이다(1975: 156).

그라네와 부글레는 뒤르켐의 제자이지만 그의 대리자로만 여겨져서는 안 될 것이며, 적어도 21세기 동아시아의 도전에 대한 관점에서는 더욱 그러하다. 뒤르켐의 근대성에 대한 문제 제기는 적합하며 다음과 같다. 경제 발전은 '기계적' 연대로부터 '유기적' 연대로의 사회 변형을 수반하는 근대성의 한 특성이지만, 경제 발전 그 자체가 규제된 사회 질서를 보장하지는 않는다. 규제된 근대성의 사회 질서가 이뤄지려면 친족에 한정되기보다는 더욱 포괄적인 규범 틀이 있어야 하며 또한 행위자가 그것을 자유롭게 수용해야 한다. 암묵적으로, 뒤르켐주의적 관점은, 근대 시민 사회에서 제도화된 유기적 사회가 있는지 탐색하도록 권고한다. 의심할 여지없이, 동아시아 사회는 경제적 변화를 위한 수단을 얻었다. 앞으로 달성해야 할 것은 시민 종교와 상호 작용하는 시민 사회이다. 주장하건대, 이것이 바로 동아시아에 대한 뒤르켐의 도전이다. 나는 '유교' 국가는, 높은 수준의 경제적, 기술적 발달을 유지하면서도, 이런 상태를 달성하기에 유리한 면이 있다고 생각한다. 그러나 결정과 권력이 '위에서 아래로' 내려오는 권위주의적 질서에서 사회적으로 더욱 포섭적이고 참여적인 질서로 이행하기는 매우 어렵다. 만약 시민 사회와 함께 도래하는 자유와 자율이, 공유된 합의를 제공하는 규범적 틀을 그 안에 용해시키지 못한다면, 또한 '근대성의 운명'인 **아노미**가 일어나는 경향을 제어하지 못한다면, 이런 이행은 특히 더욱 어렵다.

베버와 뒤르켐은 근대성에 대한 상호 보완적인 관점을 제공했다. 그들의 구체적인 분석이 — 19세기에 근거한 대부분의 다른 관점과 마찬가지로 — 그것이 행해졌던 역사적인 순간의 결함을 안고 있기는 하지만, 그들의 질문은 그것이 애초에 제기되었던 때와 마찬가지로 오늘날에도 여전히 유효하다. 특히, 근대성에 대한 설명이 당연히 서구보다는 동아시아에 초점을 맞추고 시작되었던 21세기, 새로운 중심축을 가지고 있는 시대로 우리는 들어선 것이다.

V. 후기

나는 베버와 뒤르켐의 어깨 위에서 바라보는 전망이 우리에게 아시아의 발전에 대한 넓은 시야를 얻을 수 있도록 도울 수 있다는 것을 알리려고 시도했다. 그러나 우리는 또한 그들이 우리를 멀리까지 데려다 주는 것까지만 할 수 있으며, 다음 시대에서의 해석과 분석을 위해서는 발전의 패러다임(들)을 혁신할 필요가 있다는 것을 인정해야만 한다. 특히 나는 다른 글에서(Tiryakian 1985), 근대성의 역사적 경로가, 그 중심이 어느 주어진 장소에 고정돼 있지 않다는 의미에서, 진정으로 역동적이라는 것과, 또한 아마도 동아시아가 틀림없이 세계 근대성의 새로운 장소가 될 것임을 파악해야 한다고 주장한 바 있다. 이것은 한국과 어떻게 관련되는가? 내가 아는 한, 뒤르켐과 뒤르켐 학파는 한국에 대해서 말할 수 있는 것이 아무것도 없다. 베버는 단지 몇 쪽만을 한국에 할애했으며, 한국의 동학 운동과 일제강점기에 대해서 그가 알고 있었음을 보여 줬지만, 기본적으로 그는 한국의 사회 질서가 '중국의 복사본'이라고 봤다(1967: 269).

따라서, 궁극적으로, 한국 근대성의 사회문화적 동학을 이해하는 것은 한국 사회과학자의 책무이며, 김경동(1985)[12]과 김선웅(1988)[13]을 비롯한 한국 사회과학자가 이런 과업에 착수했다. 주어진 도전은, 한국 발전의 동학이 동아시아 발전의 일반적인 문화적, 제도적 측면과 어떤 관계를 맺는지 또한 그것이 일본도 아니고 중국도 아닌 한국적 상황의 특수성과는 어떤 관계를 가지고 있는지를 밝히는 것이다. 한국의 발전은 상대적으로 최근까지 식민지 상황을 경험한 나라의 발전이라는 점에서, 그리고 농경 사회에서 선진 산업 사회로의 사회경제적 이행을 위한 자율적 능력을 보인 나라의 발전이라는 점에서, 더욱 세계적인 중요성을 가지고 있는 것이다. 동시에 한국은 폭넓은 종교 기반 속에서 '동과 서가 만나는', 문화적으로 다원성을 가진 사회를 대표한다. 이러한 요소를 한국 근대성의 측면으로 바라보고 평가하는 것, 그리고 폭넓은 21세기 상황에 대한 한국 근대성의 기여를 평가하는 것은, 한국 사회과학자가 받아들여야 할 매력적인 도전이다.

참고 문헌

Bouglé, Célestin. 1971〔1908〕. *Essays on the Caste System,* trans. by D.F. Pocock. Cambridge: Cambridge University Press.

Burstein, Daniel. 1988. *Yen! Japan's New Financial Empire and its Threat to America.* New York: Simon and Schuster.

Bury, John B. 1932. *The Idea of Progress.* New York: Macmillan.

Davis, Winston. 1987. "Religion and Development: Weber and the East Asian Experience". pp. 221-280 in M. Weiner and S.P. Huntington, eds., *Understanding Political Development.* Boston: Little, Brown.

Durkheim, Emile. 1980. *Contributions to L'Année Sociologique,* edited by Y. Nandan. New York: Free Press.

Eisenstadt, Shmuel N. 1983. "Innerwltliche Transzendenz und die Strukturierung der Welt. Max Webers Studie uber China und die Gestalt der chinesischen Zivilisation". pp. 363-411 in W. Schluchter, ed., *Max Webers Studie uber Konfuzianismus und Taoismus.* Frankfurt am Main: Suhrkamp.

______. 1986. *A Sociological Approach to Comparative Civilizations: The Development of a Research Program.* Jerusalem: Truman Research Institute.

______. n.d. (a). "Some Observations on Relations between Confucianism, Development and Modernization".

______. n.d. (b). "The Structuring of Social Protest in Modern Societies: The Limits and Direction of Convergence".

______. ed. 1986b. *The Origins & Diversity of Axial Age Civilizations.* Albany: State University Press of New York.

Evans, Peter B. and J.D. Stevens. 1988. "Development and the World Economy". pp. 739-73 in Neil Smelser, ed., *Handbook of Sociology.* Newbury Park, CA: Sage.

Granet, Marcel. 1930. *Chinese Civilization.* New York: Knopf.

______. 1953. *Etudes Sociologiques sur Ia Chine.* Paris: PUF.

______. 1975 (1922). *The Religion of the Chinese People.* New York: Harper & Row.

Hamilton, Gary G. 1985. "Why No Capitalism in China? Negative Questions in Historical, Comparative Research". in Andreas E. Buss, ed., *Max Weber in Asian Studies.* Leiden: E.J. Brill.

Hamilton, Gary G. and Cheng-Shu Kao. 1987. "Max Weber and the Analysis of East Asian Industrialisation". *International Sociology,* 2 (September): 289-300.

Hsiao, Hisin-Huang Michael. Forthcoming. "Changing Theoretical Explanations of Taiwan's Development Experience: An Examination". in E. Tiryakian and T. Kashioka, eds., *East Meets West: Theoretical Perspectives on Asian Development.*

Hopkins, Terence K., I. Wallerstein, *et at.* 1982. *World Systems Analysis.* Newbury Park, CA: Sage.

Kim, Kyong-Dong, 1985. *Rethinking Development: Theories and Experiences*. Seoul: Seoul National University Press.

Kim, Son-Ung. 1988. "The Role of Social Values and Competitiveness in Economic Growth: With Special Reference to Korea". pp. 76-92 in D. Sinhar and H. Kao, eds. *Social Values and Development. Asian Perspectives*. New Delhi and Newbury Park: Sage.

Lewis, John P. 1989. "Government and National Economic Development". *Daedalus* 118 #1 (Winter): 69-83.

Lin, Nan. 1989. "Chinese Family Structure and Chinese Society". mimeo.

MacFarquhar, Roderick, H. Rosovsky, Wei-ming Tu, and B. Vogel. 1987. "The Rise of East Asia". mimeo. Cambridge, MA: American Academy of Arts & Sciences.

Nisbet, Robert A. 1970. "Developmentalism: A Critical Analysis". pp. 167-204 in John McKinney and E.A. Tiryakian, eds., *Theoretical Sociology*. New York: Appleton-Century-Crofts.

Parsons, Talcott. 1963. "Introduction". pp. xix-lxvii in Max Weber, *The Sociology of Religion*. Boston: Beacon.

Schluchter, Wolfgang, ed. 1983. *Max Webers Studie uber Konfuzianismus und Taoismus. Interpretation und Kritik*. Frankfurt am Main: Suhrk amp.

Shannon, Thomas R. 1989. *An Introduction to the World-System Perspective*. Boulder, Colo.: Westview.

Sivin, Nathan. 1984. "Why the Scientific Revolution Did Not Take Place in China— Or Did It?" pp. 53 1-54 in E. Mendelsohn, ed., *Transformation and Tradition in the Sciences*. Cambridge: Cambridge University Press.

______. 1985. "Max Weber, Joseph Needham, Benjamin Nelson: The Question of Chinese Science". pp. 37-49 in B. V. Walker, et al., (eds.), *Civilizations East and West. A Memorial Volume for Benjamin Nelson*. Atlantic Highlands, N. J.: Humanities Press.

Sutton, Francis X. 1989. "Development Ideology: Its Emergence and Decline". *Daedalus* 118 #1 (Winter): 35-67.

Tiryakian, Edward A. 1985. "The Changing Centers of Modernity". pp. 13 1-47 in Erik Cohen, M. Lissak, and U. Almagor, eds., *Comparative Social Dynamics. Essays in Honor of S. N. Eisentadt*. Boulder, Colo: Westview.

Tu Wei-ming. 1983. "Die neokonfuzianische Ontologie". pp. 271-97 in W. Schluchter, Max Weber Studies, etc.

______. 1986. "The Structure and Function of the Confucian Intellectual in Ancient China". pp. 360-73 in S. N. Eisenstadt, ed., *The Origins & Diversity of Axial Age Civilizations*.

______. 1988. "Confucius and Confucianism". mimeo. Extended version of a paper appearing in the Encyclopedia Brittanica, 15th ed., 1988.

Wallerstein, Immanuel. 1979. *The Capitalist World-Economy*. Cambridge and Paris: Cambridge University Press/Editions de la Maison des Sciences de l'Homme.

Weber, Max. 1958〔1904-1905〕. *The Protestant Ethic and the Spirit of Capitalism,* trans. by

T. Parsons. New York: Scribner's.

_______. 1963. *The Sociology of Religion*. Boston: Beacon.

_______. 1967. *The Religion of India*. New York: Free Press.

_______. 1968. *The Religion of China*. New York: Free Press.

_______. 1978. *Economy and Society*, 2 vols., Guenther Roth and Claus Wittich, eds. Berkeley and Los Angeles: University of California Press.

옮긴이 주

1. 거인의 어깨 위에 올라선 난쟁이(nani gigantum humeris insidentes)라는 서구의 속담에서 유래했으며, 아이작 뉴턴(Isaac Newton)도 '내가 더 내다 보았다면, 그것은 거인의 어깨 위에 섰기 때문이다'라고 말한 바 있다. 베버와 뒤르켐을 우리에게 도움을 주는 지적 거인으로 묘사한 것이다.
2. 아민(Idi Amin, 1928-2003). 우간다의 군인, 정치가. 쿠데타로 정권을 장악하고 경제 영역에서 우간다화 정책을 실시했다. 망명생활 끝에 사망했다.
3. 지글러(Jean Ziegler, 1934-). 제네바 대학과 소르본 대학 사회학 교수 역임. 1981년부터 1999년까지 스위스 연방의회 의원을 지냈다. 아프리카 기아 문제에 특별한 관심을 가지고 있으며 이와 관련해서 UN과 함께 일하기도 했다. '굶주려 죽은 아이는 살해당한 것이다'라는 말로 널리 알려져 있다.
4. 이것은 또한 사회학자 로버트 벨라(Robert N. Bellah)의 1985년 저서의 제목이기도 하다.
5. 아이젠스타트(Shmuel Noah Eisenstadt, 1923-2010). 폴란드 출신의 이스라엘 정치사회학자로 비교 근대화론, 사회 변동론, 근대화와 근대성 연구에 기여했다.
6. 미국 시애틀에 있는 워싱턴 대학 사회학과 교수로 경제사회학, 비교역사사회학, 중국과 동아시아 사회를 주연구 영역으로 삼고 있다.
7. 시아오(Hsin-Huang Michael Hsiao). 타이완 중앙연구원(Academia Sinica) 사회학 연구소장.
8. 린(Nan Lin, 1938-). 미국 듀크 대학 사회학과 석좌교수(the Oscar L. Tang Family Professor of Sociology). 사회적 자본, 사회적 관계망, 정신 건강, 중국 사회 변동 연구에 기여해 왔다. 특히, 사회적 자본과 사회 계층 이동 사이의 관계를 탐색하는 것이 주된 연구 영역이다.
9. 시빈(Nathan Sivin, 1931-). Xiwen(席文)으로도 알려져 있다. 미국 펜실베이니아 대학 명예교수로 중국 과학기술사, 중국 철학, 종교 등이 주 연구 영역이다.
10. 니덤(Joseph Needham, 1900-1995). 영국의 과학자, 역사가, 중국학자. 중국 과학사 연구로 유명하다. 니덤 퍼즐(The Needham Puzzle)이 널리 알려졌는데, 그 내용은 중국이 산업 혁명 이전에는 서구보다 나았는데 왜 근대에 들어와서 과학과 기술 영역에서 서구에 추월 당했는가 하는 것이다.
11. 그라네(Marcel Granet, 1884-1940). 뒤르켐 학파의 일원으로 민족학과 중국학 전문가였다. 사회학적 방법론을 중국 연구에 적용한 최초의 사회학자들 가운데 한 사람이다. 대표작으로는《중국의 종교》(La religion des Chinois)(1922),《중국의 문명》(La civilisation chinoise)(1929) 등이 있다.
12. 서울대 사회학과 명예교수, KAIST 테크노경영대학원 초빙교수. 연구 영역은 발전사회학, 사회학 방법론 등이다. 저서로《한국인의 가치관과 사회의식》(1992) 등이 있다.
13. 한양대 사회학과 명예교수. 연구 영역은 사회 변동론, 사회 계층론 등이다. 저서로《개념 중심의 사회학》(2002) 등이 있다.

뒤르켐에 대한 티리아키언의 다른 저작

저서, 편저서

Sociologism and Existentialism. Two Perspectives on the Individual and Society. Englewood Cliffs, NJ: Prentice-Hall, 1962.

Spanish translation, *Sociologismo y Existencialismo* (Buenos Aires: Amorrortu, 1968; Japanese Translation, Tokio: Misuzo Shobo, 1971; integral reproduction in *Perennial Works in Sociology* collection, New York: Arno Press, 1979).

Guest Editor, special issue, "*Durkheim Lives!*", *Social Forces*, 59, no. 4. Editor, special issue, "The 100th anniversary of Durkheim's *Division of Labor in Society*". in *Sociological Forum*, 9, no. 1 (1994).

논문

"Durkheim and Ethics". *American Sociological Review*, 25 (1960): 405-06.

"Introduction to a Bibliographical Focus on Emile Durkheim". *Journal for the Scientific Study of Religion*, 3 (1964): 247-54.

"Durkheim's Two Laws of Penal Evolution". *Journal for the Scientific Study of Religion*, 3 (1964): 261-66.

"Le premier message d'Emile Durkheim". *Cahiers Internationaux de Sociologie,* 43 (1967): 21-23.

"The *Elementary Forms* as *Revelation*". pp. 114-35 in Buford Rhea, ed., *The Future of the Sociological Classics,* London: Allen & Unwin, 1981.

"Hegemonic Schools and the Development of Sociology". pp. 417-41 in Richard C. Monk, ed., *Structures of Knowing: Current Studies in the Sociology of Schools*, Lanham, MD: Maryland University Press of America, 1986.

"Revisiting Sociology's First Classic: *The Division of Labor in Society* and its Actuality". *Sociological Forum,* 9 (March 1994): 3-16.

"Three Levels of Teaching Durkheim". pp. 29-50 in Terry F. Godlove, ed., *Teaching Durkheim on Religion*. Oxford & New York: Oxford University Press 2005.

서평

Review of Steven Lukes, *Emile Durkheim: His Life and Work*, in *American Journal of Sociology* , 79, no. 6 (1974).

Review of Robert N. Bellah, ed., *Emile Durkheim on Morality and Society,* in *American Journal of Sociology,* 80, no. 3 (1974).

Review of Ernest Wallwork, *Durkheim, Morality and Milieu,* in *American Academy of Religion*, 43, no. 2 (1975).

Review of Yash Nandan, *The Durkheimian School: A System and Comprehensive Bibliography* in *Contemporary Sociology*, 7, no. 4 (1978).

Review of Anthony Giddens, *New Rules of Sociological Method* in *American Journal of Sociology,* 83, no. 4 (1978).

Review of Mary Douglas, *Implicit Meanings* in *Sociological Quarterly*, 19, no. 2 (1978).

Review of Mark Traugott, ed., *Emile Durkheim on Institutional Analysis* in *Contemporary Sociology*, 8, no. 4 (1979).

Review of Jennifer M. Lehmann, *Durkheim and Women,* in *American Journal of Sociology*, 100, no. 5 (1995).

Review of N.J. Allen, W.S.F. Pickering, and W. Watts Miller, eds., *On Durkheim's Elementary Forms of Religious Life,* in *American Journal of Sociology*, 105, no. 1 (1999).

Review of Jonathan S. Fish, *Defending the Durkheimian Tradition: Religion, Emotion, and Morality* in *Contemporary Sociology*, 35, no. 5 (September 2006).

찾아보기

■ 인명 • 단체

ㅎ

기타

■ 문헌 · 작품

■ 용어 · 지명

뒤르켐을 위하여
역사·문화사회학 시론

초판발행 2015년 3월 30일
초판 2쇄 2016년 7월 11일
지은이 에드워드 티리아키언
옮긴이 손준모
펴낸곳 **고려대학교출판문화원**
www.kupress.com
kupress@korea.ac.kr
136-701 서울특별시 성북구 안암로 145
02-3290-4230, 4232
Fax 923-6311
찍은곳 한국컴퓨터인쇄정보

ISBN 978-89-7641-875-3 93300

값 36,000원